Udo Lielischkies

Im Schatten des Kreml

Unterwegs in
Putins Russland

Besuchen Sie uns im Internet:
www.droemer.de

Für Mitschka und Pius,
die mich mit viel Liebe ziehen ließen.
Für Katia, Julia und Natalia,
auf dass sie ihre Heimat finden.
Für den kleinen Ljoscha,
der immer dabei ist.

Inhalt

Vorwort

Als ich Ende August 2018 mein Zimmer im ARD-Studio Moskau leer räume, erlebe ich einen schwierigen Moment: In mehreren Schränken stapeln sich alte Manuskripte, vor Jahren zusammengeheftet, mit Agenturmeldungen, Zeitungsartikeln, Interviews, Filmkonzepten, Notizen, Briefen. Die Entscheidung, dieses Buch zu schreiben, ist längst gefallen, jetzt gilt es, die Spreu vom Weizen zu trennen. Was kann ins Altpapier, was will ich mit nach Hause nehmen, als Gedächtnisstütze für die Episoden, von denen ich erzählen will?

Das Sortieren wird zur Zeitreise. Ich sitze auf dem Boden und blättere durch die Seiten eines Päckchens mit der Aufschrift »Russische Treibjagd«. Und auf einmal bin ich wieder in Belgorod, im Jahr 2002. Ich sehe mich einen Schritt zurücktreten und an die Wand lehnen, als könne diese mir Halt geben. Vor mir eine Frau, der in diesem Moment alles entgleitet, was sie bisher so sorgsam zu bewahren versuchte: ihre Haltung, ihren Stolz, ihre Scham. Natascha, die Lehrerin mit den schulterlangen Haaren, stets sorgfältig geschminkt und auch in schwierigen Momenten um Fassung bemüht, geht vor unserer Kamera auf die Knie. Tränen, vermischt mit Wimperntusche, ziehen dunkle Linien über ihr von tiefem Schmerz gezeichnetes Gesicht. Neben ihr fallen zwei weitere Frauen auf die Knie. Alle drei sind Mütter und alle drei falten ihre Hände wie zum Gebet. Ein Gebet, gerichtet an die Zuschauer in Deutschland, in der »ganzen zivilisierten Welt«, die sie anflehen, ihre Söhne zu retten, die ein Richter kurz zuvor zu acht Jahren in russischen Straflagern verurteilt hat.

Ich spüre, wie auch mir die Tränen in die Augen steigen. Ich kenne die Söhne dieser Frauen. Ich weiß, dass sie unschuldig sind. Ich habe lange genug die Gerichtsakten gelesen, mit Zeugen gesprochen. Ich habe gesehen, wie der Staatsanwalt die erlogene Anklage herunterleierte, wie der Gouverneur mit gesenktem Blick eilig unserer Kamera entfloh. Ich weiß, dass hier ein Urteil angeordnet wurde. Wie so oft. Ich weiß, dass russische Gerichte über 99 Prozent aller Angeklagten schuldig sprechen. Dass Verteidiger mit Staatsanwälten zusammenarbeiten und ihre Mandanten betrügen. Doch dieser Augenblick, in dem drei russische Mütter um Gerechtigkeit für ihre unschuldigen Söhne flehen, hat sich eingebrannt in mein Gedächtnis.

Seit fast zwanzig Jahren lebe und arbeite ich in einem Land, das viele solcher Momente hervorbringt: Augenblicke voller Wut, Leid und Resignation. Aber auch rauschhafte voller Lebenslust und stille, getragen von menschlicher Nähe. Vor allem aber beschert Russland mir so viel Rätselhaftes, Unverständliches und Widersprüchliches. Eine Sprache, die gefühlt mehr Ausnahmen als Regeln hat. Gesetze, die auf kafkaeske Art nicht zu befolgen sind. Wundersame Auswege aus Situationen, die ausweglos erscheinen. Aber auch das Gegenteil. Unzählige Reisen, Begegnungen, Interviews und Reportagen haben sich in vergangenen Jahren zu einem Eindruck verformt, festgehalten in Tagebucheinträgen, Stapeln von Manuskripten, Filmen für ARD-Reportagen, Analysen, Kommentare. Die Suche nach Fakten und Zusammenhängen ist journalistischer Alltag. Jenseits der konkreten »Story« waren meine Recherchen aber auch eine ständige Suche nach der verborgenen Textur der russischen Gesellschaft, nach der viel zitierten »russischen Seele«.

In meinem Bücherregal haben Analysen zu Russland und dessen Präsident Wladimir Putin längst die Oberhand gewonnen. Viele Kreml-kritische Bücher stehen da, vereinzelt auch wohlwollende. Deren Autoren geben die Sicht auf Russland und Putins Politik aus der Perspektive des Präsidenten und seiner loyalen Umgebung wieder. Es ist längst nicht mehr die meine. In einschlägigen sozialen Netzwerken werde ich seit einigen Jahren manchmal als »Russland-Hasser« bezeichnet. Sich dagegen zu wehren ist schwierig. Die Logik dieser Angreifer ist so schlicht wie falsch: Sie setzen journalistische Kritik an der Regierung Putin mit einer Verteufelung Russlands und seiner Menschen gleich.

»Russland-Hasser«? Was wohl meine beiden Töchter zu diesem Anwurf sagen würden? Noch sind sie zu klein, noch genießen sie unbeschwert die Sonne im Garten der Datscha, weit weg vom hektischen Moskau. Es ist zwanzig Jahre her, dass ich zum ersten Mal in dieses Familien-Refugium eingeladen wurde. Dort saß ich bald mit drei ehemaligen Obersten der Roten Armee schwitzend in der kleinen Banja, der russischen Sauna: mit dem Vater, dem Onkel und dem Großvater meiner Frau Katia. Mir war etwas mulmig zumute. Aber niemand zeigte Vorbehalte gegenüber dem neuen deutschen Familienmitglied. »Wir haben doch nicht gegen die Deutschen gekämpft, sondern gegen die Faschisten«, hörte ich damals zum ersten, aber längst nicht zum letzten Mal, während Großvater Alexei von den Schlachten der Roten Armee erzählte. Beerdigt haben wir ihn in seiner Uniform. Er hielt mich nicht für einen Russland-Hasser.

Meine russische Familie kennt, so wie die Mehrzahl der Fans, die zur Fußball-WM 2018 in dieses riesige Land kamen, Russland vor allem aus der Perspektive der großen Städte, allen voran Moskau: ein vom Rest des Landes abgekoppeltes Raumschiff, das Zentrum strahlend, glitzernd, ein filmreifes Panoptikum neureicher Selbstdarstellung. Bis in die Moskauer Peripherie strahlt der Glanz des großen Geldes. Metrolinien werden verlängert, immer neue Autobahnzubringer betoniert, gesichtslose Wohnsiedlungen schieben den Stadtrand unermüdlich vor sich her. Der Moloch Moskau wächst und wächst, der Rest des Landes entvölkert sich. In Moskau und Umgebung wird ein Viertel des russischen Bruttosozialprodukts erwirtschaftet. Die Stadt hat im Jahr vor der Fußball-Weltmeisterschaft 1,3 Milliarden Dollar in die Verschönerung von Parks, Straßen und Trottoirs gesteckt – mehr als das Gesamtbudget jeder anderen russischen Stadt mit Ausnahme Sankt Petersburgs. Moskau ist nicht Russland. Moskaus Zentrum ist Russlands Disneyland für das opulente Leben einer kleinen Elite.

Das Russland, das ich in den vergangenen zwei Jahrzehnten bereist habe, kennt meine russische Familie nicht. Auch, weil es im russischen Fernsehen so gut wie ausgeblendet wird. Es ist ein kaltes und dunkles Russland, vernachlässigt, verkommen, weitgehend vergessen. Ein riesiges Land, das den Preis bezahlt für das Leben einer kleinen, sehr reichen und sehr zynischen Elite. Vor allem von diesem Russland und seinen Menschen möchte ich in diesem Buch berichten: Von den Bauern in Krasnodar, denen mächtige Agrarkonzerne mit roher Gewalt die Ernte stehlen. Von Walentina, die für den Diebstahl von fünf Gläsern Eingemachtes viele Jahre ins Straflager ging. Vom Soldaten Sergei, der Tschetschenien überlebte und doch zugrunde ging. Von sterbenden Industriestädten, Dörfern im Ural und einer Beerdigung in Jekaterinburg. Von Schenja, dem Moskauer Lebenskünstler, und Bo Andersson, dem Automobil-Manager in Toljatti.

Mein Herz hängt an den Geschichten der beeindruckenden Menschen, die in ausweglosen Situationen einfach weiterkämpfen, für das Überleben ihrer Betriebe, ihrer Nachbarn, ihrer Freunde. Und oft auch nur für das Überleben von Gerechtigkeit. Sie sind die stillen russischen Helden, die niemand im fernen Moskau kennt, die mich aber bei meinen Reisen so faszinierten. Fast nie endeten ihre Geschichten mit einem Triumph der guten Sache. Fast immer behielten zynische Geschäftsleute, Lokalpolitiker, Geheimdienstler, Richter oder Staatsanwälte die Oberhand. Denn diese Menschen leben im Russland Wladimir Putins. Ein eng gewirktes Netz von Abhängigkeiten, Drohungen, Erpressung und Korruption hat das Land in eine Putin-Matrix verwandelt, die die Selbstbedienung jener unersättlichen Elite absichert, die dem Präsidenten loyal zur Seite steht.

Es gibt inzwischen nur noch wenige russische Journalisten, die es wagen, über dieses System zu berichten. In meinen Filmen waren sie noch lebendig: der Chefredakteur Waleri zum Beispiel, der auf dem Stuhl seines gerade ermordeten Vorgängers Alexei schon ahnte, dass auch er nicht mehr lange die kriminellen Vorgänge im riesigen Automobilwerk von Toljatti würde recherchieren können.

Oder Anna Politkowskaja, meine russische Kollegin von der *Nowaja Gaseta*, die ich im September 2004 am Flughafen traf. Wie ich war sie auf dem Weg zur dramatischen Geiselnahme in Beslan. Sie hätte vermitteln können zwischen den Terroristen und dem Kreml. Wohl darum kam sie nie in Beslan an, wurde im Flugzeug vergiftet, überlebte aber. Bei einem Abendessen in Moskau 2005 wollte sie darüber nicht reden. Aber sie lachte viel an jenem Abend. Ein Jahr später, am 7. Oktober 2006, wurde sie im Aufzug ihres Wohnhauses in Moskau erschossen.

Das System Putin hat auch Auswirkungen auf Russlands Nachbarn und das Verhältnis zum Westen. Ich war Augenzeuge auf dem Maidan, der Krim und in der Ost-Ukraine. Das waren intensive Momente, in denen ich, obwohl im Nachbarland Ukraine, viel über Russland gelernt habe. Weil die Ereignisse in Kiew, Simferopol, Donezk und Luhansk solch gravierende Auswirkungen für Russland und sein Verhältnis zum Westen haben, schreibe ich auch über die sogenannte Ukraine-Krise, die in Wahrheit ein Krieg ist. Inzwischen, so die letzten Zahlen, sind im ukrainischen Donbas über 13 000 Menschen gestorben. Weil Wladimir Putin auf Gewalt setzte, hat er einen kulturell, wirtschaftlich und politisch eng verbundenen Nachbarstaat entfremdet und auf lange Zeit verloren.

Jede Recherche, jede Reise, jede Begegnung erzeugte über die vielen Jahre hinweg einen kleinen Tupfer auf dieser großen Leinwand von Russland. Wenn ich einen Schritt zurücktrete, werden Konturen, Strukturen und Motive sichtbar. Aber es ist schwierig, dieses Land systematisch zu beschreiben. Denn in dieser Putin-Matrix greift vieles ineinander, und ein Teil ihrer Bausteine ist unsichtbar.

Waren es vielleicht Russlands Bürger selbst, die sich ahnungslos ein neues Herrschaftssystem bescherten, das sie schließlich schon wieder zu unmündigen Untertanen macht, ihre Bürgerrechte mit Füßen tritt? Eine Art Stockholm-Syndrom eines Volkes, seit Jahrhunderten unterjocht und gedemütigt von Zaren, dann siebzig Jahre gefangen im großen Menschen-Experiment der Sowjets, dann ausgeplündert und enteignet von den Raubtier-Kapitalisten der Neunziger? Wollten die russischen Menschen unbewusst einen autokratischen Führer, wenn er denn nur Stabilität verspricht, und ebneten Putin freiwillig den Weg?

Oder war es andersherum? War es dieser unbekannte KGB-Spion Wladimir Putin, dem das Schicksal die Macht übergab und der dann blitzschnell ein immer dichteres Netz von loyalen Geheimdienstlern und Militärs um sich spann, die Medien unter Kontrolle brachte, Parlament und Justiz zu treuer Gefolgschaft zwang, bis das Volk, selbst wenn es denn einen anderen Herrscher bevorzugte, keine Chance mehr hätte, ihn zu finden und zu wählen?

Oder waren es die Seilschaften des mächtigen KGB, diese Kaste der Geheimdienstler, die in der Jelzin-Zeit nur kurz abtauchten, ihre Vermögen in Sicherheit brachten, ihr Firmenschild in »FSB« umschrieben, um dann, mit der Inthronisierung eines der ihren, wieder die alten Geschäfte aufzunehmen? Sind sie die wahren Kreml-Herrscher? Ist Putin nur der Dompteur mit der schicken Zirkus-Uniform, der so schön mit der Peitsche knallen kann, aber in Wahrheit haargenau den eisernen Regeln seiner Raubtiere folgen muss, vor allem was die Fütterungs-Intervalle angeht?

Oder ist es vielleicht all das zusammen?

Und welche Rolle spielen die Superreichen aus Putins Umgebung? Ehemalige Vertraute, Leibwächter, Judopartner, die zu Milliardären wurden oder Führungsposten in Wirtschaft und Regierung erhielten? Wie genau funktioniert das Tribut-System, das Loyalität und gelegentliche Großzügigkeit der Günstlinge im Tausch gegen lukrative Staatsaufträge mit hohen Margen vorsieht?

Wie viele Spekulationen habe ich an unzähligen Abenden mit russischen und europäischen Freunden diskutiert. Politik in Russland wird seit vielen Jahren in kleinen Küchenkabinetten gemacht, von einer Handvoll Männer, fast alle mit Geheimdienst-Vergangenheit. Auch russische Experten räumen ein, dass sie kaum noch Zugang haben zum Zentrum der Macht. Umso schöner blühen die fantasievollen Thesen, Theorien, Prognosen, die Erklärungen, wie aus dem chaotischen Jelzin-Russland die straff organisierte »Putin-AG« werden konnte.

Natürlich spielt Putin auch in diesem Buch eine große Rolle. Aber nicht als zentrale politische Figur, von deren Motiven, Entscheidungen und Handlungen sich alles Weitere ableitet, sondern eher als eine stilisierte Projektionsfläche für Erwartungen und Hoffnungen seiner Bürger, als geschickt inszenierter »guter Zar«, der sich immer wieder medienwirksam von den Niederungen der Tagespolitik absetzt. Er ist die Schlüsselfigur dieser virtuellen russischen Welt, des »Russki Mir«, dieses »höllischen Breis«, wie ein kritischer Kommentator es nennt. Patriotismus, Nationalstolz, Sowjet-Nostalgie, Orthodoxie, Familienwerte und vieles mehr werden von den willfährigen Medien zu einem kruden Weltbild gefügt, USA und Europa zu Feindbildern stilisiert, um eine Wagenburgmentalität und Opferbereitschaft zu erzeugen. All das hat sich in den 19 Jahren, seit ich nach Russland kam, systematisch entwickelt. Wladimir Putin bezog fast zeitgleich mit meinem Start in Moskau den Kreml. Und er ist immer noch dort. Was er in diesem Zeitraum in den Köpfen der Menschen anrichtete, ist beachtlich. Inzwischen haben die meisten schlicht Angst, überhaupt noch vor einer Kamera aus Deutschland über Missstände zu reden, geschweige denn über Politik. Nur wenige wagen es noch, gegen Unrecht, Schikanen, Enteignung, gegen lokale Beamte, Staatsanwälte und Richter offen Position zu beziehen.

Sie sind wenige, aber es gibt sie. Etliche dieser standhaften, kämpferischen, mutigen Menschen habe ich getroffen. Auch wenn sie fast immer unterlagen: Sie sind meine wahren Helden in diesem Land, mal kämpferisch, mal still, mal tragisch, so wie Natascha, die vor unserer Kamera in die Knie ging und weinte.

Kapitel 1
Helsinki:
Das Rätsel im Geheimnis

Es ist ungewöhnlich heiß in Helsinki an diesem Montag, den 16. Juli 2018. Die meisten der 2000 Journalisten aus aller Welt sitzen in der klimatisierten Finlandia-Halle, in der das Pressezentrum eingerichtet wurde, und warten auf erste Informationen aus dem nur wenige Kilometer entfernten Präsidentenpalast. Dort treffen sich Wladimir Putin und Donald Trump. Zwei Staatsmänner, die die Welt in Atem halten. Hier, in Helsinki, wo 1975 Gerald Ford und Leonid Breschnew mit 33 weiteren Staats- und Regierungschefs die KSZE-Schlussakte unterschrieben. Wo 1990 George Bush und Michail Gorbatschow über die Golfkrise berieten. Wo 1997 Bill Clinton und Boris Jelzin die Zukunft der NATO diskutierten. Jetzt sind die Akteure andere.

Wir haben unsere Kamera auf der Wiese vor dem Kongressgebäude aufgebaut, an den Masten davor hängen finnische, amerikanische und russische Fahnen schlapp herab. Mein Kollege Olaf hat einen großen Reflektor auf mich gerichtet, um mein Gesicht während des Live-Berichts aufzuhellen, was die Hitze nur noch unerträglicher macht. Darja geht mit ihrem Handy immer wieder die Agentur-Meldungen durch. Aber es gibt keine neuen Informationen. Nichts. Ich schildere Hintergründe, spekuliere über denkbare Ergebnisse und bin doch so ratlos wie die übrigen Journalisten vor Ort.

Ich habe in 24 Jahren als ARD-Korrespondent viele Gipfeltreffen erlebt. Doch dieser ist anders. Putin und Trump sprechen zwei Stunden lang ohne ihre Delegationen, unter vier Augen, nur die Dolmetscher sind dabei. Nicht nur der Rest der Welt, auch Trumps eigene Berater im Weißen Haus, seine Geheimdienste, Militärs und der Kongress werden später keine Einzelheiten dieses Gesprächs erfahren. Von Wladimir Putin erwartet ohnehin niemand, dass er seine Karten offenlegt. Ein ganzer Kosmos von Spekulationen umgibt diese beiden Männer, die sich hier gegenübersitzen – getrennt durch offene geopolitische Rivalität, verbunden durch gewaltige Macht und eine Grauzone vermuteter geheimer Kumpanei.

Da ist Wladimir Putin: Groß geworden in der bitteren Armut der Leningrader Hinterhöfe. Putin ist »street-smart«, weiß, wann er als Erster zuschlagen muss. Halt findet er in verschwitzten Kampfsportclubs, einem Männerkosmos mit chronischer Nähe zu Kriminalität. Dann das Jurastudium, die ersehnte Aufnahme in den KGB. Putin ist ehrgeizig, diszipliniert, ausdauernd. Er wird Geheimdienstler in Deutschland, erlebt den Mauerfall als Trauma: Der Staat, zu dessen heimlicher Elite er sich zählt, ist verschwunden. Er wird Vizebürgermeister in seiner Heimatstadt, die nun wieder Sankt Petersburg heißt. Medien und Buchautoren schreiben über dubiose Finanzdeals und Mafiakontakte. Später, in Moskau, wird Putin Ziehsohn Jelzins, dann folgt der sagenhafte Aufstieg zum Dauerherrscher Russlands. Putin gilt als kühler Machiavelli, als geschickter Taktiker, doch auch als einer, der keine Wirtschaftsstrategie hat für seinen kleptokratischen Petro-Staat.

Ihm gegenüber Donald Trump: Aufgewachsen in dem Bewusstsein, etwas Besonderes zu sein, vom Vater als »König« bezeichnet und dazu ermuntert, bei allem, was er tue, ein »Killer« zu werden. Schon als Kind so aggressiv, dass der Vater ihn auf ein Privatinternat schickt, das bekannt ist für militärischen Drill. Mit vielen Millionen Startkapital ausgestattet, wird er nach dem Wirtschaftsstudium ein New Yorker Immobilienhai mit umstrittenen Geschäftspraktiken. Großspurig, selbstverliebt, unbelesen, ungebildet. Sein Biograf gesteht ihm eine Aufmerksamkeitsspanne von wenigen Minuten zu. Dafür gilt Trump als machtbesessen, empathielos, beratungsresistent, ungezügelt. Einer, der die große Bühne liebt und sich politischer Weggefährten genauso schnell entledigt wie »unfähiger« Kandidaten seiner TV-Show »The Apprentice«.

Dem russischen Präsidenten dagegen begegnet Trump mit Respekt, beinahe Zuneigung. Den offensichtlichen Grund dafür nennt Michael McFaul, ehemaliger US-Botschafter in Moskau: »(...) Trumps ideologische Orientierung überschnitt sich mit Putins Ideen. Seit Jahren schon wetterte Putin gegen die liberale Weltordnung und das, was er die dekadenten westlichen Kulturerscheinungen nannte. Trump machte dasselbe. Putin schimpfte auf amerikanische Einmischung und Hegemonie. Trump tat das auch.«[1] Doch diese gemeinsame Weltsicht erklärt nicht alles. Längst ist das sogenannte Steele-Dossier bekannt, kursieren andere Motive für Trumps auffälliges Wohlwollen Putin gegenüber: Es geht um kompromittierendes Material, Filme mit Prostituierten, aufgenommen bei einem früheren Moskau-Besuch des Amerikaners. Um finanzielle Verstrickungen und schmutzige Deals, russisches Geld für Trumps Immobilien. Über allem aber schwebt der Verdacht, gemeinsam mit Moskau die Präsidentschaftswahl manipuliert zu haben, ein Herrscher von Putins Gnaden zu sein.

Nach Stunden des Wartens beginnt am Nachmittag in Helsinki schließlich eine bizarre Pressekonferenz, die in die Geschichtsbücher eingeht. Der US-Präsident stellt sich klar gegen die Position seiner eigenen Geheimdienste, die übereinstimmend behaupten, Russland habe die amerikanische Präsidentschaftswahl manipuliert. Auf die Frage, ob er sich diese Analyse zu eigen mache, sagt Trump:»Ich sehe keinen Grund, warum es Russland gewesen sein sollte.«

Erst als nach seiner Rückkehr in die USA die landesweite Empörung wächst, wird er einen Rückzieher machen und von einem »Versprecher« reden:»Der Satz hätte eigentlich lauten sollen: Ich sehe keinen Grund, warum es *nicht* Russland gewesen sein sollte.« Doch nur wenige glauben an die Theorie vom »Versprecher«. Kurze Zeit später wird Trump einem Journalisten gegenüber auch die Gefahr weiterer russischer Hackerangriffe leugnen – obwohl selbst sein eigener Geheimdienst-Koordinator, Dan Coats, Russland als aggressivsten ausländischen Cyber-Angreifer bezeichnet.

Dass sich die Pressekonferenz vor allem um die »Russland-Affäre« dreht, hat einen Grund. Während Trump einige Tage vor dem Helsinki-Gipfel bereits in Europa war, leitete das US-Justizministerium Strafverfahren gegen zwölf Mitglieder des russischen Militärgeheimdienstes GRU ein. Es war ein weiterer Paukenschlag, Ergebnis der Recherchen von Sonderermittler Robert Mueller. Laut Anklageschrift hatten Putins Geheimdienstler Serverräume in Arizona und Computer in Illinois gemietet, mit Bitcoins Server gekauft, um dann erfolgreich die Daten von 500 000 US-Wählern zu stehlen, Mitarbeiter des demokratischen Wahlkampfkomitees zu überwachen und Interna abzuzapfen.

In der Pressekonferenz macht Wladimir Putin dann das, was Trump Minuten später ein »unglaubliches Angebot« nennen wird: Er bietet an, seine zwölf in den USA angeklagten Geheimdienstler in Gegenwart amerikanischer Offizieller befragen zu lassen. Im Gegenzug erwarte Moskau, amerikanische Justizbeamte und Geheimdienstmitglieder, die man illegaler Aktivitäten auf russischem Gebiet verdächtige, verhören zu können.

Trumps Worte vom »unglaublichen Angebot« schlagen nicht nur in Washington ein wie eine Bombe. Denn zu den Verdächtigten zählt unter anderem der ehemalige US-Botschafter in Moskau, Michael McFaul. Ihn hatten die Kreml-nahen Medien während seiner Amtszeit von 2012 bis 2014 regelrecht gehetzt: McFauls Kontakte zur russischen Zivilgesellschaft und zu Oppositionellen waren als Vorbereitung eines »russischen Maidan« diffamiert worden, eines Volksaufstandes also, wie in der Ukraine. Russische Behörden unterstellten ihm gar Gesetzesverstöße, die allerdings als unglaubwürdig und konstruiert gelten.

Dass Trump nun, vor der gesamten Weltöffentlichkeit, ein Verhör des Diplomaten durch russische Offizielle überhaupt in Erwägung zieht, schockiert nicht nur mich: »Ich werde Helsinki nie vergessen«, schreibt Ex-Botschafter McFaul. »Putin wollte mich verhören lassen, und Trump nannte es ›ein unglaubliches Angebot‹. Warum? Wenn Außenpolitik im wörtlichen Sinne persönlich wird …«[2]

In Washington lässt Trump das Angebot tatsächlich eine Zeit lang prüfen, obwohl das US-Außenministerium den Putin-Vorschlag als »absurd« zurückweist. Aber erst als sich der US-Senat einstimmig gegen ein Verhör ehemaliger US-Diplomaten durch Moskau ausspricht, gibt Trump die Idee auf.

»Unser Mann«

Nach der denkwürdigen Pressekonferenz gehe ich vom Medienzentrum zum ARD-Übertragungswagen. Er steht am Hafenbecken Eteläsatama, nur 300 Meter vom Präsidentenpalast entfernt. Die Hitze hat endlich etwas nachgelassen, die Limousinen der beiden Delegationen sind abgefahren, Kampftaucher des finnischen Grenzschutzes, die im Hafenbecken das historische Treffen absicherten, werden von einem Schlauchboot eingesammelt, neben uns räumen Polizisten die ersten Absperrungen ab. Zum Abschluss dieses Tages sollen Stefan Niemann, der Washington-Korrespondent, und ich ein gemeinsames Live-Gespräch mit den »Tagesthemen« führen.

Der Gipfel selbst war schon ungewöhnlich genug, das Schaltgespräch ist es für mich erst recht: Es wird mein letztes sein für die ARD. Und natürlich werden wir mit der Frage konfrontiert, die sich jedem Beobachter aufdrängt: Was treibt diesen US-Präsidenten, sich vor der ganzen Welt gegen seine eigenen Geheimdienste zu stellen, ihnen weniger zu glauben als dem Mann im Kreml? Was hat Wladimir Putin gegen Trump in der Hand? Ich fühle mich unwohl, als ich in der ARD über die »Pee-tapes« spekulieren muss, jene kompromittierenden Videos über Geldwäsche und Wahlbeeinflussung. Es klingt alles zu sehr nach einem schlechten Kriminalfilm, zu sehr nach Hollywood.

Als ich nach dem Live-Bericht endlich in meinem Hotelzimmer ankomme, schalte ich den Fernseher ein. Die russischen Sender zeigen die immer gleichen Bilder: Putin und Trump, Trump und Putin. Für ihn, der den Auftritt sichtlich genießt, ist es allein schon ein Triumph, dass er auf Augenhöhe mit dem US-Präsidenten verhandelt hat. Russland ist zurück auf der großen Bühne, als Weltmacht, sagen diese Bilder, respektiert, vielleicht auch gefürchtet, egal. »Trump ist unser Mann«, höre ich den Moderator sagen. Ein Satz, der Raum für Interpretationen lässt.

Wie sehr Trump Putins Mann ist, wird schnell deutlich. Im Januar 2019 verkündet er völlig überraschend den Rückzug der US-Truppen aus Syrien – eine alte Forderung Putins. Angekündigte US-Sanktionen gegen Russland verzögern sich, die gegen Firmen des Putinnahen Oligarchen Oleg Deripaska werden aufgehoben. Noch im Januar 2019 bekommen die Spekulationen weitere Nahrung: Die *Washington Post* meldet, Donald Trump habe nicht nur in Helsinki die Notizen seiner Dolmetscherin an sich genommen und Stillschweigen angeordnet, sondern sei auch bei mehreren vorherigen Treffen mit Putin so verfahren. Zweiergespräche, die zur Geheimsache werden, selbst Mitgliedern der eigenen Regierung gegenüber? Ein völlig ungewöhnliches Verhalten für einen US-Präsidenten.[3]

Hat Putin Trump tatsächlich in der Hand? Ist das jetzt die Krönung der unglaublichen Karriere dieses Mannes, der schon seit Jahren den Westen mit Militäreinsätzen, Desinformation und Cyber-Angriffen aus dem Tritt bringt, wenn nicht destabilisiert?

Selbst im April 2019, als der Bericht des Sonderermittlers Robert Mueller längst dem US-Justizministerium übergeben wurde, gehen die Spekulationen weiter. »Keine Konspiration mit Russland, Freispruch« lautet die Lesart Trumps, doch die Demokraten im Repräsentantenhaus kämpfen verzweifelt um den ganzen, unredigierten Bericht ohne Schwärzungen. Mitarbeiter Muellers zeigen sich anonym empört über die verkürzte Interpretation ihrer Arbeit und deuten an, sehr wohl enthalte der Bericht zahlreiche belastende Fakten. Gab es also doch brisante Verbindungen zwischen Trump und dem Geheimdienstler im Kreml? Ich muss an Winston Churchill denken: »Russland ist ein Rätsel innerhalb eines Geheimnisses, umgeben von einem Mysterium.« Der Satz beschreibt recht treffend den verwirrenden Kosmos an Mutmaßungen, Ahnungen und Befürchtungen rund um die Macht des Ex-Spions Wladimir Putin.

Die Machtübernahme der Geheimdienstler

Als Putin die Weltbühne betritt, ist er für viele Berichterstatter, die internationalen zumal, ein weitgehend unbeschriebenes Blatt. Am 31. Dezember 1999 war ich mit meinem Team auf dem Weg zum Flughafen im ossetischen Mineralnie Wodi, von wo aus wir nach

Moskau zurückfliegen wollten. Ich hatte über den Tschetschenienkrieg berichtet, der Putins Weg an die Spitze vorbereitete. Als Ministerpräsident unter Boris Jelzin hatte er sich durch eine harte, unbarmherzige Rhetorik den tschetschenischen Rebellen gegenüber profiliert. Man werde sie bekämpfen, wo immer es möglich sei, notfalls vernichte man sie auf dem »Scheißhaus«. Seine Wortwahl erinnerte an den Jargon der Straflager.

Was wir während des mehrstündigen Fluges nicht mitbekommen sollten: An jenem letzten Tag des ausgehenden Jahrtausends saß ganz Russland vor dem Fernseher und lauschte der Neujahrsbotschaft Boris Jelzins. Was er sagte, ging sofort als Blitzmeldung um die Welt – und würde sie stärker verändern, als die allermeisten Menschen ahnten. Der 68-jährige russische Präsident sprach mühevoll, stockend, sichtlich bewegt. Er kündigte an, zur Jahrtausendwende zurückzutreten und seinem Ministerpräsidenten die Amtsgeschäfte zu übergeben. Wenige Stunden später, nach dem riesigen Millenniums-Feuerwerk, mit dem Moskau das Jahr 2000 begrüßte, war Wladimir Wladimirowitsch Putin amtierender Präsident der Russischen Föderation.

In den Tagen nach unserer Rückkehr aus Tschetschenien diskutierten wir im ARD-Studio stundenlang: Wer war dieser Wladimir Putin, was bedeutete seine Präsidentschaft für Russland? Ich argumentierte vorsichtig: Ein Präsident Putin könnte dem Land nach Jelzin doch vielleicht guttun. Jelzin, ein vorzeitig gealterter, vom Alkohol gezeichneter Mann mit schwammigem Gesicht und schwerfälliger Aussprache, hatte sich eher tapsig durch offizielle Anlässe bewegt, viele Russen hatten sich mit der Zeit für ihn geschämt. Die wilden Neunziger, in denen er das Ruder übernommen hatte, empfanden die meisten Russen nicht als demokratischen Aufbruch, sondern nur als chaotisch: Bankencrash, der zweimalige Verlust aller Ersparnisse, Raubtier-Kapitalismus, ungebremste Bereicherung weniger Oligarchen im Zuge der überstürzten Privatisierung einstiger Staatsbetriebe.

Putin, der oft fast schüchtern wirkende Ex-KGB-Agent, machte dagegen einen sachlichen und überlegten Eindruck auf mich. Er schien ein demokratisches Russland und eine Kooperation mit dem

Westen anzustreben und sagte bald schon unter lautem Applaus der Abgeordneten im deutschen Bundestag: »Der Kalte Krieg ist endgültig vorbei.« Für die meisten Russen war es vor allem Putins Versprechen, energisch für Ruhe und Ordnung zu sorgen, für Stabilität und Sicherheit, das nach vielen chaotischen Jahren wie eine Verheißung erschien. Selbst Garri Kasparow, der Schachweltmeister, der später ein prominentes Mitglied der russischen Opposition wurde, schreibt, er sei damals zwar besorgt gewesen über die KGB-Vergangenheit des neu gewählten Präsidenten, »aber so wie die meisten Russen war ich anfangs widerwillig bereit, Putin eine Chance zu geben«.[4]

Jetzt, fast zwei Jahrzehnte später, herrscht Wladimir Putin noch immer im Kreml – und ist längst ein anderer Präsident. Das unter ihm entstandene Russland macht vielen meiner russischen Freunde Angst. Es ist ein manchmal geradezu surreales Land. Geheimdienste, Militärs und ein enger Zirkel von Putin-Vertrauten regieren nach Gutsherrenart. Es gibt kaum noch »checks and balances« wie in den USA, keine Kontrollinstanzen, Institutionen und Behörden, die dem als nationale Führungsfigur stilisierten Wladimir Putin ernsthaft widersprechen würden. Statt demokratischen Wettbewerbs beherrschen Mitglieder der übermächtigen Regierungspartei »Einiges Russland« die Duma und den Föderationsrat. Sie regieren auf Anweisung Putins mit weitgehend gleichgeschalteten Massenmedien, einer willfährigen Justiz und einer schlagkräftigen Exekutive inklusive Nationalgarde.

Ein Job beim Inlands-Geheimdienst FSB gilt wieder als Grundstein für eine steile Karriere. Vor allem junge Russen träumen davon, denn er verspricht Vermögen und Macht. Ihre Aufnahme in die elitäre FSB-Kaste feiern sie gerne mit Auto-Korsos, in schwarzen SUVs, die als Kolonne durch Moskaus Straßen brettern. Die Fahrer fühlen sich als Mitglieder eines neuen Adels, als Bewahrer der »Macht-Vertikale«, als unangreifbar. Längst ist der FSB Primus inter Pares, mächtiger als Staatsanwaltschaft, Untersuchungskomitees oder Gerichte, frühere Zuständigkeitsgrenzen zwischen den Behörden sind ausgelöscht: »Einfach gesagt, kann der FSB heute so ungehindert wie nie gegen jede beliebige Person in der Russischen Föderation ein Strafverfahren mit garantierter Festnahme und Verurteilung einleiten«,[5] analysiert Pawel Tschikow.

Wiktor Solotow, ein ehemaliger Leibwächter Putins, ist in diesem System schon ziemlich weit gekommen. Der Herr über 340 000 Mitglieder der Nationalgarde, die auf Putins Anordnung hin geschaffen wurde, ist mir mit einem denkwürdigen Auftritt im Gedächtnis geblieben: Der Mann im Generalsrang sitzt mit Uniform, Ehrenzeichen und großer Schirmmütze vor einer Kamera und bedroht fast sieben Minuten lang per Videobotschaft den populären Oppositionsaktivisten und Blogger Alexei Nawalny. Nawalny, der kurz zuvor Korruption bei der Nationalgarde angeprangert hatte, sei ein Klon »aus einem amerikanischen Reagenzglas«, ein »oppositioneller Wadenbeißer«, der die Lage in Russland destabilisieren wolle. Solotow fordert Nawalny ernsthaft zum Duell und droht, »Hackfleisch« aus ihm zu machen. Der General klingt eher wie ein Mafiaboss, nicht wie der Kommandierende einer Armee von Ordnungshütern. Erschreckender ist vielleicht nur noch die Reaktion von Putins Pressesprecher. Zwar sei der Auftritt nicht mit dem Kreml abgesprochen gewesen, aber: »Manchmal muss man gewissenlose Verleumdung auf jede mögliche Weise bekämpfen.«[6] Die »gewissenlosen Verleumdungen«, das waren Nawalnys Enthüllungen.

Solche Warnungen, teils in Form von bizarren Inszenierungen, kennt auch die Kreml-kritische Zeitung *Nowaja Gaseta*. Zuerst ist es ein teures in die Redaktion geliefertes Beerdigungs-Arrangement. Ein abgeschnittener Ziegenkopf verleiht der anonymen Sendung Nachdruck. Dann steht ein knappes Dutzend Schafe auf der Straße vor der Redaktion. Eingesperrt in Eisenkäfige, trägt jedes Schaf eine Weste, auf der in großen Lettern »Presse« steht. Das Schweigen der Lämmer …

Aktionen wie diese erfordern deutlich mehr Aufwand als das Versenden eines toten Fisches in Zeitungspapier. Ihre Urheber wären wohl auch zu ermitteln, wenn das gewollt wäre. So aber müssen die Journalisten der Zeitung, die bereits etliche Kollegen durch Morde verloren haben, die Inszenierung ernst nehmen.

Wiktor Solotows Nationalgarde trainiert vor den Toren Moskaus in großem Stil die Niederschlagung von Massendemonstrationen, ausgerüstet mit neuen, modernen Gerätschaften: Schutzschilde, die mit akustischen Signalen Protestler lahmlegen, ein neues multi-funktionales Wasserwerfer-Modell. Der Kreml lässt aufrüsten, nicht ohne Grund. Im Land gibt es zunehmend Proteste, denn die Bevöl-kerung soll den Gürtel noch enger schnallen: Das Silvesterfeuer-werk 2019 läutet eine Erhöhung von Rentenalter, Mehrwertsteuer und Kommunalgebühren ein. Gegen die Ankündigung dieser Maß-nahmen waren Anhänger Nawalnys auf die Straßen gegangen, Solo-tows Männer hatten auf die Demonstranten eingeschlagen, mehr als tausend Menschen waren festgenommen worden. Unmittelbar da-nach folgte die »Hackfleisch«-Tirade des Generals.

Tatsächlich ist die Ökonomie die Achillesferse von Putins Macht-Vertikale. Loyalität und Selbstbereicherung sind eng mitei-nander verwoben. Vor allem Vertraute aus Putins Petersburger Zeit werden mit Staatsaufträgen Milliardäre, Kleptokratie und Kapital-flucht ersetzen Reformen in diesem rohstoffreichen Land. Die Kehr-seite: Seit fünf Jahren sinken die Realeinkommen. Selbst der Pu-tin-Vertraute Alexei Kudrin, über viele Jahre respektierter Finanz-minister, prognostiziert jetzt Wachstumsraten von nur noch einem Prozent – das bedeutet für ein Schwellenland Stillstand.

In der Wagenburg

Als Wladimir Putin im Jahr 2000 Präsident wurde, hieß die still-schweigende Vereinbarung mit seinem Volk: Ihr akzeptiert weniger Demokratie, bekommt dafür aber mehr Stabilität und Wohlstand. Das ging ein paar Jahre gut, weil die Ölpreise sich nach Putins Amtsantritt auf wundersame Weise fast versechsfachten. Als sie vor einigen Jahren einbrachen und der Westen nach der Annexion der Krim Sanktionen verhängte, konnte Putin diesen »Deal« nicht mehr erfüllen. Und so wurde er umgeschrieben. An die Stelle von »mehr Wohlstand« trat »mehr Patriotismus«. Stolz auf das Vaterland. Da-rauf, dem Westen militärisch Paroli zu bieten. Die Siegesparaden am 9. Mai sind schon seit Jahren machtvolle Demonstrationen militärischer Schlagkraft. Vor Moskau kann die Jugend jetzt im »Patrioten-Park« einen nachgebauten deutschen Reichstag stürmen. 2019 wird ein neuer Fernsehkanal angekündigt: »Pobeda« (»Sieg«) soll ausschließlich den Zweiten Weltkrieg thematisieren und damit die Erinnerung an den Sieg der Roten Armee hochhalten. Die Vergangenheit wird glorifiziert, Stalin rehabilitiert, NATO und Washington werden dämonisiert. Die Talkshows im russischen Fernsehen strotzen vor bizarren Anschuldigungen und Drohgebärden.

Gleichzeitig treibt die Militarisierung des Landes immer seltsamere Blüten. Als ich am »Tag der Vaterlandsverteidiger« in den Kindergarten meiner Tochter komme, steht die Sechsjährige da in stilisierter Marine-Uniform. Ihre Spielkameraden tragen braune Kampfanzüge mit Käppi, marschieren zu Militärmusik und müssen dann Begriffe raten: »Wie heißen die Fahrer der Panzer?« – »Tankisti!« Die Augen der Kinder leuchten.

Stolzen Glanz entdeckte ich aber auch in den Augen der Zuhörer, die im März 2018 Putins Rede zur Lage der Nation lauschen. Der Präsident stellt den atomgetriebenen Überschallgleiter »Avantgarde« und andere futuristische Waffensysteme vor. Sie können alle Abwehrsysteme der Amerikaner überwinden, sagt Putin, während hinter ihm auf zwei Leinwänden entsprechende Video-Animationen zu sehen sind. Der Applaus will einfach nicht aufhören.

Die künstlich erzeugte Wagenburg-Mentalität soll die Bevölkerung hinter Putin und seinem System vereinen und Kritiker gleichzeitig als Vaterlandsverräter abstempeln. Dazu kommen Ansätze von Paranoia: Schon ist es Millionen Angestellten des Innenministeriums verboten, in die USA zu reisen, zwei Millionen dürfen das Land überhaupt nicht mehr verlassen: Sicherheitsbedenken.

Die Feindbilder wirken: In Sankt Petersburg nennt sich ein Geschäft für Militärzubehör »Freundliche Menschen« – nach dem populären Synonym für die russischen Spezialkräfte, die die Annexion der Krim vorbereiteten. Man ist offenbar stolz auf den Völkerrechtsbruch. Aber auch stolz auf einen Mordversuch? Der Anschlag auf den russischen Ex-Spion Skripal und dessen Tochter mit dem Nervenkampfstoff Nowitschok ist noch jung, als mehrere Alltagsprodukte in Russland trotzig unter dem Namen »Nowitschok« registriert werden. Die Palette reicht vom Sonnenblumenöl bis zum Waschmittel. Und der russische Staatssender RT scheut sich nicht, zu Neujahr eine Schokoladen-Nachbildung der Salisbury-Kathedrale zu verschenken. Die der Tat verdächtigten russischen Geheimdienstler hatten angegeben, die Stadt, in der der Anschlag auf Skripal verübt worden war, wegen der berühmten Kathedrale besucht zu haben.

Diese Art von Zynismus, der Stolz darauf, vom Westen gefürchtet zu werden, ist ein Reflex der neuen russischen Welt, in der ich jetzt lebe. Ein anderes Wesensmerkmal ist die ständige Täuschung. Selbst der Präsident nennt die beiden Skripal-Attentäter »Touristen«. Die Chefredakteurin von *Rossija Sewodnja* interviewt die beiden Männer und gibt sich dabei ebenfalls alle Mühe, sie als unbedarfte Salisbury-Touristen durchgehen zu lassen. Gegen die zahlreichen peinlichen Enthüllungen setzt Russland eine Desinformationskampagne. Sie arbeitet gleich mit mehreren widersprüchlichen Legenden: Es war in Wahrheit der britische Geheimdienst, sagt die Nachrichtenagentur *RIA Nowosti*. Es war die Ukraine, sagt ein Ex-FSB-Direktor. Das Gift kam aus einem britischen Kampfstofflabor, sagt die russische Botschaft in London. Es war gar nicht Nowitschok, sagt der russische Außenminister.

Als die beiden Attentäter schließlich von russischen und westlichen Journalisten und Internet-Rechercheuren als Militär-Geheimdienstler enttarnt werden, ist das eine gewaltige Blamage für den Geheimdienst GRU und den Präsidenten. Der GRU-Direktor Igor Korobow wird zu Putin zitiert und stirbt kurz darauf – »nach langer schwerer Krankheit«, wie das Verteidigungsministerium mitteilt.

Das Dementi als Teil der Regierungskunst ist in zahlreichen Staaten traditionsreich. Das Dementi trotz überwältigender Indizien oder Beweise allerdings ist inzwischen fast ein Markenzeichen Moskaus. Der Polonium-Mord am übergelaufenen FSB-Agenten Alexander Litwinenko in London etwa. Trotz radioaktiver Spuren im Überfluss und einer akribischen Rekonstruktion des Tatverlaufs: Dementi. Der mysteriöse Absturz des Malaysia-Airline-Fluges MH-17 über dem Donbas, den Hunderte Experten der internationalen Untersuchungskommission akribisch als Abschuss durch eine russische Flugabwehrrakete nachwiesen: Dementi. Die Existenz russischer Soldaten und Waffensysteme aufseiten der Separatisten in der Ost-Ukraine: Dementi.

Das Dementi wird allerdings beinahe zur Kunstform, wenn die Sprecherin des Außenministeriums über einen Bericht der OSZE-Sonderbeobachtungsmission (SMM) im Donbas redet. Dort war am 27. Oktober 2018 eine Langstreckendrohne der SMM abgeschossen worden. Vor dem Treffer hatte die Drohne Bilder eines russischen Konvois gesendet, der nachts ein Boden-Luft-Geschütz über die Grenze in die Ukraine brachte. Frankreich und Deutschland protestierten energisch gegen den Abschuss. Dank der Bilder schien die Sachlage eindeutig: in flagranti ertappt. Doch Maria Sacharowa, die Sprecherin des Außenministeriums, bezeichnete die Vorwürfe trotz allem als unbegründet. Man fordere eine transparente Untersuchung. Und dann, als Pointe: Hatten die Separatisten nicht gefordert, solche Aufklärungsflüge mit ihnen abzusprechen und zudem die Drohne mit Blinklichtern auszustatten?[7] Im Klartext: Überwachung mit Ankündigung, damit sie wirkungslos wird.

Es war ein bitterer Witz, der in Journalistenkreisen schon 2014, nach dem Abschuss von MH-17, die Runde machte:»Wenn es aussieht wie ein Pferd, wiehert wie ein Pferd, galoppiert wie ein Pferd, dann ist es höchstwahrscheinlich ein Pferd. Wenn das Pferd dann sagt: ›Ich bin kein Pferd‹, ist es mit Sicherheit ein russisches Pferd.« Der Witz hat auch in den Jahren danach nichts an seiner Aktualität eingebüßt.

»Russki Mir« – ein höllischer Brei

Der Schriftsteller Viktor Jerofejew nennt dieses neue Russland »eine einzigartige Mischung aus Dilettantismus, Frechheit, Zynismus und Atavismus. (…) Die groteske Logik der Autokratie wird zur Karikatur, der gebrochene Damm überflutet unser Land mit Lügen, (…) archaische Formen wie Vergiftung tauchen wieder auf als Beruhigungsmittel der Autokratie«.[8]

Es sind oft trügerische Scheinwelten, die im Kreml mithilfe seiner Medien inszeniert werden, und häufig reibe ich mir verwundert die Augen. Auch an Menschen in meinem direkten Umfeld perlen Argumente inzwischen einfach ab wie an einer unsichtbaren Folie, die sich über ihre Wahrnehmung gelegt hat. Diese Folie filtert die trübe Realität beim Blick in den halb leeren Kühlschrank und erzeugt eine andere, strahlende, optimistische: das stolze Russland, das seinen angemessenen Platz in der Welt endlich wiedergefunden hat. Es ist der Glaube an den »Russki Mir«, die »russische Welt«, definiert durch die Strahlkraft der »russischen Seele«, die immer tiefer in das Bewusstsein der Bevölkerung eingepflanzt werden soll.

Schon Gogol beschreibt in seinem Buch »Tote Seelen« Russlands Rolle als »Erlöser des Westens«. Zwar verbinden die meisten Europäer oder Amerikaner wohl wenig Angenehmes mit der Vorstellung, durch Moskau in irgendeiner Form erlöst zu werden – in Russland wirken diese Visionen von der moralisch überlegenen »russischen Welt« jedoch inzwischen stärker, als ich mir das je hätte vorstellen können. (Um fair zu sein: US-Bürger sind ähnlich anfällig für Selbstüberhöhung. Ihr fester Glaube an den amerikanischen Exzeptionalismus hat mich in meiner Washington-Zeit ebenfalls befremdet.)

Warum diese Verheißung solch starke Wirkung entfaltet, ist für Westler schwer zu verstehen. Statt demokratischen Wettbewerbs, statt Toleranz, Individualität und Selbstbestimmung propagiert das russische Gegenmodell offenen Führerkult und patriotischen Gehorsam, verdammt Liberalismus und Homosexualität, beschwört Familienwerte und die spirituelle Kraft der Orthodoxie, fordert die Bereitschaft, das eigene Schicksal dem großen Ganzen zu opfern. Es ist eine für mich schwer verdauliche Gegenwelt mit Wurzeln in düsterer Zeit: Der konservative Philosoph Iwan Iljin (1883–1954) gilt als Vordenker der neuen Staatsideologie. Putin veranlasst über Vertraute die Überführung der Gebeine Iljins nach Russland, erwähnt ihn in einer wichtigen Rede, das russische Fernsehen zeigt ihn als moralische Autorität. Iljin war beeindruckt von Adolf Hitler, hielt das russische Volk für unfähig, eine demokratische Wahlentscheidung zu fällen. Er teilte Stalins Urteil über die ansteckende

Perversion des Westens und pries die russische Rechtlosigkeit als Tugend. Wahlen hielt er nur für eine Geste der Unterwerfung dem überlegenen Führer, dem »Erlöser« gegenüber. »Mit Iljins Konzepten könnte kein russischer Staat errichtet werden. Aber sie halfen Räubern, sich selbst als Erlöser zu präsentieren«,[9] meint Timothy Schneider.

So absurd das für mich als Europäer auch klingt: Die erfolgreiche Stilisierung Putins als nationaler Erlöser funktioniert – spätestens seit der Annexion der Krim. Der wichtigste Klebstoff, auf den Putin und die Propaganda-Strategen im Kreml dabei zurückgreifen, heißt Nationalstolz. Es sind diese unzähligen kulturellen Gemeinsamkeiten, Gewohnheiten, die kollektiven Ängste und Minderwertigkeitsgefühle, die zahlreichen Rituale und Konventionen, die russische Bürger so stark an ihr Land binden, die auch dem erbärmlichsten russischen Alltag noch einen vertrauten Rahmen verleihen. Die gemeinsame »Hafterfahrung« hinter dem Eisernen Vorhang verbindet dabei genauso wie die gefühlte gemeinsame Überforderung mit der Außenwelt nach dessen Öffnung.

Wie stark die Anziehungskraft dieser gemeinsamen kulturellen Matrix ist, beschreibt der Historiker Orlando Figes in seiner Kulturgeschichte Russlands am Beispiel der russischen Emigranten, die sogar freiwillig aus dem sicheren Westen in Stalins Zwangsherrschaft zurückkehrten: »Im Wissen – oder mit der Ahnung –, dass ihnen ein Leben in Sklaverei bevorstand. Es war kennzeichnend für ihre verzweifelte Situation im Westen und für ihre Sehnsucht nach einem gesellschaftlichen Kontext. (…) Das Heimweh verdrängte ihren Überlebensreflex.«[10]

Klaus-Helge Donath, langjähriger Moskau-Korrespondent und Russlandkenner, verweist auf den jahrhundertealten russischen Zwiespalt, das ständige Ringen zwischen »Westlern« und »Slawophilen«. Peter der Große etwa habe seinem Volk die Öffnung dem fortschrittlichen, aufgeklärten Westen gegenüber verordnet, damit jedoch einen Keil in sein Volk getrieben: »Er steckte die Aristokratie buchstäblich in westliche Zwangsjacken mit dem Ergebnis, dass sie ihres Selbstverständnisses verloren ging. (…) Hätte man frank und frei ›Verspätung‹ oder ›Rückständigkeit‹ zugegeben, wäre dies in

Europa als ein Eingeständnis der Schwäche aufgenommen worden, das den Großmachtaspirationen zuwiderlief. So war die russische Idee geboren.«[11]

Natürlich drängen sich Parallelen mit den Neunzigerjahren auf: Das eigene Modell Sowjetunion ist krachend gescheitert, ein Heer westlicher Berater und Glücksritter stürzt sich auf die Konkursmasse, mit all der subtilen Überheblichkeit und Arroganz, die in solchen Phasen vielleicht unvermeidbar sind. Und sehr schnell erkennt Wladimir Putin seine Chance, die alten, tief sitzenden Reflexe für sich zu nutzen. Sein ideologischer Vordenker dabei heißt Wladislaw Surkow. In einem Vorlesungszyklus nennt der durchaus offen die Ingredienzien des russischen Gegenmodells zum Westen:»Synthese kommt vor der Analyse, Idealismus vor Pragmatismus, die Bildhaftigkeit vor Logik, die Intuition vor der Vernunft und das Ganze vor dem Einzelnen.«[12]

Es ist die endgültige Absage an alle Werte von Aufklärung, Rationalität und Demokratie. Surkows Traktate werden in den russischen Medien breit diskutiert, denn er ist kein bedeutungsloser Spinner im staatsideologischen Elfenbeinturm: Surkow gilt als Chefdesigner des riesigen Propaganda-Apparats.

Es ist Surkow, der Putins Russland als viertes Staatsmodell nach denen Iwans des Dritten, Peters des Großen und Lenins historisiert und damit den Putin-Kult befeuert, der inzwischen für Westler fast komische Ausmaße angenommen hat: Buchhandlungen sind voll mit Putin-Büchern, Bildbänden, Kalendern, Fotos, lange Fernseh-Dokumentationen zeigen Putin als nachdenklichen, besorgten Verteidiger Russlands. Die makellose Projektion eines großen klugen Führers beschert Putin, der nie in seinem Leben Wahlkampf machte, der jede kontroverse öffentliche Diskussion mit Kritikern vermied, hohe Umfragewerte und konkurrenzlose Machtfülle.

Der »Russki Mir« als Gegenmodell zum dekadenten, konsumfixierten Westen ist ein seltsamer Kosmos, ein ideologischer Alleskleber mit teils bizarren Widersprüchlichkeiten. Der Stolz auf neue militärische Stärke ist nur ein Baustein. Ein zweiter ist die Sowjetnostalgie, die allerorten neue Stalin-Denkmäler hervorbringt. Der Sieg über Hitlers Faschisten überlagert Erinnerungen an Millionen

GULAG-Opfer. Die Organisation »Memorial«, gegründet, um an sie zu erinnern, wird als »ausländischer Agent« gebrandmarkt. Als gäbe es da keinen Widerspruch, wird gleichzeitig die orthodoxe Kirche instrumentalisiert. Der Präsident steigt zum Epiphania-Fest vor laufenden Kameras ins eiskalte Wasser des Seligersees. Der Präsident küsst folgsam Reliquien, angeleitet von Patriarch Kyrill. Ex-KGB-Spion Putin vergleicht den einbalsamierten Lenin mit Reliquien christlicher Heiliger. Das Verteidigungsministerium verkündet, vor den Toren Moskaus eine gewaltige Kathedrale bauen zu wollen. Priester segnen im Gegenzug neue Raketenmodelle.

Es ist dieselbe orthodoxe Kirche, die von den Sowjets siebzig Jahre lang unterdrückt, verfolgt, förmlich ausradiert wurde, der jetzt Kirchen und Liegenschaften zurückgegeben werden. Der Klerus erlebt eine finanzielle Blüte. Patriarch Kyrill wird mit einer teuren Luxusuhr fotografiert, ein Pope prahlt im Internet mit seinen Gucci-Schuhen, ein anderer macht mit einem Maserati-Unfall auf sich aufmerksam. Ihre Gläubigen sind eher alte, bettelarme Rentner, die um Vergebung beten.

Die Kirchenführer revanchieren sich für die unerwartete Rehabilitierung: Massiv greifen sie ins kulturelle Leben ein, loben laut die Abkehr von westlicher Verderbtheit. Ihre Gläubigen demonstrieren gegen freizügige Filme oder Theaterstücke, Staatsanwälte und Richter nutzen die »Verletzung der Gefühle Gläubiger«, um oppositionelle Freigeister abzustrafen.

Noch folgenschwerer ist der Feldzug der erstarkten Kirche gegen Sexualaufklärung und Kondom-Gebrauch. Russland erlebt eine HIV-Epidemie: 71 Neuinfektionen pro 100 000, gegenüber gerade 3,2 in Mitteleuropa. Bis zu 1,2 Millionen Infizierte sind ein hoher Preis für die Rückkehr zu traditionellen Familienwerten. Willenskraft und Enthaltsamkeit vor der Ehe heißen die kirchlich propagierten Verhütungsmaßnahmen. Eine Hilfsorganisation wird als »ausländischer Agent« eingestuft und muss die Arbeit einstellen, weil die sauberen Spritzen und Kondome, die sie an Drogensüchtige verteilt hat, auch mit Geldern aus dem Ausland finanziert wurden. Weil die Verteilung von Spritzen und Kondomen der staatlichen Politik im Bereich Drogen- und Aids-Prävention widerspreche, sei dies »kein humanitäres, sondern ein ideologisches und sogar politisches Projekt«,[13] so der Staatsanwalt in seiner Begründung.

Gleichzeitig mit der Kirche soll auch die Jugend eingebunden werden in das »Solidaritätskonzert«: Als Provinzbehörden reihenweise Konzerte russischer Rapper mit durchaus frevlerischen Texten absagen, führt das zu wütenden Protesten der jungen Fans. Die aber sind die Sorgenkinder des Kreml, eher Putin-kritisch. Also warnt der Präsident, ganz erfahrener Analytiker von Macht und Möglichkeiten, vor zu viel Gesetzeshärte gegen Rapper.

Eher folkloristisch eine weitere Zielgruppe: die gesamtrussische Kosakenvereinigung, deren Gründung von 5000 Delegierten in der Moskauer Erlöserkirche beschlossen wurde. 200 000 Mitglieder könnte diese Vereinigung demnächst umfassen. Präsident Putin, so wollen es die Kosaken, wird per Dekret ihr Oberhaupt, den sogenannten Ataman, bestimmen. Schon jetzt patrouillieren Kosaken mit Fellmütze und Peitsche gerne gemeinsam mit der regulären Polizei. Manchmal schlagen sie auch auf Demonstranten ein, um sie auseinanderzutreiben.

Und dann sind da noch die Biker: Der Präsident fährt gern in Lederjacke mit den »Nachtwölfen« spazieren, ihr Anführer, Alexander Saldostanow, genannt »Chirurg«, »inszeniert sich selbst als eine phantastische Kreuzung aus ›Mad Max‹ und Fürst Wladimir. (…) Die Mischung aus Orthodoxie, Kraftmeierei und Korpsgeist darf als Keimzelle für die vom Kreml anvisierte Gesellschaftsordnung für Russland gelten. Putin selbst schenkte Saldostanow eine Nationalflagge, die den Anführer der Biker immer auf Auslandsfahrten begleitet.«[14]

Ihre Berlin-Fahrten zum Siegestag der Roten Armee über Hitler stilisieren die Nachtwölfe zu einer patriotischen Expedition, auf ihrem alljährlichen Krimfestival existieren Sowjetwappen und zaristischer Doppeladler friedlich nebeneinander. Alles, was irgendwie an nationale Größe erinnert, wird genutzt, vermischt zu Patrioten-Klebstoff.

Es ist eine seltsame Allianz, die der Kreml da aus Stalin-Nostalgikern und Nationalisten, aus Rappern, Motorradgangs, Popen und Patrioten, aus Geheimdienstlern und befreundeten Milliardären zusammenfügt. Der Journalist Andrei Loschak bringt diese so bizarre Koalition, geschmiedet von Putin und seinen Kreml-Ideologen, auf einen kurzen Nenner:»Eine Dekonstruktion von Bedeutungen läuft da, eine Verwandlung von für sich genommen starken Ideen in einen postmodernen Trash-Zirkus, das Lieblingswerk von Putins Ideologen. Und mit diesem elenden Sud wird man in den nächsten Jahren der Bevölkerung das Hirn durchspülen.«[15] Bemerkenswert sind auch die Hauptfiguren dieser farbigen, loyalen Truppe. Da ist zum Beispiel Jewgeni Prigoschin, genannt»Putins Koch«. Der Imbiss-Unternehmer darf inzwischen das Catering großer Kreml-Events organisieren. Er gilt als enger Vertrauter des Präsidenten und steht im Verdacht, die Petersburger Troll-Fabrik gegründet zu haben: eine Schreibwerkstatt, in der Hunderte Willige gegen Tagessatz im Akkord die sozialen Netzwerke manipulieren, vor allem im Westen, um die Botschaft des»Russki Mir«zu verbreiten.

Ein ehemaliger Mitarbeiter berichtet, dass zum Aufgabenbereich auch die Einschüchterung Putin-kritischer Blogger gehört.»Einmal mit dem Werkzeug gegen den Arm und fertig. Mit was für einem Werkzeug? Einem Eisenstab.«[16] Ein Autor der *Nowaja Gaseta* macht diese Enthüllungen öffentlich, ihm ist wenig später der abgeschnittene Ziegenkopf nebst Kranzgebinde gewidmet.

Prigoschin sitzt auch schon mal mit Generälen am Tisch, während sie mit ausländischen Militärs verhandeln. Warum? Das hat mit einem weiteren Aufgabengebiet zu tun: Prigoschin gilt in den russischen Medien als Organisator der Söldnertruppe»Wagner«, die in der Ost-Ukraine und später in Syrien gekämpft haben soll. Russlands Verfassung verbietet Legionäre. Doch Wagner-Söldner werden auch in der Zentralafrikanischen Republik gesichtet. Drei russische Journalisten, die dieser Story im Auftrag von Michail Chodorkowski nachgehen, werden mit ihrem Fahrer unterwegs gestoppt und erschossen. Wahrscheinlich von einfachen Straßenräubern, so die Kreml-Version. Prigoschin steckt dahinter, sagen andere. Es ist eine dieser unzähligen Episoden mit tödlichem Ausgang, die vielleicht nie aufgeklärt werden. Doch eine Bergbaufirma, die mit Prigoschin zusammenhängt, hat Förderrechte für Gold und

Diamanten in der Zentralafrikanischen Republik erworben. Russland will in Afrika wieder eine größere Rolle spielen.[17] Und im Januar 2019 sollen Wagner-Kämpfer nach Venezuela geflogen worden sein, um den Volksaufstand gegen Nicolás Maduro abwehren zu helfen. Moskau hat viel Geld investiert in dessen Kleptokratie.

Nur eine Metamorphose?

Fakten sind rar in diesem Russland Wladimir Putins. Intransparent, doppelbödig, zynisch, manchmal surreal geht es zu. Heerscharen von Journalisten, Analysten und Experten rätseln, wohin Putins Reise führt. Sein Rückhalt schwindet, nur noch 32 Prozent der Bevölkerung vertrauen ihm. Die Einverleibung der Krim, die Abtrennung der Volksrepubliken von der Ukraine, die Bombenteppiche über syrischen Städten, die hypermodernen Waffen als Drohgebärde den USA gegenüber – all das hat seine Zauberkraft verloren, so scheint es. Putin steckt in einer Legitimitätskrise, sein Volk spürt schmerzhaft den Verfall der Reallöhne seit fünf Jahren. Patriotismus macht nicht satt. Der Kreml sucht nervös nach einer neuen Legende und legt vorsichtshalber schon einmal neue Folterinstrumente bereit: Dank neuer Gesetze kann jetzt schon Respektlosigkeit den Regierenden gegenüber zu Haftstrafen führen. Und die Medien spekulieren aufgeregt, wie Putin sich nach Ende der regulären Amtszeit als Dauerherrscher etablieren könnte.

Ist dieser Präsident heute ein grundsätzlich anderer als der, der vor knapp zwanzig Jahren in den Kreml einzog? Oder habe ich nur »die Metamorphosen des Wladimir Putin« beobachtet, wie Michail Sygar sein Buch »Endspiel« untertitelt, lediglich einen Wechsel der äußeren Gestalt? War der heute so zynisch-kühle Machtpolitiker bereits angelegt im Kokon des jungen, aufsteigenden Geheimdienstlers? Wenn ich heute meine Tagebücher und Manuskripte aus den ersten Russlandjahren lese, wird mir klar: Putins Kurs war schon frühzeitig abgesteckt – und damit der Weg seines Landes.

Kapitel 2
Anfänge

Spätsommer 1999, Anflug auf Moskau. Zum ersten Mal in meinem Leben werde ich in Russland sein und als Korrespondent über dieses riesige, mir so fremde Land berichten. Einen vierwöchigen Sprachkurs, eine Handvoll Bücher über mein neues Berichtsgebiet und viele kluge Ratschläge habe ich im Gepäck. Und einen Vierzeiler, den mir ein gut meinender Freund in einem Brief mit auf den Weg gab:

>»Verstand wird Russland nie verstehen,
>Kein Maßstab sein Geheimnis rauben,
>So wie es ist, so lasst es gehen,
>An Russland kann man nichts als glauben.«

Es ist ein Vers des russischen Lyrikers Fjodor Tjuttschew aus dem 19. Jahrhundert, der auch in einigen Artikeln zitiert wurde, die ich gelesen hatte. »Was für ein Unfug«, denke ich, als ich den Brief weglege und beim Landeanflug neugierig auf die Moskauer Vororte hinunterblicke. Warum sollten die Menschen da unten so unbegreiflich anders sein als die, die ich auf meinen vielen Reisen zuvor getroffen hatte? Mal leidenschaftlich, mal faul, auf der ständigen Suche nach Liebe oder Sex, Sicherheit oder Abenteuer, Geld oder Erkenntnis, Macht oder Seelenfrieden? Und warum sollte ich nicht in der Lage sein, dieses Land mit meinem Verstand zu erfassen?

Zugegeben, ich bin ein wenig nervös. Außenstehende haben vermutlich eine eher idealtypische Vorstellung vom Rüstzeug angehender Moskau-Korrespondenten: ein Slawistik-Studium, gute Sprach- und Landeskenntnisse. Die Realität ist: Viele starten, so wie ich, mit eher bescheidenem Wissen. Mein Russisch ist rudimentär, ich bin weder Slawist noch Historiker. In den zurückliegenden fünf Jahren habe ich für die ARD aus der europäischen Hauptstadt Brüssel berichtet: über verschlungene Pfade innerhalb der Eurokratie, Tauschgeschäfte, Hinterzimmer-Deals. Mag sein, dass all das nur eine harmlose Fingerübung war, verglichen mit dem, was mich nun erwartete. Aber ich bin entschlossen, Russland zu verstehen.

Wo heute ein hochmoderner Flughafen das Reisen geradezu zum Vergnügen macht, empfängt mich am 5. September 1999 in Scheremetjewo ein eher feindselig wirkender Kosmos. Lange Schlangen vor den Glaskabinen der Grenzschützer, an jeder Ecke Uniformierte, die hin und wieder einen der Reisenden vom Schalter abholen und, offenbar für eingehendere Befragungen, wegführen. Ich habe mich in der kürzesten Schlange angestellt, merke aber schnell, dass dies meine Wartezeit nicht reduzieren wird: Immer wieder winkt ein Familienmitglied seine Angehörigen aus anderen Warteschlangen zu sich herüber, weil es hier vermeintlich schneller geht. Die Rochade-Technik sorgt nicht nur bei mir für schlechte Stimmung.

Über eine Stunde dauert es dann, bis ich die strengen Fragen der uniformierten Beamtin beantwortet habe. Anschließend geht es durch das Spalier der Zollbeamten, die mich offen misstrauisch mustern, aber nicht, wie so viele andere, zum Öffnen des Koffers auffordern. Endlich schließt sich die automatische Glastür der Ankunftshalle hinter mir – und ich bin in einer anderen Welt.

»Taxi? Nje dorogo, cheap!« Die Männer, die sich auf mich stürzen, haben offenbar einen untrüglichen Instinkt entwickelt für das Erkennen zahlungskräftiger Ausländer, die nicht sofort von ihren Unternehmen oder Gastgebern abgefangen werden. Zwei Dutzend Männer halten uns Ankommenden Pappschilder mit Firmennamen entgegen, Abkürzungen mit lateinischen und kyrillischen Buchstaben.

»Jest, spasibo – ich habe schon eines«, versuche ich, einen Taxifahrer loszuwerden, aber nur, um zwei andere Männer an meinen Fersen zu haben. Was sie genau anpreisen, bleibt mir verborgen, dafür reden sie zu schnell auf mich ein. Sie geben sich aber alle Mühe, sämtliche Kriterien zu erfüllen, die einen Westeuropäer ohne Russlanderfahrung wie mich instinktiv misstrauisch reagieren lassen: Der eine entblößt mit servilem Lächeln zwei Reihen goldener

Schneidezähne, zwischen denen ein intensiver Knoblauchgeruch seinen Weg zu mir findet, der andere kommt mir viel zu nah, und meine Unwilligkeit scheint ihn regelrecht aggressiv zu machen. Heute ist mir klar, dass die beiden vermutlich sehr nette Kerle waren, die jeden Tag zwölf Stunden auf Moskaus Straßen schufteten, um in diesem Moloch irgendwie ihre Familien zu ernähren, im Würgegriff von Taxi-Mafia und korrupter Miliz, in einer misstrauischen Stadt: Für die meisten Moskowiter sind Dagestaner, Inguschen, Tschetschenen, Georgier, Osseten, Abchasen, Tadschiken, Usbeken, Kirgisen oder Aserbaidschaner schlicht »Tschornie«, »Schwarze«, ein Riesenheer rechtloser Arbeitssklaven, verachtet und ausgebeutet.

Doch 1999 bin ich ein staunender Debütant. Großfamilien aus Usbekistan, Kirgisien oder Tadschikistan schleppen Koffer, Taschen und sorgfältig zugeklebte Kartons in den Terminal. Die abgetragenen Lederjacken der Männer, ihr geräuschvolles Ausspucken, die grelle Schminke der Frauen, die längst herausgewachsene Blondfärbung ihrer Haare, die Milizionäre mit den umgehängten Kalaschnikows, die vielen überladenen Wolgas und Schigulis, aus denen immer neue Reisegruppen quellen, zur Eile angetrieben von Männern mit Trillerpfeifen, die Platz schaffen wollen für die ungeduldig Hupenden dahinter – all das fügt sich für mich zu einem chaotischen, fremden und teilweise bedrohlichen Kosmos. Ich bin froh, als ich endlich drei Buchstaben erspähe, die meinen Puls sofort ruhiger werden lassen: »ARD« steht auf einem Pappschild, gehalten von einem freundlichen Mann um die fünfzig, der sich mir als Grischa vorstellt. Er ist der Fahrer des ARD-Studios.

Die Fahrt in die Stadt dauert eine gute Stunde, und schon von Weitem sehe ich das Hotel »Ukraina«, in dem ich während meiner ersten Wochen leben soll, bis ich eine eigene Wohnung gefunden habe. Mit seinen 198 Metern ist es damals das höchste Hotel Europas, eine der »Sieben Schwestern«, wie jene imposanten Trutzburgen im Stil des sozialistischen Klassizismus genannt werden, sämtlich erbaut in den letzten zehn Jahren vor Stalins Tod. Grischa bringt mich noch zur Rezeption, hilft mir beim Ausfüllen der zahlreichen Vordrucke in kyrillischer Schrift und bei der Bezahlung, die aus mir unerfindlichen Gründen in finnischer Währung abgerechnet wird. Dann verabschiedet er sich freundlich, und ich bin auf mich allein gestellt.

Im 15. Stock erwartet mich, hinter einem hölzernen Schreibtisch, die »Deschurnaja«, die »Diensthabende«: Jede Etage hat eine solche Aufpasserin. An ihr kommt niemand vorbei, der sich nicht mit der kleinen Quittung von der Rezeption ausweisen kann. Nach deren Vorlage händigt sie mir den Zimmerschlüssel für die Nummer 1521 aus, meine neue Wohnstätte: altes Holzparkett, ein abgetretener Teppich, ein betagter Kleiderschrank, der sich nur widerwillig öffnen lässt, ein ziemlich kitschiges Bild auf der Ornament-Tapete. Ein kleiner Lüster taucht das Zimmer dank zweier fehlender Glühbirnen in gemütliches Dämmerlicht. Aus dem Fenster habe ich einen grandiosen Blick auf meine neue Heimat: Moskau präsentiert sich als rastloses Lichtermeer aus vielspurigen Staus, angestrahlten Fassaden und Leuchtreklamen.

Während ich meinen Koffer auspacke, mustere ich misstrauisch alle Lüftungsschlitze, Löschwasser-Düsen und die Stehlampe: Sind da kleine Kameras oder Mikrofone drin? Mein Vater, der in den Siebzigerjahren als Geschäftsreisender just in diesem Hotel logierte, war überzeugt, er würde abgehört. Die Obrigkeit habe sicher Interesse dran zu erfahren, welche Geschäfte er hier für seine Firma einzufädeln gedachte. Ich weiß noch, wie nervös meine Mutter damals auf seine Rückkehr wartete: KGB, Kalter Krieg, Spitzel und Spione, Wodka-Gelage mit Geschäftspartnern – für uns Kinder waren das spannende Geschichten. Die Russen, die später als Delegation bei uns zu Hause auftauchten, wirkten dann aber enttäuschend normal und freundlich. Am nachhaltigsten haben sich mir ihre langen Trinksprüche eingeprägt und natürlich der Schlachtruf, mit dem solche Geschäftsessen bei uns eingeläutet wurden: »Jetzt trinken wir uns quer durch den Obstgarten!« Mein Vater wusste um die Begeisterung seiner russischen Gäste für alle möglichen Arten von Williamsbirne und Kirschwasser, Apfelschnaps und Himbeergeist.

Etwas Verdächtiges entdecke ich nirgendwo im Zimmer, und so lasse ich meinen ersten Abend im Hotel entspannt vor dem Fernseher ausklingen. Bis auf ein BBC-Programm gibt es nur russische Kanäle, es ist ein kleiner Vorgeschmack auf die schwierigen ersten Monate in meiner neuen Heimat: Während ich mich bisher mit Englisch, Französisch und ein paar Brocken Spanisch recht gut hatte durchschlagen können, bin ich jetzt in einer Umgebung, die sich trotz Intensivsprachkurs standhaft jedem Durchlavieren verweigert.

Am kommenden Morgen mache ich mich auf ins ARD-Büro, das schräg gegenüber dem Hotel am Kutusowski Prospekt liegt. Ein Schlagbaum, Sicherheitskräfte überprüfen meine Papiere, dann darf ich hinein in den Wohnblock der UPDK, einer Abteilung des russischen Außenministeriums. Schon in Sowjetzeiten wurden Journalisten und ausländische Diplomaten hier und in ähnlichen Komplexen in Moskau einquartiert, um sie besser im Auge zu behalten. Seitdem befindet sich auch das ARD-Büro hier.

Die erste Liftfahrt hinauf in die zwölfte Etage des vielgeschossigen Ziegelbaus kostet Überwindung: Das Modell scheint aus den Zeiten Stalins oder Chruschtschows zu stammen. Das Büro selbst überrascht mit hellen Möbeln, die Räume sind licht, mit Glaswänden, und ich freue mich über den Anblick von Espressomaschine und Wasserspender. Im Flur hängen einige Farbfotos: Thomas Roth in Afghanistan, Ina Ruck mit Störfischern auf dem Kaspischen Meer, Gerd Ruge vor einem Panzer in Moskau, Arnim Stauth mit einer Gruppe Nenzen bei einer Brotzeit mit Speck und Wodka im Schnee. Die Bilder wirken exotisch, sie verheißen spannende Dienstreisen und erinnern mich zugleich an meinen Status als Novize in diesem fremden, vielschichtigen Land.

Viele meiner neuen Kolleginnen und Kollegen sind erfahrene Russland-Korrespondenten. Sie nehmen mich herzlich auf, aber unsere ersten gemeinsamen Abende verlaufen eher demütigend für mich. Meine Versuche, die Speisekarte des georgischen Restaurants in der Nähe des Studios zu verstehen, scheitern gleich zweifach: Sogar, wenn ich alle Buchstaben richtig sortiert habe, ergeben sich eigenartige Bezeichnungen für kaukasische Spezialitäten, von denen ich noch nie in meinem Leben gehört habe: Chadschapuri, Mzwadi, Chinkali. Die Kollegen müssen mir wie einem kleinen Kind geduldig die Karte übersetzen, die Speisen erklären.

Nach der Bestellung wird es nicht viel besser. Die Gespräche kreisen zunächst um die aktuelle politische Situation. Ein Thema, bei dem ich aufmerksam zuhöre und hier und da vorsichtig nachfrage. Schlimmer wird es, als der georgische Wein die Stimmung löst und die Korrespondentenrunde ins Anekdotische übergeht. Da ist Ina, die nur zwei Tage auf der Polar-Wetterstation drehen wollte, und dann Wochen am Ende der Welt festsaß. Da ist Mathias, der schon minus 52 Grad Celsius erlebt hat und schildert, mit welchen Tricks man solche Temperaturen überlebt. Da ist Marc, der volltrunken mit 100 Dollar einen Polizisten bestach und davonkam, oder Helge, dem ein Zöllner am Flughafen 500 Dollar stahl. Dann erzählt einer noch von Klaus Bednarz, der in meinem Hotel »Ukraina« in eine Schießerei zwischen zwei Mafiabanden geraten war. Und Arnim Staudt, der Kollege, den ich ablöse, arbeitet zum Abschluss seiner Zeit in Russland an einer Dokumentation über Profikiller, Mafia und eine Spezialeinheit der Polizei in Moskau …

Mit jedem Glas werden die Geschichten abenteuerlicher, und irgendwie schlagen mir diese Heldentaten aufs Gemüt. Zum einen, weil sie wohl zumindest im Kern alle wahr sind, zum anderen, weil meine eigene bescheidene Existenz sich in diesen ersten Tagen in Moskau so unspektakulär darstellt.

Mit Pfefferminz auf Wohnungssuche

Meine ersten Abenteuer sind eher banal. Ich bin auf Wohnungssuche. Beim zweiten Besichtigungstermin bleibe ich 40 Minuten in einem Aufzug stecken, auf dem Weg in die achte Etage eines hässlichen Neubaus. Neben mir Boris, der junge Makler, und ein ziemlich mürrischer Mann mit Plastikbeutel. Der nagelneue Aufzug ist zwar in die richtige Etage gefahren, öffnet aber trotzig seine Türen nicht. Wiederholungsfahrten zurück ins Erdgeschoss und wieder hoch lösen das Problem nicht. Die Hausmeisterin verspricht, den Mechaniker zu suchen. In holprigem Russisch sage ich in die Runde, was für die beiden wohl in etwa so geklungen haben muss:»Entschuldigung. Ich nicht spreche Russisch. Weil ich Deutsch. Schade. Sie

Englisch? Französisch? Nein? Schade. Sehr angenehm ...«Ende der versuchten Plauderei. Boris und der Mann mit der Plastiktüte sehen auf ihre Schuhspitzen, ich auf den Lüftungsschlitz. Ich mache einen neuen Versuch und biete Pfefferminzbonbons an.»Wollen Sie? Nein? Sehr angenehm.« Eisernes Schweigen, Starren auf die Tür, den Lüftungsschlitz, die Schuhspitzen. Und das ganze 40 Minuten lang.

Wobei an der Episode weniger meine eigene Sprachlosigkeit bemerkenswert ist als die der beiden russischen »Mitgefangenen«: Statt in einen zwanglosen Dialog über minderwertige Aufzüge, die Korruption im Bauwesen oder das Leben ganz allgemein einzutreten, schweigen beide standhaft. Erst nach einiger Zeit werde ich verstehen, dass eine freundliche Begrüßung im Treppenhaus, ein entspannter Plausch mit Zufallsbekanntschaften in Russland, vor allem aber in Großstädten wie Moskau, völlig unüblich sind. So herzlich der Umgang mit Geschäftspartnern, Kollegen, Freunden und Familienangehörigen auch sein mag, so wortlos und demonstrativ unhöflich wird der Fremde ignoriert, mit dem einen kein konkretes Anliegen verbindet.

Als wir endlich aus dem Aufzug befreit werden, ist der Lohn der schwierigen Anreise eher ernüchternd: Die angebotene Wohnung bietet eine Schleiflackküche auf Kitschfliesen, einen Balkon mit Plastikfenstern, milchkaffeebraune Teppichböden und giftgrüne Kandelaber an der Decke. Auf der Blümchentapete goldene Plastiksteckdosen. Ich werde noch viele solcher Wohnungen besichtigen, die den mühevollen Aufbruch ihrer Eigentümer in die innenarchitektonische Moderne spiegeln, bevor ich eine schlichte, aber praktische Wohnung im Pomeranzew Pereulok finde, einer Seitenstraße der bekannten Uliza Ostoschenka.

Deutlich stilvoller verläuft mein Autokauf. Die Frage nach dem geeigneten Modell spaltet das Büro in zwei Lager: Ein solider Import-Jeep mit Allradantrieb? Ein russischer Lada Niwa? Was wird schneller aufgebrochen und gestohlen? Ich weiß nach meinen ersten Eindrücken vom Moskauer Straßenverkehr nur eines mit Sicherheit: Ein preiswerter Gebrauchtwagen muss es sein. Meine Chancen, dieses chaotisch-rücksichtslose Gedränge auf bis zu zwölf

Fahrspuren unfallfrei zu überstehen, schätze ich als gering ein. Viel Geld möchte ich also nicht in dieses Abenteuer investieren.

Gemeinsam mit Grischa fahre ich in den Südwesten der Stadt, auf einen Automarkt. Dort entdecke ich zwar keine gebrauchten Lada Niwas, aber eine ganze Reihe neuer. Wir steigen eine Metalltreppe hoch in einen aufgebockten Stahlcontainer. Die Sekretärin winkt uns ins überheizte und völlig verrauchte Hinterzimmer. Der Verkäufer, einen Zigarillo im Mundwinkel, reicht ein DIN-A5-Blatt über den Campingtisch. Darauf steht: »Lada Niwa, fabrikneu, abfahrbereit, sechs Jahre Garantie, 3100 US-Dollar«. DREI-TAUSEND-EIN-HUNDERT. NEU. Wo bitte ist der Haken? Es scheint keinen zu geben: Der Wagen springt an, riecht nach frischem Lack, hat Siegel an jeder Ecke und ist tatsächlich ein fabrikneuer Lada Niwa. Dunkelblau, 80 PS, 1,9 Liter, Allrad, zwei Türen, vier Automatikgurte, Scheibenwischer für die Scheinwerfer, eine umklappbare Rückbank und vor allem: mit absolut russischem Flair.

Am nächsten Tag sind wir wieder da, eine Plastiktüte mit vielen Dollarscheinen im Gepäck. Der Zigarillo-Mann lässt sie zweimal durch eine Zählmaschine rauschen, dann bekommen wir das Auto samt Papieren und Überführungsnummernschild. Grischa lässt den Wagen auf seinen Namen zu und stellt mir eine Vollmacht aus. Bevor ich zum ersten Mal selbst ans Steuer darf, werden in einer Hinterhof-Werkstatt sämtliche Schrauben nachgezogen. Die Lada-Fabrik in Toljatti hat offenbar eine einschlägige Reputation …

Moskau unter Schock

Am 9. September, vier Tage nach meiner Ankunft, schalte ich beim Aufwachen routinemäßig den Fernseher in meinem Hotelzimmer an – und bin sofort hellwach. Die Bilder bedürfen keiner Übersetzung: Ein neunstöckiges Wohnhaus in Moskau ist zusammengestürzt wie ein Kartenhaus, Rettungskräfte bergen im nächtlichen Scheinwerferlicht Tote und Verletzte. Ich lasse das Frühstück ausfallen und laufe ins ARD-Büro, wo einige Kollegen schon Informationen für die Heimatredaktionen sammeln. Mein erster atemloser Nachrichtentag beginnt.

Während ich im Schneideraum texte, bringen die Kollegen immer neue, schreckliche Bilder toter und verstümmelter Menschen. Und immer präzisere Informationen: Es war eine 300 bis 400 Kilogramm schwere Sprengstoffladung, deponiert im Keller, die das Gebäude in der Gurjanow-Straße 19 im Südosten Moskaus zwei Minuten vor Mitternacht vollständig zerstörte. 94 Menschen starben, 150 wurden teils schwer verletzt. Ein anonymer Anrufer soll einer russischen Nachrichtenagentur gegenüber erklärt haben, die Explosion sei die Antwort auf russische Bomben in Tschetschenien und Dagestan.

Die Stimmung im ARD-Studio ist angespannt. Kurz zuvor hatte eine Bombe in der dagestanischen Stadt Buinask 64 Menschen in den Tod gerissen und weitere 164 verwundet. Der Lkw hatte 2700 Kilogramm einer Mischung aus Aluminium-Pulver und Ammoniumnitrat geladen und war vor einem sechsstöckigen Wohnhaus zur Explosion gebracht worden. Und am 5. September, dem Tag meiner Ankunft, hatten 2000 Bewaffnete unter Leitung der Feldkommandeure Bassajew und Al-Chattap Dörfer in Dagestan angegriffen und mehrere Hundert Menschen getötet. Es drohe ein weiterer Tschetschenienkrieg, sind die meisten meiner Moskauer Kollegen überzeugt.

Die Kaukasusrepublik ist nach dem Ende des ersten Tschetschenienkrieges (1994–1996) ein Eldorado für kriminelle Banden geworden, viele der jungen tschetschenischen Kämpfer haben sich dem radikalen Islam zugewandt. Diese Wahhabiten verweigern sich vielen Traditionen, russischen wie tschetschenischen, und sind zu einer neuen, furchterregenden Kaste in diesem Konflikt geworden. Präsident Aslan Maschadow stellt sich den Wahhabiten nicht wirklich in den Weg. Die Fundamentalisten sind in großem Stil in den Handel mit Geiseln eingestiegen, der in Tschetschenien nach dem Ende des Krieges aufgeblüht ist.

Tatsächlich sehe ich im russischen Fernsehen an meinen ersten Tagen in Moskau immer wieder Nachrichtenfilme, die Gräueltaten tschetschenischer Geiselnehmer zeigen. Da wird einer Geisel vor laufender Videokamera ein Finger abgeschossen, damit die Verwandten in Moskau endlich beginnen, das Lösegeld aufzutreiben. Da werden enthauptete Geiseln gezeigt, für die offenbar nicht oder nicht rechtzeitig gezahlt wurde. Eine regelrechte Industrie um den Handel mit Geiseln ist entstanden, und es sind mitnichten nur Tschetschenen, die damit riesige Summen verdienen: Auch in Russland werden Hunderte Menschen entführt, Kriminelle, Militärs und Geheimdienstler sollen prächtig mitverdienen an diesem zynischen Geschäft, berichten Journalisten. Ich selbst lese diese Artikel zunächst mit Unglauben und ahne nicht, wie schnell ich dem Thema näherkommen werde.

Nur vier Tage später erfolgt der nächste Anschlag: Kaschirskoje-Chaussee, ebenfalls im Süden Moskaus. Um 5 Uhr morgens stürzen acht Etagen eines Wohnhauses in sich zusammen, 118 Menschen sterben. Die Bilder, die wir für die »Tagesschau« zusammenstellen, sind schrecklich: Tote, Verletzte, ein Feuerwehrmann hält einen kleinen Teddy in der Hand, den er im Schutt gefunden hat. Moskau steht unter Schock. Alle Augen richten sich auf den neuen, weitgehend unbekannten Ministerpräsidenten Wladimir Putin. Der amtierende Präsident Boris Jelzin ist längst das, was die Amerikaner eine »lame duck« nennen: krank, vom Alkohol gezeichnet, von niemandem mehr wirklich ernst genommen. Seine Amtszeit endet offiziell im darauffolgenden Sommer.

Ein Sprecher des Inlandsgeheimdienstes FSB macht im russischen Fernsehen umgehend die tschetschenischen Feldkommandeure Schamil Bassajew und Ibn al-Chattap für die Anschläge verantwortlich. Und Wladimir Putin fordert im russischen Parlament, das »Terroristenlager« Tschetschenien abzuriegeln. Der Moskauer Bürgermeister Juri Luschkow unterschreibt noch am Tag des Anschlags drei Verordnungen: Sie fordern die erneute Registrierung aller Flüchtlinge und Immigranten in der Stadt Moskau, die Ausweisung all derer, denen eine Verletzung von Meldepflichten nachgewiesen werden kann, und einen sofortigen Stopp aller neuen Registrierungen. Obwohl es nicht einen einzigen gefassten Täter aus Tschetschenien gibt, keinerlei Beweise für die offizielle Version, schüren die Behörden eine regelrechte Pogromstimmung gegen alle Kaukasier, vor allem Tschetschenen.

Jagd auf Tschetschenen

In dieser zugespitzten Situation biete ich den Kollegen zu Hause meinen ersten »Weltspiegel«-Beitrag an: über Tschetschenen in Moskau. Wir filmen eine der zahllosen Spezialoperationen, die in diesen Tagen auf den Moskauer Märkten und in den Unterkünften der Millionen von Gastarbeitern aus dem Kaukasus und Mittelasien stattfinden. Unangemeldet durchkämmen Dutzende Uniformierte den Ismailow-Markt, lassen sich die Hinterzimmer und Lagerkeller der kleinen Händler öffnen und suchen mit Hunden demonstrativ nach Sprengstoff. Fündig werden sie nicht, aber die Kontrolle der Aufenthaltspapiere bringt fast immer einen fehlenden Stempel, eine fragwürdige Unterschrift zutage. Zahlreiche Busse stehen bereit, schnell werden fast einhundert Händler, Träger, aber auch Kunden festgenommen und weggefahren. Die resignierten Gesichter der Verhafteten sprechen eine deutliche Sprache: Sie ahnen, wie viel es sie kosten wird, sich auf den Revieren der Milizen wieder freizukaufen. Und wer weiß, ob ihnen das diesmal gelingen wird. In den russischen Fernsehnachrichten werden Bilder solcher Razzien jetzt täglich gezeigt.

Als Nächstes fahren wir in ein tschetschenisches Kulturzentrum. Hier haben sich ratlose Familienväter versammelt, denen nun die Abschiebung aus Moskau droht. Draußen, im Innenhof, spielen ihre ahnungslosen Kinder. Die Stimmung unter den Männern ist angespannt. Binnen weniger Tage muss sich jeder von ihnen neu registrieren lassen. Doch die Fristen seien so kurz angesetzt, erklärt uns ein anwesender Rechtsanwalt, dass viele schlichtweg keine Chance hätten, die nötigen Dokumente rechtzeitig zusammenzubekommen.

»Sie haben Listen von uns, von jedem Tschetschenen in Moskau«, erzählt Bislan, ein Geschäftsmann, der seit zwanzig Jahren in der Stadt lebt. »Jeder auf der Liste bekommt jetzt Besuch von den Milizen. Bei mir waren sie auch schon.« Wir dürfen Bislan nach Hause begleiten. Alle in seinem großen Wohnhaus hätten Angst vor einem erneuten Bombenanschlag, sagt er, seit dem letzten Terrorakt bewacht Bislan nachts im Wechsel mit seinen Nachbarn den Hof, kontrolliert die verriegelten Türen. Und dann erzählt er, was vor wenigen Tagen passierte:»Auf einmal stand die Miliz vor der Tür. Drei Männer in Zivilkleidung und sechs Maskierte mit Uniformen.« Seine Kinder und seine russische Ehefrau Anja hätten mit ansehen müssen, wie er gedemütigt wurde.»Als ich mit den Männern vernünftig reden wollte, drohte mir einer nur Prügel an und meinte dann: ›Halt's Maul und pack lieber schnell zusammen!‹« Bislan wurde zum Verhör weggebracht, seine Dokumente und sein Handy verschwanden.

Auch Bislans Frau Anja merkt, wie sich das Klima in der Stadt von Tag zu Tag verändert, dass ihnen immer mehr Misstrauen entgegenschlägt. Selbst der achtjährige Sohn bekommt das in der Schule zu spüren: Ansur ist ein typisch tschetschenischer Vorname.»Ich erzähle jetzt einfach nicht mehr, dass mein Mann Tschetschene ist, und was den Namen unseres Sohnes angeht, sage ich nur, dass ›Ansur‹ uns einfach gefallen hat«, erzählt Anja.

Die drohende Ausweisung aus Moskau ist für Bislan und seine Familie eine Horrorvorstellung. Vor drei Jahren haben Banditen in seiner tschetschenischen Heimat seinen Vater entführt, in ein Erdloch gesperrt und angeschossen. Bislan zeigt uns das Video, das die Geiselnehmer ihm schickten. Es ist eine schlechte Aufnahme, doch die Botschaft ist auf grausige Art eindeutig:»Warte nicht einen Tag länger«, sagt Bislans Vater flehentlich in die Kamera,»sonst muss ich sterben hier in dieser Hölle!«

Seinen alten Vater hatte Bislan damals freikaufen können, zur Lösegeldübergabe war er nach Tschetschenien gefahren. Aber vor zehn Tagen sei aus der Hauptstadt Grosny eine neue Schreckensnachricht gekommen: Bislans Bruder wurde entführt. Jetzt hat Bislan Angst, nach Grosny zu reisen.»Dort sagen sie, ich sei ein russischer Spion, und hier behaupten sie, dass ich ein tschetschenischer Krimineller bin. Ich weiß nicht, ob und wie ich meinem Bruder helfen kann.«

Bislan bringt uns ins Moskauer Sklifasowski-Krankenhaus. Hier wird sein junger Cousin Bekchan behandelt. Er studiert in Moskau und war zufällig in Bislans Firma, als auch dort die Miliz auftauchte. Er wurde verhaftet, auf dem Polizeirevier hat man ihn offenbar nicht nur verhört, sondern auch verprügelt. Die Ärzte im Krankenhaus haben eine Schädelprellung und drei angebrochene Rippen diagnostiziert. Doch das sei nicht das Schlimmste, sagt Bekchan. Mit einer Eisenstange in der Hand hätten die Polizisten ihn genötigt, ein Geständnis zu unterschreiben, wonach er randaliert habe: »Ich wusste überhaupt nicht, wovon sie sprachen. Aber aus Angst habe ich unterschrieben.« Mit dem schriftlichen Schuldanerkenntnis aber ist sein Studium in Moskau beendet, der Platz im Studentenwohnheim ist schon gekündigt worden.

Bislan will jetzt versuchen, seinen Cousin irgendwohin ins sichere Ausland zu bringen, wohin genau weiß er selbst noch nicht. Und über allem schwebt die Sorge, dass auch ihm die Vertreibung aus Moskau bevorsteht. Zwar haben ihm die Behörden bisher keinerlei Gesetzesverstöße nachweisen können, aber das könne sich sehr schnell ändern: »Ich fürchte, dass die Sicherheitskräfte mir etwas unterschieben wollen. Sie können doch jeden Tag etwas inszenieren. Und das macht mir wirklich Angst.« Er zeigt mir seine Papiere. »Hier, die sind nur noch bis zum 30. September gültig. Danach habe ich keine Aufenthaltsgenehmigung mehr.« Und dann bricht es mit einem Mal aus ihm heraus: »Wenn wir hier in diesem Land unerwünscht sind und wenn wir auch in Tschetschenien unerwünscht sind, wo bitte haben wir dann noch das Recht, zu atmen, uns frei zu bewegen, zu lieben, Kinder großzuziehen, etwas aufzubauen? Wenn mir jemand diesen Ort zeigen würde, wäre das das Schönste, was ich mir in meinen Träumen vorstellen kann.«

So emotional dieses Interview ist, so kühl-sachlich sind die Berichte in den russischen Abendnachrichten: Die Bilder zeigen einen Bahnhof im Osten Moskaus. Vierhundert Kaukasier werden von Milizionären zu einem Zug geleitet, dessen Türen sich erst in Tschetschenien wieder öffnen werden. Sie werden abgeschoben, oft nach Jahrzehnten in Moskau, wo viele mit ihren Partnern und Kindern lebten. Ihre Gesichter sprechen Bände.

Der »Weltspiegel«-Beitrag beschert mir meine ersten Erfahrungen mit einem Land, das offenbar nach völlig anderen Regeln funktioniert als alles, was ich bisher erlebt habe. Wieso sind sich die Behörden so sicher, dass die Spur nach Tschetschenien führt? Dort weist man jede Verantwortung für die Bombenanschläge zurück. Der tschetschenische Präsident Aslan Maschadow hat immer wieder auf ein persönliches Gespräch mit Boris Jelzin gedrängt, um die angespannte Lage zu erörtern. Es kommt aber aus unerfindlichen Gründen nicht zustande.

Und wieso wird die gesamte tschetschenische Diaspora in Moskau bedrängt, schikaniert, abgeschoben? Warum diese Polizeigewalt? Warum mit Eisenstangen erpresste Geständnisse? Es hat nur wenige Tage gedauert, bis der Neuling aus Brüssel versteht, dass er wirklich in einer anderen Welt angekommen ist.

Ein furchtbarer Verdacht

Irgendwann im Dezember sitze ich mit zwei Kollegen, Korrespondenten großer Tageszeitungen, auf einer Parkbank gleich in der Nähe des ARD-Studios. Wir diskutieren ein Thema, das uns seit einigen Wochen beschäftigt. Den Platz im Park haben die Kollegen vorgeschlagen, weil sie völlig sicher sein wollen, dass niemand unser Gespräch mithört. Das Thema, über das sie reden wollen, ist explosiv. Einer der beiden spielt mit dem Gedanken, etwas zu den Bombenanschlägen auf Wohnhäuser zu veröffentlichen. Denn inzwischen hat es einen weiteren Vorfall gegeben: In Rjasan, einer Stadt 200 Kilometer von Moskau entfernt, konnte ein Anschlag in letzter Minute vereitelt werden. Die Umstände dieses scheinbaren Erfolges lassen in Russland einen fürchterlichen Verdacht kursieren: Hatten russische Geheimdienste womöglich ihre Finger im Spiel? Sollten die vermeintlich von tschetschenischen Terroristen gesprengten Wohnhäuser nur einen zweiten Tschetschenienkrieg vorbereiten? Es wäre ein völlig anderes, ein unglaublich zynisches Szenario.

Einer meiner beiden Kollegen hat eine Quelle aufgetan: einen Mann, der bestätigen könnte, dass die offiziellen Versionen schlicht nicht wahr sind. Doch nach einer halben Stunde Diskussion beschließen wir, die Finger von diesem Thema zu lassen. »Ich würde das erst veröffentlichen, wenn ich wieder nach Deutschland zurückgekehrt bin«, meint einer der beiden Kollegen, ein Mann, den ich bisher als recht unerschrocken eingeschätzt habe. Auf dem Weg zurück ins Büro bin ich ratlos. Warum würden, auch nur theoretisch, russische Geheimdienstler ihre eigenen Mitbürger töten wollen? Die einzige Erklärung, die ich bislang gehört habe, ist so menschenverachtend, dass sich mein Gehirn geradezu sträubt, sie in Betracht zu ziehen. Sie beginnt in der Zeit vor meiner Ankunft in Moskau: Im Frühjahr 1999 steht der mächtige Jelzin-Clan unter Druck. Die Kommunisten und patriotisch gesinnte Liberale haben im russischen Parlament die Aufnahme eines Amtsenthebungsverfahrens gegen Jelzin durchgesetzt. Einige der Vorwürfe: Zerschlagung der UdSSR, die verfassungswidrige Auflösung des Parlaments 1993, die Schwächung der Armee. Zwar erhält keiner der Anklagepunkte im Parlament die notwendige Zweidrittelmehrheit, womit das Amtsenthebungsverfahren scheitert. Doch Jelzin ist nachhaltig geschwächt, zumal die internationale Presse im Sommer schwere Korruptionsvorwürfe gegen ihn erhebt. Der Präsident ahnt, dass seine Tage gezählt sind.

Der siebzigjährige Ministerpräsident Jewgeni Primakow gilt in allen Umfragen als beliebtester Politiker des Landes. Zwar schickt ihn Jelzin drei Tage vor der Abstimmung im Parlament in den Ruhestand, wegen angeblich mangelnder Reformdynamik, doch Primakow bleibt populär. Seine Regierung war die erste – und leider auch letzte –, die energisch gegen Korruption und organisiertes Verbrechen vorging. Die Aussicht auf eine Machtübernahme seiner Anhänger ist für den Jelzin-Clan und die Oligarchen gleichermaßen ein Albtraum-Szenario.

Wie aber sollen die jetzt verhindern, dass Jelzins Gegner um den beliebten Primakow ein Jahr später, im Frühsommer 2000, den nächsten russischen Präsidenten stellen? Wie vermeiden, dass diese neue Regierung auch die Mitglieder des Jelzin-Clans und dessen angehäuftes Vermögen unter die Lupe nimmt? Die Tatsache, dass das Amtsenthebungsverfahren gescheitert ist, heißt noch lange nicht, »dass Jelzin nicht eine Anklage drohte, sobald er aus seinem Amt ausschied«.[1]

Jelzins eigene Umfragewerte pendeln im Sommer des Jahres 1999 zwischen 2 und 5 Prozent, er hätte bei der Präsidentschaftswahl keine Chance gegen einen Kandidaten aus dem populären Primakow-Lager. Eine Alternative muss her: ein Kandidat, der halbwegs bekannt ist – und gleichzeitig loyal. Der potenzielle Nachfolger soll den ausscheidenden Jelzin nebst Familie auch nach dessen Amtszeit vor juristischer Verfolgung schützen. Und da gibt es jemanden, der zumindest eine der beiden Bedingungen erfüllt. Die wichtigere: Loyalität.

In seinen Erinnerungen schreibt Boris Jelzin: »Putin war mir als Leiter der Hauptkontrollabteilung der Präsidialverwaltung aufgefallen.«[2] Tatsächlich hatte Putin in der unter Jelzin aufgeblähten Präsidialverwaltung schnell Karriere gemacht. Zunächst als Stellvertreter der Vermögensverwaltung, einem Bereich, der als besonders korrupt galt. Als Leiter der Kontrollabteilung war Putin dann für die chronisch widerspenstigen Gouverneure zuständig, die ein lukratives Eigenleben führten. Sie lernten den neuen Unbekannten schnell fürchten. Putin galt als fleißig, griff energisch durch, was Jelzin beeindruckte: »Seine Berichte waren ein Muster an Klarheit. (…) Dieser im Vergleich zu mir junge Mann schien auf alles im Leben vorbereitet zu sein.[3] (…) Im Sommer 1998 dachte ich also darüber nach, durch wen ich Kowaljow ersetzen könnte. Die Antwort war nicht schwer: Putin.«[4]

Jelzin macht Putin am 25. Juli 1998 zum Direktor des Inlandsgeheimdienstes FSB, und der Neue nutzt diese Chance sofort: Er entlässt vierzig FSB-Generäle und höhere Offiziere, schafft sich schnell eine eigene Machtbasis im Geheimdienst und beweist Jelzin weiter seine Verlässlichkeit. Dessen Clan wird klar: Mit Putin könnte der Richtige gefunden sein, um Jelzin im Amt nachzufolgen. Im August 1999 ernennt der ihn folgerichtig zunächst zum Regierungschef. Doch kaum jemand kennt diesen blassen, unauffälligen Senkrechtstarter. Wie soll der da im kommenden Jahr eine Wahl gewinnen? Putins Dilemma: »Jedem Kronprinzen haftete die tiefe Unpopularität Jelzins an – unter normalen Umständen hätte er sich kaum binnen weniger Monate von Jelzin emanzipieren und eigene Popularität erringen können.«[5]

Dass die »Operation loyaler Nachfolger« dennoch gelingt, hat einen entscheidenden Grund: den zweiten Tschetschenienkrieg. Er macht Wladimir Putin vom Nobody zum landesweit populären Politiker. Die Medien zeigen einen Ministerpräsidenten, der mit unerbittlicher Härte den tschetschenischen Terroristen entgegentritt. »Ein ›kleiner, siegreicher Krieg‹ war eine Gelegenheit, die politische Konjunktur zu wenden, wie Jelzins damaliger Sicherheitsberater Oleg Lobow schon vor dem ersten Tschetschenienkrieg erkannte.«[6] Doch wie soll der Kreml den neuen Krieg begründen? Ein Militäreinsatz in der Kaukasus-Republik gilt in der Bevölkerung als unpopulär. Zu frisch sind die Erinnerungen an den ersten Tschetschenienkrieg, der wenige Jahre zurückliegt und nach einer regelrechten Demütigung des russischen Militärs mit einem Waffenstillstand endete.

Einen Krieg führen, um den unbekannten designierten Jelzin-Nachfolger Wladimir Putin populär zu machen? Diese brisante These erklärt für viele Beobachter, was am 22. September 1999 in der Stadt Rjasan geschah. Das Buch »Blowing up Russia« zählt gleich verschiedene Terroraktionen zwischen 1994 und 1999 auf, an denen Geheimdienst-Mitarbeiter beteiligt gewesen sein sollen. Die Zeitung *Nowaja Gaseta* druckt den Text in Auszügen ab, das Buch selbst kommt in Russland auf den Index. Begründung: Veröffentlichung von Staatsgeheimnissen.

Einer der beiden Autoren ist Alexander Litwinenko. Der ehemalige russische Geheimdienstler lief später zum britischen MI6 über, wurde 2006 in London mit radioaktivem Polonium vergiftet. Als Täter wurden von den britischen Justizbehörden zwei Russen identifiziert. Einer der beiden saß bald darauf als Abgeordneter in der Duma.

David Satter, Moskau-Korrespondent der *Financial Times*, widmet sich in seinem Buch »Dusk at Dawn« ebenfalls ausführlich den Geschehnissen in Rjasan. Auch seine Chronologie der Ereignisse geht dem Verdacht »Staatsterrorismus« nach. 2006 wird Satter die Einreise nach Russland verweigert.

Die genannten Bücher und viele Zeitungsartikel dieser Tage stimmen in ihren Schilderungen der Ereignisse weitgehend überein: Demnach entdeckt am 22. September 1999 abends der Anwohner des Hauses Nr. 14/16, Alexei Kartofelnikow, in der Nowosjolow-Straße ein Auto, dessen Moskauer Kennzeichen mit einem seiner Region überklebt ist. Er beobachtet, wie drei Personen Säcke in sein Haus tragen und dann wegfahren. Die schrecklichen Fernsehbilder der vergangenen Bombenanschläge lassen ihn die Polizei rufen. Die Beamten finden im Keller drei Säcke mit der Aufschrift »Zucker«, jeweils fünfzig Kilogramm schwer. Außerdem ein Kabel und einen Zeitzünder. Die Beamten fliehen aus dem Keller und beginnen mit der Evakuierung des Hauses. Nach 15 Minuten trifft Verstärkung ein.

Der Leiter der städtischen Sprengstoffeinheit, Juri Tkatschenko, entfernt Zünder und Zeitschalter und untersucht das weiße kristalline Pulver in den Säcken mit einem mobilen Gas-Analysator. Die Substanz, so das Ergebnis, ist keineswegs Zucker, sondern Hexogen. Der Sprengstoff, der auch bei den anderen Anschlägen auf Wohnhäuser in Buinaksk, Moskau und Wolgodonsk verwendet wurde. 1200 Polizisten werden in Alarmbereitschaft versetzt, sie umstellen Bahnhof und Flughafen und errichten an allen Fernstraßen, die aus der Stadt herausführen, Sperren. Das gesamte Stadtviertel wird nach weiteren Bomben durchsucht, Soldaten bewachen geräumte Wohnhäuser, gut 30 000 Menschen aus dem Daschkowo-Pesotschnija-Bezirk stehen die Nacht über angsterfüllt auf der Straße, bis sich ein Kinobesitzer erbarmt und sie einlässt. General Alexander Sergejew, der örtliche Leiter des FSB, erklärt den Anwohnern: »Sie können davon ausgehen, dass Sie heute zum zweiten Mal geboren wurden.«

Kurz nach Mitternacht werden die Säcke aus dem Keller gebracht. Da die Spezialpolizei OMON, der FSB und lokale Militäreinheiten sich weigern, die explosive Hinterlassenschaft bei sich zu lagern, landen die Säcke schließlich in einer Garage des Büros für Zivilverteidigung, mit einer Wache davor. Am kommenden Tag berichten Nachrichtenagenturen, Radio und Fernsehen ausgiebig. Innenminister Wladimir Ruschailo erklärt, in Rjasan sei ein weiterer Terroranschlag verhindert worden. Auch seine Pressestelle meldet, dass ein Sprengsatz entschärft worden sei, dass Spuren von Hexogen gefunden wurden.

Am Abend des 23. September wird das weiße Auto entdeckt, abgestellt auf einem Parkplatz in der Nähe von Kolomna, einem Ort auf halber Strecke nach Moskau. Der Wagen war als gestohlen gemeldet worden. Waren die Täter also unerkannt entkommen? Nein. Durch Zufall hört die Mitarbeiterin einer Telefonvermittlung, Nadjeschda Juchanowa, den Anfang eines Telefongesprächs mit. Was sie aufschnappt, lässt sie sofort aufhorchen: »Verlasst die Stadt einzeln, es gibt überall Kontrollen«, sagt die Stimme am anderen Ende der Leitung.

Juchanowa informiert sofort das lokale Büro des FSB, das verdächtige Telefon wird überwacht. Schnell wird klar: Die Telefonnummer, die die Verdächtigen aus Rjasan angerufen hatten, ist die eines FSB-Büros in Moskau. Kurz darauf verhaftet die Polizei mithilfe von Anwohnern zwei der entkommenen Männer in Rjasan. Doch nun geschieht etwas Spektakuläres: Die anscheinend gefassten Terroristen zeigen Dienstausweise des Inlandsgeheimdienstes FSB vor und werden auf Anweisung aus Moskau bald freigelassen. Die gesuchten tschetschenischen Terroristen waren russische Geheimdienstler!

Der Leiter des FSB, Nikolai Patruschew, muss sich zu dieser atemberaubenden Wende äußern. Nach einer Konferenz im Kreml tritt er vor die Kameras. Dann fallen die Sätze, die als »Breaking News« um die Welt gehen: Rjasan sei Teil einer Übung, der Sprengsatz in Wahrheit harmlos gewesen, eine Attrappe. Die Säcke hätten kein Hexogen enthalten, sondern Zucker. Ähnliche Bombenattrappen habe man auch in anderen Städten platziert, sie seien bislang nur unentdeckt geblieben. Zum Abschluss gratuliert Patruschew den Bürgern von Rjasan zu ihrer Wachsamkeit. Alexei Kartofelnikow und Nadjeschda Juchanowa erhalten einen Farbfernseher als Dank für ihre Aufmerksamkeit.

Diese Wendung hätte sich kein Hollywood-Regisseur dramatischer ausdenken können. Es war Zucker, kein Sprengstoff. Nur eine fürsorgliche Übung mit dem Ziel, Russlands Bürger besser vor weiteren Anschlägen zu schützen. Was aber ist mit den zahlreichen Fakten, die noch Minuten zuvor in eine ganz andere Richtung deuteten? Der FSB-Sprecher General Alexander Schdanowitsch erklärt den Hexogen-Fund mit einem Messfehler. Die Apparatur sei nicht ordentlich gereinigt worden. Nicht nur die Anwohner von Rjasan misstrauen dieser Erklärung, die alles auf den Kopf stellt. Warum durften sie dann nach der Entdeckung der Säcke im Keller stundenlang nicht in ihre Häuser zurück? Warum klärte der Geheimdienst nicht schon im Laufe des Abends, spätestens aber am Folgetag auf, dass alles nur eine Übung war? Sondern erst, nachdem der FSB-Chef Patruschew die Säcke mit dem umstrittenen Inhalt nach Moskau hatte bringen lassen – in seinen Gewahrsam?

Auch Journalisten beginnen bald, an der überraschenden FSB-Version zu zweifeln. Pawel Woloschin, ein Reporter der *Nowaja Gaseta*, befragt den Sprengstoffexperten Tkatschenko in Rjasan. Der will von einem Messfehler nichts wissen. Das moderne Analysegerät werde regelmäßig gewartet, geeicht und natürlich vor jedem Einsatz gründlich gereinigt. Die Behauptung, Zünder und Zeitschalter seien nur eine Attrappe gewesen, weist er ebenfalls zurück: Alles sei funktionstüchtig gewesen, offensichtlich von einem Experten zusammengebaut. Der Explosionszeitpunkt sei auf 5 Uhr morgens eingestellt gewesen. In Rjasan jedenfalls glaube kaum jemand an die Mär von der Übung.

Ein erster Aufklärungsversuch durch das Parlament, die Duma, schlägt fehl. Zwar stimmen 197 Abgeordnete für eine offizielle Anfrage an den Generalstaatsanwalt, doch die absolute Mehrheit von 226 Stimmen kommt nicht zustande, weil die Kreml-Partei »Einiges Russland« geschlossen gegen den Vorschlag stimmt.

Der Fall Pinjajew

Pawel Woloschin von der *Nowaja Gaseta*, längst ein oft interviewter Experte für die Ereignisse in Rjasan, stößt dann auf den Soldaten Alexei Pinjajew und dessen unglaubliche Geschichte. Pinjajew hatte im Depot seiner Einheit 50-Kilogramm-Säcke mit der Aufschrift »Zucker« gefunden. Mit einem Kameraden füllte er davon etwas ab, um damit Tee zu süßen. Beide merkten jedoch sofort, dass ihr Tee ungenießbar war. Sie informierten den Kommandeur, der zog einen Sprengstoffexperten hinzu. Und der konstatierte: Hexogen. Hochrangige FSB-Offiziere erschienen, die beiden Soldaten wurden mehrmals verhört. Zu ihrer Überraschung wurden sie nicht wegen des Diebstahls von Zucker belangt, der Vorwurf lautete: Verrat von Staatsgeheimnissen.

Nachdem Woloschin das Interview mit Pinjajew in der *Nowaja Gaseta* veröffentlicht hatte, recherchierten auch andere Journalisten. Von offizieller Seite wurde ihnen beschieden, die Story von den Zuckersäcken mit Hexogen sei nur eine Erfindung Woloschins. Das Fallschirmjäger-Regiment verklagte die *Nowaja Gaseta* sogar vor einem Moskauer Gericht: Der Artikel habe die Ehre des Regiments und der gesamten Armee verletzt, so der Vorwurf. Und im September 1999 habe es gar keinen Soldaten namens Pinjajew in dieser Einheit gegeben.

Seltsam genug: Der nicht existierende Pinjajew widerrief dann – vermutlich unter Druck – seine Geschichte. Im März 2000 wurde ein Verfahren gegen ihn eröffnet, wegen Diebstahls von Armee-Material aus einem Munitionsdepot, sein Kommandeur mit dem gesamten Zug nach Tschetschenien in den Krieg geschickt. Dasselbe Schicksal ereilte auch den widerspenstigen Sprengstoffexperten Tkatschenko, der darauf gepocht hatte, Hexogen in den Säcken gefunden zu haben.

Wegen des Widerstands der Kreml-Partei »Einiges Russland« setzen Oppositionspolitiker der Duma eine außerparlamentarische Untersuchungskommission ein, die von Abgeordneten und dem Menschenrechtler Sergej Kowaljow geleitet wird. Sie findet viele interessante Details. Zum Beispiel zu Atschemes Gontschijajew. Ihn nennen die Behörden den Anführer der Terrorgruppe, die für die Explosionen verantwortlich ist. Gontschijajew hatte Kellerräume in den Mietshäusern angemietet, die dann gesprengt worden waren. Das leugnet er auch nicht. Doch er beteuert, auf Anweisung gehandelt zu haben, ohne den Grund für die Anmietung der Räume gekannt zu haben. Die Kommission lässt recherchieren und Gontschijajew wird bestätigt: Es gab einen Hintermann, eine Person aus dem Umfeld des FSB.

Zwei der vom FSB gesuchten Terroristen schreiben der Untersuchungskommission am 28. Juli 2002 einen Brief. Darin geben sie zu, »dass sie aus Sympathie mit den Tschetschenen in der Tat zu Anschlägen bereit gewesen wären – freilich nur gegen Kasernen oder Geheimdienstgebäude. Sie geben zu, die Sprengstoffsäcke in Lager transportiert zu haben. Dass sie von dort in die Keller ziviler Wohnhäuser gebracht wurden, wollen Krymschamchalow und Batschajew weder gewusst noch gebilligt haben. Als Hintermänner der Terroranschläge nennen die Gesuchten FSB-Chef Nikolai Patruschew und weitere FSB-Offiziere.«[7]

Die Wahrheitssuche der Kommission stößt nicht überall auf Gegenliebe. Zwei Kommissionsmitglieder, die von der Beteiligung des FSB an den Bombenanschlägen überzeugt sind, sterben: Sergei Juschenkow wird im April 2003 vor seiner Wohnung erschossen. Juri Schtschekotschichin stirbt an einer Vergiftung.

Bis heute gibt es einen ungeheuren Verdacht, Indizien, Ungereimtheiten, Lügen, aber keine eindeutigen Beweise für die Verantwortung der russischen Geheimdienste. Wie auch: David Satter weist darauf hin, dass sowohl die möglichen Täter als auch alle Beweisstücke wie die umstrittenen Säcke samt Inhalt und Zeitzünder sich in den Händen des FSB befinden. Er beendet sein Kapitel über die Vorfälle in Rjasan mit folgenden Sätzen: »Die mysteriöse Rjasan-Übung wird trotzdem kaum in Vergessenheit geraten. Wenn der Sprengsatz im Keller der Nowosjelow-Straße 14/16 real war und 250 Menschen töten sollte, während sie schliefen, dann scheint es sehr plausibel zu sein, dass die erfolgreichen Anschläge auf die Häuser in Moskau, Wolgodonsk und Buinaksk auch vom FSB ausgeführt wurden. Die Rückschlüsse aus den Ereignissen in Rjasan hängen wie eine dunkle Wolke über Russland und der gesamten russischen Reformperiode.«[8]

Juri Felschtinski und Alexander Litwinenko resümieren ihr Rjasan-Kapitel so: »Alle Fakten deuten (…) darauf hin, dass in Rjasan ein Terroranschlag verhindert wurde. Die, die ihn unterstützten, planten, ausführten und ermunterten, müssen erst noch vor Gericht gebracht und verurteilt werden. Aber da wir die Namen der Verdächtigen kennen, ihre Position, ihre Arbeits- und Privatadressen, und sogar ihre Telefonnummern, sollte es nicht schwer sein, sie zu verhaften.«[9] Eine Empfehlung, der natürlich niemand nachkam.

Paul Klebnikow zieht ein vorsichtigeres Resümee: »Es liegen schlichtweg zu wenig Indizien für irgendwelche Schuldzuweisungen vor. Höchstwahrscheinlich sind die Anschläge tatsächlich von tschetschenischen Kämpfern oder islamischen Extremisten verübt worden, die im Namen ihrer kampfbereiten Glaubensbrüder handelten.«[10] Allerdings schließt er auch die alternative Version nicht aus: »Falls die Anschläge von den Russen organisiert wurden, dann waren sie vermutlich das Werk von Angehörigen des Putin-Lagers, die auf eigene Faust handelten.«[11]

Dass der Regierungschef selbst hinter den Angriffen auf friedliche Mitbürger steckte, hält Klebnikow für unwahrscheinlich. Es gebe keinerlei Hinweise, dass Putin zu einem derart monströsen Verbrechen fähig sei. 2004 wird Klebnikow, Herausgeber von *Forbes Russia*, erschossen. Die Ermittler sprechen von einem Auftragsmord, und kaum jemand bezweifelt, dass Klebnikows Arbeit als investigativer Journalist, seine Enthüllungen das Tatmotiv waren.

Und Putin selbst? Auf den fürchterlichen Verdacht angesprochen, antwortet er im Mai 2000: »Was?! Ihre eigenen Häuser in die Luft sprengen? Also wissen Sie … So ein Quatsch! Himmelschreiender Unsinn. In den russischen Geheimdiensten gibt es keine Leute, die fähig wären, solche Verbrechen gegen ihr eigenes Volk zu begehen. Sogar eine derartige Annahme ist unmoralisch und ihrem Wesen nach nichts anderes als ein Element des Informationskrieges gegen Russland.«[12]

Russlands Generalstaatsanwaltschaft hat im April 2003 alle Ermittlungen für abgeschlossen erklärt. Sie hält an der offiziellen Version fest, Rebellen hätten die Anschläge bestellt und bezahlt. Der zweite Tschetschenienkrieg begann Ende September 1999, kurz nach meiner Ankunft in Moskau.

Kapitel 3

Tschetschenien:
Ein Krieg als Steigbügel für den neuen Mann im Kreml

Am 8. November 1999 breche ich mit meinem Team nach Nasran auf. Aus der Hauptstadt der Provinz Inguschetien berichtet die überwiegende Zahl der russischen und internationalen Korrespondenten über den zweiten Tschetschenienkrieg. Und dort wird für den kommenden Tag eine OSZE-Delegation erwartet, die von Rebellen befreite Dörfer besuchen will. Verschiedene ARD-Redaktionen haben Beiträge gebucht – und ich bin ein wenig nervös. Meine Erfahrung als Kriegsreporter ist zu diesem Zeitpunkt durchaus überschaubar: zwei Wochen im Bosnienkrieg, wenige Tage in der gerade von Rebellen eroberten Stadt Kigali in Ruanda und zwei, allerdings sehr atemlose und teilweise gefährliche Wochen im Kosovo, zwischen einrückenden NATO-Verbänden und abziehenden serbischen Milizen. Doch dieser Krieg in Tschetschenien, das ist mir inzwischen klar, ist undurchschaubarer, grausamer und doppelbödiger.

Seit dem 23. September fliegt die russische Luftwaffe täglich Angriffe auf Stellungen der tschetschenischen Rebellen, Anfang Oktober sind Bodentruppen einmarschiert und haben schnell den Großteil des tschetschenischen Flachlandes erobert. Jetzt beginnen sie mit der Erstürmung der Hauptstadt Grosny. Zehntausende Tschetschenen sind ins Nachbarland Inguschetien geflohen, viele Rebellen haben sich in die Berge zurückgezogen. Inguschetien, nur wenige Kilometer vom Kriegsgebiet entfernt, ist in diesen Tagen ein Gemisch aus tschetschenischen Flüchtlingen, abgetauchten Rebellen auf Erholungsurlaub, Militärs, Geheimdienstlern und ganz normalen Banditen.

Das Flughafengebäude in Nasran ist eine winzige Baracke mit

Blechdach, über das Flugfeld streunen Hunde. »Zumindest keine Kühe wie sonst«, bemerkt Mischa, der Tonmann, lakonisch. Im Schneetreiben vor dem Flughafen finden wir schnell unsere Producer aus Sankt Petersburg. Sie heißen beide Igor. Da zwei Igors wenig Sinn machen, nennen wir einen der beiden bald schon mit seinem Spitznamen: »Genialnik«. Ich sollte schon bald verstehen, dass er ihn zu Recht trägt.

Die Igors haben mit zwei Fahrern und deren alten Wolga-Modellen auf uns gewartet. Fellmützen, Schnurrbärte, Knoblauchfahnen. »Und wo sind die schon in Moskau vereinbarten Bodyguards?« Die 6000 Dollar und 20 000 Rubel, große Stapel Bargeld in kleinen Scheinen, die ich bei mir habe, wären allein schon Grund genug für einen bewaffneten Beschützer, war die einhellige Meinung im ARD-Studio gewesen. Dazu kommen die Entführungsgeschichten, die wir fast täglich lesen. Genialnik meint, er habe leider niemanden auftreiben können. »Nitschewo…«, »wird schon gut gehen«, schiebt er entschuldigend hinterher.

Unser Gepäck ist bereits auf einem alten, offenen Lastwagen vom Rollfeld vor die Flughafenbaracke gebracht worden. Alles findet irgendwie Platz in den beiden klapprigen Wolgas, und wir fahren los. Während neben mir Igor und Genialnik Neuigkeiten zum Kriegsverlauf austauschen, sehe ich in der Dämmerung weite Brachflächen, sporadisch ein paar Kühe oder Schafe. Dann kommen wir am Checkpoint »Kawkas I« vorbei: Ein Schlagbaum, Soldaten mit Gesichtsmasken, wartende Autos und Lastwagen, ein paar Dutzend Flüchtlinge stehen auf der schlammigen Straße Schlange. Diese Bilder habe ich in Moskau schon oft in kurze Beiträge geschnitten, jetzt sehe ich die wartenden und frierenden Menschen aus nächster Nähe. Etwas abseits der Straße ein langer Eisenbahnzug, völlig zugeschneit. Es ist einer der Flüchtlingszüge, vollgepackt mit Menschen aus Tschetschenien. Aus den Zugfenstern ragen qualmende Ofenrohre.

Nach einer halben Stunde Fahrt kommen wir in Nasran an: Kaum mehrstöckige Häuser, sondern kleine Gehöfte mit großen Stahltoren und Steinmauern. Viele sehen recht neu und gepflegt aus. Straßenlampen gibt es kaum, nur ab und zu kommt uns ein Auto entgegen. Aber an jeder Ecke stehen Gruppen von Männern im Dunkeln, andere sitzen in laufenden Autos mit abgeschalteten Scheinwerfern. Nachdem ich die dritte teure deutsche Limousine entdeckt habe, frage ich nach: Wer hat hier so viel Geld, und vor allem: Wieso hatten alle drei Autos deutsche Kennzeichen? Igor grinst und erklärt dann: Die teuren Autos werden in Deutschland gestohlen, oft auf Bestellung, und die deutschen Nummernschilder sind für ihre Besitzer eine Art Gütesiegel, das sie stolz vorzeigen. Der Gedanke, dass ein deutscher Versicherungsvertreter sich hierhin wagen könnte, um zu versuchen, das Diebesgut seinem rechtmäßigen Eigentümer in Deutschland zurückzubringen, sorgt für ein paar heitere Minuten auf unserer nächtlichen Fahrt, so absurd erscheint er meinen Mitreisenden.

Unser Ziel ist das Fernsehzentrum, ein moderner Bau, gleich neben dem einzigen größeren Hotel der Stadt. Vor dem Fernsehzentrum stehen Wachen, wir müssen die Pässe abgeben, ehe wir zur EBU dürfen, der »European Broadcasting Union«. Die EBU-Kollegen haben aus Sicherheitsgründen hier ihre Abspielstation aufgebaut. Drei Wochen zuvor hatten acht Bewaffnete versucht, einen türkischen Experten mitten aus der Live-Sendung zu entführen. Sie wurden nach einem Feuergefecht von den Milizen abgewehrt. Die Wände sind noch nicht neu verputzt, die Einschüsse noch deutlich sichtbar. Aber, so die beruhigende Auskunft: Man habe seitdem die Zahl der Wachen erhöht. Nach einem kurzen Rundgang quartieren wir uns im Hotel »Assa« ein, wo fast alle ausländischen Journalisten untergebracht sind.

Genialnik

Am nächsten Tag filmen wir den Besuch der OSZE-Delegation in einem Flüchtlingslager in Inguschetien. Näher heran an das Kriegsgeschehen komme ich nicht, und schnell verstehe ich, wie mühsam die Berichterstattung werden wird: Als Ausländer werde ich keine Akkreditierung für die umkämpften Gebiete bekommen. Ich bin abhängig davon, welche Bilder unsere russischen Producer beschaffen können.

Schon an diesem ersten Tag verstehe ich, warum der eine unserer beiden Igors den Spitznamen Genialnik bekam: Er ist kräftig, untersetzt, hat kurzes, strähnig blondes Haar, ist eher wortkarg und hat es faustdick hinter den Ohren. Als Einziger von uns hat er im nordossetischen Mostok, im Hauptquartier der russischen Truppen, eine Spezialakkreditierung bekommen. Genialnik arbeitet sporadisch auch für einen russischen Sender aus seiner Heimatstadt, das war wohl das Geheimnis des Erfolgs. Seine Sonderakkreditierung erlaubt es ihm, zumindest durch den ersten Checkpoint »Kawkas I« zu kommen. Wir anderen hingegen werden es nicht einmal durch diesen ersten Schlagbaum schaffen. Als ich davon erfahre, bin ich ziemlich ernüchtert, aber nicht wirklich überrascht. Uns westliche Journalisten wollen Kreml und Verteidigungsministerium möglichst weit von ihren Truppen fernhalten. Schon zu Kriegsbeginn hat der Kreml deshalb eine eigene Behörde ins Leben gerufen, »Rossinformzentr«, die dafür sorgen soll, dass die Öffentlichkeit ein »richtiges«, sprich sorgfältig gefiltertes Bild von dieser »Befreiungsaktion« bekommt.

Wie streng die Regeln überwacht werden, erfahre ich selbst, als ich mit meinem gesamten Team einige Tage später von einem Vertreter des Geheimdienstes FSB festgenommen und zu einem längeren Verhör gebracht werde – in Inguschetien, nicht etwa im Kriegsgebiet in Tschetschenien. Schon bald wird klar werden, was das russische Militär da so sorgsam vor den Augen und Ohren der westlichen Journalisten verbergen will: grausame Menschenrechtsverstöße, Folter, Mord und schmutzige Geiselgeschäfte. Doch davon weiß ich noch wenig in diesen ersten Tagen in Nasran.

Genialnik hat sich schnell ein ausgeklügeltes System aufgebaut, um durch die strengen russischen Kontrollen zu schlüpfen und mit den kämpfenden Truppen an die Front zu fahren: Vor allem aktuelle Zeitungen sind für die gelangweilten Wehrpflichtigen an den Checkpoints eine heiß begehrte Ware. Genialnik filmt mit einer kleinen Digitalkamera und nicht mit einer professionellen großen, und er nimmt selbstverständlich auch keinen eigenen Tontechniker mit wie wir. Sein Material ist daher technisch nicht so hochwertig, aber er kommt in Situationen, die uns versperrt bleiben.

Wenn er uns abends stolz sein Material präsentiert, nur wenige Stunden vor der »Tagesschau«, muss es schnell gehen. Doch es wartet die nächste Hürde: Mein Cutter, der das Material in seinen Computer einliest und dann schneidet, heißt Ruslan, ist Ingusche und spricht außer seiner Muttersprache nur noch Russisch. Unsere Dialoge in diesen Tagen sind satirereif. »Tote«, »Verletzte«, »Flüchtlinge«, »Gefangene«, »Geiseln«, »Schützenpanzer«, »Granatwerfer«, »Stacheldraht« – niemand hatte sich bisher die Mühe gemacht, mir solche Vokabeln beizubringen. Wir sichten das umfangreiche Rohmaterial mit vielen Gesten und einem Wörterbuch in der Hand.

Exodus aus Grosny

Die russischen Truppen sind den Rebellen weit überlegen und erobern schnell wichtige Städte. Im Dezember 1999 werden dann auch die Angriffe auf die tschetschenische Hauptstadt Grosny immer heftiger. Die russische Artillerie nimmt die Stadt unermüdlich unter Beschuss, längst sind die Dörfer am Stadtrand eingenommen worden. Dass in diesem Granathagel nur tschetschenische Kämpfer sterben und kaum Zivilisten, wie behauptet, glaubt längst niemand mehr, auch wenn die Kameramänner des russischen Militärs moslemische Schriften und Pässe gefallener Gegner in Großaufnahme zeigen.

»Die Bewohner der Dörfer hier beteuern, sie seien gegen die Terroristen«, sagt ein Soldat in eine russische Fernsehkamera, nachdem seine Einheit ein Dorf »befreit« hat. Es ist die Version für das russische Fernsehen. Tatsächlich aber fliehen Zehntausende Tschetschenen vor den russischen »Befreiern« ins benachbarte Inguschetien. Mutige Journalisten wie Anna Politkowskaja von der *Nowaja Gaseta* berichten von Mord, Vergewaltigung und Plünderungen durch russische Spezialeinheiten bei solchen Befreiungsaktionen und Razzien.

Die Menschenrechtsorganisation »Human Rights Watch« beschreibt Anfang Dezember 1999 die Situation in der Ortschaft Alchan-Jurt westlich von Grosny: Truppen des russischen Generals Wladimir Schamanow hatten demnach zunächst bewaffnete Kämpfer aus der Ortschaft vertrieben, dann aber die verbliebenen 500 Dorfbewohner systematisch ausgeplündert und binnen weniger Tage Dutzende Männer, Frauen, Kinder und Alte ermordet.[1] Als zwei Wochen später der russische Vizepremier und Tschetschenienbeauftragte Nikolai Koschman nach Alchan-Jurt kommt, berichten die aufgebrachten Anwohner ihm detailliert von 41 Morden und Plünderungen und identifizieren die russische Einheit: »Koschman entdeckt zahlreiche russische Verstecke mit geplünderten Teppichen, Möbeln, Videorekordern und Fernsehern. Daraufhin drohen russische Soldaten, die offenbar nicht wissen, wer vor ihnen steht, Koschman zu erschießen. (…) In Moskau kündigt Koschman dann die Veröffentlichung einer Untersuchung über Alchan-Jurt innerhalb von zehn Tagen an. Sie wird nie veröffentlicht.«[2]

Es sind solche Vorfälle, die sich in Windeseile in ganz Tschetschenien herumsprechen und schließlich 200 000 Menschen in Flüchtlingslager jenseits der Grenze, nach Inguschetien, treiben. Der Wintereinbruch hat dabei die russische Offensive nur kurzfristig verlangsamt, die Situation der tschetschenischen Flüchtlinge jedoch dramatisch zugespitzt: Bei Temperaturen bis minus 20 Grad mussten viele auf ihrer Flucht sogar im Freien übernachten.

Wir filmen in der riesigen Zeltstadt Karabulak bei Nasran. 10 000 Flüchtlinge suchen dort Schutz, in den Militärzelten wohnen und schlafen bis zu zwanzig Menschen, vor allem Alte, Frauen und Kinder. Die Männer harren entweder in den Dörfern aus, um den Hof zu bewachen, oder sie haben sich den Rebellen angeschlossen. Vor unserer Kamera berichten die Flüchtlinge immer wieder von verhafteten Söhnen, Ehemännern oder Vätern, die von russischen Militärs oder Geheimdienstlern angeblich zu Verhören weggebracht wurden und danach nicht wiederauftauchten. Doch mit lauten Anklagen halten die meisten sich zurück – vermutlich, weil bei unseren Interviews immer ein Mitglied der Lagerverwaltung dabei ist.

Und wer weiß hier schon, wer auf welcher Seite steht, wer mit wem zusammenarbeitet. Da sich auch tschetschenische Rebellen unter die Flüchtlinge gemischt haben sollen, um sich hier für spätere Kämpfe auszuruhen, ist das Misstrauen groß.

Trotz der katastrophalen Situation spricht eine OSZE-Delegation dann zwar von einer »schwierigen Lage«, den Begriff »humanitäre Katastrophe« vermeidet sie jedoch. Wohl auch, weil die westlichen Beobachter durch russische Militärs daran gehindert wurden, sich ein Bild von den kilometerlangen Flüchtlingsstaus auf tschetschenischer Seite oder dem Schicksal der Menschen in den bombardierten Städten zu machen.

Meine Verzweiflung darüber, nicht näher an Dörfer und Menschen im Kriegsgebiet selbst heranzukommen, hat meine russischen Producer beeindruckt. Bei meinem nächsten Einsatz in Nasran erwartet mich am Flughafen ein sichtbar aufgeregter Genialnik: »Diesmal können wir dich zumindest für einen Aufsager an den Stadtrand von Grosny bringen!« Ein »Aufsager« ist der kurze Teil eines »Tagesschau«-Beitrags, in dem der Reporter einige abschließende, einschätzende Sätze in die Kamera sagt. Das wird in Hamburg gerne gesehen, denn es zeigt, dass die ARD tatsächlich vor Ort ist und nicht nur Agenturmaterial aus anderen Quellen zusammengeschnitten hat. In gefährlichen Kriegsgebieten sind diese Auftritte im »On«, vor der Kamera, auch bei Journalisten aus nachvollziehbaren Gründen begehrt.

Auf meine Nachfrage hin sprudelt es nur so aus Genialnik heraus: Er hat den Fahrer eines russischen Generals getroffen, der in Nasran die Uniformjacke seines Chefs zu einer Näherei bringen musste. Gegen ein kleines Sümmchen sei der Mann bereit, mich auf der Ladefläche seines Militärlasters zu verstecken und so durch die vielen Checkpoints zu einem Hügel vor Grosny zu schleusen. Ich müsse nur ruhig liegen bleiben, eingewickelt in einen alten Teppich, dann werde das schon gut gehen. Nach der Aufnahme meines kurzen Kommentars würde ich dann auf demselben Weg zurück nach Inguschetien gebracht. Genialnik, so sein Plan, würde sich auf seinen eigenen Schleichwegen nach Grosny durchschlagen und meinen Aufsager filmen.

Ich zögere kurz – und sage dann ab. Zunächst, weil mir das Risiko zu hoch erscheint: Würde ich durch Zufall an irgendeinem Posten doch entdeckt, fiele die bestellte Live-Schalte aus. Und ich weiß inzwischen, dass Kollegen nach solchen unerlaubten Ausflügen ihre Akkreditierung beim russischen Außenministerium verloren. Das wäre das Ende meiner jungen Karriere als Moskau-Korrespondent. Der entscheidende Grund für meine Absage jedoch ist: Dieser Aufsager wäre schlicht ein Fake gewesen. Er hätte suggeriert, dass ich auch bei den übrigen von Genialnik an diesem Tag gedrehten Aufnahmen zugegen war, die Gefechte um Grosny also beobachtet hätte und einschätzen könne. Tatsächlich aber könnte ich ja noch nicht einmal Eindrücke von der Fahrt mitnehmen, eingerollt in einen Teppich auf der Ladefläche eines rumpelnden Militärlasters.

Die Hauptstadt Grosny liegt in diesen Tagen unter Dauerfeuer, die russische Luftwaffe fliegt nach eigenen Angaben bis zu 180 Einsätze an nur einem Tag. Entsprechend groß ist der Strom der Flüchtlinge, die versuchen, die Stadt zu verlassen. Wir sichten Genialniks Material: An einem provisorischen russischen Checkpoint stehen Flüchtlinge. Sie kommen aus dem Süden der Stadt und sind mitten durch die Gefechtszone gelaufen. Die meisten sind Frauen und Kinder, sie wirken geschwächt und verängstigt.

»Wir sind unter Granatbeschuss rausgelaufen«, berichtet eine Frau, »von einem Fluchtkorridor wussten wir nichts. Wir haben keine Informationen, kein Fernsehen, nichts, es gibt nur Gerüchte. Und sie schießen immer weiter. Dabei sind in der Stadt noch so viele Zivilisten, viele Alte und Kranke.« Der russischen Begründung, warum sich in Grosny immer noch so viele Zivilisten befinden, widersprechen die meisten der Flüchtlinge: »Nein, die Rebellen haben uns nicht zurückgehalten.«

Die Flüchtlinge werden registriert und mit Lastwagen weggebracht – in ein Auffanglager nahe der inguschetischen Grenze. »Nahe Inguschetien?« Genialnik ist unterwegs, und so bedränge ich seinen Namensvetter, den Producer Igor, so lange, bis der einwilligt, es zu versuchen. Ich will endlich raus aus meinem synthetischen Korrespondentenleben im Hotel »Assa«. Noch am Abend kaufen wir an einem Kiosk Zeitschriften, Bier, Wodka und getrockneten

Fisch. Am kommenden Morgen brechen wir noch in der Dunkelheit auf.

Es ist der 13. Dezember, mein 46. Geburtstag. Das müsste eigentlich ein gutes Omen sein, denke ich mir. Außerhalb der Stadt, auf der Straße in Richtung Tschetschenien, stoppt ein Schlagbaum schon bald unseren Bus. Eine Handvoll Soldaten verweigert uns die Durchfahrt, denn keiner von uns hat den besonderen »Propusk«, die Spezial-Akkreditierung der russischen Streitkräfte. Producer Igor verschwindet für ein paar Minuten im kleinen Wachhäuschen, dann winken uns die Männer durch. Ich ahne, welche Argumente er verwendet hat.

Doch schon nach zwei Kilometern stehen wir wieder: Ein tiefer Graben ist quer über die Straße gebaggert worden, offenbar soll hier niemand durchfahren. Wir setzen zurück, biegen in ein schlammiges Feld ein und fahren durch den Morast quer zur Straße weiter – bis uns ein weiterer kleiner Graben stoppt. Wir sammeln Äste und kleine Baumstämme, überbrücken das Hindernis und finden einen Weg zurück auf die Straße. Diese Prozedur wird sich auf den kommenden Kilometern noch zweimal wiederholen.

Unser Weg zum Flüchtlingslager Sernowodsk führt über verlassene tschetschenische Straßen durch ehemaliges Kampfgebiet. Das Gebiet ist für nichtrussische Journalisten gesperrt, nachts haben die Posten den Befehl, auf jedes Fahrzeug zu schießen. Es ist eine gespenstische Reise: Es ist diesig, niemand außer uns ist unterwegs auf dieser endlosen geraden Landstraße, gesäumt von Pappeln und Birken, die längst ihr Laub verloren haben. Ein paar Raben krächzen auf den schneebedeckten Feldern, wenn wir vorbeifahren, sonst ist es ruhig. Bis eine starke Explosion unseren kleinen Bus erzittern lässt. »Da, Rauch!«, sagt unser Fahrer, und wir sehen tatsächlich, wie links von uns in etwa 200 Metern Entfernung eine Rauchsäule aufsteigt. Hier ist niemand, hier gibt es auch keine aktiven Kampfhandlungen, wer also schießt hier auf wen? Igor und der Fahrer sind überzeugt, dass da ein Artilleriegeschütz abgefeuert wurde.

Während wir noch diskutieren, was wir tun sollen, taucht etwa 300 Meter vor uns plötzlich ein russischer Panzer auf der Landstraße auf, das Geschützrohr auf uns gerichtet. Jetzt halten wir alle die

Luft an: Will der tatsächlich auf uns schießen? Halten die uns vielleicht für eine kleine Gruppe versprengter Rebellen, die versuchen, hinter den russischen Linien zu operieren? Ich schlage Igor vor, auszusteigen und sich irgendwie als Journalist, als Russe zu erkennen zu geben. Der sonst so selbstbewusste, ironisch-gelassene Petersburger antwortet mit drei Worten, die mein ganzes bisheriges, wohl etwas naives Ur-Vertrauen in sein umfassendes Krisenmanagement schlagartig relativieren:»Ich habe Angst.«Auf keinen Fall werde er aussteigen.

Mit zitternden Händen legt unser inguschetischer Fahrer den Rückwärtsgang ein und beginnt, sehr langsam, die Augen auf den Rückspiegel geheftet, zurückzusetzen, während alle anderen im Bus gebannt nach vorne schauen, auf den Panzer, der sich seit seinem Erscheinen nicht mehr bewegt hat. Immer wieder rutscht der Bus seitlich weg, während der Panzer nur quälend langsam kleiner wird. Erst als wir nach gut einem Kilometer im Rückwärtsgang seitlich auf ein Feld ausweichen können, sind wir aus seinem Blickfeld verschwunden und atmen auf. Unsere Erleichterung, einer vermutlich lebensgefährlichen Situation entkommen zu sein, verdrängt die Enttäuschung, es nicht ins Flüchtlingslager geschafft zu haben.

Später im Hotel sind sich alle Kollegen einig: Solche Situationen seien extrem gefährlich. Ein unidentifiziertes Auto auf einer abgelegenen Straße, das könne einen gelangweilten, vielleicht angetrunkenen Kanonier schnell auf falsche Gedanken bringen. Wir hatten eine dieser Situationen überstanden, in die man als erfahrener Reporter in Kriegsgebieten besser gar nicht kommen sollte. Inzwischen schreiben alle ARD-Sender zwingend vor, dass Journalisten vor ihrem ersten Einsatz in Kriegs- und Krisengebieten spezielle Trainings absolvieren. Eine gute Entwicklung.

Nachdem wir unseren letzten Beitrag nach Deutschland überspielt haben, feiern wir an diesem Abend noch kurz meinen Geburtstag im Hotelrestaurant. Die Kollegen überreichen mir als Geschenk drei verschiedene Flaschen Ketchup – eine lustige Anspielung auf meine Angewohnheit, das immer gleiche Hammel-Schaschlik des Restaurants etwas zu»verfeinern«. Den Geburtstags-Wodka müssen wir heimlich unter dem Tisch in Saftgläser schütten.

Die Kellner sehen das natürlich, aber zumindest ist der moslemische Schein gewahrt.

In meinem Hotelzimmer sehe ich mir spätnachts noch die letzten russischen Fernsehnachrichten an. Bilder aus Grosny: Spezialeinheiten pirschen sich an den Flughafen und hissen die russische Fahne. Der Bericht strotzt vor Optimismus: Grosny sei bald befreit, so der Tenor. Über die eigenen Verluste und den gewaltigen Blutzoll, den die Bevölkerung für diesen Vorstoß zahlt, wird in den russischen Medien so gut wie nicht geredet. Zu diesem Zeitpunkt sind noch 40 000 Menschen in der Stadt, die in Kellern Schutz vor dem gnadenlosen Dauer-Bombardement suchen. Bis die Rebellen schließlich im Februar 2000 die Stadt verlassen, werden Tausende Zivilisten und Kämpfer gestorben sein, durch Granaten, Raketen und Bomben.

Tote, die es nicht geben darf

Nach ihrer Eroberung sieht die tschetschenische Hauptstadt so verwüstet aus wie viele Jahre später das syrische Aleppo. Der unermüdliche Bombenhagel der russischen Kampfflugzeuge hat eine der schöneren Städte Russlands in ein Trümmerfeld verwandelt. Und der Blutzoll ist nicht nur auf tschetschenischer Seite gewaltig.

Im Januar 2000 drehen wir im nordossetischen Mostok, dem Hauptquartier der russischen Truppen. Hier wird gleich in drei Militärhospitälern rund um die Uhr gearbeitet, um die vielen Verletzten zu behandeln, die es nach offiziellen Verlautbarungen gar nicht gibt. Unser Team schafft es in eines der drei: Fünfzig bis sechzig Verwundete aus Grosny nimmt es jeden Tag neu auf, dreißig Operationen täglich müssen die überlasteten Ärzte durchführen, davon im Schnitt zehn, bei denen es um Leben und Tod geht. Die Straßenkämpfe in Grosny, immer neue Überfälle der tschetschenischen Rebellen auch in den längst als erobert gemeldeten Gebieten haben die Opferzahlen sprunghaft ansteigen lassen. Sterben jetzt also tatsächlich jeden Tag Dutzende russische Soldaten? »Ob es Dutzende sind, weiß ich nicht«, sagt Sanitäter Sergei. »Aber nur ein Beispiel: Nach den Überfällen in Argun und Schali hat man am nächsten Tag fünf Tote und acht Verletzte gemeldet, aber allein nach Jekaterinburg sind dann vierzig Verletzte ausgeflogen worden.« Offenbar um die Bevölkerung nicht gegen den Krieg aufzubringen, werden die wahren Zahlen verschwiegen.

Wir sprechen mit einem verwundeten Zugführer. Wladimir ist mit seinen Soldaten in einen Hinterhalt geraten. »Ich habe da fünf Soldaten verloren, sieben wurden verletzt. Das ist fast die Hälfte der Männer, die ich dabeihatte.« Viele hier haben schon im ersten Tschetschenienkrieg gekämpft, sie haben Zweifel an den siegesgewissen Parolen ihrer Generäle.

Das russische Fernsehen zeigt Bilder vom Flughafen in Jekaterinburg: Nachts, in einiger Entfernung vom Terminal, werden Särge gefallener Soldaten ausgeladen. Drehen durfte das nur ein Kameramann der Polizei. Niemand will, dass ausländische Journalisten nachzählen, wie viele Tote an diesem Tag wirklich in der Stadt ankommen. Und in den übrigen Städten Russlands.

Wir filmen in Jekaterinburg eine Trauerprozession: An der Spitze geht ein junger Mann mit einem gerahmten Foto. Denis, sein Klassenkamerad, war 19, als er starb. Seine Mutter Tatjana redet nur stockend: »An diesem Krieg finde ich nichts richtig. Wer hat ihn denn überhaupt organisiert? Er muss aufhören, je früher, desto besser. Wie lange soll es denn noch dauern, dass unsere Kinder dort kämpfen müssen, dass dort 19-Jährige zu Tode kommen …« Es ist ein eher ratloser, stiller Protest der einfachen Fabrikarbeiterin gegen den Krieg in Tschetschenien, kein lauter Aufschrei. Auch sie spürt: Dieser zweite Tschetschenienkrieg wird bisher nicht, so wie der vorangegangene, von den Medien kritisiert. Und noch gibt es auch keinen breiten Widerstand der Bevölkerung, so wie damals.

In einem Kino der Stadt wird ein Dokumentarfilm gezeigt. Eher nachdenklich feiert hier der Verein der Jekaterinburger Soldatenmütter sein zehnjähriges Bestehen. Der Film zeigt ihre Proteste im ersten Krieg: Mütter aus ganz Russland machten sich damals auf den Weg nach Tschetschenien, um ihre Söhne zurückzuholen, und tschetschenische Mütter marschierten mit, vorbei an den Offizieren, die ihre Kinder ins Feuer schickten. Jetzt aber sitzt nur eine Handvoll Mütter im kleinen Vorführraum des Kinos. Damals waren sie Tausende, und ihre mutige Reise in den Krieg half mit, das Sterben zu beenden.

»Wir haben eigentlich auch für dieses Jahr einen Friedensmarsch durch den Kaukasus geplant«, sagt die Vorsitzende der Soldatenmütter, Dina Akmaliewna, »aber ob das jetzt noch klappt, ist fraglich.«

»Warum ist es jetzt anders?«

»Sie lassen doch selbst humanitäre Organisationen und Journalisten nicht mehr nach Tschetschenien.«

Denis, der tote Soldat, findet im hinteren Bereich des Friedhofes von Jekaterinburg seine letzte Ruhestätte. Für ein paar Flaschen Wodka haben die Friedhofsgärtner das einfache Holzkreuz in den gefrorenen Boden gegraben. Dass Denis fürs Vaterland starb, wird hier hinten bald niemand mehr wahrnehmen.

Der Soldat Falikow

Zurück in Moskau, werden uns Bilder von der tschetschenischen Seite angeboten. Wir sichten mehrere Stunden Augenzeugenberichte aus von Russen eroberten Dörfern, Eindrücke von der anderen Seite der Front, Bilder, wie ich sie bisher nicht gesehen habe. Und dann eine Szene, die uns alle geradezu elektrisiert: Tschetschenische Rebellen haben mit Granaten einen russischen Panzer gestoppt und die Besatzung getötet. Ein Journalist filmt, wie die Leichen der Russen neben den Panzer gelegt werden, der Kommandeur der Rebellengruppe prüft ihre Papiere und Marschbefehle. »Hier endet eure Dienstreise«, sagt er.

Dann wird plötzlich ein Überlebender vor die Kamera geführt. »Los, da vorne hin. Zu deinem Kommandeur!« Der junge Soldat, der Bordschütze des Panzers, muss sich neben seinen erschossenen Offizier stellen, der auf den Panzer gelegt wurde und mit weit aufgerissenen Augen einen makabren Hintergrund für diese Szene abgibt. Zitternd gehorcht der junge Rekrut.

»Wie bist du hergekommen?«

»Ich bin Wehrpflichtiger. Unsere Einheit wurde hierher verlegt.«
Der Soldat war nach dem Granattreffer betäubt im Panzer geblieben, was ihm das Leben rettete. Seine aus ihrem Panzer flüchtenden Kameraden waren dann von den Rebellen erschossen worden. Der Rebellenführer beginnt, den Jungen zu verhöhnen:»Du bist 19, nun sieh dich mal an: wie schmutzig du bist. Dagegen die tschetschenischen Widerstandskämpfer, sieh sie an. Soll Putin sich das mal anschauen! Er wollte uns fertigmachen, aber jetzt kriegt sein Russland die Quittung. Schau, da liegt dein Kommandeur, da hinten liegen die anderen, du bist der einzige Überlebende, wie durch ein Wunder. Du bist offenbar als Glückskind geboren. Weißt du, wer der Mann hinter dir ist?«

»Das ist der Kommandeur des ersten Zuges.«

»Sein Name?«

»Leutnant Popow.«

Nur mit Mühe bringt der junge Soldat die wenigen Worte über die Lippen: Umringt von tschetschenischen Rebellen, die grinsend dem Verhör folgen, umgeben von seinen gefallenen Kameraden weiß er, dass die Tschetschenen in diesem Krieg keine Gefangenen machen. Auch ich erwarte jetzt im Schneideraum in Moskau eine weitere dieser Exekutionsszenen, die ich inzwischen schon so häufig gesehen habe. Doch dann eine überraschende Wende:»Wir werden dich nicht hinrichten, du kannst nach Hause zurück«, sagt der Kommandeur.»Hier, nimm ein paar Zigaretten mit. Aber sag Putin, was ihn hier in Grosny erwartet!«

Der Soldat lässt sich widerstandslos Schokolade und Zigaretten in die Hand drücken und wird aus dem Bild geführt. Das sind die letzten Aufnahmen von ihm auf diesem Videomaterial, gedreht vor zweieinhalb Monaten. Ob er wirklich freigelassen wurde, nachdem der Augenzeuge mit der Kamera weg war? Oder war alles nur eine Inszenierung für die Besucher und ihre Kamera? Wurde der Russe kurz darauf, so wie es die Regel ist, schnell mit einem Kopfschuss exekutiert? Wir spulen das Band zurück. Irgendwo hatte der Soldat seinen Namen genannt: Sergei Falikow.

Die eindringliche Szene lässt mich auch an den Tagen danach

nicht los, und ich beschließe, mich auf die Suche nach diesem jungen Wehrpflichtigen zu machen. Noch bin ich zu stark von meinem westlich-naiven Weltbild geprägt: Ein Anruf beim Verteidigungsministerium, denke ich mir, Hinweise auf die zuständige Einheit, und schon können wir den russischen Soldaten zu seinen Erlebnissen befragen. Natürlich erhalten wir keinerlei Auskünfte. Und beginnen eine Suche, die sich über ein halbes Jahr hinziehen wird.

Unsere erste Anlaufstelle ist die Lutschnikow-Straße in Moskau. Hier hat der Verein der Soldatenmütter sein Büro. Es herrscht ein unbeschreibliches Gedränge, überall auf den Fluren wartende Mütter. Einige wollen ihre Söhne vor der Einberufung nach Tschetschenien bewahren, andere suchen nach Spuren, Lebenszeichen, hoffen auf Rechtsbeistand. Maria Fedulowa ist die Seele des Büros, eine resolute Frau, die im letzten Tschetschenienkrieg vier Jahre zuvor ihren gefangen genommenen Sohn persönlich bei einem tschetschenischen Feldkommandeur abgeholt hatte. »Über 400 gefangene Soldaten gibt es schon in diesem Krieg«, sagt Maria Fedulowa, »vom letzten suchen wir auch noch nach 500 Verschollenen.« Immerhin, sie erinnert sich an das Dossier Falikow und ruft für uns noch einmal beim zuständigen Militärkommando an. »Keine neuen Informationen«, hören wir eine Männerstimme sagen. Fehlanzeige, wie so oft. Aber den Auskünften der Militärs trauen sie hier ohnehin nicht, verrät Maria. Sie ruft die Akte »Sergei Falikow« im Computer auf. Sie ist fast leer. Doch wenigstens finden wir darin die Adresse seiner Eltern.

Wenige Tage später sind wir in der Region Tambow. 600 Kilometer von Moskau entfernt sind wir unterwegs zu dem kleinen Dorf Kulibjakino, das in keiner Landkarte verzeichnet ist. Aber hier draußen im Nirgendwo weiß jeder, wo die Falikows wohnen. Ein kleines Holzhaus, Gänse im schneebedeckten Innenhof, der angekettete Wachhund kündigt uns mit einem heiseren Bellen an.

Anmelden konnten wir uns nicht, hier gibt es kein Telefon. Doch wir haben Glück, Sergeis Mutter, Alexandra Wassiljewna, ist zu Hause. Die Bäuerin trägt ein bunt bedrucktes ausgewaschenes Kleid, unter dem Kopftuch ein verweintes Gesicht. Das kleine Holzhaus hat nur zwei Zimmer, für sechs Personen. Sergeis Bett steht seit

Monaten leer. Dass er von den Tschetschenen gefangen wurde, wissen sie erst seit Kurzem. Sergeis Schwester bringt eine rote Mappe mit Fotos und Briefen von Sergei. Darin auch Bilder, die ihnen ein unbekannter französischer Fotograf zuschickte: Der Franzose war offenbar ebenfalls Augenzeuge von Sergeis Gefangennahme in Grosny. Sergeis Mutter hält sich eine abgebrochene Lesebrille vor die Augen und beginnt, seinen letzten Brief vorzulesen, den er schrieb, kurz bevor er gefangen wurde:»Grüße aus Tschetschenien, meine Lieben: Mutti, Brüderchen, Nataschka und Anjuta. Wir haben ein Hundewetter. Wir liegen 8 Kilometer vor Grosny, und die Artillerie beschießt die Stadt jeden Tag. Ich lebe mit sieben Mann in einem Zelt.«

Eine Tante ist dazugekommen.»Sergeis Briefe waren voller Heimweh«, sagt Lilja. Das lange Warten, ohne jedes Lebenszeichen von Sergei, zermürbt die Nerven, berichten die Frauen. Sie haben Briefe an die Soldatenmütter und an Sergeis Einheit geschrieben, aber nichts Neues erfahren.

»Diese tschetschenischen Banditen bringen unsere Liebsten einfach um«, bricht es plötzlich aus Sergeis Tante heraus,»diese Kreaturen haben sich da unten überall breitgemacht. Und alle beschuldigen immer nur den Kreml und die russischen Soldaten. Dabei verteidigen wir doch nur unser Land. Unsere Kinder tun es heute so wie damals unsere Eltern. Und das müssen wir zu Ende bringen, bis zum bitteren Ende, egal, wie hoch der Preis ist.«

Die einfache Frau aus dem gottverlassenen Dorf Kulibjakino spricht uns eine makellose Zusammenfassung der Kriegsversion in die Kamera, die der Kreml über das russische Fernsehen seit Kriegsbeginn verbreiten lässt. Eine andere Informationsquelle haben sie in ihrem kleinen Dorf nicht.

Die Nachrichten beginnen, die Frauen verpassen sie nie. Mit gefalteten Händen sitzen sie vor dem Fernseher, so, als sei der Moderator eine göttliche Instanz, von der sie täglich immer wieder Erlösung erflehen. Grosny ist inzwischen eingenommen, jeden Tag verkündet das staatstreue Fernsehen militärische Erfolgsmeldungen. Auch der Vorort von Grosny, in dem ihr Sohn gefangen wurde, ist längst in russischer Hand.

Tatsächlich gelingt es dem Kreml durch die weitgehende Kontrolle der Medien in Tschetschenien, Putins Feldzug als erfolgreiche Anti-Terror-Operation mit geringen Verlusten darzustellen. Jetzt, im Februar 2000, hat Wladimir Putin bereits Umfragewerte nahe der 60-Prozent-Marke. Es ist ein geradezu kometenhafter Aufstieg des Jelzin-Nachfolgers, den noch vor einem halben Jahr kaum ein Russe kannte. »Gebt mir die Medien, und ich mache euch einen Stuhl zum Präsidenten«, soll Boris Beresowski zynisch angemerkt haben, Jelzins graue Eminenz, der einflussreiche Strippenzieher in Moskau.

Kurz vor der Wahl am 26. März 2000 verkündet Putin, der Krieg sei erfolgreich beendet, der organisierte Widerstand der tschetschenischen Kämpfer zusammengebrochen. Auch seine Generäle reden so. In Wahrheit ist der Guerillakrieg, den der tschetschenische Präsident Maschadow inzwischen offiziell verkündet hat, für die russischen Truppen mindestens so verlustreich, wie die bisherigen Eroberungen es waren.

»Am Tag vor Putins Siegesmeldung hatte sein Sprecher Sergei Jastershemski behauptet, seit Beginn des Krieges seien 1628 russische Soldaten getötet (…) worden.[3] Nur drei Monate später nannte General Waleri Manilow vom Verteidigungsministerium bereits 2405 Tote und 7005 Verletzte.«[4] Mitte Februar 2003 schließlich werden von einer offiziellen Quelle 4572 Tote und 15 549 Verletzte eingeräumt.[5]

»Doch Walentina Melnikowa vom Komitee der Soldatenmütter nannte zu diesem Zeitpunkt die Zahl von 11 000 getöteten Soldaten. Westliche Militäranalysten gehen davon aus, dass die Verluste der Russen zwei- bis dreimal so hoch sind wie offiziell zugegeben.«[6] Hätte die Bevölkerung von diesem gewaltigen Blutzoll gewusst, wäre Putins Weg in den Kreml wohl deutlich steiniger ausgefallen.

Ein schmutziger Krieg

Die Suche nach dem verschollenen Sergei Falikow lässt uns eintauchen in immer neue, zynische Schichten dieses Krieges. Wir können eine russische Spezialeinheit für die Befreiung gefangen gehaltener Geiseln in ein Dorf bei Urus-Martan begleiten. Das Kommando fährt mit Schützenpanzern zu einzelnen Gehöften, skeptische Einheimische werden befragt, während die Soldaten mit entsicherten Kalaschnikows misstrauisch die Umgebung mustern. Der verhörte Hofbesitzer gibt eine Auskunft, aber ob die nicht doch in einen Hinterhalt führt, wissen die Russen nicht. Wer sinnt hier auf Rache, wer will wirklich helfen – es ist für beide Seiten schwer, Vertrauen zu entwickeln, nach all dem, was russische Soldaten hier angerichtet haben, und wenn entsicherte Waffen das Gespräch begleiten.

Er sei gegen Geiselnehmer, sagt der Mann namens Muchetdin. Doch das russische Spezialkommando weiß, dass hier im Dorf neun Gefangene gehalten wurden. »Das waren Geiseln, die von Kämpfern aus den Bergen hierhergebracht wurden, weil man sie verstecken wollte. Aber wir bewachen das Dorf 24 Stunden am Tag und schlafen nachts nicht, und so haben wir es gemerkt und die Geiseln mit anderen Bauern aus dem Dorf befreit«, erklärt Muchetdin. Auch Soldaten seien unter den Geiseln gewesen, aber von einem Sergei Falikow wisse er nichts.

»Wie viele Geiseln gibt es insgesamt in Tschetschenien?«, haken wir nach.

»Ich weiß nicht. Seit Dezember haben wir den Überblick verloren. Anderthalbtausend, sagen die Leute, aber dafür sind die Wahhabiten verantwortlich, die islamischen Söldner aus Afghanistan, Pakistan und den arabischen Ländern. Wir, also die Tschetschenen, konnten ohne Waffen nichts dagegen unternehmen.«

Der Mann ist mutig, solche Sätze in die Kamera zu sagen, denn jede Nacht können die fanatischen Islamisten in sein Dorf zurückkommen.

Die Spezialeinheit fährt weiter. Sie hat Hinweise bekommen, in einer verlassenen Fabrik seien Gefangene festgehalten worden. Wenig später umzingeln sie ein großes Backsteingebäude und stürmen es mit vorgehaltenen Waffen. Doch es ist leer, alles ist sicher. Zwei der Experten, Waleri und Alexei, entdecken ein Loch im Boden des Erdgeschosses, unter dem sich ein Versteck befindet. »Da steht eine Liege«, sagt Waleri, der mit einer Taschenlampe das Loch ausleuchtet.

»Geben die Leute wirklich konkrete Tipps, wo sich Geiseln befinden?«, fragen wir Waleri.

»Nein, es sind nur wenige, die uns wirklich helfen. Die Geiselnehmer selbst verstecken sich, und die anderen haben Angst vor deren Rache.«

Wer als Tschetschene mit Besatzern wie Waleri und seiner Einheit kooperiert, gilt bei den brutalen Glaubenskriegern als Kollaborateur.

Urus-Martan, die drittgrößte Stadt Tschetscheniens, war eine Hochburg der Geisel-Industrie: Millionen Dollar sollen einzelne Familienclans verdient haben. Hunderte Wahhabiten hatten die Stadt unter Kontrolle und terrorisierten die Bevölkerung, bevor die Russen die Stadt übernahmen. »Es ist eine mühevolle Arbeit, bis die Einheimischen dir vertrauen, bis sie auf dich zukommen, ohne Angst, dass die Wahhabiten von dieser Zusammenarbeit erfahren und sie zu fassen kriegen. Das sind ja Familienclans, die das ganze Land kennt: die Achmatows, Bassajews, die al-Chattabs, die Barajews.«

Die Spezialeinheit fährt an großen Gehöften mit hohen Außenmauern und Stahltoren vorbei. Hier müssen reiche Menschen gewohnt haben. »Das sind Häuser, die sich die Führer der Wahhabiten bauen ließen«, erklärt Waleri. »Diese Häuser waren vor dem russischen Einmarsch regelrechte Sklavenmärkte.« Die Männer halten ihre Waffen schussbereit, als sie in eines der verlassenen Häuser gehen. »Sie ließen sich ihre neuen Häuser gleich beim Bau mit Zellen und Käfigen ausrüsten«, sagt Waleri, »so wie normale Leute Badewannen oder Garagen einplanen.«

»Weiß man, wie viele Menschen hier gefangen gehalten wurden?« Er schüttelt den Kopf und zeigt uns dann gleich mehrere Kellerräume mit Käfigen, jeder etwa sechs Quadratmeter groß. »Foltergeräte haben wir hier keine entdeckt«, sagt Waleri, »aber die wurden vielleicht mitgenommen. Die Einheimischen sagen, dass hier sehr wohl gefoltert wurde.«

»Wussten die Leute denn, was hier vorging?«

»Sie erzählen, dass die Stadt eine Art Auffanglager für Geiseln und gefangene Soldaten war: Die Feldkommandeure kamen dann her, suchten sich die passenden Gefangenen aus und nahmen sie mit in ihre Häuser, in die Käfige dort. Anschließend versuchten sie, diese Menschen einzutauschen oder zu verkaufen. Die Preise schwankten zwischen mehreren Tausend bis zu einer Million Dollar, je nachdem, was der einzelne Gefangene wert war. Für manche wollte niemand Lösegeld zahlen. Die verkaufte man dann für kleine Summen als Sklaven.«

»Was glauben Sie: Wurde auch Sergei Falikow auf diese Weise weiterverkauft?«

»Eher nicht, wer aus seinem kleinen Dorf hätte schon das Lösegeld aufbringen können?« Große Hoffnung auf Informationen zu Falikow macht uns Waleri nicht.

Mord in Moskau

Zurück im Büro in Moskau, durchsuchen wir eine Datenbank mit Hunderten russischen Zeitungen nach dem Namen »Sergei Falikow«. Und werden tatsächlich fündig. Ein einziger Artikel zwar nur, aber er bringt einen makabren Hinweis: Bei einem Mord im Februar waren Falikows Papiere gefunden worden!

Unsere Anrufe bei der Kriminalpolizei bestätigen nur, was wir schon wissen: In der Irkutskaja-Straße Nummer 12/14 in einem Moskauer Vorort hat man die Papiere unseres Soldaten gefunden. Ansonsten stoßen wir auf eine Mauer eisigen Schweigens. »Nein, ich weiß nichts«, sagt ein Nachbar im heruntergekommenen Hausflur. Ich wurde nur als Zeuge gerufen, habe die Leiche gesehen, und das Protokoll wurde gemacht.«

»Und wer war der Tote?« Er weiß es nicht.

»Die Miliz war doch da«, meint eine dazugekommene Nachbarin, die im Morgenmantel und mit zerzaustem Haar aus dem baufälligen Aufzug kommt und schnell weitergehen will, als sie unsere Kamera sieht. »Wissen Sie etwas über den Mord hier?«, frage ich trotzdem. Sie zögert und wirft uns dann barsch nur einen kleinen Informationsbrocken hin: »Ich weiß nur: Ein Tschetschene hat einen anderen Tschetschenen umgebracht, und der eine Tschetschene war ein Mann von der Petrowka 38, der Moskauer Kriminalpolizei.« – »Und der andere?« – »Ach schert euch zum Teufel, geht zur Miliz, die wird euch schon alles erzählen.« Die Frau wendet sich fluchend ab und verschwindet in ihrer Wohnung.

Ein Moskauer Polizist trifft einen Tschetschenen mit Sergei Falikows Pass und bringt ihn dann um – oder wird selbst umgebracht? Eine unglaubliche Geschichte! War Falikow also doch nicht freigelassen worden, sondern sollte gegen ein Lösegeld verkauft werden? Hatte hier die Verhandlung stattgefunden, die dann mit dem Mord endete? Auch beim Staatsanwalt, der in diesem Bezirk die Untersuchung führt, erhalten wir keine einzige neue Information. Das Thema »Gefangenentausch« ist ein Tabuthema, offenbar selbst dann, wenn ein Mord dazukommt. »Dazu wird Ihnen niemals irgendjemand etwas sagen«, ist die einzige Auskunft, die wir dem Staatsanwalt abringen können …

Entmutigt sehen wir uns im ARD-Studio noch einmal die Aufnahmen von Sergeis Gefangennahme an. Und plötzlich erkenne ich ein bekanntes Gesicht: Andrei Babizki. Der Reporter von »Radio Liberty«, den ich von einer kurzen nächtlichen Begegnung im Hotel »Assa« kenne, war offenbar Augenzeuge dieser Szene. Ich rufe ihn sofort an. Andrei ist in Moskau und kommt am nächsten Tag zu uns ins Studio.

Andrei ist um die vierzig, eher klein, mit dunklen, skeptischen Augen. Als einer der ganz wenigen arbeitet er auf der anderen Seite der Frontlinie. Die tschetschenischen Rebellen trauen ihm, er filmt aus ihren Schützengräben, besucht Dörfer, nachdem die russischen »Befreier« wieder weg sind. Seine Berichte zeigen in der Tat ein ganz anderes Bild vom Vorgehen der russischen Truppen – und genau darum ist er so gefährlich für den Kreml, der jetzt, vor der Präsidentschaftswahl, unbedingt den Rückhalt der Bevölkerung für diesen Krieg sucht. In einem Interview hat Wladimir Putin über Babizki gesagt, dessen Berichte seien »viel gefährlicher als eine Salve aus einer Maschinenpistole«[7]. Während Babizkis Reportagen von Kreml-treuen Russen als Kooperation mit dem Feind angeprangert werden, hat die OSZE ihm für seine objektiven Berichte einen Journalisten-Preis verliehen.

Wie gefährlich sein Journalismus auf der Gegenseite ist, wurde deutlich, als Babizki am 16. Januar bei seiner Ausreise aus Grosny festgenommen wurde und für vierzig Tage spurlos verschwand. Geheimdienst, Innen- und Justizministerium wollten nichts über seinen Verbleib wissen, erst als immer mehr Medienberichte erschienen, wurde ein Ermittlungsverfahren gegen Babizki wegen angeblicher »Mitgliedschaft in einer bewaffneten Vereinigung« angeführt. Nach Tagen im russischen Lager Tschernokosowo wurde Babizki dann offiziell gegen drei russische Kriegsgefangene ausgetauscht und einem tschetschenischen Rebellenführer übergeben. Jetzt, bei uns im ARD-Studio, bestätigen Babizkis Eindrücke aus dem russischen Lager Tschernokosowo, wo er mehrere Tage verhört wurde, was alle längst wissen: »Das waren nicht einfach Schreie, sondern Schreie in jeder Tonlage, in jeder Abstufung von Qual, für jede Art von Schlägen.«

Wir bitten ihn, uns bei unserer Suche nach Sergei Falikow zu helfen. Auf einer Karte zeigt Andrei, wo genau er Augenzeuge der Gefangennahme wurde. »Uns Journalisten war zu dem Zeitpunkt klar, dass dem Soldaten wohl nichts passieren würde. Es gab zwei mögliche Szenarien: Entweder würde er gezwungen werden, als Mechaniker die Waffen der Tschetschenen zu reparieren, oder es würde zu einem Austausch kommen.«

»Gibt es Unterschiede zwischen den Kommandeuren? Hängt Sergeis Schicksal davon ab, wer ihn festhält?«

»Ja, natürlich: Die Wahhabiten, die fundamentalistischen Gotteskrieger, verhalten sich allen Gefangenen gegenüber gnadenlos, vor allem aber Soldaten und Söldnern gegenüber. Da gibt es viele Fälle von Misshandlungen und barbarischen Ermordungen.«

Wir erzählen Andrei von dem ominösen Mordfall in Moskau, bei dem Falikows Papiere gefunden wurden. Babizki tippt auf eine gescheiterte Austauschverhandlung. Normalerweise funktioniere das reibungslos. »Die Tschetschenen schlagen meist dem jeweiligen russischen Gouverneur oder Staatsanwalt einen Deal vor. Und die sagen dann, wen sie einzutauschen bereit sind.« Diese Form des Menschenhandels ist für uns kaum fassbar.

Im Gespräch mit den Kidnappern

Wir fliegen nach Machatschkala, in die Hauptstadt der russischen Republik Dagestan, und treffen dort Jussup, den Leiter einer weiteren Spezialeinheit, die nach Entführten sucht und deren Befreiung organisiert. Gemeinsam fahren wir nach Chassawjurt, einer Stadt im Grenzgebiet zu Tschetschenien. Dagestan, erklärt Jussup, hat eine 540 Kilometer lange, praktisch nicht kontrollierbare Grenze mit Tschetschenien. Je näher wir ihr kommen, umso häufiger müssen wir Checkpoints passieren, in Chassawjurt selbst sehen wir dann an jeder Ecke Militär und Miliz. Aufgrund des ersten Tschetschenienkrieges ist die Einwohnerzahl sprunghaft gestiegen, viele einstige Flüchtlinge haben hier inzwischen eine neue Heimat gefunden. Jussup meint, dass Rebellen, die sich erholen oder ihre Verletzungen auskurieren wollen, nicht nur ohne Mühe über die Grenze kämen, sondern leicht Aufnahme in einer der tschetschenischen Familien hier fänden. Was Sergei Falikow angeht, ist Jussup eher skeptisch: »Wenn tschetschenische Rebellen wertvolle Geiseln haben, die sie austauschen oder gegen Lösegeld verkaufen wollen, dann nehmen sie sie von einem Ort zum anderen mit. Darum werden die meisten Gefangenen auch im Rahmen von Kampfhandlungen befreit.« Umgekehrt brauche es aber keine Kämpfe, um Geiseln zu nehmen. »Hier, in Dagestan, werden russische Soldaten nicht im Gefecht gefangen, sondern schlichtweg aus ihren Kasernen entführt«, sagt Jussup. Ich traue meinen Ohren kaum. »Seit dem letzten Jahr gab es in Dagestan insgesamt 58 entführte Soldaten, Polizisten und auch Zivilisten. Freibekommen haben wir davon 26.«

Auf einem Blatt Papier skizziert Jussup ein Organigramm der

großen Bande, hinter der er seit Monaten her ist. Ganz oben steht ein Hintermann, der gezielt die Entführung bestimmter Soldaten anordnet. Die Gangster bilden dann drei Einsatzteams, die wiederum heuern Einheimische an, um die Entführungen durchzuführen. »Die Bande agiert grenzübergreifend. In Tschetschenien sind noch drei von ihnen auf freiem Fuß, in Dagestan noch einer.« Jussup ist sichtlich stolz auf seine Arbeit. Im zentralen Gefängnis von Machatschkala will er uns einige der schon verhafteten Kidnapper vorführen.

Es ist eine bizarre Szene: Durch etliche Sicherheitsschleusen werden wir in einen dunklen Gang geführt, eine Verhörzelle wird aufgeschlossen, wir setzen uns an einen kleinen Tisch und warten. Nacheinander werden die Gefangenen hereingeführt. Ich biete ihnen Zigaretten an und bin höflich, mein Producer Dima stellt die harten Fragen.

Der junge Tschetschene, mit dem wir zuerst sprechen, war einer der Köpfe der Bande, sagt Jussup, er habe vermutlich Zehntausende Dollar mit den Entführungen verdient. Wir fragen nach den Berichten über Folter und Exekutionen. Der Mann leugnet: »Natürlich werden sie gut behandelt. Kein Tschetschene, der auf sich hält, würde so etwas machen.«

Der zweite, mit dem wir sprechen, war ein einfacher Fahrer der Kidnapper-Bande. 1000 Dollar habe man ihm pro entführtem Soldaten versprochen, doch er habe nicht einen einzigen Rubel bekommen. Er bestätigt, was wir bereits von Jussup und Andrei Babizki gehört haben: dass es sogar gezielte Aufträge gab, bestimmte Soldaten zu entführen.

Mein Kollege Florian Hassel hat die unglaublichen Geschichten russischer Offiziere, die ihre eigenen Soldaten an tschetschenische Geiselnehmer verkauften, ausgiebig recherchiert und in seinem Sammelband »Krieg im Schatten« dargestellt. »Von den 620 Menschen etwa, die von Januar bis September 1999 in Russland entführt wurden, wurden nur 278 im Nordkaukasus gekidnappt.[8] (…) Dutzende von Geiseln wurden in Moskau und anderen Städten entführt und nach Tschetschenien gebracht – unter aktiver Mitwirkung korrupter russischer Polizisten, Geheimdienstler, Grenzbeamter und

Offiziere. Ende Februar 1999 wurde bekannt, dass in Tschetscheniens Nachbarrepublik Dagestan russische Offiziere in zwei Jahren 46 ihnen unterstellte Soldaten tschetschenischen Geiselnehmern verkauft hatten.«[9]

Der gefasste Fahrer der Kidnapper, dem wir jetzt gegenübersitzen, beschreibt eine noch zynischere Variante. Politiker und sogar Gouverneure aus verschiedenen Republiken bestellten gezielt die Entführung russischer Soldaten aus ihrer Region:»Die Aufträge kamen zum Beispiel aus Krasnojarsk oder aus Krasnodar. Die Soldaten wurden dann gezielt gekidnappt, oft nur wenige Tage später wurden sie dann für 1000 bis 3000 Dollar wieder freigekauft. Um es klar zu sagen: Diese Politiker wollten damit ihre Wahlchancen verbessern. Sie zwangen solche wie uns, die schmutzige Arbeit zu machen, um hinterher als Helden dazustehen. Und diese Leute sind jetzt Gouverneure, während wir im Knast sitzen.«

Als wir hinaus in die gleißende Mittagssonne treten, fühle ich mich wie nach einem dieser Kinobesuche, noch halb betäubt von den beklemmenden Szenen eines Horrorfilms, der den Zuschauer nur langsam wieder entlässt in die beruhigende Banalität des Alltags. Doch dies war kein Hollywoodfilm. Der Besuch im Gefängnis, die Gespräche mit den Geiselnehmern offenbaren mir als neuem Moskau-Korrespondenten eine ganz reale und so menschenverachtende Welt, wie ich sie mir in meinen düstersten Fantasien nicht ausgemalt hatte.

»Ich kann jetzt töten«

Tage später erfahren wir, dass Sergei Falikows Einheit aus Tschetschenien nach Nischni Nowgorod zurückkehrt. Wir sind rechtzeitig am Bahnhof, als der Militärzug einfährt. Eine Blaskapelle spielt, Angehörige warten mit Blumen. Aus acht Waggons quellen jetzt jubelnde, lachende Soldaten, stürzen auf ihre Angehörigen zu, Küsse, Umarmungen, in Abwesenheit geborene Säuglinge werden ihren Vätern entgegengehalten, Tränen fließen, es ist ein einziges erleichtertes, jubelndes Durcheinander. Wie sollen wir in diesem Chaos Falikows Kameraden entdecken? Oder gar ihn selbst, sollte er tatsächlich in diesem Zug sitzen?

Wir sind so aufgeregt wie die Menschen auf dem Bahnsteig. Doch dann folgt Ernüchterung, von einem Offizier erfahren wir, dass dieser Zug nur ein Sanitätsbataillon zurückgebracht hat, Sergeis Einheit noch erwartet wird. Wir sollen es im Quartier des Regiments probieren, vielleicht hätten wir da mehr Glück.

An der Wache erzählen wir unsere Geschichte noch einmal, ein paar Anrufe, und dann geschieht ein kleines Wunder: Wir werden tatsächlich eingelassen und zum Bataillonskommandeur geleitet. Wir sollen einen Moment Platz nehmen und warten, sagt Andrei Njepjuschi, der gerade zwei Vertragssoldaten verabschiedet. Die Männer in Kampfuniformen kommen gerade von einem langen Einsatz in Tschetschenien zurück, nun wollen sie ihren Lohn abholen. Solche Söldner sind den Tschetschenen besonders verhasst, sie gelten als noch gefährlicher, brutaler, ihnen vor allem werden Vergewaltigungen und Plünderungen angelastet. Entsprechend erwartet sie bei einer Gefangennahme durch die Tschetschenen ein besonders grausamer Tod. »Aber wir Vertragssoldaten lassen uns praktisch nie von denen gefangen nehmen«, sagt einer der beiden Söldner lächelnd. »Jeder von uns hat beim Einsatz eine Handgranate dabei. Wäre ich gestellt worden, hätte ich sie sofort ausgelöst. Mich ergeben? Niemals.«

Die beiden salutieren kurz, dann wendet sich der Kommandeur uns zu. Er weiß inzwischen, warum wir hier sind – und erzählt tatsächlich von Sergei: »Nach dem Treffer auf unseren Panzer wollte die Besatzung flüchten und kam dabei um, nur Falikow blieb betäubt sitzen, mitten im Gefechtsfeld. Da wir den Panzer nicht zurückholen konnten, beschlossen wir, ihn zu zerstören, damit die Tschetschenen ihn nicht in die Hände bekommen. Nur hatten wir in dem Moment keine passende Granate dafür.«

Wie durch ein Wunder war Sergei also weder von den Tschetschenen noch von den eigenen Leuten getötet worden. Er hatte überlebt und war gefangen genommen worden. Doch wo war er jetzt? Zu unserer Überraschung sagt der Kommandeur mit einem feinen Lächeln: »Falikow ist aus der Gefangenschaft befreit. Jetzt ist er schon zu Hause, in seinem Dorf.«

Wir können es kaum glauben und machen uns zwei Tage später auf den Weg nach Kulibjakino. Nach unserer monatelangen vergeblichen Suche geht jetzt auf einmal alles sehr schnell: Ein junger Mann sitzt auf der Couch, als wir hereinkommen. Daneben Mutter Alexandra, die sich ständig neue Tränen aus den Augen wischt. Mit uns will Sergei zunächst nicht reden, er zieht sich in sein Zimmer zurück, während seine Mutter ein bescheidenes Festmahl auf den Tisch stellt. Auch beim Essen ist Sergei seltsam wortkarg, zu seiner Freilassung erklärt er nichts außer der Reiseroute: »Es ging zuerst nach Rostow, von da nach Sankt Petersburg, dann nach Moskau, nach Nischni und schließlich nach Hause.«

Wir bohren nach: Wer hat ihn gefangen gehalten? Wer ihn freigelassen? Doch auf jede unserer Fragen antwortet er: »Das kann ich nicht sagen.« Er habe das alles vergessen, sagt er dann, wohl auch, um endlich von uns in Ruhe gelassen zu werden. »Aber wie kann man diesen Krieg vergessen?«, wenden wir ein. Sergei beginnt zu weinen.

Nach dem Essen zeigen wir der Familie unsere Aufnahmen, jene Szenen, die Monate zuvor unsere Suche ausgelöst hatten. Im Wohnzimmer, wo sonst nur die von den Kreml-kontrollierten Medien sorgfältig ausgewählte Wirklichkeit dieses Krieges im Fernsehen zu sehen war, laufen nun andere Bilder: Sergei vor dem Panzer, darauf sein toter Kommandeur, der schimpfende Rebellen-Kommandeur, die grinsenden tschetschenischen Kämpfer, die dabei zusehen, wie der scheinbar Todgeweihte gedemütigt wird. Im Wohnzimmer der Falikows herrscht entsetztes Schweigen. Erst jetzt begreift die Familie, was Sergei wirklich erlebt hat.

»Was hat dieser Krieg bei dir verändert?«, versuchen wir ein letztes Mal, Sergei zum Reden zu bringen. Er denkt nach und sagt dann nur einen Satz: »Ich kann jetzt töten.«

Die Wahrheit im Krieg

Auf dem langen Weg zurück nach Moskau macht sich Enttäuschung breit. Wir haben tatsächlich den vermissten Soldaten wiedergefunden, aber absolut nichts über sein Schicksal erfahren. Was muss in einem 19-Jährigen vorgehen, dass er nach solch einer Odyssee kein einziges Wort über seine schrecklichen Erlebnisse verliert? Die einzige Erklärung, die wir finden, ist, dass Sergei massiv unter Druck gesetzt wurde, uns, vielleicht sogar seiner Familie gegenüber, kein Wort zu den tatsächlichen Geschehnissen zu verraten. Das aber spräche nicht für eine erfolgreiche Befreiungsaktion russischer Spezialtruppen. Eher für eine der unzähligen schmutzigen Geschichten, die für mich das Bild dieses Krieges nachhaltig prägen: Brutalität, Menschenverachtung, flächendeckende Korruption und zahllose Lügen auf allen Ebenen, bis hinauf in die russische Regierung. Der Tschetschenienkrieg begründete den Aufstieg Wladimir Putins und bleibt für mich eine düstere Erinnerung an die Anfänge dieses Präsidenten, der bis heute die Geschicke der Russischen Föderation lenkt.

Zurück in Moskau, schneiden wir den Film über den Soldaten Falikow, er wird »In der Hand der Tschetschenen« heißen. Dennoch bleibt ein schaler Geschmack bei mir zurück. Mir ist, trotz aller eindringlicher Szenen des Films, bewusst geworden, wie schwer es für mich wird, in diesem Russland Wahrheiten zu entdecken und vor allem: abzubilden. Die mutigen Reisen meiner Zeitungskollegen inmitten des Kriegsgebietes haben ungleich mehr entlarvende Fakten zutage befördert als meine eigenen Recherchen mit einem auffälligen Kamerateam im Schlepptau.

Das ist nichts grundsätzlich Neues. Fernsehkameras sind leichter zu stoppen als Kugelschreiber in einer Hosentasche. Doch in meinem neuen Berichtsgebiet haben diese Erschwernisse eine völlig andere Dimension. Offizielle lügen in diesem Land offenbar deutlich ungenierter und folgenloser als im Westen, wo ich meine ersten Erfahrungen als Korrespondent gemacht habe.

Einer aus dem Heer der Traumatisierten

Fünf Jahre nach unserem Treffen mit Sergei Falikow fahren wir noch einmal nach Kulibjakino. Wir wollen wissen, was aus dem jungen Soldaten geworden ist. »Sergei hat geheiratet«, erzählt uns ein Dorfbewohner und weist uns den Weg zu seinem Haus. Eine verschüchterte Frau öffnet uns, auf dem Arm einen kleinen Jungen. Sergeis Sohn. Natalja bittet uns in die gute Stube: Große Teppiche an den Wänden, bunte Plüschtiere auf dem Sofa, eine große Wanduhr mit goldenem Zifferblatt.

Natalja holt ein Fotoalbum und zeigt uns, was seit damals geschah. Es ist keine schöne Geschichte. Sie mussten heiraten, als sie von Sergei schwanger wurde. Den Sohn wollte Sergei unbedingt Aljoscha nennen – im Gedenken an seinen erschossenen Kommandeur. Weil Sergei arbeitslos war, mussten sie bei Nataljas Eltern einziehen, das Geld reicht hinten und vorne nicht. Die junge Frau wirkt entmutigt: Ihr Mann ist inzwischen schwerer Alkoholiker. »Jahr für Jahr wurde es schlimmer. Inzwischen kommt er nicht nur betrunken nach Hause, sondern auf allen vieren. Wenn Sergei trinkt, dann weint er oft«, erzählt sie. »Warum, sagt er nicht, es sind wohl die Nerven. Und die Videokassette mit den Tschetschenien-Bildern, die er von Ihnen bekam, die hat er im Suff weggeworfen.«

Nataljas Vater hat sich inzwischen auf die Suche nach Sergei gemacht. Als er ihn zum Haus bringt, sehen wir schon von Weitem: Sergei ist stockbetrunken. Es ist zwei Uhr mittags. Als wir mit unserer Kamera vor das Haus treten, bleibt er verunsichert stehen. Er kann sich offenbar nicht mehr an uns erinnern. Er wirkt völlig verstört und versteckt sich hinter seinem Schwiegervater vor unserer Kamera.

Ich hatte so sehr auf eine Lösung des Rätsels gehofft, nach all den Jahren, die inzwischen vergangen sind. Doch es ist völlig sinnlos, mit diesem offenbar traumatisierten Mann reden zu wollen. Von seiner Frau haben wir immerhin erfahren, dass er damals nicht sofort freigelassen wurde, sondern mehrere Monate in tschetschenischer Gefangenschaft verbrachte. Dann wurde er wohl vom russischen Geheimdienst freigetauscht. Sergeis Schwiegervater dreht sich zu unserer Kamera um: »Verflucht noch mal, er ist sauer auf alles. Sergei säuft, weil er keine Arbeit hat, und umgekehrt. Und sie nehmen ihn nirgendwo, verdammt noch mal, auch nicht als Fahrer, nichts, so als wäre er ein Faschist. Was soll jetzt noch aus ihm werden? Nichts natürlich. Er wird sein zweites Kind kriegen und es auch nicht ernähren können. Nichts werden sie haben. So sieht es aus!«

Natalja mit ihrem verhärmten Gesicht und dem kleinen Aljoscha im Arm steht hilflos neben ihrem Vater. Ihr Mann, der ehemalige Soldat Sergei Falikow, ist im Haus verschwunden. Er ist nur einer, denke ich mir, aus dem riesigen Heer der Traumatisierten, Entwurzelten, der abgestumpften Zyniker, die aus dieser Bildungsanstalt des Tötens zurückgeschickt wurden in ihre hoffnungslosen russischen Dörfer und Kleinstädte.

Für Wladimir Putin im fernen Moskau ist der zweite Tschetschenienkrieg ein Erfolg: Der eher blass wirkende Novize der russischen Politik stilisiert sich erfolgreich als kompromissloser Kriegsherr und Retter der russischen Einheit. Der angeblich so kurze und erfolgreiche Krieg ebnet ihm den Weg in den Kreml. Doch der Preis, den Russland und seine Menschen zahlen, ist enorm: Da sind die Menschen, die ich selbst kennengelernt habe. Der sanfte, kluge Lehrer Avalo aus Grosny, der mit seiner Familie Monate in einem Abteil des Flüchtlingszugs bei Nasran sitzt, seine Kinder unterrichtet, während der kleine Eisenofen gegen die Winterkälte ankämpft.

Da ist die kleine Asja, der eine Mine beide Hände weggerissen hat und ein Auge zerstört. Ich fliege mit ihr nach Irland und Deutschland, wo großherzige Helfer, die unseren Film sahen, ihr Prothesen anpassen wollen. Herzerwärmendes Mitgefühl. Asja taucht zwölf Jahre später überraschend zu meinem sechzigsten Geburtstag in Köln auf, ein hübscher tschetschenischer Teenager. Doch ihr unsicheres Lächeln verrät, dass sie ahnt, wie weit entfernt eine Zukunft als Ehefrau und Mutter in Tschetschenien für sie ist – ohne Hände.

Folter, Mord, Vergewaltigungen, Raub, Demütigungen – die russischen Truppen, Spezialeinheiten und Geheimdienstler haben eine Unmenge von Hass und Gewalt gesät. Viele Jahre noch explodieren Sprengsätze in Moskau, in Metro und Flugzeugen, erschüttern spektakuläre Geiselnahmen mit Hunderten Toten Russland. Ich selbst bin im Sommer 2004 wieder in Inguschetien, wo 200 tschetschenische Rebellen Polizisten, Soldaten und Mitarbeiter von Staatsanwaltschaft und Geheimdienst exekutieren. Neunzig Menschen starben, darunter der inguschetische Innenminister. Bevor russische Verstärkung kommt, ziehen die Rebellen ab. »Wenn ich mehr Mut hätte, würde ich mich denen vielleicht auch anschließen«, sagt mir ein Mann in Karabulak. »Die Russen sind doch selbst schuld, wenn die Rebellen hier in Inguschetien immer mehr Anhänger bekommen.« Auch hier gebe es nächtliche Razzien, Vermummte nähmen junge Männer mit, die dann nicht wieder auftauchten. Terror im Namen des Anti-Terror-Kampfes. Bei meiner Abreise ahne ich nicht, dass ich schon Monate später hautnah erleben werde, wie diese Saat der Gewalt in einer Nachbarregion aufgehen wird: im nordossetischen Beslan.

Kapitel 4

»Moskwa! Moskwa!«:
Arche Noah und Disneyland

Während der ersten turbulenten Wochen und Monate in Russland kommt mein Privatleben entschieden zu kurz. Meine Wohnung, in der immer noch unausgepackte Kisten stehen, sehe ich meist erst spätabends. Die Tage im Studio sind lang, durch die Zeitverschiebung bedeutet das Live-Gespräch für die »Tagesthemen« einen Einsatz nach Mitternacht, ein Auftritt im »Nachtmagazin« der ARD findet um 2:30 Uhr morgens statt. Und tags darauf beginnt die erste Konferenz um 12:00 Uhr. Da bleibt nicht viel Freizeit. Dabei wäre eine Erkundung meines neuen Viertels überfällig: Es ist eine der wirklich historischen Ecken Moskaus, im Pomeranzew Pereulok, einer kleinen Verbindungsstraße zwischen der Pretschistenka und der Ostoschenka. Gleich um die Ecke liegt das Freibad »Tschaika«, die »Möwe«. Die beiden Schwimmbecken sind beheizt. Vom Umkleideraum führt eine kleine Schleuse direkt ins Wasser, denn bei Temperaturen um minus 20 Grad will niemand nass in der Badehose herumlaufen. Das große Becken hat Olympiamaße, Wasserdampf steigt auf und hüllt die Schwimmer, die hier ihre Bahnen ziehen, in einen gespenstischen Nebel. Oberhalb der Tribünen kann ich einmal im Kreis das Freibad umrunden, der Schnee ist hier geräumt – ich habe meine Joggingstrecke für den Winter entdeckt. 55 Sekunden dauert eine Umkreisung der Schwimmer, der Blick auf die Moskwa ist wunderbar, und nach meinem Laufprogramm kann ich auch noch in die Banja, die Benutzung der Sauna ist im Preis inbegriffen. Diese Fitness-Abende in der Tschaika werden bald zum regelmäßigen Ritual.

Und auch sonst tritt langsam eine Gewöhnung ein. Dinge, die mir zunächst zumindest exotisch und oft gar bedrohlich erschienen, werden zur neuen Normalität. Bewaffnete Männer vor den

Wechselstuben etwa, kein Anblick, den ich aus Brüssel oder Deutschland kannte. Oder die schwarzen Jeeps, die, mit mehreren Bodyguards besetzt, nur einen halben Meter hinter den Limousinen ihrer Arbeitgeber durch den dichten Verkehr rasen, immer zur Hälfte auf der Nebenspur, um dem gefährdeten V.I.P. besseren Schutz zu bieten. Nur einmal erschrecke ich mich noch wirklich: Neben meiner Wohnung hat ein teures italienisches Restaurant eröffnet. Und gerade als ich müde und entspannt von einer Joggingrunde in der Tschaika zurückkehre, stoppen zwei Fahrzeuge vor dem Italiener. Gleich vier Männer mit kleinen, angelegten Maschinenpistolen vom Typ Uzi sichern den Gehweg nach beiden Seiten ab. Dann erst öffnen sich die Türen der schwarzen Limousine, ein glatzköpfiger Mann um die fünfzig und eine deutlich jüngere Frau gehen gelassen zum Eingang des Restaurants und verschwinden im Inneren. Erst da lassen die vier Beschützer mit einem entschuldigenden Grinsen ihre Waffen sinken, wir »normalen« Fußgänger dürfen weitergehen. Mein Herzklopfen lässt erst nach, als ich die Wohnungstür aufschließe.

Dabei weiß ich längst, dass ich in kein Beuteschema passe und vermutlich wenig zu befürchten habe. Die Fernsehnachrichten in diesen Tagen Ende 1999 zeigen andere Opfer. Den Vizechef von Gazprom etwa, der Mitte November von einem Killer aus nächster Nähe mit einem Schuss ins Herz beseitigt wird. Geschäftsleute und Banditen sind es in der Regel, die sich Sorgen um ihr Leben machen müssen.

Lebenskünstler Schenja

Im Frühjahr 2000 setzt langsam mediales Heimweh bei mir ein. Ich will endlich wieder einmal einen »Tatort« sehen und deutsche Nachrichten und beschließe: Eine Satellitenschüssel muss her! Und so lerne ich Schenja kennen. Er ist 28, spricht fließend Deutsch und verkauft für eine deutsche Firma Luxus-Armaturen in Moskau, in der schillernden Welt der neureichen Russen. Aber wenn er sich etwas dazuverdienen kann, übernimmt er auch andere Jobs – so ist er auch zum Handel mit Satellitenschüsseln gekommen.

Wir steigen in die fünfte Etage meines Wohnhauses. Und scheitern sogleich an einem dicken Vorhängeschloss an der Luke zum Dach. Den Schlüssel hat die Blockverwaltung, erklärt Schenja. Zweites Hindernis: Um eine offizielle Genehmigung von der Stadtverwaltung für die neue Satellitenschüssel auf dem Dach zu bekommen, müsste Schenja tagelang mit korrupten Beamten verhandeln. »Aber dafür habe ich keine Zeit. Die einzige realistische Möglichkeit ist, es illegal zu machen. Und wenn doch mal eine Kontrolle kommt, dann gibt man einfach etwas Schmiergeld, und alles ist klar.«

Und schon sind wir mit seinem Auto auf dem Weg zum riesigen Elektronik-Markt im Vorort Mitino. Zielstrebig steuert Schenja einige der kleinen Container und Verkaufsbuden an, jede spezialisiert auf einen Teil des Sortiments: Computerzubehör, Fernseher, Sicherheitsanlagen für Autos, Stereoanlagen, Adapter, Kabel, Ramschware und Raubkopien, Digitales und Diebesgut, ein Eldorado für Bastler und Banditen. Schenja kennt die blassen Gestalten in den Containern – Experten für alles, was an Fernsehbildern zu empfangen ist. Seine Kunden, meist Ausländer, wollen auch in Moskau digital verschlüsselte Programme aus der Heimat sehen, mit Piratenkarten. »Hier gibt es Leute, die aus dem Internet die Codes kennen, und mit deren Hilfe kann man dann gratis auch Pay-TV gucken.« Ein paar Nachfragen, eine kurze Diskussion, und schon eilt Schenja weiter, vorbei an Ständen mit heißem Tee, Kaffee, Schawarma-Buden, winkenden Verkäufern, Trägern, die sich mit lauten Warnrufen Durchlass verschaffen in diesem quirligen Kosmos des Freiluftmarktes. Und dann kaufen wir einen Satellitenempfänger, einen Fernseher und eine Schüssel.

Um einen halbwegs ordentlichen Empfang zu haben, hat mir Schenja erklärt, muss sie groß sein. Aber so groß?! Schenja verhandelt über ein Modell, das 2,20 Meter hoch und knapp zwei Meter breit ist. Wie soll das Ding auf mein Dach kommen? Doch Schenja lässt sich nicht beirren, die muss es sein. Noch am Abend, verspricht er, würden wir das Monstrum anbringen, den Schlüssel von der Blockverwaltung würde er auch organisieren. Gesagt, getan: Schenja sperrt die Luke auf, wirft ein langes Seil vom Dach nach unten, ich befestige daran die Schüssel, und schon schwebt sie an den Fenstern meiner Mitbewohner vorbei in die Höhe. Schenja bohrt drei tiefe Löcher in den Beton, fixiert die Halterung mit daumendicken Schrauben, hievt die Schüssel darauf, misst mit einem mitgebrachten Gerät die Signalstärke, und nachdem sein zufriedenes Lächeln zeigt, dass alles funktioniert, fliegt das Verbindungskabel über die Dachrinne in die Tiefe, auf Höhe meines Balkons.

Wird denn niemand, der das neue, riesige Empfangsmodul auf dem Dach entdeckt, Alarm schlagen? Die Blockverwaltung einschalten? Schenja beruhigt mich, indem er eine Sprühdose aus der Tasche zieht und seine Mobilnummer deutlich sichtbar auf den unteren Rand der Schüssel sprüht. »Wenn es ein Problem gibt, kann der Verantwortliche mich ja anrufen, und wir klären alles.« Ich ahne, was bei einer solchen Klärung das Hauptthema sein wird, doch Schenja packt bereits sein Handwerkszeug ein. Und keine zehn Minuten später, nach einem schnellen Sender-Suchlauf, traue ich meinen Augen kaum: Ich sehe ARD, BBC und viele andere Kanäle, die ich so viele Wochen vermisst habe.

Ich werde Schenja noch häufig treffen, diesen großen Organisator. Heute, fast zwanzig Jahre später, hat er eine kleine Firma, die Metallschränke fertigt, ein Haus, eine Familie. Schenja ist einer dieser sympathischen Überlebenskünstler, von denen ich noch so viele in meiner Zeit hier treffen werde.

Atemloses Moskau

Nach einem halben Jahr in Russland wird mir klar, dass mein Sprachunterricht kaum Früchte trägt. Zwei oder auch drei Stunden pro Woche, dann wieder Zwangspause wegen einer Drehreise: So werde ich nie ans Reden kommen und auf Gedeih und Verderb dem Übersetzungseifer meiner russischen Freunde und Kollegen ausgeliefert bleiben. Und so nimmt die Idee vom selbst entwickelten Crashkurs Gestalt an. Drei Wochen Jahresurlaub und zwei Wochen

Fortbildungsurlaub vom Arbeitgeber sollen es richten. Das Experiment beginnt Anfang Mai.

Um Punkt neun klingelt Sprachlehrer Michail bei mir zu Hause. Freundlich lächelnd, ohne selbst ein einziges Wort einer Fremdsprache zu sprechen, sitzt er mir drei geschlagene Stunden lang gegenüber und quält mich mit russischer Grammatik: Sechs Fälle, vollendete und unvollendete Verb-Ungeheuer, entlang an nicht enden wollenden Reihungen von Konsonanten ohne rettenden Vokal, mit heimtückischen Exkursionen in präpositive Feinheiten, reflexive Gemeinheiten und völlig regelfreie Besonderheiten. Drei Stunden Einzelunterricht, Auge in Auge, sind eine programmierte Überforderung. Michails ironisch lächelndes »Bis morgen dann!« ist eine schreckliche, täglich wiederholte Drohung. Denn nach einem leichten Mittagessen und zwei Stunden Schlaf klingelt es um 15:00 Uhr schon wieder.

Denn parallel zu diesem Crashkurs habe ich mithilfe des ARD-Büros Studenten gesucht, die mir für bezahlbare Stundensätze Moskau zeigen und gleichzeitig unermüdlich versuchen, mit mir ins Gespräch zu kommen. Drei Studentinnen haben sich gemeldet, die mich im Wechsel jeden Tag um 15:00 Uhr zu einer neuen Exkursion abholen: Sehenswürdigkeiten, Plätze, Denkmäler, Parks, Märkte, Vororte, zur Abwechslung Kinofilme, Theaterstücke, Musikabende – was wie ein beneidenswert maßgeschneidertes Touristenprogramm klingt, entpuppt sich als fünfwöchiger Marathon am Rand der Überforderung mit einer guten Portion Demütigung. Manchmal fühle ich mich wie ein Pauschaltourist, der versehentlich eine Stadtführung in der falschen Sprache gebucht hat.

Xenia, eine Pädagogik-Studentin im ersten Semester, spricht langsam und korrigiert mich geduldig. Das ermutigt. Mit ihr führe ich tatsächlich bald kleine, rudimentäre Gespräche. Katia arbeitet nach dem Examen im Reisebüro ihrer Mutter. Sie will selbst etwas Spaß an diesem Job haben und kauft Karten für ein Theaterstück. »Felix Krull«, in der Hauptrolle Sergei Besrukow, 25 Jahre alt und schon ein Star in Moskau. Katia gesteht, er sei ihr heimliches Idol, sie sei schon zehnmal in der Vorstellung gewesen. Während ihre Augen leuchten, verstehe ich wenig. Star Besrukow redet einfach viel zu schnell. Aber mit der Zeit tragen meine Anstrengungen erste Früchte. Ich beginne zaghaft, auch mit meinen Kolleginnen und Kollegen im Büro russisch zu reden. Ein kleiner Durchbruch.

Die Exkursionen mit den Studentinnen haben mich noch neugieriger gemacht: Was passiert in dieser Stadt, wer sind all diese Menschen, denen ich auf der Straße, in Cafés, in der Metro, im Taxi, auf den Märkten begegne? Ich biete der ARD ein Moskau-Porträt an, für die Reihe »Weltreisen«. Die Sendung wurde inzwischen eingestellt, was ich für einen Fehler halte. Die Wolfsjagd im Altai, die Kamelzüchter in der turkmenischen Karakorum-Wüste, die Armut der Bauern in Moldawien, das Leben der Altgläubigen im Fernen Osten, die sibirischen Tiger am Ussuri – natürlich waren auch diese Filme nicht völlig unpolitisch, aber die Dreharbeiten waren eine einmalige Gelegenheit, in andere Schichten meines Berichtsgebiets einzutauchen, einen neuen Blickwinkel einzunehmen: den ganz einfachen Menschen mit ihren oft bewundernswerten Fähigkeiten, der Natur und den meist ignoranten und korrupten Behörden zu trotzen.

Wenn ich heute, knapp zwanzig Jahre nach meinen Anfängen in Russland, immer häufiger höre, wir Korrespondenten würden ein völlig verzerrtes, zu negatives Bild von diesem Land zeichnen, dann liegt das auch am Wegfall solcher Sendungen. Dadurch wird das Spektrum unserer Arbeit zunehmend auf politisch Relevantes reduziert. Und da gibt es leider nicht allzu oft Positives zu berichten.

Mein Angebot »Atemloses Moskau – 24 Stunden im russischen Glücksrad« wird angenommen. Aber: Wie soll ich mich dieser Megapolis annähern? Wie aus diesem wirbelnden Kaleidoskop ein zumindest grobes Bild dieser Stadt zeichnen? Bei einer Filmlänge von gerade 30 Minuten?

Der Historiker Karl Schlögel beschreibt, wie stark der erste Blick des Besuchers von unzähligen Stereotypen über Moskau geprägt ist: »Wer in Moskau ankommt, hat erst einmal genug damit zu tun, sich vom Klischee der Prospekte und Reiseführer freizumachen. Der Fremde, der in die Stadt kommt, ist frappiert, wie sehr er die Stadt bereits kennt, obgleich er noch nie da gewesen ist.«[1]

Ich mache mich auf die Suche nach Protagonisten und fange dort an, wo es mir am leichtesten erscheint: im Nordosten des Zentrums, beim Komsomolskaja-Platz, der in Moskau nur »Tri Woksala« heißt, »Drei Bahnhöfe«. Nur einen Steinwurf voneinander entfernt liegen hier der Kasaner, der Jaroslawer und der Leningrader Bahnhof, drei der acht Fernverkehrs-Bahnhöfe. Es ist acht Uhr abends, Pendler, Geschäftsreisende und Touristen strömen nach Hause, zu einem Geschäftsessen, in die Banja, zum Einkaufen, zur Geliebten. Taxifahrer suchen nach Kunden, feilschen um den Fahrpreis, Familien verstauen Koffer, Tragetaschen, Bündel, Einkaufstüten, verschnürte Teppiche, originalverpackte Fernseher oder Küchengeräte auf den zweirädrigen Karren der »Grusiltschiks«, der Gepäckträger. Dazwischen patrouillieren gelangweilt Polizisten, überprüfen ab und zu die Papiere meist kaukasischer Männer, Liebespaare sitzen in enger Umarmung auf einer Bank, eine Alte fegt neben dem überquellenden Mülleimer, in den ein paar Halbwüchsige ihre Bierdosen stopfen.

Eine teure Limousine hält, der Fahrer nimmt der Frau im schwarzen Pelz die Einkaufstüten ab, schließt die Tür, ein Röhren des Sechszylinders, zurück bleiben die weniger Glücklichen, die jetzt aus dem Trolleybus quellen, um ihren Vorortzug noch zu erreichen. Erst in 20 Minuten fährt der nächste, das sind 20 Minuten mehr vor dem Schlafengehen in der kleinen Zweizimmerwohnung, irgendwo da draußen, in einer dieser Schlafstädte.

Kleine Rubel-Gehälter oder große Deals mit vielen Dollars: Die Gewinner und Verlierer im russischen Monopoly sind leicht zu erkennen. Am Ende der Taxischlange sehen wir zwei Männer, die sich über die Motorhaube eines schwarzen Wolga beugen und diskutieren. Wir sprechen sie an, und ihre Situation ist schnell erzählt: Igor und Wladimir besitzen ein altes Taxi, Wert umgerechnet 4000 Euro, gleich ist Schichtwechsel. »Ich fahre jetzt 48 Stunden«, erklärt Igor, »dann übernimmt Wladimir für die nächsten 48 Stunden. Und so geht es immer weiter, jeden Monat.« Er schläft auch im Auto, hier am Jaroslawl-Bahnhof, wenn mal Zeit dafür ist. Seine Familie, die weit außerhalb von Moskau wohnt, sieht er nur selten. »Wir sind fast immer hier am Bahnhof, wir kennen jede Ankunftszeit der Fernzüge, damit uns keine Passagiere durch die Lappen gehen.«

Igor ist vierzig, ein unscheinbarer, hagerer Mann mit blassem Gesicht und schütterem Haar, nur der freche Schnäuzer gibt seinem Gesicht etwas Kontur. Taxifahren ist sein einziger Beruf, etwas anderes hat er nicht gelernt. Viele seiner Kollegen hatten andere Jobs, nicht wenige waren kleine Geschäftsleute, Angestellte, Beamte, bis sie in den Turbulenzen der Neunziger irgendwie herausfielen aus ihrer kleinen, aber sicheren Existenz. Taxifahren ist der letzte Rettungsanker für Hunderttausende, auch heute noch, knapp zwanzig Jahre später. Wie viele Fahrer haben mir ihre unglaublichen Geschichten vom wirtschaftlichen Absturz erzählt. Und immer kommen darin betrügerische Geschäftspartner vor, Freunde, die dann doch keine waren, Banditen oder korrupte Sicherheitskräfte. Sobald ein Unternehmen, ein kleines Restaurant oder Geschäft Gewinn abwirft, wird es gefährlich. Fast unweigerlich bieten freundliche Menschen oder Gruppen an, als »Kryscha« zu fungieren, als »Dach«, und Schutz zu gewähren vor anderen Bösewichtern. Aber davon später mehr.

Wir haben Igor schnell überredet, uns statt eines neuen Fahrgastes mitzunehmen. Der alte Wolga ist wunderbar bequem, am Armaturenbrett leuchtet ein Taxameter. »Aber den akzeptiert keiner, die Leute feilschen lieber mit uns«, erzählt Igor.

»Und was verdient man so monatlich?«

»Umgerechnet um die 400 Euro. Das ist okay.«

»Was kostet die Versicherung?«

»Versicherung? Nein, das machen nur die Fahrer der neuen, teuren Autos. Wenn ich einen Unfall habe, muss ich das Geld selbst irgendwo zusammenkratzen.«

Fahren ohne Versicherung?!

Nur ein paar Monate später erlebe ich, was das bedeutet: Mein Russischlehrer Michail ruft mich auf dem Handy an, seine Stimme klingt seltsam gepresst. »Udo, ich habe eine sehr ernste Frage. Können Sie mir 2000 Dollar leihen?«

»Das ist viel … Wann brauchen Sie das Geld denn?«

»In einer Stunde.«

Michail hat einen Unfall gehabt, den Mercedes sogenannter neuer Russen gerammt. Die haben ihm nun ein paar Stunden Zeit gegeben, den Schaden in bar zu bezahlen. Während Michail mit mir redet, macht er immer wieder kurze Pausen, ich höre, wie er beruhigend und eher devot mit den Besitzern des Unfallwagens spricht.

Ich rufe unser Büro an, und eine halbe Stunde später kann sich Michail die gewünschte Summe abholen. Ich hätte so schnell kein Bargeld auftreiben können und zahle es später ans Büro zurück. Abends ruft Michail bei mir an und bedankt sich überschwänglich. »Ich hatte wirklich Angst um mein Leben«, betont er immer wieder. Ich mag zunächst nicht ganz glauben, dass ein kleiner Blechschaden solch dramatische Konsequenzen haben soll. Aber als das Thema an den Abenden danach im Kreis der Kollegen diskutiert wird, berichten viele von den rauen Sitten dieser neureichen Russen, die sich offenbar als die Herren der Stadt fühlen. Auf jeden Fall fahren sie so.

Igor, unser Taxifahrer, schlägt uns einen kleinen Imbiss vor und bringt uns zu einer »Blinnaja«, einem billigen Restaurant bei der Taganka. »Die Blinis hier sind sehr lecker«, erklärt er, »und die billigsten in Moskau. In diesem alten Bistro haben sich schon immer die Taxifahrer getroffen.« Tatsächlich kommt uns eine Gruppe seiner Kollegen entgegen, als wir den kleinen Schankraum betreten. Das Restaurant misst gerade einmal 40 Quadratmeter, ein paar Stehtische mit Barhockern, Linoleumboden, das Bruchstein-Muster der Tapete verleiht dem Raum eine gemütliche, rustikale Atmosphäre. Links eine Verkaufstheke, auf der ein großer elektrischer Samowar heißes Wasser für Tee und Kaffee bereithält. Daneben ein Holzkasten mit Billig-Besteck: Gabeln, Messer und Löffel aus Aluminium, vergleichbares Essbesteck werde ich danach fast nur noch in Straflagern wiederfinden. »Soll ich ehrlich sein?«, sagt der Besitzer. »Aluminium, weil hier geklaut wird. Die hier kosten fünf Rubel pro Stück, die besseren schon zwanzig.«

Die Erklärung für diese Pfennigfuchserei liefert die Speisekarte, ein handbeschriebenes DIN-A4-Blatt an der Wand neben der Theke. Fleischfrikadelle: 30 Rubel, was gut einem Euro entspricht. Krabbensalat: 35 Rubel. Salzkartoffeln mit Fleisch: 60 Rubel. Ähnlich preiswert sind die Spiegeleier mit Brot, mit oder ohne Würstchen, der Borschtsch oder die Soljanka. Spottbillig auch die Blinis, die dem Laden seinen Namen gaben und die in allen möglichen Variationen auf den Tisch kommen: Nur mit Butter oder der gesüßten Milch namens »Sguschonka« sind sie am günstigsten, mit rotem Kaviar am teuersten.

Der Besitzer erklärt seine Preisstrategie: »Schon in der Sowjetunion war hier der Blini-Preis vom Fahrkartenpreis der Metro abhängig: Metrofahrt fünf Kopeken, die Blinis auch. Und trotz der hohen Inflation mache ich das weiter so.« Reich wird er damit nicht, aber das Haus gehört ihm, er zahlt keine Miete. Und: Die »Blinnaja« ist 24 Stunden am Tag geöffnet, das macht sie so attraktiv für Taxifahrer.

Einen warmen Snack zum Sattessen für einen Euro – das kann sich Igor gerade leisten. Und später? Ans Alter mag er gar nicht denken. »Meine Rente, die wird so umgerechnet etwa 50 Euro pro Monat ausmachen. Vielleicht wird's auch ein bisschen mehr, bis ich so weit bin. Aber leben kann man damit so oder so nicht, fast alle meine Kollegen müssen auch als Pensionär weiter Taxi fahren.«

Leben am Rande des Existenzminimums, arbeiten bis zur physischen Erschöpfung, um sich nur ja irgendwie festzukrallen in dieser Stadt, wie an der Bordwand einer riesigen Arche Noah, um nur ja nicht in der lebensfeindlichen, unendlichen Weite des Landes unterzugehen, in einem dieser unzähligen verfallenen Dörfer oder trostlosen Provinzstädtchen. Hier, in Moskau, betäuben zumindest die flirrenden Leuchtreklamen, die grandiosen Perspektiven, die pulsierende Lebenslust der anderen das eigene Elend, das nagende Bewusstsein, doch zu den Verlierern zu gehören in dieser Moskau-Lotterie.

Anton Tschechow beschreibt in seinem Theaterstück »Die drei Schwestern« die Sehnsucht der russischen Provinz nach einem Leben im unerreichbar fernen Moskau. Die Hauptstadt ist Projektionsfläche, Metapher für Lebensglück, ähnlich wie für viele Amerikaner die Westküste eine ewige Verheißung bleibt. »Moskwa, Moskwa!«, jammern Tschechows drei Schwestern in ihrer provinziellen Öde. Es klingt wie das »Go West!«, das wie ein gewaltiger Magnet Millionen Hispanos an die amerikanische Westküste zieht.

Die kleine Blinnaja, in der wir jetzt sitzen, werde ich noch oft besuchen: ein kleines Refugium für die Atemlosen, die hier bei einem hart gekochten Ei auf Brot und einer Tasse Instant-Kaffee den kurzen Moment genießen, bevor sie wieder ihren Lieferwagen, ihr Taxi, die Metro besteigen.

Wir verabschieden uns von Igor am neuen Arbat: Große Leuchtreklamen, Hunderte flanieren vor den Schaufenstern, hupend und fluchend streiten sich Autofahrer um einen der begehrten Parkplätze. Unser Ziel ist das Casino »Arbat«, in dem heute ein Boxkampf stattfindet. Er soll Kunden anlocken. An der Bar treffen wir Alexander. Der Reporter sucht regelmäßig im Moskauer Nachtleben Stoff für seine nächsten Artikel. Blass und sichtbar übermüdet trinkt er nach einer wortkargen Begrüßung weiter Mineralwasser. Offensichtlich ist es ihm unangenehm, aus der Rolle des diskreten Beobachters in die des Hauptdarstellers für ein Fernsehteam geraten zu sein. Und so sehen wir uns erst einmal um.

In der Mitte des großen Saals, in dem sonst wohl die Spieltische stehen, ist jetzt ein Boxring aufgebaut, im gleißenden Licht vieler Scheinwerfer kündigt eine barbusige Frau, bekleidet nur mit einem winzigen Tanga und hochhackigen Schuhen, die nächste Runde an. In den Ringecken zwei junge, schwer atmende Boxer, beide Kaukasier. Die Runde wird eingeläutet, und ich merke: Tritte sind erlaubt, offenbar eine Art Thai-Boxen. Ich bin kein Experte für Kampfsportarten. Das Publikum, das jetzt laut die beiden Männer anfeuert, schon eher. Ich sehe fast nur Gesichter, denen ich nachts spontan aus dem Weg gehen würde, und neben den meisten dieser Männer sitzen junge Frauen in ziemlich aufreizender Abendgarderobe.

»Anfang der Neunzigerjahre fanden die Kämpfe nicht im Ring, sondern an der Theke statt«, sagt Alexander, der sich mit einem Glas Cognac offenbar erfolgreich Mut für seinen Fernsehauftritt angetrunken hat. »Fast alle Boxer und Kampfsportler in Moskau bewiesen ihr Können in der Unterwelt.« Aber die großen Verteilungskämpfe um die Hauptstadt seien längst geführt, glaubt Alexander, »selbst die Mafia ist in den letzten Jahren ruhiger geworden, fast schon zivilisiert. Solche Leute wie hier sieht man in Moskau kaum noch, der Arbat ist ihr Reservat.«

Gleichwohl habe sich die Gegend verändert. Wie viele Moskauer sieht Alexander seine Stadt langsam, aber sicher erobert vom Millionenheer illegaler Zuwanderer. Der so berühmte Arbat sei längst ein billiges Ghetto geworden, meint er, für zugereiste Ganoven und ihre Prostituierten. »Einer meiner Freunde hier sagt immer: Das sind schwierige Kunden, sie kommen ein Jahr, und dann sind sie plötzlich erschossen worden ... Sie bringen einfach den Geruch von Tod mit sich.«

Die Reichen und Schönen

Der Boxkampf endet mit einem knappen Punktsieg, das Publikum zerstreut sich, auch Alexander muss weiter. Er will zu einer Vernissage, wir dürfen mitkommen. Wir betreten eine ganz andere Welt, eine Nische der neuen Reichen und Schönen. Frauen halten mit spitzen Fingern Sektgläser, in einer Ecke werden teure Zigarren geraucht, Paparazzi hoffen auf einen guten Schnappschuss. In vollen Zügen wird das neue, glitzernde Moskau inhaliert, in einer atemlosen Abfolge von Galas, Events, Cocktailpartys. Heute Abend ist es Peter Lindbergh, der deutsche Starfotograf, der das Publikum anlockt. Schwarz-weiße Porträts von Models, Rockstars, Schauspielern – die Ausstellung im Puschkin-Museum ist für den *Vogue*-Fotografen die Chance, reiche Käufer zu finden, von denen es hier mehr als genug gibt. Wobei Alexander so seine Zweifel hat, ob die Bilder den Geschmack des Publikums treffen: »Unsere reichen Russen lieben mehr diese Bären von Schischkin oder Bilder von Aiwasowski, also klassische russische Malerei, das ›Abc‹ eben. Das sind Bilder, die jeder in der ersten Klasse der Grundschule schon mal gesehen hat.« Ob das nun ein Klischee oder tatsächlich Realität ist, vermag ich nicht zu beurteilen. Das Buffet jedenfalls bietet erlesene Kanapees und Kaviar-Häppchen im Überfluss und dazu ein farbiges Kind als lebende Dekoration. Recht zynisch geht es zu hinter all den Glitzerfassaden der russischen Hauptstadt.

Das merke ich auch, als mich ein Bekannter überredet, mit ihm in den Nobelclub »Trinazet« zu gehen. Ein »Must« im Moskauer Nachtleben, zumindest für die »neuen Russen«. Türsteher winken die Insassen der vorgefahrenen Jeeps samt Begleiterinnen an der langen Warteschlange vorbei. Wir müssen die Pullover ausziehen, um eingelassen zu werden – zu einer Weihnachtsfeier der besonderen Art: Ein knappes Dutzend kostümierter Menschen stellt schon auf der Freitreppe zum Tanzsaal die Weihnachtsgeschichte nach, oben wartet ein weiteres Trio in biblischer Verkleidung und spielt Weihnachtslieder. Weniger christlich dann der riesige Tanzsaal: Techno, Metallkäfige mit halb nackten Eintänzerinnen, daneben ein stockfinsterer Ruheraum mit Kerzenlicht zum besseren Kennenlernen, dazu einige Türen, die zu Gemächern führen, deren Zweck ich nur erahnen kann. Die Getränkepreise sind selbst für Westler happig, es wird ausgelassen getanzt und geflirtet, getuschelt und gelacht. Die Einzigen, die den Abend mit einer Art heiligem Ernst begehen sind die Kellner, allesamt unter rote Weihnachtsmützen gezwungen, und die zahlreichen Aufpasser im dunklen Einreiher. Die angespannten Blicke der muskulösen Männer schweifen unablässig umher, ab und zu wird ein kurzes Kommando an die weiblichen Weihnachtsmänner weitergegeben, die leere Gläser abräumen müssen. Als ich diese Szenen beobachte, spüre ich, dass jede Missachtung ihrer Anweisungen vermutlich sofort zu einer sehr unchristlichen Behandlung führen würde.

Ein paar Wochen später gerate ich noch einmal in diesen Club. Weihnachten ist längst vorbei, dieses Mal ist die Treppe mit kleinwüchsigen Menschen drapiert. Behinderte als lebende Staffage. Nicht weit davon, auf einer Seitenstraße der Twerskaja, stehen noch um Mitternacht junge Mädchen mit Vollblutpferden. Wer will, kann einen kleinen geführten Ausritt machen. Und an der nächsten Ecke läuft ein älteres Paar als lebende Litfaßsäule Reklame für eine Anwaltskanzlei, die Firmengründungen anbietet. »Sandwich-Leute« werden sie genannt, als Werbeträger im wahrsten Sinne verdienen sie maximal 100 Euro im Monat. Neben dem Metroeingang sitzt eine Alte, vor sich einen Plastikeimer mit einem Dutzend einzeln verpackter Rosen darin. Sie hofft auf einen späten Kavalier, der seiner Einladung an die Auserwählte noch ein wenig romantischen Nachdruck verleihen will. Wie das Geschäft läuft? Sie macht eine wegwerfende Handbewegung. Selbst von ihr fordere die Miliz jetzt schon eine Lizenz samt Steuerbescheid, ersatzweise Schmiergeld, erzählt sie. »Aber wie denn, bei zwei Euro Tagesverdienst?!« Moskau in diesen Tagen, zu Beginn des neuen Millenniums, ist ein hartes Pflaster für die meisten Moskowiter.

Im Rausch der Sinne

Schon bei einem meiner ersten Rundgänge in der Nähe des ARD-Studios habe ich den Dorogomilowski-Markt beim Kiewer Bahnhof entdeckt. Er nimmt mich sofort gefangen. Bereits an den kleinen Verkaufsständen vor der eigentlichen Markthalle herrscht Gedränge. Jeder der Händler ist auf ein Produkt spezialisiert: Obst, Gemüse, Fleisch, Fisch, Käse und frisches Fladenbrot, das schon von Weitem duftet. Zwei ältere Frauen bieten selbst gestrickte Wollsocken und Handschuhe an, der Nachbar Pelzmützen in allen Variationen, frische Flusskrebse gibt es zum Anfassen, chinesisches Kochgeschirr, dann kommt der Nusshändler, lautes Lachen und Schimpfen, »dorogu!«, schreien die Träger, »Weg frei!«. Hier wird gefeilscht, da geschimpft, geschoben überall, bis man irgendwann in der Markthalle selbst angekommen ist.

Reihe für Reihe haben hier die Händler aus Georgien, Aserbaidschan und Usbekistan ihre Tomaten, Zitronen, Paprika, Kartoffeln, Rote Beete, Äpfel und Birnen zu kunstvollen Pyramiden getürmt, Frühlingszwiebeln, Dill, Petersilie, Pfefferminz, Basilikum und Kräuter, die ich gar nicht identifizieren kann, locken in großen Blecheimern. Daneben der Gewürzstand, so, als wäre man auf dem Suk in Marrakesch gelandet: Tausend Farben und Gerüche, die Gewürze gibt es abgepackt in kleinen Tütchen oder aus großen Säcken, frisch portioniert. Ein paar Schritte weiter Salzeingelegtes, Gurken, Tomaten, Knoblauch, Pfefferschoten, Kohl und vieles mehr, Mengen konservierter Leckereien, als gelte es, einen unendlich langen Winter zu überstehen.

Vorbei an der langen Reihe der Fischspezialitäten. Jeder Händler, der mich Europäer sieht, hat bereits das Messer in der Hand, hier wird ein Stückchen geräucherter Stör zur Kostprobe angeboten, da ein Scheibchen Hecht oder Forelle, Hering, Aal, ich muss mich zwingen weiterzugehen, weg von der gespielten Empörung des usbekischen Wohltäters, hin zum Dagestaner, der mir, schon strahlend vor Siegesgewissheit, das kleine Löffelchen mit schwarzem Kaviar entgegenstreckt, in der anderen Hand die Serviette, mit der ich meine Kostprobe beenden soll. Ich werde umworben und umschmeichelt, nach Herkunft und Beruf befragt, und schon winkt der Nachbar, der sich auf Lachs spezialisiert hat, und entblößt seine goldenen Schneidezähle. Doch es sind die Fleischtheken, die mich anziehen. Hier hängen die Hammelhälften an eisernen Haken, liegen die Spanferkel mit aufgerissenen Augen nebeneinander, als wollten sie mitmachen beim Flehen um die Aufmerksamkeit des Kunden. Ganze Rinderviertel zerlegen die jüngeren und kräftigeren Männer hier, es wird geschnitten, gesägt, gehackt, so konzentriert, fast inbrünstig, als werde hier ein Wettbewerb ausgetragen.

Und dann sehe ich die Störe: Belugas, Asetras, Sevrugas, gewaltige, urtümliche Fische, deren Köpfe, säuberlich abgetrennt, neben den riesigen Leibern liegen. 15, 20 Zentimeter im Durchmesser haben die Ungetüme, das Messer des Verkäufers liegt bereits auf der empfohlenen Schnittstelle, vier Kilo wären das, zu viel natürlich, zentimeterweise lässt sich der Aserbaidschaner widerwillig von mir in Richtung zwei Kilo dirigieren, fast schon resigniert dann der energische Schnitt, das Abziehen der dicken Fischhaut. Große Störwürfel werden präpariert, zwei Zitronen geviertelt, eine Zwiebel geschnetzelt, noch ein wenig Salz, und schon steckt alles in einer Plastiktüte, die der Fischverkäufer nun geschickt knetet und schüttelt, auf dass die Marinade auch sicher alle Störwürfel-Kanten umhülle. Störschaschlik, dazu noch eine Flasche Nascharab, so heißt der dickflüssige Sud aus Granatäpfeln, den es gleich nebenan gibt. Ein Genuss!

Garik und Sakir

Mir ist schnell klar: Ein Film über Moskau ohne diesen fantastischen Mikrokosmos »Markt« ist undenkbar. Und so bitten wir um eine Drehgenehmigung. Einmal. Zweimal, immer wieder. Und uns wird klar: Diese Märkte sind offensichtlich Orte, die die Öffentlichkeit scheuen. Vielleicht, weil hier so mit viel Bargeld abgewickelt wird, fernab aller Steuererklärungen? Doch dann ein erlösender Anruf: Wir dürfen filmen, auf einem Großmarkt vor den Toren Moskaus.

Es hat geregnet, die Fläche vor den großen Hallen ist eine einzige große Schlammpfütze. Fluchend springen Männer zur Seite, wenn ein Lieferwagen sich viel zu schnell seinen Weg zu einer der Verladerampen sucht. Der Markt ist eine riesige Drehscheibe für Obst und Gemüse aus dem südlichen Kaukasus und Mittelasien, das hier von den großen Kühllastern in Lagerhallen geschleppt wird, um dann gleich wieder auf Sackkarren zu den kleineren Lieferwagen dirigiert zu werden, die die Produkte zu den Supermärkten in Moskau fahren.

Zwei besonders fröhliche junge Männer fallen uns auf. Garik und Sakir sind Dagestaner. Kaukasier beherrschen fast den gesamten Obst- und Gemüsehandel Moskaus. Obwohl die beiden schon seit Stunden auf den Beinen sind und ihre dritte Fuhre vor sich haben, scherzen und lachen sie ohne Unterlass, während der Gemüsehändler, dessen Waren sie jetzt auf ihrem Lieferwagen verstauen, skeptisch unsere Annäherungsversuche beobachtet.

»Sakir und ich arbeiten als Kompagnons«, erklärt Garik, »wir teilen unsere Einnahmen.« Und dann fasst er ihre Lebensphilosophie knapp zusammen: »Wenn wir Geld verdienen, ist die Stimmung gut, und dann ist alles gut. Nur Geld muss da sein.« Bevor sie losfahren, zeigen uns die beiden noch eine kleine Bude, in der es einen Plastikbecher löslichen Kaffee mit gezuckerter Kondensmilch für ein paar Rubel gibt. »Umgerechnet 30 Euro am Tag sind schon ein Glücksfall«, erklärt Sakir. Lohnt das die Schufterei? Was wollen sie erreichen hier in Moskau, wovon träumen sie? »Na, zuerst mal ein eigenes Leben aufbauen. Heiraten also. Und dafür brauchst du viel

Geld, denn der Brautpreis in Dagestan ist hoch. Wir reden hier über Tausende, über viele Dollars.«

Garik kauft noch ein Fladenbrot, das wollen sie auf der Fahrt essen. Allein der Weg hinaus aus dem Großmarkt dauert 20 Minuten, ein paar Laster haben sich verkeilt, laut schimpfende Fahrer dirigieren ihre Kollegen zentimeterweise durch die schmalen Gassen.

Aber Garik und Sakir lachen weiter, erzählen Geschichten, Episoden, das aufgeregte Schieben und Drängen um sie herum scheint sie nicht zu beeindrucken. Eine gute Stunde später sind sie beim Danilowski-Markt im Südwesten der Stadt angekommen. Der Markt ist bei Moskauern sehr beliebt, doch die Stadtverwaltung will den Markt in seiner jetzigen Form schließen, erzählt Sakir, »ordentliche Geschäfte« sollen die Stelle der Stände einnehmen. »Schon jetzt ist die Miliz ständig hier. Und wenn sie illegale Händler sehen, dann fackeln sie nicht lange und beschlagnahmen auch gleich die gesamten Waren.«

Doch was ist mit ihnen? Haben sie eine Arbeitserlaubnis, eine Lizenz als Transportunternehmen? Natürlich nicht. Beide haben nicht einmal eine Registrierung, leben illegal in der Stadt. So wie Millionen andere auch. »Kein Problem«, meint Garik. »Wenn sie mich anhalten, zeige ich den Polizisten einfach die Autopapiere und eine Tankquittung und sage: ›Sehen Sie? Ich bin doch gerade erst angekommen.‹« Für umgerechnet ein paar Euro Schmiergeld habe er bis jetzt noch jeden Milizionär beruhigen können, seit drei Jahren schon.

»So ist das eben: Entweder du hast Papiere, oder du gehst nach Hause, oder du zahlst.«

»Sind denn alle Moskauer Milizionäre so korrupt?«

»Nein, nicht alle«, weicht Sakir vorsichtig aus.

Garik schaut sich kurz um, das Thema ist ihm sichtlich unangenehm. Immerhin filmen wir ihn, und wer weiß … Dann murmelt er so leise, dass wir ihn kaum verstehen: »Wer nicht sofort käuflich ist, der ist dann eben für etwas mehr Geld käuflich.«

Garik bestellt sich Tee bei einer jungen Frau mit Kopftuch, die er immer wieder liebevoll mit »Marinitschka« anspricht. Aber sie ignoriert alle Annäherungsversuche. Garik und Sakir sind Mitte zwanzig, vitale, offene Kerle, aber bettelarm, Mitglieder des Millionenheeres ungeliebter Immigranten. Auch deshalb haben sie bei Frauen wie »Marinitschka« wohl keine Chance.

Abends haben wir uns noch einmal mit Garik und Sakir verabredet. Der Danilowski-Markt ist inzwischen längst geschlossen, aber in der kleinen Kneipe nebenan geht das Leben weiter. Als wir die Tür öffnen, sind wir mitten in einer ausgelassenen Party: Laute kaukasische Musik, die Tische voll besetzt mit Männern und Frauen vom Markt, die offenbar schon ein paar Gläser getrunken haben und jetzt Garik anfeuern, der in der Mitte des kleinen Raums einen wilden dagestanischen Tanz aufführt, in die Hocke geht, wieder hochfedert, leichtfüßig, unermüdlich, so als läge gar kein zehnstündiger Arbeitstag hinter ihm.

Als die beiden Musikanten eine Pause einlegen, spendiert Garik eine Flasche Wodka und beginnt mit einem langen Toast. Offenbar genießt er jetzt, vor den Augen der Arbeitskollegen von einem Kamerateam gefilmt zu werden. Unverhohlener Stolz auf diese neue Rolle hat die erste Scheu längst verfliegen lassen, und jetzt bestellt Garik auch noch Schaschlik für seinen Tisch. Es scheint, dass die beiden Dagestaner ihren gesamten Tagesverdienst für den Abend mit ihren Freunden opfern, statt jeden Rubel, wie sie morgens noch beteuerten, auf die Seite zu legen. Ihre Familien in Dagestan haben sie schon lange nicht mehr gesehen, zu teuer ist die Reise, und alleine in dem kleinen, schäbigen Zimmer, das sie sich teilen, halten die beiden lebensfrohen Männer es offenbar nicht lange aus. »Ja, stimmt«, sagt Garik, »ich arbeite eigentlich nur fürs Überleben, um zu trinken, zu essen und um abends zu feiern.«

»Moskau ist wie ein großes Loch, wo du reinfällst und nicht mehr rauskommst«, meint Sakir philosophisch. »Aber, immerhin: Ich stehe oft schon um vier auf statt um sechs, denn es heißt doch: Den Frühaufsteher beschenkt der liebe Gott. Uns ja vielleicht mit einem vollen Portemonnaie.«

Sakir grinst etwas verlegen, zu absurd scheint sogar ihm die Vorstellung, einmal keine Geldsorgen mehr zu haben. Aber da hat Garik bereits nachgeschenkt und beginnt einen Toast auf die schönen Frauen des Kaukasus. Die Verkäuferinnen am Tisch lächeln ge-

schmeichelt, stoßen bereitwillig an mit den beiden lustigen Dages-
tanern, eine Blonde schaut mit verträumtem Lächeln auf Garik,
längst tut der Wodka seine Wirkung. Vielleicht wird es ja doch ein
schöner Abend für die beiden Männer, auch wenn er vermutlich
den gesamten Tageslohn auffressen wird, »aber wofür leben wir
denn überhaupt«, sagen ihre glänzenden Augen, doch nicht für
zehn Stunden Gemüse schleppen und dann eine langweilige Nacht
im schäbigen Zimmer des Wohnheims.

Der Sklavenmarkt von Moskau

Dass Garik und Sakir zwar arm, aber längst noch nicht ganz unten
angekommen sind im großen Moskauer Riesenrad, wird mir an einem Morgen an einer Ausfallstraße im Moskauer Westen, etwa 10
Kilometer vom Zentrum entfernt, klar. Ein paar Hundert Männer
stehen schwatzend und rauchend auf einem kleinen Parkplatz, junge und ältere, alle in abgerissener Arbeitskleidung, viele offensichtlich aus dem Kaukasus und Mittelasien.

Als ein großer Jeep, gefolgt von einem kleinen Bus, auf den Parkplatz einbiegt, kommt schlagartig Bewegung in die Masse, mehrere
Dutzend Männer umringen den Fahrer, der in knappen Worten seine Bedingungen nennt. Einige wenden sich ab, andere kommen
dazu und stellen Fragen, und nach wenigen Minuten steigen acht
Männer in den Bus, der sich hinter den schwarzen Jeep einreiht und
davonfährt.

Wir sind auf einem sogenannten Sklavenmarkt. Es geht um kleine Jobs für 500 Rubel am Tag, etwa 15 Euro. Als Hauptgewinn gilt
eine Monatsanstellung, vier Wochen mauern, Kacheln legen, Gar-
tenarbeit bei reichen Russen. Wir sprechen einen der Männer an,
die jetzt wieder rauchend in kleinen Gruppen zusammenstehen.
Sergei hat in den zwei Jahren, die er hier nach Arbeit sucht, viel erlebt. Er ist misstrauisch geworden. »Wenn ein Arbeitgeber dich betrügen will, dann macht er das problemlos: Hier werden viele Leute
angeheuert und dann abends, ohne Lohn, einfach wieder abgesetzt.

Mich selbst haben sie schon zweimal diesen Sommer um meinen Lohn betrogen.«

»Ja«, stimmt ein Älterer namens Sascha zu: »Hundertfünfzig Männer allein aus meiner Stadt stehen hier. Wir notieren immer die Autonummern, wenn Leute von uns angeheuert werden, damit keiner verloren geht.«

Wir setzen uns in die kleine Bude, in der die Wartenden Kaffee, Tee und Brote kaufen und sich aufwärmen können. Ein Mann mit einer recht frischen Narbe im Gesicht kaut langsam ein Käsebrötchen, vor ihm ein Plastikbecher mit Tee. Er heißt Kostja, kommt seit zwei Jahren hierher, auf der Suche nach Arbeit. »Es ist ein mieses Leben«, sagt er und zeigt auf seine Narbe. Auf einer Baustelle habe er Bretter und Steine geschleppt, gemeinsam mit drei anderen. »Aber wir haben umsonst gearbeitet, es gab kein Geld, dafür Schläge. Das sind Banditen.«

»Konnten Sie denn nicht gemeinsam zur Miliz gehen und die Männer anzeigen?«

»Nein, das ist zwecklos, die helfen nicht, die fordern eher auch noch Geld von uns.« Als hätte er ein Stichwort gegeben, biegen zwei Polizeiautos auf den Parkplatz, gefolgt von einem Bus, aus dem auch Uniformierte einer Sondereinheit steigen. Die Milizionäre kontrollieren die Papiere der Arbeitssuchenden, bald werden die ersten Männer abgeführt. Die Hände über dem Kopf, müssen sie in den Bus steigen. Wir sind überrascht, wie ruhig alles vonstattengeht, niemand protestiert, niemand versucht wegzulaufen. Routine offenbar. »Normalerweise können wir uns mit einem Tagesverdienst wieder freikaufen«, erzählt Murat, ein Tadschike ohne Papiere, der diesmal Glück hat. Der Bus ist bereits voll, das Tagessoll der Polizisten erfüllt.

Da Murat nicht mehr damit rechnet, für heute noch einen Job zu finden, ist er bereit, uns zu ihrer Massenunterkunft zu fahren. Sie liegt nicht weit entfernt vom »Sklavenmarkt«. Wir biegen von der Ausfallstraße in einen schlammigen Waldweg, den aufeinandergestapelte Betonplatten säumen. Neben einem alten Lkw steht ein ziemlich verfallenes Holzhaus. Das Dach ist notdürftig mit Teerpappe abgedichtet, eine morsche Außentreppe aus Holz führt zum ersten Stock, wo auf einer kleinen Terrasse ein paar Männer rauchen. Murat führt uns in den Schlafraum unter dem Dach. Etwa 20 Quadratmeter, mehrere Betten sind zu einer einzigen großen Schlafstatt zusammengeschoben, ein paar nackte Glühbirnen tauchen die Unterkunft in ein ungemütliches Licht. 1000 Rubel kostet ein Schlafplatz pro Monat, erklärt Murat, 30 Euro, etwa zwanzig Männer leben hier, die Mehrzahl Tadschiken. Sie sind besonders begehrte Arbeitskräfte: gute Handwerker, nie betrunken, vor allem aber völlig illegal. Das macht es noch leichter, sie zu betrügen und auszurauben.

Murat bestätigt die Geschichten, die wir schon auf dem Sklavenmarkt gehört haben:»Sie heuern dich erst einen Monat an, erzählen dann von Zahlungsproblemen und vertrösten dich auf den nächsten Monat, und so geht es weiter. Dem hier haben sie nach drei Monaten Schufterei nicht eine Kopeke gezahlt.« Der Mann, auf den Murat deutet, rasiert sich gerade vor einem kleinen Spiegel neben seinem Bett. Er zuckt nur resigniert mit den Achseln und wendet sich ab. Den Männern ist es offensichtlich nicht geheuer, dass sie von einem Fernsehteam gefilmt werden. Das kann schnell Ärger bedeuten.

»Die Miliz war auch schon hier«, erklärt Murat. »Sie hat die Männer kontrolliert, geschlagen, abkassiert. Trotzdem wollen alle hier weitermachen. Ihre Familien zu Hause brauchen das Geld, um zu überleben. Denn dort gibt es überhaupt keine Jobs, daheim können wir nur verhungern.«

Katias Datscha

Ich habe, wie so oft, ein schlechtes Gewissen, als ich mich von den Männern verabschiede. Was soll ich ihnen schon Tröstliches sagen zum Abschied? Auf dem Weg zurück, durch ihr trostloses Industriegebiet, hinein in die Stadt, durch die breiten Boulevards, entlang der Leuchtreklamen, in die quirlige Betriebsamkeit des Zentrums, wird mir das Synthetische, Abgehobene meines bisherigen Korrespondentenlebens bewusst. Aber es gibt einen Lichtblick. Eine meiner Sprachlehrerinnen, Katia, hat mich auf ihre Familiendatscha eingeladen. Wir sind inzwischen befreundet. Und so beginnt ein neues Kapitel: russisches Familienleben. Katias Großvater hat Geburtstag. Das kleine Holzhaus steht auf einem Grundstück mit zwölf »Sotok«, 1200 Quadratmetern, der Standardgröße seit Sowjetzeiten. Das Haus hat keine Zentralheizung und wird nur im Sommer genutzt. Im Winter würden schlicht alle Wasserleitungen platzen, sie müssen im Herbst geleert werden.

Die Aufnahme in Katias Familie ist herzlich. Der Großvater, ein Weltkriegsveteran, ist ein schmächtiger alter Mann, der mich sofort neugierig zu meinen Eindrücken von Russland ausfragt. Doch lange reden wir nicht, denn die Männer haben bereits vor Stunden den Ofen der Banja angeheizt. Ob ich mitkommen wolle? Nach einer Schrecksekunde stimme ich zu. Kurz darauf sitze ich, nur mit einem alten Filzhut ausgerüstet, neben gleich drei nackten Männern, die in der Roten Armee den Dienstgrad »Polkownik« innehatten: Oberst. Ihre Uniformen hängen noch im Schrank.

Es ist ein seltsames Gefühl für mich als Deutschen. Aber immer wenn ich andeute, wie sehr mir die Verantwortung für den Zweiten Weltkrieg mit all seinen Gräueln bewusst ist, winkt vor allem der Großvater energisch ab. »Das waren die Faschisten, nicht das deutsche Volk«, betont er, mit den Deutschen habe man in Russland doch ausgezeichnete Erfahrungen gemacht, eine tiefe, jahrhundertealte Freundschaft verbinde die beiden Völker.

Als ich vorsichtig widersprechen will, dass es leider nicht nur ein paar Faschisten waren, die so viel Leid über ihr Land brachten, schüttet Alexei neues Wasser auf die glühend heißen Steine, die Debatte erstirbt im heißen Dampf und lauten, wohligen Stöhnen der Männer. Sobald sich die beißende Hitze des Aufgusses etwas gelegt hat, greifen alle zu ihren »Weniki«, zusammengebundenen Birken- oder Eichenzweigen, um sich damit Beine, Rücken und Bauch zu peitschen.

Nach zwei Stunden Banja fühle ich mich entspannt und wohlig müde. Die Männer der Familie tragen einen einfachen gusseisernen Grill in die Gartenmitte und zünden Holzkohle an, während die

Frauen in der Küche Salate vorbereiten, Gemüse schnippeln, Hühnerbeine auslösen, einen Fisch entgräten. Die Aufgabenteilung zwischen Männern und Frauen ist klar definiert, merke ich schnell, und meine Rolle als Gast bedeutet striktes Betätigungsverbot. Zum Ausgleich versuche ich es mit Konversation. Es ist mühsam.

Das Abendessen verschärft den Leistungsdruck. Schnell verstehe ich: Getrunken wird erst nach einem Toast. Der Großvater spricht zuerst, alle halten das Glas in der Hand, niemand isst. Erst nach Toast-Ende stoßen alle an, die Männer mit Wodka, die Frauen mit Saft, dann wird getrunken. Wer ohne Toast Alkohol trinkt, ist ein Alkoholiker, werde ich belehrt. Der dritte Toast gilt den Verstorbenen. Alle trinken, ohne anzustoßen. So ist die Regel. Nach den Großeltern sprechen deren Kinder, irgendwann redet auch Katia, dann ihre Schwester, dann sogar Ljoscha, der schüchterne Sohn einer der beiden Onkel – und auf einmal richten sich alle Augen auf mich. Es ist schlagartig vorbei mit meiner Entspanntheit. Natürlich könnte ich es mir leicht machen, wie eine der Tanten, auf die Gesundheit der Familie und ein langes Leben der Großeltern trinken, und ich wäre erlöst. Aber da Katia mich als Fernsehkorrespondenten vorgestellt hat, wage ich das Unmögliche: Ich knüpfe da an, wo ich in der Banja schon scheiterte, rede über Vergangenheit und Krieg, über das Glück, dass Russen und Deutsche wieder friedlich an einem Tisch sitzen, und vor allem: dass der Deutsche keinen verdeckten Groll oder Misstrauen spürt.

Und all die Deklinationen, Präpositionen und Präfixe, die der geduldig-strenge Michail mir erklärte, die unvollendeten und vollendeten Verben, die unaussprechlichen Abfolgen vieler Konsonanten, die heimtückischen Genitive nach Verneinungen – all das findet jetzt irgendwie zusammen, ergibt Sätze, deren Vollendung Katia durch eine schnell ergänzte Vokabel rettet. Und schon werden meine Gedanken den russischen Zuhörern zumindest als Konturen erkennbar, Alkohol und Fantasie glätten die fehlenden Bezüge, Wohlwollen überbrückt grammatische Untiefen – ich habe tatsächlich meinen ersten Toast auf Russisch geschafft. Erleichtertes Anstoßen, lobende Worte, das schöne Gefühl, eine Herausforderung bewältigt zu haben. Immer mehr werde ich diese Tradition in den

Jahren danach zu schätzen lernen. Der Toast gibt jeder Tischrunde einen Fokus, einen Mittelpunkt, und oft auch ein gemeinsames Thema.

Der Abend in großer Runde wird entspannt und vergnüglich. Allein die Kernfamilie der Petrenkos mit den Großeltern, drei Söhnen samt deren Familien umfasst elf Personen, dazu kommen eine zweite Großmutter aus der Provinz, eine Großtante und der deutsche Besucher. Nach vielen Vorspeisen wird das traditionelle Schaschlik aufgetragen, und als alle längst satt sind, werden gleich mehrere Torten hereingebracht. Den Samowar, der dazu auf den Tisch kommt, hatte Katias Vater zuvor schon im Garten angeheizt: Glühende Holzkohle in einer Metallröhre im Inneren des Kessels hat das Wasser erhitzt, auf dem Samowar steht das kleine Kännchen mit extrem starkem Tee-Sud, den jeder jetzt je nach gewünschter Stärke mit heißem Wasser aufgießt. Pralinen und Kekse ergänzen das Angebot, es wird genascht und geplaudert, und mit dem Auftragen des Tees verschwinden auch die Wodkaflaschen vom Tisch. Während ich klammheimlich, ganz klischeehaft, ein russisches Trinkgelage erwartet hatte, endet der Abend, ohne dass irgendjemand lallt.

Weil Schlafstätten angesichts der Menge der angereisten Petrenkos knapp sind, wird mir die Banja angeboten. Katias Onkel hat sie noch einmal kräftig mit Birkenholz geheizt, sie ist angenehm warm. Roger, der Riesenschnauzer der Familie, legt sich mir zu Füßen, und mit dem Gefühl, einen kleinen Moment wirkliches Russland erlebt zu haben, schlafe ich ein.

Nach diesem ersten Wochenende auf einer Datscha ahne ich die Bedeutung dieser typisch russischen Veranstaltung. Datscha, das ist mehr als ein Wochenendhaus, Zugang zu Natur und frischer Luft. Datscha, das ist der Fixpunkt der russischen Großfamilie, der, um enge Freunde erweitert, wohl wichtigsten Institution im Leben eines Russen. Nur der Familie wird bedingungslos vertraut, während Fremde, Geschäftspartner, Behörden, Politiker als potenzielle Vorteilnehmer, Widersacher, Betrüger oder Feinde wahrgenommen werden. In der eigenen Firma werden bevorzugt Familienmitglieder eingestellt, um das Betrugsrisiko zu mindern. Loyalität schlägt Qualifikation – ein tief sitzender Reflex, der natürlich nicht unbedingt der Leistungsfähigkeit russischer Firmen zugutekommt. Auch Geldgeschäfte werden vorzugsweise im Familienkreis abgewickelt. Selbst hohe Kredite werden gegenseitig gewährt, zinsfrei oft und ohne große Verträge. Erspartes wird im Kuvert übergeben und in Monatsraten zuverlässig abbezahlt. Der Grundstock zur neuen Datscha, der Kaufpreis des neuen Autos. Wenn Banken Jahreszinsen von bis zu 15 Prozent der Kreditsumme verlangen, sind diese Familiendarlehen wahrhaft fürstliche Geschenke.

Blut ist dicker als Wasser, heißt die unausgesprochene Lebensweisheit, die in jedem Trinkspruch mitklingt. Das Fachsimpeln am Holzkohlegrill, die Banja-Zeremonie, die endlosen Toasts, die vielen kleinen Mitbringsel, das Herrichten der provisorischen Schlafstätten, das Katerfrühstück vor dem gemeinsamen Waldspaziergang, der Korb voll gesammelter Steinpilze und Pfifferlinge – alles das schweißt Familie und enge Freunde jedes Mal aufs Neue zu einer Art gesellschaftlicher Widerstandsgruppe zusammen, macht die Datscha zur letzten Rückzugsbastion in einem als feindselig und gefährlich wahrgenommenen Leben in Russland.

Das aber erwartet die »Datschniki« schon am Sonntagabend, wenn sie, Lemmingen gleich, heimkehren in die Stadt. Nicht Tausende, sondern Hunderttausende, wenn nicht Millionen, gefangen und gequält in kilometerlangen Staus. Die Datscha von Katias Familie liegt im Südwesten Moskaus, die Kiewer Chaussee ist längst noch keine Autobahn wie heute, sondern hat vier Fahrspuren mit vielen Schlaglöchern. Und nach all den entspannten Stunden kann ich nun förmlich zuschauen, wie mit jeder Viertelstunde im zähen Stau die Datschniki in ihren voll bepackten Autos wieder zu Moskauern werden, zu gehetzten, ungeduldigen, aggressiven Bewohnern einer mörderischen Metropole.

Zuerst entwickelt sich rechts von uns, auf dem Seitenstreifen, eine neue Fahrspur, und schon rollen drei Spuren langsam auf Moskau zu. Ich staune. Doch das ist erst der Anfang. Der Fahrer eines Krankenwagens im Einsatz weiß sich nicht anders zu helfen und schwenkt mit Blaulicht und lauter Sirene auf die innere der beiden Gegenspuren. Und schon haben sich die ersten, besonders dreisten Fahrer angehängt, in zügiger Fahrt passieren sie die entnervten übrigen im

Stau, und es dauert nicht lange, da ist die vierte Spur in Richtung Moskau geschaffen, längst ohne das Alibi, den Krankenwagen. Und dann eine fünfte! Nur noch auf dem entgegenkommenden Seitenstreifen fahren jetzt die Unglücklichen, die sich dem Strom der heimkehrenden Datschniki entgegenstellen, hinaus aufs Land. Und dann sehe ich den ersten Toten. Ein mitleidiger Mensch hat eine Jacke über den Körper des Mannes gelegt, der ausgestreckt am Straßenrand liegt. »Ein betrunkener Obdachloser wohl«, mutmaßt Katia trocken. Sie kennt diese Bilder. Nach wenigen Kilometern eine zweite Leiche. Noch bin ich entsetzt, nach einigen Monaten nicht mehr.

Völlig zum Stehen kommt der fünfspurige Lindwurm an Kreuzungen, wenn sich von beiden Seiten weitere Hundertschaften entnervter Fahrer aus Seitenstraßen hineinzwängen in die Kiewer Chaussee, zentimeterweise, hupend, fluchend, triumphierend, vorbei an Polizisten, die das anarchische Chaos gelangweilt beobachten, ohne einzugreifen. Das verkehrsrechtliche Gewaltmonopol ist längst an die Armee der wütenden Heimkehrer übergegangen.

Nach einer guten Stunde erreichen wir den Stadtteil Jugo-Sapadnaja, die »Süd-Westliche«, einen gesichtslosen Vorposten des Zentrums, der fast ausschließlich aus vielgeschossigen Wohnblöcken besteht. Zwölf Jahre später wird hier meine Tochter Julia mit einer Schultüte in der Hand in der Aula der Deutschen Schule stehen.

Nach weiteren 20 Minuten dann öffnet sich der Blick von der Brücke bei den Sperlingshügeln auf Moskau. Rechts der Gorkipark, links das Luschniki-Stadion und vor uns das bunte Lichtermeer des Zentrums. Kinos locken mit ihren Leuchtreklamen, Menschen flanieren vor schön angestrahlten Altbauten, schwatzen in den Cafés, vor unserer Metrostation »Park Kulturi« stehen Jugendliche in Gruppen zusammen, lachen, flirten, Moskau lebt, ist aufregend, und ich bin jetzt, im Jahr 2000, mittendrin.

24/7

18 Jahre später hat die Stadt nichts von ihrer Anziehungskraft verloren. Im Gegenteil. Moskau hat sich gewandelt, ist moderner, schöner, lebenswerter und teurer geworden. Die postsowjetische Anmutung, die mich Ende der Neunzigerjahre noch so faszinierte, ist so gut wie weg. Das Gefühl, man könnte jeden Moment in eine Schießerei geraten: vorbei. Die Bewaffneten vor Wechselstuben und Supermärkten: verschwunden. Die bulligen Bodyguards in Begleitfahrzeugen, die vor den teuren Restaurants herumlungerten: unsichtbar. Die Werbebanner für Lotterien und Potenzmittel, an Drahtseilen über breite Ausfallstraßen gespannt: demontiert. Die zahlreichen Buden vor den Metrostationen, für Zigaretten, Illustrierte, Teigwaren, Damenstrümpfe: abgerissen. Die alten Frauen daneben, die gestrickte Handschuhe und selbst gezogenes Gemüse anbieten: vertrieben. Autos, die Gehwege zuparken: verschwunden.

Stattdessen eine Moskauer Innenstadt, deren Gehwege in wenigen Jahren komplett gepflastert wurden. Bordsteine aus Granit. Ruhezonen. WiFi an Bushaltestellen. Ein hochmodernes Parksystem: Einparken, die App zeigt die eigene Position, ein Knopfdruck, Parkgebühr abgebucht. Verlängerung der Parkzeit? Nicht mehr als ein weiterer Knopfdruck. Auch Verkehrsverstöße werden per E-Mail geahndet: Zeitpunkt und Ort des Delikts sind sekunden- und zentimetergenau aufgeführt. Drei Beweisfotos, das Nummernschild in Nahaufnahme, die Kontoverbindung der Behörde. 50 Prozent Rabatt bei zügiger Zahlung.

Selbst in der U-Bahn, tief unter die Stadt gegraben, funktioniert das Internet einwandfrei. Einige Stationen haben Säulen am Bahnsteig, in denen sich eine digitale Bibliothek verbirgt. Wer beim Stöbern fündig wird, muss nur den QR-Code scannen und hat schon das gewünschte Buch auf seinem Smartphone oder Tablet. Dostojewskis »Schuld und Sühne« zum Beispiel.

Kontaktaufnahme mit den Behörden? Die persönliche Identifikationsnummer eingeben bei »Gosuslugi« und schnell im Internet Steuerfragen klären, die Registrierung des Autos überprüfen, Kindergeld beantragen, Pensionsansprüche nachschlagen. Und erst recht auf der Höhe der Zeit ist alles, was gewinnbringenden Konsum betrifft: Nicht nur Pizzas, Sushi und Hausmannskost kommen ins Haus, auch der Adapter für die Windows-Tastatur am MacBook ist nach sechs Stunden da. Der Supermarkt mit 38 000 Produkten verspricht, in wenigen Stunden zu liefern, und er tut es. Die Tochter braucht eine neue Jeans? Der Bote bringt 15 zur Auswahl, wartet geduldig, bis alle anprobiert sind, kassiert für die auserwählte: Kreditkarte, PIN-Code,»do swidanija«!

Alles ist jederzeit machbar, verfügbar. Moskau kennt keine Wochenenden, keinen Feierabend, keine Grenzen. Sie suchen ein Buch? Bitte schön. Der Buchladen gegenüber der Leninbibliothek hat rund um die Uhr auf. Drinnen eine gemütliche Atmosphäre, die an eine Hotellobby erinnert. Paare lesen in bequemen Sesseln. Daneben läuft die Nachtvorstellung eines Hollywood-Klassikers. Und warum kommen sie ausgerechnet nachts hierher?»Man kann einfach besser parken«, antwortet ein junges Paar fast im Chor.»Und ab Mitternacht gibt's sogar Rabatt«, ergänzt der Verkäufer,»15 Prozent.«

Wer kein Buch sucht, sondern Hilfe: kein Problem. Ein Hinterhof, nicht weit von der Leninbibliothek entfernt. Auf goldenen Schildern werben ein Notar und ein Zahnarzt mit 24-Stunden-Service. Wir wählen den Zahnarzt. Der ist gerade mit dem Wurzelkanal eines Patienten beschäftigt. Morgens um drei. Zahnarzt Akop ist dreißig Jahre alt und fest angestellt. Das Motto der Praxis: Schnelle Diagnose, schnelle Abhilfe. Nach einer 24-Stunden-Schicht hat Akop drei Tage frei. Die Assistentin Aljona dagegen ist jeden Tag hier. Sie studiert tagsüber, nachts reicht sie das Besteck an.

Der Patient ist zufrieden, nach knapp 30 Minuten ist der Wurzelkanal versorgt.»Es ist super, dass man hier nachts herkommen kann. Leider gibt es erst wenige solcher Praxen.« Zahnarzt Akop kassiert und verabschiedet sich dann von uns. Er wird nach Patientenzahl bezahlt, der Nächste wartet schon …

Auch der Schönheitssalon »Arkadia« hat rund um die Uhr geöffnet. Kosmetik, ein Friseursalon, Massage – der Kampf ums perfekte Aussehen kennt keine Sperrstunden.»Die Berufstätigen kommen meist um sieben, acht Uhr morgens, die Nachtschwärmer eher jetzt, so um zwei, drei Uhr«, erklärt die blonde Dame an der Rezeption. Sie zeigt uns ihren Terminkalender. Er ist voll, auch in der Nacht. Selbst Touristen können in Moskau die Nacht zum Tag machen, ohne im üppigen Nachtleben zu versacken. Der Gorki-Park ist 24 Stunden am Tag geöffnet. Eine Eisbahn für Schlittschuhläufer, 18 000 Quadratmeter groß, daneben kleine Bars, ein Teehaus mit heißen Getränken. Um Mitternacht erst startet die Führung »Moskau – die Stadt der Geister« mit Nikolai. Sein Geschäftsmodell: Er steuert einen Bus voller neugieriger Touristen bis zum frühen Morgen durch die Stadt, erzählt von tausend Jahren Stadtgeschichte, erklärt historische Baudenkmäler, bietet Überliefertes und Erfundenes, Unfug und Anekdoten. All das ergibt eine spannende Nachttour.

Der erste Halt ist beim Fernsehturm in Ostankino, einem der Wahrzeichen der Stadt. »Da, die Zitadelle des Bösen: der erste Fernsehkanal«, spottet Nikolai und lässt aussteigen. In klirrender Kälte erzählt er abenteuerliche Geschichten von Iwan dem Schrecklichen, von Grabräubern und Wahrsagern. Schnell hat Nikolai seine Gruppe im Griff, führt sie zu einer Plastik, animiert sie zu einem Energie spendenden Ritus, während er heimlich die zündende Schlusspointe vorbereitet: ein kleines Feuerwerk vor Ostankino.

Ein paar Stunden später hat Nikolai seine Tour fast geschafft. Halb fünf, es ist noch leer auf dem Roten Platz. Jetzt, gleich vor den Toren des Kreml, läuft Nikolai zur Hochform auf: Von den schiefen Türmen der Basilius-Kathedrale zu den Hinrichtungen auf dem Roten Platz spannt er seinen Bogen, erzählt noch eine Anekdote, noch einen Witz. Dann gehen seine müden Gäste zurück zum Bus. Der Morgen dämmert. Nikolai liebt diesen Moment. »Ja«, sinniert er, »es ist, als würde die Stadt noch einmal tief Luft holen, bevor es hell wird. Während des Tages ist eitles Schaulaufen, kurzatmige Hektik. Nachts aber atmet Moskau tief durch, entspannt sich. Darum muss man nachts durch die Stadt spazieren.«

Tatsächlich scheint Moskau zu dieser frühen Stunde für einen kleinen Moment stillzustehen. Doch es ist nur ein Wimpernschlag im Rhythmus der Stadt. Schon steigt der Geräuschpegel wieder an, schon schieben sich die ersten Autokolonnen in Richtung Innenstadt, quellen die ersten Pendlerströme aus den Metro-Eingängen.

Moskaus Herzschlag hat sich nur für einen kurzen Moment ein klein wenig verlangsamt, bevor der gewaltige Organismus zurückfindet zum vertrauten, rastlosen Dauerpuls, der Millionen durch die Adern der Stadt pumpt, hinein in die Bürohäuser, die Autosalons, die Imbissbuden, hinein in die Supermärkte, die Kaffeehäuser, die Behördenstuben, für einen weiteren getriebenen Tag in dieser Stadt, die eigentlich gar keine Stadt ist, sondern Monstrum, Fleischwolf und trügerische Fata Morgana zugleich.

Knapp 400 Kilometer Metro durchziehen die Stadt tief unter der Erde, bis zu neun Millionen Passagiere nutzen sie täglich. Zu Stoßzeiten quetschen sich Hunderte gleichzeitig durch die Staus vor den langen Rolltreppen, eng aneinandergepresst, geht es nur im Gänseschritt vorwärts. Niemand hat einen Blick für die palastartigen Gewölbe, die kunstvollen Mosaike aus Sowjetzeiten, die Lüster an den Ornamentdecken.

Die Moskauer Metro macht Millionen zu Stoikern, und auch ich liefere mich schon bald der Choreografie dieser gewaltigen Menschenbewegung tief unter der Erde aus, lese teilnahmslos Nachrichten im Handy, während der Strom der übrigen Menschen mich sanft weiterschiebt. Nur manchmal muss ich kurz aufsehen, um eine Abzweigung nicht zu verpassen, denn umkehren ist so unmöglich, wie gegen die Strömung der einsetzenden Ebbe im Nordsee-Watt anzukämpfen, wenn man erst einmal den Zeitpunkt verpasst hat.

Aber Moskau ist auch Ruhe. Vom tobenden Verkehr nur durch eine der historischen hohen Bogeneinfahrten getrennt, gelangt der Fußgänger unerwartet in friedliche Innenhöfe, groß wie Fußballfelder, beschattet von riesigen alten Bäumen. Kinder turnen an Klettergerüsten, bewacht von Müttern, Tanten, Großmüttern, die auf einer der zahllosen Bänke mit Nachbarn plaudern. Nichts ist zu hören vom Tosen der nahen Straße. Moskau ist voll solcher Inseln, ein Blick auf Google-Earth zeigt eine Stadt mit überraschend viel Grün. Es gibt etliche Parks, von denen manche gewaltige Ausmaße haben. Im Sokolniki-Park etwa kann man mit dem Fahrrad viele Kilometer stadtauswärts fahren, bis hinter den weit entfernten Autobahnring. Freunde berichten regelmäßig, dort Elche gesehen zu haben.

Besonders schön ist der Sokolniki im Winter: Hinter dem Haupteingang geht der Besucher durch eine lange Allee voller Eisskulpturen, Rentiere, historische Motive, Märchenfiguren, kunstvoll mit einer Motorsäge aus riesigen Eisblöcken gefräst, die zum Teil aus dem fernen Sibirien eingeflogen werden. Ein Künstler winkt mich heran und zeigt mir die Unterschiede: Glasklar und durchsichtig ist das Eis aus dem kalten Norden, weil es so viel schneller friert, etwas matt und mit vielen Lufteinschlüssen Eis aus der Moskauer Umgebung. Der Mann nimmt einen Schluck Tee aus der Thermoskanne, wirft die Motorsäge an und schneidet weiter in seinen wertvollen Eisblock vom Baikalsee. Drei Stunden später ist der gewaltige Adler fertig, mit ausgebreiteten Schwingen, alles aus dem kristallklaren Eis geschnitten. Jetzt muss er nur noch die farbigen Lichter drapieren, die die ganz Eis-Allee in der früh einbrechenden Dunkelheit so majestätisch erstrahlen lassen.

Moskau ist Verheißung und Fluch, Aufstieg und Reichtum für Glückliche, Tüchtige oder Skrupellose, Absturz und Elend für andere. Doch die Mehrzahl der vielen Millionen Moskowiter verausgabt sich im unspektakulären täglichen Gerangel um ein bisschen Lebensfreude, eine bessere Arbeitsstelle, eine größere Wohnung, den Termin beim Facharzt, den preiswerten Blumenstrauß für die Freundin, den Rabatt beim Gemüsemarkt. So wie in vielen anderen Großstädten.

Doch Moskaus Zentrum ist anders. Jünger. Dynamischer. Lebenshungriger. Ausgelassener. Fröhlicher. Wahrscheinlich hängen diese beiden Phänomene direkt zusammen: Moskau macht keine Geschenke. Auch kleine Momente des Glücks müssen erkämpft werden, durch mörderische Staus, quälend lange Metro-Odysseen, die endlose Fahndung nach der richtigen Straße des Einladenden, seinem Block, dem richtigen Eingang, dem Wohnungscode, ohne den die Klingelanlage sich stur stellt.

Und auch die Moskauer Preise machen das Rendezvous mit der neuen Kommilitonin, das Erinnerungstreffen der Rentnerinnen, den Familienausflug der tadschikischen Großfamilie zur Herausforderung. Fast nichts ist wirklich bezahlbar für Studentenbudgets, Durchschnittsrenten oder die Hungerlöhne der Gastarbeiter aus

Mittelasien und dem Kaukasus. Moskaus Innenstadt ist das Vergnügungsrevier der wohlhabenden Oberklasse. Die Stadt ist eine der teuersten der Welt.

Aber gerade weil Moskau auch den kleinen Freuden des Lebens so viele Hürden und Hindernisse in den Weg stellt, geschieht dann, wenn es endlich geschafft ist, Wundersames: Der Moment wird wertvoller. Die Stimmung ausgelassener. Die Wiedersehensfreude überschwänglicher. Wer es ins Zentrum Moskaus geschafft hat, weil er sich die horrenden Mieten irgendwie leisten kann, oder nur zum Wochenendausflug, fühlt sich schnell in Festlaune. Die Fülle der Eindrücke, die zahllosen Theater, Kinos, Straßencafés, Imbissstuben und Restaurants, die neuen Ruhezonen mit schönen Holzbänken, Schaukeln, Ständen für Leihfahrräder, das kostenlose WLAN an Haltestellen, die überall präsenten Reinigungsfahrzeuge, die die Moskauer Innenstadt zu einer der saubersten machen, die ich kenne – all das beschert Bewohnern und Besuchern das sichere Gefühl, in einem fürsorglichen Staat zu leben, der seine Bürger verwöhnt, versorgt, umschmeichelt.

Dieser schöne Traum endet abrupt, wenn der Vorortzug das Moskauer Zentrum verlässt und die gesichtslosen Schlafstädte am Zugfenster vorbeiziehen. Wenn der Linienflug Höhe gewinnt und die leuchtende Insel Moskau außer Sicht gerät. Wenn die Reise zurückgeht in den russischen Alltag.

124

Kapitel 5

Das Dorf Jugytydor

Im ARD-Büro gibt es zwei Räume, die während der ersten Monate Sehnsüchte in mir wecken. Einer ist die Kleiderkammer. Hier hängen die schweren kanadischen Daunenjacken, die Schuhe mit zentimeterdicker Filzfütterung, deren Plastikumhüllung angeblich erst bei minus 70 Grad zu bröckeln beginnt. Hier liegen batteriebetriebene Heizsocken neben großen Packungen mit kleinen Thermo-Plastikbeuteln, die man zur weiteren Erwärmung in Daunenhandschuhe stecken kann. Hüfthohe Gummistiefel, Gasmasken, Campinggeschirr, Taschenlampen – all das lässt den Neuling erahnen, dass sich Dienstreisen hier deutlich unterscheiden von bisherigen, etwa zu EU-Gipfeltreffen.

Der zweite Raum ist das Zimmer von Igor Butz. Er ist der dienstälteste Producer des Büros. In seinem Büro hängt eine riesige Russlandkarte, über zwei Meter hoch und vier Meter breit. Von Kaliningrad im Westen bis nach Kamtschatka im Osten – das gigantische Russland ist der mit Abstand größte Flächenstaat der Erde. Mehr als ein Achtel der bewohnten Landmasse, fast so groß wie Australien und Europa zusammen. Eine mögliche Story spielt am Ussuri? Igors Arm wandert über den Ural ostwärts, tippt auf Chabarowsk, sucht eine Bahnlinie, landet irgendwo kurz vor der Bürotür. Diese Karte in Igors Büro ist vom ersten Tag an Projektionsfläche meiner Abenteuerlust, meine »Anfangsstation Sehnsucht«.

Ich habe Glück, dass diese Sehnsucht bald schon befriedigt wird. Nach dem »Kaltstart« im Tschetschenienkrieg, dem Machtwechsel im Kreml, den vielen aktuellen Berichten erklärt mir Studioleiter Thomas Roth, dass niemand Russland auch nur annähernd verstehen könne, wenn er sich nicht aufgemacht habe in das russische Dorf. Dorthin, wo Moskau nur noch eine Chiffre ist für das kleine bisschen an verbliebener staatlicher Autorität oder gar Fürsorge. Thomas beschreibt mir das Dorf als eine Art Erweckungserlebnis. Und natürlich will auch ich zu den Sehenden gehören, zumindest einen Zipfel dieses geheimnisvollen Wesens erhaschen, das da »russische Seele« heißt.

Wie wir auf die Republik Komi kamen, weiß ich nicht mehr. Aber wer nach einem abgelegenen Dorf sucht, findet hier, im äußersten Nordwesten Europas, an der Westflanke des Ural, ideale Bedingungen: Komi ist extrem dünn besiedelt, selbst die Hauptstadt Syktywkar zählt gerade einmal 235 000 Einwohner. Auf einen Quadratkilometer kommen rechnerisch 2,2 Menschen.

In Syktywkar bin ich mit Anatoli verabredet. Anatoli ist Mitte sechzig, Arzt und hat eine kleine Praxis am Rande der Hauptstadt, in der er jetzt seine wenigen Instrumente in eine lederne Arzttasche packt: ein Stethoskop, einen Blutdruckmesser, ein paar Pillenschachteln. Früher war Anatoli Oberarzt im städtischen Krankenhaus, jetzt, als Rentner, verdient er sich mit seiner Privatpraxis ein paar Rubel dazu. Die Praxis wird in den nächsten Tagen geschlossen bleiben, denn Anatoli macht einmal im Jahr Hausbesuche in entlegenen Dörfern. Unentgeltlich. »Die Menschen dort haben doch kein Geld«, sagt er und deutet auf einen weißen Sack. »Da sind Heilkräuter drin, die ich selbst gesammelt habe. Tabletten sind für viele zu teuer.«

Unser »Abenteuer Dorf« beginnt mit einer Fahrt über eine schnurgerade Lehmpiste mit beachtlichen Schlaglöchern. Mitten im Nirgendwo werden wir schon erwartet. Ein himmelblauer Jeep russischer Bauart, am Steuer ein Mann um die siebzig, hager, mit einem verschmitzten, recht zahnlosen Lächeln im ledernen Gesicht, eingerahmt von einer Fellmütze: Kusmitsch. Er ist einer unserer Bootsführer, denn das Dorf Jugytydor, unser Reiseziel, ist nur mit Booten zu erreichen.

Am Abend, nach 250 Kilometern Fahrt, kommen wir in Diassjorja an. Kusmitsch ist in diesem kleinen Weiler zu Hause. Er gehört zur Volksgruppe der Komi, die mit den Finnen verwandt ist. Die meisten leben, wie früher schon, von Fischfang, Jagd und etwas Viehzucht. Am Ufer des Wol liegen mehrere schmale Holzboote, jedes etwa acht Meter lang. Zwei davon gehören Kusmitsch, er hat sie selbst gebaut. Im Dorf heißt es, seine Boote seien die besten. Schenja, sein Neffe, soll das zweite Boot steuern. Es ist alles vorbereitet: Benzin, Proviant, Werkzeug. Ab hier ist jeder, der flussaufwärts fährt, auf sich allein gestellt. »Für euch hat die Zivilisation vermutlich schon in Moskau aufgehört, oder?«, spottet Schenja, während wir die Kisten mit unserer Ausrüstung an Bord hieven. Wenig später werfen Kusmitsch und Schenja die Außenbordmotoren an. Wir lassen das verschlafene Diassjorja hinter uns und sind bald inmitten der Taiga. Träge fließt der Wol hier, und recht flach ist er auch. Kusmitsch und Schenja kennen den Fluss von Kindesbeinen an. Für sie ist es nichts Besonderes, auch nachts Untiefen und versteckte Felsen im Wasser zu umfahren.

Ich empfinde die Fahrt wie eine Meditationsübung, die einfach nicht aufhören will. Wir fahren in der Flussmitte, links und rechts, etwa zehn Meter entfernt, endloser Wald. Die Republik Komi besitzt das größte zusammenhängende Urwaldgebiet Europas, und wir scheinen jetzt mittendrin zu sein. Der Himmel ist klar, hinter den Baumwipfeln leuchtet uns ein schöner Halbmond den Weg. So richtig dunkel wird es hier oben im Norden jetzt, im Sommer, ohnehin nicht.

Die flachen Boote gleiten zügig voran, das Plätschern des Wassers und das leichte Schaukeln machen mich schläfrig. Ein seltsames Geräusch lässt mich hochschrecken. Wir haben die erste Panne. Einer der Außenbordmotoren geht nicht mehr. Kusmitsch und Schenja steuern die Boote ans Ufer, und wir vertreten uns ein wenig die Beine. Weil Kusmitsch, der Tüftler, den Fehler nicht sofort findet, macht Schenja erst einmal Feuer. Die Routine, mit der das vonstattengeht, lässt uns staunen: Eine kleine Motorsäge kommt zum Einsatz, wenig später hat Schenja zwei Äste abgesägt, angespitzt und in den weichen Taiga-Boden gerammt. In die Gabelung oben kommt ein weiterer Ast, an den ein rußig-schwarzer Wassertopf, gefüllt mit frischem Flusswasser, gehängt wird. Nach 15 Minuten kocht unser Teewasser. Alle wärmen sich dankbar am Feuer auf: Der Nordwind hat die Temperatur auf 8 Grad fallen lassen, der Fahrtwind den Rest besorgt.

Nach zwei Stunden Werkeln hat Kusmitsch es endlich geschafft, der Außenbordmotor heult wieder auf. Ich will das erste Tageslicht für ein Interview mit Anatoli nutzen:»Gibt es flussaufwärts noch irgendwo einen Arzt, überhaupt eine Form von medizinischer Versorgung?«»Nein, nichts. Früher gab es mal einen Erste-Hilfe-Posten, aber jetzt leben die Menschen da ohne alles. Wenn man da stirbt, dann stirbt man eben«, meint er trocken,»wenn man lebt, dann lebt man. Eine Blinddarmreizung ist ein Todesurteil, besonders im Herbst.«

Ich frage Anatoli, wie es sein kann, dass die Menschen hier draußen so völlig auf sich allein gestellt und so ärmlich leben müssen. Komi ist schließlich nicht nur reich an Wald, sondern auch an Bodenschätzen, vor allem Öl wird hier viel gefördert.»Von unseren Bodenschätzen profitieren doch nur die großen Konzerne und eine korrupte politische Führung«, meint Anatoli.»Die Lebensbedingungen der einfachen Leute werden dagegen immer schlechter. Und darum müssen wir uns einfach gegenseitig helfen«, erklärt er seine jährlichen Hausbesuche in der Diaspora. Auch wenn das natürlich nur ein Tropfen auf den heißen Stein sei.

Schon seit den Sechzigerjahren wird in der Region Öl in großem Stil gefördert. Viel wurde damit verdient, aber – erst recht nach dem Zusammenbruch der Sowjetunion – zu wenig investiert. 60 Prozent des Pipelinenetzes seien völlig überaltert, habe ich gelesen, immer wieder weist Greenpeace auf die riesigen Mengen Öl hin, die aus den lecken Röhren in den Boden, in die zahllosen Seen und Flüsse versickern. Allein über einen der beiden großen Flüsse Komis, die Petschora, gelangten so Tausende Tonnen Öl pro Jahr in die Barentsee, so der staatliche Umwelt Monitoring Service.[1] »Das Geld fließt nach Moskau, die Umweltschäden bleiben in Komi«, resümiert Anatoli die Lage.

Am Ende der Welt

Vor einem Jahr war Anatoli zum letzten Mal in Jugytydor, jenem Dorf, das wir besuchen wollen. 50 Kilometer flussaufwärts, das ist eine sechsstündige Reise, wenn alles gut geht. Doch wir sehen erst nach zwei weiteren Reparaturstopps und insgesamt neun Stunden Fahrt hinter einer Flussbiegung die ersten Holzhäuser auftauchen. Die Männer steuern ihre Boote zu einem kleinen Steg, wir steigen aus und strecken uns erst einmal ausgiebig. Wir sind seit über 24 Stunden auf den Beinen, unsere Abenteuerlust ist eher gedämpft. Erst einmal schlafen!

Kusmitsch besitzt ein Holzhaus im Dorf. Es steht leer, er nutzt es nur, wenn er auf Jagdausflügen in der Gegend ist. Vor ein paar Tagen hat er einen Nachbarn von unserer Ankunft unterrichten lassen und ihn gebeten, den Ofen anzuheizen. Und tatsächlich: Aus dem Schornstein des Hauses, auf das Kusmitsch zeigt, kommt Rauch.

Schon auf dem kurzen Weg dorthin kommen wir an drei verlassenen Holzhäusern vorbei. Die Dächer seit Langem in sich zusammengefallen, die Fenster wie klaffende Wunden. Es gab einmal Elektrizität hier, Straßenbeleuchtung. Doch jetzt sind die Emaille-Lampen aus der Sowjetzeit ohne Glühbirnen, jetzt leuchtet hier nachts offenbar nichts mehr.

38 Seelen lebten noch in Jugytydor, als Anatoli vor einem Jahr hier war. Inzwischen dürften es weniger sein. »Die Alten sterben, geboren wird hier niemand mehr«, erklärt er. »Das ganze Dorf liegt im Sterben.« Tatsächlich wirkt alles wie ausgestorben, wir sehen immer neue Ruinen. Nur hinter wenigen Zäunen bellt uns noch ein Wachhund an, auf der Dorfstraße streifen ein paar Kühe herum. Ein Pferd kommt auf uns zu und knabbert an unserem Mikrofon. Der Rappe lässt sich einfach nicht verscheuchen. Später werden wir lernen: Das ist Orlik, ein Hengst, manchmal recht aggressiv. Doch weil es hier weit und breit keinen Tierarzt gibt, wusste niemand, wie man Orlik kastrieren sollte, und so hat der seine Männlichkeit gerettet.

Der erste Mensch, dem wir begegnen, ist ein etwa sechzigjähriger Mann in Gummistiefeln, Arbeitshose, Strickjacke und einer Mütze auf den grauen, kurz geschorenen Haaren. Leonid ist einer derjenigen, die schon auf Anatoli gewartet haben. Und weil der Arzt gleich loslegen will, müssen wir das Schlafen noch ein wenig aufschieben. Leonid bittet uns in sein Haus: In der schlichten Bauernstube treffen wir seine Frau Solija, die gerade aus dem Garten gekommen ist. Zwei Schüsseln mit Kartoffeln stehen auf dem Tisch, ein Haufen Zwiebeln liegt ausgebreitet auf einem Sackleinentuch – hier wohnen Selbstversorger. Routiniert nimmt das Ehepaar nebeneinander auf der Couch im Wohnzimmer Platz, Anatoli zückt ein Notizbuch und beginnt mit der Anamnese: Welche Beschwerden sind seit letztem Jahr dazugekommen? Was machen die Zähne? Der Blutdruck? Die beiden sind froh, dass der Arzt wieder nach ihnen schaut. Früher, als ihre Eltern noch lebten, und das Dorf auch, da seien Kranke sogar ausgeflogen worden, erzählt Leonid, zum nächsten städtischen Krankenhaus. »Ausgeflogen?« Ich kann es kaum glauben. Doch, doch, es gebe einen Flugplatz in Jugytdor und er, Leonid, sei der Flughafenchef gewesen. Er verspricht, uns nach der Untersuchung alles zu zeigen.

Und tatsächlich: Ein paar Minuten vom Dorf entfernt sehen wir ein Rollfeld, ein paar hölzerne Landebahn-Markierungen. Selbst diesen entlegenen Winkel hat die sowjetische Fluglinie »Aeroflot« einst regelmäßig angesteuert. In einer Holzhütte befand sich Leonids Arbeitsplatz: Terminal, Tower, Funkstation, Ticketverkauf, Gepäckaufgabe in einem. »Ich habe hier als Kassierer gearbeitet, als Funker, als Dispatcher, als Meteorologe, ich war eigentlich für alles zuständig«, erzählt der ehemalige Flughafenchef.

Leonid braucht eine Weile, bis die hölzerne Tür nachgibt. Ein paar Jahre schon hat er seine alte Wirkungsstätte nicht mehr betreten. Als wir eintreten, breche ich sofort durch den morschen Fußboden, versinke knöcheltief in einer Mischung aus Matsch und Holzresten. Aber wir sind tatsächlich in einem Flughafengebäude! Ich sehe ein altes Funkgerät, Anzeigen, große Bakelitknöpfe. Über Funk kontaktierte Leonid die anfliegenden »Kukurusniki«, Flugzeuge vom Typ Antonow AN-2. Diese einmotorigen Doppeldecker waren die einzigen, die hier landen und starten konnten. Das erste Modell hob 1947 ab, das sowjetische Landwirtschaftsministerium hatte die Entwicklung einer Maschine angeordnet, die auf extrem kurzen und unbefestigten Pisten operieren konnte. An Orten wie Jugytydor also. »Als sie den Flughafen zumachten, blieben wir hier ohne jede Transportmöglichkeit zurück. Aber das Funkgerät ließen sie zumindest da. Es war bis vor einigen Jahren unsere einzige Verbindung zur Außenwelt«, erklärt Leonid.

Wir balancieren weiter über die morschen Holzbohlen auf eine Aeroflot-Wandkarte zu: »Fluglinien UdSSR« steht in stolzen Lettern am oberen Rand. Sie zeigt die Verbindungen in der ganzen Sowjetunion, und tatsächlich: Im Nordwesten finden wir schnell den Namen Jugytydor. Alle zwei Tage wurde das Dorf von der Hauptstadt Syktywkar aus angeflogen. »Ein Flugticket kostete gerade einmal 2 Rubel. Das war sehr billig. Eine Flasche Wodka kostete damals schon mehr als 3 Rubel«, erinnert sich Leonid.

Vor der alten Karte wird mir bewusst, welch gewaltiger Kraftakt der sowjetischen Planwirtschaftler es damals war, die unzähligen entlegenen Dörfer des Riesenreiches an die Zivilisation anzubinden. Aus wirtschaftlichen, aber auch aus militärischen Gründen sollten die entfernten Regionen bewohnt sein. Das erklärt auch, warum so viele ältere Russen noch immer mit nostalgisch verklärtem Blick auf diese Epoche schauen. Mit dem Ende der Sowjetunion brachen viele Strukturen auf dem Land abrupt zusammen. »Wer konnte, ist weggegangen. Für mich und meine Frau war das kein Thema. Ich kriege 1000 Rubel Rente, 30 Euro. Davon könnte ich ja nicht mal den Umzug bezahlen«, sagt Leonid auf dem Weg zurück ins Dorf. Die meisten der Zurückgebliebenen seien Alte, die keine Kraft mehr hätten, wegzugehen – oder eben kein Geld. Überleben könnten sie hier nur, weil ein paar wenige Jüngere noch ausharrten.

Menschen wie Soja, die den kleinen Dorfladen führt. Als wir eintreten, verkauft sie gerade ein paar Schachteln Zigaretten an einen Mann im Tarnfleck. Ihr Laden wird nur bei Bedarf geöffnet, erfahren wir. Nur dreimal im Jahr kommt ein Großhändler und bringt eine Bootsladung Waren her, die dann von Soja, der einzigen Frau unter siebzig im Dorf, verkauft werden. Die 33-Jährige hat, wie viele hier, keine Schneidezähne mehr. Sie schämt sich zunächst, in die Kamera zu sprechen, und dreht sich weg. Iwan, der Zigarettenkäufer, ist weniger befangen: »Wodka haben sie hier viel zu wenig! Sie bringen nur ein, zwei Kästen, alle drei, vier Monate. Und so haben wir meist nichts zu trinken.«

»Ihr Männer, ihr trinkt einfach zu viel!«, widerspricht Soja und zeigt mir ihr Sortiment: Salz, Zucker, Tee, Kaffee, Öl, Nudeln und Reis, ein paar Gewürze, Tütensuppen, Taschenmesser, Spülmittel, ein paar andere Haushaltswaren. Sonderwünsche kann Soja nicht erfüllen, weil sie keinen Telefonkontakt zum Großhändler hat.

»Ist es denn hier im Dorf nicht langweilig für eine junge Frau wie Sie?«

»Nein, im Sommer kann man doch fischen oder Beeren sammeln«, sagt Soja, die sich auch gar nicht daran stört, dass alle anderen Frauen hier Großmütter sind. Männer gebe es ja genug hier. Immerhin zehn Junggesellen und die nächsten Konkurrentinnen wohnten 20 Kilometer Fußmarsch entfernt …

Soja verwahrt auch den Schlüssel zum ehemaligen Zentrum des Dorflebens, dem Kulturhaus. Das wollen wir unbedingt sehen. Hinter einer Tür mit einem massiven Vorhängeschloss eröffnet sich uns eine ganz andere Welt: Ein verstaubter Filmprojektor steht da im Festsaal, Filmdosen liegen auf dem Boden, alles mit einer dicken Staubschicht überzogen. In einer Ecke lehnen drei große Porträts von Lenin, Marx und Engels mit dicken, goldfarbenen Holzrahmen. Unter ihrem strengen Blick fanden hier politische Versammlungen statt, Tanz- und Kinoabende für die verdienten Holzarbeiter von Jugytydor.

Während wir drehen, hören wir auf einmal Schritte. Ein Mann mit einem Stuhl unter dem Arm strebt eilig zur Tür. Soja lacht laut auf, und ruft ihm hinterher: »He! Maksim! Lass den Stuhl da.« Der Ertappte stoppt, kehrt um und steht dann wie ein reuiger Sünder vor uns. Stuhldiebstahl vor laufender Kamera – das ist selbst ihm wohl nicht ganz geheuer.

»Ich will doch nur den Stuhl haben, der gehört doch keinem.«

Iwan, der Zigarettenkäufer, der sich uns ungefragt angeschlossen hat, beginnt ein Kreuzverhör.

»Aber er gehört doch allen hier, oder?«

»Nein, er ist Allgemeingut.«

»Dann kann also jeder alles nehmen?«

»Na klar, warum nicht?«

Ich muss schmunzeln. Der Staat, die Gemeinschaft – trotz aller ideologischer Großoffensiven galt es schon in der Sowjetunion als Kavaliersdelikt, sich am Allgemeingut zu bedienen. Und daran hat sich bis heute nicht wirklich viel verändert. Boris Jelzin und sein Clan, Wladimir Putin und seine milliardenschweren Freunde – letztlich formuliert dieser Maksim in Jugytydor ohne Schuldgefühle nur, was ihm im ganzen Land vorgemacht wird.

Maksim zieht ohne Stuhl von dannen, und wir schauen uns weiter um: Ein Schachspiel auf einem kleinen Beistelltisch, die Partie ist noch aufgebaut. Daneben ein paar Dutzend alter Bücher in einem Wandregal. Die Bibliothek. »Viel politisch Korrektes stand da«, meint Iwan. »Die guten Bücher haben sie schon weggeschleppt. Es ist kaum noch was übrig.«

Unser Kameramann hat inzwischen die drei großen Porträts aus der Ecke geholt und baut sie nun, eines neben dem anderen vor sich auf. Marx, Engels, Lenin. Iwan spottet: »Na, ihr wunderbaren Brüder! Für uns hier gibt es zwischen denen und Putin doch gar keinen Unterschied. Unter denen gab es keine vernünftigen Straßen und keinen Strom, und heute nicht, und morgen auch nicht. Das Dorf wird einfach sterben.«

Und das hat nichts mit dieser Region, mit der Republik Komi zu tun. So wie Jugytydor stehen in Russland Zehntausende Dörfer vor dem Aus oder sind bereits verlassen. Die Menschen fliehen in die großen Städte.

Salzgurken mit Elchfleisch

Draußen vor dem Kulturzentrum hören wir das Geräusch einer Motorsäge. Neugierig folgen wir ihm und sehen in der Ferne ein paar Männer, die einen Kuhstall fertigstellen. Die etwa vier mal sechs Meter große Blockhütte stehe schon seit dem vergangenen Sommer, erklären sie. Ein Jahr lang müssten sich solche Konstruktionen setzen, erst dann werde mit der Motorsäge die Tür herausgeschnitten. Es dauert nur wenige Minuten, und der Kuhstall hat einen Eingang. Wäre da nicht die Motorsäge, könnte diese Szene genauso vor 500 Jahren spielen, irgendwo in einem russischen Dorf. Die Bäume für den Stall haben die Männer selbst gefällt, nun muss nur noch das Dach mit Moos abgedichtet werden. Solche stabilen Blockhäuser halten viele Jahrzehnte – nur werden dann hier wohl keine Menschen mehr leben. Der Stall ist ein Gemeinschaftswerk, errichtet in Nachbarschaftshilfe. Arbeit gibt es hier eigentlich genug, nur eben keine, bei der sich etwas verdienen lässt. »Und wenn Sie mal Geld brauchen, für Benzin zum Beispiel?«, frage ich in die Runde. »Unsere Eltern sind doch alle Rentner«, meint Maksim, der verhinderte Stuhldieb. »Und von der Rente der Eltern leben auch wir Kinder.« Maksim ist Mitte vierzig.

Einer der Männer lädt uns spontan zum Abendessen ein, und bald schon sitzen wir in einer angeheiterten Runde. Es gibt Selbstgebrannten aus kleinen Wassergläsern. Der Fusel ist nicht gerade mild, hebt aber die Stimmung. Etliche Säcke Zucker, aus dem Lager des ehemaligen Kolchos, halten die illegale Schnapsproduktion im Dorf bisher aufrecht, verraten sie uns. Dazu gibt es Brot, ein paar Salzgurken und rohes Elchfleisch, in kleine Würfel geschnitten. Es schmeckt herzhaft, hier im Dorf gilt es als Delikatesse.

Es dauert nicht lange, bis wir bei einem Thema anlangen, das alle in der Runde beschäftigt: dem Frauenmangel im Dorf. »Es will einfach keine hierherkommen«, sagt Maksim frustriert. Wundern tut das niemanden, zu abgeschieden liegt das Dorf.

»Im Winter haben sie uns versprochen, endlich die Straße zu machen«, meint Dima, der Hausherr. »Allerdings ohne ein konkretes Datum zu nennen. Vor den Wahlen ist sogar die Bürgermeisterin aus der Bezirksstadt persönlich hergekommen, um sich ein Bild zu machen. Telefonisch hat sie uns dann noch einmal diese Straße zugesichert. Aber nach der Wahl haben wir davon nichts mehr gehört. Ein Jahr ist das jetzt her.«

An staatliche Strukturen glaubt hier längst niemand mehr. Bei den letzten Bezirkswahlen stimmte ein Fünftel der Republik aus Protest gegen alle Kandidaten. Es gibt viele Jugytydors in Komi.

Am nächsten Morgen werden wir erst spät wach. Vierzig Stunden auf den Beinen, der selbst gebrannte Schnaps, die frische Luft, die vielen Eindrücke haben ihren Tribut gefordert. Kusmitsch hat schon früh den Ofen angeheizt, im Dorf frische Milch und Brot besorgt, Wurst, Kaffee, Tee haben wir in unserer Proviantkiste. Nach dem Frühstück gehen wir ein Stück am Fluss entlang, ein älterer Mann hat sein kleines Holzboot in einen Ausläufer des Wol gesteuert, dorthin, wo es fast keine Strömung gibt. Er angelt. Als er zurückkommt, lernen wir Oleg kennen. Er trägt hohe Gummistiefel über den blauen, ausgebeulten Arbeitshosen, die hier fast jeder anhat, dazu ein zerschlissenes Hemd und eine Arbeitsjacke. In der Hand hält er drei winzige Fische. »Kein guter Tag«, brummt er. »Von diesen kleinen braucht man zehn Stück für eine Mahlzeit.« Es sei einfach ein schlechter Platz zum Angeln, meint Oleg, aber er habe kein Geld für Benzin, um weiter flussaufwärts zu fahren. Dieser Teil des Flusses sei mit Schadstoffen belastet, weil der Holzbetrieb des Ortes hier bis vor zehn Jahren die Baumstämme einfach abtreiben ließ. Viele gingen auf Grund, vermoderten und verseuchten so das Wasser. Als diese Praxis verboten wurde, schloss der Betrieb, und alle hier verloren ihre Arbeit.

»Was machen Sie jetzt mit diesen kleinen Fischen?«

»Ich nehme sie aus, lege sie in Salzlake und hoffe, dass ich morgen mehr fange. Dann koche oder brate ich die ganze Portion«, sagt Oleg, der uns mit in sein kleines Holzhaus nimmt. Er lebt allein, hat keine Familie mehr. »Ich bin einer der Ärmsten im Dorf. Zurzeit muss ich wenigstens nicht hungern, es gibt Fleisch. Ich habe es gekauft. Außerdem habe ich etwas Fisch, Brot, Zucker, Tee, Tabak. Und im Herbst kann ich dann auf die Jagd gehen und Wild essen und Beeren und Pilze.«

Wie lagert er das Fleisch, wollen wir wissen, denn einen Kühl- oder Gefrierschrank hat niemand im Dorf. Der Generator ist schon lange kaputt, ohne Strom leben sie hier jetzt wieder fast genauso wie ihre Vorfahren. »Der Kühlschrank?« Oleg zeigt aus dem Fenster. Als wir ratlos mit den Schultern zucken, führt er uns ums Haus, öffnet eine Holzklappe, hebt ein paar Bodenbretter ab und deutet auf einen Haufen schmutzigen Schnees, der dort unten offenbar den Sommer überdauern soll. »Da, in den Schnee packen wir unsere Lebensmittel. Hier kommt alles rein, was verderben kann, auch Fisch und Fleisch.« Bis zum Herbst würde der Schnee durchhalten, und dann käme ja bald wieder neuer.

Wenn Oleg krank wird, nicht mehr jagen und fischen kann, ist er ohne Familie auf das Mitleid der anderen im Dorf angewiesen, um nicht zu verhungern. Und dann bittet er uns um Hilfe. Uns war schon aufgefallen, dass Oleg humpelt, aber jetzt zieht er den Gummistiefel aus und zeigt uns einen blutigen Verband. Er hat im Wald Bäume gefällt und sich dabei in den Fuß gehackt und vermutlich auch den Knochen getroffen. Wir sollen Oleg bei unserer Rückreise mitnehmen.»Die haben da sicher ein Röntgengerät. Ihr wisst doch, wie wichtig hier die Füße sind.«

Am nächsten Tag nehmen wir Oleg, wie versprochen, mit in die Zivilisation, damit er seinen Fuß röntgen lassen kann. Auf der Bootsfahrt erzählt er immer wieder von der für ihn schönsten Zeit des Jahres: dem Herbst. Dann kann er endlich wieder jagen. Seine Augen leuchten zum ersten Mal, als er uns die Fallen erklärt, mit denen er Birkhühner und Auerhähne fängt. Und immer wieder betont er, wie frei er sich fühlt in diesen Wochen im Wald. Wir versprechen, im Herbst wiederzukommen. Doch es wird zwei Jahre dauern, bis wir unser Versprechen einlösen.

Auf der Jagd

Dieses Mal schaffen wir es ohne große Pannen in sieben Stunden nach Jugytydor. Im Dorf sind nur noch die Frauen und Kranken, alle Männer sind auf der Jagd. Wir lassen uns beschreiben, wo Olegs Jagdhütte liegt, und fahren nach einer kurzen Mahlzeit weiter. Vor uns liegen noch einmal acht Stunden Bootsfahrt.

Flussaufwärts wird der Wol jetzt immer flacher, und bald beginnt eine mühsame Knochenarbeit: Immer wieder müssen wir aussteigen, Kusmitsch macht eine Kette am Bug fest und zieht das Boot über die Untiefen. Das ist zunächst eine willkommene Abwechslung, die Chance, die eingeschlafenen Beine wieder zu bewegen. Die zweite Abwechslung kennen wir schon von unserer ersten Reise: Motorschaden. Immer wieder müssen unsere beiden Flusskapitäne ihr Werkzeug rausholen, keiner der beiden regt sich auf, geduldig wird geschraubt. »In der Taiga brauchst du entweder Humor oder ein gutes Glas voll Wodka, sonst geht hier gar nichts, verdammt noch mal«, scherzt Wiktor, unser zweiter Bootsführer.

Ich ziehe mir die Kapuze der schweren Daunenjacke über die Wollmütze und mache mich lang auf dem Boot. Schlafen, habe ich inzwischen gelernt, ist die beste Tätigkeit in solchen Situationen. Irgendwann höre ich im Halbschlaf, wie der Außenborder wieder anspringt. Wir fahren weiter – bis zur nächsten Untiefe. Die erkenne ich bald auch im Schlaf, denn Kusmitsch und Wiktor ziehen kurz vor Grundberührung ihre Motoren aus dem Wasser, woraufhin die kurz laut aufheulen und dann verstummen. Nach einigen Stunden ist es ein Reflex: Der Motor heult auf, Beine über die Bordwand heben, aufstehen, über glitschige Flusskiesel nach vorne, Kette raus, das Boot ziehen, Kette zurück, wieder hinlegen, weiterschlafen.

Doch Reflexe sind gefährlich. Irgendwann heult wieder der Motor auf, Dima, unser Producer, schwingt als Erster die Beine über Bord – und versinkt im Fluss! Es war keine Untiefe, Kusmitsch hatte nur etwas am Außenborder überprüfen wollen. Dima ist nass bis auf die Unterhose, im hohen russischen Norden, im Herbst. Das Thermometer zeigt 10 Grad. Immerhin: Wiktor kennt eine Schutzhütte am Fluss, die wir nach einer halben Stunde erreichen. Vor der Tür liegt ein Stapel Feuerholz, mit dem die Bootführer schnell den eisernen Ofen anheizen. Bald steht Dima nackt davor, seine nassen Sachen hängen dampfend daneben. Alle anderen nutzen die Zwangspause, um sich an einem zweiten Feuer vor der Hütte Wasser heiß zu machen und ein paar Tütensuppen zu essen. Wiktor hackt währenddessen neues Feuerholz und schichtet es vor der Hütte auf. Das ist, wie in fast allen Ländern des Nordens, ein ungeschriebenes Gesetz: Jeder verlässt die Hütte so, dass der nächste Schutzsuchende sofort ein Feuer machen kann.

Dann geht die Fahrt weiter. Wir biegen in einen Seitenarm des Wol ab, wegen umgestürzter Bäume kommen wir immer langsamer voran. 50 Kilometer von Jugytydor entfernt sehen wir endlich ein

Holzhaus am Flussufer: Olegs Jagdhütte. Aus dem Kamin kommt Rauch, zwei Männer begrüßen uns. Die Jagdgenossen, ebenfalls Männer aus dem Dorf, kennen wir noch von unserem ersten Besuch. Sie erklären uns, wo wir Oleg finden.

Es geht hinein in den nordischen Urwald. Unsere Schuhe versinken im Waldboden, einer Mischung aus dünnen Gräsern, Moosen und Flechten. Er ist so weich wie ein dicker Teppich. Ab und zu müssen wir einen kleinen Bach überqueren. Ein einzelner Birkenstamm führt hinüber, an beiden Seiten des Ufers liegen lange Äste bereit, mit denen die Männer sich jetzt beim Überqueren geschickt im Gleichgewicht halten. Es ist eine heikle Passage, aber niemand fällt ins Wasser.

Und dann steht tatsächlich Oleg vor mir: Er hat eine grüne Regenjacke an, eine Jagdmütze auf dem Kopf – und ist sichtlich angeheitert. Wo haben sie hier Wodka her? Wir umarmen uns wie alte Freunde. Vor drei Wochen hatte ich im fernen Moskau beschlossen, Oleg bei der Jagd zu treffen, und jetzt steht er vor uns, auf den Tag genau, irgendwo am Ende der Welt. Eine logistische Meisterleistung. Mein Kollege Dima hatte Arzt Anatoli angerufen, und dann war unsere Anfrage über eine Kette von Boten an Oleg weitergereicht worden. Auf demselben Weg erhielten wir in Moskau seine Bestätigung.

Zurück in seiner Jagdhütte, erkennen wir den melancholischen Oleg aus dem Dorf nicht wieder. Mit strahlenden Augen kündigt er uns ein prachtvolles Abendessen an. Tatsächlich nimmt einer seiner Begleiter unten am Fluss schon ein paar Fische aus, die sie mit Stellnetzen gefangen haben, Oleg nimmt auf einem Schemel Platz und beginnt, einen Auerhahn zu rupfen. Mich fasziniert, wie geschickt die Männer mit ein paar Handgriffen Fisch oder Wild zubereiten. Es sind diese traditionellen Fähigkeiten der Komi, die sie hier im Norden überleben lassen, nachdem alle Versorgungsstrukturen der Sowjetzeit zusammengebrochen sind. Die Natur ernährt sie, nicht eine Arbeit oder gar der Staat.

Über einem offenen Feuer hängt ein großer Eisentopf mit Wasser darin. Es soll Auerhahnsuppe geben. Oleg erklärt: »Kartoffeln und Fleisch, mehr braucht man nicht für diese Suppe.«

»Keine Gewürze?«

»Nein, nicht nötig, nur Salz.«

Als wir uns den schmutzigen Topf und das Essbesteck der Männer anschauen, ist unsere Entscheidung klar: Wir haben absolut keinen Hunger. Oleg sieht ein wenig enttäuscht aus, aber die geheimnisvolle Wodkaquelle tut nachhaltig ihre Wirkung. Der sonst so wortkarge Mann wird immer gelöster und redseliger: »Das Jagdhaus hat mein Großvater gebaut, vor einhundert Jahren. Hier fühle ich mich wie ein richtiger Mensch. Hier bin ich nicht so eine arme Kreatur wie im Dorf, wo ich nur existiere. Hier lebe ich.«

Der Abend kommt, die Suppe ist fertig, und sie scheint hervorragend zu schmecken. Jeder der Einheimischen angelt sich ein Stück Auerhahn aus dem Topf. Drei der Jäger reden Komi untereinander, Kusmitsch und Wiktor mischen sich ein, während wir kein Wort verstehen. Und so laden wir unsere Ausrüstung und die Proviantkiste aus den Booten und suchen uns eine Ecke im gut geheizten Holzhaus. Auch hier starrt alles vor Schmutz, aber wir machen uns diskret ein Butterbrot, rollen uns in unsere Schlafsäcke und schlafen sofort ein.

Ein sichtlich verkaterter Oleg zeigt uns dann am nächsten Morgen, die Flinte geschultert, wie sie hier jagen. Eine halbe Stunde laufen wir wieder durch den unberührten Wald. Es duftet nach Kräutern, vermoderndem Holz, überall liegen umgestürzte Bäume. Hier gibt es noch Elche, Wölfe und Bären zuhauf. Und dann findet Oleg seine erste Falle. Es ist ein Stock, der mit Draht zwischen zwei Bäumen fixiert ist. In der Mitte sitzt ein stabiler Ring aus dickem Draht. In ihm eine dünne Drahtschlinge, die sich zuziehen kann. Hinter diesem Arrangement, erklärt Oleg, befestigt er ein paar rote Waldbeeren. Der Vogel wird angelockt, steckt den Kopf durch die Schlinge, und beim Versuch, die Beeren zu erreichen, zieht er selbst die Schlinge zu.

Ich bin skeptisch, aber schon in der dritten Falle hängt ein totes Haselhuhn in der Schlinge, seine leeren Augen in Richtung der roten Beeren oben auf der Stange gerichtet. Eine einfache, aber offenbar wirksame Methode. Etwa 200 solcher Fallen hat allein Oleg aufgestellt. Er lagert die toten Vögel in einer kleinen Blockhütte, mitten im Wald, nur wenige Quadratmeter groß und auf Stelzen gebaut. Aus ihr holt Oleg nun einen Vogel, biegt seinen Hals nach innen und rollt ihn mit einer geschickten Bewegung in einen weißen Plastiksack. Als zwei solcher Säcke voll sind, machen wir uns auf den Rückweg.

Um die Vögel länger zu konservieren, wurden sie früher gleich hier in der Taiga geräuchert oder ausgenommen und mit Salz eingerieben, erklärt Oleg. Diese Arbeit nimmt ihnen jetzt ein fliegender Händler der besonderen Art ab, der Oleg schon erwartet: Schenja, ein alter, hagerer Mann mit Gummistiefeln und Jagdkleidung. Regelmäßig kommt er mit seinem Boot vorbei, um den Männern frisches Wild abzukaufen.

Nach einer herzlichen Begrüßung lässt sich Schenja Olegs Jagdbeute zeigen. Auf einen Hackklotz vor der Jagdhütte sitzend, nimmt er einen Auerhahn nach dem anderen auf den Schoß und inspiziert die toten Vögel sorgfältig. Er beginnt mit den Schnäbeln, die er mit Daumen und Zeigefinger zusammendrückt. An ihrer Härte bestimmt er routiniert das Alter der Vögel. In Olegs Auerhähnen entdeckt Schenja dann schnell kleine walnussgroße Löcher – da haben die Mäuse sich offenbar schon bedient. Schenja hält den Auerhahn triumphierend in unsere Kamera. Dann muss ich an der Stelle riechen: Verfaultes Fleisch, ein ziemlich übler Geruch. Das schwächt Olegs Verhandlungsposition enorm. Trotzdem fordert er einen hohen Preis. Schenja protestiert:»Du denkst wohl, weil ich 79 bin, kannst du mich übers Ohr hauen!«

Oleg gibt keine Widerworte: Zu deutlich ist die Indizienlage. Seine Jagdbeute hatte wohl zu lange im Depot gelegen, er hätte den Mäusen weniger Zeit lassen sollen. Händler Schenja verkauft das Wild in Syktywkar, bis dahin muss es halten – wie das, wenn es hier schon so übel riecht? Über den Preis der Auerhähne will niemand mit mir reden, aber dann sehe ich durch Zufall, wie ein jüngerer Begleiter des alten Schenja mit einem roten Schlauch Flüssigkeiten zwischen verschiedenen Kanistern umfüllt. Bezahlt wird hier nicht mit Geld, sondern mit Benzin – und Schnaps. Jetzt wissen wir auch, wo der Wodka herkommt …

Am nächsten Tag geht es für uns und die Männer aus Jugytydor zurück in ihr Dorf. Für Oleg, der kein Vieh hat, muss das erbeutete Wild irgendwie über den langen Winter reichen. Er packt es in sein Schneeloch, um es frisch zu halten. Zum Abschied frage ich ihn, wie er sich seine Zukunft vorstellt.»Auf dem Friedhof, da liegt meine Zukunft.« Er ist nur fünf Jahre älter als ich.

Den Friedhof hat Oleg uns bei unserem ersten Besuch gezeigt. Vom Dorfrand führt ein schlammiger Weg in den Wald. Etwa einen Kilometer vom Dorf entfernt sehen wir drei frische Gräber: Längliche Erdhaufen, auf denen noch kein Unkraut wächst, mit drei blau gestrichenen Holzstelen. Auf sie haben die Angehörigen kleine Emailleschilder mit den Fotos der Verstorbenen genagelt.

Oleg geht ein paar Schritte weiter zu einem älteren Grab und beginnt, mit den bloßen Händen Blätter zusammenzufegen und Unkraut zu zupfen. Es ist das Grab seiner Mutter.»Karmatowa M.B., 1922–1971« steht unter dem kleinen Foto einer streng blickenden Frau. Seine Eltern liegen beide hier, erzählt Oleg, daneben seine Frau. Nachdem sie an Krebs gestorben war, erhängte sich aus Kummer sein einziger Sohn. Auch ihn hat Oleg hier beerdigt. Der einsame, melancholische Mann, den wir jetzt am Grab seiner Familie filmen, schildert sein Drama mit ruhiger, gefasster Stimme. Ich habe einen Kloß im Hals.

Einen kleinen Fichtensprössling auf dem Grab der Mutter lässt Oleg stehen: Am Alter der Bäume erkennen sie hier, wann jemand gestorben ist, erklärt er uns, auch dann noch, wenn die Grabkreuze längst verfault sind.

Wer wohl für ihn eines Tages so ein Kreuz aufstellen wird? Oder einen Fichtensprössling pflanzen?

Stirbt der Wald, stirbt das Dorf

Seit meinem Abschied von Oleg sind 15 Jahre vergangen. Ob er noch lebt? Er wäre jetzt 71 Jahre alt. Zu alt für die Strapazen der Jagd vermutlich. Und ohne eigenes Fleisch, mit ein paar kleinen Fischen, lässt sich der Winter kaum überleben in Jugytydor. Und auch der billige Fusel, den sich die Männer als Arznei gegen Kälte, Dunkelheit und Trostlosigkeit verordnen, erhöht im Zweifel nicht ihre Lebenserwartung. In wie vielen Dörfern bin ich seither gewesen? Wie oft habe ich Männer über verschneite Dorfstraßen torkeln sehen? Während sich die Trinkgewohnheiten in den Städten langsam verändern und statt Wodka und Selbstgebranntem Bier und Wein populärer wurden, hängen Elend und Alkohol auf dem Land nach wie vor untrennbar zusammen. Gerade einmal 30 Prozent der russischen Dorfbevölkerung haben eine Arbeit. Was sollen die Übrigen auch tun an den langen Wintertagen, wenn nicht in ein tröstendes Delirium abtauchen?

Allein die russische Tradition einer langen Strecke von Feiertagen zwischen Neujahr und dem wiederentdeckten russischen Weihnachtsfest am 7. Januar kostet 18 000 Menschen pro Jahr das Leben, zitiert das Nachrichtenmagazin *Life* die Studie eines Experten für Alkoholismus. Die meisten dieser 18 000 sterben im Alkoholrausch.

Die im Dorf so verbreitete Lust am Rausch, der alles vergessen lässt, ist nicht Ursache, sondern Symptom. Das Leben in immer mehr russischen Dörfern ist schlicht unerträglich geworden. Bei der letzten Volkszählung in Russland im Jahr 2010 wurde das ganze Ausmaß des Dorfsterbens auf einen Schlag deutlich: Von den 150 000 auf russischen Landkarten verzeichneten Dörfern waren da in Wahrheit 20 000 gar nicht mehr bewohnt. In weiteren 30 Prozent dieser Dörfer lebten weniger als zehn Menschen. Ich bin sicher, dass die Zahlen heute noch schlechter sind. Ganze Regionen entvölkern sich, vor allem, weil die wirtschaftlichen Grundlagen für ein Leben im Dorf weggefallen sind. Allen voran die Holzwirtschaft. Nicht nur in Jugytydor machte der Holzbetrieb zu und ließ die Dorfbewohner ohne Beschäftigung zurück. Ob bei Sotschi in Südrussland, im waldreichen Karelien an der finnischen Grenze oder im fernen Osten – immer wieder filmten wir Dörfer und Städtchen, die ohne ihren Holzbetrieb langsam, aber sicher zerfielen.

In ganz Russland steckt die Forstwirtschaft in einer tiefen Krise. Russland hat zu wenig Wald, so seltsam das auch klingt bei einem so riesigen Flächenstaat, der über ein Fünftel der weltweiten Waldflächen verfügt und damit über mehr als jedes andere Land, Brasilien eingeschlossen. Etliche der russischen Wälder sind jedoch so weit entfernt von jeder Infrastruktur, dass sich Fortwirtschaft wegen der hohen Transportkosten schlicht nicht lohnt. Die leichter zugänglichen Waldflächen aber verschwinden schnell, weil russische Firmen einfach abholzen und weiterziehen. Es geht um den schnellen Rubel. Zwar gibt der russische Staat viel Geld für Aufforstungsprogramme aus. Doch bis zu 60 Prozent der jungen Bäume überleben nicht, schätzt ein Experte des »World Wildlife Fund«, weil die Forstbehörden kein Geld für die Pflege dieser Setzlinge ausgeben. Denn die Staatsgelder fließen lediglich für die gemeldeten Aufforstungsflächen.[2] Und so wird nur scheinbar nachhaltig aufgeforstet, für die Statistik. Selbst in Karelien, einst ein Schwerpunkt der russischen Holzwirtschaft, mit über einhundert Ortschaften, die von ihr lebten, haben gerade zwei durchgehalten. Raubbau und Korruption heißen die beiden Grundübel, die der russischen Holzwirtschaft zusetzen und so zum Sterben der Dörfer beitragen.

Wie rücksichtslos mit dem russischen Wald verfahren wird, erlebe ich 2002 in der Umgebung von Lessosibirsk, dem Zentrum der sibirischen Holzwirtschaft. Wir sind mit dem Nachtzug aus Krasnojarsk in das kleine Städtchen mit rund 60 000 Einwohnern gekommen und dann weiter in die Ortschaft Angarsk gefahren. Aus dem einstigen Holzkombinat hier ist inzwischen eine Aktiengesellschaft geworden. Bogdan, der Geschäftsführer, räumt schnell ein, seine Firma kämpfe, wie fast alle russischen Holzbetriebe, ums Überleben. Ein Grund: Der Wald ist weg. »Unser Betrieb arbeitet schon sechzig Jahre hier. Und inzwischen gibt es im Umkreis von 80 Kilometern kaum noch guten Wald.« Immer weiter in die Taiga hinein müsse seine Firma Straßen bauen, um gutes Holz zu finden. Und das sei teuer.

Wir fahren zum Büro der staatlichen Waldaufseher in Angarsk. An der Wand ein großes, längst verblichenes Plakat: die Mahnung, den sibirischen Wald zu schützen. Die Beamten hier sollen die Holzfirmen überwachen, Lizenzen kontrollieren, wir wollen sie bei der Arbeit filmen. Aber ihr Chef lehnt schnell und sehr kategorisch jedes Gespräch mit uns ab. Wir sind nur mäßig überrascht. Im Dorf haben wir bereits hinter vorgehaltener Hand gehört, dass die Forstbeamten mit illegalen Holzfirmen zusammenarbeiten, dass längst ein dichtes Netz von Korruption und Kriminalität die staatlichen Strukturen ersetzt habe. Vor allem darum verfalle Angarsk, obwohl es Millionen mit Holz verdienen könnte. Aber niemand investiere. In die Kamera will uns das aber niemand sagen.

Am nächsten Tag versuchen wir auf eigene Faust, Kontakt mit Forstarbeitern aufzunehmen. Unser Fahrer Wolodja weiß, wo die Männer aus Angarsk arbeiten. Auf der Fahrt gibt er uns ein paar Hintergrundinformationen: Der russische Wald gehört grundsätzlich dem Staat, Lizenzen fürs Abholzen vergibt die lokale Verwaltung. Und da beginnen die Probleme: Pachtverträge gibt es nur für fünf bis zehn Jahre. Die Holzfirmen haben also kein Interesse an einer nachhaltigen Waldnutzung, erklärt Wolodja. »Stattdessen Kahlschlag. Und zuerst fallen die besten Bäume. Gerade sie sollten eigentlich stehen bleiben, um ihr Erbgut weiterzugeben für die nächsten Generationen. Achtzig bis hundert Jahre kann das dauern.«

Schon von Weitem sehen wir, wie eine große hydraulische Forstmaschine Bäume fällt und sie auf einen riesigen Laster lädt. Auf der Ladefläche liegen große sibirische Fichten. 10 Prozent seiner Urwälder hat Russland in nur einem Jahrzehnt verloren. Als wir aussteigen, haben wir das Gefühl, ein Schlachtfeld zu betreten. Das Erdreich ist aufgewühlt, die Forstmaschinen haben tiefe Spuren in den Waldboden gefräst, wir versinken knietief im Matsch. Wo bis vor Kurzem alter sibirischer Wald stand, sehen wir nur noch ein Meer von Baumstümpfen. Am Rand der breiten Schlammpiste stehen andere Fahrzeuge, auch eine Raupe, mit ausgeschaltetem Motor. Ein Dutzend Holzarbeiter sitzt auf der Bank vor einem klapprigen Anhänger, aus dem es gut nach Essen riecht. Es scheint ihre mobile Kantine zu sein. Als die Männer uns sehen, blicken sie skeptisch. Immerhin erklären sie uns die Situation: Gleich mehrere Fahrzeuge seien kaputt, Ersatzteile fehlten.

Einer der Holzarbeiter, ein wahrer Hüne namens Alexei, ist weniger kamerascheu und erzählt uns von den Arbeitsbedingungen hier: »Na ja, Schlamm und Mücken. Und im Winter arbeiten wir bei minus 40 oder 50 Grad. Im vergangenen Winter fiel das Thermometer einmal sogar auf minus 59 Grad, da ging selbst hier nichts mehr. Ein Holzarbeiter lebt meist gerade mal bis zur Rente, einige schaffen nicht mal das.« Doch im Grunde seien sie glücklich, noch einen Job bei der Holzfirma zu haben – und damit zumindest eine warme Mahlzeit am Tag. Jeder zweite russische Holzarbeiter ist seit dem Zusammenbruch der Sowjetunion entlassen worden.

Ein paar Meter weiter sitzen andere Holzfäller, die zu einem kleinen Familienbetrieb gehören. Sie haben keine Kantine, fällen ihre Bäume noch mit einfachen Kettensägen. Das ist ein deutlich härterer Job. Um das Geld für eine Schachtel Zigaretten zu verdienen, erzählen die Männer, müssen sie sechs Bäume fällen, Akkordarbeit. Wir wollen wissen, ob es stimmt, dass solche kleinen Privatfirmen oft ohne Lizenz Holz schlagen.

»Wir haben einen Arbeitgeber, fragen Sie den doch«, erwidert einer brummig. »Klar hat der eine Lizenz, ohne die geht's doch nicht.«

Sein Kollege mischt sich ein: »Für Geld kannst du doch alles kaufen.«

Alexei, der Hüne, gesellt sich zu uns: »Wozu brauchen die schon Dokumente, die sägen ab, die Käufer zahlen bar – und weg.«

»Aber es gibt doch die Waldhüter, die kontrollieren sollen, und die Miliz«, hake ich nach.

»Die Miliz ist doch auch käuflich. Die stoppen einen Holztransport, kriegen ihr Geld, und weiter geht's, verstehst du?«

Ich zeige auf den abgeholzten Flecken hinter uns: »Müssen die Holzfirmen nicht eigentlich auch das Abfallholz wegfahren und neue Sprösslinge setzen? Tun sie das?«

Kurzes verlegenes Schweigen. Nein, das sei alles nur Theorie. Die Waldhüter drückten gegen Schmiergeld beide Augen zu, bestätigen die Holzfäller. Sie selbst verdienten im Schnitt zehn Cent pro Kubikmeter, ein Hungerlohn für diese Knochenarbeit.

Abends fahren wir gemeinsam im Bus der Männer nach Angarsk zurück. Zwei Stunden dauert die Fahrt, wir haben viel Zeit zu reden, und schnell wird klar: Die Forstwirtschaft hier ist ein Kreislauf von Armut, Korruption und Illegalität. Ein Heer kleiner Firmen schlägt

Holz ohne Lizenz und verkauft es schwarz an chinesische Holzhändler. Forstbeamte lassen sich bestechen und sehen weg. Die erbeuteten Millionen werden ins Ausland geschafft, niemand plant langfristig und investiert. Sägewerke, Möbelfabriken – hier baut sie niemand, sie entstehen im Norden Chinas, wohin das Taiga-Holz verschoben wird.

Nachts knattern alte Motorräder durch das Dorf Angarsk. Ein Auto besitzen hier wenige. Im Dorfladen gibt es nur das Nötigste zu kaufen. Allerdings ist das Angebot an Alkohol beträchtlich und macht fast die halbe Regalfläche aus. Es wird viel getrunken in Angarsk, und sogar das Herrenparfum heißt verheißungsvoll »Wodka«. Nur wenige ihrer Kunden bezahlen bar, meint die Ladenbesitzerin, die meisten lassen anschreiben. 30000 Rubel Außenstände habe sie schon in ihrem Kassenbuch stehen, fast 1000 Euro. Das ist ein richtiges Vermögen hier. »In der Holzfirma haben sie doch nur die halben Löhne für April und Mai ausgezahlt«, erklärt sie, »die Leute haben einfach kein Geld.«

Ein neuer Kunde betritt den Laden, neugierig mustert er uns. Er will ein Bier kaufen, und wir kommen ins Gespräch. Wassili ist staatlicher Jagdaufseher, er ist wie ein Lottogewinn für uns. Anders als seine Kollegen wirkt er offen und aufgeschlossen und ist sogar bereit, uns am nächsten Tag zu treffen. Er habe nichts zu verbergen, meint Wassili und kündigt sogar an, uns zu zeigen, wo die schwarzen Geschäfte gemacht werden.

Am nächsten Morgen erwartet uns Wassili schon vor seinem Haus: Eine adrette Uniform hat er an, olivgrün sind Jacke und Hose, an der Brust ein großes Dienstabzeichen: »Gosochotnadsor« steht da auf einer Art Wappen mit den russischen Nationalfarben, »Staatliche Jagdaufsicht«. Er hält eiserne Fallen in den Händen, die er aus einem Wohnwagen im Garten seines Hauses geholt hat. »Hier, die habe ich bei Wilderern konfisziert. Die sind eigentlich für Wölfe gemacht, aber die Wilderer benutzen sie auch für Hirsche, Rehe und Elche.«

Die Wilderer hier seien gefährlich: Einer seiner Kollegen wurde vor einem Jahr ermordet, erzählt er, davor sind fünf Wildhüter spurlos in der Taiga verschwunden. Einmal hätten Unbekannte nachts auf sein Haus geschossen: Er zeigt uns ein Einschussloch am oberen Fensterrahmen. »Das passierte, nachdem der Gouverneur, der Bürgermeister und ein paar Geheimdienstler von mehreren Hubschraubern aus Elche gejagt hatten und ich sie deswegen angezeigt hatte. Ich denke, die Schüsse auf mein Haus sind irgendwie bestellt worden.«

Wir wollen Wassili dabei filmen, wie er sein Revier kontrolliert, doch es dauert nicht lange, bis er mit der traurigen Wahrheit herausrückt: »Ich bin zwar Jagdinspektor, aber in Wahrheit habe ich nicht mal genug Benzin, um auf Patrouille zu fahren. Ich habe kein Benzin, kein Geld, nichts. Der Staat hat uns irgendwie einfach fallen gelassen.« Wir merken schnell: Wassili ist verbittert. Sein Haus wirkt verwahrlost, seine Frau lebe woanders, erklärt er. Später hören wir: Sie hat ihn verlassen. Ein Damenschuh liegt neben Wassilis Gummilatschen für Regenwetter. Vielleicht ist sie noch nicht lange weg? Im Wohnzimmer hängt das Fell eines riesigen Bären an der Wand. Fast wehmütig erzählt Wassili, wie er früher Wilderer auf frischer Tat ertappen konnte. Heute kämpfe er dagegen wie ein hilfloser Don Quijote. »Meine Arbeit ist sinnlos geworden. Es kommt mir so vor, als würde ich gegen ein übermächtiges Phantom ankämpfen. Früher hatten wir die Hubschrauber und nicht die Wilderer. Heute sind die Politiker selbst die Wilderer. Es herrscht Anarchie im sibirischen Wald. Alle klauen. Ich habe zwar keine Beweise, aber ich weiß, dass sogar zwei ganze Holzflöße komplett verschwunden sind. Wie kann denn so was sein?«

Wir geben Wassili Geld für Benzin – aber eine Tankfüllung ist nichts für sein riesiges Aufgabengebiet: 400 mal 400 Kilometer misst sein Revier, das ist fünfmal die Fläche Belgiens, an beiden Ufern des breiten Stroms Angara entlang.

Die Lehmpiste führt runter zum Flussufer, die Fähre ist gerade auf der anderen Seite. Über den breiten Strom müssen auch die Laster der Holzschmuggler auf ihrem Weg zur Eisenbahnlinie nach China. Fast die Hälfte des in der Umgebung geschlagenen Holzes wird auf diesem Weg, vorbei am russischen Staat, ins Ausland geschafft, schätzt Wassili. Und er kennt alle Beteiligten an diesen Geschäften.

Wir kommen bald in das Städtchen Karabula, das nicht mehr ist als eine Ansammlung kleiner Holzbetriebe, die sich an beiden Seiten der Straße langziehen. Überall herrscht reger Betrieb, immer wieder sehen wir Chinesen im Gespräch mit Russen. Hier werden die Baumstämme von den Lastwagen auf Eisenbahnwaggons verladen und dann, über eintausend Kilometer, in die Sägewerke und Möbelfabriken Nordchinas gefahren. 300 bis 400 Dollar für eine Lkw-Ladung zahlen die chinesischen Aufkäufer, in bar.

Auf gut Glück fährt Wassili uns zu einem der zahlreichen Verladebetriebe. Wir wollen mit den Arbeitern reden, die Holzverladung filmen, aber sobald wir auftauchen, sind die Männer schlagartig verschwunden. Dafür erscheinen zwei aufgebrachte Kaukasier und beschimpfen uns: Wir sollen gefälligst sofort verschwinden. Ein dritter versucht, Fedja die Kamera zu entreißen, es kommt zu einem Gerangel.

Wassili ist machtlos, trotz Uniform und Dienstabzeichen: »Warum erlauben die nicht zu filmen? Na klar, sie arbeiten illegal und fürchten die Miliz.« Wütend springt er in seinen Jeep, fährt mit uns zum nächsten Milizposten und erzählt einem Beamten von der Attacke. Der zögert, aber als er sieht, dass wir ihn filmen, willigt er schließlich ein und fährt mit uns noch einmal zum Verladebetrieb zurück. Der Milizionär heißt Rawil, er kennt die Kaukasier, die uns angegriffen haben. »Der mit eurem Kameramann, das war Mischa, das ist ein ganz schlechter Mensch.« Als wir wissen wollen, warum, kommt die Antwort prompt: »Weil der geklautes Holz kauft.«

Und dann erzählt Rawil die Geschichte, die wir schon von Wassili kennen: Der Staat zahlt ihm kaum Gehalt, er hat nicht einmal Geld für Benzin. Viele seiner Miliz-Kollegen haben darum bereits gekündigt und arbeiten jetzt für Leute wie Mischa, den kriminellen Holzhändler. Wir bohren nach: Schwarze Geschäfte, vor seiner Nase – warum verhaftet er diesen Mischa nicht?

»Das ist die Aufgabe der Steuerpolizei, nicht unsere. Wenn Mischa niemandem etwas tut und wenn er nicht selbst Holz stiehlt, sondern nur gestohlenes kauft, dann ist das nicht unser Bier.«

»Und warum greift die Steuerpolizei nicht ein?«

»Na ja, die bleiben lieber zu Hause und kontrollieren wenig.«

»Sind die also auch schon gekauft?«

»Sagen wir so: Die haben genügend Geld … Der Staat und die Verwaltung, die lassen uns einfach allein. Die sagen unverblümt: Seht, wie ihr selber klarkommt mit dieser Situation.«

Die korrupten Behörden, ihre Dienstherren also, und die beiden ehrlichen, aber hilflosen Männer bei Jagdbehörde und Miliz – das ist die Geschichte, mit der wir in unser kleines Gästehaus zurückfahren. Erst dort erwartet mich eine Überraschung: Wir hatten in Angarsk für 10 Minuten vergessen, dass Wassili noch unser kleines Funkmikrofon bei sich trug. Diese Mikrofone sind praktisch, weil Toningenieur Wenjamin dann nicht ständig neben unseren Protagonisten stehen muss und ins Bild geraten kann.

Als wir jetzt unser Rohmaterial sichten, weist mich Wenjamin auf die zweite Tonspur hin, die des vergessenen Funkmikrofons. Es hatte Wassili unbemerkt weiter aufgezeichnet, während Kameramann Fedja längst allgemeine Bilder der Holzfirma drehte. Wassili und Rawil standen weit weg von uns. Jetzt hören wir uns die Aufnahmen an: Die beiden Beamten besprechen hastig, wie sie beschlagnahmtes Holz auf eigene Rechnung verkaufen können, mit Papieren auf den eigenen Namen.

»Männer, die mitmachen, habe ich«, sagt Wassili.

Wir schauen uns perplex an im Schneideraum und sind spontan enttäuscht von Wassili, unserem traurigen Helden. Aber dann überlegen wir: Warum auch sollte gerade er sauber bleiben und hungern, in diesem so korrupten Umfeld, wenn alle anderen um ihn herum ungeniert schwarzes Geld machen? Der Fisch stinkt auch in diesem Fall vom Kopf her, für jeden korrupten Milizionär gibt es einen Vorgesetzten der Miliz, der mitkassiert, und auch der hat Vorgesetzte. Wer ausschert aus diesem Korruptionskartell, hat bald keinen Job mehr.

Kapitel 6

Beslan:
Wer Gewalt sät

Die ersten Agenturmeldungen kommen schnell an jenem 1. September 2004: Bewaffnete haben am ersten Schultag nach den Sommerferien die Mittelschule Nr. 1 in der nordossetischen Stadt Beslan überfallen und vermutlich Hunderte Kinder und Angehörige in ihrer Gewalt.

Im ARD-Büro wird sofort ein Team zusammengestellt, und wenige Stunden später stehe ich auf dem Flughafen Wnukowo. Dort treffe ich zwei Bekannte: Anna Politkowskaja und Andrei Babizki. Auch sie wollen nach Beslan. Beide genießen das Vertrauen vieler Tschetschenen: Können sie vielleicht eine Rolle bei den Vermittlungen mit den tschetschenischen Geiselnehmern spielen? Reden will darüber natürlich keiner von beiden. Wir haben unterschiedliche Flüge gebucht, ich fliege vor ihnen ab, und wir tauschen Telefonnummern aus. Doch Anna und Andrei werden nie in Beslan ankommen.

Der Flughafen in Wladikawkas nahe Beslan ist wegen der Geiselnahme gesperrt, wir und etliche weitere russische Kameracrews müssen nach Mineralnie Wodi in der Region Stawropol fliegen und wollen dann mit dem Auto nach Beslan weiterfahren. Wie mag sich inzwischen die Situation dort entwickeln, frage ich mich nervös, als wir abheben. Wird es Verhandlungen geben? Oder wird alles so enden wie zwei Jahre zuvor in Moskau?

Mord statt Musical

Es war der 23. Oktober 2002, Katia und ich hatten ein Musical besucht. Wir kamen gerade aus dem Theater und diskutierten mit Freunden die Aufführung, als mein Handy klingelte. Am Apparat war Studioleiter Albrecht Reinhard. Er wirkte aufgeregt und fragte, wo ich gerade sei. »Ich war in einem Musical. Es ist gerade vorbei, und wir überlegen, ob wir noch ein Bier mit Freunden trinken.« »Was? Wie seid ihr denn da rausgekommen?!« »Durch den Ausgang natürlich.« Ich verstand seine Frage nicht, doch die Situation klärte sich schnell: Nachrichtenagenturen meldeten eine Geiselnahme in Moskau. Vierzig bis fünfzig Bewaffnete hatten demnach 850 Besucher des Musicals »Nord-Ost« im Dubrowka-Theater in ihre Gewalt gebracht. Ich bekam eine Gänsehaut: Dieses Musical hatten Katia und ich zwei Wochen zuvor besucht.

Wir liefen zu meinem Auto, ich zog zu Hause schnell wärmere Sachen an und machte mich mit einer Kanne heißen Tee auf zum Dubrowka-Theater. Das Kamerateam aus dem Studio hatte unseren Übertragungswagen bereits vor der Polizeiabsperrung geparkt, kurz darauf begann die erste Live-Schalte für die ARD. Zweieinhalb Tage lang wurden wir dann Zeugen eines Geiseldramas, das sich jetzt in Beslan zu wiederholen schien.

Die tschetschenischen Geiselnehmer im Dubrowka-Theater verlangten den Rückzug der russischen Truppen aus Tschetschenien: Es waren junge Kämpfer, die seit zehn Jahren nichts kannten als Waffen, das Leben in den Wäldern und ihren grenzenlosen Hass auf Russland. Auch sogenannte Schwarze Witwen gehörten zur Gruppe, Frauen, die Sprengstoffgürtel trugen, offenbar bereit, ihre von russischen Soldaten getöteten Männer, Brüder oder Väter zu rächen.

Welche Gewaltspirale die Grausamkeiten russischer Spezialkräfte, Söldner und Geheimdienstler auszulösen halfen, auch bei tschetschenischen Frauen, zeichnet Sabine Adler, die Deutschlandfunk-Korrespondentin in Russland, am Beispiel zweier dieser jungen »Schwarzen Witwen« beklemmend detailliert nach.[1]
Rückzug der russischen Truppen – die Forderung der Geiselneh-

mer war für Wladimir Putin offensichtlich nicht verhandelbar. Am frühen Morgen des 26. Oktober leiteten russische Spezialkräfte ein Gas über das Lüftungssystem ins Theater. Einige der Geiselnehmer hatten Schutzmasken, alle anderen Anwesenden verloren das Bewusstsein. Nach längerem Schusswechsel stürmte die Sondereinheit das Theater, die bewusstlosen Geiselnehmer wurden sofort mit Kopfschüssen exekutiert. Doch auch 125 Geiseln starben, viele schon im Theater, durch das atmungslähmende Gas, weil weder genügend Ärzte noch Gegenmittel vorbereitet worden waren. Vielen ihrer Angehörigen sprach der Europäische Gerichtshof für Menschenrechte 2011 teils hohe Schadensersatzzahlungen durch den russischen Staat zu.

Sehr schnell tauchen weitere Fragen zu dieser Befreiungsaktion auf. Warum wurden zum Beispiel die ohnmächtigen Geiselnehmer nicht entwaffnet und festgenommen, sondern sofort erschossen, auch die sogenannten Schwarzen Witwen?»Warum hatte der Geheimdienst keinerlei Interesse daran, die Frauen und Männer zu befragen – wie sie organisiert waren, was ihre Motive ausmachte, wer hinter ihnen stand? Diese Informationen wären nötig gewesen, um bestehende Strukturen zu zerschlagen und neue Attentate zu verhindern.«[2]

Bald wurden weitere Ungereimtheiten bekannt. Während die offizielle Version lautete, alle Geiselnehmer seien bei dem Sturmangriff getötet worden, meldete die BBC:»Eine Handvoll überlebender Kämpfer wurde in Handschellen weggebracht. Die Behörden teilten mit, andere könnten entkommen sein.«[3]

Die Journalistin Anna Politkowskaja stieß dann auf eine brisante Verbindung zwischen den tschetschenischen Geiselnehmern und staatlichen Strukturen: auf den Tschetschenen Chanpasch Terkibajew. Der hatte die Geiselnehmer von Tschetschenien aus nach Moskau geschleust, war mit ihnen in das Musical-Theater eingedrungen. Trotzdem konnte Terkibajew kurz vor dem Sturm der russischen Spezialkräfte aus dem umstellten Theater entkommen! Jetzt, so erzählte er Anna Politkowskaja im Interview, arbeite er für die Präsidialadministration des Präsidenten.

Terkibajew war eine explosive Entdeckung: Sollte der Geheimdienst seine Finger im Spiel haben? Suchte man Gründe für ein härteres Vorgehen gegen die tschetschenischen Separatisten? Terkibajew selbst konnte dazu nicht mehr befragt werden: Nach dem Gespräch mit Anna Politkowskaja tauchte er unter, nach offiziellen Angaben kam er später bei einem Autounfall ums Leben. Politkowskajas Resümee:»Wie es aussieht, ist Chanpasch Terkibajew genau derjenige, nach dem alle von der Tragödie im Musical-Theater Betroffenen so lange gesucht haben. Jener Mann, der den Terroranschlag von innen heraus arrangiert hat.«[4]

Anna Politkowskaja glaubte, dass ein Teil der Staatsmacht vom geplanten Terroranschlag wusste, und spekulierte:»War es der GRU [der Militärgeheimdienst, Anm.]? Oder noch jemand anders, von dem wir bislang nichts wissen? Ich habe keine Antwort.«[5]

Wieder einmal, wie schon bei den Sprengstoffanschlägen auf Wohnhäuser im Jahr 1999, gab es zahlreiche Indizien und Ungereimtheiten, die ein zynisches Doppelspiel der Sicherheitskräfte vermuten ließen – aber wieder keinen Beweis. Nur eines ist mir klar, jetzt, auf meinem Weg zur Geiselnahme in Beslan: Mit Geiselnehmern zu verhandeln ist offenbar keine Option für Wladimir Putin, selbst wenn Hunderte Menschenleben auf dem Spiel stehen.

Tod in der Turnhalle

Als wir in Mineralnie Wodi landen, ist es bereits dunkel. Unterwegs, auf dem Weg nach Beslan, machen wir an einer düsteren Schaschlik-Bude am Straßenrand halt. Von dort berichte ich zum ersten Mal live in»Tagesschau« und»Tagesthemen« das wenige, was bisher bekannt ist. Erst spätnachts kommen wir in Beslan an. Die Schule ist weiträumig abgesperrt.

Am Folgetag trifft ein Dutzend weiterer Kamerateams ein, die Suche nach Fakten beginnt. Die lokalen Medien reden von 1200 Geiseln, doch der Geheimdienst FSB nennt die Zahl von nur 200 bis 300! Wie ist eine solche Diskrepanz zu erklären?

Am Nachmittag hören wir zwei schwere Explosionen bei der

Schule, deren Ursache im Dunkeln bleibt. Gerüchte machen die Runde: Die Geiselnehmer sollen die Lieferung von Nahrung und Wasser ablehnen, in der heißen Turnhalle muss es unerträglich sein. Später werden wir erfahren, dass die verzweifelten Geiseln ihren eigenen Urin trinken.

Spezialeinheiten von Armee, Polizei und Geheimdienst umstellen den Komplex. Wladimir Putin äußert sich zum ersten Mal: »Unsere entscheidende Aufgabe ist natürlich, Leben und Gesundheit der Geiseln zu retten. Alle Aktionen unserer beteiligten Einsatzkräfte werden ausschließlich dieser Aufgabe gewidmet sein.« Zum Schutz der Geiseln solle vorerst auf Gewalt verzichtet werden. Ich höre diese Nachricht mit Erleichterung. Und muss doch an das Moskauer Musical-Theater denken. Denn die Forderungen der Geiselnehmer sind laut Nachrichtenagenturen ähnlich: Abzug der russischen Truppen aus Tschetschenien, Freilassung gefangener Separatisten. Die Meldung verschwindet allerdings schnell aus den russischen Medien und wird von Offiziellen nie erwähnt.

Weil es erste Tote gibt, darunter der an Diabetes leidende Schulleiter, vereinbaren beide Seiten am 3. September den Abtransport der Leichen aus der Schule. Um 13:03 Uhr, während dieser Übergabe, zerreißt eine schwere Explosion die angespannte Stille, es folgen Schusswechsel, eine zweite Detonation. Um die Schule herum eskalieren die Kämpfe. Sehen kann ich nichts, das Gelände ist von Spezialkräften abgeriegelt. Innerhalb weniger Minuten kreisen vier Armeehubschrauber über uns. Die »Tagesschau« beginnt eine Sondersendung und schaltet live zwischen Anja Bröker, die im Moskauer Studio die Bilder des russischen Fernsehens verfolgt, und mir hin und her. Ich halte mein Handy in der Hand und versuche zu verstehen, was rund um mich herum passiert.

Es ist sicher keine Sternstunde des Journalismus. Denn ich schildere atemlos das Geschehen, beschreibe die aufgeregten Polizisten, Sanitäter, Soldaten, die schreienden Angehörigen, bewaffnete Osseten aus Beslan, die mit Gewehren in Richtung Schulgebäude laufen – doch ohne zu wissen, was sich tatsächlich abspielt. Das Feuergefecht bei der Schule zieht sich hin, es gibt Gerüchte, einige Geiselnehmer seien entkommen, mitsamt ihren Waffen. Gruppen von Angehörigen und Polizisten rennen weg von der Schule, und ich schließe mich ihnen instinktiv an, während ich weiter live berichte. Es ist ein einziges Chaos.

Dann werden Tote und Verletzte auf den Rasen im Park nahe der Schule gelegt, Anwohner reichen den überlebenden Geiseln Wasser, andere werden notdürftig medizinisch versorgt. Erst nachts hören die letzten Schusswechsel auf. All das beschreibe ich so, wie ich es erlebe, ohne Hintergründe und Zusammenhänge zu kennen.

Hassans Schuh

Am Tag danach gibt es erste Zahlen: Über 300 Menschen sollen gestorben sein, die Hälfte davon Schulkinder. Doppelt so viele seien verletzt, heißt es. 270 Personen stünden auf der Liste der Vermissten, erklärt uns die übermüdete Frau, die die ganze Nacht über an einem kleinen Tisch vor dem Kulturzentrum die Gesuche verzweifelter Angehöriger aufgenommen hat. Viele Überlebende sind in Krankenhäuser nahe gelegener Städte gefahren worden, doch die Namenslisten von dort sind unvollständig. Eine neue Liste mit identifizierten Opfern wird an die Scheibe des Kulturzentrums geklebt. Einige Menschen brechen weinend vor ihr zusammen.

Ich spreche mit Kasbek und Rita, die auf der Suche nach ihrem 14-jährigen Sohn Hassen sind. Schulkameraden wollen gesehen haben, wie er unverletzt aus der Schule lief, erzählt Kasbek. Der Mann hat verweinte Augen, doch er redet ruhig: »Wir haben überall nach ihm gesucht. In Mosdok sollen noch Kinder sein. Vielleicht ist er dort.« Wir fahren mit den beiden in den 90 Kilometer entfernten Ort, in dessen Klinik über hundert Kinder aus Beslan behandelt werden sollen. Doch die Ärzte lassen keine Angehörigen ins Gebäude, das Ehepaar fährt verzweifelt nach Hause.

Ihre Wohnung liegt nur einen Steinwurf von der Schule entfernt. Ich sehe Einschüsse in der Wohnzimmertür und mehrere in den Wänden. »Die Terroristen haben auf unsere Wohnung geschossen«, erklärt Kasbek, »nachdem sich russische Sicherheitskräfte hier verschanzt hatten.« Gemeinsam gehen wir hinüber zur Schule. Dort ist alles zerschossen, Trümmer, verbrannte Gegenstände. Die Turnhalle hat kein Dach mehr: Es war schon bei den ersten Explosionen eingestürzt und hatte viele Opfer unter sich begraben. Blumen liegen auf Stühlen und Tischen, Angehörige haben volle Wasserflaschen danebengestellt: eine Erinnerung an ihre dürstenden Kinder, die hier über zwei Tage in glühender Hitze ausharren mussten. Ich spüre, dass ich einen Kloß im Hals habe. Wie muss Kasbek sich fühlen, der neben mir steht?

Rita und Kasbek wollen weiter nach Hassan suchen, nicht untätig zu Hause sitzen und auf Nachricht von den Behörden warten. Und so fahren sie noch einmal zum Parkplatz beim Leichenschauhaus, wo Dutzende Opfer unter großen blauen Plastikbahnen liegen. Etwa zehn leere Särge, in roten Stoff drapiert, stehen am Rand bereit. Angehörige mit Gesichtsmasken heben vorsichtig die Planen an und mustern die entstellten Kinderleichen, suchen nach Anhaltspunkten. Und dann hören wir einen Aufschrei. Kasbek hält einen Schuh in der Hand. Er gehört seinem Sohn Hassan. Kasbek reißt sich die Papiermaske vom Gesicht, lässt sich auf den Boden fallen und beginnt, laut zu schreien, zu weinen, zu wimmern. Eine Sanitäterin streichelt ihm über den Kopf. Kasbeks Frau Rita steht wie erstarrt vor der Plastikplane, unter der ihr verbrannter Sohn Hassan liegt.

Ich schäme mich dafür, dass wir diese Bilder drehen. Aber Kasbek hatte uns mitnehmen wollen, auch hierher. »Zeigt den Deutschen, was hier geschehen ist«, sagte er kurz vorher noch.

Doch was ist wirklich geschehen? Begann die tödliche Eskalation um 13:03 Uhr tatsächlich, weil die Terroristen ihre Sprengsätze zündeten, die überall in der Schule angebracht waren? Weil sie auf die Männer schossen, die vereinbarungsgemäß die Toten abholen wollten? Mussten die Spezialkräfte darum angreifen, um möglichst viele Geiseln zu retten? Wurden sie durch die Ereignisse in der Schule zur Erstürmung gezwungen? Das jedenfalls ist die offizielle Version, die Generalstaatsanwalt Wladimir Ustinow bald darauf vorträgt. Verhandlungen seien im Übrigen zwecklos gewesen, die Geiselnehmer hätten von vornherein geplant, die Schule in die Luft zu sprengen.

Unter ihnen seien auch zehn Terroristen aus arabischen oder afrikanischen Ländern gewesen. Der nach offiziellen Angaben einzige überlebende Geiselnehmer, der Tschetschene Nurpaschi Kulajew, jetzt in den Händen des FSB, bestätigt den Ablauf.

Doch erste Zweifel an diesen Aussagen werden schnell laut. Wenige Tage nach meiner Rückkehr nach Moskau interviewen wir den russischen Militärexperten Pawel Felgenhauer. Er nennt ein wichtiges Indiz: Wie konnten vier Kampfhubschrauber schon Minuten nach den Explosionen über der Schule kreisen? »Ein Befehl hätte erteilt werden müssen, Piloten hätten an Bord gehen müssen, die Turbinen anlaufen lassen, sie hätten es nicht in weniger als einer halben Stunde zur Schule schaffen können.« Seine Schlussfolgerung: Die Piloten in ihrer Luftwaffenbasis waren informiert über den angeblich überraschenden Beginn der Kämpfe.

Im Laufe der Jahre verdichten sich die Indizien, dass Wladimir Putin von Anfang an keine Verhandlungen wollte. Dass die Spezialtruppen zuerst feuerten und das Turnhallendach zum Einsturz brachten, wodurch ein Großteil der Opfer zu Tode kam. Danach schossen sie mit Panzern und Granatwerfern auf die Schule. Doch all das sollte die russische Öffentlichkeit nie erfahren. Ende 2005 legte eine Kreml-loyale Duma-Kommission ihren Abschlussbericht zu Beslan vor, der die offizielle Version unterstützte. Er wurde in nur 10 Minuten mündlich vorgetragen, ganze 15 Minuten diskutiert und sofort verabschiedet. Damit endete offiziell die Untersuchung der Tragödie.

Nur zwei unabhängige Abgeordnete gaben dem politischen Druck nicht nach. Juri Sawaljow, Professor und ehemaliger Rektor des Petersburger Instituts für militärische Mechanik, schrieb einen Gegenbericht, der die offizielle Version mit vielen Fakten widerlegte. Er stützte sich auf zahlreiche Zeugenaussagen und Videos von Journalisten. Eines stammte von einem Mitarbeiter der ossetischen Staatsanwaltschaft. Deren Mitarbeiter hatte auch die ersten Momente nach dem Sturm der Schule und zahlreiche Interviews mit Überlebenden gefilmt. Sawaljows Fazit: Die Terroristen brachten nicht einen einzigen Sprengsatz selbst zur Detonation, wie behauptet. Stattdessen löste Beschuss der Spezialtruppen die Explosionen aus und brachte das Turnhallendach zum Einsturz, was einen Großteil der Opfer forderte.

Präsident Putin ist nach seinen ersten Kommentaren am 1. September komplett aus der Öffentlichkeit verschwunden und taucht erst am 4. September, nach dem Ende der Geiselnahme, wieder auf. Morgens um 5:00 Uhr besucht er Verletzte im Krankenhaus von Beslan und gibt dann dem russischen Fernsehen ein kurzes Statement: »Wir haben alle denkbaren Varianten geprüft und planten von uns aus keinen Einsatz von Gewalt. Die Ereignisse entwickelten sich dann sehr schnell und unerwartet, und die Sicherheitskräfte bewiesen besonderen Mut.«[6]

Kein von vornherein geplanter Sturm also? Erst vier Jahre später gibt Wladimir Putin in einem Interview mit der französischen Zeitung *Le Monde* zu, dass Verhandlungen nie eine Option waren. Man habe nicht anders handeln können, Konzessionen an Terroristen würden langfristig größere Verluste an Menschenleben bedeuten als die während der Befreiungsaktion.[7] Er bestätigt freimütig, was so lange geleugnet wurde.

Doch während Russland und die ganze Welt noch um das Leben der über tausend Geiseln in Beslan bangten, sollte dieses kalte Kalkül nicht offengelegt werden. Darum wohl wurden die politischen Forderungen der Geiselnehmer in den Medien verschwiegen, darum hieß es, sie seien nicht gekommen, um zu reden, sondern um zu töten. Dabei hatte Aslan Maschadow, der im Untergrund lebende gewählte Präsident Tschetscheniens, die Geiselnahme sofort verurteilt und angeboten, selbst mit den Terroristen zu verhandeln. Das hätte viele Leben retten können, ist sich Juri Iwanow sicher, einer der beiden unabhängigen Abgeordneten in der parlamentarischen Untersuchungskommission. »Maschadows Erscheinen in der Schule hätte eine Freilassung der Kinder bewirken können. Ich bin überzeugt, die Rebellen würden sich seinem Wort nicht widersetzt haben. Schließlich hatten sie immer wieder erklärt, ihr Kommandeur sei Schamil Bassajew, ihr Präsident jedoch Aslan Maschadow, und mit ihm müsse verhandelt werden.«[8]

Doch Maschadow wurde von Moskau, anders als im Westen, als brutaler Terrorist bezeichnet. Hätte er in Beslan erfolgreich Hunderte Kinderleben gerettet, wäre das Kreml-Narrativ beschädigt. Und so wurde Maschadows Angebot, nach Beslan zu kommen, ignoriert und von den Kreml-Medien erst gar nicht gemeldet. Stattdessen setzte Moskau nach der Geiselnahme von Beslan ein Kopfgeld von 10 Millionen Dollar auf Maschadow aus. Ein halbes Jahr später wurde er erschossen, seine Leiche im russischen Fernsehen öffentlich zur Schau gestellt.

Giftiger Tee

Der Kreml will nicht mit den Geiselnehmern verhandeln, aber die Öffentlichkeit soll glauben, er könne gar nicht verhandeln: Diese Strategie erklärt wohl auch, warum Anna Politkowskaja und Andrei Babizki davon abgehalten wurden, nach Beslan zu kommen. Sie hätten dank ihrer Kontakte zu tschetschenischen Rebellen deren Positionen publik machen können – und womöglich öffentlichen Druck erzeugt, doch über eine friedliche Lösung zu verhandeln.

Anna Politkowskaja selbst macht sich später große Vorwürfe, naiv gewesen zu sein: Ihr war am Flughafen ein Platz in einer eigentlich ausgebuchten Maschine in den Kaukasus angeboten worden, angeblich aus Hochachtung ihrer Arbeit gegenüber. Sie willigte ein. Und machte dann ihren zweiten Fehler: Statt, wie gewöhnlich, aus Vorsicht nur mitgebrachtes Essen und eigene Getränke zu verzehren, bestellte sie im Flugzeug einen Tee. Annas damaliger Chefredakteur Dmitri Muratow beschreibt, was dann geschah:»10 Minuten nachdem sie diesen Tee getrunken hatte, verlor sie das Bewusstsein.«[9] Den Ärzten am Flughafen in Rostow gelang es, die Bewusstlose zurückzuholen. Sie wurde ins Krankenhaus gebracht. »Die Befunde aus dem Krankenhaus in Rostow liegen noch nicht vor. Die ersten in der Sanitätsstelle des Flughafens durchgeführten Laboranalysen sind aus unerfindlichen Gründen vernichtet worden. (…) Nach Meinung der Mediziner wurden Nieren, Leber und endokrines System durch das unbekannte Gift ernsthaft in Mitleidenschaft gezogen.«[10]

Andrei Babizki war der zweite Journalist, der bei Verhandlungen mit den Geiselnehmern eine Rolle hätte spielen können. Was mit ihm geschah, beschrieb er später in einem Interview mit der ARD: »Ich wurde wieder aus dem Flugzeug geholt, denn ein Hund sollte angeblich Sprengstoff in meinem Gepäck entdeckt haben. (…) Draußen kamen mir dann zwei junge Männer entgegen und forderten, dass ich ihnen Bier kaufe. In diesem Moment kam die Miliz dazu und kontrollierte unsere Papiere. (…) Dann gab es einen Streit, und wir wurden alle in die Wache der Miliz gebracht. Später haben mir diese Männer erzählt, dass der Sicherheitschef des Flughafens sie aufgefordert hatte, diesen Streit mit mir zu provozieren.«

Offensichtlich sollten beide, Anna und Andrei, an diesem 1. September 2004 auf keinen Fall nach Beslan gelangen.

Heimliche Helfer oder nur Korruption?

Nicht nur die kompromisslose Ablehnung von Verhandlungen erinnert mich in Beslan an die Moskauer Geiselnahme, sondern auch die vielen Fragezeichen zur Rolle der Sicherheitsdienste. So bringen unabhängige Abgeordnete und Angehörige der Beslan-Opfer ans Licht, dass die Terroristen Waffen und Sprengstoff bereits vor der Geiselnahme in der Schule deponiert hatten. Wie war das möglich? Sie mussten Helfer in der Stadt gehabt haben. Welche waren das?

Die Fahrtroute der Terroristen war schnell ermittelt. Doch wie gelangten die bewaffneten Männer mit drei Autos durch die russischen Checkpoints nach Beslan? Gab es gar diskrete Anweisungen, sie nicht zu stoppen, wie manche Beobachter argwöhnen? Oder war es schlicht die endemische Korruption auch und besonders in diesen staatlichen Strukturen? Pawel Felgenhauer sagt dazu der ARD: »Seit dem Jahr 2000 ist alles besetzt, alle ein oder zwei Kilometer ein Checkpoint. Und doch sind die Terroristen weiter aktiv, verüben Anschläge, behalten noch ihre Struktur, ihre Kampffähigkeit, ihre Stäbe, ihre Aufklärung. Das kann man nur mit totaler Korruption und der absoluten Verdorbenheit unserer Geheimdienste erklären.«

Winter 2000 – mein erster Winter in Russland. Es sind weniger die unge-
wohnte Kälte und die Mengen an Schnee, die mich beeindrucken, als die so
kurzen Tage: Gegen 10 Uhr morgens wird es hell, um 16 Uhr schon wieder
dunkel. Wenig Zeit für eine Wanderung in der Moskauer Umgebung.

Minus 30 Grad:
Es tröstet mich, dass auch
die kälteerfahrenen
Moskauer kämpfen
müssen – so wie ich mit
den Türschlössern meines
neuen Lada Niwa …

Der gesichtslose Wohnkomplex der »UPDK«, einer Untergliederung des russischen Außenministeriums, in dem seit den Zeiten Gerd Ruges das ARD-Studio untergebracht ist.

Der postsowjetische Charme meines neuen Arbeitsplatzes ist unüberseh-bar.

Die ersten Tage im neuen Büro. Vor mir die Karte des riesigen neuen Berichtsgebiets, des größten Flächenstaates der Erde.

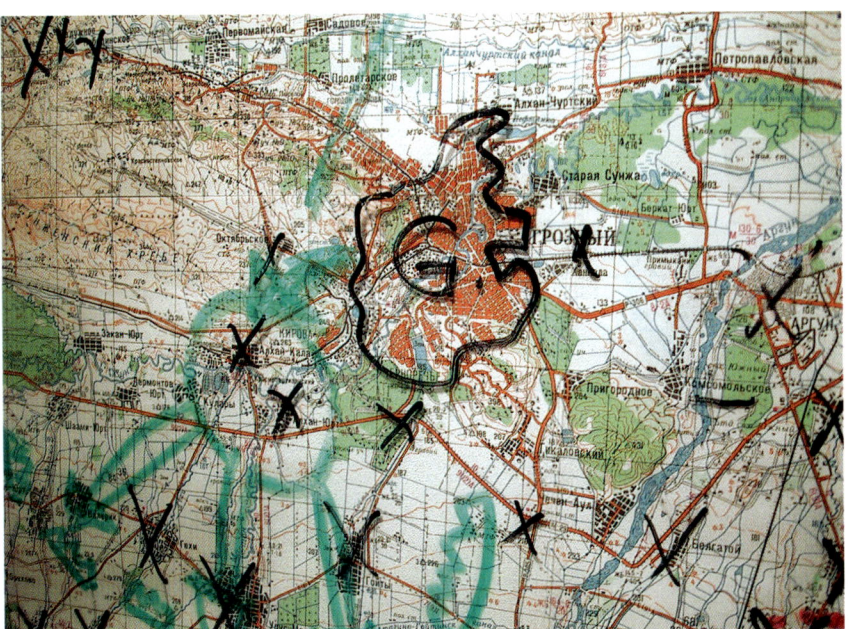

Doch im Herbst spielt eine kleine Karte Tschetscheniens die zentrale Rolle im Büro: Kollegen zeichnen täglich mit Filzstift den Vorstoß russischer Truppen auf die Hauptstadt Grosny ein – und die Fluchtbewegungen der Rebellen in die umliegenden Wälder.

Frühjahr 2000: Soldaten der russischen Armee in Tschetschenien tragen unsere Ausrüstung zu einem Hubschrauber. Wir fliegen zur russisch-georgischen Grenze, über die tschetschenische Rebellen ihren Nachschub bringen.

Unter uns sehen wir den russischen Vorposten in den Bergen nahe Georgien, der bereits mehrfach von tschetscheni-schen Rebellen angegriffen wurde, so die Soldaten. Wir werden nach wenigen Stunden wieder ausgeflogen, weil sich angeblich Rebellen nähern. Oder wollte man uns nur schnell wieder loswerden?

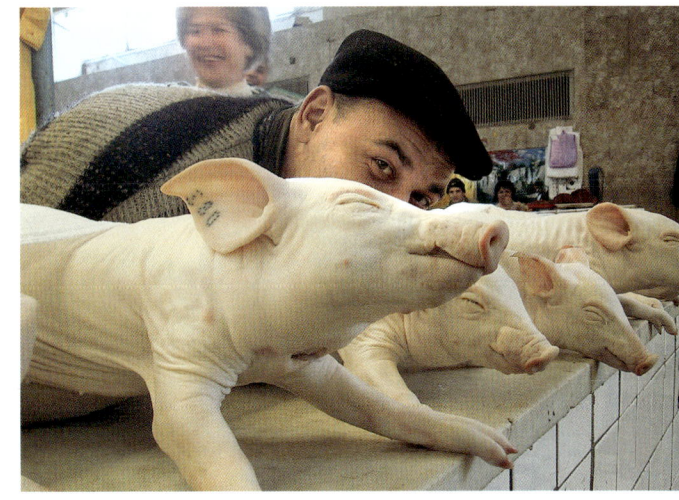

Herbst 2000:
Zwischen den
Tschetschenien-
Einsätzen erste
Exkursionen in
eine neue Welt.
Mich fasziniert
nicht nur die
Fleischtheke des
Dorogomilowski-
Marktes in der
Nähe des
ARD-Studios.

Vor dem Luschniki-Stadion, das viele Fußballfans 2018 bei der Welt-
meisterschaft in neuem Glanz erlebt haben, befindet sich 1999 einer der
zahllosen wilden Straßenmärkte. Verkauft wird aus Lkws und Containern.

Frühjahr 2001. Ich lerne Katia, meine spätere Frau, kennen. Mit Freunden zusammen mieten wir einen Teil dieser Datscha.

Mein zukünftiger Schwiegervater Alexei und dessen Bruder Schenja machen im Winter ein stilvolles Schaschlik. Schenja füllt die glühende Holzkohle in den Samowar, um den Tee heiß zu halten.

Sergei Falikow wird von Tschetschenen vor dem Panzer mit seinem erschossenen Kommandeur verhört.

Sergeis Mutter im kleinen Dorf Kulibjakino hat keine Nachrichten von ihrem Sohn.

Der Polizeifahnder Jussup erklärt mir an der dagestanisch-tschetschenischen Grenze die Netz-werke der Kidnap-per. Wir suchen nach Sergei Falikow.

Aufbruch in die russische Provinz. Die sogenannte Buchanka (Brotlaib), der UAZ-450, in dem ich über die Jahre wohl viele Tausende Kilometer zurückgelegt habe, schafft es auch durch diese Furt. Allradantrieb, einfach, unverwüstlich – die Buchanka ist in Russland eine Legende wie in Deutschland der VW-Bus.

Nur wenige Tage nach dem Angriff auf das World Trade Center in New York am 11. September 2001 bin ich schon im Krieg in Afghanistan. Hier interviewe ich nach der Notlandung unseres Militärhubschraubers einen lokalen Politiker. Die Menschen in dieser entlegenen Gegend haben seit dem Abzug der letzten Sowjetsoldaten keine Ausländer mehr gesehen, sagen sie uns.

Auch die langen Bahnfahrten durch das riesige Land haben einen ganz besonderen Charme.

Nachts warten auf den Bahnhöfen Menschen, die den Reisenden gebratene Hühnchen, Pilze, Beeren, Früchte oder, wie hier, geräucherten Fisch anbieten.

Redaktionskonferenz bei der »Toljatti Revue«, zwei Monate nach dem Mord an ihrem bisherigen Chefredakteur Waleri Iwanow. Der neue Redaktionsleiter, Alexei Sidorow, hat vom Verlag zwei Leibwächter bekommen.

2002 stehe ich mit Alexei Sidorow am Grab seines ermordeten Vorgängers.

Nur drei Jahre später, dieselbe Stelle: Auch Alexei wurde ermordet. Pascha zeigt mir die Gräber seiner beiden ermordeten Chefredakteure. Er selbst hatte die Nachfolge als Redaktionsleiter abgelehnt.

*Die Journalistin
Olga Kitowa
versucht Abgeord-
nete des Stadtrats
zu überzeugen, ihr
nicht die Immuni-
tät abzuerkennen.*

*Die verzweifelten
Mütter der Studen-
ten versuchen,
ihren Söhnen im
Gefangenentrans-
porter näher zu
kommen.*

*Der erste Prozess
gegen vier der
sechs angeklagten
Studenten.
Sie müssen ihn,
wie in Russland
üblich, aus einem
Metallkäfig heraus
verfolgen.*

*In der russischen Republik Komi. Wir fahren mit einheimischen Boots-
führern den Fluss Wol hinauf zum abgelegenen Dorf Jugytydor.*

*Fast die Hälfte aller Holzhäuser ist verfallen und steht leer. Unser erster
Gang durch Jugytydor erinnert uns an Gespensterfilme.*

Soja hat uns das Kulturzentrum von Jugytydor aufgeschlossen, Oleg steht hinter dem Lenin-Porträt, das wir drinnen gefunden haben. Kulturveranstaltungen gibt es hier schon lange nicht mehr.

Nach acht Stunden Bootsfahrt auf dem Fluss Wol machen wir eine kurze Pause, bevor es zurück geht in Richtung Zivilisation. Für die Dörfler sind wir eine exotische Abwechslung im tristen Alltag.

Winter 2012: Nach sechs Jahren in Washington zurück in Moskau. Unse-
re zweite Tochter Natalia ist gerade zur Welt gekommen und macht ih-
ren ersten Schneespaziergang im Kinderwagen.

Das Moskauer Freibad »Tschaika« aus der Perspektive meiner Jogging-
strecke: Vor dem eigenen Bad bei Minustemperaturen umrunde ich die
Schwimmer oberhalb der Tribünen. Ein schöner Ausgleich nach langen
Bürotagen.

2. Februar 2013: Live-Bericht von der Siegesparade in Wolgograd. Siebzig Jahre zuvor hatten die deutschen Truppen in Wolgograd kapituliert.

Also doch kein finsterer, zynischer Plan, sondern nur selbstzerstörerische Auflösungserscheinungen der staatlichen Autorität? Soviel ich auch in den folgenden Jahren über die Geiselnahme in Beslan lese: Wieder einmal ergibt sich kein eindeutiges Bild, wieder einmal bleibe ich hilflos zurück mit Ahnungen, Thesen und Vermutungen, aber ohne Beweise, in diesem Vexierspiel des Kreml. Dennoch hat Beslan eine eindeutige politische Konsequenz. Am Tag nach der Erstürmung hält Präsident Putin eine lange Grundsatzrede – und greift die äußeren Feinde Russlands an. »Wir haben Schwäche gezeigt. Und Schwache werden geschlagen. Einige möchten sich ein möglichst großes Stück abreißen, andere helfen ihnen dabei. Das tun sie, weil sie davon ausgehen, dass Russland, eine der größten Atommächte der Welt, sie nach wie vor bedroht. Diese Bedrohung wollen sie ausschalten.«

Wieso spricht er über äußere Feinde, andere Länder? Die Geiselnehmer kamen aus Tschetschenien und Inguschetien, aus russischen Republiken. Doch auch andere Kreml-Politiker wiederholen Putins Botschaft, Russland werde aus dem Ausland destabilisiert. Putin kündigt die Abschaffung der Direktwahl der Gouverneure an: Der terroristischen Gefahr solle mit einer Festigung der Staatlichkeit begegnet werden. Tatsächlich ist diese Maßnahme nur ein weiterer Schritt hin zur totalen Kontrolle des Parlaments durch den Kreml.

Zur Trauerfeier für die toten Kinder und Angehörigen in Beslan erscheint Putin nicht. Die Eltern der getöteten Kinder bleiben der Feier ebenfalls fern: In ihre Verzweiflung mischen sich Bitterkeit und Wut. Über 400 Familien aus Beslan verklagen den russischen Staat vor dem Europäischen Gerichtshof für Menschenrechte. 13 Jahre später, im April 2017, entscheiden sieben Richter: Die Russische Föderation muss insgesamt 3 Millionen Euro an die Hinterbliebenen zahlen. Die bei der Erstürmung der Schule angewandte Gewalt sei »unverhältnismäßig« gewesen. Bei der Vorbereitung und der Kontrolle des Einsatzes habe es »schwere Versäumnisse« gegeben.

Einige Monate nach der Geiselnahme gehe ich mit Kasbek in Beslan zum Friedhof. Er zeigt mir die Grabstelle seines Sohnes, in einer langen Reihe mit den Grabstellen vieler anderer Kinder. Kasbek bittet mich, so wie es ihr Brauch ist, am Grab einen Wodka mit ihm zu trinken. Auf Hassans Seelenheil. Wir trinken. Während der dramatischen Tage hatte meine Arbeit unter ständigem Zeitdruck wie ein Schutzfilter gegen die entsetzlichen Bilder und Eindrücke gewirkt. Das ist jetzt weg. Obwohl das Kamerateam die Szene mit Kasbek filmt, kann ich meine Tränen nicht zurückhalten. Jetzt weinen wir beide.

Tschetschenien bleibt bis heute eines der besonders dunklen Kapitel in Wladimir Putins Bilanz, eine offene Wunde der Russischen Föderation. Der zweite Tschetschenienkrieg dauerte letztlich zehn Jahre, bis 2009, zwei Jahre zuvor inthronisierte Putin Ramsan Kadyrow als seinen Statthalter. Der baute das völlig zerstörte Grosny mit Moskauer Milliarden wieder auf und errichtete ein brutales Unterdrückungssystem, gestützt auf bis zu 30 000 treu ergebene Kämpfer, die nur formal im Dienst Moskaus stehen, tatsächlich aber nur einem loyal dienen: Kadyrow. Mit Gewalt, Verschleppungen und Folter hält Kadyrow nicht nur die von Moskau gefürchteten Islamisten unter Kontrolle, sondern alle 1,4 Millionen Tschetschenen. Sie stellen die größte Gruppe derer, die aus der Russischen Föderation kommend in Deutschland um Asyl bitten.

Nach den Morden an Anna Politkowskaja und Boris Nemzow führten die Spuren schnell zu Tätern aus Kadyrows Polizeiapparat. Putin lässt dem gefürchteten Statthalter freie Hand, wenn er Menschenrechtler, Homosexuelle oder einfach nur Konkurrenten ausschaltet. Was passieren wird, wenn diese Beziehung zwischen Herr und Wachhund nach Putins Abgang eines Tages aufgekündigt wird, ist völlig offen. Beide, Putin und Kadyrow, haben viel Tschetschenen-Blut vergossen. Vergessen wird so etwas im Kaukasus nicht. Die Saat der Gewalt kann jederzeit aufgehen.

Kapitel 7

Die Medien:
Zwischen Gleichschaltung
und Lebensgefahr

Am 9. September 2018 lese ich eine kurze Warnung der Organisation »Reporter ohne Grenzen«: In Wolgograd wird seit drei Monaten Leonid Machinja vermisst, ein 35-jähriger Redakteur der Internetzeitung *Wolgogradski Reporter*. Deren Journalisten beschreiben ihre Publikation als unabhängige Informationsquelle, die »ohne jede Zensur« berichtet. Im Fokus der Berichte stehen häufig Lokalpolitiker. Am Morgen des 7. Juni hatte Leonid Machinja noch mit seiner Frau telefoniert. Ihr war nichts Besonderes aufgefallen. Danach war der Journalist wie vom Erdboden verschluckt. Die Wolgograder Ermittlungsbehörden gehen von Mord aus. Kollegen vermuten einen Zusammenhang mit Machinjas Recherchen. Zuvor war bereits die Bremsanlage im Auto einer anderen Redakteurin, Julia Sawjalowa, manipuliert worden.

Dem »Committee to Protect Journalists« (CPJ) zufolge, einer Organisation, die weltweit Angriffe auf Journalisten recherchiert und dokumentiert, starben zwischen 1992 und 2018 in Russland insgesamt 58 Journalisten. Viele in gefährlichen Kriegseinsätzen, aber 38 wurden ermordet. Von diesen 38 Morden wurden 33 nicht aufgeklärt. Die geringen Aufklärungsquoten erklären viele damit, dass Recherchen zu Korruption nicht selten Unternehmer, Kriminelle, Ermittlungsbehörden und Politiker gleichzeitig berühren. Im weltweiten Index für Pressefreiheit liegt Russland auf Platz 148 von 180. Noch schlechter ist es um den Journalismus in Ländern wie Saudi-Arabien, Aserbaidschan, Kongo, China, Nordkorea bestellt. Ein Land, das ich demokratisch nennen könnte, finde ich nicht auf den Plätzen hinter der Russischen Föderation. Besonders gefährlich leben dabei Lokaljournalisten.

Bodyguards für den Chefredakteur

Das wird mir im Jahr 2002 zum ersten Mal drastisch vor Augen geführt: In Toljatti, der Stadt, aus der mein Auto kommt. Gebaut wurde es im riesigen Automobilwerk AwtoWAS, für das die Sowjets die Stadt an der Wolga aus dem Boden stampften. Unersättlich war der Hunger des Riesenreiches nach Autos damals, und ebenso unersättlich die Gier der Banditen und Oligarchen in den Neunzigern, die sich diese fette Beute nicht entgehen lassen wollten. Blutige Verteilungskämpfe um das riesige Werk machten Toljatti in diesen Jahren zur Gangsterstadt. Im Archiv finde ich entsprechende Szenen aus Polizei-Videos: Verfolgungsjagden und Schießereien auf dem Werksgelände, Mitglieder der Automafia haben – in Zusammenarbeit mit korrupten Firmenangestellten – Ersatzteile oder ganze Autos aus dem Werk und seinen Zulieferfirmen verschwinden lassen. Ein Tankwagen verlässt die Fabrik, aber die Polizei wusste Bescheid, stoppt ihn: Im Tank stecken Autoteile für viele Millionen Rubel.

In der Autostadt schreibt eine Handvoll Journalisten der kleinen Zeitung *Toljatti Revue* in einem schmucklosen Ziegelbau seit vielen Jahren unerschrocken über die Raubzüge der Oligarchen, über skrupellose Banditen und korrupte Werksdirektoren. Wir dürfen die Redaktionskonferenz filmen, es gibt einen Streit. Das Thema, das ein Redakteur vorschlägt, erscheint den anderen als zu gefährlich. »Wie weit können wir gefahrlos gehen?« – diese Frage taucht jetzt ständig auf in ihren Konferenzen, und das hat einen Grund: Ihr Chefredakteur Waleri Iwanow ist ermordet worden.

Waleri war ein mutiger Mann, erzählen sie uns, er recherchierte fast spielerisch in den Hinterzimmern der Mächtigen und Mafiosi, und er schrieb darüber. Doch dann, vor zwei Monaten, kam der Auftragskiller, Waleri war sofort tot. Gleich mehrere Unterweltgrößen hatten mit Rache gedroht, noch weiß niemand, welche Mordtheorie die richtige ist. Seit diesem Tag ist alles anders hier in der Zeitung, obwohl sie weiterschreiben. »Er war der Gründer und auch der Kopf der Zeitung, und die Täter hofften wohl, mit Waleri auch die Zeitung zum Schweigen zu bringen«, sagt Rima, eine Redakteurin.

Der neue Redaktionsleiter heißt Alexei Sidorow. Er hat seit dem

Mord zwei Leibwächter gestellt bekommen, rund um die Uhr, die auch jetzt mit ihm ins Auto steigen. Alexei will mir etwas zeigen. »Seit sieben Jahren bedroht man uns schon. Und bis zum letzten Moment haben wir diese Drohungen nicht ernst genommen. Aber jetzt tun wir es. Eine Zeit lang hatten wir über hundert Auftragsmorde pro Jahr hier in Toljatti«, erzählt er auf der Fahrt, »jetzt sind es weniger geworden.« Die konkurrierenden Unterweltgrößen haben ihre Claims inzwischen abgesteckt.

Wir halten vor dem Friedhof von Toljatti. Alexei will mir zeigen, wo sein Vorgänger beerdigt wurde. Die Grabstätten der Prominenten der Stadt liegen gleich vorne am Eingang. »Dima der Große« lese ich. Das war der Chef der »Wolga-Gruppe«, einer fast komplett ermordeten Mafiabande, erklärt Alexei. »Und hier liegt Wladimir Motschalkin. Er war Direktor bei AwtoWAS, erschossen 1998. Im selben Jahr starb auch sein Sohn Andrei beim großen Bandenkrieg. Der war der Finanzchef der Mafiagruppe.«

Selbst solche prominenten Vertreter der Automafia hat Waleri getroffen, erzählt sein Nachfolger Alexei. »Er war mutig, ein brillanter Chefredakteur und sieben Jahre lang mein Lehrmeister. Ich kann ihn einfach nicht ersetzen«, meint er, »dazu fehlen mir schlichtweg die Kraft, das Talent, die Fähigkeiten. Manchmal möchte ich einfach aufgeben.«

Das Bild auf Waleris Grabstein zeigt einen jungen, energisch wirkenden Mann. In diesem Moment ahne ich noch nicht, dass ich bald wieder an dieser Stelle stehen werde. Dann werden hier zwei Grabsteine nebeneinander die in Granit eingeätzten Porträts zweier junger Männer zeigen: das von Waleri und daneben das von Alexei. Das Foto wird ihn so zeigen, wie ich ihn jetzt, 2002, noch lebendig vor mir habe: Freundlich, zögernd, ein wenig melancholisch. Nur ein Jahr nach dem Mord an Waleri wird Alexei ermordet vor seiner Haustür liegen. Ein betrunkener Landstreicher, heißt es, habe mehrmals mit dem Messer zugestochen, ein banaler Raubmord.

Doch starb Alexei wirklich durch einen dummen Zufall, so kurz nach seinem Vorgänger? Ich mag es nicht recht glauben. Als ich 2005 wieder die Redaktionsräume der *Toljatti Revue* betrete, sieht auf den ersten Blick alles aus wie damals, nur dass jetzt zwei große Fotos mit schwarzen Rahmen im Flur hängen. Die Suche nach Waleris Mörder könnte Alexei das Leben gekostet haben, hat uns am Telefon ein Mitarbeiter erzählt, aber der neue Chefredakteur Igor will darüber genauso wenig reden wie über seine eigenen Recherchen zum Tod der beiden Vorgänger. Nur wenig gibt er preis: »Wenn uns Leute fragen, ob wir eigene Recherchen zum Mord durchführen, dann sage ich immer ›Nein‹. Je weniger darüber Bescheid wissen, umso besser. Denn es gibt den lieben Gott und andere Instanzen, und in dieser Hierarchie stehen Polizei und Justiz beileibe nicht gerade oben.«

Als der Mord an Alexei geschah, standen Wahlen bevor, erklärt Igor. »Darum hat der Vize-Generalstaatsanwalt wohl damals schnell gesagt: ›Der Fall ist aufgeklärt, das war kein Auftragsmord, nur ein simpler Raubmord.‹ Doch nach einem Jahr wurde der verhaftete Obdachlose plötzlich wieder freigelassen.«

»Also doch kein unglücklicher Zufall?«

»Nein, der Mord an Alexei geschah nicht zufällig. Er hing mit seiner Arbeit hier zusammen.«

Mehr will Igor nicht sagen zu den Hintergründen. Die Zeitung macht inzwischen Boulevard und ist deutlich harmloser geworden – das wahrscheinliche Ziel der Morde ist erreicht. Die meisten Journalisten der *Toljatti Revue* haben nach Alexeis Tod die Zeitung verlassen und sich andere Arbeit gesucht. Pascha, den ich von meinem ersten Besuch kenne, arbeitet jetzt in der Pressestelle des Stadtparlaments. »Lieber gar kein Journalismus als gekaufte Artikel schreiben« – diese Haltung hat auch Swetlana, seine ehemalige Kollegin bei der *Toljatti Revue,* in die Pressestelle verschlagen. »Alexei hat damals gesagt: ›Ich will dem Druck nicht nachgeben. Die Zeitung soll so bissig und investigativ bleiben wie unter Waleri.‹ Aber ich war skeptisch und meinte: ›Das schaffst du nicht.‹«

Swetlana und Pascha halten die Jahre bei der *Toljatti Revue* für die besten ihres Lebens, weil sie den Menschen der Stadt die Wahrheit zeigen konnten. »Alexeis Kräfte reichten einfach nicht aus«, meint Swetlana, »um den Attacken zu widerstehen, die mit seinem Amtsantritt begannen. Ich bin natürlich schweren Herzens weggegangen, aber es musste einfach sein, weil die Zeitung sich immer mehr diesem großen Druck beugte – so wie die gesamte russische Presse eben.«

Pascha hatte im Büro des Stadtparlaments nicht über den Mord und seine Hintergründe sprechen wollen. Wir gehen gemeinsam zum Friedhof, zu seinen beiden ehemaligen Chefradakteuren. »Starb Alexei wegen seiner Recherchen zu dem Mord an Waleri?«, versuche ich noch einmal mein Glück und erfahre zunächst nur, was ich bereits weiß: dass nach dem Mord Wahlen bevorstanden, für das Parlament, den Bürgermeister. Immerhin ergänzt Pascha dann: »Wenn die *Toljatti Revue* so geblieben wäre, wie sie war, dann hätte sie gewaltigen Einfluss gehabt als große Zeitung. Menschen, die das nicht wollten, hatten also schon ein Motiv. Ein Mordmotiv hätte jemand gehabt, wenn Alexei dessen Verbindung zum Mord an Waleri rausgekriegt hätte – und wenn dieser Jemand ein Politiker wäre.«

Mehr will er mir nicht sagen. Nach Alexeis Tod wollten sie ihn, Pascha, zum Chefredakteur machen. Er hat abgelehnt. Er wollte weder den Herrschern der Stadt seine Seele verkaufen noch auf dem Friedhof einen Platz neben seinen Kollegen finden. Große Schlagzeilen in den überregionalen Zeitungen oder gar Berichte im nationalen Fernsehen haben die Morde an Waleri und Alexei nicht produziert. Lokaljournalisten genießen keinen Schutz durch eine große Öffentlichkeit, geschweige dann eine internationale. Sie recherchieren ihre Berichte über Korruption und Kriminalität in ihrer Stadt, in ihrem Bezirk in der Regel auf eigene Faust – und auf eigenes Risiko. Ihnen gegenüber steht fast immer ein geschlossenes System von Geschäftsleuten, Politikern, Staatsanwälten und Richtern, Seilschaften, die sich gegenseitig helfen und schützen.

Ich habe seit 1999 unzählige Geschichten gehört, wie Journalisten eingeschüchtert wurden. Längst nicht alle konnte ich nachprüfen, doch die meisten klangen glaubwürdig. Längst nicht alle hatten mit physischer Gewalt zu tun. In der Regel reicht bereits ökonomischer Druck auf den Chefredakteur oder Eigner einer Zeitung. Der bremst oder stoppt dann seine allzu ehrgeizigen Redakteure und zwingt sie, sich unverfänglicheren Themen zuzuwenden. Erst wenn solche Manöver keinen Erfolg bringen, kommt ein subtiles System von Drohungen in Gang. Von der Öffentlichkeit haben Journalisten nur in Ausnahmefällen Beistand oder gar Hilfe zu erwarten. Spätestens seit den Ereignissen in der Ukraine 2014, nach dem Umsturz auf dem Maidan, nach Krim-Annexion und Krieg im Donbas, wird jede Kritik an der Regierung, am Präsidenten, letztlich an allen Vertretern der Staatsgewalt, als unpatriotisch diffamiert. Journalisten, die kritisch berichten, gelten schnell als Teil einer »fünften Kolonne«, als Vaterlandsverräter, manipuliert vom Westen.

Treibjagd auf Olga Kitowa

Die Erlebnisse in Toljatti lassen mich lange nicht los. Wie viel Mut gehörte dazu, trotz einschlägiger Drohungen und erlebter Morde einfach weiterzumachen! Ich beschließe, eine längere Reportage über russische Journalisten zu machen. Den entscheidenden Tipp dafür bekomme ich beim russischen Journalistenverband: »Fahrt doch nach Belgorod«, sagt mir ein älterer Kollege, »da findet ihr, was ihr sucht.«

Belgorod, eine kleine Stadt im Südwesten Russlands, nahe der ukrainischen Grenze, ist von Moskau aus am besten mit dem Zug erreichbar. Er rollt gegen Mitternacht langsam aus dem Kiewer Bahnhof, nach ein paar letzten Gesprächen mit den Kollegen des Kamerateams krabbelt jeder in eine der vier Kojen des gemeinsamen Liegewagen-Abteils. Um sechs Uhr morgens weckt uns die Schaffnerin. Sie bringt Tee und ein paar belegte Brote, und nur eine Stunde später fährt unser Zug in den Bahnhof von Belgorod ein. Die Stadt wird gerade wach, Menschen strömen über den Bahnhofsvorplatz zur Arbeit, vorbei am großen Lenindenkmal, unter dem zwei ältere Frauen schweigend die Steinfliesen fegen.

Wir machen uns auf den Weg zur *Belgorodskaja Prawda*, der größten Zeitung der Stadt. Sie wird zwar nicht mehr von Parteifunktionären geschrieben, doch als wir jetzt nach Olga Kitowa suchen, machen wir eine Zeitreise zurück in die Sowjetunion. Es geht durch lange Flure, vorbei an geschlossenen Holztüren mit handgemalten Namensschildern, durch verwinkelte Treppenhäuser mit vielfach überstrichenen Heizkörpern. Nur selten begegnen wir Menschen, die bedächtig, mit einem Stapel Papier unter dem Arm, verhalten grüßen und in einem der Büros verschwinden.

Dann, endlich, ein Türschild mit der Aufschrift »Kitowa«. Wir klopfen und betreten einen kleinen Raum, in dem ein Dutzend Menschen um eine zierliche Frau um die fünfzig herumstehen, die einen lebhaften Vortrag hält. Sie gibt uns ein kurzes Zeichen und redet dann weiter auf ihre Besucher ein.

Was wir hören, macht zunächst nicht viel Sinn. Erst als Olga einen Moment innehält und uns begrüßt, können wir nachfragen. Und verstehen sofort, dass wir in eine abenteuerliche Story geplatzt sind. Sechs Mütter suchen Hilfe bei Olga: Ihre Söhne sind laut Olga Opfer einer makabren Erpressungsgeschichte. Ein Mitstudent der sechs behauptet, von ihnen vergewaltigt worden zu sein. Seine Mutter, eine Krankenschwester, fordert nun viel Geld, um die Anklage zurückzuziehen. Olga hat in ihrer Zeitung bereits über diesen Skandal geschrieben. Denn sie ist sicher: »Die Vergewaltigung ist frei erfunden, ich habe alle Zeugen und Alibis überprüft.«

Galina, eine der Mütter, mischt sich ein: »Olga ist die einzige ehrliche Journalistin in dieser Stadt, sie schreibt die Wahrheit. Anderen Journalisten ist diese Story zu heiß, nur Olga wagt sich an solche Fälle.« Klim, einer der Beschuldigten, ergreift das Wort. »Die anderen Studenten kennen uns doch, dieser Vergewaltigungsvorwurf hat alle Kommilitonen empört!« Und so geht es hin und her, aber mir erscheint diese Geschichte zunächst als zu absurd für unseren Film über Pressefreiheit in Russland.

Als sich die Mütter mit ihren Söhnen verabschieden, führt uns Olga Kitowa durch ihre Redaktion. Ihre Artikel in der *Prawda* sind populär – und gefürchtet. Vor allem von der Gebietsverwaltung und dem Gouverneur. Olga, so haben wir schon in Moskau gehört, wagt als Einzige, die Machenschaften des Gouverneurs in ihren Artikeln anzuprangern. Dass er einen Hotelkomplex mitten in ein Naturschutzgebiet bauen ließ, ist einer dieser Skandale. Inzwischen hat er auch das einzige Baderevier der Stadt in Bauland umwandeln lassen. Dort sollen nun Datschen für wichtige Funktionäre und Politiker entstehen. Damit, so glaubt Olga, will er sich Loyalität und Unterstützung sichern. Offenen Widerstand aber wagt niemand in Belgorod, oft stößt Olga bei ihren Recherchen auf eine Mauer des Schweigens. »Alle hier haben Angst, sich in die vielen Affären der Mächtigen einzumischen.« Olga will mit ihren Artikeln den Bau der Beamtendatschen am Seeufer stoppen – eine Provokation für den Gouverneur.

Die Journalistin kennt den Preis für ihre Recherchen: »Eines Morgens hörte ich Bremsen quietschen. Wie in einem schlechten Film kamen aus drei Autos Männer in Zivil gesprungen, sie packten und zerrten mich in eines der Autos.« Dass Olga als Abgeordnete des Stadtparlaments Immunität genießt, beeindruckte die Milizionäre nicht. Sie wurde zum Verhör gebracht. »Sie haben mich geschlagen und an den Haaren gezogen. Zuerst habe ich einfach nur den Schmerz gespürt, dann kam ein Gefühl von Erniedrigung dazu. Ich habe begriffen, dass ich völlig in ihrer Gewalt bin. Sie hätten mich auch nackt ausziehen können.«

Olga weiß, dass sie sich mit ihren Recherchen keine Freunde macht, selbst bei ihrer Zeitung ist sie mehr und mehr isoliert. Enthüllungsjournalismus – hier, in der schläfrigen *Prawda* hat er offenbar keine Heimat, Olgas Kollegen vermeiden ängstlich jede kritische Zeile. Und sie selbst macht sich schon jetzt, bei unserem Treffen, kaum Illusionen über die Gefahren, die ihr drohen: »Ich habe zwar Freunde und Bekannte, gute Beziehungen. Aber wenn es hart auf hart geht, fürchte ich, wird letztlich niemand mehr öffentlich zu mir halten. Da bin ich mir sogar absolut sicher.«

Kaum sind wir zurück in Moskau, wird Olga ein zweites Mal von der Miliz verhaftet. Also nehmen wir wieder den Nachtzug nach Belgorod. Als wir ankommen, liegt Olga im Krankenhaus. Sie war bei der Verhaftung ohnmächtig geworden. Doch besuchen können wir sie nicht, vor ihrem Krankenzimmer sitzen zwei Bewacher: ein Milizionär in Uniform und ein Mann in Zivil. Sie wird abgeschottet wie eine gefährliche Kriminelle. Wir fragen daher den Stationsarzt, warum Olga nach ihrer Verhaftung hier eingeliefert wurde. »Sie war bei Bewusstsein, aber in einem ziemlich schlechten Zustand. Ihr Blutdruck war sehr hoch, über 200.«

Wir filmen das Krankenhaus von außen und zoomen das Fenster von Olgas Zimmer heran. Dort erscheint plötzlich eine Krankenschwester und macht eine eindeutige Geste. Wir halten den Daumen hoch, verstanden. Offenbar hat Olga die Schwester überredet, als Botin zu agieren. Wir schreiben schnell ein paar Fragen auf einen Zettel und übergeben ihn kurz darauf am Stationseingang der Krankenschwester. Nach einer Viertelstunde halten wir Olgas Antwort in Händen und lesen, was während unserer Abwesenheit geschehen war: Olga hatte in weiteren langen Artikeln den Staatsanwalt von Belgorod angegriffen und enthüllt, mit welchen konstruierten Unwahrheiten er die sechs Studenten der Vergewaltigung anklagt. Ausdrücklich aufgrund dieser Artikel war sie nun verhaftet worden. Der offizielle Vorwurf: »Verbreitung von Lügen in den Massenmedien«.

Nur langsam verstehen wir, was hier abläuft. Theoretisch hätte die Justiz viel früher gegen Olga vorgehen können, nach ihren früheren Artikeln über fragwürdige Geschäfte und Entscheidungen des Gouverneurs. Aber dann hätten vor Gericht die Fakten zu diesen Fällen ausgebreitet werden müssen, viel schmutzige Wäsche wäre öffentlich gewaschen worden. Olga hat, dank ihrer Position im Stadtrat, Zugriff auf viele offizielle Dokumente. Die hätten den Gouverneur vor Gericht stark belastet, glaubt sie. Darum habe niemand auf ihre früheren Artikel reagiert.

Jetzt ist die Lage anders. Ihre Artikel zu den offensichtlich konstruierten Vergewaltigungsvorwürfen haben mit dem Gouverneur zunächst nichts zu tun. Man kann die lästige Journalistin aus dem Verkehr ziehen, ohne über den mächtigen Politiker reden zu müssen. Den würden wir gerne interviewen, doch wir erhalten eine Absage seiner Pressestelle.

Wir fahren zu Olgas Zeitung und platzen in die Redaktionskonferenz. Zwei Frauen mittleren Alters, die Männer in den Sechzigern. Es sind müde Gesichter, in die wir schauen, und misstrauische. Wir sind offensichtlich nicht willkommen, aber uns hinauszuwerfen, vor laufender Kamera, wagt auch niemand. Auf unsere Fragen, was sie über die Verhaftung ihrer Kollegin denken, folgt ein verlegenes Schweigen. Natürlich wissen alle, was passiert ist, aber für offene Solidarität reicht ihr Mut offenbar nicht. Der Gouverneur verteilt Privilegien und Pfründe, so wie früher die Parteibonzen, wer aufmuckt, riskiert seinen ruhigen Bürojob. Um die Pressefreiheit steht es in Belgorod heute schlechter als unter den Sowjets, hörten wir beim russischen Journalistenverband.

»Olga ist doch mehrmals vorgeladen worden und nie erschienen«, meint ein älterer Kollege, »man muss also annehmen, dass sie die Festnahme bewusst provoziert hat.«

»Werden Sie über den Fall schreiben?«

»Nein, das interessiert die Öffentlichkeit doch nicht.«

Olga kommt wenig später wieder frei. Ihre ersten Worte, als wir sie wiedersehen: »Ich werde natürlich weiterschreiben!« Doch hinter Olgas trotzigem Lächeln verbirgt sich eine dunkle Ahnung. Sie erzählt, was der Staatsanwalt ihr zuraunte, als er für einen Moment mit ihr alleine war: »›Du Hündin, deine Freunde vom Fernsehen gehen wieder, aber du bleibst bei uns.‹ Ich glaube, da gibt es wenig falsch zu verstehen, das ist eindeutig. Man nennt das wohl die letzte chinesische Warnung.«

Olga macht dennoch weiter und zeigt uns ihre neue brisante Entdeckung: Das »Eiskombinat« ist eine der wenigen städtischen Firmen in Belgorod, die gute Gewinne für den Stadthaushalt erwirtschaften. Trotzdem, so hat die Journalistin herausgefunden, ist ein großes Aktienpaket des Unternehmens unter der Hand verkauft worden. »Diese Entdeckung hat mich geschockt. Warum sollte die Verwaltung, ohne den Stadtrat zu informieren, eine gut funktionierende und profitable Fabrik weggeben? Hinter dem Käufer, einer Firma auf den Virgin Islands, stecken wahrscheinlich die ganz privaten Interessen des Gouverneurs. Denn ohne seine Zustimmung hätte hier niemand solch einen Coup gewagt. Und außerdem wissen hier in Belgorod alle genau, wer bei solchen Deals das Sahnestück bekommen muss.«

Prozess ohne Zeugen

Der nächste Anruf von Olga alarmiert uns: Die sechs jungen Studenten sollen, trotz der so fragwürdigen Anklage, tatsächlich vor Gericht gestellt werden. Acht Wochen sitzen sie schon in Untersuchungshaft, nun soll der Prozess beginnen. Der Staatsanwalt sei offenbar fest entschlossen, sie ins Gefängnis zu bringen, erklärt Olga, als wir sie in Belgorod wiedertreffen: Mangels echter Tatzeugen habe er versucht, einen Kronzeugen zu gewinnen. Den Jungen sei im Gefängnis unabhängig voneinander vorgeschlagen worden, die übrigen zu beschuldigen, um so das eigene Strafmaß zu verringern. Keiner von ihnen habe sich jedoch für dieses Manöver hergegeben.

Bevor der Prozess beginnt, wollen wir selbst noch den angeblichen Tatort sehen und fahren zur Universität. Selbst ein Gutachten der Dozenten, wonach es keine Massenvergewaltigung gab und auch nicht geben konnte, war vom Gericht verworfen worden. Wir treffen einen Augenzeugen, der zur angeblichen Tatzeit in der Umkleide war. Seine Aussage wurde nicht aufgenommen. Mir wird schnell klar, warum: Das Verbrechen soll morgens, gleich nach dem Sportunterricht, begangen worden sein, so die Anklage. Doch zwei der sechs Beschuldigten seien nicht einmal physisch anwesend gewesen, erklärt uns der Student. Einer habe krank im Wohnheim gelegen, der andere hätte mit einer anderen Gruppe Sport gehabt, »und die haben ihre Umkleide ganz woanders«. Für beides gebe es genügend Zeugen.

Der Student zeigt uns den vermeintlichen Tatort: »Hier in dieser Umkleide haben sich vier der Angeklagten und das vermeintliche Opfer um elf Uhr morgens umgezogen. Alles war völlig normal. Ungefähr dreißig, vielleicht auch vierzig Leute waren in der Umkleide, die hätten doch eine Vergewaltigung bemerkt!« Er zeigt auf die Toilette. Die war vom Staatsanwalt zunächst als Tatort genannt worden – bis selbst der nach einer Ortsbesichtigung einräumen musste, sie sei zu klein für sechs Vergewaltiger und ein Opfer.

Dreißig bis vierzig Zeugen, zwei der Angeklagten waren gar nicht anwesend? Ich verstehe langsam, warum die beschuldigten Studenten, ihre Angehörigen, ihre Kommilitonen diese Anklage einfach nicht ernst nehmen wollen. Spätestens wenn die Verteidigung die vielen Entlastungszeugen zur Anhörung bringt, bin ich überzeugt, muss die absurde Anklage doch in sich zusammenfallen wie ein Kartenhaus. Olga hat in ihren Artikeln minutiös die haarsträubenden Widersprüche in der Argumentation der Ermittler aufgelistet, zahlreiche der Zeugen zu Wort kommen lassen. Würde das Gericht sich diese Erkenntnisse zu eigen machen, müssten nicht nur die sechs Studenten freigesprochen werden. Auch die Anklage gegen Olga Kitowa wegen »Verbreitung von Lügen in den Massenmedien« wäre hinfällig. Ich habe eine dunkle Ahnung: Kann es tatsächlich sein, dass hier, nur um Olga auszuschalten, sechs unschuldige Studenten geopfert werden mit einer konstruierten Anklage?

Als wir zum Gericht kommen, sind die Mütter der Studenten schon da. Allein der Umstand, dass es tatsächlich zu diesem Prozess kommt, erfüllt sie mit düsteren Ahnungen. Galina, eine einfache Frau vom Land, versteht bis jetzt nicht, was hier abläuft. »Wir haben doch so auf Gerechtigkeit gehofft, darauf, dass sie nicht in Untersuchungshaft gesteckt werden. Niemand in unserem Dorf kann doch etwas Schlechtes über die Jungs erzählen.«

Ein Gefangenentransporter fährt an der Gruppe vorbei, das Eisentor zum Hinterhof des Gerichts öffnet sich. Die Mütter laufen los. Acht Wochen lang haben sie ihre Söhne nicht gesehen. Doch die Wachen drängen sie ab, das Eisentor schließt sich schnell wieder hinter dem Gefangenentransport.

Heute wird nur gegen vier der Studenten verhandelt, zwei der sechs Angeklagten werden sich vor dem Jugendrichter verantworten müssen, weil sie zum Zeitpunkt der behaupteten Tat noch minderjährig waren.

Und dann läuft alles so ab, wie die Mütter der vier Älteren es bereits ahnten. Ihre Söhne haben keine Chance. Es gibt zwar keine Beweise, keine Gegenüberstellung mit dem Opfer, keine erkennbaren Motive, doch kaum ein Entlastungszeuge wird zugelassen. Als hätten wir eine Zeitreise in die Epoche Stalins angetreten, werden Tatsachen verdreht, Verteidiger ignoriert, Zeugen manipuliert. Das schnelle Urteil: acht bis achteinhalb Jahre Lagerhaft!

Als der Richter das Strafmaß nennt, schreien die Mütter laut auf.

»Du bringst unsere Kinder um!«, ruft Natascha, eine der Mütter, durch den Saal und zeigt auf die Mutter des angeblichen Vergewaltigungsopfers, die Anzeige erstattet hatte. Sie habe ihrem Sohn seine Aussagen diktiert, glauben die Mütter der Angeklagten.

Vor dem Gerichtsgebäude treffen wir auf einen der wenigen Entlastungszeugen, der zum Prozess zugelassen wurde. Die Mütter wissen inzwischen, dass Zeugen vom Staatsanwalt unter Druck gesetzt wurden, sie danken Mischa für seinen Mut. »Wieso«, wehrt der verlegen ab, »ich habe doch nur gesagt, dass das Verbrechen einfach gar nicht geschehen konnte.« Nichts habe er gesehen von einer brutalen Vergewaltigung, die sechs Studenten morgens um elf in einem vollen Umkleideraum organisiert haben sollen. Der Staatsanwalt konnte nicht einen einzigen Tatzeugen präsentieren.

Wir fahren mit den verzweifelten Müttern in Nataschas Wohnung. Es ist kurz vor den Abendnachrichten, alle nehmen auf dem Sofa Platz und starren auf den Fernseher. Das gouverneurstreue Lokalfernsehen zeigt einen Bericht über die Gerichtsverhandlung. Der Reporter spricht von einem Gewaltverbrechen. Die Mütter sind schockiert: kein Wort über die Ungereimtheiten des Prozesses, über Olgas zahllose Recherchen und natürlich kein Kommentar zur sichtbaren Komplizenschaft zwischen Richtern und Anklage.

»Synok! Söhnchen«, schluchzt Natascha, als sie Klim auf der Mattscheibe sieht, wie er, den Kopf gesenkt, in Handschellen aus dem Gerichtssaal geführt wird.

»Da, die Lubjanowa. Diese Mörderin!« Das Fernsehen zeigt in einer kurzen Einstellung die Mutter des angeblich Vergewaltigten.

Wer ist diese Frau? Sie hat jene Anzeige erstattet, die alles ins Rollen gebracht hatte und von der Staatsanwaltschaft angenommen worden war, trotz aller Ungereimtheiten. Doch warum? Olga hatte uns erzählt, sie habe die Mutter des mutmaßlichen Opfers schon zu Beginn der Story zu den Anschuldigungen befragt, im Beisein einer Stenografin der Redaktion. Und dabei soll die Frau angeboten haben, gegen Zahlung einer bestimmten Summe die Anschuldigungen fallen zu lassen.

Nach mehreren Anrufen ist die Frau bereit, sich mit uns in einem Park zu treffen. Sie kommt gemeinsam mit ihrem Ehemann. Beide beteuern immer wieder, der Darstellung ihres Sohnes zu glauben. Von ihm hätten sie die Namen der sechs Studenten, der mutmaßlichen Täter, erfahren.

»Wenn Sie doch überzeugt sind von der Darstellung Ihres Sohnes: Wieso haben Sie dann angeboten, für viel Geld alles wieder zu vergessen?«

»Ach, das sind alles Lügen, die wollen mich schlechtmachen. Ich bin doch kein Mensch, der seinen Sohn für 30 Silberlinge verkauft.«

»Aber Olga Kitowa hat behauptet, eine Stenografin der Redaktion habe diesen Dialog sogar mitgeschrieben.«

»Ja, da saß eine Sekretärin, aber ohne Tonband oder Kamera, das stimmt doch alles nicht.«

Doch dann räumt sie in einem Nachsatz plötzlich unbewusst ein, dass Olgas Vorwurf der versuchten Erpressung nicht jeder Grundlage entbehre: »Das mit dem Geld war eine Idee unseres Rechtsanwalts.«

Geld als Motiv? Und dafür sollen nun sechs junge Studenten in den Knast gehen?

Wir haken noch einmal nach, wollen wissen, ob ihr Sohn die Tat vielleicht nur erfunden hat. Er wurde schließlich von allen Studenten, mit denen wir sprachen, als Einzelgänger und Sonderling beschrieben. Nein, nein, lautet die empörte Antwort, erst durch den Schock sei er seltsam geworden.

»Und wie erklären Sie sich, dass ganz normale Informatikstudenten plötzlich zu hemmungslosen Gewaltverbrechern wurden?«

Ihre Antwort klingt herablassend: »Die kommen doch alle vom Dorf, und außerdem haben sie sich morgens, vor dem Sportunterricht, mit Schnaps und Marihuana gezielt enthemmt.«

»Woher wissen Sie das?«

»Nun, das habe ich in den Unterlagen des Staatsanwalts gelesen.«

Mit ihrem Sohn selbst können wir nicht sprechen. Um ihn zu schützen, so die Begründung. Er hat seinen Eltern von weiteren Vergewaltigungen an der Universität berichtet, Behauptungen, die inzwischen sämtlich als Hirngespinste widerlegt wurden.

Wir fahren zurück in die Redaktion der *Belgorodskaja Prawda*. Olga sitzt mit ihrem Rechtsanwalt zusammen in ihrem kleinen Redaktionszimmer. Sie holt das Stenogramm des Gesprächs mit der Mutter des angeblichen Vergewaltigungsopfers aus einem Aktenordner. Tatsächlich können wir jetzt nachlesen: Für insgesamt 18 000 Dollar sei man bereit, die Sache auf sich beruhen zu lassen.

»Das Stenogramm könnte natürlich fehlerhaft sein«, wendet Olgas Rechtsanwalt ein, »das Gericht könnte dieses Beweismittel mit dieser Begründung einfach ablehnen.«

»Dann lassen wir die Stenografin eben als Zeugin vernehmen, sie hat doch alles gehört«, beharrt Olga, »sie muss auf die Zeugenliste.«

Für Olga steht viel auf dem Spiel: Neben der »Verbreitung von Lügen in den Massenmedien« legt ihr die Anklage inzwischen auch Widerstand bei der Verhaftung zur Last. Ihr drohen bis zu fünf Jahre Straflager. Und sie versteht inzwischen, wie eng das Schicksal der Studenten mit ihrem eigenen verknüpft ist. Ihre Artikel haben die Staatsanwaltschaft gedemütigt, deren Manipulationen offengelegt. Würden die Studenten jetzt freigesprochen, wäre Olga bestätigt. Deshalb muss sie weg, sie ist zu gefährlich, nicht zuletzt für die Geschäfte des Gouverneurs. »Seit diesen Festnahmen habe ich immer das Gefühl, hier könnte jederzeit jemand einbrechen, mich verhaften und wegbringen und alles Mögliche mit mir machen. Und niemand würde sich darum scheren, niemand würde mir helfen.«

Olgas Mann ist vor einigen Jahren gestorben, ihrem Sohn in Moskau hat sie verboten, nach Belgorod zu kommen. »Hier würde ihm sicher etwas passieren, um Druck auf mich auszuüben.« Sie holt eine Dose mit Schokoladenmünzen und stellt sie auf den Tisch vor uns. »Tapferkeitsmedaillen hat mein Sohn sein Geschenk genannt.« Olga lächelt liebevoll. »Aber ich bin ja erwachsen«, wird sie ernst, »natürlich kenne ich das Ausmaß der Gefahr.« Ihr Telefon wird abgehört, erzählt sie, in den Gerichtsakten liegen die Gesprächsprotokolle.

Am kommenden Tag begleiten wir Olga zu einem schwierigen Termin: Der Stadtrat stimmt darüber ab, ob ihr die Immunität als Abgeordnete entzogen wird. Längst erhält sie keine Glückwunschschreiben der Kollegen mehr für ihre mutige Arbeit, viele Abgeordnete kooperieren inzwischen mit dem Gouverneur. Lassen sie Olga heute fallen, ist eine weitere Hürde auf dem Weg ins Gefängnis abgeräumt. »Ich hoffe nur, dass sie Angst haben, mir das anzutun, denn alles, was mit mir geschieht, kann ja morgen auch mit ihnen selbst passieren.«

Vor der entscheidenden Abstimmung geht Olga noch zur Sitzung des Haushaltsausschusses. Da ist sie im Vorstand, da hat sie Einblick in die finanziellen Transaktionen der Stadtverwaltung. Und so ist sie auch immer wieder auf die merkwürdigen Geschäfte des Gouverneurs und seiner Umgebung gestoßen. Dubiose Steuerbefreiungen für Freunde, die Beamtenvillen am See, das »Eiskombinat« – Freunde hat sie sich mit diesen Enthüllungen auch hier nicht gemacht, merke ich schnell, als sie zu einzelnen Abgeordneten tritt und um Unterstützung wirbt: »Stimmen Sie heute für meine Abgeordnetenrechte!« Die meisten wenden sich ab, wollen offensichtlich auch nicht von uns gefilmt werden, im vertraulichen Gespräch mit Olga Kitowa.

»Natürlich, Sie haben doch keinen Mut, gehen Sie doch!«, ruft sie einem Abgeordneten hinterher.

»Du sagst ständig, wir sind Diebe, und ich soll dir zuhören?«, antwortet der Mann verärgert.

»Ach, gehen Sie doch, erfüllen Sie weiter die Gouverneursbefehle!«

Olga ist für die Abgeordneten eine unbequeme Kollegin, das ist deutlich zu spüren. Die meisten hier sind Geschäftsleute, Unternehmer und einflussreiche Mitglieder der herrschenden Schicht in Belgorod. Sie haben sich arrangiert mit der politischen Führung. Die kampflustige Reporterin aber hat schon den eigenen Stadtrat verklagen lassen, als der – in ihren Augen – gesetzwidrig eine Firma begünstigt hatte.

Wir müssen raus, die Sitzung beginnt. Nach zwei Stunden kommen die ersten Abgeordneten aus dem Saal. »Es lief so, wie wir es wollten«, antwortet einer kurz auf unsere Frage.

»Die Immunität wurde also aufgehoben?«

»Ja!«

Es gab eine klare Mehrheit gegen Olga Kitowa. Für die kleine, zähe Frau ist es nicht nur eine politische Niederlage. Sie hat gespürt, dass sie vollkommen isoliert ist. Als wir mit Olga reden wollen, winkt sie nur ab und geht mit leeren Augen an uns vorbei. Erst am nächsten Tag will sie wieder mit uns sprechen. Ein hoher Beamter habe ihr diskret ein Geschäft angeboten, erzählt sie: Das Gerichtsverfahren gegen sie werde fallen gelassen, die Miliz werde sich für die Misshandlungen entschuldigen. Einzige Bedingung: keine Artikel mehr gegen den Gouverneur. Olga hat abgelehnt.

Die geraubten Söhne

Wir treffen zwei Mütter der verurteilten Studenten vor dem Gefängnis wieder, in dem ihre Söhne sitzen. Besuchstag. Sie haben ihn vor vielen Wochen beantragt. Jetzt packen sie im Schatten eines Baumes vor dem riesigen Ziegelbau mit den vergitterten Fenstern Lebensmittel für ihre Söhne ein: Obst, Tee, Zucker, Zigaretten, Kekse, alles wird streng nach Gefängnisvorschrift getrennt und verpackt. Was werden sie ihren Söhnen sagen, wenn sie sie wiedersehen?

»Ich werde meinem Sohn sagen, dass er durchhalten soll und die Hoffnung nicht aufgeben darf«, antwortet Lidija, bevor sie sich in die Schlange der anderen Besucher einreiht. Noch hoffen sie, dass ihre Kinder in der zweiten Instanz vor dem Bezirksgericht freigesprochen werden. Mit den beiden Müttern warten auch die Freundinnen der Jungen auf diesen ersten Besuch. Auch Klims Freundin. »Ich werde ihm sagen, dass ich ihn sehr liebe, dass ich auf ihn warte und hoffe, dass er zurückkommt.«

Klims Mutter Natascha hat im Gefängnis einen ehemaligen Zellengenossen ihres Sohnes getroffen. »Der wollte beim ersten Prozess zugunsten unserer Jungs aussagen. Aber ich fürchte, sie zwingen ihn jetzt, wie schon zwei andere Zeugen, seine Aussage zu ändern. Im April sagten diese Mithäftlinge noch, mein Sohn habe im Gefängnis seine Schuld immer bestritten. Doch diese Mithäftlinge wurden verlegt, und plötzlich behaupten sie, mein Sohn habe ihnen das Verbrechen gestanden.« Als Lidija aus dem Gefängnis zurückkommt, hat auch sie verweinte Augen. Ihr Sohn habe keinen Lebensmut mehr, berichtet sie.

Wir fahren aufs Land, in ein Dorf außerhalb von Belgorod. Hier lebt die Mutter von Maxim. Als der nach der Untersuchungshaft kurz freikam, sei er untergetaucht, berichtet seine Mutter. Seitdem habe niemand mehr etwas von ihm gehört. Seine Mutter vermutet, er sei in der Untersuchungshaft misshandelt, vielleicht sogar vergewaltigt worden. Sie erinnert sich an das letzte Gespräch mit ihrem Sohn: »An diesem Abend sagte mir Maxim: ›Ich gehe nie mehr ins Gefängnis zurück. Nimm ein Messer und töte mich meinetwegen, aber dahin gehe ich nie wieder.‹ Er hat sich ein Taxi genommen und ist weggefahren. Und ich weiß immer noch nicht, wo er steckt. Vielleicht lebt er überhaupt nicht mehr. Diese Lubjanowa hat das Leben meines Kindes ruiniert.«

Jede Woche kommt eine Streife der Miliz und befragt die Nachbarn nach dem flüchtigen Maxim, im Dorf hängen Steckbriefe. Was als eine Reportage über das Schicksal russischer Journalisten geplant war und mit den Schikanen gegen Olga Kitowa begann, hat sich nach einigen Monaten zu einem Film über die russische Justiz entwickelt.

Immer wieder kommt eine Gruppe der Mütter nach Moskau, um nach Unterstützung zu suchen. Bei Menschenrechtlern, Politikern, Rechtsanwälten. Hier, weit entfernt von Belgorod und dem offenbar unbegrenzten Einfluss ihres Gouverneurs, hoffen sie bei jedem Besuch auf ein Ende ihres Albtraums, auf Hilfe durch Menschen, die die Gesetze von Logik und Rechtsstaatlichkeit kennen und verteidigen. Sogar im Kreml haben sie um Beistand gebettelt. Hatte nicht Präsident Putin selbst inzwischen öffentlich eine Reform des Justizsystems gefordert? Doch helfen wollte ihnen niemand in den Regierungsbehörden.

Wann immer ich kann, treffe ich die Mütter in Moskau, lade sie auf einen Tee zu mir nach Hause ein. Ich gebe zu: Es fällt mir schwer, journalistische Distanz zu wahren. Zu zynisch und zu durchschaubar ist das, was ich hier erlebe. Nach dem inzwischen siebten Besuch der Mütter in Moskau fahre ich gemeinsam mit ihnen zurück nach Belgorod. Denn die Berufungsverhandlung steht unmittelbar bevor.

Es ist eine deprimierende Reise mit den verzweifelten Frauen.

»Ich bin tief enttäuscht«, resümiert Natascha. »Enttäuscht von Moskau, von meinem Land und von meinen eigenen Möglichkeiten. Manchmal bereue ich es fast, dass ich nie die Chance hatte, illegal großes Geld zu machen. Nur so könnte man unsere Kinder wohl noch retten.« Für viel Geld, das hatten ihnen Rechtsanwälte in Moskau erzählt, könne man in Russland sogar Gewaltverbrecher freikaufen.

Jetzt setzen die Mütter alle Hoffnungen auf das Bezirksgericht, die Berufungsinstanz. Und auf Andrei Babuschkin, dessen Organisation russische Häftlinge und deren Angehörige unterstützt. Der Moskauer Menschenrechtsexperte hat ein vernichtendes Gutachten über die erste Verhandlung mitgebracht: »Das muss das Gericht einfach zur Kenntnis nehmen, hier, eine ganze Tabelle von Fehlern, zum Beispiel die Liste der Zeugen, die vom Gericht ignoriert wurden.« Babuschkin fordert, dass wenigstens diesmal Entlastungszeugen gehört werden. Doch die Hoffnungen auf einen fairen Berufungsprozess werden gleich zu Anfang zunichtegemacht. Das Gutachten des Moskauer Menschenrechtlers wird vom Richter zurückgewiesen. Ohnmächtig sehen die Mütter zu, wie die schriftlichen Aussagen des angeblichen Opfers ungeprüft bleiben, es gibt wieder keine Gegenüberstellungen, keine Entlastungszeugen. Die Urteile werden bestätigt.

Die Mütter begreifen, was jetzt mit ihren Jungen geschehen wird, was sie in russischen Straflagern erwartet: Sie werden als verurteilte Vergewaltiger in der brutalen Hierarchie der russischen Häftlinge am untersten Ende stehen, ihnen drohen Erniedrigung, Vergewaltigung, vielleicht sogar Mord. Der scheinbar so absurde Vergewaltigungsvorwurf ist in zwei kafkaesken Schauprozessen bestätigt worden, die jungen Studenten wurden offensichtlich Opfer eines Machtkampfes zwischen der Justiz in Belgorod und Olga Kitowa.

Selbst der Rechtsanwalt der Studenten wirkt fassungslos: »Das Gericht hätte doch nur überprüfen müssen, was Olga geschrieben hat, statt sie jetzt als Lügnerin anzuklagen. Das Urteil stand längst fest, noch bevor der Staatsanwalt überhaupt zu reden begann.« Für sein Honorar hatten die Eltern der Studenten sich Geld leihen, Autos verkaufen müssen. Ein Verfahren in Moskau, die Anrufung der dritten Instanz, würde umgerechnet noch einmal Tausende von Euros kosten – Geld, das niemand von ihnen aufbringen kann.

Natascha weint hemmungslos. »Wie müssen sich unsere Jungs jetzt fühlen? Ich weiß, dass sie unschuldig sind. Ich habe meinen Sohn zum Studium geschickt, damit er ehrlich sein Geld verdienen kann. Aber ich hätte ihn wohl lieber zu Gangstern bringen und ihnen sagen sollen: Macht einen richtigen Verbrecher aus ihm, denn der Staat will es ja so.«

»Ich kann so nicht mehr leben«, sagt Larissa. »Ich komme nach Hause, und Maxims Zimmer ist leer. Vor meinem Mann will ich keine Schwäche zeigen, also weine ich nachts, wenn er schläft, still vor mich hin. Und manchmal rieche ich an Maxims Hemden, aber sein Geruch ist fast schon verflogen.«

Und dann lassen die Demütigungen der vergangenen Monate die Mütter auf die Knie fallen. Es ist diese Szene, die ich nie mehr aus meinem Gedächtnis werde löschen können. Stellvertretend für die westliche, zivilisierte Welt flehen drei Frauen kniend unsere Kamera an, sie aus den Fängen ihrer eigenen, der russischen Justiz zu befreien.

Am 4. September 2002 werden die verurteilten Studenten für acht Jahre in ein Straflager gebracht. Maxim bleibt weiter untergetaucht. Olga Kitowas Kampf um die Wahrheit hat alles nur schlimmer gemacht. Die Studenten mussten schuldig gesprochen werden, um Olgas Artikel als Lügen zu brandmarken.

Das Ende des kritischen Journalismus

Als der Prozess gegen Olga beginnt, hören wir stundenlang schwere Vorwürfe, der Staatsanwalt nennt sie »eine prinzipienlose Verleumderin und Provokateurin«. Das Lokalfernsehen zeigt Olgas Verurteilung: Zweieinhalb Jahre auf Bewährung, umgerechnet einige Hundert Euro Geldstrafe, und für drei Jahre wird ihr das passive Wahlrecht abgesprochen. Olga bleibt gefasst – die Journalistin ahnte seit Tagen, dass ihr Urteil längst feststand, so wie das im Prozess der

Studenten: »Hier herrscht Gouverneur Sawtschenko, und das Gericht, die Staatsanwaltschaft und die Miliz sind schlichtweg seine Henkersknechte. Was heißt denn ›bewusste Verleumdung‹, wenn ich nur zitiere, was Kommilitonen und Mitschüler über das angebliche Vergewaltigungsopfer Lubjanow gesagt haben?«

Am Tag nach der Verurteilung sortiert sie zu Hause ihre Akten – und ihre Zukunft. »Ich habe jetzt folgende Alternativen: Entweder ich benehme mich ganz ruhig und schreibe während der Bewährungsfrist nur über das Wetter – aber selbst das kann ja gefährlich sein, wenn ich mal unrecht habe. Oder ich muss ganz aufhören und weggehen. Für die Menschen hier im Belgoroder Gebiet ist mein Fall jedenfalls Warnung genug. Auf der Straße sprechen mich jetzt Leute an, die mein ›Verbrechergesicht‹ erkennen, das im Lokalfernsehen ja oft genug gezeigt wurde. Und dann sagen sie: ›Na, Olga Kitowa, was haben Sie denn erreicht? Stellen Sie sich vor, was erst mit uns einfachen Leuten passieren würde, wenn man sogar Sie so behandelt, Sie, eine öffentliche Person.‹ Trotzdem ist Weggehen eigentlich keine Option.«

Für ein paar Tage wenigstens will sie Belgorod verlassen, mit dem Nachtzug nach Moskau fahren, um endlich ihren Sohn wiederzutreffen. Er studiert dort russisches Recht, und Olga will ihm erzählen, wie es darum bestellt ist in Belgorod.

Einige Jahre später erfahre ich: Natürlich hatte Olga nach der Verurteilung aufgehört, Kritisches über den Gouverneur zu schreiben. Die letzte kritische Stimme der Stadt war verstummt. Der umstrittene Gouverneur dagegen blieb weitere sechzehn Jahre im Amt. Die sogenannte gelenkte Demokratie funktioniert in Russland inzwischen fast störungsfrei. Fast ein ganzer Berufsstand hat sich in knapp zwei Jahrzehnten Putin-Herrschaft aufgegeben.

Den Zustand der Branche beschreibt 2015 ein russischer Regionalkorrespondent. Nennen wir ihn Wassili: »Klassische Berichterstattung heißt: Du fährst irgendwo hin, verstehst die Situation und erklärst sie ehrlich deinen Zuschauern. Nun, dieser Beruf ist ausgestorben. Es gibt ihn einfach nicht mehr. Niemand fährt irgendwo hin, um zu erklären, was dort passiert. Jeder fährt irgendwo hin, um eine Bestätigung für die Story zu finden, die er laut Auftrag erzählen soll.«

Der leitende Mitarbeiter eines russischen Nachrichtenkanals, der 2014 kündigte und auswanderte, sagt über seine noch aktiven Kollegen im russischen Staatsfernsehen: »Für sie sind journalistische Standards etwas Seltsames, Fremdes und vor allem: Unnötiges. Wenn die Situation sich also morgen ändern würde, was natürlich nicht passieren wird, dann würden sie genauso weitermachen, nur zu einer anderen Melodie. Man müsste sie alle rauswerfen. Das System von ihnen befreien. Neue Leute anstellen.«

Der Startschuss für die »Bereinigung der Medienlandschaft« war die Gängelung der Medien im zweiten Tschetschenienkrieg 1999. Freien Zugang hatten fast ausschließlich die Kreml-nahen Zeitungen und Fernsehsender. Die nahmen naturgemäß den russischen Blickwinkel ein. Gräueltaten an tschetschenischen Zivilisten, verübt von russischen Soldaten, Söldnern und Geheimdienstkommandos konnten nur heimlich recherchiert werden: von mutigen Journalisten, die sich alleine, als Zivilisten getarnt, auf den Weg machten. Anna Politkowskaja war die prominenteste von ihnen.

Genauso zielstrebig, wie Wladimir Putin als FSB-Direktor den Inlandsgeheimdienst »säuberte«, widmete er sich nach seinem Einzug in den Kreml den großen Fernsehsendern. Ein besonderer Dorn im Auge war ihm der Sender NTW des Medienmagnaten Wladimir Gussinski. Nicht zuletzt wohl wegen der politischen Satiresendung »Kukli«. Jeden Samstagabend erreichte die Puppenshow, den britischen »Spitting Images« nachempfunden, 40 Prozent der Moskauer Zuschauer – und das völlig zu Recht: Respektlos und witzig karikierte »Kukli« die Protagonisten des Moskauer Polit-Theaters. Wladimir Putin trat in ihr als schwach und zögerlich auf, wurde mal als impotenter Jüngling in der Hochzeitsnacht verulkt, mal als neuer König, der sich seine Krönungs-Gewänder aussucht, mal als ignoranter Literatur-Zensor. Schlimmer aus der Wahrnehmung des Kreml war aber wohl: Gussinskis Sender NTW hatte immer wieder über Spekulationen berichtet, der FSB sei in die Bombenattentate auf Moskauer Wohnhäuser 1999 verwickelt.

Schon einen Monat nach Putins Amtsantritt als Präsident eröffnete die Generalstaatsanwaltschaft ein Strafverfahren gegen Gussinski. Der kam ins berüchtigte Untersuchungsgefängnis Butirka.

Nach drei Tagen war er offenbar weichgekocht. Presseminister Michail Lessin persönlich ließ sich im Gefängnis von Gussinski die Abtretung von NTW an Gazprom unterschreiben – im Tausch gegen die Freiheit. Gussinski verließ Russland und machte aus dem Ausland die erpresserische Vereinbarung publik.

Auch der Fernsehsender ORT, unter der Kontrolle des Oligarchen Boris Beresowski, machte den Fehler, Putin zu kritisieren. Der Anlass war ein tragischer: Am 12. August 2000 sank das U-Boot »Kursk« nach der Explosion eines fehlerhaften Torpedos im Nordmeer. An Bord befanden sich 118 Mann Besatzung. Statt sofort zur Unglücksstelle zu eilen, erholte sich Wladimir Putin in seiner Residenz in Sotschi und reagierte verspätet mit einem kurzen Fernsehauftritt in Freizeitkleidung. Viel zu zögerlich forderte Russland dann internationale Unterstützung an. Erst als zehn Tage später der Tod aller 118 Seeleute feststand, traf der Präsident ihre Angehörigen am Nordmeer. Die trauernden Familien warfen Putin und dem Militär Tatenlosigkeit aus falsch verstandenem Nationalstolz vor.

Der Sender ORT stimmte ein in den Chor der Kritiker, Starmoderator Sergei Dorenko analysierte Putins Aussagen zum Untergang der Kursk und warf ihm vor, gelogen zu haben. Putin empfand das als Verrat. Wichtige Vertraute Beresowskis im Sender wurden entlassen. »Danach empfing der Präsident seinen ehemaligen Freund im Kreml und teilte ihm mit, dass der Erste Kanal nun wieder der direkten Aufsicht des Staates unterstellt sei, also seiner eigenen, der von Wladimir Putin. ›Leben Sie wohl, Boris Beresowski‹, waren die letzten Worte des Präsidenten, die aus dem Freund einen Feind machten.«[1]

Beresowski blieb mit TV-6 zunächst ein zweiter großer Fernsehsender. Doch der Traum vom Überleben des Kreml-kritischen Journalismus dauerte nur ein Jahr. Dann wurde TV-6 wegen nicht bezahlter Schulden geschlossen. Diesmal war es die Ölfirma Lukoil, die den Sender bekam.

Einige Tausend demonstrierten damals in Moskau gegen die Zerschlagung der kritischen Sender, aber ein landesweiter Aufschrei blieb aus. Sich zunächst auf das Fernsehen zu konzentrieren ergab dabei durchaus Sinn in Putins riesigem Reich: Zeitungen spielen zwar auch eine wichtige Rolle für die Meinungsbildung, doch eher für die urbanen Eliten. Inzwischen stehen fast alle relevanten Sender unter der direkten Kontrolle des Kreml oder loyaler Unternehmen.

Eine Ausnahme ist der kleine unabhängige Fernsehsender TV Doschd, der 2010 zu senden begann. Er berichtete kritisch über russische Innenpolitik, bis er 2014 ein Tabuthema aufgriff: die Hunger-Blockade von Leningrad durch deutsche Truppen während des Zweiten Weltkriegs. Eine Umfrage, ob durch eine Kapitulation der Stadt nicht viele Leben hätten gerettet werden können, führte im bereits stark patriotisch aufgeheizten Klima zu einem Sturm der Empörung, alle Anbieter von Satelliten- und Kabelfernsehen stoppten die Verbreitung von Doschd – nach massivem Druck aus dem Kreml, glaubt Doschd-Chefredakteur Michail Sygar. Der Sender verlor in wenigen Tagen 80 Prozent seiner Zuschauer und fristet heute ein Schattendasein im Internet.

Hatte Wladimir Putin einen Masterplan zur Medien-Gleichschaltung, als er in den Kreml einzog? Die Zeitung *Kommersant* veröffentlichte kurz nach Putins Wahl ein geheimes Dokument mit dem Titel »Reform der Administration des Präsidenten der Russischen Föderation«. Es war die Konstruktionszeichnung eines autoritären Staates mit totaler Manipulation seiner Bevölkerung: politische Kontrolle von Parteien und Medien, die gezielte Diskreditierung der Opposition, aktive Agitation und Propaganda nicht nur in Russland, sondern auch in Ländern des nahen Auslands. Mitglieder von Geheimdienst und anderen Sicherheitsstrukturen werden in die Präsidialverwaltung entsandt werden.

»Es entwickelt sich ein hochzentralisiertes System, zugeschnitten auf eine Person. Sie sitzt wie eine Spinne im Netz. Der Präsident fällt die strategischen Entscheidungen. Das System basiert auf Loyalität und Macht der ›Silowiki‹ [Vertreter der Sicherheits-Strukturen, Geheimdienstler, Militärs, Anm.] und der Kontrolle weniger über die entscheidenden ökonomischen Ressourcen.«[2] Wie authentisch dieses Dokument ist, von wem genau es für wen geschrieben wurde, ist unklar. Doch was in ihm zu lesen war, ist heute, im Jahr 2019, längst Realität.

19 Jahre nach Wladimir Putins erster Inauguration als Präsident
ist der ehemalige Leuchtturm des kritischen Journalismus, NTW,
nicht nur Sprachrohr des Kreml, sondern Plattform für besonders
propagandistische Dokumentationen. Gemeinsam mit dem Sender
»Perwy Kanal« (Erster Kanal), wie ORT jetzt heißt, und »Rossija 1«
bildet NTW die Gruppe der drei größten und einflussreichsten Sender. Sie bestimmen die massenwirksame Meinungsbildung maß-
geblich. Die Haupteigentümer heißen Gazprom, Russische Föderation und Stadt Moskau. Alle weiteren relevanten Fernsehsender
werden ebenfalls von Kreml-loyalen Eigentümern kontrolliert.

Medienkrieg mit dem Westen

Für die Darstellung der russischen Positionen im Ausland wurde
2005 eigens »Russia Today« geschaffen. Das zunächst englischspra-
chige Programm erweiterte sein Angebot später um Arabisch, Französisch, Spanisch und, bisher nur im Internet, Deutsch. 2008 wurde
der Sendername auf »RT« verkürzt, offenbar um den russischen
Hintergrund weniger deutlich zu zeigen. Seit 2012 stellt die Agentur
»Ruptly« Bildmaterial bereit, vorwiegend von Protestaktionen in
Europa, die den Eindruck von Chaos dort vermitteln. 2014 kam das
Online-Nachrichtenportal »Sputnik« dazu, das in dreißig Sprachen
sendet. Alle diese Auslandsaktivitäten werden in der Agentur *Rossija Sewodnja* zusammengefasst.

Für Margarita Simonjan, die Chefredakteurin von *Rossija Sewodnja,* ist RT eine Waffe im Informationskrieg mit dem Westen,
sie spricht offen von einem »Medienkrieg«. Ihr Verhältnis zu Putin
fasste sie nach dessen Wiederwahl im Jahr 2012 so zusammen:
»Früher war er einfach unser Präsident und konnte abgelöst werden. Jetzt ist er unser Führer. Und wir lassen nicht zu, dass er abgelöst wird.«[3]

RT behauptet von sich, unabhängig zu sein, gezielt über das zu
berichten, was westliche Mainstream-Medien absichtlich auslassen.
Tatsächlich ist RT, so wie »Sputnik«, zu 100 Prozent vom russischen

Staat abhängig, der Hunderte Millionen Euro für seine Auslands-medien ausgibt. Die Osteuropa-Historikerin Susanne Spahn hat in einer Studie für die Friedrich-Naumann-Stiftung RT und »Sputnik« untersucht. Ihr Resümee: Das Erfolgsrezept der russischen Medien liege darin, die offizielle außenpolitische Linie Russlands als »alter-native Meinung« zu präsentieren. »Die russischen Medien sind je-doch nicht unabhängig. Sie werden vom russischen Staat finanziert und arbeiten eng mit der Zentrale in Moskau zusammen, im Fall von ›Sputnik Deutschland‹ wird der Inhalt zu 90 Prozent direkt aus Russland zugeliefert. Die politische Berichterstattung der staatli-chen Medien in Russland wird wiederum direkt vom Kreml kon-trolliert, wie ehemalige Redakteure der Fernsehsender RT und Ros-sija berichten. RT Deutschland und Sputnik News vertreten auch keine alternative Meinung, sondern die offizielle Linie der Russi-schen Föderation.«[4]

Diese Linie mit Fakten zu belegen fällt häufig schwer. Die Lösung: »Fakten, die dem russischen Narrativ nicht entsprechen, werden ausgelassen und manipuliert.«[5] Das ist ein kurzer, trockener Satz für die Menge an Lügen, Verdrehungen und Erfindungen, die ich seit meiner Rückkehr nach Russland im Sommer 2012 in russischen Medien gesehen und gelesen habe. Nach einigen Jahren in den USA war ich perplex, wie schnell und wie nachhaltig sich die Situation zugespitzt hatte. Aber es war längst nicht das Ende.

Im September 2011 offenbaren Wladimir Putin und Dmitri Med-wedew ihren Bürgern, dass Putin nach seiner Auszeit als Minister-präsident erneut Spitzenkandidat für die Präsidentschaft sei – eine zwischen den beiden zuvor abgesprochene Rochade, wie Medwe-dew freimütig bekennt. Die Wut über dieses wenig demokratische Manöver löst erste Massendemonstrationen in großen Städten aus, vor allem in Moskau.

Die Parlamentswahl im Dezember heizt die Wut dann weiter an: Die Partei »Einiges Russland« gewann nur dank massiver Wahlfäl-schung, ist die Opposition sicher. Im Internet kursieren zahlreiche Videos, die zeigen, wie Wahlurnen mit falschen Stimmzetteln ge-stopft werden. In 60 Prozent der Wahllokale soll es Unregelmäßig-keiten gegeben haben, in 3000 Wahlbezirken lagen Wahlbeteiligung und Zustimmung zu Putins Einheitspartei gleichermaßen bei unglaublichen 100 Prozent. Die OSZE spricht ebenfalls von Manipulationen, die Wahl habe nicht internationalen Standards entsprochen. Selbst Michail Gorbatschow fordert Neuwahlen. Der Europäische Gerichtshof verurteilt Russland später wegen der Verletzung des Rechts auf freie Wahlen. Wiener Statistiker errechnen, dass Putins Einheitspartei bei einem regulären Ablauf nur ein Drittel der Stimmen bekommen hätte – weit entfernt von der absoluten Mehrheit, mit der die Partei jetzt die Duma dominiert.

Die Folge sind Massenproteste, die sich in das Jahr 2012 hineinziehen. »Russland ohne Putin« steht auf den Transparenten der Protestler. Kurz vor der Präsidentschaftswahl sind diese Demonstrationen für den Kreml gefährlich, und so beschließt der, die Medien noch härter an die Kandare zu nehmen. Das bestätigt uns ein leitender Mitarbeiter des staatlichen Informationssenders, den wir interviewen konnten und dem wir Anonymität zusicherten. Nennen wir ihn Anton.

»Dieser Informationskrieg begann schon mit der Wahl der jetzigen Duma. Also Ende 2012. Ich kam am 13. Januar 2013 zur Arbeit und spürte sofort den Unterschied.« Früher, erinnert sich Anton, sei während der Redaktionskonferenzen viel gelacht und gespottet worden: über idiotische Gesetze der Duma, diesen »verrückt gewordenen Gesetzesdrucker«, oder über Offizielle, die Unsinn redeten. »Aber ab 2013 waren keine Witze mehr erlaubt, kein Lachen. Alles wurde todernst.« Anfang 2014 seien die Spielregeln dann noch einmal drastisch verschärft worden, berichtet Anton. Anlass waren die Demonstrationen auf dem Maidan in Kiew. Anton erinnert sich an die Ankündigung des Chefredakteurs auf einer Konferenz: »Er sagte, eine neue Epoche sei angebrochen, und verglichen mit der sei der Kalte Krieg ein Kinderspiel gewesen. Wer da nicht mitmachen wolle, solle besser gleich gehen. Für den Rest gelte: ›Willkommen im Club‹.«

Wie schaltet man Zeitungsverlage und Fernsehsender erfolgreich gleich, bringt sie auf die gewünschte Linie? Widerspenstige Eigentümer wie Gussinski und Beresowski zu vertreiben ist der vergleichsweise einfache erste Schritt. Was aber ist mit den Journalisten, die ihren Beruf einmal ernst nahmen? Wie gelingt es, ganze Redaktionen zu willigen Befehlsempfängern zu machen, die eine virtuelle Realität veröffentlichen? Wie mutieren Redaktionen zu Einheiten von »Informationskriegern«?

Es habe verschiedene Reaktionen auf den wachsenden Druck gegeben, schildert Anton. Einige wenige kündigten und gingen. Ein Viertel seiner Kollegen beschreibt er als Menschen ohne Skrupel. »Die würden genauso fröhlich für einen Faschisten oder Antisemiten arbeiten, das spielt für die keine Rolle.«

Ein weiteres Viertel seiner Kollegen sei von der angeordneten Linie des Kreml überzeugt, glaubt Anton. Der größte Teil aber, etwa die Hälfte der Redaktion, seien Menschen wie er und blieben aus einem einzigen Grund: »Familie, Kinder, Schulden. Es geht darum, die Kinder zu ernähren, die alten Eltern. Banal! Und es gab schlicht keinen Ort mehr, wohin man hätte ausweichen können. Keinen anderen Kanal, kein anderes Programm, kein Blatt, das von der Linie abgewichen wäre.«

»Willkommen im Club« – was das bedeutete, beschreibt Anton so: »Wenn das Telefon während der Konferenz klingelte, also das gelbe mit dem Staatswappen drauf, verließ der Angerufene den Konferenzraum, damit selbst seine engen Kollegen im höheren Management nicht mithören konnten. Und dann kam er zurück, mit klaren Direktiven: Was im Mittelpunkt stehen würde, wer porträtiert werden müsse und wer, umgekehrt, auf die schwarze Liste käme.«

»Willkommen im Club«: Wassili, der von uns interviewte Regionalkorrespondent, nennt uns Beispiele: »Stell dir den Chefredakteur vor. Der sagt: ›Geh zu dieser Demonstration. Da gibt es diese alten Frauen, die mehr Geld vom Gouverneur fordern. Diese Alten sind Terroristen! Mach mir einen Film über Terroristen-Omas!‹ Und der junge Reporter tut alles, damit die alten Frauen bösartig aussehen.«

»Willkommen im Club«: Die Moderatorin eines Nachrichtenkanals, die später kündigte, nennen wir sie Swetlana, beschreibt eine andere Situation: »Bei Demos sollte ich die Zahlen des Innenministeriums verwenden – 3000 Demonstranten. Ich sagte: ›Okay, aber wir haben die Organisatoren. Die sprechen von 100 000. Lasst uns beide Zahlen nennen.‹ Für eine Weile kam ich damit durch. Dann wurde es unmöglich. Die andere Perspektive verschwand komplett. Es waren 3000 Demonstranten, trotz der Tatsache, dass die Bilder klar 100 000 zeigten. Und dann begannen sie, die Bilder zu manipulieren. Dein Auftrag heißt: Es sind 3000, Obdachlose und Alkoholiker. Natürlich kannst du genügend Bilder Betrunkener finden, die für eineinhalb Minuten Beitrag ausreichen.«

»Willkommen im Club«: Ein Beispiel dafür, was diese russischen Journalisten beschreiben, verfolge ich Anfang 2014 ungläubig in einer Nachrichtensendung. Auf der Krim haben russische Spezialtruppen gerade die ukrainischen Einheiten gezwungen, abzuziehen oder überzulaufen, das Krim-Parlament hat unter dubiosen Umständen ein Referendum beschlossen. Die OSZE weigert sich kategorisch, Wahlbeobachter auf die Krim zu schicken. Und jetzt traue ich meinen Augen kaum: In einer Nachrichtensendung wird live zum Flughafen Scheremetjewo in Moskau geschaltet. Dort, so die Moderatorin, machen sich Wahlbeobachter der OSZE zum Abflug auf die Krim bereit. Was?! Ich wundere mich.

Die Reporterin in Scheremetjewo hebt nun an, ausführlich den Meinungsumschwung bei der OSZE zu beschreiben: Ja, die habe sich zunächst gesträubt, Wahlbeobachter zu schicken, sich dann aber umbesonnen. Als Beleg werden zwei Männer interviewt, am unteren Bildrand lese ich deren Namen und die Buchstaben »OSZE«. Ich bin sprachlos. Habe ich diese wichtige Nachricht verpasst? Ganz Europa geht von einer verdeckten militärischen Operation Putins auf der Krim aus, von einer Annexion, also einem Bruch des Völkerrechts. Und nun schickt die OSZE Wahlbeobachter? Nach wenigen Minuten weiß ich: Ich habe gerade eine unglaublich dreiste Lügengeschichte gesehen. Die Interviewten waren Putin-freundliche Nationalisten aus Europa. Das zuständige OSZE-Büro bestätigt – und kurz darauf auch vor laufender Kamera –, mitnichten Beobachter geschickt zu haben. Die Geschichte der Reporterin war schamlos erfunden.

»Willkommen im Club«: Wassili, der Regionalkorrespondent, beschreibt, wie alle seine Kollegen für eine Weile in die Ukraine geschickt wurden, als eine Art Loyalitätstest. »So wie ein Neuling in

der Mafiagruppe als Erstes eine Pistole bekommt und jemanden tö-
ten muss. Dann bist du einer von ihnen. Du sprichst von Faschisten,
Söldnern, und in Moskau macht jemand einen Haken hinter deinen
Namen: Der gehört zu uns.«

Der Redakteur der Abendnachrichten eines besonders propagan-
distischen Senders erlebte das Gleiche: »Sie schicken alle Korrespondenten in die Ukraine, sodass jeder mit Schmutz besudelt ist
und niemand sauber bleibt. Du kannst dich natürlich weigern, aber
dann musst du kündigen.«

Inzwischen sind ganze Archive voll mit solchen Fakes der russischen Propagandamaschine. Die russischen Medien haben begonnen, eine alternative virtuelle Welt zu spinnen, die unglaublich erfolgreich die Köpfe der russischen Bevölkerung vernebelt. Ende
Oktober 2018 lese ich in einer Umfrage des »Levada-Instituts«, dass
nur drei Prozent aller Befragten glauben, Moskau stecke hinter dem
Anschlag auf die Skripals in Salisbury. Drei Prozent!

Eine wahre Parallelwelt. Das Attentat mit dem Nervengift Nowitschok auf den Ex-Geheimdienstler und Überläufer Sergei Skripal
und dessen Tochter im März 2018 hatte weltweit Schlagzeilen gemacht. Die beiden mutmaßlichen Attentäter wurden von britischen
Fahndern auf zahlreichen Videos und Fotos identifiziert. Putins
Behauptung, die beiden seien als harmlose Touristen in Salisbury
gewesen, wird kurz darauf spektakulär widerlegt: Internet-Recher-
cheure und Journalisten finden Schritt für Schritt heraus, dass die
beiden Männer in Wahrheit zum Militärgeheimdienst GRU gehören, Skripal offensichtlich schon länger beschatteten. Nachhaltiger
können die westlichen Regierungen kaum bestätigt werden, die
schon kurz nach dem Attentat 150 russische Diplomaten auswiesen.
Doch während im Westen kaum noch jemand an der »russischen
Spur« zweifelt, glauben in Russland gerade drei Prozent daran. Ein
Triumph der Manipulations-Maschinerie.

Der in der Sowjetunion geborene und im Westen aufgewachsene
Journalist und Autor Peter Pomerantsev arbeitete viele Jahre für
Fernsehsender in Russland. Auch er schildert in seinem Buch
»Nichts ist wahr und alles ist möglich« einen zunehmend zynischen
Berufsstand, der immer enger an die Leine des Kreml gelegt wird:

»›Es gibt so etwas wie objektives Berichten nicht‹, erzählte mir der Verwaltungsdirektor von Russia Today einmal, als ich ihn nach der Philosophie des Senders fragte (…) Der Kreml beherrscht inzwischen die Kunst, Reality-TV und Autoritarismus zu fusionieren, um das große 140-Millionen-Volk ständig zu unterhalten, abzulenken, irgendwelchen geopolitischen Albträumen auszuliefern, ein Zustand, der, oft genug wiederholt, infektiös werden kann.«[6]

Ein verräterisches Indiz dafür, wie sehr das vom Kreml finanzierte Fernsehen Einblick in seine Arbeitsmethoden scheut, deckt im März das Internet-Magazin *ZNAK* auf: Es enthüllt, dass Mitarbeiter von RT eine Verpflichtung unterschreiben müssen, die ihnen bei Androhung einer Vertragsstrafe von über 60 000 Euro verbietet, nach dem Ausscheiden aus dem Sender Dritten Interna zu verraten oder den Sender zu kritisieren. Das Verbot gilt selbst für E-Mails und persönliche Gespräche – für die Dauer von zwanzig Jahren![7] Es scheint viele schmutzige Geheimnisse zu geben …

Viele gute Journalisten haben inzwischen die staatlich kontrollierte Fernsehwelt verlassen, suchen einen neuen Job, auch bei der ARD. Ich habe die Aussteiger immer wieder gefragt, wie es gelungen ist, so viele Producer, Reporter, Redakteure und Korrespondenten so umfassend auf Kreml-Linie zu bringen. Ein Geheimnis, so die Antwort: Frei werdende Stellen seien mit jungen Berufsanfängern aus der Provinz besetzt worden. Ohnehin sozialisiert unter Putin, seien die für eine Karriere in Moskau sofort bereit, ihre ethischen Bedenken – falls jemals vorhanden – über Bord zu werfen.

Kapitel 8

Justiz:
Im Zweifel für den Staatsanwalt

Es waren die versteinerten Blicke der Studenten in Belgorod, als sie ihr Urteil hörten, die entsetzten Mienen ihrer Mütter, die mich auf die Idee brachten, einen langen Film über das russische Justizsystem zu machen. Dass die konstruierte Anklage sogar in Moskau, in einer letzten Instanz, nicht korrigiert wurde, hatte den letzten Anstoß gegeben. Rechtsprechung und Gerechtigkeit sind offenbar keine engen Verwandten in Russland.

Dabei hatte das zentrale Versprechen Wladimir Putins bei Amtsantritt geheißen, Recht und Gesetz zum Durchbruch zu verhelfen. Doch stattdessen rutschte Russland schon in den ersten Jahren seiner Präsidentschaft weiter ab in den weltweiten Statistiken. »Die Kriminalität gelangte nach dem Amtsantritt Putins zu neuer Blüte und erreichte 2005 und 2006 einen Rekordstand. Der Kreml-Chef sprach das Problem im November 2006 vor Vertretern der Sicherheitsorgane selbst an und kritisierte das Versagen bei der Verbrechensbekämpfung«, konstatiert Klaus-Helge Donath in seinem Buch »Das Kreml-Syndikat«.[1]

Wir beginnen unsere Recherchen 2003 mit einer Nachtstreife der Moskauer Polizei. Bis zu zwölf Stunden dauert eine Schicht, dazu kommen Überstunden ohne Bezahlung – immer mehr Milizionäre suchen sich andere Jobs, so wie Sergei. »Ich will bald aufhören. Sobald ich eine andere Arbeit gefunden habe, bin ich weg.«

Über Funk wird ein Einsatz gemeldet, Sergei gibt Gas. Die Polizisten sind in eine Gemeinschaftswohnung gerufen worden: Betrunkene, eine Schlägerei, Ruhestörung. Zu zweit und mit umgehängter Kalaschnikow gehen die Beamten in den gemeldeten Hauseingang. Die »Kommunalka« im fünften Stock entspricht allen Klischees, die man sich nur vorstellen kann: Ein betrunkener Mann mit nacktem Oberkörper schleift eine schreiende Frau an den Haaren über den Flur, erst ein energisches Kommando von Sergei lässt ihn innehalten. Zeternd und schimpfend tauchen andere Bewohner aus ihren Zimmern auf, ein paar kurze Nachfragen der Polizisten, und der halb nackte Betrunkene muss sich anziehen und mit auf die Wache. Solche Fälle sind schnell aufgeklärt, Profi-Verbrecher gehen der Miliz dagegen fast nie ins Netz, oder sie kaufen sich frei, hören wir immer wieder.

Die gewalttätigen Bilder passen zu den gruseligen Statistiken: 90 Prozent aller Gewaltverbrechen geschehen in häuslicher Umgebung, Mord für eine Flasche Wodka ist trauriger Alltag. 14 000 russische Frauen sterben in jedem Jahr durch häusliche Gewalt, sagt die UNFPA, der Bevölkerungsfonds der Vereinten Nationen, der sich auch dem Schutz vor Gewalt gegen Frauen und Kinder widmet.[2] Das sind 38 jeden Tag, eine Frau alle 40 Minuten. Eine unvorstellbar hohe Zahl. In Deutschland starben 2017 im gesamten Jahr 147 Frauen durch häusliche Gewalt.

Trotz der erschreckenden Zahlen hat die Duma Anfang 2017 häusliche Gewalt per Gesetz entkriminalisiert. Ersttäter kommen seitdem mit einem Bußgeld davon. Unterstützt wurde die Initiative von der orthodoxen Kirche, die seit Langem weniger Einmischung des Staates in häusliche Angelegenheiten fordert. Für sie ist der Begriff »häusliche Gewalt« nur ein Werkzeug militanter Feministinnen. Nach Aussagen von »Human Rights Watch« beginnt die russische Polizei jetzt tatsächlich, Anzeigen wegen häuslicher Gewalt nicht mehr zu untersuchen.[3] All das ist darum so bemerkenswert, weil ein wichtiger Stützpfeiler des »Russki Mir«, der so laut beschworenen russischen Welt, ja ausgerechnet die Familienwerte sind.

Am nächsten Tag sind wir in der Moskauer Zentrale der Miliz-Gewerkschaft. Wir suchen Antworten: Warum sind so viele Polizisten augenscheinlich korrupt? In mehreren Büros nehmen jeweils zwei bis drei Gewerkschafter hinter ihren Schreibtischen geduldig die Beschwerden von Polizisten auf. Die meisten klagen über Wohnungsprobleme, so wie Andrei: Seit 18 Jahren ist er bei der Miliz, jetzt ist seine Frau schwanger, sein Neun-Quadratmeter-Zimmer in einem Wohnheim reicht nicht mehr. Natürlich habe er Anspruch auf eine größere Wohnung, bestätigt Michail Paschkin, der Vorsitzende der Polizeigewerkschaft: »Laut Gesetz müssen die Milizionäre eine Wohnung bekommen. Aber die Vorgesetzten bei der Miliz ignorieren das einfach. Und mit diesen Dienstwohnungen, da machen sie, was sie wollen, verteilen sie untereinander. In Jekaterinburg haben wir gerade 24 Wohnungen per Gerichtsbeschluss beschlagnahmen lassen, die von höheren Offizieren verschoben worden waren.«

Der Gewerkschaftsleiter ist eine positive Überraschung für mich: Völlig offen berichtet er aus dem Innenleben der Miliz. Es sind keine schönen Geschichten. Weil die Guten davonliefen, sei die Miliz längst ein Sammelbecken unqualifizierter und korrupter Beamter geworden, so Paschkin. Die Beamten verdienen umgerechnet 130 Euro im Monat. Weniger als eine Putzfrau. Mindestens das Zweieinhalbfache braucht man in Moskau, um mit seiner Familie zu überleben, so eine Untersuchung der Milizgewerkschaft. Ihr Fazit: Milizionäre seien einfach gezwungen, Schmiergelder anzunehmen.

»Zwei Mitarbeiter müssen pro Tag zehn Leute festnehmen, die irgendetwas verbrochen haben«, erzählt Michail Paschkin. »So lautet die Vorgabe. Wenn sie die nicht erfüllen, dürfen sie ihre Dienstwaffen nicht abgeben und nach Hause gehen. Der Diensthabende sagt dann: Arbeitet, bis ihr zehn zusammenhabt. Und haben sie dann jemanden festgenommen, der wirklich irgendwas Unrechtmäßiges gemacht hat, dann kann der Chef des Miliz-Reviers ihn einsperren und einen Vorgang daraus machen. Oder er kann ihn freilassen. Das kostet dann so 3000 Dollar.«

Ein Festnahme-Soll für die Beamten auf der Straße, damit der korrupte Vorgesetzte genügend Geld nach Hause bringt, indem er Delinquenten gegen Schmiergeld wieder freilässt? Was für uns ungeheuerlich klingt, scheint hier Alltag zu sein. Paschkin weiß, wovon er spricht, er war selbst lange bei der Miliz. Seine Karriere endete abrupt, er hatte einen großen Moskauer Fleischbetrug aufgedeckt – und war daraufhin suspendiert worden. »Es ist bitter, aber die Banditen haben ihre Leute längst in die oberen Etagen eingeschleust. Es gibt auch konkrete Fakten, wer da wen wie deckt. Aber wer mag schon dagegen vorgehen? Der Fisch stinkt vom Kopf her«, sagt Paschkin. Ein Satz, den ich in Russland häufig höre.

Ich bedanke mich für die offenen Worte und beschließe, mich der Wahrheit von der anderen Seite der Gesellschaft anzunähern. Mein Kollege Dima schafft es, für mich ein Interview mit sogenannten Geschäftsleuten zu verabreden. Die Spielregeln sind einfach: Die Männer wollen nicht erkannt werden. Und so haben wir das Hinterzimmer eines Restaurants reserviert, das Kameramann Fedja entsprechend spärlich ausleuchtet. Zu sehen sind am Ende nur ein paar georgische Vorspeisen, glimmende Zigaretten im Aschenbecher, und die Hände zweier Männer am Tisch. Die beiden Herren aus der Unterwelt sind erst vor einigen Wochen aus russischen Gefängnissen entlassen worden – nach acht beziehungsweise sechs Jahren Haft. »Ein Betriebsunfall«, meint einer der beiden trocken. Normalerweise hätten sie keine Probleme mit der Miliz. »In der Regel kann man sie einfach kaufen. Egal ob du als Krimineller arbeitest oder legal – alles liegt in den Händen der Sicherheitskräfte. Du musst immer einen Milizionär bezahlen oder einen Höheren. Und wenn du deinen Teil nicht abgibst, bist du raus. Entweder sie killen dich, oder du gehst in den Knast.«

Sein »Kollege« ergänzt: »Mich haben sie einmal mit einer Waffe erwischt und verhaftet. Aber im Laufe einer einzigen Nacht war der Fall gelöst. Für 500 Dollar. Damals waren die Preise noch etwas niedriger.« Die Männer wissen offenbar, wovon sie sprechen. Sie schildern etliche Beispiele für das eher harmonische Nebeneinander von Polizei und krimineller Szene. »In unserem Gefängnis saß auch ein Killer, der hieß Streichholz. Bei ihm lief es so: Er schreibt ein Gnadengesuch an den Präsidenten in Moskau. Und aus Moskau kommt dann ein gefälschter Bescheid irgendwelcher Freunde zurück: Nach Prüfung der Angelegenheit sei entschieden worden, ihn freizulassen. Der Killer wird entlassen, aber nach einiger Zeit kommt die richtige, die offizielle Antwort aus Moskau: Gnadengesuch abgelehnt. Da ist der Typ aber schon längst über alle Berge. Ich denke, dieses Beispiel hilft, sich die Dimensionen des Ganzen vorzustellen …«

Von »Werwölfen« und geschönten Statistiken

Die Dimensionen sind in der Tat erschreckend. Und nur selten fliegen die Hintermänner auf. So, wie im Juni 2003, als das russische Fernsehen dramatische Bilder zeigt. Maskierte Spezialkräfte stürmen Büros in Moskau und verhaften eine Gruppe hochrangiger Polizeioffiziere an ihren Schreibtischen. Die Köpfe der Bande: Generalleutnant Ganejew, Angehöriger des Ministeriums für Zivilschutz, und Oberst Taratorin, Leiter der Moskauer Sonderfahndung gegen Waffenschmuggel. Schon bald nach den Verhaftungen hat die Bande einen Namen: »Die Werwölfe«. Skrupellose Kriminelle im Gewand staatstreuer Beamter.

Aufgedeckt hat den Fall eine Sondereinheit im Innenministerium. 200 Spezialisten, die gezielt Korruption in den Reihen russischer Beamter aufdecken sollen. Deren Pressesprecher Konstantin hilft uns bei unseren Recherchen. Ungewöhnlich offen zeigt er, wie die Fahnder seiner Einheit die Werwölfe nach zweijähriger Ermittlung zur Strecke brachten. Einige der Bande galten als äußerst erfolgreiche Aufklärer im Bereich illegaler Waffenhandel. »Ihr Arbeitsschema war einfach: Zuerst präparierten sie eine Sporttasche. Da wurden dann billige Lebensmittel reingepackt, Wurst, Wodka und Bier, aber darunter waren Handgranaten, Patronen und Pistolen versteckt. Dann suchte einer ihrer Agenten einen Obdachlosen, dem er die Tasche kurz zur Aufbewahrung übergab, während er angeblich eine kleine Besorgung im nächsten Supermarkt machte«, erzählt Konstantin.

In seiner Schreibtischschublade stapeln sich Dutzende beschlagnahmter Videos, jede dieser Aktionen war von den Werwölfen gefilmt worden. Die Szenen auf den Videos sind immer gleich: Kaum ist das Mitglied der Werwölfe im nächsten Supermarkt verschwunden, tauchen Polizisten auf, machen eine routinemäßige Ausweiskontrolle, lassen sich den Inhalt der Sporttasche zeigen. Wurst, Brot, Käse und Konserven kommen zum Vorschein, und dann, darunter, Handgranaten, Sprengstoff, Pistolen, Munition. Völlig schockiert beobachtet der Obdachlose, bereits in Handschellen, wie die Polizisten Fotos machen, den Waffenfund protokollieren.

Diese Videos seien dann, erklärt Konstantin, von den Werwölfen sorgfältig geschnitten und der Staatsanwaltschaft übergeben worden: »Wieder ein Fahndungserfolg der Moskauer Spezialisten«, hieß es dann in den Abendnachrichten. Die Opfer der zynischen Inszenierung wurden regelmäßig verurteilt und verschwanden in Straflagern. »90 Prozent aller in Moskau verhafteten kriminellen Waffenhändler, die dann öffentlich als Mafiosi, als gefährliche Köpfe von Verbrecherbanden bezeichnet wurden, waren in Wahrheit harmlose Obdachlose. Menschen, die benutzt wurden, um die Erfolgsstatistik zu schönen.«

Aber die Werwölfe hatten noch ein zweites Arbeitsgebiet: Sie brachten Geschäftsleute auf Bestellung ins Gefängnis. Für so was habe ein Konkurrent des Opfers dann zehntausende Dollar und mehr gezahlt. Konstantin öffnet eine andere Schublade und zeigt mir Beispiele dieses Geschäftsmodells. Man sieht, wie Polizisten und Zivilfahnder ein Auto stoppen. Der Mann muss aussteigen und auf Befehl der Beamten seinen Kofferraum öffnen. Ein Beutel Heroin und eine Pistole werden dem Mann untergeschoben. Er merkt es sofort und beschwert sich. »Was soll das? Wer hat das bestellt? Wer will mir etwas anhängen?«

Wieder wird mit einer kleinen Kamera alles aufgezeichnet. Verräterische Szenen wie die empörte Beschwerde des Mannes schnitten die Werwölfe später aus den Videos heraus, erklärt Konstantin, für den Staatsanwalt blieben die Aufnahmen mit Waffen- oder Drogenfunden. Der Betroffene in diesem Fall war ein armenischer Geschäftsmann. »Für das Unterschieben von Pistole und Heroin haben die Werwölfe 50 000 Dollar bekommen. Insgesamt einhundert Episoden dieser Art haben wir auf den beschlagnahmten Videos gefunden.«

Während Kameramann Fedja sich die einzelnen Szenen noch einmal auf dem Monitor vorspielen lässt und sie in verschiedenen Blickwinkeln filmt, bin ich immer noch sprachlos. Das sei doch ein gewaltiger Polizei- und Justizskandal, wende ich ein, diese unschuldig Weggesperrten müssten doch großzügige Entschädigungen bekommen. Aber Konstantin hält schon den nächsten Schock für mich bereit. Sogar jetzt, wo alles offensichtlich sei, mit Videos bewiesen werden könne, habe die Justiz nicht reagiert. »Die Verhafteten sitzen noch immer, sind nicht rehabilitiert. Die Gerichte wollen ihre Fehler einfach nicht zugeben. Denn dann müssten sie ja eingestehen: Wir haben schlecht gearbeitet und massenweise Unschuldige ins Gefängnis gesteckt.«

Konstantin kramt eine weitere Videokassette hervor und legt sie in das Abspielgerät. »Home-Videos« der Werwölfe. Wir sehen Bilder von noblen Villen, teuren Stereoanlagen, Schmuck, erlesenen Whiskey- und Cognacsorten und dann Szenen aus einer großen Banja: die Werwölfe in Handtücher gewickelt, umgeben von Prostituierten. Während ihre Opfer noch immer in russischen Straflagern sitzen, ermittelt Konstantins Einheit beinahe täglich weitere Details, die zeigen, wie skrupellos die Werwölfe vorgingen: Sie erpressten Geschäftsleute, ermordeten Zahlungsunwillige, ließen sich Casinos, Kaufhäuser und Restaurants ihrer Opfer überschreiben.

Luxusvillen, auch im Ausland, bei offiziellen Monatsgehältern von 500 bis 1000 Euro? Obwohl viele hohe russische Beamte in unerklärlichem Reichtum leben, bleiben spektakuläre Festnahmen wie die der Werwölfe eine Ausnahme. Dollarmillionen machen in der Regel immun im russischen Justizwesen. Und so haben die Opfer der Bande bis heute Todesangst, sagt Konstantin: »Viele der Geschäftsleute überweisen den Werwölfen bis heute weiter Schutzgelder aufs Konto, obwohl der Großteil der Bande schon hinter Gittern sitzt. Die Opfer sind so eingeschüchtert, dass sie das für sicherer halten.«

Wir verabschieden uns von Konstantin und fahren zurück ins Studio. Im Gepäck haben wir eine unglaubliche Geschichte, Grund, zufrieden zu sein. Und trotzdem bin ich nachdenklich. Wenn selbst kleine Banditen sich so leicht freikaufen können, wer sind dann die 850 000 Menschen, die in russischen Gefängnissen und Straflagern sitzen?

Im Frauenarbeitslager von Orel

Zehn Tage nach unserem Besuch bei Konstantin haben wir endlich eine Drehgenehmigung: Das Arbeitslager für Frauen im zentralrussischen Orel ist eine von knapp eintausend Haftanstalten des Landes. Ein weitläufiger Komplex, umgeben von hohen Mauern mit Stacheldraht.

Wir schaffen es gerade noch rechtzeitig zum Abendappell. Es schneit, dicke Flocken legen sich auf die Kopftücher der Frauen, die sich nun in einer Linie aufstellen müssen, getrennt nach ihren Wohnblocks. Wärter mit Hunden stehen daneben, von einem Wachturm aus tauchen große Scheinwerfer den Hof in grelles Licht. Die meisten Frauen haben leere Blicke, sehen starr auf die Aufseherin, die jetzt von einer Liste die Namen der Inhaftierten vorliest. Eine von ihnen ist Walentina Anissimowa. Für sie ist es ein besonderer Moment: Morgen wird sie entlassen.

Die Frauen können wegtreten und gehen auf ihre Stuben. Acht Doppelbetten aus Metall stehen in Walentinas Stube. An jeder Schlafstelle hängt ein säuberlich handgeschriebener Zettel, in Plastik verschweißt: Name, Geburtsdatum, der Paragraf, gegen den verstoßen wurde, das Strafmaß. Die meisten der Frauen sitzen wegen Bagatellen ein. Einige auch wegen Mord und Totschlag, begangen im Wodkarausch an prügelnden Ehemännern.

»Auftragsmörder, richtige Banditen oder Wirtschaftsverbrecher findet man selten hinter Gittern«, meint Walentina, als sie das graue wollene Kopftuch abnimmt. Sie zeigt auf den Zettel an ihrem Bett. »Da, meine Strafe: fünf Jahre, acht Monate. Ich habe gestohlen, fünf Gläser Eingemachtes.«

Fast sechs Jahre für geklautes Eingewecktes? Macht Walentina Witze? Ihre Zimmergenossin mischt sich ein, sie spricht ohne jede erkennbare Gefühlsregung. »Nein. Es ist kein Scherz. Einige sitzen hier für gar nichts. Für drei Kilo Kartoffeln: sechs Jahre. Für drei Hühnerschenkel: neun Jahre.«

Hühnerschenkel – neun Jahre? Ich schaue mir die Zettel an den Betten an und finde bestätigt, was die Frauen sagen. Und erfahre, dass Walentina schon einmal in diesem Lager war. Zum ersten Mal saß sie, weil sie ein gestohlenes Halstuch weiterverkauft hatte. Das Strafmaß: vier Jahre.

Am nächsten Morgen haben Walentinas Mithäftlinge eine kleine Abschiedsfeier organisiert: Ein Tonbandgerät spielt schwungvolle kaukasische Musik, zwei Georgierinnen tanzen vor dem Schreibtisch, an dem Walentina neben der Aufseherin in Uniform sitzt. Sie lächelt gerührt, als die beiden Frauen immer ausgelassener tanzen, ihre Röcke heben und unserer Kamera kecke Blicke zuwerfen. Dann ist die kleine Tanzeinlage vorüber, und die Aufseherin macht es kurz: »Wir wünschen Walentina, dass sie jetzt auf dem rechten Weg bleibt und nie mehr zu uns zurückkehrt.«

Schon Minuten später steht Walentina mit zwei großen Plastiktaschen an der Sicherheitsschleuse neben der großen Toreinfahrt. Summend gibt die erste Gittertür nach, sie tritt vor das Fenster, hinter dem die Aufseher sitzen. Ein letztes Mal muss Walentina ihren Namen nennen, den Paragrafen, gegen den sie verstoßen hat, ihr Strafmaß. Dann öffnet sich die Tür in die Freiheit. Es schneit heftig, mühsam bahnt sich Walentina mit ihren großen Taschen einen Weg durch den knöcheltiefen Schnee. Nach all den Jahren geht sie ohne einen Rubel aus dem Gefängnis: Den kleinen Lohn für acht Stunden Arbeit am Tag hat sie im Lagerkiosk für Lebensmittel ausgegeben.

Unser Fahrer hat angerufen: Er hat eine Panne. Walentina will nicht warten und macht sich alleine auf den Weg. Ein Linienbus hält trotz ihrer Handzeichen nicht an. Doch 10 Minuten später erbarmt sich eine Alte mit einem Pferdefuhrwerk. Sie kommt aus dem Nachbardorf. Walentina wirft ihre Taschen auf den Wagen, setzt sich neben die Alte auf den Kutschbock, und die beiden verschwinden im Schneetreiben. Es sind beinahe epische Bilder, die ich darum noch heute so genau im Kopf habe.

Wir folgen ihr kurz darauf. Als wir in Walentinas Dorf ankommen, stehen ein paar Nachbarn schweigend vor ihren Häusern, ein kurzes Nicken, aber keine Wiedersehensfreude. Die Tür vor Walentinas Holzhaus ist zugeschneit, es dauert einen Moment, bis sie nachgibt. Walentina ist endlich zu Hause. Der Augenblick, von dem sie so viele Jahre geträumt hat. Doch schnell sieht sie ein paar leere Wodkaflaschen. »Hier war jemand. Da sind auch Zigarettenstummel!« Sie findet eine weitere Flasche im Brennholzhaufen beim Ofen. »Hier lagen nie Flaschen rum!« Aufgeregt öffnet Walentina Schränke und Schubladen. Das Besteck, das Küchengeschirr, der elektrische Wasserkocher, alles ist weg. Auch der kleine Fernseher. Viel mehr hatten sie ohnehin nicht, Walentina und ihr Mann, der ebenfalls seit Jahren in einem Lager sitzt.

Walentina lässt sich auf einen Stuhl sinken. Ihre Stimme zittert. »Ich kann nicht mehr. Ich habe viel erwartet, aber das nicht.«

Freiheit macht hungrig

Ein paar Wochen später wollen wir Walentina noch einmal treffen. Sie hat eine Besuchserlaubnis für das Straflager ihres Mannes bekommen. Aber in ihrem Haus ist sie nicht, die Nachbarn erzählen uns, Walentina sei in der benachbarten Bezirksstadt. Sie versuche seit Wochen, ihre Rente zu beantragen.

Die Bezirksverwaltung ist in einem weiß gestrichenen Ziegelbau untergebracht. In der großen überheizten Amtsstube stehen fünf Schreibtische. Hinter jedem eine Sachbearbeiterin. In den wandhohen Regalen Pappordner mit sauber beschrifteten Deckeln, zwischen den Schreibtischen niedrige Anrichten, ein paar traurige Zimmerpflanzen in weißen Töpfen helfen, die Arbeitsplätze voneinander abzugrenzen. Walentina steht vor einer Frau mit Kurzhaarfrisur, die uns missmutig mustert: Ein Fernsehteam, das Walentina filmt – da stimmt etwas nicht, sagt ihre Mimik.

Das Misstrauen ehemaligen Häftlingen gegenüber, der russische Amtsschimmel, provinzielle Überheblichkeit der Beamten – all das macht Walentina das Leben schwer. Die Schikanen sind immer andere, erzählt sie später, diesmal fehlt auf einmal eine Bestätigung des Gefängnisdirektors. Wie aber soll sie die bekommen? Walentina hat weder Telefon noch Computer, noch ein Auto. Einfach mit dem Bus hinfahren? Der Direktor sei doch nie zu sprechen.

Ich will wissen, wie hoch ihre Rente sein wird, wenn sie endlich alle benötigten Unterlagen vorlegt. Statt Walentina antwortet die

Beamtin, mit verächtlichem Unterton: »Na, was soll sie schon kriegen? Die Mindestrente, 660 Rubel.« 20 Euro also wird Walentina pro Monat zum Leben haben, wenn die Rente bewilligt wird. Bis jetzt gab es keine Kopeke.

Als wir aus dem Verwaltungsgebäude hinaus in die kalte Winterluft treten, hat Walentina Tränen in den Augen. »Seit Wochen komme ich hierher, ohne Erfolg. Es ist traurig, wie ich jetzt lebe. Ich gehe rum und suche Leergut. Vor allem Braunglas. Aber bei dem Schnee sind Flaschen schwer zu finden. Soll ich mich etwa neben einen Trinkenden stellen und warten, bis er die Flasche leer hat und wegwirft? Da sehen Sie, was aus mir geworden ist. Einmal ging mir sogar der Tee aus, und ich wollte nicht mehr leben. Ich habe dann drei Tage nicht geheizt, um im Bett zu erfrieren. Ich bin aber nicht erfroren.«

Es ist schwer, Worte des Trostes für Walentina zu finden. Ein kleiner Lichtblick, zumindest an diesem Tag: der Besuch bei ihrem Mann. Sie zeigt uns die Geschenke für ihn, gekauft von geliehenem Geld. Eine Nachbarin hat ausgeholfen.

Die Fahrt dauert eine gute Stunde. Alles hier erinnert mich an Walentinas Frauenstraflager: die blau gestrichenen Gitterstäbe der Türen im Eingangsbereich, die grüne Wandfarbe, dick aufgetragen und wasserfest, die toupierte Frisur der uniformierten Beamtin am Eingang – eine fast schon vertraute Atmosphäre. Wir geben die Pässe ab, zeigen Akkreditierungen, tragen uns in Listen ein. Es dauert etwas, bis die nächste Gittertür sich öffnet. Nicht nur unsere Ausrüstung wird sorgfältig unter die Lupe genommen, sondern auch Walentinas Tasche: Der Gefängnisbeamte öffnet jede Zigarettenschachtel, jede Teepackung, nur bei der Schokoladentafel belässt er es bei längerem Abtasten. Dann dürfen wir endlich in den Besucherraum.

Minuten später wird Walentinas Ehemann Nikolai von einem Beamten hereingeführt. Ein kräftiger Mann in blauer Gefängniskluft, müde Augen in einem verlebten Gesicht. Er will Walentina zur Begrüßung auf den Mund küssen, doch die wendet sich ab, es bleibt bei der kurzen Umarmung zweier Menschen, die sich fremd geworden sind. Seit drei Jahren haben sich die beiden nicht mehr gesehen, so lange sitzt Nikolai bereits. Es ist ihre zweite Ehe und keine gute, wie Walentina uns auf der Fahrt erzählt hat. »Aber er wagt es zumindest nicht, mich zu schlagen.«

Walentina berichtet ihrem Mann vom Elend zu Hause, vom gestohlenen Hausrat, den Problemen mit der Rente. Schweigend hört er zu, was soll er auch sagen. Als Walentina geendet hat, erzählt uns Nikolai seine Geschichte: »Ich habe im Kolchos zwei Ferkel gestohlen, die mir gleich danach wieder abgenommen wurden. Dafür habe ich vier Jahre bekommen. Die Ferkel sind schon lange aufgegessen. Aber ich sitze noch immer hier.«

Aber warum stiehlt er denn auch Ferkel, im eigenen Kolchos, versuche ich ihn zu provozieren. Seine kurzen, lakonischen Sätze sind etwas zu dürftig für unseren Film, ich will mehr von ihm hören. Doch was er dann sagt, lässt mich verstummen. »Im Kolchos haben sie mir nur einmal pro Halbjahr meinen Lohn gezahlt. Das waren 250 Rubel, das reicht doch nicht für eine Familie!«

Sieben Euro. Ich überlege kurz, ob das der Monatslohn war oder gar die Bezahlung für das gesamte halbe Jahr, schlucke die Nachfrage aber herunter. Egal was, beides ist selbst für diese abgelegene Provinz unglaublich wenig. Was würde ich selbst wohl in so einer verzweifelten Situation tun? Ein erfahrener Justizkritiker wird später in Moskau zu mir sagen: »Der russische Bürger ist sehr arm. Man kann ihm nichts nehmen als seine Freiheit. Ihm für den Diebstahl von Marmeladengläsern eine Geldstrafe zu geben, verbietet sich. Könnte er die Strafe bezahlen, hätte er die Marmelade ja nicht gestohlen.«

Der Beamte, der die ganze Zeit über schweigsam auf einer Couch im Besucherzimmer saß, holt nach einer halben Stunde seine Taschenuhr hervor: »Die Zeit ist vorüber!« Alle erheben sich, das Ehepaar steht verlegen nebeneinander, Walentina nestelt an ihren Handschuhen. Es ist schwer, sich vor einer laufenden Kamera unbefangen zu bewegen, noch dazu in so einer Situation. Die Begrüßungsszene wiederholt sich, diesmal wird ein Wangenkuss daraus. Wir sehen Nikolai hinterher, wie er über einen langen Gang im Gefängnishof zurück zu seinem Trakt geht, an beiden Seiten begrenzt durch einen drei Meter hohen Zaun, der mit Stacheldraht gesäumt ist. Das Bild erinnert mich an die Sicherheitsschleusen für Raubtiere im Zirkus. Nur dass dieser Nikolai wegen zweier Ferkel auf der falschen Seite des Gitters gelandet ist.

Walentina will für Nikolai Heimaturlaub beantragen, auch wenn er im Lager sicher mehr zu essen bekommt als zu Hause. Und auch wenn ihre Ehe nicht die beste ist, kann sie seine Rückkehr kaum erwarten. »Dann werden wir wieder Gemüse anbauen und Schweine halten.«

Wir bringen Walentina zurück in ihr Dorf. Das Haus hat sie inzwischen aufgeräumt, Essbesteck, zwei Teller und einen Topf haben ihr Nachbarn geschenkt. Doch ohne Arbeit und ohne Geld sei es ein trostloses Leben hier, betont sie immer wieder. »Trostlos« klingt fast verharmlosend. Ohne Chance auf eine Arbeit, auf ein paar Rubel zumindest, gefangen ohne eigenen Garten, ohne Ehemann, der ihn umgraben könnte, in einem trostlosen Dorf ohne Gemeindezentrum, ohne Kirche, in der man Zuflucht suchen könnte, nur mit einem kleinen Lebensmittelladen, in dem man mangels Geld nichts verloren hat – worauf soll man da hoffen?

Walentinas Schwägerin aus dem Nachbardorf kommt, um beim Sägen des Brennholzes zu helfen. Sie weiß, wie schwer das Leben im Dorf für Walentina ist: »Wer ständig hier lebt, der kommt irgendwie über die Runden. Aber wer wie sie im Gefängnis war, der hat es sehr schwer.« Auf die Kinder der Nachbarin aufpassen, im Tausch gegen ein paar Hühnereier, ein paar Handarbeiten für den Postboten, im Tausch gegen eine Mitfahrgelegenheit – es ist dieses feine Netz gegenseitiger Gefälligkeiten, das das Dorfleben halbwegs erträglich macht. Doch als ehemalige Lagerinsassin hat Walentina ein Stigma, viele begegnen ihr mit Misstrauen. Es dauert lange, hier wieder Teil der Gesellschaft zu werden. Im Dorf ist vor Kurzem eine Ente gestohlen worden, und der Milizionär verdächtigte sofort Walentina: »›Du hast doch schon mal geklaut‹, sagte er zu mir.«

Die Frauen gehen ins Haus, Walentina macht Feuer im Ofen, um Teewasser aufzusetzen. Das wird dauern. Während wir warten, zieht Walentinas Schwägerin ein bitteres Resümee: »Eigentlich kann sie ja auch wieder zurückgehen ins Lager, wenn es hier doch nichts zu essen und zu heizen gibt.«

Ich schaue fragend zu Walentina. Und sie gibt zögernd zu, dass sie sich manchmal gerne erinnert an ihre Zeit im Straflager. An die regelmäßigen Mahlzeiten, an die Gespräche mit den anderen Frauen. Hier, in der Freiheit, ist sie einsam und hungrig.

Zuckerbrot und Peitsche

Kurz darauf sind wir in Solnzewo, einem Vorort von Moskau, bekannt auch für die berüchtigte Mafiagruppierung gleichen Namens. Im Bezirksgericht wird gerade ein Jugendlicher vorgeführt: Die Arme hinter dem Rücken mit Handschellen fixiert, wird er in den Gerichtssaal gebracht. Sein Blick ist zu Boden gerichtet, als die Polizisten ihn in den Metallkäfig bringen, dieses für Europäer so mittelalterlich wirkende Requisit, das in fast allen russischen Gerichtssälen seinen festen Platz hat. Erst dann mustert er scheu die Zuschauer: Ein paar Freunde sitzen da, sichtbar eingeschüchtert durch das Ritual, das jetzt vor ihnen abläuft. Alle stehen auf, der Richter in schwarzer Robe betritt den Raum, dann liest die Staatsanwältin, eine strenge Frau in Uniform, die Anklage vor.

Im Käfig sitzt kein gefährlicher Killer. Sondern ein 17-Jähriger, der nachts ein paar Flaschen Cola aus einem Kiosk geklaut hat. Er wird die geballte Strenge des Gesetzes zu spüren bekommen, denn Milde ist für russische Richter ein Fremdwort, wenn es um Bagatellen geht. Weniger als ein Prozent aller Angeklagten wird von russischen Richtern freigesprochen – selbst unter Stalin waren es zehn Prozent, international üblich sind etwa zwanzig. Jeder vierte russische Mann hat Hafterfahrung.

Ich habe ein Interview mit dem Vorsitzenden des Gerichts beantragt, eher widerwillig führt er es auf meinen Wunsch auf dem Gerichtsgang und nicht in seinem Büro. »Warum gibt es so wenige Freisprüche in Russland?«, frage ich Sergei Danilow.

»Das liegt wohl daran, dass die Ermittlungsbehörden ihre Anklagen so sorgfältig vorbereiten und nur diejenigen vor Gericht gestellt werden, die tatsächlich eine kriminelle Handlung begangen haben.«

»Glauben Sie demnach, dass europäische Ermittler hilflose Dilettanten sind, wenn dort so viel mehr Angeklagte freigesprochen werden als hier?«

Danilow lächelt gequält. Was soll er auch sagen? Die Wahrheit etwa? Stattdessen bestätigt er meine provokante Unterstellung: »Ja, deutsche Ermittler arbeiten eben schlecht, wenn es vor Gericht so viele Freisprüche gibt.« Danilow weiß ebenso gut wie ich, dass das nicht stimmt.

Zwei Tage zuvor habe ich mir von einem Experten ausführlich erklären lassen, was in russischen Gerichtssälen wirklich passiert. Sergei Paschin war selbst Richter, hatte aber nicht mitmachen wollen bei bestellten Urteilen. Er quittierte den Dienst und wurde Dozent eines renommierten Instituts und prominenter Justizkritiker. »Russische Richter stehen traditionell aufseiten der Staatsanwaltschaft«, sagt Paschin gleich zum Auftakt unseres Gesprächs. »Sie sind seit Sowjetzeiten daran gewöhnt, den Anklagen im Vorfeld zuzustimmen. Der Prozess selbst ist eine Fiktion. Das Urteil ist abgesprochen, manchmal schon geschrieben. Was der Verteidiger sagt, ist daher unwichtig. Und wenn ein Richter sich weigert, das mitzumachen, dann betrachtet der Gerichtsvorsitzende das als Gefahr. Da gibt es einen, der nicht mitspielt. Und der wird dann eben kaltgestellt. Dabei gibt es verschiedene Möglichkeiten. Eine ist, für diesen Richter einen schweren Fall zu finden, für den er lange braucht. Zu lange. Dann heißt es, er hat gebummelt, seine Tätigkeit an diesem Gericht ist nicht länger erwünscht.«

Doch nicht nur die Peitsche, auch das Zuckerbrot gehöre zum Repertoire, meint Paschin. So könne ein Richter auch mit der Zuweisung einer Wohnung belohnt werden, mit einer höheren Qualifikationsstufe, die besser bezahlt wird, oder schlicht mit einer Beförderung. »Viele Richter würden eigentlich gerne sauber arbeiten, aber das klappt nicht. Es geht eben nicht um die Unabhängigkeit der Gerichte, sondern um ihre Steuerbarkeit, ihre Berechenbarkeit. Und ich finde, damit war der Kreml durchaus erfolgreich.«

Das ist natürlich eine ganz andere Version als die des Gerichts-Vorsitzenden Danilow, vor dem ich jetzt stehe, aber ich verkneife mir eine Konfrontation mit ihm. Denn draußen vor dem Gerichtsgebäude warten bereits meine nächsten Interviewpartner: vier Frauen und ein Mann, alle ehemalige Richter, alle gefeuert. Diese Fünf wissen wirklich, was in den 32 Moskauer Bezirksgerichten vorgeht. Zwei von ihnen arbeiteten hier, in Solnzewo. Ihre Schilderungen stimmen überein und zeigen ein pervertiertes Gerichtssystem, in dem nur noch Geld und Einfluss über Schuld und Sühne entscheiden. Elena, eine der Frauen, sagt: »Ganz gleich ob Straf- oder Zivilverfahren: Urteile werden abgesprochen und dem Richter vorgegeben. Und weigert er sich, den Anweisungen von oben zu folgen, gibt es Druck. In meinem Fall war es ein Grundstücksstreit, in dem ein General der Bautruppen seine Hände im Spiel hatte. Mir drohten sie, den Fall zu entziehen, falls ich nicht die richtige Entscheidung träfe. Richtig im Interesse der Mächtigen, also des Generals.«

Ihre entlassene Kollegin Irina ergänzt: »Mal fordern sie eine niedrigere Strafe, mal eine höhere oder einfach, eine bestimmte Partei in einem Zivilverfahren gewinnen zu lassen. Unser Vergehen war einfach, die Wahrheit zu sagen und bedrängten Kollegen beizustehen.«

Die dritte Richterin mischt sich ein: »Wie soll man sich jetzt fühlen, wenn man 16 Jahre als Richterin gearbeitet hat, und zwar ordentlich, und dann wird man ohne Pension einfach rausgeschmissen, vor die Tür gesetzt, ohne Abfindung, so, als hätte es diese 16 Jahre nie gegeben?«

Es waren lächerliche, kleine Verfehlungen, die als Vorwand für ihre Entlassungen herhalten mussten: Formfehler, eine Fristüberschreitung – Lappalien, die bei folgsamen Richtern nicht einmal erwähnt würden. Über achtzig der eintausend Moskauer Richter wurden allein 2003 entlassen und meist durch willige Kollegen aus der Provinz ersetzt. Eine große Säuberung.

»Gibt es dieses Phänomen schon lange?«, frage ich.

»Nein, das begann erst mit der Ernennung der neuen Moskauer Gerichtsvorsitzenden. Sie hat alle Macht. Mit ihrem Einfluss im Richterkollegium kann sie diejenigen einfach feuern, die ihr nicht passen.«

Die Vorgesetzte aller Moskauer Richter ist die Ehefrau eines Geheimdienst-Generals und kam unter Putin auf jenen Posten, der ihr

Einfluss auf alle Moskauer Gerichtsurteile verleiht. Seit 2002 ernennt der Machthaber im Kreml die Gerichtspräsidenten.

Einmal im Jahr trifft sich der Kreml-Chef mit den wichtigsten Staatsanwälten des Landes. So auch 2003. Im Publikum weit über einhundert Zuhörer, die meisten in Uniform, die meisten männlich. Es ist ein Ritual, das den Bürgern ein demokratisches und von der Politik unabhängiges Rechtswesen vorführen soll. Und dazu gehören kritische Bemerkungen des Präsidenten an seine Staatsanwälte. 2003 fordert der Präsident, die Korruption müsse mit qualifiziertem Personal wirksamer bekämpft werden. Zwölf Jahre später, 2015, in seiner Jahresansprache zur Lage der Nation, sagt Wladimir Putin dann einige bemerkenswerte Sätze: »2014 haben die Untersuchungsbehörden 200000 Verfahren gegen sogenannte Wirtschaftsverbrecher eröffnet. Nur 46000 dieser Fälle wurden vor Gericht gebracht, 15000 nach den Anhörungen niedergeschlagen. Einfache Mathematik zeigt, dass nur 15 Prozent aller Fälle mit einer Verurteilung endeten. Gleichzeitig hat die überwiegende Zahl dieser Unternehmer, genau 83 Prozent von ihnen, vollständig oder teilweise ihr Unternehmen verloren – sie wurden bedrängt, eingeschüchtert, ausgeraubt und dann freigelassen. Das ist nichts, was wir als Geschäftsklima brauchen. Es ist genau das Gegenteil, es ist die Zerstörung von Geschäftsklima. Ich fordere die Untersuchungsbehörden und die Generalstaatsanwaltschaft auf, dem besondere Aufmerksamkeit zu widmen.«

Was der Präsident beschreibt, ist letztlich ein komplexes System von Raubrittertum: Staatsanwälte nutzen ihr Amt, um Geschäftsleute zu erpressen und auszurauben. Es klingt so, als habe Putin dieses kriminelle Phänomen soeben erst entdeckt. Der Präsident spricht im Moskauer Andreas-Saal vor über tausend Gästen: Die gesamte Nomenklatura seines Landes lauscht, und die Kameras des staatlichen Fernsehens zeigen immer wieder prominente Vertreter der Sicherheitsorgane in Großaufnahme. Auch Juri Tschaika, den Generalstaatsanwalt. Es sind vor allem seine Mitarbeiter, denen Putins Kritik gilt.

Einige Zeit nach Putins Rede stellen der oppositionelle Politiker Alexei Nawalny und seine Mitarbeiter vom »Fond zum Kampf gegen Korruption« einen Film ins Internet, der die Selbstbereicherung der Tschaika-Söhne aufdeckt. Die hätten demnach ein gewaltiges Vermögen angehäuft. Zweistellige Millionen-Investitionen in griechische Hotels, feindliche Übernahmen von Unternehmen, Querverbindungen zu einer brutalen Mafiaorganisation, unerklärliches Glück bei der Vergabe von Staatsaufträgen, und alles mit tatkräftiger Protektion des Vaters, des Generalstaatsanwalts. Obwohl Nawalnys Film zahlreiche Belege liefert, werden keine Verfahren eröffnet. Kaum jemand in Russland wundert sich darüber. Initiieren müsste sie schließlich Vater Juri. Oder vielleicht der Präsident, immerhin ausgestattet mit unvergleichlicher Machtfülle, nach seinen so kritisch klingenden Sätzen?

Hilflose Helfer

Wir kehren zurück zu den Verlierern dieses Systems, zu den Opfern. Im Erdgeschoss eines dieser gesichtslosen Wohnhäuser am Stadtrand von Moskau finden wir nach einigem Suchen das Schild mit der Aufschrift »Komitee für Bürgerrechte«. Wir betreten einen überfüllten Warteraum. Eine Putzfrau wischt zwischen den Beinen teilweise dösender Menschen den hereingeschleppten Schneematsch weg. Die meisten der Wartenden haben eine Mappe, eine Aktentasche oder gleich eine ganze Einkaufstüte mit Papieren auf dem Schoß. Nur selten wird jemand in eines der hinteren Zimmer gerufen, Assistenten mit geschäftigem Blick pendeln zwischen einem Raum, der offensichtlich das Archiv beherbergt, und den Büros.

1200 Anfragen pro Monat gehen beim »Komitee für Bürgerrechte« ein. Von Menschen, die Hilfe suchen nach Folter und Polizeigewalt, Schutz vor korrupten Richtern, Staatsanwälten und Verteidigern. Das Zentrum ist letzte Hoffnung für die, die sich ihr Recht nicht mit Bargeld erkaufen können. Eine Mutter, die schon über zwei Stunden wartet, antwortet mit müder Stimme: »Ich habe die gleichen Probleme wie alle hier: Mein Sohn sitzt, wir hatten staatliche Anwälte, dann private, aber alles ohne Erfolg.«

Dass es das »Komitee für Bürgerrechte« überhaupt gibt, ist das Verdienst eines Mannes, den wir schon in Belgorod, beim Prozess gegen die Studenten, kennengelernt haben: Andrei Babuschkin. Jetzt eilt er fast im Laufschritt durch die Büroräume, wirft Sekretärinnen im Vorbeigehen kurze Anweisungen zu, vertröstet einen Wartenden entschuldigend um weitere 20 Minuten, um sich dann die Haare zu raufen: »Wer hat die Vorladung verschlampt?! Eine Katastrophe!«

Andrei Babuschkin ist Jurist und Aktivist, einer der wenigen, die sich auflehnen gegen das System. Seine Organisation hier in dieser Etagenwohnung ist eine winzig kleine Insel im Ozean russischer Justizwillkür. Die zwanzig Mitarbeiter können die Flut von Anfragen kaum noch bewältigen. Babuschkin selbst arbeitet 14 Stunden täglich, er schreibt Anträge, Beschwerden, Einsprüche. Aber neue Gesetze erschweren seine Arbeit. So haben Zentren wie das von Babuschkin kein Recht auf Akteneinsicht mehr. »Wir sind recht erfolgreich, was all die Schriftsätze angeht, die wir für die Leute schreiben. Aber wirklich helfen, bei ihrem Prozess, können wir ihnen leider selten, in maximal einem Sechstel der Fälle. Das ist natürlich wenig, erst recht, weil in bis zu 70 Prozent aller Fälle eindeutige Menschenrechtsverstöße vorliegen. Aber weil wir keine offizielle Institution sind, haben wir viel weniger Einfluss, als wir möchten.«

Babuschkins Büro ist winzig, der Schreibtisch eine einzige Aktenablage. An der Wand hängen zahllose Bilder von Häftlingen. Viele der Hilfesuchenden, erklärt Babuschkin, haben Angehörige, die hinter Gittern sitzen. Vor allem die Zustände in den Untersuchungsgefängnissen seien dramatisch, und die neuen Gesetze machten es noch schwerer, ein typisch russisches Phänomen aufzudecken: Folter von Verhafteten. Schon bei der Miliz, so Amnesty International, ist sie praktisch Routine, selbst die Vereinten Nationen haben Russland deswegen kritisiert.

Als Experte für diesen Aspekt der russischen Rechtsprechung gilt ein Mann, der das Innenleben von Miliz und russischen Haftanstalten besonders gut kennt: Waleri Abramkin, ein Menschenrechtler, der offen gegen illegale Praktiken der Justiz ankämpft. Abramkin besichtigt Straflager und berät Abgeordnete im Parlament. Experten wie ihn finden wir in der Regel auf dem Weg durch schäbige Hinterhöfe, in feuchten Büros, in dunklen Kellern. So auch das »Zentrum für Justizreformen«.

Winzige Fenster lassen etwas Dämmerlicht in die Büroräume hinein, deren Decken an manchen Stellen so niedrig sind, dass man den Kopf einziehen muss, wie in den meisten Kellergewölben russischer Altbauten. Der Mann, der mir jetzt gegenübersitzt, mit halblangem, grauen Bart und einer riesigen eckigen Lesebrille, scheint einem Film über Dissidenten in der Sowjetzeit entsprungen. Ich schätze ihn auf Mitte sechzig. Die Wände in seinem Arbeitszimmer sind mit großformatigen Fotos bedeckt. Sie zeigen Häftlinge in Gefängnissen und Straflagern. Es ist, als wolle Abramkin seine Besucher auch nicht für eine Sekunde vergessen lassen, über was hier geredet wird.

»Folter passiert meist in den Milizrevieren, in den Einzelzellen des Innenministeriums. Nur in den Untersuchungsgefängnissen ist sie seltener geworden. Um zu zeigen, dass sie ordentlich arbeitet, muss die Miliz nachweisen, dass sie Verbrechen aufdeckt. Und darum stellt man Menschen dann vor eine Lampe und zwingt sie zu gestehen. Man zieht ihnen zum Beispiel eine Plastiktüte über den Kopf, und sie bekommen keine Luft mehr«, erklärt Abramkin.

»Aber Geständnisse unter Folter können doch nach neuem Recht widerrufen werden. Wissen das Ihre Rechtsanwälte denn nicht?«

»Dafür haben die Beamten einen guten Ausweg gefunden: Sie bilden eine Bande zusammen mit den Verteidigern. Über diese Anwälte kassieren sie dann die Schmiergelder. Und diese von der Miliz geschmierten Anwälte werden vor Gericht nie bestätigen, dass der Verhörte gefoltert wurde. Das ist leider eine der schlimmsten Entwicklungen der letzten Jahre. Rechtsanwälte agieren oft sogar als Kopf einer kriminellen Gruppe aus Fahndern, Staatsanwalt und Verteidiger.«

Folter im Vollzugssystem

Fünfzehn Jahre später, 2018, zeigt ein Video, das die Zeitung *Nowaja Gaseta* ins Internet stellt, dass Folter nach wie vor ein fester Bestandteil des russischen Strafvollzugs ist. Es ist nichts für zarte Gemüter. Zehn Minuten lang sieht man, wie ein Häftling in der Region Jaroslawl, nördlich von Moskau, von bis zu 17 Vollzugsbeamten misshandelt wird. Die Hände mit Handschellen hinter dem Rücken fixiert, wird der Mann bäuchlings auf einen Tisch gehievt, dann wird er mal mit der Faust ins Gesicht geschlagen, mal mit Gummiknüppeln auf Beine und Fußsohlen. Wenn er das Bewusstsein verliert, schüttet ihm ein Beamter einen Eimer Wasser über den Kopf, dann geht es weiter.

Es ist einer der seltenen Fälle, die ans Licht der Öffentlichkeit kommen. Die grausamen Szenen wurden mit der Körperkamera eines Gefängniswärters gefilmt, gerieten dann in die Hände der Rechtsanwältin, die den gefolterten Jewgeni Makarow vertrat. Sie übergab das Video der Zeitung *Nowaja Gaseta* und berichtete, ihr lägen fünfzig weitere Beschwerden von Häftlingen vor, die behaupteten, in der Strafvollzugsanstalt IK-1 in Jaroslawl gefoltert worden zu sein. Die Anwältin floh kurz darauf ins Ausland, nach eigenen Angaben, weil sie Morddrohungen erhalten hatte und ihr von den Sicherheitsbehörden kein Personenschutz gewährt wurde.[4]

Das grausame Video löst in Russland und darüber hinaus eine Welle öffentlicher Empörung aus, der Justizapparat muss reagieren: Die 17 beteiligten Mitarbeiter werden vom Dienst entbunden, sechs von ihnen festgenommen. Untersuchungen werden eingeleitet, Anklagen geprüft. All das geschieht erst, nachdem kein Dementi mehr möglich ist, unter dem Druck der Bilder. Dabei gibt es seit Jahren Berichte über grausame Praktiken in den beiden Straflagern von Jaroslawl, IK-1 und IK-8, so die *Neue Zürcher Zeitung*.[5] Sogar der Europäische Gerichtshof für Menschenrechte war in einige Fälle involviert, hatte die russischen Behörden gerügt, die ein Verschulden ihrer Vollzugsbeamten jedoch konsequent zurückwiesen. Es bleibt zu befürchten, dass auch dieses Mal nur ein wenig »nachjustiert«

wird, sich am Grundübel des Systems, das auf eine lange Tradition von Erniedrigung und Gewalt zurückblicken kann, nicht viel ändern wird.

Mit 419 Inhaftierten pro 100 000 Einwohner hat Russland 2018 die höchste Gefangenenrate in Europa. »Die Häftlingsquote, bezogen auf die Gesamtbevölkerung in Russland, kommt heute also der des Jahres 1937 nahe, dem Höhepunkt der stalinistischen Repressionen«, schreibt Olga Romanowa, Journalistin und Gründerin der Nichtregierungsorganisation »Russland hinter Gittern«.[6] Dabei hat sich die Zahl der Menschen hinter Gittern seit Putins Einzug in den Kreml inzwischen auf 602 000 verringert. Der Komplex von fast tausend Haftanstalten ist jedoch nach wie vor ein eigener, finsterer Kosmos der russischen Gesellschaft geblieben. Vor allem im Osten des Landes, wo es kaum Arbeitsplätze gibt, haben sich regelrechte »Wärter-Dynastien« entwickelt: Die begehrten Jobs in den Lagern werden von Vätern an Söhne weitergegeben.

Ich muss an die Aussage des ehemaligen Duma-Abgeordneten Juri Rybakow denken: »60 bis 70 Prozent der Beschwerden aus den Gefängnissen sind Klagen, dass das Geständnis des Verbrechens aus ihnen herausgeprügelt wurde.«

Schon 2003 haben sich mehr als 10 000 Menschen an den europäischen Gerichtshof für Menschenrechte gewandt – mehr als aus jedem anderen Staat –, weil sie sich als Opfer des korrupten russischen Justizsystems fühlen.

Ähnlich wie in den USA hat sich der Vollzugs-Komplex längst verselbstständigt, hängen viel zu viele Interessen davon ab, dass die Gefängnisse und Straflager voll sind. Umgerechnet fast 3 Milliarden Euro beträgt das Budget des Föderalen Dienstes für den Strafvollzug (FSIN). Gleichzeitig wird an der Versorgung der Häftlinge gespart. Klagen über ständigen Hunger und Unterernährung sind ein Klassiker in der Gefängniswelt: »Der FSIN wendete für die Verpflegung der Häftlinge im Jahr 2016 im Durchschnitt täglich nur 86 Rubel (1,25 Euro) pro Häftling auf, 2017 waren es 72 Rubel (statt der budgetierten 86) und für 2019 sind bloß noch 60 Rubel (0,80 Euro) geplant.«[7] Und das trotz stark steigender Lebensmittelpreise in Russland.

Olga Romanowa gilt als kenntnisreiche Expertin, ihre Einschätzungen zur Lage in den Gefängnissen sind düster: »Den Angaben des FSIN zufolge war in den drei Jahren von 2014 bis 2017 fast ein Drittel der Todesfälle in Hafteinrichtungen auf HIV-Infektionen zurückzuführen. In den Einrichtungen des FSIN starben 2016 insgesamt 1092 Häftlinge an Aids.[8] Und: Krankheit macht Häftlinge gefügig: »Eine Methode ist die gezielte Ansteckung mit Tuberkulose. Gesunde Häftlinge werden zur Bändigung und Einschüchterung zusammen mit Tuberkulosekranken untergebracht. Das ist der Grund, weshalb in Russland Tuberkulose so stark verbreitet ist und als die häufigste Gefängniskrankheit gilt. Zuverlässige Angaben zur Verbreitung der Tuberkulose gibt es nicht, die Daten gelten als geheim und sind sogar für Fachleute nicht vollständig zugänglich.«[9]

Es ist nachvollziehbar, dass Romanowa sich mit solchen Aussagen keine Freunde macht im russischen Justizapparat. Ihrer Organisation »Russland hinter Gittern« wurde vorgeworfen, staatliche Gelder unterschlagen zu haben. Für Romanowa ein Vorwand, um ihre Organisation zu diskreditieren, sie selbst mundtot zu machen. An der Spitze der Gefängnisbehörde FSIN stünde eine Reihe von Leuten, die früher beim Inlandsgeheimdienst FSB waren, so die Aktivistin in einem Interview mit *Zeit Online*.[10] Kurz zuvor, im September 2017, hatte Romanowa beschlossen, aus einem Europaurlaub zunächst nicht nach Russland zurückzukehren.

Warum sie kein Vertrauen hat in eine faire Untersuchung der Vorwürfe, beschreibt sie in einem Aufsatz aus dem Exil: »Nach Angaben sowohl von Menschenrechtlern wie auch des Europäischen Gerichtshofs für Menschenrechte sind 30 Prozent der Freiheitsstrafen unrechtmäßig verhängt worden. Das bedeutet, dass alljährlich 200000 Personen schuldlos ihre Freiheit entzogen wird. (…) Gewöhnliche Bürger verlieren ihre Freiheit allein deswegen, weil die Polizei ihre Aufklärungsquote verbessern muss, denn ihr wird nicht zugestanden, weniger Taten aufzuklären als im Vormonat.«[11]

Dabei hatte es einen Moment der Hoffnung gegeben. Im Jahr 2008, in der sogenannten Tauwetterperiode während der Amtszeit von Präsident Dmitri Medwedew, sollte das Schweigekartell der Justizvollzugsbehörden endlich durchbrochen werden. Ein neues Gesetz zur öffentlichen Kontrolle des Strafvollzugs wurde verabschiedet, es galt als regelrechter Durchbruch. Denn es erlaubte unabhängigen Nichtregierungsvertretern, in die »Gesellschaftliche Beobachterkommission« (ONK) gewählt zu werden.

Etwa 800 Aktivisten, darunter auch erfahrene Mitglieder von NGOs wie Andrei Babuschkin, konnten jetzt landesweit die Haftbedingungen überprüfen: Ernährung, medizinische Versorgung, Foltervorwürfe. »Mehrere Hundert grausame Missbrauchsfälle – auch Folterungen und Morde – konnten dadurch aufgedeckt und untersucht werden.«[12] Immer wieder stellten Menschenrechtsaktivisten in dieser Zeit Fotos, Interviews und Dokumente ins Netz. Die *TAZ* zitiert ein ONK-Mitglied, das anonym bleiben wollte: »In den Lagern des FSIN kann man umbringen, wen man will, weil die Staatsanwaltschaft es deckt. (…) Ich kenne etwa vierzig Fälle von Menschen, die während der Folter auf Polizeirevieren, in Straflagern oder Untersuchungsgefängnissen starben; weitere rund einhundert, in denen sie danach schwer behindert blieben.«[13]

Doch es dauerte nicht lange, bis das System sich wehrte. Zunächst wurde die Beobachtung der ONK auf regionale Haftanstalten beschränkt. Dann drängten immer mehr Vertreter von Armee, Geheimdiensten und Gefängnisverwaltung in die Beobachterkommission. 2015, Wladimir Putin hatte längst wieder seine dritte Amtszeit als Präsident angetreten, präsentierte seine Präsidialadministration Änderungsvorschläge für ein neues Gesetz: Demzufolge musste nun jeder Kandidat für die ONK von den Regionalregierungen überprüft werden. Damit war ein wirksamer Filter geschaffen, der nur noch Kandidaten zulässt, die dem Staat genehm sind.

Es funktioniert: Die Wahlen zur Beobachterkommission im Jahr 2016 kommen einer Säuberung gleich. In 42 russischen Regionen, fast der Hälfte des Landes, wird den bisher aktiven Menschenrechtlern der weitere Zugang verwehrt, auch Andrei Babuschkin. In Moskau, eine besonders zynische Pointe, wird Dmitri Komnow in die Beobachterkommission gewählt. Der ehemalige Leiter des berüchtigten Untersuchungsgefängnisses Butirka war Jahre zuvor entlassen worden: Er gilt als mitverantwortlich für den Tod des inzwischen weltweit bekannten Häftlings Sergei Magnitski.

In Moskau besteht die Beobachterkommission Ende 2016 aus drei Journalisten, drei Menschrechtlern – und 25 ehemaligen Mitgliedern von Armee, Geheimdienst, Justizverwaltung oder deren ehemaligen Geschäftspartnern.[14] Damit ist die Aufsicht über das, was sich zwischen den etwa 300 000 Beschäftigten des gewaltigen russischen Vollzugsapparats und den über 600 000 Häftlingen abspielt, wieder in den Händen derer, die dem Staat treu ergeben sind.

Kapitel 9

Ukraine:
Der nicht erklärte Krieg

Es ist immer die gleiche Routine in jenem Januar des Jahres 2014: Mein erster Weg am Morgen führt zum Vorhang. Von hier oben, aus der neunten Etage des Hotels »Ukraina«, habe ich gute Sicht auf die Institutskaja-Straße. Blick nach rechts: Die Barrikade steht noch, davor eine Handvoll Demonstranten. Blick nach links: Ich sehe Zelte, aus einigen der Ofenrohre kommt bereits heller Rauch. Heute Nacht haben sie den Maidan also wieder nicht gestürmt.

Duschen, anziehen, ein kurzer Kontrollgang in unseren Schneideraum auf dem gleichen Flur, untergebracht in einem größeren Doppelzimmer. Im Zimmer sieht es aus wie immer: auf dem Tisch Monitore, Computer, Mikrofon, Papierstapel, drei leere Pizzakartons, Wasserflaschen, Bierdosen, eine halb volle Packung Erdnüsse. Taschen mit Ausrüstung. Ein paar Schutzwesten mit den Buchstaben »TV«, aufgeklebt mit weißem Isolierband, drei Helme. Mehrere Ladegeräte mit Kamerabatterien darin blinken grün. Auf dem Balkon zwei Wasserflaschen mit Zigarettenkippen. Und der Blick auf das Regierungsviertel in Kiew. Von hier aus ist die Barrikade noch besser zu sehen. Holzbalken, Metallstreben, Pflastersteine, ein alter Kühlschrank, Plastikfolien, alles mit Draht zusammengehalten. Eine Installation des Widerstands. Heute ohne brennende Autoreifen.

Ich atme die eiskalte Winterluft ein und versuche, langsam wach zu werden. Das letzte Live-Gespräch mit der ARD fand nach zwei Uhr morgens statt, bald schon werden die Anrufe aus Hamburg kommen mit den Bestellungen für den heutigen Tag. Alle arbeiten im Ausnahmemodus: Demonstranten, Polizisten, Spezialkräfte, Politiker, Journalisten. Niemand schläft genug in diesen Wochen seit dem 1. Dezember 2013, als die ersten Massenproteste auf dem Maidan Nesaleschnosti, dem Platz der Unabhängigkeit, begannen. Jetzt,

Ende Januar, wird langsam klar, dass es in Kiew um eine historische Entscheidung geht. Um die Loslösung der Ukraine aus dem eisernen Griff Moskaus.

Doch wie kam es dazu, dass sich im Zentrum Europas eine Revolution abspielt, die bereits zahlreiche Tote und Verletzte gefordert hat und – das weiß ich zu diesem Zeitpunkt noch nicht – in ein regelrechtes Blutbad münden wird? Es war das von der Europäischen Union angebotene und lange verhandelte Assoziierungs- und Freihandelsabkommen, ein kleinteiliges und reichlich bürokratisches Papier, von vielen lange nicht wirklich zur Kenntnis genommen, das unverhofft zu einem Konflikt geführt hat, den bald schon viele als schicksalhaft auch für Europa empfinden.

Ende 2011 waren die 900 Seiten des Abkommens nach etlichen Jahren Verhandlung unterschriftsreif. Die schrittweise Anpassung an europäische Normen und der Wegfall von Zöllen sollten der Ukraine wachsenden Wohlstand und Visumsfreiheit bescheren. Kurzfristig würden damit allerdings schmerzhafte Umstellungen nötig: mehr Transparenz und Rechtsstaatlichkeit etwa – ein Problem für die eng verflochtenen ukrainischen und russischen Eliten gleichermaßen.

Aus Moskau allerdings kam zunächst kein Protest gegen Kiews Westkurs, erinnert sich Elmar Brok, im fraglichen Zeitraum Vorsitzender des Außenausschusses im Europäischen Parlament. Der ARD sagt er 2014: »Es ist ein Angebot gewesen, ein Vertrag, der lange ausgehandelt worden ist (…) und der keine Proteste in Moskau ausgelöst hat. Das ist erst vor einem knappen Jahr losgegangen. (…) Es hat also eindeutig mit einer Veränderung der russischen Prioritäten, der russischen Politik zu tun.«

Auch Timothy Snyder betont: »Bis 2012 sprachen russische Führungspersönlichkeiten wohlwollend über eine europäische Integration. Jelzin akzeptierte Europa als Modell, zumindest rhetorisch. Putin beschrieb die Annäherung der EU an Russlands Grenzen als Chance für Zusammenarbeit. Die Osterweiterung der NATO 1999 wurde von Putin nicht als Bedrohung dargestellt.«[1]

Tatsächlich war Moskaus langes Schweigen seltsam. Denn schon 2009 hatte Wladimir Putin mit seinem Projekt der »Eurasischen

Wirtschaftsunion« ein Gegenmodell zur EU angestoßen, das ohne die Ukraine mit ihren 45 Millionen Einwohnern und ihrer für Russland wichtigen Industrie ein Papiertiger bleiben musste. Eine Begründung für Putins so spät erwachten Widerstand lautet: Das Assoziierungsabkommen sei erst 2013 ins Russische übersetzt worden. Eine andere: Russische Regierungsvertreter seien zu spät in die Gespräche einbezogen worden.

Diese Argumente wirken eher konstruiert: Moskau hätte ja nicht einmal auf seine inzwischen hyperaktiven Geheimdienste zurückgreifen müssen, um von diesem »teuflischen Plan« der Europäer zu erfahren, sondern lediglich auf ein paar Dolmetscher. Tatsächlich hatte Präsident Wiktor Janukowitsch ja offen in der Ukraine für das Abkommen mit den Europäern geworben, selbst im Russland so nahen Donbas. Eine Geheimoperation der Europäer war das nun wirklich nicht. Und auch der ehemalige EU-Kommissionspräsident José Manuel Barroso beharrt darauf, Russland sei bis ins Detail informiert gewesen, habe jedoch bis 2012 keine Bedenken geäußert.

Und so hatte in Brüssel offenbar niemand antizipiert, dass das Assoziierungsabkommen zu einer gewaltigen Krise der Ost-West-Beziehungen führen würde. »In Brüssel hatte man (…) den Eindruck, Russland interessiere sich gar nicht sonderlich für dieses Assoziierungsabkommen, das es als typisch bürokratisches EU-Projekt zu bewerten schien. Offenbar unterschätzte man anfangs auch in Moskau die potenzielle Bedeutung des Abkommens«, analysiert Katja Gloger.[2]

Angesichts der enormen ökonomischen Abhängigkeit Kiews vom Handel mit Russland sei das EU-Assoziierungsabkommen ökonomischer Selbstmord, sagen russische Politiker 2013 plötzlich in vorgeblicher Sorge um das Nachbarland. Und auch von westlichen Kritikern wird gerne der Vorwurf erhoben, Europa trage die Hauptverantwortung für die Eskalation in der Ukraine, indem es Kiew vor eine unmögliche Wahl gestellt habe: Brüssel oder Moskau. Ein schwer nachzuvollziehendes Argument, denn letztlich war es Moskau, das Kiew mit großem Druck vor diese Entscheidung stellte, statt mit den Europäern nach pragmatischen Lösungen für die in der Tat schwierigen Zollfragen zu suchen.

Und so glauben viele, dass Putins plötzlicher Widerstand eher innenpolitische Gründe hatte. Die massiven Proteste Hunderttausender in Moskau gegen dessen erneuten Einzug in den Kreml hatten ihn offensichtlich schockiert und wurden zum Auslöser einer deutlich härteren Gangart – nicht nur gegen jede Form von Opposition, sondern auch gegen den Westen, der immer mehr als aggressiv, als gefährliche Bedrohung gezeichnet wurde. Ein Abdriften der Ukraine in Richtung Europa wäre in diesem neuen Umfeld ein schmerzhafter Gesichtsverlust gewesen. Elmar Brok sagt dazu gegenüber der ARD: »Ich glaube, dass Putin in seiner zweiten Präsidentschaft die Schwerpunkte anders gesetzt hat. Er ist an der inneren Reform Russlands gescheitert. (…) Dazu kam, dass sich langsam Unzufriedenheit entwickelte. Und er hat zunehmend Nationalvorstellungen, die er früher nicht so geäußert hat. Er hat erklärt, die größte Katastrophe des 20. Jahrhunderts sei (…) der Zusammenbruch der Sowjetunion. Und offensichtlich ist es jetzt sein Ziel, diesen ›Fehler‹ wieder in Ordnung zu bringen.«

Wie auch immer die Motive waren: Moskau reagiert mit Druck. Das geplante Abkommen zwischen Brüssel und Kiew wird von den Kreml-Medien als geradezu feindlicher Akt dargestellt, und Russland verhängt schmerzhafte Handelssanktionen gegen die Ukraine. Als Zuckerbrot bietet Putin 2013 bei einem Zweiertreffen in Sotschi Wiktor Janukowitsch einen 15-Milliarden-Dollar-Kredit an und um ein Drittel niedrigere Gaspreise – für den Seitenwechsel. Janukowitsch willigt ein.

Für viele Ukrainer ist das, als es bekannt wird, ein Schock. Mit der Annäherung an Europa verbindet etwa die Hälfte des Landes die Hoffnung auf Rechtsstaatlichkeit und ein langsames Ende der Ausbeutung durch korrupte Eliten. Der Journalist Mustafa Najem ruft am 21. November 2013 auf Facebook seine Anhänger zu Protesten auf. Zunächst einige Hundert, dann bis zu 10 000 Menschen, vorwiegend Studenten, demonstrieren von diesem Tag an friedlich auf dem Maidan.

Am frühen Morgen des 30. November greifen Sondereinheiten der Berkut-Spezialpolizei an und gehen mit großer Brutalität gegen die Demonstranten vor. Achtzig Personen, auch Journalisten, werden verletzt, eine Gruppe von etwa fünfzig Demonstranten flieht vom Maidan in das St. Michaelskloster, verfolgt von Polizisten, die das Gebäude umstellen. Vor allem wohl, weil die beiden neuen Fernsehsender »Hromadske« und »Espreso TV« den brutalen Polizeieinsatz dokumentieren, versammeln sich vor dem Kloster schnell 5000 solidarische Kiewer, deren Zahl bis zum Abend auf 10 000 anwächst. Und am 1. Dezember protestieren auf dem Maidan bereits 400 000 Menschen aus der ganzen Ukraine, trotz eines inzwischen verhängten Versammlungsverbots. Die Opposition ruft zum landesweiten Generalstreik auf, die ersten Zelte werden aufgebaut, das Rathaus und das Gewerkschaftshaus besetzt. Der sogenannte Euromaidan hat begonnen.

Ich fahre in die zweite Etage des Hotels. Das Restaurant ist ein Saal mit hohen Decken und schweren Vorhängen an den Fenstern. Das Frühstücksbuffet wird jetzt, nach so vielen Wochen im Hotel, zu einer der wenigen beruhigenden Konstanten in diesem dramatischen Umfeld. Die zu dick geschnittene Wurst, der fade Käse, Rote-Beete-Salat, Krautsalat mit roten Beeren, Würstchen, hart gekochte Eier, kaltes Rührei, pappiges Weiß- und Schwarzbrot, zwei Sorten billiger Saft, Müsli, Quark, Milch. Cappuccino und Spiegelei kosten extra. Alles ist wunderbar sowjetisch, ich fühle mich zu Hause. Ein Buffet wie dieses könnte auch in Chabarowsk, Wolgograd oder Nowosibirsk stehen. Die Zusammenstellung ist seit vielen Jahrzehnten unverändert.

Ich setze mich ans Fenster und blicke hinaus auf den Maidan. Gleich vor dem Hotel das 63 Meter hohe Unabhängigkeitsdenkmal, dahinter verläuft der Chreschtschatyk, der sechsspurige Boulevard, der gerne mit den Champs-Élysées verglichen wird. Auf seinen breiten Gehwegen flanieren in normalen Zeiten die Kiewer, flirten, diskutieren, schwatzen in Straßencafés. Hinter dem Chreschtschatyk, im nördlichen Teil des Maidan, mehrere Springbrunnen, dann die historischen Fassaden im Stil des sowjetischen Klassizismus, hinter denen die Stadt treppenförmig ansteigt. Im Osten des Platzes das wuchtige Haus der Gewerkschaften. Über dieses mir so vertraute Panorama hat sich in den letzten Wochen eine neue Schicht gelegt, eine bunte, wuselnde, anarchische, revolutionäre. Der Boulevard ist zu einer lang gezogenen Zeltstadt mutiert. Vor den Zelten, an Ölfässern mit offenem Feuer, stehen kleine Gruppen vermummter Menschen, die sich an den Flammen ihre Hände wärmen.

Eine gekaufte Revolution?

Vor zehn Jahren war die Stimmung in Kiew schon einmal so revolutionär gewesen. Es waren die Tage der orangenen Revolution im November 2004. Ministerpräsident Wiktor Janukowitsch und Oppositionskandidat Wiktor Juschtschenko traten in einer Stichwahl gegeneinander an. Juschtschenko, der westlich orientierte Wirtschaftsexperte und Reformpolitiker, war nach einem Giftanschlag von Akne und Narben im Gesicht gekennzeichnet. Sein Gegner Janukowitsch, der Geschäftsmann aus dem Donbas, dem alten industriellen Herzen der Ukraine, galt als Moskau-nah. Nach dessen Sieg wurde schnell der Vorwurf der Wahlfälschung laut, auch seitens der OSZE. Friedliche Massenproteste in Kiew und einigen westlichen Städten der Ukraine begannen. Es waren vor allem junge Leute und Studenten, die mit der Bewegung »Pora!«, »Es wird Zeit!«, die Proteste trugen. Unterstützt wurden sie, auch finanziell, von westlichen Stiftungen, Organisationen und auch Regierungen.

Also eine vom Westen initiierte, gekaufte orange Revolution? Das amerikanische Außenministerium räumte offen ein, in den Jahren 2003 und 2004 insgesamt 65 Millionen Dollar für die Ukraine ausgegeben zu haben, George Soros allein etwas über eine Million. Diese Gelder kamen Nichtregierungsorganisationen zugute, die freien Medien wurden damit unterstützt, auch eine Organisation für Wahlbeobachtung und zwei unabhängige Nachwahlbefragungen, sogenannte Exit Polls. Erst die hatten dann die Diskrepanzen zu den offiziell verkündeten Wahlergebnissen klar werden lassen und damit die Proteste ausgelöst.

Der britische Historiker Timothy Garton Ash widerspricht dem Vorwurf, diese westlichen Gelder stellten eine unerlaubte Einmischung des Westens dar. Er kontert mit der Aufzählung der russischen Hilfestellungen für Janukowitsch: Laut russischen Medien 300 Millionen Dollar für dessen Wahlkampf, für russische Berater, die eine Schmutzkampagne gegen Juschtschenko aufzubauen halfen, für zwei Auftritte Putins, mit denen er Janukowitsch unterstützte. Das Fazit des Historikers in seinem lesenswerten Buch »Facts are subversive« lautet: »Die orange Revolution wurde nicht in Washington gemacht oder von Brüssel aufgezwungen. Der Westen half den Bürgern der Ukraine zu tun, was sie für sich selbst tun wollten.«[3]

Nach etlichen Wochen erreichten die Demonstranten damals ihr Ziel: Die Stichwahl wurde für ungültig erklärt, bei deren Wiederholung siegte Wiktor Juschtschenko. Er wurde Präsident, das Parlament wählte Julia Timoschenko zur Ministerpräsidentin. Doch die Freude im Westen über den Triumph der Opposition war von kurzer Dauer. Bald schon kam es zu Zerwürfnissen, Intrigen, politischen Machtspielen. Janukowitsch wurde bereits 2006 für kurze Zeit Ministerpräsident und eroberte dann 2010 endgültig den Präsidentenpalast in Kiew.

Dort sitzt er jetzt, Ende Januar 2014, noch immer. Doch da unten, auf den Straßen und Plätzen um das Hotel »Ukraina«, wird sein politisches Ende eingeläutet. Das weiß ich noch nicht, als ich meinen täglichen Gang über den Chreschtschatyk antrete. Die Eingangstür des Hotels bewachen zwei rauchende Mitglieder der sogenannten Samooberona, der Selbstverteidiger des Maidan, ausgestattet mit Schutzweste und Helm. Das Gewaltmonopol hat sich hier, im Zentrum, längst vom Staat auf die Demonstranten verlagert. Die beiden jungen Männer kommen aus der Gegend von Lemberg, acht Stunden dauert ihre Schicht, dann kommt die Wachablösung. Ich bin überrascht, wie diszipliniert der militante Teil der Demonstranten sich im Alltag verhält, wenn keine Kämpfe mit den Spezialeinheiten der Berkut stattfinden. Der Kommandeur des Maidan, Andrij Parubij, hat für den gesamten Innenstadtbereich ein Alkohol- und Drogenverbot verhängt, und tatsächlich sehe ich so gut wie nie Betrunkene, auch nicht spätnachts. Die Stimmung ist angespannt, aber friedlich.

Das überrascht vor allem meine russischen Kollegen, die sporadisch aus Moskau einfliegen, um unsere ukrainische Crew zu unterstützen. Das russische Fernsehen präsentiert längst eine sorgfältig choreografierte Auswahl dessen, was auf dem Maidan geschieht: junge wütende Männer, die Molotow-Cocktails auf Kordons wehrloser Polizisten schleudern, gewalttätige Szenen. Die nicht minder brutalen Gegenangriffe von Janukowitschs Berkut-Einheiten zeigen die russischen Kanäle fast nie. Auch meine russische Familie fragt regelmäßig besorgt nach meiner Sicherheit. Für sie befinde ich mich in einem gefährlichen Kriegsgebiet.

Ich gehe über den Parkplatz ins Einkaufszentrum Globus. Dieses dank großer Fensterfronten lichtdurchflutete Rondell ständig leerer Geschäfte, Boutiquen und Salons ist kurioserweise die kürzeste Verbindung zur Revolution: Über drei Rolltreppen geht es hinunter zum Ausgang, der direkt auf den Platz beim Unabhängigkeitsdenkmal führt. In den unterirdischen Fußgängerpassagen herrscht im Gegensatz zur teuren Markenwelt darüber großer Betrieb. Frierende Demonstranten wärmen sich mit ein paar billigen Teigtaschen auf, es gibt Kaffeebuden, einen Zeitungskiosk, einen Zigarettenladen, Geschäfte für billige Parfums, Damendessous, T-Shirts mit Maidan-Parolen – hier unten ist die Welt der normalen Kiewer. Der Menschen, die statistisch etwa ein Zehntel dessen verdienen, was Europäer zur Verfügung haben, bei fast gleichen Preisen. Der Menschen, die jede Griwna zweimal umdrehen müssen, während der Präsident, die Oligarchen, die reiche Nomenklatura des Landes ihren luxuriösen Lebensstil recht unverhohlen zur Schau stellen.

Draußen auf dem Maidan ist es kalt. Auf der Bühne mit ihren großen Lautsprecherboxen und Scheinwerfern, dem politischen und spirituellen Mittelpunkt der Protestbewegung, sagt gerade eine ältere Frau ein Gedicht auf, etwa zwanzig Menschen hören ihr zu. Auch Volkstanzgruppen treten hier auf, Kosakenchöre, Priester beten mit der Menge, auf dem großen Monitor werden Filme gezeigt, und zur vollen Stunde stimmt, wer immer gerade auf der Bühne steht, laut die ukrainische Nationalhymne an, auch spätnachts. »Schtsche ne wmerla Ukrajiny i slawa, i wolja« – »Noch sind der Ukraine Ruhm und Freiheit nicht gestorben«, beginnt der Text, begleitet von einer wunderbar melancholisch-trotzigen Melodie. Und als Refrain, nach jeder Strophe: »Leib und Seele geben wir für unsere Freiheit und bezeugen, dass unsere Herkunft die Kosaken-brüderschaft ist.«

Tatsächlich tragen etliche der Protestler Kosakenuniformen, lange Schnurrbärte, die Haare glatt rasiert bis auf den Tschub, die lange Haarsträhne oder Locke, die oft verwegen in die Stirn fällt. Das Kosakentum ist der wichtigste nationale Mythos der Ukraine, Widerstand gegen alle staatliche Autorität, ziviler Ungehorsam, dafür Gleichheit und vor allem Freiheit. Kosakenbilder sind auch im Alltag allgegenwärtig, auf Wodkaflaschen, Zigarettenpackungen, Einkaufstüten und sogar auf einer Banknote.

Während ich auf dem Maidan stehe, der sich an diesem Morgen so friedlich präsentiert, gehen mir ganz andere Bilder durch den Kopf. Mitte Dezember hatten Hundertschaften der Polizei nachts alle Barrikaden der Demonstranten abgeräumt und den Belagerungsring immer enger um den Maidan gezogen. Nur gestürmt hatten sie ihn noch nicht. Bei beißendem Frost, bis zu 17 Grad minus, brachten immer mehr Kiewer Bürger warme Kleidung und verteilten sie unter den Protestlern. Freiwillige reichten heißen Tee. Ein junges Mädchen, vielleicht gerade 16, sagte zu uns: »Jeden Tag machen wir mehrmals Tee und zweimal am Tag auch Grießbrei. Wir halten noch lange durch, bis zum Sieg!«

Wir gingen in eines der großen Zelte. Schlafsäcke und Isomatten, ein buntes Durcheinander bescheidener Habseligkeiten. Plastikgeschirr, hier ein zerfleddertes Taschenbuch, da eine kleine Ecke mit Heiligenbildchen. In der Zeltmitte ein glühend heißer Eisenofen, Brennholz. Und auch nachts um zwei waren noch alle auf den Beinen. Alle hätten sie Angst vor dem Sturm, sagte Tatjana: »Wir schlafen doch fast gar nicht mehr. Erst recht nicht, nachdem die unsere Barrikaden wieder abgeräumt haben.«

Sie war mit ihrem Mann Sascha nach Kiew gekommen, auf die Kinder in der Westukraine passte die Oma auf. Das Ehepaar wirkte ruhig und entschlossen: »Wir müssen verhindern, dass Janukowitsch die Ukraine zurücksteuert in Richtung Moskau. Unsere Kinder sollen die Chance auf ein Leben als Europäer haben, darum werden wir nicht aufgeben, auch wenn es noch Wochen dauert.«

Wir folgten einer anderen jungen Frau, die ein Tablett mit Käsebroten trug, die sie den Protestlern freundlich lächelnd anbot. Eine Szenerie wie auf einer Cocktailparty. Als das Tablett leer war, verschwand Julia in einen Kellerraum. Dort werkelte ein Dutzend Frauen jeden Alters mit Kopfhauben und Einmalhandschuhen. Eine schnitt Brot, zwei andere schmierten Butter auf die Scheiben, wieder andere schnitten Käse und belegten die Brote, und immer neue Mädchen tauchten mit leeren Tabletts auf und griffen sich sofort ein neues, volles, um wieder hinaus in die Kälte zu eilen.

Am westlichen Rand des Chreschtschatyk, wo die Selbstverteidigungskräfte, die Samooberona, jeden streng kontrollierten, der in die Protestzone wollte, hatte sich eine lange Autoschlange gebildet. In den Wagen Menschen mit Daunenjacken, Mützen, Thermoskannen, dicken Pullovern, die ganze Stadt schien die Demonstranten wärmen zu wollen. Die Kontrollen dauerten, zu groß war schon im Dezember die Furcht vor Anschlägen. Eine Paketbombe im Gewerkschaftshaus würde ihnen bald darauf recht geben, sie verletzte einen Protestler schwer.

Andere Autofahrer brachten alte Reifen, die sofort von Freiwilligen in Richtung Barrikaden geschleppt wurden: neues Befestigungsmaterial, bei Angriffen auch Sichtschutz. Der beißende schwarze Qualm des Gummis würde den Spezialeinheiten bei einem Angriff die Sicht rauben.

Der kam dann recht unerwartet, am 11. Dezember. Wir wollten es erst gar nicht glauben, waren doch erst am Vortag sowohl Catherine Ashton, die Außenbeauftragte der EU, als auch Victoria Nuland, die Staatssekretärin im US-Außenministerium, zu Gesprächen mit Janukowitsch eingetroffen. Der würde doch nicht, während die beiden hochrangigen Verhandlungspartnerinnen in Kiew waren, den Maidan räumen lassen? Doch, genau das.

Nachts um eins sahen wir sie schon von Weitem aus unserem Hotelzimmer: ein Heer schwarz gekleideter Spezialkräfte, mit Beinschonern, Schilden, großen Helmen mit Nackenschutz. Reihe für Reihe schoben sie sich die Institutskaja-Straße hinunter, auf die Barrikade an unserem Hotel zu. Mit dicken Handschuhen begannen die ersten Polizisten, die Stacheldraht-Verhaue zu durchschneiden. Dann kamen die Raupen, Drahtseile wurden ausgerollt. Schicht für

Schicht wurde die Barrikade auseinandergezerrt: Stahlträger, Baumstämme, Möbel, Reifen, Plastikfolien, geschichtete Pflastersteine – alles, was Hunderte von Demonstranten, einem Ameisenheer gleich, Stein für Stein, Reifen für Reifen auf der Straße aufgetürmt hatten, wurde jetzt zur Seite geräumt.

Wir mussten das filmen, auch wenn das mit Risiken verbunden war. Die Situation war unübersichtlich, die Spezialkräfte sahen jeden Tag, wie Fernsehteams aus dem Westen aufseiten der Demonstranten drehten, aufseiten ihrer Gegner also. Und nach den vielen gewaltsamen Zusammenstößen mit zahlreichen Verletzten auch unter den Berkut-Einheiten hatte der Hass auf beiden Seiten täglich zugenommen. Viele Sympathien durften wir also nicht erwarten in dieser Situation. Ich fragte meinen Technik-Kollegen Jürgen, wie er die Lage einschätzte. Wir hatten schon viele gemeinsame Abenteuer hinter uns, Reisen in Kriegsgebiete, Tschetschenien, Afghanistan. Er willigte schließlich ein, mit einer kleinen Videokamera zu filmen, ohne ARD-Logo, unauffällig.

Als wir auf der Straße ankamen, hatten sich die ersten Hundertschaften der Berkut bereits bis zum Chreschtschatyk vorgearbeitet und begannen, die Unterkünfte der Demonstranten abzureißen. Eine Gruppe aus Ternopil stand verloren vor ihrem zerstörten Zelt. Nur einer von ihnen, Wiktor, ein pensionierter Soldat, hatte es bewacht, als die Angreifer kamen, die anderen hatten Widerstand an der Barrikade geleistet. Die Strategie der Berkut-Einheit war klar: In der eisigen Kälte mussten die Demonstranten ohne schützende Zelte aufgeben.

Auf der Bühne, nur noch einen Steinwurf von den Einsatzkräften entfernt, begann eine Gruppe Demonstranten, die Hymne zu singen, und Tausende stimmten ein. Mit versteinerten Gesichtern, untergehakt in langen Reihen, blickten die Berkut in die empörten Gesichter der Demonstranten. Die versuchten immer wieder, mit den Uniformierten zu diskutieren. Andere schmetterten ihnen die Hymne ins Gesicht: »Leib und Seele geben wir für unsere Freiheit.«

Mir ist bis heute nicht klar, warum die Hundertschaften nicht auch die Bühne abräumten. Sie war nun der letzte Fixpunkt des gesamten Protests, um den sich die Demonstranten scharten, und solange hier nicht der Strom abgeschaltet würde, die Lautsprecher nicht beseitigt, das Bühnenlicht nicht demontiert, war ihr Protest noch nicht zu Ende. Auf dieser Bühne trat jetzt die Grandprix-Gewinnerin Ruslana ins Scheinwerferlicht und rief den Demonstranten Durchhalteparolen zu. Zwei orthodoxe Priester redeten beschwichtigend auf die Spezialeinheiten ein. »Seht doch, alle sind friedlich«, wiederholten sie immer wieder.

Noch während der Nacht trieb eine Mobilisierungsaktion weitere Tausende Kiewer aus den Betten und auf den Maidan. Statt aufzugeben, wie von den Verantwortlichen offenbar erhofft, wuchs die Masse der Menschen bis zu den frühen Morgenstunden ständig weiter an. Nach neun Stunden zogen sich die Einsatzkräfte unter dem Applaus der Demonstranten zurück. Und sofort begannen die Demonstranten, ihre Barrikaden wiederaufzubauen, arbeiteten die Suppenküchen wieder. Ein runder Tisch mit Janukowitsch und Oppositionsvertretern am 13. Dezember brachte kein Ergebnis, weil Janukowitsch sich weiter weigerte, die Regierung zu entlassen – das war inzwischen eine der zentralen Forderungen der Protestler.

In einer hilflos wirkenden Gegenaktion organisierte die Regierung einen »Antimaidan«: Regierungs-loyale Demonstranten standen vor der Rada, dem Kiewer Parlamentsgebäude, geschützt von Berkut und Polizei. Als wir es nach mehreren Anläufen endlich schafften, zu ihnen durchgelassen zu werden, fanden wir etwa 300 Menschen vor, die durchweg nur sehr zögerlich ihre Meinung kundtaten. Woher kamen sie? Warum waren sie hier? Wurden sie tatsächlich bezahlt für ihren Gegenprotest, wie immer wieder behauptet? Doch viele drehten sich sofort weg, wenn wir uns mit unserer Kamera näherten. Als wir schon aufgeben wollten, antwortete ein Mann überraschend ehrlich: »Ja. Wir sind für Geld hier. Einhundert Griwna.«

Neun Euro. Wer genau sie bezahlt hatte, blieb unklar. Eine kleine Gruppe zog dann zu einer Barrikade, um dort die Protestler aufzufordern, den Maidan wieder zu räumen. »Macht die Barrikade weg!« Als Antwort schob eine Hundertschaft vom Maidan die bezahlten Gegendemonstranten langsam zurück, die Polizei sah zu. Die Janukowitsch-Gegner waren längst zu viele geworden.

Alltag auf dem Maidan

All das passierte im Dezember 2014. Jetzt, einen guten Monat und viele Straßenschlachten später, gehe ich von der Bühne zum Gewerkschaftshaus. Wir haben inzwischen Ausweise der Maidan-Verwaltung und schaffen es schnell, durch die Personenkontrolle ins Kraftzentrum der Revolution zu kommen. Doch schon am Eingang staut sich alles: Ein Verletzter wird auf einer Bahre ins Haus getragen. Im Gewerkschaftshaus versorgen Ärzte verwundete Demonstranten, denn die meiden die Kiewer Krankenhäuser: Selbst dort hat die Polizei bereits Verwundete verhaftet und weggeschafft, Protestler waren spurlos verschwunden, nachdem sie die Sicherheitszone des Maidan verlassen hatten. Am 21. Januar etwa war Ihor Luzenko von unbekannten Personen aus dem Oleksadriwska-Krankenhaus entführt worden, mit ihm ein zweiter Bürgerrechtler, Juri Werbizki. Luzenko war gefoltert und in einer kalten Garage gefangen gehalten worden. Die Aufnahmen seiner Befreiung laufen jetzt ständig auf den Monitoren der Maidan-Bühne und auch hier im Gewerkschaftshaus. Der zweite Entführte, Werbizki, war ermordet aufgefunden worden.

Das Gewerkschaftshaus teilen sich viele Gruppen. Ganz oben, wo eine Hundertschaft der Selbstverteidiger des Maidan untergebracht ist, dürfen wir nicht drehen. Dafür aber in der Erste-Hilfe-Station, wo gerade ein paar Demonstranten mit leichten Blessuren versorgt werden. In der Etage darunter ist das Pressezentrum: Dutzende Journalisten aus vielen Ländern haben sich hier behelfsmäßig eingerichtet. Einige sitzen an kleinen Tischen, andere auf dem Boden, angeheuerte ukrainische Helfer übersetzen, es ist ein ständiges Kommen und Gehen. Laptops, Smartphones mit Kopfhörern, kleine Notizbücher, Kartenleser, mobile WiFi-Router, kleine Videokameras, Fotoapparate – die ganze Welt blickt in diesen Wochen auf den Maidan, es gibt viel zu berichten.

Oleksei ist Mitte zwanzig und macht jeden Tag viele Stunden lang Live-Reportagen für einen Internetsender. Im Display seines Handys sieht er Fragen, die seine Zuschauer stellen, und gibt sie gleich an seine Interviewpartner weiter. Es ist Fernsehen mit einfachsten

Mitteln. Gleichzeitig mit Oleksei streamen drei weitere Journalisten ihre Erlebnisse. Die Zuschauer im Internet können mit einem einfachen Knopfdruck wählen, welchem Reporter sie gerade folgen wollen. Vier Live-Reportagen zeitgleich! Auch zwei neue, unabhängige Fernsehsender – »Espresso TV« und »Hromadske« – berichten von Anfang an ausführlich über die Protestbewegung. Dieser nicht von Oligarchen oder Regierung kontrollierte Informationsfluss wird zu einem wichtigen Baustein des Maidan-Erfolgs.

Nach unserem Rundgang durch die Zeltstadt kommen wir zum Europaplatz und biegen nach rechts auf die Gruschewski-Straße ein. Am Eingang des Waleri-Lobanowski-Stadions geht es nicht weiter: Eine weitere breite Barrikade trennt zwei Hundertschaften Polizei von den Selbstverteidigungskräften.

Heute ist es ruhig, nur der schwarze Ruß auf der überlebensgroßen Statue Lobanowkis, des legendären Fußballstars, zeugt von den schweren Kämpfen, die hier vor Kurzem stattfanden. Hier starben auch die ersten Demonstranten, Michail Schysnewski, ein Weißrusse, und Sergei Nigojan, ein Armenier. Einer der Barrikaden-Verteidiger zeigt mir kleine Metallkugeln. Sie hätten, weil aus zu großer Nähe abgefeuert, viele Menschen verwundet, erklärt er. Die Kugeln in seiner Hand sind deutlich größer als normale Schrotmunition: »Rehposten«, Bleikugeln von sechs Millimetern Durchmesser. Beim getöteten Demonstranten Nigojan steckten mehrere solcher Kugeln in der Schädeldecke.

Der Mann steckt seine Fundstücke wieder in die Tasche. Er ist Anführer der Schicht, die gerade die Barrikade bewacht, und seit dem 15. Januar hier. »Ich habe seitdem schon drei Verwundungen davongetragen. Da drüben bei den Polizisten, da sitzen sie, diese Kriminellen. Diese Verbrecher, russische Spezialkräfte aus Krasnodar, die früher auch in Tschetschenien gekämpft haben«, empört er sich. Eine Tatsache? Ein Gerücht?

Auf dem Rückweg zum Hotel sehe ich eine Janukowitsch-Installation: Die lebensgroße Stoffpuppe sitzt in gestreifter Gefängniskleidung in einem Metallkäfig – auf einer goldenen Toilette. Tatsächlich ist es vor allem die Wut über die grenzenlose Selbstbereicherung des Janukowitsch-Clans, die den Präsidenten am nachhaltigsten die

Sympathien seiner Bevölkerung und seiner Unterstützer gekostet hat, nachdem sie bekannt wurde. Für viele auf dem Maidan sind Politiker beider Seiten, dazu Richter und Staatsanwälte, nur Bausteine einer korrupten Kleptokratie, eng verknüpft mit dem großen Nachbarn Russland.

Die blau-gelben EU-Fahnen, die an so vielen Zelten und Autos flattern, verkörpern dagegen die Hoffnung auf Rechtsstaatlichkeit, auf ein Ende der verhassten Alltagskorruption, auf faire Spielregeln, sozialen Aufstieg.

Die Suche nach den Scharfschützen

Der blutige letzte Akt der Maidan-Revolution beginnt am 18. Februar. Nachdem Gespräche zwischen Opposition und Janukowitsch über eine Rückkehr zur Verfassung von 2004 gescheitert sind, marschieren Zehntausende auf das Parlamentsgebäude zu, das bereits von Polizei und Spezialkräften abgeriegelt ist. Es kommt zu Zusammenstößen, mehrere Menschen sterben, die Polizei versucht im Gegenzug vergeblich, den Maidan zu stürmen.

Am nächsten Tag gehen die erbitterten Kämpfe weiter, die Polizei setzt scharfe Munition und Splittergranaten ein, ein Brandanschlag auf das Haus der Gewerkschaften fordert etliche Todesopfer. Die Demonstranten besetzen das erst zwei Tage zuvor geräumte Rathaus erneut: Es wird als Feldlazarett gebraucht. Auch im St. Michaelskloster arbeiten freiwillige Ärzte aus Kiewer Kliniken rund um die Uhr, ständig werden neue Verwundete und Tote hergebracht: Granatsplitter, Schusswunden, Knochen- und Schädelbrüche, Brandverletzungen, Herzinfarkte. Allein in der Nacht sind vier Protestler gestorben. Ein Freiwilliger, der hilft, Verletzte zu verbinden, stöhnt: »Wir haben unser Feldlazarett schon zum dritten Mal verlegen müssen, das ist doch kein Zustand.«

Der 20. Februar bringt eine weitere Eskalation: Verkohlte Leichen werden aus dem Gewerkschaftshaus getragen: Das Hauptquartier der Protestbewegung ist nach einem Brandanschlag teilweise ausgebrannt. Scharfschützen eröffnen dann das Feuer auf Demonstranten, die nach dem Rückzug einiger Berkut-Einheiten ihre Barrikaden auf der Institutskaja- und der Hruschewskij-Straße wieder aufbauen wollen. In kurzer Zeit werden Dutzende Menschen getötet oder schwer verletzt. Ein Kollege, der eine Videokamera mit Stativ auf dem Balkon seines Zimmers aufgebaut hatte, fängt erschütternde Szenen ein. Die Kamera läuft fast zwei Stunden, die Szenen ähneln sich: Nach den ersten Schüssen rennen kleine Gruppen von Demonstranten, lächerliche Holz- oder Metallschilde vor sich haltend, zu ihren toten oder verletzten Mitkämpfern, um sie zu bergen. Sie versuchen, die reglosen Körper in Richtung Hotel zu ziehen, werden dann selbst getroffen, gehen zu Boden, bleiben verletzt oder erschossen liegen. Hier werden gezielt Menschen getötet, die nicht angreifen, sondern retten wollen. Am Abend des 20. Februar sprechen die Regierungsgegner von bis zu siebzig Toten allein an diesem Tag.

Wer ist verantwortlich für das Blutbad? Sind es nur die im Video klar erkennbaren Schützen der Regierungs-Einheiten? Immer wieder wird auch uns bei der ARD noch Jahre nach den Ereignissen vorgeworfen, nicht nachdrücklich genug die Spuren verfolgt zu haben, die auf eine zweite Gruppe hinweisen. Scharfschützen, die angeblich auf Demonstranten und Berkut-Soldaten gleichermaßen geschossen haben sollen. Eine dritte Seite also, die damit den Konflikt anheizen wollte?

Ich habe mich viele Stunden mit dieser sporadisch auftauchenden Theorie beschäftigt. Sie stützt sich in der Regel auf angebliche Scharfschützen, die von ihrem Auftrag berichten, Polizisten und Demonstranten gleichermaßen zu töten. Als Beleg halten diese Personen dann ein Flugticket nach Kiew in die Kamera oder auch nur einen Ausweis, der sich später als Fake herausstellt.

Der russische Präsident Wladimir Putin spricht bald von der Möglichkeit, die anonymen Schützen könnten Provokateure aus den Reihen der ukrainischen Opposition gewesen sein. Doch überzeugende Hinweise oder gar Beweise für eine geheimnisvolle dritte Fraktion fehlen bis heute. Sicher jedoch ist: Die Behörden in Kiew haben zunächst sehr schleppend ermittelt und wurden dafür international kritisiert. Inzwischen allerdings wurden Tausende Stunden Videomaterial ausgewertet und in eine Zeitschiene gesetzt, zahllose Geschosse aus Toten, Verletzten, Häusern oder Bäumen gesichert. Dabei handelt es sich fast ausschließlich um Kugeln des Kalibers 7,62 aus Kalaschnikow-Schnellfeuergewehren. Scharfschützen verwenden andere Kaliber.

Charles Clover weist darauf hin, dass auf Regierungsseite gleich drei Scharfschützen-Gruppen im Einsatz waren, und geht auf die verschiedenen konspirativen Theorien zum Thema ein: Oppositions-Sniper, verborgene russische Schützen, Janukowitsch-Kräfte, allesamt mit dem Ziel, den Konflikt im eigenen Interesse anzuheizen. Clovers Fazit: »Die Realität ist vermutlich einfacher. (…) Es sieht immer mehr so aus, als hätten Protestierende auf die Polizei und Polizisten auf Protestler geschossen.«[4]

Dazu scheint auch ein wichtiger Fund der Kiewer Fahnder zu passen: 2016 bergen Taucher aus einem Fluss bei Kiew die auseinandergesägten Einzelteile von 23 Kalaschnikow-Sturmgewehren. Die Fahnder können die Gewehre der sogenannten Schwarzen Einheit der Berkut zuordnen. Deren Waffen waren nach den Maidan-Ereignissen spurlos verschwunden. Ukrainische Ballistiker und Video-Experten haben, auch mit Handy-Daten der Berkut-Mitglieder, etliche Täter und Opfer in Verbindung bringen können. Gegen 26 Berkut-Mitglieder wird schon 2016 ermittelt, 21 von ihnen sind ins Ausland geflohen.

Zu viel Blut für einen Kompromiss

Am Abend des 20. Februar 2014 lenkt Wiktor Janukowitsch nach Gesprächen mit den Außenministern Deutschlands, Frankreichs und Polens ein und akzeptiert die wichtigsten Forderungen der Opposition: vorgezogene Präsidentschaftswahlen, Verfassungsänderung, eine Übergangsregierung. Die Einigung wird am kommenden Tag unterzeichnet, nachdem der deutsche Außenminister Frank-Walter Steinmeier den Maidan-Rat, die politischen Sprecher der

Protestbewegung, von dem Abkommen überzeugt hat. Auch am Morgen des 21. ist noch geschossen worden.

Als ich den deutschen Außenminister vor dem Präsidentenpalast für die »Tagesschau« interviewe, sehe ich aus den Augenwinkeln, wie zahlreiche Uniformierte mit länglichen Gewehr-Futteralen in der Hand in mehrere bereitgestellte Busse mit zugezogenen Vorhängen steigen.

Ziehen da die gefürchteten Todesschützen ab? Die Wachmannschaften des Präsidenten? Am Nachmittag gehört Kiew bereits der Opposition. Außenminister Steinmeier fliegt zurück nach Berlin und warnt vor übereilten Hoffnungen: »Wir wollen uns nicht zu früh freuen.« Allein am Vortag seien 78 Menschen gestorben, so Steinmeier, zu Beginn der Verhandlung hätten alle Beteiligten noch die Schüsse gehört, auch er selbst habe sich die Frage gestellt, ob es sicher sei, noch in der Stadt zu bleiben.

Wir arbeiten fieberhaft für die Nachmittags- und Abendsendungen, sichten, schneiden, texten, nur unterbrochen von kurzen Live-Interviews. Aus unserem provisorischen Schneideraum im Hotel »Ukraina« beobachten wir, wie immer wieder teure Geländewagen vor der Zentralbank halten. Männer mit Koffern und Aktentaschen gehen in die Bank und kommen kurz darauf zurück. Gleichzeitig starten auffällig viele Privatjets reicher Ukrainer vom Flughafen Borispol, melden Agenturen. Die Selbstverteidigungskräfte kontrollieren inzwischen Ausfallstraßen, Bahnhöfe und die beiden Flughäfen. Sie haben Listen von Personen, die sie nicht aus der Stadt lassen wollen.

Was dann folgt, ist einer der Momente, die sich eingebrannt haben in mein Gedächtnis. Die drei Oppositionsführer wollen auf der Maidan-Bühne das Abkommen mit Janukowitsch zur Abstimmung stellen – in ihren Augen ein Triumph der monatelangen Proteste. Schon Stunden vorher waren auf dem Platz Hunderte von Kerzen und Grablichtern angezündet worden, in Erinnerung an die Opfer. Immer mehr Menschen versammeln sich vor der Bühne. 56 000 sollen es sein, meldet eine ukrainische Agentur. Aus großen Lautsprechern tönen schwermütige liturgische Gesänge. Und dann wird der erste offene Sarg gebracht, er passiert das riesige Lichtermeer aus hochgehaltenen Smartphones und Kerzen. Es folgt ein zweiter, ein dritter. Es ist eine dramatische Inszenierung ihrer gefallenen Helden, die bald schon die »Himmlischen Hundert« genannt werden. Die Särge werden in Bühnennähe abgestellt.

Als dann die drei Unterhändler der Opposition erscheinen, ist der Empfang feindselig. Witali Klitschko beginnt, das Abkommen mit Janukowitsch zu erläutern, doch schon kommen wütende Rufe aus der Menge: »Verräter! Du hast dem Mörder die Hand geschüttelt!« Es wird schnell klar, dass selbst die weitgehenden Zugeständnisse des Präsidenten zu spät kamen. Nach so vielen Opfern hat kein Kompromiss mehr eine Chance, die Menge fordert die Vollendung der Revolution. Klitschko wird ausgepfiffen, verlässt die Bühne fast fluchtartig, ein paar Maskierte in schwarzen Uniformen treten vor, in ihrer Mitte, mit unverhülltem Gesicht, fordert Wolodymyr Parasjuk, ein Mitglied der Selbstverteidigungseinheiten, den Rücktritt und die Verhaftung von Janukowitsch. Ansonsten würde die Residenz des Präsidenten angegriffen.

Schon in der Nacht gibt es erste Meldungen, der Präsident sei aus Kiew geflohen. Für Putin und sein Umfeld sind die Ereignisse ein Schock: Der Kompromiss ist tot, Janukowitsch weg, die Bilder von der Totenehrung müssen auf Moskau wirken wie ein Schrei nach Rache.

Fjodor Lukjanow, Publizist und Experte für russische Außenpolitik, kommentiert die Moskauer Empfindungen in der ARD so: »Das Bild der Opfer mit diesen Fackeln, Kerzen, diese Särge, die man über den Platz trug, all das ist ein mittelalterliches Bild. Und dank dieser Bilder schien es so, dass diese Mächte, die jetzt an die Regierung kommen würden, sofort beginnen würden, aus der Ukraine nicht nur ein NATO-Mitglied zu machen, sondern ein Land, das tatsächlich Russen ausrotten wird.«

Mit den Ereignissen dieser Nacht ist klar, dass Putin die Ukraine verloren hat. Die Schuldigen sieht er in Washington, sagt Stanislaw Belkowski uns, ein ehemaliger Kreml-Berater mit guten Kontakten: »Die Ukraine war für Putin immer ein Territorium seiner Misserfolge. Er hat 2004 verloren, als er die orangene Revolution nicht erwartet hatte. Er hat 2010 verloren, als er auf Julia Timoschenko gesetzt hatte, und er hat 2014 verloren, (…) als Janukowitsch fliehen musste. Hinter all diesen Ereignissen sieht Putin die Hand von Washington und weniger die von Brüssel. Er ist nicht bereit zu glauben, dass diese Prozesse sich selbst in der Ukraine entwickelt haben.«

Ein von den USA orchestrierter Putsch? Es fällt mir bis zum heutigen Tag schwer zu glauben, dass Putin, trotz aller Hintergrundinformationen, die in Moskau zusammenliefen, tatsächlich an diese Verschwörungstheorie glaubt.

Am nächsten Morgen, am 22. Februar, bestätigen sich die nächtlichen Gerüchte: Wiktor Janukowitsch und seine Vertrauten sind aus Kiew geflohen. Nachdem seine Wachen ihn von einem möglicherweise bevorstehenden Sturm der Demonstranten auf die Residenz unterrichtet haben, besteigt Janukowitsch am 21. Februar gegen Mitternacht mit seiner Entourage einen Hubschrauber. Es beginnt eine dramatische Flucht, zunächst nach Charkiw, dann nach Donezk, wo die Janukowitsch-Gruppe ein Privatflugzeug besteigt. Als der Flughafen die Starterlaubnis verweigert, flieht der Konvoi mit Autos weiter auf die Krim. Dort, in seiner Privatresidenz in der Region Balaclava, entlässt Janukowitsch seine Bodyguards, nur einige wenige bleiben freiwillig bei ihm. Drei Fahrzeuge verschwinden in der Nacht, die Spur der Gruppe verliert sich zunächst. Später wird klar, dass Moskau die weitere Flucht nach Russland organisiert hat.

Warum die überstürzte Flucht? Wilfried Jilge, Osteuropa-Historiker, erklärt der ARD in einem Interview: »Dieses Land [die Ukraine, Anm.] war ja komplett von einem Clan geplündert worden. In einer solchen Situation brauchen Sie den absoluten Schutz, die absolute Immunität, weil Sie wissen: Sie haben nach und nach rote Linien überschritten. Ich glaube auch: Bei den Sicherheitskräften ist er [Janukowitsch, Anm.] sich vielleicht nicht mehr sicher gewesen. Sodass er sich vielleicht gesagt hat: Es ist nicht mehr gegeben, dass mich mein Umfeld voll abschirmt. Und dann hat er vielleicht diese Vereinbarung genutzt, diese letzte Luft, um rauszukommen.«

Waren die Verhandlungen mit den europäischen Außenministern also nur ein Vorwand gewesen, um Zeit zu gewinnen für die längst vorbereitete Flucht? Tatsächlich zeigen später ausgewertete

Aufnahmen der Videokameras an Janukowitschs Kiewer Residenz, dass schon Tage vor der Flucht ungewöhnliche Transporte das Grundstück verließen.

Es gibt viele Theorien, Spekulationen und Bewertungen zu diesen dramatischen Tagen in Kiew. Sicher aber ist, dass der Euromaidan nicht nur das Verhältnis zwischen Moskau und Kiew, sondern auch das zwischen Russland und dem Westen in eine völlig neue Dimension katapultiert hat. Denn nach dem Maidan kommt es zur Annexion der Krim, beginnt der Krieg in der Ost-Ukraine.

Die Annexion der Krim

Die Schlange ist endlos. Stoßstange an Stoßstange schiebt sich der Lindwurm durch die Sommerhitze voran. Mütter tragen ihre Kleinkinder an den Wegesrand, denn Raststätten mit Toiletten gibt es nicht. Fahrer stehen rauchend neben ihren Autos und blicken sehnsüchtig in Richtung Kertsch. Dort sind ein paar alte Fähren hoffnungslos damit überfordert, den Strom der russischen Touristen zu bewältigen, die wie jedes Jahr an die sonnigen Strände der Halbinsel wollen. Fünfzehn bis zwanzig Stunden Wartezeit sind nicht ungewöhnlich, manchmal dauert es auch zwei Tage. Es ist Ende Juni 2014. Zehntausende wollen auf die Krim, die jetzt russisch ist. Auf »ihre« Krim. Viele haben russische Flaggen auf ihr Auto geklebt, oder das orange-schwarze Georgsband. Sie alle müssen die Fähre nehmen, denn im Donbas herrscht bereits Krieg. Der Landweg über die Ost-Ukraine ist für Touristen jetzt gesperrt.

Wir haben viel Zeit, mit den russischen Touristen zu reden. Alle sind vom Warten zermürbt, aber schimpfen wollen sie trotzdem nicht. »Hauptsache, die Krim gehört wieder zu uns«, hören wir immer wieder. Wir sprechen auch mit anderen »Touristen«. Mit Wiktor etwa. Der untersetzte Mann mit Dreitagebart sitzt mit nacktem Oberkörper am Steuer eines Rolls-Royce und raucht. Wiktor stellt sich zögernd als Geschäftsmann vor. Präziser will er auch auf Nachfragen nicht werden. »Es gibt da jetzt neue Möglichkeiten auf der

Krim. Dahin wird Geld fließen. Bei einem solchen Wechsel gibt es immer Chancen.« Wiktor wittert offenbar ein neues Eldorado.

Tatsächlich hatte die Ukraine ihre wunderschöne Halbinsel lange Zeit sträflich vernachlässigt. Den Besucher erwarteten kaputte Straßen, marode Hotels, schlichte Pensionen, kaum moderne Infrastruktur, kurz: nostalgische, postsowjetische Patina. Jetzt aber kommen die russischen »Bisinesmeni«, Männer wie Wiktor und andere, mächtigere und reichere, die eine Scheibe abbekommen wollen von diesem neuen Kuchen. Ich frage mich, ob diese Leute den Krimbewohnern tatsächlich die blühenden Landschaften bringen werden, die man ihnen versprochen hat?

Über das, was auf der Krim gleich nach dem Machtwechsel in Kiew geschah, ist viel geschrieben worden. Zwei große Narrative stehen sich dabei diametral gegenüber.

Die Moskauer Sicht klingt so: Nach dem Putsch rechtsextremer Nationalisten und Faschisten in Kiew, initiiert und unterstützt von den USA und Europa, musste Moskau reale Gefahren für die russischstämmigen Krim-Bewohner befürchten. Die Entscheidung des ukrainischen Parlaments, Russisch nicht mehr als Amtssprache anzuerkennen, war ein erstes Signal der bevorstehenden Unterdrückung der russischsprachigen Bevölkerungsmehrheit.

Es entwickelte sich eine Volksbewegung, das Krim-Parlament kam zusammen, sprach der Kiewer Übergangsregierung die Legitimation ab und plädierte für einen Anschluss an Russland. In einem Referendum stimmten 96,77 Prozent der Teilnehmer für den Beitritt der Krim und der Stadt Sewastopol zur Russischen Föderation. Schon am Folgetag stellte die Republik Krim einen Beitrittsantrag, wieder nur einen Tag später wurde am 18. März 2014 nach einer Rede Putins der Vertrag über den Beitritt feierlich im Kreml unterzeichnet. Nach der Ratifizierung Tage später sind die Krim und Sewastopol für Moskau neue Föderationssubjekte. Die Krim ist dorthin heimgekehrt, wo sie historisch auch hingehört.

Es gibt aber noch eine andere Version der Ereignisse.

Ein Jahr nach der Annexion der Krim zeigt der russische Sender »Rossija 1« eine Dokumentation mit dem Titel »Der Weg in die Heimat«. Mit Originalaufnahmen, Augenzeugenberichten und nachgestellten Szenen wird gezeigt, wie Janukowitsch mit russischer Hilfe von der Krim flieht und wie die Entwaffnung der ukrainischen Truppen verlief. In diesem Film beschreibt Wladimir Putin eine schlaflose Nacht vom 22. auf den 23. Februar 2014: Morgens um sieben sei die Entscheidung gefallen, die Krim zurückzuführen – im Beisein von Verteidigungsminister, Sicherheitsratschef, FSB-Leiter und dem Leiter der Präsidialverwaltung. Man könne die Menschen auf der Krim nicht »der Walze der Nationalisten« ausliefern, so Putin.

In der Nacht des 26. Februar kamen dann auf Order von Verteidigungsminister Sergei Schoigu Soldaten der 76. Gardedivision aus Pskow auf die Krim, in Sewastopol landeten zehn russische Flugzeuge. Der Luftraum wurde geschlossen, auf dem Gebäude des obersten Sowjet die russische Fahne aufgezogen. Schon vor den Spezialkräften waren russische Geheimdienstler auf die Krim gekommen, unter ihnen ein Igor Girkin, der schnell unter dem Kampfnamen »Igor Strelkow«, »der Schütze«, bekannt werden sollte.

In den folgenden Tagen blockierten uniformierte Spezialkräfte ohne Hoheitsabzeichen ukrainische Kasernen, besetzten Flughäfen und andere strategisch wichtige Punkte. Der Kreml sprach zunächst von »Selbstverteidigungskräften« der russischsprachigen Bevölkerung. Putin selbst behauptete, Uniformen und Ausrüstungen könne man schließlich in jedem halbwegs gut sortierten Geschäft kaufen. Aufgabe dieser Kräfte sei es, die Bevölkerung vor den »faschistischen Kräften aus Kiew« zu schützen. Erst später gab Putin zu, dass es sich um russische Spezialkräfte und reguläre Streitkräfte gehandelt hatte.

Am 27. Februar besetzten der Geheimdienstler Igor Girkin und andere Bewaffnete das Parlamentsgebäude. Ein weitgehend unbekannter Abgeordneter namens Sergei Aksjonow, da bereits von Moskau als neuer Regierungschef der Krim auserkoren, rief Abgeordnete zu einer Sondersitzung zusammen. Sie wurden durchsucht und mussten ihre Telefone abgeben. Die Sitzung war nicht öffentlich, Journalisten mussten das Parlament verlassen. Igor Girkin räumte seine Rolle später in einer Fernsehsendung freimütig ein: »Es waren die Kämpfer, die die Abgeordneten zusammengebracht und zum Abstimmen gezwungen haben. Und ja, ich war einer der Kommandeure dieser Kämpfer.«

Ausgewählte Abgeordnete, so die offizielle Version, wählten den bisherigen Ministerpräsidenten ab und Sergei Aksjonow mit 61 von 64 Stimmen zu dessen Nachfolger. Wladimir Putin nannte die Wahl Aksjonows später legitim: Alles sei unter Beachtung ukrainischer Gesetze abgelaufen. Doch dem widersprechen zahlreiche Berichte: »Nach Angaben von Abgeordneten waren nur 53 anwesend, das heißt, das Gremium war nicht beschlussfähig. Für Aksjonow stimmten 42 Abgeordnete.«[5] Auch die offiziell hohe Wahlbeteiligung beim Referendum von stolzen 83 Prozent und die Mehrheit von 96,7 Prozent für den Beitritt der Krim zu Russland sind mehr als umstritten. Selbst der Menschenrechts-Rat des russischen Präsidenten, der die Krim später besuchte, sprach von einer Beteiligung zwischen 30 und 50 Prozent und von einer Zustimmungsquote zum Anschluss von nur 50 bis 60 Prozent.

Dazu kommt, dass niemand dafür stimmen konnte, den Status quo beizubehalten. Die beiden Alternativen hießen: Wiedervereinigung mit Russland oder Wiedereinführung der alten Verfassung von 1992. Die vielen anderen dubiosen Umstände, vor allem aber der Einsatz militärischer Gewalt auf dem Gebiet eines souveränen Nachbarstaates führten dazu, dass heute die überwiegende Mehrheit der Völkerrechtler nichts von einer selbstbestimmten Sezession wissen will, sondern von einer gewaltsamen Annexion ausgeht.

Die Generalversammlung der Vereinten Nationen erklärt in einer Resolution das Referendum vom 16. März für ungültig. Der Internationale Strafgerichtshof in Den Haag spricht von einem internationalen bewaffneten Konflikt zwischen Russland und der Ukraine und einer andauernden Okkupation. Die Verfolgung der Krim-Tataren, der Mord an und die Entführung von Gegnern der Besetzung seien mögliche Kriegsverbrechen. Und nur sechs Staaten erkennen bis heute die Aufnahme der Krim in die Russische Föderation offiziell an: Neben Afghanistan, Kuba, Nicaragua auch Nordkorea, Syrien und Venezuela, Moskaus Verbündete.

Die Europäische Union, die USA, Kanada und Japan verhängen Sanktionen, Russland antwortet mit Gegensanktionen. Angela Merkel deutet sogar eine mögliche Abkehr von russischen Gaslieferungen an: Es werde eine neue Betrachtung der gesamten Energiepolitik geben.

Die Krim hebt den Konflikt zwischen Russland und dem Westen auf eine völlig neue Ebene. Zum ersten Mal seit dem Zweiten Weltkrieg hat sich ein Land mit militärischer Gewalt das Territorium eines anderen souveränen Staates angeeignet. Dass Putin diesen Militäreinsatz zunächst abstreitet, macht das Bild nicht besser. So schreibt der Historiker Karl Schlögel: »Die Annexion, vor allem aber die dreiste Lüge, mit der Putin sie verleugnete, machten es mir unmöglich, die Puschkin-Medaille anzunehmen, die (…) der Präsident der Russischen Föderation für Verdienste um die Vermittlung der russischen Kultur im Ausland verleiht.«[6]

Krim, Kosovo und der Streit ums Völkerrecht

Wladimir Putin rechtfertigte den Einsatz seiner Spezialtruppen später damit, dass Moskau Übergriffe ukrainischer Nationalisten auf ethnische Russen habe verhindern müssen. Mit der Krim sei nur passiert, sagen seine Verteidiger, was am Beispiel des Kosovo von der Weltgemeinschaft vorexerziert worden sei.

Mich ärgert dieser Vergleich. Zum einen, weil der Unabhängigkeit des Kosovo ein zäher, mehrjähriger Prozess im Rahmen der Vereinten Nationen vorausging, und nicht ein handstreichartiger Einsatz militärischer Spezialtruppen. Zum anderen, weil es im Kosovo tatsächlich im großen Stil Mord und Totschlag durch serbische Milizen an der Bevölkerung gab. Das »Humanitarian Law Center« im kosovarischen Pristina geht von annähernd 10 000 albanischen Opfern aus. Etliche habe ich selbst gesehen.

Rückblick: Es ist der 12. Juni 1999. Ich fahre mit einem Kamerateam von Mazedonien aus mit den ersten britischen Panzern der KFOR-Einheiten in Richtung Pristina. Am Straßenrand jubeln Tausende Kosovo-Albaner der UN-Schutztruppe zu. Wir kommen langsam voran, weil Spezialisten der »Royal Gurkha Rifles« mit

Hubschraubern vor uns sorgfältig jede Brücke auf Minen untersuchen, ehe sich die schweren Panzer wieder in Bewegung setzen dürfen.

Vor Pristina bleiben die Briten stehen und bauen ein Feldlager, wir müssen alleine ins Stadtzentrum fahren. Die Lage ist unübersichtlich und gefährlich: Am Tag zuvor haben 200 russische Fallschirmjäger handstreichartig den Flughafen von Pristina eingenommen, NATO-Oberbefehlshaber Wesley Clarke befiehlt, sie zu stoppen, der KFOR-Kommandierende Mike Jackson weigert sich. Moskau hatte mit einer Eskalation gedroht, Jackson begründet sein Stillhalten damit, er wolle keinen dritten Weltkrieg auslösen. Auch in Pristina herrscht eine gespannte Atmosphäre: Den serbischen Milizen bleiben noch einige Tage bis zu ihrem in der UN-Resolution 1244 vereinbarten Abzug. Nachts hören wir immer wieder Schießereien vor dem Hotel.

Als bald britische Kampfpanzer durchs Stadtzentrum rollen, um Präsenz zu zeigen, wagen wir die ersten Recherchen. Und stoßen auf viele Beispiele jener Gräueltaten, die Hunderttausende Albaner aus Angst in die Berge getrieben hatten. Zurückgekehrte Kosovo-Albaner beginnen, nach ihren verschollenen Familienangehörigen zu suchen. Eine Gruppe junger Männer fährt den kleinen Fluss Pristina ab. Wir filmen, wie sie an dessen Ufern zahlreiche Leichen finden und untersuchen: Ihre Verwandten sind nicht darunter. Auch in den Ruinen kleiner Dörfer, die von serbischen Paramilitärs überfallen wurden, stoßen die NATO-Soldaten immer wieder auf verkohlte Leichen, andere entdecken sie in den Wäldern um Pristina, ganze Gruppen, offenbar mit Kopfschüssen exekutiert. Es sind Aufnahmen, die ich nur zögerlich in meinen »Tagesschau«-Beiträgen verwende. Ich muss an Srebrenica denken, den Massenmord an Tausenden junger Bosnier, der mit als Motiv für den NATO-Einsatz gegen Serbien gilt.

Wir filmen Folterkeller mit einem großen Sortiment an Schlagringen, Handschellen und anderen Utensilien. Und dann treffen wir Izet. Er ist auf dem Weg zum Gefängnis von Pristina, wo er 42 Tage lang gefoltert wurde. 1800 Menschen wurden hier festgehalten, unter übelsten Bedingungen. Izet ist bis auf das Skelett abgemagert.

Während wir ihn interviewen, erhält er einen Anruf: Seine Frau soll in den Wäldern überlebt haben. Es beginnt eine mehrstündige Fahrt, vorbei an brennenden Bauernhöfen. Totes Vieh mit aufgeblähten Bäuchen liegt vor den Höfen: Die serbischen Freischärler haben bei ihrem Abzug noch einmal gezeigt, wozu sie fähig sind. Hinter einer Wegbiegung steht auf einmal ein serbischer Panzer vor uns, sein Rohr ist auf uns gerichtet.

Es ist dieselbe Situation wie 1999 in Tschetschenien. Auch jetzt rollt ein vor Todesangst zitternder Fahrer langsam rückwärts aus der Schusslinie. Wir fahren weiter, Izet findet seine Frau kurz darauf tatsächlich lebend in seinem Dorf, das Ehepaar fällt sich in die Arme und sinkt weinend zusammen. Das ganze Dorf steht vor Rührung weinend um das Paar herum, und auch drei ARD-Mitarbeiter schämen sich ihrer Tränen nicht.

Kurz darauf fahren wir mit einem aus den Wäldern zurückgekehrten Mann in sein Dorf. Die Stimmung ist angespannt, die Serben haben unzählige Minen zurückgelassen. Die Häuser von Suschitza sind nur noch Brandruinen, die Dächer eingestürzt. Mustafa steigt erschüttert über die Trümmer des Hauses seiner Schwester. Zwischen herabgefallenen Dachpfannen und verkohlten Balken zieht er plötzlich die Überreste zweier menschlicher Schädel hervor. »Da, mehr ist von meiner Schwester und meinem Schwager nicht übrig.«

Etliche solcher Momente, Dutzende glaubhafter Schilderungen filmen wir in über zwei Wochen in der Region Pristina. Es bleiben wenig Zweifel, was hier in den Wochen und Monaten geschah, bevor die KFOR-Truppen mit UN-Mandat in das Kosovo rollten. Es mit der Krim zu vergleichen, empfinde ich schon darum als zynisch, ganz unabhängig von allen völkerrechtlichen Überlegungen.

Gewalt und gewaltige Lügen

Um den Einsatz des russischen Militärs zu rechtfertigen, illustrieren die Kreml-kontrollierten Medien die angeblich drohende Gefahr durch Nationalisten und Faschisten aus der Ukraine. So berichtet der Erste Kanal von einem Massenexodus ängstlicher Ukrainer. Originalton: »Inzwischen fliehen immer mehr ukrainische Bürger nach Südrussland, wo sie versorgt werden und viele Asyl beantragen. Allein in den letzten beiden Wochen über 140 000 Menschen.« Tatsächlich zeigen die Bilder einen Grenzübergang mit Polen, beweist das ukrainische Fernsehen, der Grenzverkehr zu Südrussland sei wie immer.

Besonders perfide ist die Meldung, die Angst vor den Faschisten aus Kiew lasse Juden von der Halbinsel fliehen. Als Beispiel dient unter anderem eine Synagoge, auf deren Wand ein Unbekannter eine antisemitische Drohung gesprüht hat. Der Rabbi, heißt es im Nachrichtenfilm, sei deshalb geflohen. In Wahrheit taucht er wenig später in Kiew auf, ausgerechnet in der Hochburg der »Faschisten«. Als Grund für seine Flucht nennt er die Angst vor den Moskaunahen Selbstverteidigungskräften, nicht etwa antisemitische Umtriebe.

Der zweite große TV-Kanal lässt sich davon nicht beirren, will weiter nachweisen, dass ukrainische Faschisten Juden verfolgen: »In der Ukraine brennen schon Synagogen, fliegen Molotow-Cocktails. Dort herrscht völlige Anarchie, wilde Schlägertrupps vagabundieren«, heißt es in einem Beitrag. Sogar Rabbis im fernen Israel werden als Kronzeugen für die schrecklichen Zustände in der Ukraine bemüht. Einer sagt resigniert in die Kamera des russischen Fernsehens: »Und wir haben gehofft, der Holocaust käme nie wieder.«

Doch warum redet das russische Fernsehen nicht direkt mit den betroffenen Juden in der Ukraine, mit denen also, die doch systematisch zusammengeschlagen werden und Todesangst haben? Wir interviewen Schimon Briman von der jüdischen Gemeinde in Kiew, und die Antwort ist wie erwartet: »Ich bin total geschockt von den unglaublichen Lügengeschichten, die ich im russischen Fernsehen sehe. Von diesen frei erfundenen Pogromen, den erfundenen Überfällen. Ich sehe da zahllose bestellte Storys, die behaupten, wir ukrainische Juden seien in Panik. Das ist alles völliger Unsinn.« Selbst Dmytro Jarosch, Führer des »Rechten Sektors«, einer radikal nationalistischen Gruppe, erklärt, Antisemitismus und Fremdenfeindlichkeit mit allen rechtlichen Mitteln bekämpfen zu wollen.

Die wirkliche Gefahr geht eher von den neuen Machthabern auf der Krim aus, merke ich, als wir im Juni auf der Halbinsel filmen: Es sind die sogenannten Volksmilizen, die Angst und Schrecken unter der Bevölkerung verbreiten. Das Parlament hat sie offiziell als Ordnungsmacht installiert, und es ist Sergei Aksjonow, der neue starke Mann der Krim, der sie als ganz private Hausmacht einsetzt. Vor allem offenbar, um lukrative Unternehmen zu verstaatlichen. Schon im Dezember 2014 spricht das ukrainische Justizministerium von 4000 Firmen, Organisationen und Agenturen, die enteignet wurden. Zum Beispiel das Unternehmen »Krimawtotrans«. Wir treffen den Manager der Firma, Jewgeni, der uns zu einem Busbahnhof in Simferopol fährt. Der war, wie viele andere und zahlreiche Fahrkartenschalter, von »Krimawtotrans« betrieben worden. Jewgeni erinnert sich: »Eines Tages kamen zehn, fünfzehn Leute, mit Masken, in Uniformen. Und die Hälfte hatte Kalaschnikows.« Die Maskierten hätten diesen und alle anderen Busbahnhöfe sowie alle Büros der Firma übernommen und die Angestellten nicht mehr an ihre Arbeitsplätze gelassen.

Jewgeni zeigt uns ein Video der feindlichen Übernahme. Eine seiner Angestellten, eine energische Frau, konfrontiert die Maskierten: »Was soll das?«

»Befehl von oben.«

»›Von oben‹ – was heißt das? Hat Aksjonow das angeordnet?«

»Ja.«

Ministerpräsident Aksjonow, der ehemalige Geschäftsmann, dem Mafiakontakte nachgesagt werden, begründet bei Nachfragen die Übernahmen damit, strategisch wichtige Unternehmen müssten vom Staat gesichert werden. Eine Verfügung legt fest, dass die betroffenen Unternehmen »ausgekauft« werden, so wie im russischen Recht vorgesehen. Doch weder Jewgeni noch andere Unternehmer, die er kennt, erhielten irgendwelche Zahlungen. Tourismus-

Unternehmen, Industriebetriebe, Autohändler, Banken, Werften und die meisten Märkte – attraktiv, weil hier so viel unkontrollierbares Bargeld umgeschlagen wird – hat dasselbe Schicksal ereilt. Erste Schätzungen sprechen von einer Milliarde Euro, die innerhalb weniger Wochen den Besitzer wechselten.

Mark Galeotti, Experte für Russlands organisiertes Verbrechen, schreibt: »Als Russland in die Ukraine einfiel, tat es das nicht nur mit den bekannten ›kleinen grünen Männchen‹ – Spezialkräften ohne jede Rangabzeichen –, sondern auch mit Kriminellen. Für die Gangster ging es nicht um Geopolitik. (…) Es ging um mögliche Geschäfte.[7] Diese ›Selbstverteidigungskräfte‹ verbrachten ebenso viel Zeit damit, Unternehmen zu besetzen (…) wie damit, strategische Punkte abzusichern.«[8]

Was mit den angeblich strategisch wichtigen Betrieben passiert, zeigt das Beispiel der Brotfabrik »Krim-Chleb«, das Jewgeni uns als Nächstes zeigt. Auch sie wurde von Aksjonows Leuten verstaatlicht und verkaufte dann ihr Brot weit unter Preis an ausgewählte Brothändler. Die verlangten beim Weiterverkauf normale Marktpreise und machten so erstaunliche Gewinne – ein klassischer Trick, um Freunde zu bereichern.

Säuberung auf der Krim

Wir fahren zum Gewerkschaftshaus im Zentrum von Simferopol. Hier hat eine Gruppe von Journalisten ein Büro gemietet: Sie gehören zu den letzten pro-ukrainischen Fernsehmachern, die noch nicht nach Kiew geflohen sind. Zwei Räume, einige Computer, ein großer Fernseher, eine ukrainische Fahne in einem Blumentopf auf dem Fensterbrett. Die Journalisten – junge Menschen, die Mehrzahl Frauen – berichten, der Druck auf sie sei gewaltig. Wie in Russland selbst lebten jetzt auch hier Oppositionelle und kritische Journalisten gefährlich.

Sergei, einer der Reporter, zeigt uns Videoaufnahmen vom 1. März: Gleich Dutzende Maskierter in den Uniformen der Volksmilizen waren da mit Waffen ins Gewerkschaftshaus gekommen. Sergei schildert, wie hilflos und ohnmächtig sie sich fühlten angesichts der brutalen Eindringlinge. Und die drohten: »Schluss mit den kritischen Berichten!« Immer wieder hätten sie seitdem bemerkt, wie Mitglieder der Volksmilizen sie beobachteten. Auch jetzt sitzen unten im Garten vier Uniformierte auf Bänken und rauchen. Ich kann mir das Klima von Angst und Unsicherheit gut vorstellen, in dem diese jungen Ukrainer arbeiten. Sergei sagt: »Es ist inzwischen sogar besser, von der Polizei oder dem Geheimdienst verhaftet zu werden, als diesen Volksmilizen in die Hände zu fallen. Die stehen über dem Gesetz, die sind die Handlanger unserer neuen kriminellen Machthaber.« Er wisse allein von drei pro-ukrainischen Männern, die zurzeit vermisst gemeldet seien.

Sergei bringt uns in einem kleinen Ort in der Nähe von Simferopol. Hier sind die Straßen nicht geteert, zahlreiche Häuser haben noch keine Fenster, stehen unverputzt leer. Den Besitzern ist das Geld ausgegangen. Hier leben Krim-Tataren. Für sie ist die Annexion der Halbinsel eine Katastrophe. Die etwa 300 000 Tataren der Krim wandten sich von Anfang an gegen Russlands Machtübernahme und boykottierten fast geschlossen das Referendum. Das Misstrauen gegen Moskau sitzt tief in der muslimischen Bevölkerungsgruppe: Stalin hatte sämtliche Krim-Tataren im Mai 1944 nach dem Rückzug der deutschen Wehrmacht wegen Kollaboration nach Zentralasien deportieren lassen, unter fürchterlichen Bedingungen. Ein erheblicher Teil starb auf dem Transport, durch Verdursten, Verhungern, Krankheiten. Erst 1989 durften die Krim-Tataren zurückkehren und wurden über die Halbinsel verteilt.

Jetzt, nach der Machtübernahme Moskaus, begannen schnell die ersten Einschüchterungen, Menschen verschwanden. Sergei bringt uns zu einer der krimtatarischen Familien, die ihren Sohn vermissen: Sie sind einfache Leute, drei Generationen leben in dem kleinen Häuschen. Die Stimmung ist verzweifelt: Seit drei Wochen schon ist Ceyran verschwunden. Der 33-jährige Aktivist hatte offen gegen die Annexion der Krim protestiert.

Ceyrans Mutter schildert, was sie wissen: Ihr Sohn war zu einer Nachbarin im Dorf aufgebrochen, deren Mann nur vier Tage zuvor spurlos verschwunden war. Ceyran wollte Informationen austauschen, nach Anhaltspunkten suchen. Auf dem Rückweg nach Hause hätten plötzlich zwei Autos neben Ceyran angehalten, in eines stieg er ein. Freiwillig? Wurde ihm eine Waffe vorgehalten? Sie wissen es nicht. Nachbarn sahen die Szene, können aber nur die Autos beschreiben. »Eine Journalistin, die über den Fall berichtete, rief sogar bei Ministerpräsident Aksjonow persönlich an, um nach den beiden Vermissten zu fragen. Und der sagte: ›Sie sind doch schon freigelassen.‹ Aber bis heute sind sie nicht zurückgekommen. Und Aksjonow hat nicht mehr auf die Anrufe der Journalistin reagiert«, erzählt Ceyrans Mutter. Sergei und seine Kollegen fürchten, dass die Volksmilizen Ceyran und die anderen Männer umgebracht haben.

Im Zentrum von Simferopol stehen diese Volksmilizen inzwischen fast an jeder Ecke: Männer in Flecktarn, Koppel, schwarze Stiefel, viele mit einem Gummiknüppel in der Hand. Sie wirken selbstbewusst, gelassen. Sie sind die neuen Herren hier. Ein Interview zu den Vorwürfen will uns ihr Befehlshaber, Ministerpräsident Sergei Aksjonow, nicht geben. Doch wir sind ohnehin unter Zeitdruck, auf dem Weg in den Südosten der Ukraine. Denn dort überschlagen sich längst die Ereignisse.

Ein russisches Rollkommando

Nach dem erfolgreichen Ablauf der »Operation Krim« war der russische Geheimdienst-Offizier Igor Girkin alias Strelkow mit fünfzig gut trainierten Kämpfern weiter in den Südosten der Ukraine gezogen. Hier hatte es schon seit Februar 2014 immer wieder hitzige Kundgebungen des sogenannten Antimaidan gegeben, in Donezk und Luhansk waren die Gebietsverwaltungen besetzt worden. Viel mehr war aber zunächst nicht passiert – bis Igor Strelkow den »Startschuss für den Krieg« gab, wie er später stolz der nationalistischen Zeitung *Sawtra* erzählt.

Am 12. April besetzte er mit gerade einmal 52 Kämpfern unter seinem Kommando die Polizeistation von Slowjansk, einer Stadt mittlerer Größe. Die Stadtverwaltung wurde abgesetzt, Strelkow übergab lokalen Aufständischen die Kontrolle und zog mit seinen Männern weiter: nach Kramatorsk und Gorlowka. Das Muster war immer gleich: Strelkow und seine Männer übernahmen die Polizeistationen, die Volksmilizen danach die Macht. Auf Widerstand stießen sie selten: Die meisten Polizisten verhielten sich passiv oder liefen über, vereinzelter Widerstand wurde schnell gebrochen. Videos zeigen, wie Strelkows offenbar kampferfahrene Männer in Kramatorsk ein paar Schüsse auf die Fenster der Verwaltung abgaben und dann ungehindert eindrangen.

Diese ersten Erfolge hatten für Strelkow dennoch einen faden Beigeschmack: Er war überrascht, nur knapp 200 lokale Unterstützer für den bewaffneten Kampf um sich versammeln zu können. Enttäuscht beklagte er den fehlenden Rückhalt in der Bevölkerung: »Ich hätte nie gedacht, dass sich in der ganzen Region nicht einmal tausend Männer finden, die bereit sind, ihr Leben zu riskieren (…) Sie warten einfach auf die Armee aus Russland, die in der Lage ist, alles für sie zu tun.«[9]

Es gebe mittlerweile genug Waffen, so Strelkow, doch die jungen Männer zögen es offensichtlich vor, zu Hause vor dem Fernseher zu sitzen. Strelkows Traum, »Noworossija«, das sogenannte Neurussland, also weite Teile der Ukraine, wieder zum Teil des russischen Imperiums zu machen, stieß auf wenig Gegenliebe. Auch Umfragen zeigen: Nur eine Minderheit der Bevölkerung wünschte sich einen Anschluss an die russische Föderation nach dem Vorbild der Krim. Mangels Freiwilliger schlug Strelkow einige Zeit später vor, die Separatisten zu bezahlen, mit für die Region ansehnlichen Beträgen.[10]

Während die einheimischen Männer keinen besonderen Kampfeswillen zeigten, tat die Berichterstattung der russischen Medien ihre Wirkung. Wehrlose Zivilisten gegen grausame und gnadenlose Faschisten und Neonazis verteidigen – dieses in allen Sendungen ständig wiederholte Motiv mobilisierte schnell einschlägige Kreise in Russland: Abenteurer, Kriegsveteranen, gescheiterte Existenzen, Glücksritter. Über die durchlässige Grenze zwischen Russland und der Ukraine strömten bald immer mehr kampfbereite Freiwillige in den Donbas. Schon im Mai kam aus dem Umfeld des Donezker Gebietsgouverneurs Serhij Taruta die Einschätzung, nur noch 20 Prozent der auf 3500 Mann geschätzten Aufständischen stammten aus der Region selbst, 80 Prozent seien »importierte« Söldner.[11]

Die ersten Versuche der Kiewer Regierung Mitte April, die Separatisten zu vertreiben, scheiterten kläglich: Zwar drangen Teile der ukrainischen Nationalgarde mit Panzern in Slowjansk ein, doch schon am nächsten Tag stoppte die Aktion in Kramatorsk: Einheimische stellten sich vor die Panzer und hinderten sie an der Weiterfahrt. Auf ihre eigenen unbewaffneten Landsleute schießen wollten die blockierten Ukrainer aber nicht. Und so fuhren einige mit ihren Panzern zurück in die Kasernen, anderen erlaubten die Separatisten den Rückzug nur ohne Gerät – die Panzer blieben bei den Aufständischen, die das entsprechend feierten.

Es war eine unrühmliche Operation Kiews, und eine sehr bezeichnende: Die ukrainische Armee war in einem miserablen, heruntergekommenen Zustand. Auch deswegen begann im April in der Ukraine die Aufstellung paramilitärischer Freiwilligenverbände, benannt nach den Regionen, in denen sie rekrutiert wurden: Bataillon Dnipro, Bataillon Donbas, Bataillon Asow. Sie würden bald eine entscheidende Rolle spielen beim Kampf um die Region.

Die Machtübernahme in Donezk

In der zweiten Maihälfte 2014 bin ich zum ersten Mal in Donezk. Hier war die Heimat von Wiktor Janukowitsch, bevor er nach Russland floh. Die Stadt macht auf den ersten Blick einen recht normalen Eindruck: Paare flanieren, Gruppen sitzen in Cafés und Restaurants und diskutieren, Busse fahren, die meisten Geschäfte sind geöffnet. Doch dann sehe ich die ersten Straßensperren, Blockaden aus Sandsäcken, vor allem in der Nähe der Regionalverwaltung, in der ich jetzt eine Verabredung habe: Pawel Gubarew, der Volksgouverneur der sechs Wochen zuvor ausgerufenen »Volksrepublik Donezk«, ist zu einem Interview bereit.

Fahnen der selbst ernannten »Volksrepublik Donezk« wehen über dem Eingang des besetzten Verwaltungsgebäudes. Das zwölfstöckige Haus ist mit einer Mauer aus Sandsäcken, Metallstreben und Stacheldraht gesichert. An diesem Schutzwall hängen große Plakate mit Unabhängigkeits-Parolen und den orange-schwarzen Farben des russischen Sankt-Georgs-Bandes. Die Verwaltungsbeamten, die hier einst arbeiteten, sind in Hotels der Stadt geflohen, nun bestimmen hier Volksmilizen in Tarnuniform die Spielregeln der Stadt. Sie lehnen an der Barrikade, manche mit Gesichtsmaske, andere mit breitem Stirnband, in den Händen eine Zigarette, ein Schlagstock. Kann dieser nicht allzu vertrauenerweckende Haufen tatsächlich die große Industriestadt Donezk kontrollieren? Diese Frage stellt im Rückblick auch der Historiker Karl Schlögel, der einige Wochen vor mir in Donezk war:

»Wie sollte dieser Haufen von Verrückten eine so große Stadt aus der Fassung und aus dem Gleichgewicht bringen können! Es würde bestimmt noch einige Tage dauern und die Besetzung als Störung, kaum der Rede wert, vergessen sein! (…) Doch schon zu diesem Zeitpunkt war eigentlich klar, dass es sich bei der Besetzungsaktion in Donezk – und fast gleichzeitig in Charkiw, Luhansk, Mariupol – nicht um spontane und zufällige Ereignisse handelte, sondern um eine geplante, koordinierte Aktion.«[12]

Das stimmt, doch längst nicht überall waren die Separatisten erfolgreich. Charkiw, Mariupol, Odessa, Cherson – in vielen dieser Städte wurden die Separatisten daran gehindert, die Macht zu übernehmen. In Donezk aber ist es das lange Zögern und Lavieren des Oligarchen Rinat Achmetow, das ihnen den Weg geebnet hat. Zehntausende Menschen arbeiten in seinen großen Industriebetrieben, mit ihnen im Rücken und mit seinem Geld wäre er wohl in der Lage gewesen, die Separatisten in einem frühen Stadium zu stoppen. Erst recht, weil die Mehrheit der Bevölkerung keine Sympathien für diese bewaffneten Gruppierungen hegt: Nur knapp 12 Prozent aller Befragten in der Südost-Ukraine waren mit der Erstürmung von Verwaltungsgebäuden einverstanden, zeigt eine Umfrage des »Kyiv International Institute of Sociology« (KIIS).[13]

Doch erst Mitte Mai kündigt Rinat Achmetow, der reichste Mann der Ukraine, in einem Video offenen Widerstand gegen die Separatisten an: »Die Leute haben genug davon, in Angst zu leben. Terror zu erleben. Auf der Straße beschossen zu werden. Im Donbas laufen jetzt Leute mit Maschinenpistolen und Granatwerfern rum. Die Menschen erleben Banditentum und Plünderungen.«

Tags zuvor waren Tausende von Achmetows Arbeitern in fünf Städte marschiert, um dort die Ordnung wiederherzustellen: Mit schwerem Gerät aus ihren Zechen und Stahlwerken demontierten sie die Barrikaden der Separatisten und gingen gemeinsam mit Polizisten auf Streife. Aus Mariupol, wo die Stahlwerke Achmetows stehen, wurden die Aufständischen sogar vollständig vertrieben. In Donezk kam es dann am 16. Mai zu einem dramatischen Kräftemessen. Achmetow hatte die Einwohner der Stadt zu einem friedlichen Autokonvoi aufgerufen: Wer für den Abzug der bewaffneten Separatisten aus der Stadt sei, solle hupen.

Zunächst schien der Autokorso tatsächlich zu einer machtvollen Demonstration gegen die neuen Herren der Stadt zu werden: Hunderte fuhren über die Boulevards der Innenstadt und veranstalteten ein gewaltiges Hupkonzert. »Haut ab«, war das laute Signal. Doch an diesem 16. Mai 2014 war es bereits zu spät für eine Wende. Die Volksmilizen standen zu Dutzenden an den Kreuzungen, und wir filmten, wie sie mit Steinen die Scheiben jedes Autos einwarfen, das zu hupen wagte. Andere schlugen mit dicken Knüppeln auf die Fahrzeuge ein, in denen sich verängstigte Frauen und Kinder wegduckten. Bald hupte niemand mehr, um gegen die Männer mit den Masken zu protestieren. Sie hatten gewonnen.

Wir zeigen den Männern am Eingang der besetzten Stadtverwaltung unsere neue Akkreditierung der »Volksrepublik Donezk« und machen uns auf den mühsamen Aufstieg in die zehnte Etage – der Aufzug funktioniert nicht mehr. Die Zugänge zu einigen Etagen werden von Uniformierten bewacht, hier dürfen wir nicht rein. Hunderte Volksmilizen seien hier in diesem Gebäude untergebracht, heißt es. Dennoch, merken wir auf unserem Weg zu »Volksgouverneur« Gubarew: Ganz sicher scheinen sich die Separatisten noch nicht zu fühlen. In der zehnten Etage treffen wir auf auffallend viele Männer mit Waffen. Zwei schwere stählerne Safes sind umgestürzt und versetzt hintereinander positioniert worden: So gibt es keinen direkten Schusswinkel in den hinteren Teil des Flurs, dorthin, wo der Volksgouverneur residiert.

Pawel Gubarew war ein unbekannter Werbemanager, als die Proteste auf dem Maidan in Kiew begannen. Als nach der Flucht Janukowitschs im Februar im Osten der Ukraine Gegenproteste begannen, war Gubarew einer der Wortführer. Am 1. März leitete er den Sturm auf das Gebäude der Regionalverwaltung und wurde dann von der begeisterten Menge zum Volksgouverneur gewählt.

In Gubarews Vorzimmer untersuchen Uniformierte sorgfältig uns und unsere Ausrüstung. Offenbar will niemand hier auch nur das kleinste Risiko eingehen, trotz Hunderter Bewaffneter im Gebäude. Die Anspannung an diesem 22. Mai ist verständlich: Es ist der bisher blutigste Tag im Kampf um die Ost-Ukraine: Separatisten haben eine Straßensperre der ukrainischen Armee südlich von Donezk angegriffen. Die traurige Bilanz des Überfalls: zehn Tote und dreißig Verwundete. Andere Separatisten haben nördlich von Donezk ein Waffenlager erobert.

Wir werden in Gubarews Büro geführt. Zwei Sicherheitsleute positionieren sich mit ihren Schnellfeuergewehren in gegenüberliegenden Ecken des Raums. Es ist eine beklemmende Atmosphäre für ein Interview. Gubarew begrüßt mich kurz mit Handschlag. Ich bitte ihn, das Interview im Stehen zu führen, direkt vor der großen Ukrainekarte hinter seinem Schreibtisch. Er willigt ein.

Der 32-Jährige hat eine hohe Stirn, einen großen, quadratischen Schädel, ein eher freundliches Gesicht, aus dem mich jetzt jedoch müde, gerötete Augen anblicken. Gubarew wirkt nicht wie ein Rebellen-Führer. Für die Werbevideos seiner Firma Morozko, die Weihnachtsmänner vermittelt, ist er oft ins Kostüm das »Väterchen Frost«, des russischen Weihnachtsmanns, geschlüpft. Das passte irgendwie besser.

Ich spreche ihn auf die Proteste gegen ihn und seine Leute an. Tyrannisieren diese nicht tatsächlich die Stadt, wie von Achmetow behauptet? Gubarew wischt die Frage beiseite: »Achmetow? 23 Jahre hat er unsere Region ausgebeutet, seine Taschen vollgestopft. Deshalb sind seine Behauptungen nicht viel wert, sie sind vielmehr ein letzter Versuch, Macht und Einfluss zu bewahren. Das wird aber nicht klappen. Wir und das Volk entschuldigen Verräter nicht, wir werden hart mit ihnen umgehen.«

Dann geht er zur Landkarte, auf der über einem großen Bereich der Ukraine mit großen Lettern die Bezeichnung »Noworossija« prangt. Neurussland. Mehr als ein Drittel des ukrainischen Staatsgebietes ist eingefärbt, der gesamte Südosten bis nach Odessa, an die moldawische Grenze.

»Die Idee von Noworossija ist historisch und natürlich. Dieses Territorium gehörte nie zur Ukraine. Was die Identität angeht, sind es Russen, die hier wohnen. Selbst Leute ukrainischer Herkunft sind kulturell Russen«, erklärt Gubarew.

»Fürchten Sie keinen Widerstand der Ukraine bei der Eroberung dieses großen Stücks ukrainischen Territoriums?«

»Ich hatte heute einen Experten hier, der erzählte, dass aus Sicht der politischen Soziologie diese Vereinigung und unser Marsch bis nach Odessa nicht auf Hindernisse stoßen werden. Nur von der militärischen Seite wird es natürlich Widerstand geben.«

Den Europäern empfiehlt Gubarew, sich schnell auf die richtige Seite zu schlagen – auf die Neurusslands. Denn dort würden nach Vollendung des Plans 80 Prozent des ukrainischen Bruttoinlandsprodukts erwirtschaftet. Die verbleibende Ukraine, das wären dann nur noch 55 Prozent der Bevölkerung und 20 Prozent der Wirtschaftsleistung. Ein Rumpfstaat also und damit kein interessanter Partner für die EU.

Neurussland: Es ist dieser Begriff, den Gubarew ständig wiederholt und der nicht nur die Regierung in Kiew nervös macht, sondern Politiker in vielen westlichen Hauptstädten. Schon im April hatte Wladimir Putin in einer Fernsehsendung diese historische russische Region erwähnt, eine Zarenprovinz im 18. und 19. Jahrhundert, und auch gleich die ukrainischen Städte genannt, die er zu diesem Neurussland zählt: Odessa, Cherson, Charkiw, Dnipropetrowsk, Mykolajiw, Mariupol. Es ist der gesamte Südosten der Ukraine, das alte industrielle Herz: Stahl, Kohle, Häfen. Hier sprechen etwa 90 Prozent der Menschen Russisch. Und auf dieses Gebiet, das ist die unausgesprochene Botschaft, erhebt Moskau jetzt Anspruch.

So, wie Pawel Gubarew es mir an seiner großen Landkarte explizit demonstriert hat.

Doch das Kreml-Projekt »Neurussland« scheitert in allen anderen Städten außerhalb des Donbas, Provokationen und einzelne Besetzungen von Verwaltungsgebäuden bleiben erfolglos. Nur die beiden selbst erklärten Volksrepubliken Luhansk und Donezk schließen sich zu einer »Konföderation Neurussland« zusammen. Der entscheidende Grund für den Erfolg der Separatisten hier, ganz im Osten, für den anschließenden Krieg mit über 13 000 Opfern, für die Entstehung eines weitgehend rechtsfreien Raums, kontrolliert von bewaffneten Milizen und Kriminellen, ist ein ganz einfacher: Diese Region grenzt an Russland.

Die Präsidentschaftswahl

Das also ist die Situation an diesem 22. Mai 2014, als ich mich von »Volksgouverneur« Pawel Gubarew in der besetzten Regionalverwaltung verabschiede und zurück in unser kleines Hotel fahre. Der reguläre Gouverneur Serhij Taruta hat sich mit seinen Leibwächtern in ein Hotel geflüchtet, von wo aus er seine Amtsgeschäfte führt. Die Millionenstadt Donezk lebt unter zwei verfeindeten Autoritäten. Noch klammern sich die Menschen an die scheinbare Normalität ihres Alltags, aber dieser dünne Firnis bekommt jetzt immer mehr Risse, jeden Tag blättern ein paar Schichten der ukrainischen Staatlichkeit ab.

Die ukrainischen Präsidentschaftswahlen stehen kurz bevor. Sie auch in den umkämpften Gebieten der Ost-Ukraine abzuhalten wären für Kiew der Beweis, dass die Regierung weiter ihre staatliche Autorität ausübt. In Donezk hängen Wahlplakate, so, als würde am kommenden Sonntag tatsächlich abgestimmt. Doch für die Separatisten gilt es, genau diese Wahl zu verhindern. Und sie sind auf dem besten Weg dorthin: Sogar die Regierung in Kiew gibt zu, dass sieben der insgesamt 22 Wahlkommissionen der Region bereits von Separatisten blockiert werden.

Wir fahren zur Wahlkommission Nummer 43. Dort haben wir noch zwei Tage zuvor Freiwillige gefunden, die Wählerlisten sortierten und offen mit uns sprachen. Es sei doch ihre Pflicht, meinte Wladimir, ein Freiwilliger, die Präsidentschaftswahl möglich zu machen. Immer mehr seiner Bekannten wollten wählen, weil sie den zunehmenden Terror der neuen Machthaber auf den Straßen fürchteten. Wladimir zeigte uns Stapel mit Wahlbroschüren, die er in der Stadt verteilen wollte. Die waren glücklicherweise erst geliefert worden, nachdem Separatisten ihrer Wahlkommission zum ersten Mal einen Besuch abgestattet hatten: »Vier Leute mit Masken. Die nahmen erst schweigend die Computer und den Kopierer. Und dann sagten sie: ›Hört mit eurer Arbeit auf, wir wollen das nicht.‹«

»Aber Sie machen jetzt doch weiter?«

»Ja. Angst haben wir natürlich alle. Aber den Baum der Freiheit muss man eben mit dem Blut der Feinde wässern oder mit dem eigenen«, lautete seine etwas pathetische Antwort.

Jetzt, zwei Tage später, sind wir neugierig, wie es Wladimir und seiner Wahlkommission geht. Die Separatisten haben im Fernsehen inzwischen auch offiziell angekündigt, in Donezk keine Präsidentschaftswahlen zuzulassen. Und sie machen offenbar Ernst: »Bewaffnete haben heute Morgen die benachbarte Kommission überfallen«, erzählt Wladimir. »Die haben mit vorgehaltenen Waffen gedroht: ›Wenn wir euch hier noch einmal sehen, erschießen wir zuerst den Leiter der Wahlkommission und dann den Verwalter hier.‹ Unter solchen Umständen kann man doch keine gesetzmäßige, demokratische Wahl abhalten.«

Nach dem Vorfall haben Wladimir und seine Mitstreiter das Handtuch geworfen. Aus Angst. Ich verstehe die Entscheidung. Niemand wird ihn und die anderen Freiwilligen vor Angriffen schützen, die Donezker Polizei hält sich entweder ängstlich aus jedem Konflikt heraus oder sympathisiert offen mit den bewaffneten Separatisten. Die Lage in der zweiten großen Stadt des Donbas, in Luhansk, ist nicht anders: Die Hälfte aller Wahlbüros dort ist bereits besetzt.

Der Fehler

Einige Tage vor der Präsidentschaftswahl ruft uns die Pressespre-cherin der Donezker Separatisten an und will uns für ein Thema interessieren: Etwa eine Stunde von Donezk entfernt sei eine Ein-heit ukrainischer Soldaten zu den Volksmilizen übergelaufen, weil Kiew sie seit Tagen nicht verpflege oder mit Munition versorge. Ein demoralisierter Gegner – natürlich gefällt den pro-russischen Auf-ständischen eine solche Meldung. Doch die Ankündigung entpuppt sich als Propaganda: Wir finden die ukrainischen Soldaten zwar, aber die wollen von Überläufern nichts wissen und verfluchen die Separatisten.

Es ist wie so oft in diesen Tagen: Gerüchte, Wahrheiten, Falsch-meldungen, Propaganda, alles geht durcheinander. Um nicht völlig umsonst den mühsamen Weg durch die Checkpoints gemacht zu haben, sehen wir uns im nahe gelegenen Krasnoarmeisk um, einem verschlafenen Bergarbeiterstädtchen. Vor dem Gemeindehaus lie-gen auf den Eingangsstufen Schnittblumen. Sie wirken wie das Überbleibsel einer kleinen Gedenkstätte. Ich frage ein Paar auf der Straße, was die Blumen zu bedeuten haben, und sie berichten, ein Dutzend Bewaffneter habe hier nach einem Handgemenge auf un-bewaffnete Zivilisten geschossen, es habe zwei Tote gegeben. Auf meine Frage, wer geschossen habe, nennen sie das Bataillon Wos-tok, ein Freiwilligen-Bataillon der Separatisten.

Das große Verwaltungsgebäude der Stadt liegt gleich neben der Gedenkstelle. Keine Barrikade vor dem Eingang, keine maskierten Volksmilizen, es herrscht normaler Betrieb. Und dann sehen wir, wie ein Mann Wahlbroschüren ins Gebäude trägt. Wird hier etwa gewählt? In Donezk sind inzwischen alle Wahllokale geschlossen worden.

Das Wahllokal finden wir in der zweiten Etage. Tatsächlich wird hier die Präsidentschaftswahl vorbereitet. Eine Handvoll Frauen und Männer befestigen Vorhänge vor den Wahlurnen, sortieren Listen und Broschüren, arbeiten an Computern. Krasnoarmeisk stehe noch zu Kiew, meint ein Freiwilliger, auch die Polizei sei mehr oder weniger loyal. Hier werde jeder Bürger die Möglichkeit bekommen, zu wählen. Doch natürlich verfolgen sie gespannt, was in Donezk vorgeht, in der nur eine Stunde entfernten Bezirkshauptstadt.

»Haben Sie keine Angst, dass bewaffnete Separatisten auch hier auftauchen?«, fragen wir die Leiterin der Wahlkommission.

»Ich habe vor nichts Angst. Mehr noch: Ich verachte von ganzem Herzen diese Bastarde, die in meine Stadt kamen und meine Freunde getötet haben«, sagt sie bestimmt. Wen sie mit »diese Bastarde« meint, erscheint mir offensichtlich in dieser Kiew-loyalen Stadt, ich frage nicht weiter nach dem Namen des Bataillons der Todesschützen. In dieser Stadt von wütenden Menschen bedrängt, von der Wahlleiterin verflucht – natürlich geht es um das Separatisten-Bataillon …

Da wir noch Zeit haben, suchen wir nach dem Lokalfernsehen von Krasnoarmeisk. Die Kollegen dort sind freundlich und zeigen uns bereitwillig das gesamte Rohmaterial, das sie am 11. Mai gefilmt haben. Immer wieder rollt der Cutter die Szenen vor und zurück, der Kameramann erläutert, wie es zu den tödlichen Schüssen kam. Eine wütende Menschenmenge habe die Bewaffneten aus dem Gebäude drängen wollen, es kam zu Handgreiflichkeiten. Einer der Vermummten habe aus dem ersten Stock des Gebäudes geschossen, der Getroffene, ein 38-jähriger Klempner namens Wadim, Vater zweier Töchter, sei sofort tot gewesen. Wir filmen die Szenen vom Monitor ab und machen Interviews mit den beiden Kollegen am Schneidetisch.

Ich bin mir sicher, den gesamten Ablauf präzise verstanden zu haben. Nur nach dem Namen des Bataillons frage ich nicht noch einmal ausdrücklich. Natürlich geht es um das Separatisten-Bataillon Wostok …

Auf der Heimfahrt, zurück durch die Checkpoints, besprechen wir den nächsten Tag, später mache ich einen Film für die »Tagesthemen«. Die Sequenz über Krasnoarmeisk dauert 29 Sekunden. Als bei »ARD Aktuell« die ersten Beschwerden eingehen, ukrainische Kämpfer und nicht die Separatisten seien für die Toten verantwortlich, nehme ich das nicht ernst und beruhige die Hamburger Kollegen. Fast täglich werden die Redaktionen seit Beginn des Euromaidan mit wütenden Richtigstellungen und Programmbeschwerden eingedeckt. In aller Regel sind diese Angriffe unsachlich und ohne Substanz. Und ich bin mir völlig sicher, gut recherchiert zu haben: Immerhin haben wir eine Stunde mit den Kollegen des lokalen Fernsehsenders diskutiert und das Video analysiert. Natürlich war es das Separatisten-Bataillon …

Erst als die Zuschriften nicht aufhören wollen, die mir eine Falschinformation vorwerfen, bitte ich einen russischen Kollegen, noch einmal bei den Kollegen des Lokalsenders in Krasnoarmeisk anzurufen. Ich will den Zweiflern eine Bestätigung meiner Recherchen bieten. Und dann kommt der Moment, der zu den düstersten meiner Korrespondentenzeit gehört: Ich sitze in Moskau am Schneidetisch und arbeite unter Zeitdruck an einer Sequenz für die »Tagesschau«. Die Tür öffnet sich, ein sichtlich nervöser Producer Sergei sieht mich an und sagt nur einen Satz auf Englisch: »Udo, bad news.« Es war in der Tat kein Bataillon der Separatisten, sondern ein ukrainisches.

Ich bin wie versteinert. Sergei war mit mir in Krasnoarmeisk. Er spricht kein Deutsch, konnte den Fehler in meinem Text nicht bemerken. Der deutsche Cutter in Donezk verstand zwar meinen Text, war aber nicht mit uns in Krasnoarmeisk. Und die russische Crew interessierte sich nicht für meine Texte.

Ihm sei schon klar gewesen, meint Sergei betreten, dass die Ukrainer auf Zivilisten geschossen hätten. Aber warum hatte er dann bei meinem Interview auf der Straße den Passanten nicht widersprochen, als die das falsche Bataillon nannten? Er habe nicht zugehört, gibt er zu. Wieso war das Missverständnis nicht bei unseren langen Gesprächen im lokalen Fernsehsender aufgefallen? Weil wir nur über Details sprachen, Abläufe, Schussrichtungen. Beide Seiten gingen davon aus, es sei völlig klar, wer die Schützen waren.

Ich rufe sofort den Chefredakteur von »ARD Aktuell« an, Kai Gniffke informiert noch nachts die Intendanten von NDR und WDR, außerdem den Rundfunkrat des NDR, vor dem er gerade noch meine falsche Version verteidigt hatte. Am kommenden Tag erläutert Thomas Roth in den »Tagesthemen« ausführlich meinen Fehler und entschuldigt sich dafür – deutlich länger als die 29 Sekunden in meinem falschen »Tagesthemen«-Beitrag. Es ist mein ganz persönlicher GAU, noch schlimmer kann ein Korrespondent kaum öffentlich demontiert werden. Und das in einem extrem aufgeheizten Meinungskrieg in den Medien, in dem sich beide Seiten gegenseitig gezielte Falschinformationen, Lügen und Propaganda vorwerfen.

Nun glaube ich nicht, in meinen vielen Berufsjahren zuvor nie einen Fehler gemacht zu haben. Journalismus findet unter wachsendem Zeitdruck statt. Während der Ukrainekrise bedienen wir die erste Sendung mit unserem Material um 5:30 Uhr morgens, das »ARD Morgenmagazin«. Es folgen »Tagesschau um zwölf«, das »Mittagsmagazin«, die »Tagesschauen« um 14:00, 15:00, 16:00, 17:00 und 20:00 Uhr, dazwischen »Brisant«, Nachrichten auf den Kanälen Phoenix und Tagesschau 24, manchmal einen »Brennpunkt«, dann die »Tagesthemen« und nach Mitternacht das »Nachtmagazin«. Auch Regional-Sendungen der Landesrundfunkanstalten berichten inzwischen mehr über Auslandsthemen, nicht nur die meines Senders wie die »Aktuelle Stunde« oder »WDR Aktuell«.

Als Korrespondent alleine in Kiew während der dramatischen Maidan-Monate zum Beispiel bedeutete das eine regelrechte Hetzjagd: Während des Live-Gesprächs vor den Barrikaden auf der Straße musste der Cutter im Hotelzimmer bereits auf eigene Faust neues Drehmaterial unserer Teams sichten und vorschneiden, der Techniker lud derweil frisches Agentur-Material aus dem Internet herunter. Nach der Rückkehr vom Schaltgespräch blieb dann oft nur eine halbe Stunde, um schnell die frischen Bilder durchzugehen, die neuen Informationen der Producer aufzunehmen, die der Agenturen zu überfliegen, alles zu schneiden und zu betexten. Fast regelmäßig waren die Beiträge für Hamburg nur wenige Minuten vor Beginn der Sendung überspielfertig, und fast immer waren wir in den dramatischen Tagen auf dem Maidan der Aufmacher.

All das ist keine Entschuldigung für Fehler. Aber so passieren sie. Einem zur Verstärkung aus Köln nach Kiew geschickten Kollegen zum Beispiel. Morgens kamen Agenturmeldungen, ein ukrainischer Hubschrauber sei von den Separatisten abgeschossen worden. Beide Seiten bestätigten den Abschuss. Das ukrainische Fernsehen zeigte bald darauf in einer Nachrichtensendung für wenige Sekunden einen brennenden, abstürzenden Hubschrauber. Die aufgeregten Stimmen im Hintergrund waren in ukrainischer oder russischer Sprache. Der Kollege sah die Nachricht und übernahm die kurze Sequenz in seinen Film für die »Tagesschau«. Ich vertraute der Herkunft der Bilder und benutzte sie später ebenfalls.

Dann stellte sich heraus: Es waren alte Bilder aus einem anderen Kriegsgebiet, vom ukrainischen Fernsehen mit neuen Tönen unterlegt. »Fälschung!« war der wütende Tenor der Kreml-nahen Medien in Russland, aber auch in Deutschland. Eine weitere Programmbeschwerde folgte. Der Vorwurf »Berufslügner« bekam Hochkonjunktur. Der Hubschrauber tauchte auch bald in meinem Wikipedia-Profil auf, als zweiter Fehler nach dem in Krasnoarmeisk. Dabei ging es nur um wenige Sekunden Videomaterial, die keinerlei inhaltliche Relevanz hatten: Nach wie vor bestritt keine Seite den Abschuss, den wir und Medien in aller Welt gemeldet hatten. Aber es war eben nicht dieser Hubschrauber, das reichte.

Hätte der Kollege in Kiew geahnt, dass das ukrainische Fernsehen ungeniert einen »Archiv-Hubschrauber« zur Bebilderung der Story missbrauchte, hätte er sicher eine Google-Suche gestartet. Konnte er oder kann irgendjemand in solch dramatischen Situationen jede Bildquelle, Zahl oder Tatsachenbehauptung hinterfragen und gegenrecherchieren? Das wäre wünschenswert, ich fürchte aber, das ist in solchen atemlosen Situationen eine Illusion. Fehler sind möglich und werden leider immer wieder passieren. Für entscheidend halte ich, dass sie schnell und offen korrigiert werden, sobald sie deutlich geworden sind. So, wie es bei meinem »Tagesthemen«-Irrtum geschah.

Raketenwerfer im Garten und
ein mysteriöser Absturz

Am 25. Mai 2014, dem Wahlsonntag, kommen in Donezk einige Hundert Anhänger der Separatisten zu einer Demonstration zusammen. Bewaffnete des pro-russischen Bataillons Wostok fahren auf offenen Lkw ins Zentrum und nehmen Aufstellung. Dann beginnen sie, gleich neben der großen Lenin-Statue, mit ihren automatischen Waffen wild in die Luft zu schießen. Ein Salut der Freude, weil es ihnen gelungen ist, alle Wahllokale der Stadt zu schließen. Und gleichzeitig eine archaisch wirkende Machtdemonstration, eine Nachricht an die Einwohner der Millionenstadt: Wir mögen hier zwar nicht die Mehrheit der Bevölkerung hinter uns haben, aber wir haben die Waffen.

Die Präsidentschaftswahl im restlichen Teil der Ukraine endet mit einem Erfolg für Petro Poroschenko. Er ist der neue Präsident, aber in einem Teil seines Landes, dem Donbas, kann er nach dem Verlust der Krim nun ebenfalls nicht mehr regieren.

Um die Kämpfe zu stoppen, ruft Poroschenko am 21. Juni einseitig einen einwöchigen Waffenstillstand aus: Für Verhandlungen mit »gemäßigten Aufständischen«. Doch viele Rebellengruppen kämpfen weiter, erobern am 27. Juni eine Munitionsfabrik in Donezk. 27 ukrainische Soldaten sterben während des Waffenstillstands, der keiner ist.

Am 30. Juni verkündet Poroschenko die Fortsetzung der »Antiterroroperation« und am 5. Juli die Rückeroberung von Slowjansk. Kurz danach ziehen sich die Separatisten auch aus Kramatorsk zurück. Gleichzeitig mehren sich die Hinweise, dass in der Ost-Ukraine nun nicht mehr nur russische Freiwillige ihre Finger im Spiel haben, sondern auch russische Militärs.

Ich selbst besuche Kramatorsk kurz nach dem Abzug der Separatisten und bekomme eine völlig unverhoffte Lektion zu diesem Thema. Wir haben uns in einem kleinen Hotel am Stadtrand einquartiert. Der einfache Familienbetrieb hat zwölf Zimmer, kein Restaurant, kaum Komfort, aber wir werden freundlich und hilfsbereit aufgenommen, haben sogar ein kleines Arbeitszimmer.

Am zweiten Abend komme ich mit dem Eigentümer ins Gespräch: »Wie war es denn hier unter der Herrschaft der Separatisten?«

»Unangenehm. Aber ich hatte Glück. Hier wohnten russische Generäle.«

»Was? In Ihrem Hotel?«

»Ja, sie haben es konfisziert, gleich nachdem die Separatisten hier an die Macht kamen. Sie sagten: ›Gib uns die Schlüssel und zieh woanders hin. Wir versprechen, dass wir hier nichts verwüsten werden.‹ Sie haben Wort gehalten. Als die ukrainische Armee näher kam, sind sie rechtzeitig abgezogen. Den Schlüssel haben sie mir zurückgegeben, und wie Sie sehen: Meinem Hotel ist nichts passiert.«

Die Generäle seien jeden Morgen mit ihren Männern weggefahren und erst abends zurückgekommen, erzählt er. Natürlich habe er beobachtet, was in seinem Hotel vorging: Im Garten seien zwei Grad-Raketenwerfer aufgestellt worden. Und seine ganze Garage habe, nach dem Abzug der Russen, voller Panzergranaten gesteckt. Die hätten sie in der Eile des Abzugs wohl nicht mehr mitnehmen können. Die Menge Sprengstoff hätte ausgereicht, das ganze Viertel hier in die Luft zu sprengen, habe ihm nachher ein ukrainischer Sprengmeister erklärt.

Der Mann redet ruhig und ohne jeden Groll auf seine ungebetenen russischen Gäste. Ich glaube ihm: Welches Motiv hätte er, mir unaufgefordert solch eine komplexe Lügengeschichte erzählen?

Die Raketenwerfer im Hotel-Garten waren nicht die einzigen schweren Waffen, die aus Russland in die Ukraine gelangten. Die EU und die USA verschärfen aus diesem Grund im Juli ihre Sanktionen gegen Russland.

Im gleichen Monat, am 17. Juli, wird eine Passagiermaschine der Malaysia-Airlines Flug 17, kurz MH17, mit 298 Menschen an Bord östlich von Donezk abgeschossen. Kurz darauf steht auf einer Seite des Onlinenetzwerks »VKontakte«, die Igor Girkin alias Strelkow zugeordnet wird, der Abschuss eines ukrainischen Transportflugzeuges sei eine Warnung an die Regierung in Kiew. Es gibt auch von ukrainischer Seite veröffentlichten Funkverkehr, der nahelegt, dass die Separatisten tatsächlich zunächst davon ausgingen, eine Militär-maschine abgeschossen zu haben. Als klar war, dass ein Passagier-flugzeug getroffen worden war, verschwand Girkins triumphieren-der Kommentar im Internet wieder, ist aber nach wie vor auf spezi-ellen Archivservern einsehbar.

Vier Jahre später kommt ein Untersuchungsbericht nach aufwen-digen Untersuchungen Hunderter Experten aus verschiedenen Ländern zu dem Ergebnis, dass ein russisches BUK-System der 53. Flugabwehrbrigade in Kursk für den Abschuss verantwortlich war. Die Kommission präsentiert zahllose Indizien und Beweise. Doch Moskau leugnet bis heute jede Verantwortung.

Nach dem tragischen Abschuss reagierte Moskau mit einer ver-wirrenden Flut unterschiedlicher Theorien. Zunächst präsentierten hohe russische Offiziere vor großen Schautafeln »Beweise« dafür, dass ein ukrainisches Kampfflugzeug MH-17 abgeschossen hat. Dumm nur: Selbst der Konstrukteur des angeblich beteiligten Su-choi-Kampfflugzeuges erklärte danach unmissverständlich, in die-ser Flughöhe könne seine SU-25 nicht schießen, ohne selbst abzu-stürzen. Es sei technisch schlicht unmöglich. Trotzdem tauchten in Russland später Satellitenbilder auf, die die Annäherung der ukrai-nischen SU-25 an die Passagiermaschine zeigen sollten. Sie wurden schnell als manipuliert entlarvt.

Schließlich räumte Moskau zwar ein, dass tatsächlich ein BUK-Geschütz verantwortlich für den Abschuss gewesen war. Mit spektakulären Tests wurde dann allerdings »bewiesen«, dass es sich um eine BUK aus ukrainischen Beständen gehandelt habe.

Es würde viele Seiten füllen, die zahlreichen Desinformationen und Lügen rund um MH-17 aufzuzeigen, doch eine besonders absurde Variante der russischen Medien soll hier nicht unerwähnt bleiben: Im Fernsehen tauchten mehrere Separatisten auf, die behaupteten, die Körper der verstreuten Leichen, die man gefunden habe, seien völlig blutleer gewesen. Und so wurde in russischen Me-dien die Theorie entwickelt, die an Bord befindlichen Passagiere seien bereits tot gewesen, alles sei eine bewusste Provokation des Westens. So hanebüchen es für einen westlichen Beobachter auch klingen mag, dass auf dem niederländischen Flughafen Schiphol unbemerkt Hunderte Leichen in ein Passagierflugzeug hätten verladen werden können, so wirksam geisterte dieses Gerücht durch die Köpfe einfacher Russen. Ich erinnere mich mit Schrecken, wie selbst in meinem weiteren Familienumfeld Stimmen laut wurden mit dem Tenor: So undenkbar sei das alles nicht. Diese Augenzeugen im Donbas hätten doch sehr glaubwürdig geklungen …

Es ist eine Entwicklung, die seit 2014 immer deutlicher wird: Wenn Fakten Russland eindeutig belasten, werden gleich mehrere alternative Wahrheiten entwickelt und verbreitet, bis der verwirrte Leser oder Zuschauer entnervt aufgibt. »Nichts ist wahr und alles ist möglich« heißt das Buch von Peter Pomerantsev, in dem er das Innenleben russischer Fernsehanstalten schildert. Der Titel beschreibt exakt den Gemütszustand, den die russische Propaganda in den Köpfen der Menschen anstrebt. Hunderte bezahlter Trolle arbeiten in regelrechten Schreibfabriken und helfen, in kurzer Zeit erfolgreich die Köpfe zu vernebeln und – nicht nur im Donbas – immer mehr Hass zu säen.

Das ganze Ausmaß der Rolle russischer Militärs in der Region wird erst in den folgenden Jahren deutlich. Etwa, als die USA Luftbilder veröffentlichen, die belegen, dass Raketenwerfer von russischem Gebiet aus Ziele in der Ukraine beschossen. Bellingcat, eine inzwischen weltweit respektierte Gruppe von »Open-Source«-Rechercheuren, zeigt 2016 in einer ausführlichen Auswertung von Satellitenbildern, dass aus Dutzenden Artilleriestellungen auf russischem Staatsgebiet in die Ukraine gefeuert wurde. Moskau bestreitet das.

Ende Juli 2014 rücken Kiews Truppen dann in weitere, bisher von Separatisten gehaltene Stellungen vor, am 10. August meldet die ukrainische Armee, Donezk eingekesselt zu haben. Gleichzeitig mehren sich die Anzeichen dafür, dass Moskau eine völlige Niederlage der pro-russischen Kämpfer nicht zulassen würde: Die Zahl russischer Soldaten nahe der ukrainischen Grenze wird aufgestockt, auf mehrere Zehntausend. Ein ominöser Hilfskonvoi aus 280 russischen Lkw macht sich in die Ukraine auf. Viele Fahrzeuge sind leer oder nur teilweise beladen. Die meisten überqueren die Grenze ohne jede Kontrolle ihrer Ladung.

Am 14. August beobachten britische Journalisten, wie russische Militärfahrzeuge die Grenze in Richtung Ukraine passieren. Ukrainische Truppen nehmen zehn reguläre russische Soldaten gefangen. Die Erklärung Moskaus: Die Gruppe habe sich auf ukrainisches Staatsgebiet verlaufen. Die Ukrainer erbeuten zwei russische Panzer. Die NATO meldet den Vormarsch russischer Truppen ohne Hoheitsabzeichen auf Mariupol. Separatistenführer Sachartschenko verkündet, er würde aus Russland 150 gepanzerte Fahrzeuge und dreißig Panzer erhalten.

Das ist die Situation, als wir in Moskau beschließen, wieder in die Ost-Ukraine aufzubrechen. Eine Entscheidung, die unsere Mitarbeiter Heorhij und Iwan beinahe das Leben kosten würde. Beide erfahrene Männer Ende zwanzig, mit denen ich viele Wochen auf dem Maidan gearbeitet hatte.

Das Freiwilligen-Bataillon

Heorhij, den alle »Goscha« nennen, hatte schon aus Kiew die Verbindung zu einem ukrainischen Freiwilligen-Bataillon hergestellt. Jetzt, am 21. August 2014, suchen wir die Männer vom Bataillon Mirotworez, übersetzt »Friedenstruppe«. Erst am Vortag war die Erlaubnis gekommen, sie an einem ihrer Checkpoints zu filmen, bei Gorlowka, 10 Kilometer von der umkämpften Frontlinie entfernt. Unser Fahrer kennt den Checkpoint, doch als wir langsam heranrollen, wundern wir uns: Niemand steht da, um uns zu stoppen. Wir fahren langsam zwischen den Betonblöcken auf beiden Seiten hindurch, sehen die ausgehobenen Erdgruben dahinter, mit Autoreifen und Sandsäcken gesichert, eine Plane ist als Sonnenschutz darübergespannt. Aber nirgendwo sehen wir Menschen. Wo sind die Freiwilligen?

Wir finden das Bataillon im Fußballstadion der Stadt Gorlowka. Auf dem Spielfeld stehen kleine Gruppen, reden und rauchen, vor der Seitentribüne eine Feldküche, ein klappriges Gefährt mit qualmendem Holzofen. Davor ein paar einfache Tische und Bänke, einige Männer essen Suppe, andere Kartoffeln und Fleisch. Sie sind aktive oder schon pensionierte Polizisten oder Mitglieder ukrainischer Spezialkräfte. Einheitliche Uniformen haben sie nicht, jeder hat von zu Hause mitgebracht, was halbwegs militärisch aussieht.

An der Front kämpfen sie nicht, erklärt uns Witali, sie sichern deren Hinterland, vor allem mit Straßensperren. Ihren Checkpoint haben sie in der vergangenen Nacht geräumt, ihr Bataillon soll verlegt werden. Der Marschbefehl kam für alle völlig unerwartet. Sie werden in den Süden von Donezk geschickt, nach Ilowajsk, dorthin, von wo seit Tagen schwere Verluste gemeldet werden. Viele der Freiwilligen sind nervös, nachdenklich, in sich gekehrt. Alle wissen, wie dramatisch die Lage sich zuspitzt, und alle wissen, dass auf der anderen Seite erfahrene Kämpfer aus Russland stehen.

Die Männer sammeln sich, der Kommandeur will die Lage erklären. Er begrüßt uns freundlich, filmen dürfen wir seinen Auftritt vor dem Bataillon jedoch nicht. Aus der Ferne hören wir, wie er an den Kampfgeist seiner Männer appelliert. Nach der Ansprache hat er kurz Zeit für uns. Andrei ist ein athletischer, hochgewachsener Mann, dabei ruhig, beinahe schüchtern. Auch er scheint nicht glücklich über die neue Entwicklung zu sein: »Wir waren darauf vorbereitet, hier in Gorlowka zu arbeiten. Da kennen wir die Stellungen der Separatisten und wollten die letzten aus der Stadt treiben. Aber wenn es denn nötig ist, können wir unsere Pflicht auch woanders erfüllen.«

Wir haben den Bataillonsarzt entdeckt. Im normalen Leben ist Wsewolod Professor, leitender Arzt in einer Kiewer Klinik. Er hat schon im Februar schwer verletzte Maidan-Demonstranten im St. Michaelskloster operiert, jetzt zeigt er uns einen museumsreifen ukrainischen Jeep. »Ganz schön alt, was? Aber wir haben kaum Rettungsfahrzeuge, darum haben mir meine Freunde das Auto gekauft, als sie erfuhren, dass ich mich als Freiwilliger gemeldet habe.«

»Was denken Sie über die Verlegung in Richtung Ilowajsk?«

»Natürlich ist mir mulmig bei diesem neuen Einsatzort, aber sie haben es entschieden, und wir gehorchen.«

Auch hier seien nachts sporadisch ihre Checkpoints von Scharfschützen beschossen worden, doch Tote habe ihr Bataillon bisher keine zu verzeichnen gehabt, erzählt Wsewolod. Aber immer wieder Verwundungen, teils auch schwere. »Diese Männer mussten wir dann in ein Hospital in der Nähe bringen, die leichten Fälle konnte ich hier vor Ort versorgen.«

Als wir uns abends verabschieden, haben knapp fünfzig Männer den Dienst quittiert, der Rest packt. Auch unsere kleine Gruppe trennt sich, ich muss nach Kiew. Angela Merkel will dort am 23. August dem neuen ukrainischen Präsidenten Poroschenko den Rücken stärken, und ich soll für die ARD über den Besuch der Kanzlerin aus der ukrainischen Hauptstadt berichten. Ich bin nicht begeistert über den Auftrag: Was soll aus unserem Film für den »Weltspiegel« werden? Goscha und Iwan bieten an, noch einen Tag zu bleiben und die Verlegung des Bataillons zu filmen, damit die bisherige Arbeit nicht umsonst war. Nach einigem Zögern willige ich ein. Ohnehin, beruhige ich mich, ist die Aufgabe dieses Bataillons ja nicht der Kampf, sondern die Absicherung hinter der Front.

Trotzdem schreibe ich auf der langen Fahrt nach Kiew noch einmal eine Textnachricht an Goscha und Iwan, eine mahnende Erinnerung: »Careful! When close to front don't ride with them. Stay away when dangerous. Remind my remarks yesterday: ARD is not Front-TV!« Nicht in Militärfahrzeugen mitfahren, kein Risiko eingehen.

Ich habe die kurze Nachricht später ausgedruckt und in mein Tagebuch geklebt. Sie beschert mir bis heute eine Gänsehaut. Denn mit einer gnadenlosen Parallelität, die aus einem Kino-Thriller stammen könnte, entwickelte sich ein Szenario, das keiner von uns erwartet hatte. Ich werde es erst später in seiner Dramatik begreifen, in Kiew, als ich Iwans Bilder sehe.

Iwan filmt an diesem 22. August, wie das Bataillon Mirotworez in Bussen Richtung Donezk fährt. Kommandeur Andrei, in seinem schusssicheren Jeep an der Spitze der Kolonne, lässt über Lautsprecher laute Maidan-Lieder laufen, während er mit seinen Männern durch die Dörfer fährt. Längst nicht alle Anwohner hier sind aufseiten Kiews. Doch noch glauben Andrei und seine Freiwilligen, dass die Befreiung von Donezk kurz bevorsteht. Dass der Spuk im Donbas bald ein Ende haben wird. Dass sie bald nach Hause fahren werden.

Wochen später erklärt uns der russische Militärexperte Pawel

Felgenhauer, was in diesen Tagen wirklich geschah: »Die Ukrainer hatten die Einkreisung von Donezk fast vollendet, und faktisch war die militärische Gegenwehr der Separatisten bereits gebrochen. Für die russische Regierung und Putin aber war eine militärische Niederlage der Rebellen im Donbas, oder auch Neurussland, nicht akzeptabel. Letztlich hat Putin also getan, was getan werden musste, um das zu verhindern.«

Der russische Präsident beschloss, reguläre Truppen über die Grenze ins Nachbarland zu schicken, um den Vormarsch der Ukrainer zu stoppen. Eine Entscheidung, die viele seit Langem befürchtet hatten, die aber niemand letztlich wahrhaben wollte. Das wäre doch ein offener Krieg Russlands gegen ein Nachbarland. Unvorstellbar! Und so sagt denn auch am Samstag, den 23. August, Angela Merkel in Kiew nach ihrem Treffen mit Petro Poroschenko einige hoffnungsvolle Sätze in die Fernsehkameras: »Ich glaube, die Pläne liegen auf dem Tisch, wie man Frieden und auch gutes Miteinander zwischen den Ländern erreichen kann.«

Merkel will Putin mit in die Verhandlungen einbinden: zum Gasstreit, zum Assoziierungsabkommen, zur umkämpften Region Donbas. Sie unterstützt Poroschenkos Friedensplan. Einige Wochen später wird Juri Butussow, ein bekannter ukrainischer Journalist, uns in einem Interview sagen: »Am 23. August erklärte Angela Merkel, es werde Frieden geben. Die EU mische sich nicht in den Konflikt ein, er sei eine ukrainische Angelegenheit. Sie sagte das am 23. August. Und am 24. rollten russische Panzer in unser Land. Hunderte Panzer.«

Das Mirotworez-Bataillon hat an diesem 23. August in einem verlassenen Ferienheim haltgemacht, 40 Kilometer von der Frontlinie entfernt. Ihre Ausrüstung ist eher ärmlich: privates Picknick-Zubehör, ein paar Konserven, die Freiwillige zur Front gebracht haben. Die Männer kochen selbst, auf kleinen Gaskochern, dazu gibt es einen Instantkaffee. Abends hören sie den Geschützdonner aus Ilowajsk, am Horizont sehen sie regelmäßiges Leuchten. Granatbeschuss an dem Ort, an den sie fahren sollen.

Was am kommenden Morgen geschah weiß ich nur aus Erzählungen Goschas: Um vier Uhr ist Aufbruch. Die Männer werden einen Checkpoint bauen, so ihre letzte Information, und dann hierher zurückkehren. Goscha und Iwan begehen an jenem Morgen einen fatalen Fehler: Sie entscheiden, ihren Fahrer im Ferienheim zurückzulassen. Abends, so glauben sie, kehren die Männer des Bataillons ja wieder hierher zurück. Sie steigen mit den Freiwilligen in einen der Busse und fahren los.

»When close to front don't ride with them« …

Statt vor Ilowajsk mit dem Bau eines Checkpoints zu beginnen, wie von Goscha und Iwan erwartet, gibt es eine Planänderung. Kommandeur Andrei hat lange telefoniert, dann informiert er seine Männer, dass die Fahrt weitergehen wird.

»When close to front don't ride with them« …

Spätestens, als die Busse des Bataillons durch die Vororte von Ilowajsk rollen, vorbei an zerschossenen Geschäften und Wohnhäusern, wissen alle, dass es gefährlich werden wird. Die Busse halten im Zentrum der Stadt, gerade einmal 300 Meter von der Frontlinie entfernt. Sie sind von Süden aus in die Stadt gefahren, den Norden und den Osten kontrollieren die Separatisten.

Kommandeur Andrei befiehlt, die Ausrüstung in ein nahe gelegenes Eisenbahndepot zu bringen. Es war zwei Tage zuvor von einem anderen Freiwilligenbataillon namens »Cherson« erobert worden, sie sollen es nun halten. Vor der Kamera gibt Andrei sich ruhig: »Die Leute sind kampfbereit. Die, die ihrer Angst nachgaben, feiern jetzt in Kiew den Tag der Unabhängigkeit, und wir verteidigen hier unsere Heimat.« Der Kommandeur verspricht Goscha und Iwan, sie bald mit seinem Jeep zum Ferienheim zurückzubringen. Alles werde gut gehen.

Was auch er nicht weiß in diesem Moment: Kurz nachdem das Bataillon im Stadtzentrum von Ilowajsk angekommen ist, rücken russische Einheiten weiter vor, die ukrainischen fliehen nach Westen. Ilowajsk wird in kurzer Zeit von russischen Einheiten und Separatisten eingeschlossen. Die ukrainischen Freiwilligenbataillone sitzen in der Falle, im »Kessel von Ilowajsk«, wie es später heißen wird. Und mit ihnen unser Team, Goscha und Iwan. Selbst mit dem gepanzerten Jeep des Kommandeurs haben sie keine Chance mehr auf eine Rückfahrt ins sichere Hinterland.

Ich selbst bin gerade zurück in Moskau, als Goscha mich anruft und mir die Lage schildert. Es ist ein kurzes Gespräch von wenigen Minuten, denn sie haben keine Möglichkeit, ihr Handy aufzuladen, und wollen Kontakt zu ihren Eltern halten. Wir vereinbaren, uns jeweils nachts für wenige Minuten auszutauschen. Es folgen fürchterliche Tage voller Sorge, Angst und Schuldgefühle. Immer wieder lese ich meine Textnachricht: »Careful! When close to front don't ride with them. Stay away when dangerous. Remind my remarks yesterday: ARD is not Front-TV!«

Und jetzt sind sie genau da, wo sie nie hätten sein dürfen. Hätte ich sie doch, gegen ihren Willen, mit nach Kiew nehmen müssen? Die beiden haben schon häufiger alleine im Kriegsgebiet für uns gedreht. So wie unsere Producer im Tschetschenienkrieg, in Afghanistan. Grundsätzlich gilt die Regel: Wenn es gefährlich ist, muss der Korrespondent beim Team sein. Das ist auch richtig. Es soll verhindern, dass freiberufliche Producer sich, der Honorare wegen, in gefährliche Situationen begeben, die der Korrespondent scheut.

Meist habe ich mich – aus Überzeugung – an diese Regel gehalten. In Minen-verseuchten Dörfern des Kosovo, an der Front im Afghanistankrieg, in den Schützengräben des Bosnienkrieges. Hätte ich ahnen müssen, dass die militärische Lage in der Ost-Ukraine sich so schnell drehen würde? Dass Wladimir Putin Tausende regulärer Soldaten über die Grenze schicken würde, von Artillerie und Panzern begleitet? Natürlich gibt es Redakteure, die mir jetzt, nachdem Goscha und Iwan in der Falle sitzen, vorwerfen, »dieser Einsatz hätte nie stattfinden dürfen«. Obwohl sie von den Plänen wussten und sich einen Film für ihre Sendung wünschten. Niemand will im Nachhinein Verantwortung tragen. Es ist kein neues Phänomen für mich.

Iwan filmt die Tage im Eisenbahndepot, das immer wieder angegriffen wird. Der sicherste Platz ist in den Montagegruben unter den Lokomotiven, die im Depot stehen. Alle bringen sich dort in Sicherheit, wenn ein schrilles Pfeifen und näher kommende Explosionen eine neue Welle von Granaten ankündigen. Von einem Wohnhaus in der Nähe schießt ein Scharfschütze der Separatisten auf die Männer im Depot. Ihr eigener Scharfschütze beobachtet von einer Empore aus stundenlang seinen Gegner und schießt ebenfalls sporadisch. Die Distanz beträgt etwa 500 Meter, beide Scharfschützen wechseln ständig ihre Positionen. Iwan filmt die Szene und offenbar auch den Treffer: »Er fiel um«, ist der trockene Kommentar des Mirotworez-Schützen in Iwans Kamera. Es sind beklemmende Einblicke in das Handwerk des Tötens.

Und dann wieder Granaten, die Einschläge kommen näher. Die russischen Drohnen, glauben die Freiwilligen, haben längst ihre Position hier im Depot durchgegeben. Am Dienstag, den 26. August, drei Tage nach ihrer Ankunft, ist allen im Depot klar, dass sie um ihr Überleben kämpfen, gegen einen übermächtigen Feind: Denn inzwischen haben auch sie gehört, dass russische Verbände den gesamten Süden von Ilowajsk besetzen und alle ukrainischen Einheiten von dort geflohen sind. Ein junger Freiwilliger kommentiert nüchtern: »Die Lage ist ganz einfach: Nach zwei Gegenoffensiven sind wir jetzt eingeschlossen. Wir können nichts tun als auf Unterstützung warten.«

In Kiew führt die verzweifelte Lage in Ilowajsk inzwischen zu Protesten vor dem Parlament: Angehörige der Freiwilligenverbände fordern Präsident Poroschenko auf, die Eingeschlossenen zu retten. Dass diese Männer nicht, wie die regulären Truppen, vor der russischen Übermacht davongelaufen sind, wird im ganzen Land diskutiert.

Poroschenko reagiert: Am 27. August versuchen ukrainische Einheiten der 52. und der 91. Brigade, den Eingeschlossenen zu Hilfe zu kommen. Sie werden schnell von russischen Verbänden in die Flucht geschlagen und aufgerieben. Auch diese Hoffnung ist dahin. In Ilowajsk selbst greifen die Männer nach jedem Strohhalm. Iwan filmt, wie eine Gruppe des Freiwilligenbataillons eine hellblaue Fahne vor dem Depot hochzieht. Es ist eine Fahne der ukrainischen Eisenbahn. »Wir imitieren damit die Flagge der europäischen Union. Wir haben das Eisenbahn-Symbol in der Mitte abgeklebt, sodass nur noch die Sterne außen zu sehen sind. Wir wollen den Feind verwirren, damit der denkt, wir haben EU-Unterstützung. Das soll auch die Russen abschrecken«, erklärt einer der Männer.

Die Falle

In einem unserer nächtlichen Telefongespräche erfahre ich, dass Goscha und Iwan sich einem Verwundetentransport anschließen wollen, falls die Separatisten freies Geleit durch ihre Linien zusagen. In der Nacht zum 29. August scheint das im Bereich des Möglichen, denn beide Seiten verhandeln überraschend nicht nur über den Transport von Verwundeten, sondern über einen Abzug aller Eingeschlossenen. Um 1:10 Uhr meldet sich der russische Präsident auf der Internetseite des Kreml zu Wort: »Ich appelliere an die Volksmilizen, einen humanitären Korridor für die eingeschlossenen ukrainischen Soldaten zu öffnen, um unnötige Opfer zu vermeiden, und ihnen ohne Behinderung das Verlassen der Kampfzone zu erlauben.«

Als ich von diesem Appell höre, schöpfe ich Hoffnung: Die Eingeschlossenen, also auch unser Team, scheinen eine Chance zu bekommen. Denn auch wenn Putin seine Nachricht als Appell an die Separatisten formuliert, ist allen klar, wer in diesem Krieg die Kommandos gibt.

Doch was dann tatsächlich geschieht, am Morgen des 29. August, begreife ich erst einen Tag später in unserem Hotelzimmer in Kiew, als ich das Rohmaterial von Iwan und anderen eingeschlossenen Journalisten zum ersten Mal sehe und dazu Goschas Erläuterungen höre.

Die ersten Aufnahmen dieses Morgens zeigen, wie sich Panzer, Schützenpanzer, Busse, Lkw und vereinzelte Jeeps, insgesamt etwa fünfzig Fahrzeuge, vor der Stadt sammeln. Die Separatisten haben tatsächlich einem Abzug der eingeschlossenen ukrainischen Freiwilligenbataillone aus der Stadt zugestimmt, wie vom russischen Präsidenten gewünscht. Auch Verwundete, Tote und ein Dutzend gefangener russischer Soldaten nehmen die Freiwilligen in den ihnen verbliebenen Bussen mit.

Iwan filmt, wie die Bataillons-Kommandeure fast zwei Stunden lang mit der Gegenseite verhandeln. Goscha hört aus Gesprächsfetzen, dass die Separatisten einen Abzug ohne Mitnahme der Waffen fordern, die ukrainische Militärführung dies jedoch ablehnt. Sie selbst stehen jetzt ohne jede Deckung auf offenem Feld vor der Stadt. Und dann beginnt plötzlich Artilleriebeschuss, Panik bricht aus. Alle springen in ihre Fahrzeuge und fahren los, um kein stehendes Ziel zu bieten. Die wenigen Panzer versuchen die Flucht über die Stoppelfelder neben der Straße, Busse, Lkw und Jeeps rasen, so schnell sie können, auf der Ausfallstraße weg von Ilowajsk.

Iwan und Goscha fliehen gemeinsam mit zwei weiteren ukrainischen Journalisten in einem nicht gepanzerten Jeep. Sie fahren geradewegs in eine offenbar vorbereitete Falle und werden von allen Seiten beschossen. Die Journalisten suchen mit ihrem Wagen Schutz hinter einem flüchtenden Militärlaster, eine Kugel durchschlägt ihren Jeep, verletzt aber niemanden.

Die Bilder, die ich in Kiew zu sehen bekomme, zeigen fast die gesamte dramatische Flucht unseres Teams und ihrer beiden Kollegen mitten durch die Belagerungslinien. Wer genau wann schoss, Separatisten oder russisches Militär, ist nicht zu erkennen. Es sei ihr zweiter Geburtstag gewesen, meint Goscha. Ein Wunder, dass sie da durchgekommen seien. Auch das russische Programm der BBC meldet, dass vier Journalisten dem Kessel von Ilowajsk entkommen sind. Ihr Jeep scheint tatsächlich eines der wenigen Fahrzeuge gewesen zu sein, die nicht getroffen wurden.

Wir beugen uns wieder über den Computer und sehen uns die letzten Minuten der Flucht an: Als die vier merken, dass um sie herum ein Fahrzeug der Freiwilligen nach dem anderen getroffen wird, beschließen sie, alleine durchzubrechen. Sie geben Vollgas, überholen den versprengten Konvoi und fahren davon, so schnell es die löchrigen Straßen in Richtung Süden zulassen. Irgendwann nimmt der Beschuss ab, offenbar sind die Belagerungsringe durchbrochen, doch dann steht vor der nächsten Ortseinfahrt ein Separatisten-Panzer am Straßenrand. Sein Geschützrohr zeigt in ihre Richtung. Die Videobilder von Iwan belegen, wie ihr Fahrer geistesgegenwärtig das Fenster herunterkurbelt und dem Gegner freundlich zuwinkt. Sie passieren, ohne dass ein Schuss abgefeuert wird. So weit entfernt vom Rest des ukrainischen Konvois hat der Bordkanonier sie wohl für eine verbündete Separatisten-Gruppe gehalten.

In den Tagen nach der dramatischen Flucht stößt Goscha auf

Videomaterial verschiedener anderer Quellen. Ein ukrainischer Soldat hat offenbar mit einem Handy von seinem Schützenpanzer aus gefilmt: Granateinschläge, Erde spritzt auf, verängstigte junge Soldaten kauern sich neben das Wrack ihres Panzers. Ein anderes Video zeigt die Flucht eines Kommandeurs der Freiwilligenbataillone. Eine Kugel trifft das Fenster der Fahrertür des gepanzerten Wagens, es splittert, lässt das sonst sicher tödliche Geschoss aber nicht durch. Es sind verwackelte Aufnahmen, unterlegt mit den atemlosen Dialogen der Flüchtenden.

Andere Aufnahmen zeigen, wie Jacques, ein Aufklärer des Donbas-Bataillons, versprengte ukrainische Soldaten und Freiwillige aufsammelt, die sich in den Wäldern und Sonnenblumenfeldern um Ilowajsk tagelang versteckt haben. Die Männer, die er rettet, sind hungrig, oft verletzt, haben ihre Uniformen und Waffen versteckt oder vergraben, um bei Entdeckung als Zivilisten durchzugehen. Die meisten lassen sich in den Laderaum von Jacques' Auto fallen und geben ihm Tipps, wo er weitere Versprengte findet. Einige ihrer Mitkämpfer aber versuchen, sich nachts durch die feindlichen Linien zu schleichen. Wenigen gelingt es, viele werden entdeckt und gefangen genommen.

Aus all diesen kleinen Mosaiksteinen, die Goscha nun zusammenzutragen hilft, mit offiziellen Zahlen aus Kiew, Moskau, von NATO, OSZE und zahlreichen Augenzeugenberichten in den ukrainischen Medien formt sich langsam ein Bild des Dramas. Die Schlacht um Ilowajsk gilt als die größte Niederlage Kiews gegen die Separatisten. Die Behörden sprechen von 370 Toten, 160 Menschen werden offiziell vermisst. Andere Quellen nennen bis zu eintausend Tote. Der »humanitäre Korridor« war eine Falle. Wie viele tote russische Soldaten zurück in ihre Heimat gebracht wurden, ist ein gut gehütetes Geheimnis.

Fünf Tage nach der Flucht aus Ilowajsk treffen sich die ersten Überlebenden des Freiwilligenbataillons Mirotworez in Kiew wieder. Wir filmen emotionale Szenen: Einige Männer umarmen sich lange schweigend, andere beginnen sofort mit dem Austausch von Informationen. Auch Kommandeur Andrei hat überlebt. Sein gepanzerter Jeep habe ihm das Leben gerettet, erzählt er, hinterher hätten sie über 200 Einschüsse gezählt. »Es war ein Wunder, ich hatte wirklich einen Schutzengel.« Über die Zahl der Gefallenen will er nichts sagen, nur, dass viele seit dem 29. August vermisst oder in Gefangenschaft seien. Andrei fordert seine Männer auf, Berichte zu schreiben: »Notiert, was genau an diesem Tag passierte, wer starb, unter welchen Umständen. Seid genau, jedes Detail ist wichtig. Denn in diesen Tagen werden die sterblichen Überreste unserer Soldaten geborgen, anschließend müssen sie identifiziert werden.«

Zwei der Freiwilligen zeigen uns auf ihrem Handy ein Gruppenfoto, das sie in Gorlowka gemacht haben, unmittelbar vor der Abfahrt nach Ilowajsk. Witali erzählt, er habe in den vergangenen Tagen ständig mit den Familien seiner Kameraden telefoniert, um sich ein Bild von ihrem Schicksal zu machen: »Einige sind in Gefangenschaft. Der wird vermisst, der auch, und der, tja, dessen Leiche suchen sie gerade.«

Nur wenige auf diesem Gruppenfoto haben es hierher nach Kiew geschafft. Immerhin hat Witali eine gute Nachricht für uns: Der Bataillonsarzt, der freundliche Professor, hat überlebt. Wir treffen ihn an seiner alten Wirkungsstätte, dem St. Michaelskloster. Wsewolod ist umringt von einer Gruppe Angehöriger, die ihm danken wollen. Es hat sich schnell herumgesprochen, dass der Arzt bei Ilowajsk über ein Dutzend Verwundeter rettete und unter Beschuss behandelte. Auch er und sein Team waren kurz in Gefangenschaft geraten.

Wsewolod zeigt uns die Einschüsse in seinem alten Auto und erzählt von den dramatischen Stunden am 29. August: »Es begann, als gleich neben uns Sanitätern einer unserer Panzer getroffen wurde. Der Turm des Panzers flog über unser Auto, es regnete Leichenteile, und ich war kurz bewusstlos.«

Als er wieder zur Besinnung kam, habe er Verwundete zu seinem Wagen gezerrt, acht Männer hätten schließlich in dem kleinen Auto übereinandergelegen. Wsewolod zeigt den noch immer blutverschmierten Innenraum.

»Die Verwundeten wurden ins Auto geworfen, ohne anzuhalten. Igor zogen wir unter einem getroffenen Panzer hervor. Witali saß am Maschinengewehr und schoss, Mischa reichte die Munition an. Als immer mehr Verwundete im Auto lagen, konnte er nicht mehr schießen und musste die Verletzten festhalten.«

Auf dem Weg aus der Gefechtszone seien sie von russischen Truppen gestoppt worden. »Ich bin dann mit meiner Rot-Kreuz-Fahne auf einen russischen Offizier zugegangen. Der sagte: ›Stopp, wer bist du? Wieso seid ihr hier?‹ Ich antwortete: ›Schau doch, ich evakuiere Verwundete‹, und er meinte: ›Na gut, mach es.‹«

Inzwischen haben einige der Umstehenden Tränen in den Augen, merke ich. Tatsächlich ist es berührend, wie dieser kleine, so freundlich wirkende Professor etwas schüchtern vor unserer Kamera steht und ruhig, manchmal mit einem melancholischen Lächeln, diese schrecklichen Details erzählt. Einige der Verwundeten starben noch in seinem Jeep, ehe er sie versorgen konnte.

Der russische Offizier behinderte Wsewolod nicht bei der Behandlung der Überlebenden, erklärte die Ukrainer jedoch zu Kriegsgefangenen. »Das war ein richtiger Soldat, ein guter Typ, der kannte alle Konventionen. Man hatte sie offiziell zu einer Übung geschickt, und dann wurde ihnen gesagt, dass sie als Friedenstruppen eingesetzt würden und dass Panzer sie angreifen würden. Sie wussten nichts von einem humanitären Korridor. Der Offizier sagte dann: ›Ich glaube, die wollten euch vernichten, ihr seid betrogen worden. So einen Kessel wie in Ilowajsk gab es doch noch nie, selbst nicht in Tschetschenien. Furchtbar! Ihr wart die Zielscheiben, und wir sollten euch wegputzen.‹«

Der Offizier, erzählt Wsewolod weiter, brachte sie dann zu seinem Kommandeur.

»Und der wollte von mir alles ehrlich wissen, über die Ukraine, über den Maidain. Und so habe ich ihm alles erzählt, von Mensch zu Mensch. Ohne jede Scheu. Und danach saß er da, mit gesenktem Kopf, und ich sah eine Träne in seinem Auge. Und er sagte: ›Bisher fühlte ich mich als Held, aber jetzt als ein Verbrecher.‹ Und am nächsten Tag war alles anders: Die russischen Soldaten brachten Kleidung für die Verletzten und Essen, und einige gaben sogar ihre eigenen Rationen und ihr Essbesteck. Und als wir wegfuhren, hat der Kommandeur jedem von uns die Hand geschüttelt und gesagt:

›Verzeiht mir.‹ Er war ein echter Offizier, und ich bete, dass er über-lebt.«

Es ist still geworden in der kleinen Gruppe der Angehörigen, während Wsewolod redet. Als unser Interview vorüber ist, überge-ben sie ihm und seinen Sanitätern Erste-Hilfe-Rucksäcke: eine Spende, für den nächsten Einsatz. Sie haben zehn Tage Urlaub, be-vor er beginnt.

Zwei Wochen nach der Niederlage ruft Präsident Poroschenko die Fraktionsführer der politischen Parteien zusammen und stimmt sie auf ein schmerzhaftes Zugeständnis ein: einen besonderen Status für die von Separatisten besetzten Gebiete. Poroschenko, so ein Au-genzeuge später, soll in dieser Sitzung von unverhohlenen Drohun-gen Putins berichtet haben: erneute militärische Aggression oder Zugeständnisse an die Separatisten. Mit verbitterten Mienen lau-schen die Parlamentarier dem Gesetzesvorschlag. Er gesteht den Separatisten eine eigene Volksmiliz zu, Mitsprache bei der Ernen-nung von Richtern und Staatsanwälten, eine Amnestie für bewaff-nete Kämpfer. In der Rada, dem Parlament in Kiew, willigt die Mehrheit der Abgeordneten zähneknirschend ein in das, was sie als Erpressung wahrnehmen: den fragilen Waffenstillstand im Tausch gegen die weitgehende Autonomie der Ost-Ukraine. Der Kreml-Ex-perte Stanislaw Belkowski kommentiert das in einem ARD-Inter-view so:

»Petro Poroschenko musste politische Kompromisse machen, weil er militärisch nichts ausrichten kann gegen reguläre russische Truppen, wenn die NATO – natürlich – nicht eingreifen will. Diese Erpressung mit einem großen Krieg, diese entscheidende Trumpf-karte Putins vom Anfang des Konflikts an, sie hat gestochen.«

Awdijiwka

Fast drei Jahre später, Anfang Februar 2017: Es ist ein nebliger Wintertag in der Ost-Ukraine. Unser Fahrer kommt aus der Gegend, er kennt hier jedes Schlagloch. Nachts hat es geschneit, auf der Landstraße nach Awdijiwka ist vor uns noch kein Auto gefahren, wir sehen keine Spuren im Schnee. Eine halbe Stunde vor der Stadt halten wir an und ziehen unsere Schutzkleidung an: eine dünnere Schutzweste, die nur gegen Messerstiche und Pistolenschüsse schützt, aber dafür schön leicht ist. Darüber die schwere Weste mit Keramikplatten, auf die Producer Goscha mit weißem Klebeband die großen Buchstaben »TV« geklebt hat. Dann der Helm, ein neues Modell. So gerüstet, fahren wir weiter. Nach einigen Kilometern sehen wir die ersten Anzeichen dafür, dass hier tatsächlich Krieg herrscht: frische Granateinschläge auf den Feldern neben der Straße.

Wir fahren ins Zentrum von Awdijiwka. Militärzelte, rauchende Feldküchen, Armeefahrzeuge. Etwa 200 Menschen stehen in Gruppen zusammen, andere essen eine Suppe, wieder andere verschwinden in einem der Zelte, um sich aufzuwärmen. Die Stadt ist seit über zwei Jahren umkämpft, die Front liegt nur wenige Kilometer entfernt, im Industriegebiet der Stadt. Nur einen Tag zuvor ist die Stadt mit Grad-Raketen angegriffen worden. Der Beschuss hat die Stromversorgung der Stadt lahmgelegt, darum kommen die Einwohner jetzt hierher.

Wir finden den Kommandeur der 72. Brigade, die hier kämpft. »Sie haben gezielt auf die Stadt geschossen«, meint er. »Alle wissen doch, dass wir hier keine Stellungen haben.« Ob das stimmt, können wir nicht überprüfen. Tatsächlich sehen wir nirgendwo Artillerie in der Stadt, doch einige Panzer entdecken wir, versteckt in Hinterhöfen. Sie sollen bereitstehen, um einem Angriff auf die Stadt zu begegnen, meint der Kommandeur. Seit etwa einer Woche habe sich die Situation deutlich verschärft.

Die Folgen sind nicht zu übersehen. Vor einem Haus treffen wir auf Menschen, die Ziegelsteine aufschichten. Dafür, dass ihr Haus einen Volltreffer abbekommen hat, wirken sie erstaunlich gelassen. Eine Frau zeigt uns die Überreste eines Schrapnells: ein kantiges

Stück Metall, Fragment einer Grad-Rakete. Sie heißt Olga und ist bereit, uns ihre Wohnung zu zeigen. In der Decke klafft ein riesiges Loch, Herd, Kühlschrank, Küchentisch sind durchlöchert, überall Glasscherben, Metallsplitter. Nur knapp seien sie dem Tod entkommen, berichtet sie: »Mein Mann war noch in der Arbeit, er hatte Nachtschicht, meine drei Kinder schliefen, als morgens um sieben die Rakete einschlug. Und ich bin Sekunden vor dem Treffer aus der Küche ins Wohnzimmer gegangen.« Wie durch ein Wunder sei niemand im Haus gestorben. Drei Jahre dauert dieser Krieg nun schon, über 10 000 Menschen sind umgekommen, vor allem Zivilisten, und die Überlebenden, die noch hier sind, kämpfen seitdem gegen Angst und Elend gleichzeitig. So auch die Menschen in Awdijiwka.

Zwei Jahre sind seit unserem ersten Besuch hier vergangen: Auch im Januar 2015 tragen wir Schutzkleidung, als wir durch das Eingangstor der großen Kokerei etwas außerhalb der Stadt fahren. Und zucken schnell zusammen, denn ganz in der Nähe feuert Artillerie. Kaum haben wir vor dem Verwaltungsgebäude des riesigen Werks geparkt, rollen gleich fünf ukrainische Panzer an der Kantine vorbei und durch den offenen Schlagbaum, den auch wir gerade passiert hatten. Rund um die Kokerei läuft offenbar ein Gefecht.

Musa Magomedow, der Direktor des Werks, begrüßt uns in Overall und Plastikschutzhelm. Für einen Moment komme ich mir etwas albern vor in meiner Montur mit Stahlhelm, aber er winkt ab. Es sei besser so. Über 150 Mal sei die Kokerei schon von Mörsern und Grad-Raketen getroffen worden, und im Moment gehe es, wie wir ja hören könnten, hoch her.

Fast zwei Kilometer zieht sich der gewaltige Komplex der Kokerei nach Norden, wir fahren durch breite Gassen zwischen haushohen Koks-Öfen. Weißer Qualm wabert durch die Ungetüme aus Stahl, dazu der nahe Geschützdonner – ein düsteres Szenario. Magomedow zeigt uns verschiedene Granat-Einschläge. Allein beim letzten Angriff seien 15 Raketen eingeschlagen, eine nahe der Gasleitung: »Wenn die getroffen hätte, wäre hier alles explodiert.« Die Zerstörungen durch die Angriffe sind überall zu sehen. »Wir schaffen es einfach nicht, alles zu reparieren, auch die Gleise sind noch kaputt, über die der Koks in die Stahlfabriken von Mariupol transportiert wird«, sagt Magomedow. Noch wichtiger jedoch: Seine Fabrik liefert das Koks-Gas, mit dem die Stadtheizung von Awdijiwka betrieben wird. »Wenn unsere Produktion stoppt, frieren im Winter in kurzer Zeit alle Leitungen ein, die Stadt müsste evakuiert werden.« Das Werk zu betreiben werde allerdings immer schwieriger, viele Arbeiter seien aus Angst geflohen, es fehle an Ingenieuren. Und oft müssten seine Arbeiter mit der Heimfahrt warten, bis sich die Artilleriegefechte gelegt haben – doch verlassen könne man sich auf diese Feuerpausen nicht.

Ein Vorarbeiter mischt sich ein: »Die Arbeiter, die noch hier sind, das sind wahre Helden, Patrioten. Die verstehen, das ist ihr Job, ihre Zukunft und die ihrer Kinder. Ja, alle haben Angst. Aber was sollen wir tun? Wenn die Fabrik stillsteht, stirbt die Stadt.«

Nach unserer Rundfahrt führt uns Musa Magomedow in den Keller des Verwaltungsgebäudes, der drei Etagen unter der Erde liegt. Es ist ein Atombunker aus der Zeit des Kalten Krieges. Niemand von ihnen hätte geglaubt, dass sie hier jemals wieder Schutz suchen würden. Einige Mitarbeiter übernachten hier, Musas Sekretärinnen haben ihr Büro dauerhaft in den Bunker verlegt.

»Weil man ja leben will, hier kann doch jeden Moment etwas einschlagen. Ich habe Kinder zu Hause, nur deshalb schlafe ich noch in der Stadt«, sagt Tatjana, eine der Sekretärinnen.

»Ist das nicht eine schwer erträgliche Situation?«

»Natürlich, die Kinder haben Angst und weinen ständig, und auch die Großeltern fürchten sich. Und was wird werden, wenn ich eines Tages nicht zurückkomme?«

An den Wänden des Bunkers hängen noch große Plakate mit Erste-Hilfe-Anleitungen aus Zeiten der Sowjetunion. Sie haben auf einmal wieder einen Sinn bekommen. Direktor Musa schläft inzwischen jede Nacht im Bunker, seine Familie hat er in einer anderen Stadt in Sicherheit gebracht. Damit er auch nachts sofort weiß, wohin er nach einem Raketentreffer seine Reparaturtrupps schicken muss, hat er an der Wand über seinem Bett einen Plan der gesamten Kokerei aufgehängt.

Als wir aufbrechen wollen, empfiehlt uns Musa, noch zu warten, bis das Gefecht an Intensität abnimmt. Und so sitzen wir im Bunker, trinken Kaffee mit den Sekretärinnen und fürchten uns vor der Rückfahrt. Zu Recht. Kaum sind wir wieder auf der Landstraße vor der Kokerei, sehen wir 300 Meter entfernt von uns fünf ukrainische Panzer, die unablässig in südliche Richtung feuern. Wenige Kilometer später kommt mit hoher Geschwindigkeit ein Schützenpanzer über das verschneite Feld auf uns zu und überquert dann unmittelbar vor uns die Straße. Es sind aufgeregte Szenen, auf die wir uns keinen Reim machen können. Am Abend erfahren wir von Musa am Telefon: Eine Stunde nachdem wir das Werksgelände verlassen haben, zerstörten Raketen die Stromversorgung der Kokerei.

Awdijiwka: zwei Besuche, zwei Tage voller Nervosität, zweimal Erleichterung, als wir abends das Gebiet wieder verlassen. Wie muss es sich anfühlen, hier seit Jahren Tag für Tag Angst zu haben vor neuem Beschuss, davor, dass die ohnehin marode Infrastruktur der Stadt weiter zerfällt, dass weitere Freunde und Bekannte fliehen, ohne jede Hoffnung auf ein Ende? Über 13 000 Menschen sind inzwischen in der Ost-Ukraine gestorben. Seit dem Sommer 2014 schon haben sie hier kein normales Leben mehr.

Kapitel 10
Propaganda:
Die schärfste Waffe des Kreml

Nur vier Tage nach der Flucht aus Ilowajsk zeigt die ARD in der Sendung »Weltspiegel Extra« unsere 15-minütige Zusammenfassung der Ereignisse. Kurz darauf werden wir, wie erwartet, mit wütenden Reaktionen konfrontiert. Spätestens seit den Maidan-Protesten haben sich mehrere Gruppen in Deutschland darauf spezialisiert, Moskau-kritische Beiträge mit Programmbeschwerden zu überziehen.

Eine solche Programmbeschwerde ist eine ernste Sache: Sie soll Zuschauern, Politikern, Unternehmen oder Organisationen Gelegenheit geben, sich gegen eine unkorrekte Berichterstattung zu wehren. Bearbeitet wird sie von Justiziariat und Intendanz des betroffenen Senders, entscheiden muss der Rundfunkrat, ein Aufsichtsgremium, in dem alle relevanten gesellschaftlichen Gruppen vertreten sind. Gibt der Rundfunkrat der Beschwerde nach, drohen den Autoren und Redakteuren des beanstandeten Berichts ernste Konsequenzen, eine Rüge oder eine Abmahnung sind möglich, im Wiederholungsfall eine Kündigung.

Ursprünglich gedacht als Mechanismus bei schweren Verstößen gegen die Programmrichtlinien und entsprechend selten genutzt, rollt jetzt, 2014, eine regelrechte Lawine solcher Beschwerden durch die Justiziariate der Sender.

Zeitweise arbeite ich mehr an der Rechtfertigung meiner Filmtexte als an neuen Beiträgen. Ganz offensichtlich erhoffen sich die Urheber einen nachhaltigen Einschüchterungseffekt. Das Strickmuster der Beschwerdeführer ist dabei immer gleich: Fakten zu Moskaus Vorgehen auf der Krim oder in der Ost-Ukraine wird widersprochen, unsere Berichte werden als »russlandfeindliche Propaganda« gebrandmarkt.

Auch unsere Darstellung der Situation am 29. August 2014 vor Ilowajsk sei falsch, heißt es schnell. In Wahrheit hätten die Eingeschlossenen schon vor ihrer Abfahrt aus Ilowajsk gewusst, dass sie als Bedingung alle Waffen zurücklassen müssen. Was wir gefilmt hätten, sei in Wahrheit ein bewaffneter Durchbruchsversuch der Ukrainer gewesen. Doch warum verließ die Kolonne dann die schützende Stadt? Warum stand sie am verabredeten Ort zwei Stunden lang wehrlos auf offenem Feld, statt einen überraschenden Ausfall woanders zu versuchen?

Vor allem Hinweise auf reguläre russische Truppen in der Ost-Ukraine scheinen bei unseren Kritikern einen Nerv zu treffen. Denn der Kreml leugnet bis zur Stunde die Existenz russischer Soldaten in der Region. Aus heutiger Sicht, fast fünf Jahre später, wirken diese Dementis lächerlich, so dicht ist inzwischen das Netz aus Indizien und Beweisen. Doch selbst im Sommer 2014 gibt es genügend Anhaltspunkte:

So lässt die Nachrichtenagentur *Reuters* Panzerwracks nach der Schlacht von Ilowajsk von verschiedenen Experten analysieren. Die erkennen Modelle, die von der ukrainischen Armee nicht genutzt werden und daher auch nicht von Separatisten hätten erobert werden können.[1]

Die ukrainische Regierung veröffentlicht Videos gefangener russischer Fallschirmjäger, die zugeben, von der 98. Division in Iwanowo, Zentralrussland, zu stammen. Und der NATO-Oberbefehlshaber Philip Breedlove sagt im November 2014 in Sofia: »Wir haben Kolonnen mit russischer Ausrüstung, vor allem russischen Panzern, russischer Artillerie, russischen Luftabwehrsystemen, und russische Gefechtstruppen auf dem Weg in die Ukraine gesehen.«[2] Die OSZE meldet 2014 ebenfalls große militärische Konvois auf dem Weg etwa nach Donezk, ohne ausdrücklich von »russischen« Konvois zu sprechen. Doch man ahnt, dass sie keine chinesischen meint. Die »Human Rights Monitoring Mission« (HRMMU), die im Auftrag der Vereinten Nationen die Lage in der Ost-Ukraine überwacht, macht hingegen eindeutig Bewaffnete aus Russland für den Anstieg ziviler Verluste verantwortlich. Der Konflikt werde angeheizt durch »das Hereinströmen ausländischer Kämpfer und Waffen aus der

Russischen Föderation, eingeschlossen ehemalige oder ›im Urlaub befindliche‹ reguläre Soldaten«.[3]

Im Februar 2015 wird auch die EU deutlich: Sie hatte bisher die Existenz russischer Truppen in der Ukraine nicht offen benannt. Jetzt aber setzt sie offiziell den stellvertretenden russischen Verteidigungsminister Anatoli Antonow auf die Sanktionsliste. Er sei beteiligt an »der Entsendung russischer Truppen in die Ukraine«. Ebenfalls auf die Liste kommt Andrei Kartapolow, ein ranghoher Kommandeur. Er sei daran beteiligt, »die Militäraktion russischer Truppen in der Ukraine zu organisieren und zu optimieren«.[4]

Der Historiker und Ostexperte Timothy Snyder nennt mehrere reguläre russische Einheiten, die in den Ukrainekrieg geschickt wurden, und konkrete Beispiele dort gefallener Soldaten.[5] Und Rechercheure des investigativen Netzwerks *Bellingcat* veröffentlichen zahllose entlarvende Postings russischer Soldaten in sozialen Netzwerken: Gruppenbilder mit Kameraden zunächst am Heimatstützpunkt, später mitsamt Ausrüstung in der Ukraine.

Im März 2015 schließlich geht das Foto eines jungen Mannes durch die Medien. Der zwanzigjährige Dorschi Batomunkujew hat asiatische Gesichtszüge, soweit das überhaupt noch zu erkennen ist: Mit schweren Verbrennungen an Händen und im Gesicht blickt der Panzerfahrer aus einem burjatischen Dorf an der chinesischen Grenze in die Kamera. Er ist beim Kampf um das ukrainische Debalzewe schwer verletzt worden. Ein russischer Patriot: »Ich bereue nichts«, sagt er.

Seine Mutter erzählt der lokalen Wochenzeitung, was geschehen ist: Ihr Sohn sei von den Kommandeuren seiner Einheit in Ulan Ude in den 5000 Kilometer entfernten Donbas beordert worden, wo er an der Seite der Separatisten kämpfte. Der Artikel stellt ein Foto des jungen, gesunden Dorschi vor dem Einsatz neben ein Bild, das ihn mit seinem entstellten Gesicht danach zeigt. Doch der Artikel wird nie erscheinen. Nach einem Anruf des Inlandsgeheimdienstes beim Chefredakteur der Zeitung müssen dessen Mitarbeiter die Seite 16 aus der bereits gedruckten Zeitung schneiden.

Solche Episoden sind kein Einzelfall. Das Kampfgeschehen in der Ost-Ukraine entfesselt einen beinahe ebenso gnadenlos geführten medialen Krieg. Auch in Deutschland wird er mit harten Bandagen geführt. Anfang 2015 höre ich durch Zufall, wie eine Moderatorin des »ARD-Morgenmagazins« Iwan Rodjonow interviewt. Rodjonow ist gern gesehener Gast in deutschen Talkshows. Er leitet »Ruptly«, eine international tätige TV-Agentur, Tochterfirma des staatlichen russischen Senders RT. Rodjonow kontert nun den Vorwurf der Moderatorin, in der Ukraine kämpften auch reguläre russische Truppen, mit einem überraschenden Zitat ausgerechnet des ukrainischen Generalstabschefs Wiktor Muschenko. Der, so Rodjonow, habe doch selbst gesagt, sein Militär habe keine Anzeichen für die Existenz russischer Truppen in der Ukraine!

Die Moderatorin nimmt es hin, wie will sie das Zitat auch überprüfen? Wir lassen später in der Ukraine recherchieren, was dieser ranghöchste Militär in Kiew tatsächlich gesagt hat. Und stoßen auf ein typisches Beispiel aus dem Lehrbuch der Desinformation: Tatsächlich hat Muschenko darauf hingewiesen, dass seine ukrainischen Truppen nicht gegen komplette russische Einheiten kämpfen, als solche erkennbar, sondern nur gegen russische Soldaten, die Teil separatistischer Kampfgruppen seien. Wörtlich sagte er: »Zur Teilnahme russischer Soldaten: Wir haben heute dokumentierte Beweise, Dokumente, die die Beteiligung von Soldaten der russischen Streitkräfte in diesem Konflikt aufseiten der Separatisten zeigen.«[6] Es gehört schon eine Portion Chuzpe dazu, Muschenko als Kronzeugen gegen die Existenz russischer Soldaten im Donbas anzuführen.

Im Dunkeln bleiben sollen auch die Zahlen russischer Soldaten, die im Donbas fielen. »Cargo 200« heißen Leichentransporte des russischen Militärs. Da es offiziell in der Ukraine gar keine regulären russischen Soldaten gibt, müssen die Gefallenen diskret zurück über die Grenze geschafft und beerdigt werden.

Der russische Oppositionspolitiker Lew Schlossberg schreibt schon im August 2014 über zwei gefallene Soldaten der 76. Gardedivision der russischen Luftlandetruppen in Pskow. Der Herausgeber der Zeitung *Pskowskaja Gubernija* zitiert in seinem Artikel den Vater eines Gefallenen, der einräumt, sein Sohn sei bei den Kämpfen um Luhansk in der Ost-Ukraine gestorben. Vier Tage nach der

Veröffentlichung wird Schlossberg von Unbekannten brutal zusammengeschlagen, er erleidet ein Schädel-Hirn-Trauma.

Noch im gleichen Jahr macht sich die Journalistin Irina Tumakowa von der *Nowaja Gaseta* auf die Suche nach den frischen Gräbern der beiden Fallschirmjäger aus Pskow. Auf dem Friedhof entdeckt sie zahlreiche namenlose Gräber und sieht Uniformierte, die Schilder mit Namen und Daten sowie Schleifen mit Kondolenzbekundungen der Luftlandetruppen einsammeln. Als die Reporterin vier Jahre später, 2018, noch einmal nach Pskow fährt, sind die namenlosen Sandhügel verschwunden. Stattdessen findet sie aufwendige Grabstätten mit teuren Granitsteinen und ausführlichen Gravuren, mutmaßlich bezahlt vom Verteidigungsministerium. Das Todesdatum der Soldaten: 20. August 2014. In ihrem Artikel fragt die Journalistin der *Nowaja Gaseta*: »An welchen Kampfhandlungen, wenn nicht im Donbas, hätten diese Jungen beteiligt sein können?«[7] Zunächst anonym verscharrt und jetzt mit teuren Grabsteinen geehrt – Soldatenehre scheint inzwischen wichtiger als ein absurdes Versteckspiel, an das ohnehin niemand mehr glaubt.

Informationskrieger

Im russischen Fernsehen nehmen 2014 die Berichte über den Ukrainekrieg einen Großteil der Nachrichten ein: Bis zu 60 Prozent einer Sendung können die Reportagen und Analysen aus dem Nachbarland ausmachen. Es sind meist Gräuelgeschichten von ukrainischen Neonazis und Faschisten, die unschuldige Bewohner des Donbas umbringen. Der Krieg wird zu einer patriotischen Nagelprobe stilisiert: Wer ihn hinterfragt, ablehnt oder gar kritisiert, wird schnell zum Vaterlandsverräter oder Faschistenfreund gestempelt, immer häufiger taucht der Terminus »fünfte Kolonne« jetzt auf.

Wir interviewen die russische Korrespondentin einer internationalen Nachrichtenagentur, die mehrere Monate im Kriegsgebiet arbeitete. Weil wir ihr Anonymität zusichern, spricht sie offen: »Sie [die russischen Journalisten, Anm.] werden nicht wirklich gezwungen, Dinge zu sagen, die sie nicht sagen wollen. Sie glauben an diese Dinge. Man kann nicht bewusst und ständig lügen. Und ihre Wahrheit lautet: Amerika versucht, die Ukraine zu übernehmen, um Russland in den Griff zu bekommen. Russische Journalisten sehen Ukrainer daher als persönliche Feinde an. Einmal fanden sie Leichen getöteter Soldaten. Und der Korrespondent sagte in seinem Bericht, dies seien Leichen schwangerer Frauen, denen die Köpfe abgeschnitten wurden. Obwohl er genau gesehen hat, dass die Toten keine Frauen waren.«

Eine besonders spektakuläre Story zeigt der meistgesehene russische Sender »Erster Kanal« im Juli 2014, nachdem Kiews Truppen Slawjansk zurückerobert haben. Eine Frau, angeblich aus der umkämpften Stadt geflüchtet, berichtet von der Kreuzigung eines dreijährigen Jungen durch ukrainische Truppen. Erst ein halbes Jahr später räumt eine Moderatorin des Senders ein, man habe keinerlei Belege für diese schaurige Geschichte, es könne sich um Fantasie gehandelt haben. Sie ergänzt aber sofort, die ukrainische Armee begehe viele andere vergleichbare Gräueltaten.

Fiktive Augenzeugen sind kein Tabu. Unter dem Namen Maria Tsipko trat eine Frau gleich viermal im russischen Fernsehen auf: Als Spendensammlerin in einem pro-russischen Camp in Odessa, als beherzte Bürgerin in Charkow, als Stimmenauszählerin beim Referendum in Luhansk und dann als verzweifelte Asylsuchende in Moskau, wo sie die Zustände in der Ukraine anprangerte. Manchmal geraten die Rollenspiele allerdings außer Kontrolle: Ein gewisser Andrei Petkow tritt am selben Tag in zwei russischen Kanälen auf: einmal als zusammengeschlagenes Opfer ukrainischer Nationalisten und einmal als westlicher Spion, der auf dem Maidan die Ultranationalisten mit einer halben Million Euro unterstützt haben will. Einer der beiden Sender entschuldigt die peinliche Affäre mit dem Verweis, der Mann sei geisteskrank.[8] Damit ist die Sache erledigt.

Die Berichterstattung der russischen Sender tut ihre Wirkung. Umfragen zeigen, dass sich 94 Prozent der russischen Bevölkerung mithilfe des Fernsehens ein Urteil über die Vorgänge in der Ost-Ukraine machen und sich 70 Prozent objektiv informiert fühlen –

ein grandioser Propagandaerfolg. Seit Dezember 2013 ist die effiziente Organisation der Staatsmedien per Erlass Chefsache. Inzwischen sind Putins Propagandatruppen hervorragend aufgestellt.

Die »Agentur zur Analyse des Internets« in Sankt Petersburg ist in Wahrheit eine Troll-Fabrik mit bis zu 600 Mitarbeitern. Unter der Aufsicht von Jewgeni Prigoschin – auch bekannt als »Putins Koch«, weil er unter anderem das einzige private Restaurant im Moskauer Parlamentsgebäude führt – fluten die für örtliche Verhältnisse gut bezahlten Auftragsschreiber soziale Netzwerke in Russland und dem westlichen Ausland mit tendenziösen Beiträgen und Desinformationen. Ihr Ziel: Die ukrainischen Truppen, die Freiwilligenverbände, aber auch die Bevölkerung ganz allgemein als kriegslüstern und brutal darzustellen.

Ich erinnere mich an das Foto eines ernst blickenden jungen ukrainischen Mädchens mit einem selbst gemalten Plakat: »I want war« – »Ich will Krieg«, ist darauf zu lesen. Das Posting ist überschrieben mit »Kinder des Hasses«. Kurze Zeit später taucht das Originalfoto auf. Da steht auf dem Plakat »Ich will keinen Krieg«. Es ist nur ein Beispiel von vielen, die bereits im August 2014 von der Initiative »StopFake« zusammengestellt werden.[9]

Die Petersburger Troll-Fabrik legt Accounts in sozialen Netzwerken an, die vorgeben, ihre Nutzer stammten aus dem Westen. Interne Dokumente und E-Mails, die von anonymen Informanten ins Internet gestellt wurden, enthüllen schon 2014 das systematische Vorgehen der Trolle, die die Kommentarspalten großer Nachrichtenportale, Fernsehsender, Zeitungen und Zeitschriften manipulieren, gezielt auch im nicht-russischsprachigen Raum.[10]

Mir fällt bald auf, dass die ersten empörten Zuschauerkommentare bereits im Internet erscheinen, bevor meine Moskau-kritischen Berichte überhaupt vollständig gezeigt wurden. Und Christian Neef, Korrespondent des *Spiegel* in Moskau, beobachtet, so wie ich, wie wirksam der – vermutlich gewollte – Einschüchterungseffekt dieser Flut wütender Kritik auf die Heimatredaktionen ist: »[Die Kritik] führt nicht nur bei den schreibenden Journalisten zu wachsender Verunsicherung, sondern bei leitenden Redakteuren auch zu beginnender Selbstzensur. Es kann nicht sein, dass deutsche Medien un-

ter dem Druck von Hassbloggern oder gesteuerten Propaganda-
kampagnen ihre Korrespondenten dazu anhalten, künftig anders
über Russland oder die Ukraine zu berichten.«[11]

Genau das aber passiert. Immer habe ich in langen Briefwechseln
mit Redakteuren diskutiert, warum die Annexion der Krim tatsächlich eine Annexion ist und der Krieg in der Ost-Ukraine tatsächlich
ein Krieg. Und auch von anderen Kollegen höre ich: Themenange-
bote aus der Ukraine werden anders abgewogen im ständigen Aus-
tarieren der Nachrichtenprioritäten. Sie unterliegen jetzt schneller
im Konkurrenzkampf mit anderen Themen.

Kampf gegen die Wahrheit

So massiv der Kreml seine eigene Sicht im Ausland verbreitet, so
sorgfältig unterdrückt er kritische Gegenstimmen im eigenen Land.
In einem Appell von »Reporter ohne Grenzen« an den russischen
Präsidenten schreibt die Organisation: »In Russland haben die Behörden 2017 der Menschenrechtsorganisation Agora zufolge jeden
Tag durchschnittlich 244 Webseiten blockiert. Mehr als 400 Inter-
netnutzer wurden strafrechtlich verfolgt, Dutzende zu Haftstrafen
verurteilt.«[12]

Es reichen schon wenige Ukraine-freundliche Kommentare in
sozialen Netzwerken, um ihre Verfasser hinter Gitter zu bringen.
»Extremismus« ist der Oberbegriff, unter dem sich jede Kritik an
der Politik des Kreml subsumieren und abstrafen lässt. Das ist natürlich Unfug und politische Kritik kein Vaterlandsverrat. Es sei
denn im Krieg, wenn es ums Überleben der Nation geht, um blin-
den Gehorsam im Kampf gegen einen gefährlichen, übermächtigen
Feind. Genau dieses künstlich aufgeheizte patriotische Klima wird
erzeugt: die belagerte Festung Russland im Visier des immer aggressiver werdenden Westens. Ein Narrativ, das weit zurückreicht.

Im April 2005 bezeichnete Wladimir Putin den Zusammenbruch
der Sowjetunion als die größte geopolitische Katastrophe des 20.
Jahrhunderts. Nicht den Ersten Weltkrieg mit 17 Millionen Toten,

nicht den Zweiten Weltkrieg mit bis zu 70 Millionen Toten. Nein, die überraschend friedlich verlaufene Auflösung des Imperiums Sowjetunion, aus deren Konkursmasse sich zahlreiche kleine Nachbarstaaten herauslösten. Viele im Westen reagierten ungläubig auf Putins Einordnung, aber nicht wirklich beunruhigt. Ein unfreiwilliger Einblick in die Phantomschmerzen eines KGB-Spions, glaubten viele, der der verlorenen Größe des Imperiums nachtrauert und damit der Macht der Geheimdienste, seines ehemaligen Arbeitgebers.

Doch spätestens mit der Annexion der Krim und dem blutigen Krieg in der Ost-Ukraine hallen Putins Worte in bedrohlicher Weise nach. Als Russland im November 2018 in der Meerenge von Kertsch ukrainische Patrouillenboote beschießt und aufbringt, diskutieren Experten, Politiker und Journalisten die Wahrscheinlichkeit, mit der Wladimir Putin einen Landkorridor zur Krim durch die Ukraine schaffen will – mit militärischer Gewalt. Plant er tatsächlich, als »Sammler russischer Erde« in die Geschichtsbücher einzugehen, wie manche argwöhnen, als der Mann, der Gorbatschows historischen Fehler korrigiert? Nichts scheint mehr ausgeschlossen.

Andere frühere Äußerungen Putins werden aus den Archiven herausgesucht. 1994. Eine Tagung der Körber-Stiftung in Sankt Petersburg. Der 41-jährige Putin ist Vizebürgermeister der Stadt. Vor Diplomaten, Politikern, Historikern und Journalisten erinnert er an das Schicksal der 25 Millionen Russen, die sich nach dem Ende der Sowjetunion plötzlich im Ausland wiederfanden. Er spricht emotional: »Russland kann es sich einfach nicht leisten, allein schon im Interesse der Sicherheit in Europa, dass diese Menschen willkürlich ihrem Schicksal überlassen bleiben. (…) Ich denke dabei nicht nur an die Krim oder an Nordkasachstan, sondern beispielsweise auch an das Kaliningrader Gebiet.«

Diese Sätze fallen genau zwanzig Jahre bevor Krim- und Donbas-Bewohner tatsächlich gewaltsam aus einem souveränen Nachbarstaat herausgelöst werden. Vorgeblich, um sie zu schützen vor erwarteten Gräueltaten ukrainischer Nationalisten. Damit hat Moskau eine Grenze überschritten: Ein »business as usual« mit dem Westen wird es so schnell nicht mehr geben. Das spüren auch die russischen Bürger im Jahr 2014. Was der Westen als groben Regelverstoß geißelt, verlangt nun erst recht nach einer positiven Begründung. Aus der Eroberung muss eine Rettung werden, ein kulturelles Gegenmodell wird noch zwingender. Ein hehres, ehrenvolles, patriotisches, opferbereites. Um es in den Köpfen und Herzen der Menschen zu verankern, braucht es einen kulturellen Kraftakt: Medien, Internet, Kino, Theater, Wissenschaft – sie alle sollen Teil einer patriotischen Offensive in Russland werden, die an viele Traditionen der Sowjetunion anknüpft. Und an Mythen, auch wenn sie mit der historischen Wirklichkeit nichts zu tun haben.

Fiktion wird Historie

November 1941, einhundert Kilometer vor Moskau: Alarm, die Deutschen greifen an! 28 junge Soldaten der Panfilow-Brigade raffen ihre Sachen zusammen, die Handgranaten, Maschinengewehre, stürmen durch den Schnee in ihre Schützengräben. So kurz vor Moskau müssen sie den Feind um jeden Preis stoppen. Eine Heldengeschichte beginnt. Nur mit Handgranaten und Molotow-Cocktails zerstören die Panfilowzi 18 deutsche Panzer und töten siebzig Wehrmachtssoldaten, bevor sie selbst den Märtyrertod sterben.

Der Film »28 Panfilowzew«, der im November 2016 in die russischen Kinos kommt, ist ein Kassenschlager und spielt das Doppelte seiner Produktionskosten ein. Dabei ist schon bei der Premiere klar: Die historische Episode, die fast jeder Russe kennt, gab es gar nicht.

Grundlage für die Heldengeschichte und den Film ist ein Beitrag in der Armeezeitung *Roter Stern*. Ein Reporter hatte sich an der Front vom Politoffizier der Panfilow-Division die heldenhafte Geschichte berichten lassen. Sein Artikel passte in die Zeit: Stalin hatte den Befehl »Sieg oder Tod« ausgegeben. Kein Soldat der Roten Armee durfte sich dem Feind ergeben. Unter keinen Umständen. Und so dichtete der Militärjournalist das nötige patriotische Beiwerk gleich mit: etwa mit erfundenen letzten Worten des letzten überlebenden Panfilow-Soldaten, kurz bevor der ebenfalls unbeirrt in den Heldentod ging.

Das Land war gerührt. Die 28 Soldaten bekamen den Titel »Helden der Sowjetunion«. Generationen russischer Schulkinder lauschten der heroischen Geschichte, überall wurden den 28 Helden Denkmäler errichtet, bis zu zwölf Meter hoch, Plätze, Straßen und Parks nach ihnen benannt.

Die ersten Kratzer bekam der Mythos schon im Mai 1942, als der erste der 28 Märtyrer plötzlich lebend wieder auftauchte. Er wurde vom NKWD in ein Strafbataillon geschickt, sein Name auf der Heldenliste durch den eines anderen Soldaten ausgetauscht. Im November 1947 wurde der zweite Überlebende verhaftet. Er verschwand 15 Jahre in einem Straflager. Nur ein Jahr später untersuchte der militärische Oberstaatsanwalt der UdSSR, Nikolai Afanasjew, die Geschichte der Panfilowzi. Er befragte den Reporter des *Roten Stern* und andere Zeugen und kam zu einem eindeutigen Ergebnis: alles frei erfunden, reine Fantasie.

Der Bericht allerdings blieb unter Verschluss. Die ganze bittere Wahrheit verkündete erst der langjährige Direktor des Russischen Historischen Archivs, Sergei Mironenko. Er stellte 2015 die entsprechenden Dokumente ins Internet. Sie legen ein klassisches Beispiel von Sowjet-Propaganda offen. Doch da ist der Kinofilm bereits im letzten Stadium seiner Fertigstellung.

Wladimir Putin hatte öffentlich gefordert, Geschichtsfälschung energischer zu bekämpfen. Schulen müssen eine standardisierte Darstellung des Zweiten Weltkriegs lehren. Ein staatlicher Geschichtskanal im Fernsehen vergoldet den Blick auf die russische Vergangenheit. Und jetzt ist auf einmal ein wichtiger Sowjet-Mythos enttarnt. Was tun? Der Kulturminister gibt die Richtung vor: »Selbst wenn die Geschichte von Anfang bis Ende erfunden wäre, wenn es keinen Panfilow gegeben hätte, nichts von allem, so ist das doch eine heilige Legende, die man nicht zerstören darf. Leute, die das tun, sind schmutziger Abschaum.« Die staatlich orchestrierte Geschichtsschreibung müsse nicht unbedingt von historischen Fakten unterlegt sein, so Wladimir Medinski. Derart von offizieller Seite ermutigt, reagiert auch der Regisseur des teuren russischen

Kriegsfilms auf die historischen Enthüllungen empört: »Diese Demaskierung und Entzauberung der Heldentaten ist sinnlos und unmoralisch.«

Sergei Mironenko wird folgerichtig als Leiter des staatlichen historischen Archivs entlassen, der Film kommt unverändert in die Kinos. Der Blockbuster über einen längst als Fälschung enttarnten Mythos ist für den Kreml offenbar kein Problem. Immerhin ein Drittel der Produktionskosten stammt aus staatlichen Mitteln. Beim Treffen der Nationalen Historischen Versammlung sagt ein führender Militär-Historiker: »Da gab es diese 28 Helden, reale Menschen. Unser wichtigstes Ziel ist es doch, dies in einer guten Sprache, basierend auf existierenden Dokumenten, zu vermitteln.«

Allerdings: Noch klingt nicht jeder Historiker in Russland wie ein Dramaturg: In einem kleinen Kulturzentrum im Herzen Moskaus treffen wir Jewgeni Ponasjenkow. Der streitlustige Buchautor tritt in russischen Talkshows wortgewandt der Überzahl lautstarker Patrioten gegenüber. Auch sein Buch über den Napoleon-Krieg, das ebenfalls mit vielen lieb gewordenen Mythen über russische Tapferkeit und Kriegskunst aufräumt, macht ihm wenige Freunde im aufgeheizten Diskurs.

Was denkt Ponasjenkow, wenn Menschen wie er vom Kulturminister als »schmutziger Abschaum« bezeichnet werden, weil sie die »heilige Legende« der 28 Panfilowzi infrage stellen?

»Wenn der Kulturmister sagt: ›Ja, wir kennen dank der Archivdokumente die Wahrheit, werden aber trotzdem weiter lügen‹, wenn dreißig Millionen in einen Film über eine Lüge investiert werden, also Reklame für die Schande machen – dann ist das im 21. Jahrhundert absolut unmöglich! Einzelne Gruppen treiben unser Land in Richtung Faschismus. Sie schaffen ein künstliches Feindbild, schüren künstliche Aggressionen in der Gesellschaft. Denn nur so können sie sich an der Macht halten.«

Kriegerische Mythen statt historischer Fakten – ein weiteres Anzeichen für den neuen Trend sind schnell wachsende Zustimmungswerte für Stalin und immer neue Stalin-Denkmäler. Stalins Sieg über die Faschisten überlagert seine Gräueltaten. Auch Iwan der Schreckliche erhält ein neues Denkmal. »Er machte Russland stark«, lauten die Kommentare. Damit die wissenschaftliche Diskussion über historische Zusammenhänge auch in den richtigen Bahnen verläuft, hat das russische Parlament schon 2014 ein umstrittenes Gesetz gegen die Verharmlosung des Nationalsozialismus verabschiedet. Und schnell wird klar, was das bedeutet: Der Blogger Wladimir Lusgin aus Perm wird zu einer für Russland hohen Geldstrafe von umgerechnet 3200 Euro verurteilt, weil er in »VKontakte«, dem russischen Facebook, einen Artikel zum Hitler-Stalin-Pakt weitergab. Im Urteil wird Lusgin Geschichtsfälschung vorgeworfen, weil der Artikel angeblich wahrheitswidrig behauptet, »dass die Kommunisten und Deutschland gemeinsam Polen angriffen und damit den Zweiten Weltkrieg auslösten oder, in anderen Worten, dass Kommunismus und Nazismus aufrichtig zusammenarbeiteten«.

Was der Blogger postete, entspricht der bisherigen Geschichtsschreibung – nicht aber dem neuen Geschichtsverständnis des Präsidenten. Früher hatte Putin den Hitler-Stalin-Pakt, den die Staaten Osteuropas bis heute als Auftakt einer totalitären Schreckensherrschaft sehen, ebenfalls als unmoralisch kritisiert. Doch 2015, auf einer Pressekonferenz zum 70. Jahrestag des Kriegsendes, macht er eine Kehrtwende und rechtfertigt ihn. Neue Zeiten.

Sein loyaler Kulturminister Medinski nennt Originalfotos, die Soldaten der Wehrmacht und der Roten Armee bei einer gemeinsamen Militärparade im eroberten Polen zeigen, wiederholt eine Fälschung. Da hat Blogger Lusgin aus Perm keine Chance: Der Oberste Gerichtshof bestätigt das Urteil gegen ihn. Bald darauf werden Bücher zweier renommierter britischer Historiker aus öffentlichen Bibliotheken des Gebiets Swerdlowsk entfernt.[13]

Der neue Trend macht seriöse Wissenschaftler nachdenklich. Auch den Leiter des Meinungsforschungsinstituts Levada, Lew Gudkow. Sein Institut ist wie viele andere Organisationen als »Ausländischer Agent« gebrandmarkt worden. In seinem schlichten Büro nicht weit vom Kreml sagt Gudkow: »Wissenschaftliche Erkenntnisse werden durch heroische Mythen ersetzt. Das ist ein Rückfall in totalitäre Ideologie oder, wenn Sie wollen, in die sowjetische Ideologie. Der Einzelne, das Individuum, ist demnach unbedeutend, wertlos, von Bedeutung ist nur die Größe des Staates.«

»Und wie stark und nachhaltig wirkt die neue Propaganda? Bis zu welchem Grad ist die Bevölkerung denn inzwischen tatsächlich bereit für einen Krieg?«

»Die Propaganda wirkt sehr intensiv. Die Leute sind stolz und überzeugt, dass die russische Armee eine der stärksten ist. All diese Gesten Putins, die Politik der Erpressung, diese publikumswirksame Gewalt, die Drohungen – das gefällt den Leuten tatsächlich. Es führt zu Stolz und Selbstbewusstsein. Als Soziologe kann ich sagen, dass die kollektiven Traumata nach dem Zusammenbruch der Sowjetunion unterschätzt worden sind. Das Gefühl, einer Großmacht anzugehören, diese kollektive Identität kompensiert die ganze Armut.«

Eine zentrale Figur in diesem neuen Kulturkampf ist Wladimir Medinski. Putin machte ihn gleich nach seiner Wiederwahl 2012 zum Kulturminister. Es war die Zeit der Massenproteste in Moskau – und ihrer Niederschlagung. Gesucht war ein loyaler Zensor. Die russische Kulturszene musste in die richtige, also patriotische Richtung gesteuert werden. Medinski erwidert die Wertschätzung: Putin sei ein »absolutes Genie der modernen Realpolitik«.

Medinski, Jahrgang 1970, Karrierepolitiker, hat einen Doktortitel in Geschichtswissenschaften und einen Lehrauftrag des Instituts für internationale Beziehungen, MGIMO. Allerdings empfiehlt ein akademischer Sachverständigenrat, ihm den Doktortitel für Geschichte abzuerkennen. Medinskis Hinweis, seine Arbeit sei doch im Interesse Russlands, weisen Wissenschaftler zurück: Patriotische Rhetorik entschuldige keine Inkompetenz.

Den Film »28 Panfilowzew« schauen sich Putin und Medinski demonstrativ gemeinsam in Putins Privatkino an. Andere Filme haben es schwerer. Etwa die schwarze Komödie »Stalins Tod« des schottischen Regisseurs Armando Iannucci. Die Entscheidung fällt nur zwei Tage vor dem russlandweit angekündigten Filmstart: Rückzug der Verleiherlaubnis. Der Film enthalte »in Russland verbotene Informationen«. Beißender Spott über die Paralyse im Kreml, im Zentrum der Macht, nachdem der große Führer starb – darf in Putins Russland über so etwas nicht mehr gelacht werden? Medinski begründet das Verbot so: »Viele Menschen der älteren

Generation, und nicht nur sie, empfinden den Film als beleidigende Verspottung der gesamten sowjetischen Vergangenheit, des Landes, das den Faschismus besiegt hat, der sowjetischen Armee und der einfachen Leute und sogar – was noch schlimmer ist – der Opfer des Stalinismus.«[14]

Auch der Leiter der Russischen Militärhistorischen Gesellschaft, Wladislaw Kononow, begrüßt die Zensur, »weil dies eine abscheuliche Parodie auf die ganze Zivilisation Russlands ist«. In den russischen Medien wird das Verbot des Films dagegen kontrovers diskutiert, unabhängige Internet-Portale reagieren teils scharf. Für den russischen Filmkritiker Anton Dolin ist das Verbot ein trauriges Eingeständnis: »Dieser Logik zufolge muss in Deutschland Charlie Chaplins ›Der große Diktator‹ verboten werden. Er war auch verboten, solange Hitler am Leben war, aber nach Kriegsende wurde er gezeigt, und es wurde gelacht wie in allen anderen Ländern auch. Was ist hier also los?«[15]

Tatsächlich macht Kulturminister Wladimir Medinski keinen Hehl aus seiner Mission: Beim Treffen der Schanghai-Gruppe, umgeben von Kulturministern ähnlich straff gelenkter Staaten, verspricht er ein Gegenmodell zu den amerikanischen Blockbustern: »Eine Alternative zu der Massenkultur, die jetzt in jede Ecke unseres Lebens eindringt und die wir bildhaft die ›McDonald's-Kultur‹ nennen können.«

Wie er seinen Kulturbegriff versteht, offenbart er auch im Herbst 2017, als im Zentrum Moskaus ein Bronzedenkmal für den sowjetischen Waffenkonstrukteur Kalaschnikow und seine berühmteste Kreation eingeweiht wird: das Sturmgewehr AK-47. Viele Moskauer sind über das Monument entsetzt. Nicht aber Medinski. Er preist die Kalaschnikow als »echtes kulturelles Markenzeichen Russlands«. Friedrich Schmidt schreibt dazu in der *FAZ:* »So hob Medinski, dessen Russische Militärhistorische Gesellschaft das Monument initiiert hat, nicht nur das Sturmgewehr AK-47 auf eine Stufe mit den Leistungen von Russlands Dichtern, Musikern und Malern, sondern prägte zugleich eine Formel für die Rolle, die Kultur in Russland spielen soll. Nämlich wie eine Waffe dem ›Schutz des Vaterlandes‹ dienen, den Medinski ebenfalls beschwor.«[16]

Will Medinski also aus dem Kultur- ein Propagandaministerium machen? Der Verdacht ist naheliegend, denn Medinski selbst schreibt im Internet an einen Historiker, der ihn kritisierte: »Sie denken naiv, wenn Sie glauben, dass Fakten in der Geschichte die Hautsache sind. Machen Sie die Augen auf: Fakten interessieren schon lange keinen mehr. Das Wichtigste ist ihre Auslegung, Perspektive und Massenpropaganda.«

Kapitel 11

Wirtschaft:
Der große Raubzug

Es ist nicht leicht, mit einem Kamerateam in einen russischen Industriebetrieb hineinzukommen. Doch im Frühjahr 2016 scheine ich eine Chance zu haben: Ich stehe, wie schon viele Jahre zuvor, wieder einmal auf dem weitläufigen Parkplatz von AwtoWAS in Toljatti und warte seit einer Stunde auf den Rückruf des Pressechefs. Spätestens seit der Wirtschaftskrise 2008 steckt das Unternehmen in enormen Schwierigkeiten, und mit ihm die Autostadt Toljatti, mit 700 000 Einwohnern die größte der sogenannten Monostädte. Massenentlassungen haben dem aufgeblähten Werk inzwischen etwas Luft verschafft, die Stadt selbst aber zu einem sozialen Brennpunkt gemacht. Der neue AwtoWAS-Chefmanager ist ein Schwede und der erste Ausländer in dieser Position. Bo Inge Andersson soll mit neuen Modellen und besserem Management das Ruder herumreißen und der Stadt neuen Lebensmut einhauchen. Eine spannende Situation, über die wir berichten wollen.

Zehn Tage lang hatten wir uns von Moskau aus um eine Drehgenehmigung im Werk bemüht. Es ist schwierig, einen Film über die Autostadt zu machen, ohne das Unternehmen zu zeigen, das ihr Schicksal bestimmt. Die AwtoWAS-Pressestelle hatte positiv reagiert, es fehle nur noch die letzte Bestätigung, hieß es immer wieder. Also waren wir losgeflogen. Als wir nun vor dem mächtigen Verwaltungsgebäude des Werks stehen, heißt es mit einem Mal: Drehgenehmigung abgelehnt! Die Erklärung ist reichlich verklausuliert: Ein anderes europäisches Fernsehteam habe kürzlich im Werk gefilmt und die Situation dann verzerrt wiedergegeben. Jetzt fehle das Vertrauen in westliche Journalisten. Der Pressesprecher lässt nicht mit sich verhandeln.

Wir sind ratlos und fahren in die Stadt, um zunächst die allgemeinen Szenen zu drehen, die wir ohnehin für den Film brauchen. Die Sonne scheint, entlang der Straßen tauen die schmutzigen Haufen Restschnee, neben einer Unterführung bearbeitet ein Dutzend Männer mit roten Westen die dicke Eisschicht, die jetzt, im Frühjahr, die ganze Stadt zu überziehen scheint. Die Arbeiter sind zunächst scheu, als wir sie filmen, aber dann kommen wir doch mit ihnen ins Gespräch. Sie alle haben bis vor Kurzem bei AwtoWAS gearbeitet, wurden Opfer der ersten großen Entlassungswelle unter Bo Andersson.

»Nach der Entlassung bin ich bei der Stadtreinigung gelandet. Das war vor zwei Jahren. Ich habe dann bei anderen Firmen angefragt. Aber niemand wollte mich haben. Ist wohl das Alter. Die nehmen keinen über 35«, sagt einer frustriert.

Ein Jüngerer kommt dazu: »Das begann alles mit der Ankunft von Andersson. Der hat diese Roboter angeschafft, und sofort flogen die Arbeiter raus. Die Bevölkerung hier leidet, die Stadt stirbt.«

»Was bekommt ihr von der Stadt für diesen Knochenjob?«

»90 Rubel pro Stunde. Wir kommen irgendwie durch, aber es ist hart.«

Wer wie sie für umgerechnet 1,30 Euro pro Stunde Eis hacken darf, hat noch Glück. Nach der ersten Entlassungswelle 2008 wurden noch einmal fast 20000 Stellen bei AwtoWAS abgebaut, von einst 140000 Arbeitern sind nur noch 44000 in Lohn und Brot. Trotzdem sind in Toljatti seltsamerweise nur 4000 Menschen arbeitslos gemeldet. Dem wollen wir auf den Grund gehen und lassen uns von den Männern den Weg zum Arbeitsamt beschreiben.

Am Eingang eine Schlange vor dem Automaten, der Nummern ausdruckt, die dann auf der großen Anzeigetafel mit roten Digitalziffern im Minutentakt wieder aufleuchten. Bald haben sich knapp einhundert Menschen auf verschiedene Flure verteilt. »Werden hier auch Jobs angeboten?«, fragen wir einen jüngeren Mann.

»Nein, nichts. Überlegen Sie doch mal, wie viele gefeuert wurden. Wo sollen die denn unterkommen?«

»Es gibt doch hier nur AwtoWAS. Der Rest ist Kleinkram«, mischt sich eine Frau ein.

»Und warum sitzen Sie dann hier, wenn Sie doch keinen Job angeboten bekommen?«

»Für das Arbeitslosengeld. Ich bin alleine, mein Sohn studiert.«
»Wie viel bekommt man?«
»Das hängt von Beschäftigungsdauer und letztem Lohn ab. Maximal 4900 Rubel [umgerechnet 70 Euro, Anm.]. Leb mal davon. Und das ist befristet, danach gibt es nur noch 850 Rubel. Das reicht nicht mal für die Fahrt zu einem Bewerbungsgespräch.«

Der ungeliebte Sanierer

Am nächsten Tag bekommen wir immerhin die Chance, Bo Andersson zu filmen. Eines der neuen Modelle, die unter seiner Führung entwickelt wurden, soll in Toljatti vorgestellt werden, bevor es an die Händler ausgeliefert wird. Eine Geste an die Bewohner der Stadt, die so stark gelitten haben unter der Umstrukturierung. Sie sollen als Erste den neuen Lada »X-Ray« kennenlernen, Hoffnung schöpfen, an die Zukunft glauben. Die viel verspottete russische Billigmarke soll mit diesem Modell ein neues, frisches Image bekommen. Es ist wohl die letzte Chance, Lada zu retten – und damit die russische Autoproduktion.

Vor dem modernen Autohaus mit seiner verglasten Front wehen graue und orangene Fahnen mit der Aufschrift »Lada«. Drinnen steht der Hoffnungsträger »X-Ray« mit schwarzem Stoff verhüllt, 200 Neugierige mustern eher skeptisch die jugendliche Tanzgruppe, die in engen Trikots zu atmosphärischen Klängen auftritt. Dann wird Bo Andersson durch den Eingang hinter der Bühne in den Saal geführt. Der Schwede, ein hochgewachsener Mann mit dunklen, glatten Haaren, die aus dem müde wirkenden Gesicht streng nach hinten gekämmt sind, bekommt ein Mikrofon gereicht und sagt dann laut und energisch: »Dobryi den, Toljatti« – »Guten Tag, Toljatti«. Er lässt das Mikrofon sinken und blickt erwartungsvoll in die Runde.

Der Applaus kommt zögerlich und so spärlich, dass es fast schon eine Beleidigung ist. Dieser Mann hat hier wenige Freunde, das wird schon in den ersten Sekunden seines Auftritts klar. Der Journalist neben mir weist mich darauf hin, dass weder der Gouverneur noch ein Entsandter Moskaus gekommen ist. Auch das ein Affront angesichts dieser so wichtigen Einführung eines neuen Modells. Seine Ansprache hält Andersson auf Englisch, er macht immer wieder Pausen, um den Dolmetscher zu Wort kommen zu lassen. Der Schwede buhlt um die Gunst seiner Zuhörer: Er lobt die Qualität seiner russischen Ingenieure, betont die starke Unterstützung von Präsident Putin und Ministerpräsident Medwedew, preist das neue Modell. Doch die Mienen der Zuhörer bleiben skeptisch. Andersson spürt das. »Ich habe gelernt, dass es eine schmale Grenze ist zwischen Liebe und Hass. Man kann niemanden zwingen zu lieben. Aber ich habe in Russland verstanden: 50 Prozent lieben Lada, 50 Prozent haben eine andere Sicht. Heute ist Valentinstag. Ich brauche Ihre Hilfe. Mehr als 50 Prozent sollen Lada lieben. Das ist Ihre Zukunft, die Zukunft Ihrer Stadt.«

Trotz der empathischen Tonlage ist der Applaus wieder so dünn, dass es peinlich ist. Dann wird endlich der »X-Ray« enthüllt: ein SUV mit Frontantrieb, modernes Design, moderater Preis, mit viel europäischer Technik. Renault und Nissan sind Mehrheitsaktionäre, bestimmen seit Jahren, was bei AwtoWAS geschieht. Das Werk montiert viele ihrer Modelle. Wenn Andersson mit seinen neuen Lada-Modellen scheitert, sagen Experten, werde das Werk in Toljatti zur reinen Montagefabrik für die Autos von Renault und Nissan.

Zum Abschluss beantwortet Andersson noch ein paar Fragen, dann verschwindet er so schnell, dass ich keine Gelegenheit habe, ihn auf unser Drehvorhaben anzusprechen. Aber wenigstens haben wir ein paar gute Bilder von der Präsentation und seiner Rede im Kasten.

Am Nachmittag fahren wir zu einem Treffen, das eine seltsame Vorgeschichte hat: Schon am Tag unserer Ankunft hatten wir eine Gewerkschaftsversammlung filmen wollen, um zu verstehen, wie die Arbeitervertreter auf die Massenentlassungen reagieren. Die Gewerkschafter hatten uns ausdrücklich eingeladen. Doch wenige Stunden vor Beginn der Veranstaltung waren die Handys unserer beiden Kontaktleute nicht mehr im Netz. Wieso schalteten sie gleich-

Januar 2014, »Euro-Maidan«. Vor der Barrikade in der Gruschewski-Straße, gleich am Eingang zum Waleri-Lobanowski-Stadion. Vielleicht sehe ich so grimmig aus, weil die Mischung aus Dramatik, Kälte und Schlafmangel ihren Tribut fordert.

21. Februar 2014, der Tag nach dem Blutbad auf dem Maidan: Frank-Walter Steinmeier gibt der ARD ein Interview, nachdem Viktor Janukowitsch den wichtigsten Forderungen der Demonstranten zugestimmt hat. Noch in dieser Nacht flieht Janukowitsch aus der Stadt.

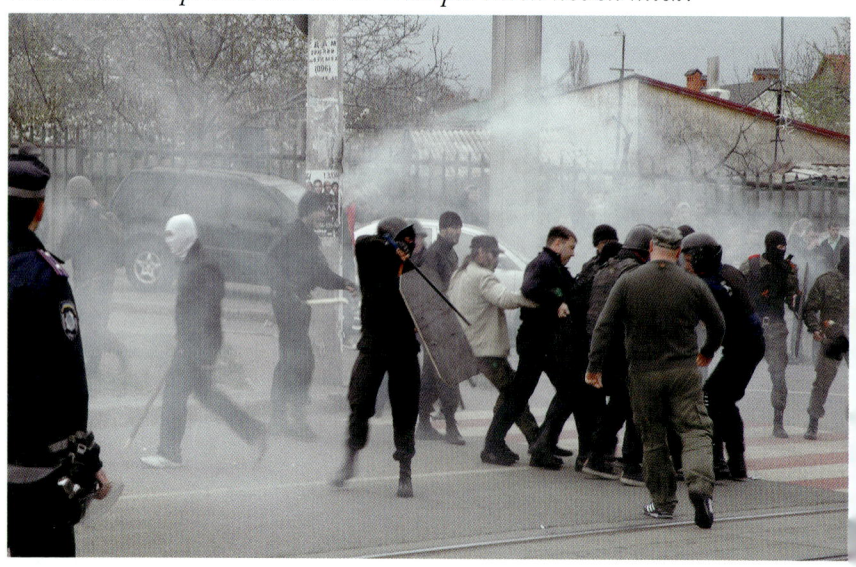

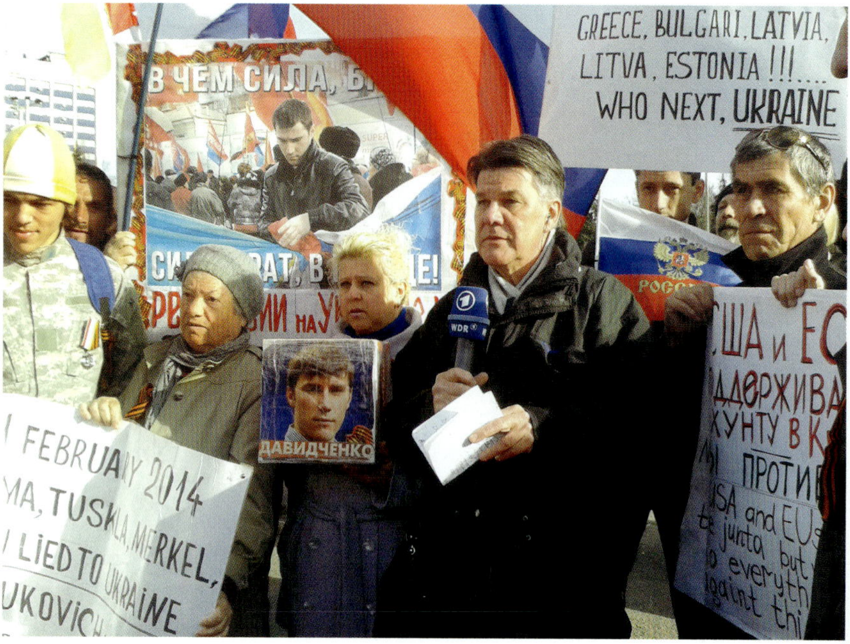
GREECE, BULGARI, LATVIA,
LITVA, ESTONIA !!!....
WHO NEXT, UKRAINE
ДАВИДЧЕНКО
WDR

April 2014, Odessa: Pro-russische Demonstranten drängen sich während eines Live-Gesprächs mit ihren Transparenten neben mich.

Zusammenstöße zwischen pro-russischen und Pro-Maidan-Demonstranten in der Innenstadt von Odessa. Bald darauf wird es zum tödlichen Brand im Gewerkschaftshaus kommen, bei dem Dutzende den Tod finden.

С ВОЗВРАЩЕНИЕМ В РОДНУЮ ГАВАНЬ!

NEZO ART

"Семейный капитал"

Eine Wandbemalung in Sewastopol auf der von Russland annektierten Krim. Sie beschert Präsident Putin einen massiven Popularitätsschub vor allem in Russland. Doch schon bald wird deutlich, dass im Schatten der patriotischen Aufwallung ein wirtschaftlicher Raubzug auf der Halbinsel beginnt.

*Mariupol: Ein Angriff mit Grad-Raketen aus Richtung der von Russland
unterstützten Separatisten hat viele Zivilisten getötet. Die Separatisten
leugnen den Angriff, aber die Einschusslöcher sprechen eine klare Sprache.*

Producer Goscha und Kameramann Iwan auf dem Weg nach Ilowajsk. Sie werden dort mit dem Freiwilligen-Bataillon, das sie begleiten, von Separatisten und russischen Truppen eingekesselt werden und überleben nur um Haaresbreite.

Musa Magomedow, der Direktor der riesigen Kokerei bei Awdijiwka, zeigt uns die zahlreichen Granateinschläge in seinem Werk, während gleich nebenan weitergekämpft wird. Es ist auch ohne den Gefechtslärm eine düster-bedrohliche Atmosphäre.

Stillgelegte Krankenwagen in Machnjowa im Ural. Die von Wladimir Putin 2012 angeordnete »Optimierung« des Gesundheitswesens führt landesweit zu einer medizinischen Unterversorgung und höherer Sterblichkeit.

Patientinnen im Krankenhaus von Machnjowa: Es fehlt an Ärzten und Medizintechnik.

»Ärzte entlassen heißt Leben verkürzen« – Demonstranten im östlichen Ural protestieren gegen die Auswirkungen der Gesundheits-reform.

Polizisten in der Region Krasnodar versuchen vergeblich, den Raub einer Getreideernte zu stoppen.

Juri Massenko zeigt mir auf dem Dorffriedhof die »toten Seelen«: längst Verstorbene, deren Unterschriften dennoch auf den Dokumenten eines Agrarkonzerns auftauchen.

Die Protestfahrt der Bauern nach Moskau endet schon nach wenigen Kilometern: Immer wieder werden sie von Polizisten gestoppt und kontrolliert.

Druck von Politikern, Behörden und Justiz auf kritische Stimmen finde ich regelmäßig in der russischen Provinz. Hier zeigt der Rentner Amir Kameramann Fjodor und Toningenieur Wenjamin das Gewerbegebiet der Monostadt Tschussowoi im Ural. Die angekündigten Fabriken wurden nie gebaut.

Artur steuert seine Schmalspurbahn in die Berge bei Sotschi. Sie ist die einzige verbliebene Lebensader für mehrere Dörfer, weil die Bergstraßen nicht mehr erneuert werden.

Frisches Brot kommt nur zweimal pro Woche mit der Matriza-Schmal-
spurbahn.

Die Postbotin bringt zuverlässig Rentenbescheide in verfallende Häuser
in Otdolonnyj.

Mit den AN-2 in den Norden des Ural. Seine Kisten schleppt jeder selbst, die Besatzung ist mit dem Auftanken beschäftigt. Reisen ist in Russlands entlegenen Provinzen noch immer eine sehr ursprüngliche Sache. Manchmal auch etwas anstrengend.

Im hohen Norden sind solch urtümliche Kettenfahrzeuge oft das einzige Fortbewegungsmittel.

Wenn der Reisende ankommt, ist er umso mehr in einer völlig anderen Welt, wie hier bei den Rentierzüchtern der Brigade Nummer 4.

Die Dämmerung kommt schnell, und ich beobachte verblüfft, wie die Rentierzüchter zunächst die Inneneinrichtung ihres Zelts, der Tschum, in den eiskalten Schnee stellen.

Der große Metallofen wird schon angeheizt, bevor die Männer routiniert die langen Holzstangen aufstellen und festzurren. Angesichts der klirrenden Kälte bin ich dankbar für diese Reihenfolge: Schon nach einer halben Stunde ist es in der Tschum angenehm warm.

Der Rentner und Stadtrat Wladimir Sawarkin zeigt mir ein verfallenes Haus in Suojarwi, Karelien.

Schneehaufen mitten im Zimmer, weil das Dach Löcher hat. Hier kann niemand mehr wohnen.

Das Wasser aus den Leitungen ist so schlecht, dass die Anwohner auch im tiefen Winter zum Brunnen müssen, um Trinkwasser zu haben.

Noch während unserer Dreharbeiten hat Sawarkin einen Brief des Staatsanwalts bekommen, in dem dieser ihm die Entfernung aus dem Stadtrat androht. »Ich habe wohl zu viel mit Ihnen vom Fernsehen geredet«, kommentiert Sawarkin bitter.

»Knigi« steht da aus Birkenholz-Buchstaben, »Bücher«. Die Dorf-»Bibliothek« in Burjatien zeigt mir wieder einmal, mit welcher Zähigkeit die Menschen in längst vergessenen Orten an den verbliebenen Fragmenten von Zivilisation festhalten.

Fast 20 Jahre nach meinem Start in Moskau: der letzte Live-Auftritt für die ARD in Helsinki. Mit Stefan Niemann vom ARD-Studio Washington suchen wir in einem Live-Gespräch mit den »Tagesthemen« nach Erklärungen für die seltsame Beziehung zwischen Donald Trump und Wladimir Putin. Was war da gerade im Präsidentenpalast hinter uns passiert?

zeitig ihre Telefone aus? Erst kurz vor der »X-Ray«-Vorstellung war wieder ein Lebenszeichen von Wjatscheslaw gekommen. Ihm, dem Mitglied der Gewerkschaft »Molod«, hatten wir zahlreiche Textnachrichten geschickt, ohne jede Reaktion. Seine erste Nachricht nach langem Schweigen bestand nur aus einem Wort: »FSB.«

Der Inlandsgeheimdienst? Wir schrieben zurück: »Was soll das heißen?«

Die Antwort: »Ich schäme mich, für mich und für mein Land.«

Ein seltsamer Dialog. Als Wjatscheslaw endlich auf unsere Anrufe reagierte und ans Telefon ging, konnten wir ein Treffen in einem Café vereinbaren. Als wir jetzt dort ankommen, gibt sich unser Kontaktmann bedeckt. Zuerst sollen wir nicht filmen, es dauert, bis er seinen Widerstand aufgibt. Zögernd und mit leiser Stimme erzählt er, dass sie aufgefordert worden seien, die Gewerkschaftsversammlung abzusagen und ihre Handys für zwei Tage auszuschalten, um nicht für uns erreichbar zu sein.

»Antonina, eine Kollegin von der Gewerkschaft, hat mir erzählt, dass Leute zu ihr gekommen sind, darunter auch Geheimdienstler, die gesagt haben: ›Macht keine Reklame für eure Sache.‹«

»Wurde konkret der Kontakt mit uns verboten?«

»Sagen wir so: Antonina bekam ein klares Zeichen. Als ich sie anrief, meinte sie, wir sollten Sie lieber nicht filmen lassen.«

»Ist es üblich, dass so ein Druck ausgeübt wird?«

»Nun, für Sie mag so ein Klima seltsam sein. Wir hier sind daran gewöhnt. Der Druck nimmt immer mehr zu. Wie beim Frosch im Wassertopf wird die Temperatur stetig immer weiter erhöht.«

Druck auf die Gewerkschaften durch den Geheimdienst? Warum? Und wieso will kein Offizieller der Stadt uns ein Interview geben? Es scheint tatsächlich so, dass die Wirtschaftskrise vor allem in den heruntergewirtschafteten Monostädten Russlands, wo weite Teile der Bevölkerung in nur einem einzigen Werk arbeiten, Regionalpolitiker und Kreml zunehmend nervös machen. Erst vor Kurzem hatte eine Umfrage für Aufsehen gesorgt, die der russische Geheimdienst FSO, zuständig für die Sicherheit des Präsidenten, in Monostädten durchführen ließ. Dort, so das Ergebnis, halten fast 60 Prozent der Bewohner ihre Lage für kaum noch erträglich. Entsprechend sorgfältig überwacht der Geheimdienst das Protestpotenzial in Städten wie Toljatti.

Als ich später mit meinem Team beim Abendessen sitze, ist meine Stimmung düster. Wie sollen wir einen Film über die Autostadt Toljatti hinbekommen, wenn wir kein einziges Bild im Werk selbst drehen können? Eine Modellpräsentation, ein paar Arbeitslose, ein verängstigter Gewerkschafter, vielleicht noch ein Experte – das ergibt alles keinen großen Sinn. Ich schlage dem Team eine vorzeitige Rückreise vor.

Im angrenzenden Speisesaal diskutiert währenddessen angeregt ein gutes Dutzend Ausländer. Ich höre französische Wortfetzen, zwei der Männer sind Japaner. Das könnten Manager von Renault und Nissan sein, überlege ich, die bei AwtoWAS arbeiten. Immerhin sind wir in einem Hotel, das AwtoWAS gehört. In diesem Moment stößt mich unter dem Tisch Kameramann Sergei an und macht eine Kopfbewegung in Richtung Tür: Bo Andersson steht da, mit zwei Leibwächtern. Zielstrebig geht er zum Tisch der mutmaßlichen Manager und nimmt Platz.

»Das ist deine Chance«, meint Darja, unsere Producerin, »du musst ihn ansprechen!« Ich zögere, überlege, was ich sagen könnte, fingere eine Visitenkarte aus meinem Rucksack. Als sich Andersson nach 20 Minuten anschickt, den Speisesaal zu verlassen, gehe ich ihm hinterher. Es gelingt mir, mich vorzustellen und ihm in aller Kürze unser Problem mit seinem Pressesprecher zu schildern. »Wir sind so etwas wie die deutsche BBC«, versuche ich ihn zu überzeugen. Der AwtoWAS-Chef hört ohne Regung zu, nimmt meine Visitenkarte und verabschiedet sich.

»Schade«, meint Darja, als ich zu unserem Tisch zurückkomme. »Aber du hast es wenigstens versucht.« In diesem Moment stößt mich Sergei wieder unter dem Tisch an. Andersson kommt zurück. Er reicht mir seine Visitenkarte und sagt: »Morgen früh um 6:30 Uhr im Werk. Der Pressesprecher wird sich wegen der Details mit Ihnen in Verbindung setzen.« Ein kurzes Lächeln und weg ist er. Alle sind ein wenig perplex und ziemlich aufgeregt. Werden wir morgen tatsächlich ein Interview mit ihm bekommen? Oder nur eine halbe Stunde Gelegenheit, eine Fertigungsstraße zu filmen?

Statt wie sonst noch länger zusammenzusitzen und zu diskutieren, brechen wir schnell auf: Akkus laden, die Ausrüstung packen, ich muss noch einiges nachlesen, falls Andersson uns tatsächlich ein Interview gibt. Außerdem müssen wir alle früh aus den Federn.

Der perfekte Sturm

Es ist kurz vor sieben, in einer Werkshalle strömen aus allen Ecken Männer in Arbeitskitteln in einen kleinen Konferenz-Pavillon. »Hallo, Udo«, höre ich hinter mir jemanden sagen. Andersson kommt mit ausgestreckter Hand auf mich zu. Er ist freundlich und redselig. »Ich habe das Werk in elf Teile unterteilt, und jeden Morgen müssen mir die Ingenieure, die Logistiker, die Verantwortlichen für jedes Band Bericht erstatten. Jetzt beginnt der Morgenappell.«

Der ehemalige Major der schwedischen Armee mag strenge Disziplin, gibt er offen zu. Etwa hundert Menschen stehen bald um Andersson und seinen Dolmetscher herum, der ihm nie von der Seite weicht. Kurze Berichte der Mitarbeiter, knappe Kommentare von Andersson. In einer Produktionsstraße wurde gestern das Tagessoll verfehlt. Bandstillstand, weil Zulieferteile fehlten. »41 Minuten lang«, gesteht der Ingenieur verlegen. »Drei Zulieferer hatten Probleme.« Andersson notiert sich auf einem kleinen Block die Namen der Unternehmen. Die Zulieferung war und ist die Achillesferse von AwtoWAS, erklärt mir Andersson später. Jetzt richtet er sich an seine Ingenieure: »Noch einmal zur Erinnerung: Eine Minute Stillstand kostet eine Million Rubel!«

Der »Morgenappell« dauert 20 Minuten, dann strömen alle zur nächsten Stehkonferenz. Weitere Kittelträger warten bereits vor großen, drehbaren Tafeln, auf denen Zahlenkolonnen den vergangenen Tag abbilden. Wieder kurze Vorträge, knappe Anweisungen. Andersson ist für seinen militärischen Führungsstil schon öfter kritisiert worden. Doch selbst Kritiker räumen ein: Der sechzigjährige Schwede hat AwtoWAS in nur zwei Jahren erfolgreich verschlankt und leistungsfähiger gemacht. Seine Frühkonferenzen, die neuen monatlichen Berichte der Werksleiter, weniger Manager auf der mittleren Ebene und mehr Eigenverantwortung – vieles hat Andersson von GAS mitgebracht, dem russischen Lkw-Hersteller, den er zuvor saniert hat.

Die Konferenz ist zu Ende, Andersson winkt kurz: Wir sollen ihm folgen. Er legt ein Tempo vor, das die Kameracrew an ihre Grenzen bringt. Sie müssen ihn filmen, aber auch das Werk, Arbeiter am Band, Details der Autos. Und Andersson redet fast ohne Pause. Meine wichtigste Aufgabe ist es bald, ihn und seinen Redefluss zu bremsen, bis Kameramann Sergei aufgeholt hat. Ich glaube dem Manager langsam, wenn er behauptet, sich kaum in seinem Büro aufzuhalten, sondern jeden Tag viele Stunden durch die Werkshallen zu laufen. Er kennt jeden Winkel.

Andersson lobt seine Erfolge in den vergangenen beiden Jahren: »In 24 Monaten haben wir die Qualität um 70 Prozent erhöht. Allein 2014 haben wir sechs neue Autos für die Allianz herausgebracht – pünktlich, mit hoher Qualität und dem richtigen Preis.« Er müsse alles gleichzeitig tun, sagt Andersson: Die Qualität der alten Lada-Modelle anheben und gleichzeitig neue herausbringen. Dennoch habe man in Ballungsgebieten wie Moskau nur einen kleinen Marktanteil, auch wenn der von 4 auf 7 Prozent gestiegen sei. Das sei das alte Image-Problem.

Schon geht es durch das Werkstor hinaus in die eisige Kälte, wo ein Bus auf uns wartet. Sergei filmt ohne Unterbrechung, denn wir wissen nicht, wie viel Zeit uns mit dem mächtigen Manager noch bleibt. Im Bus wage ich mich an das Thema heran, das die Stadt am meisten beschäftigt: die Entlassungen. Andersson spricht offen über die Umstrukturierungen: »Als ich kam, war mir sofort klar, dass wir viel zu viele Leute in der Produktion hatten. Das habe ich auch Ministerpräsident Medwedew gesagt, als er das Werk besucht hat. Früher wurden hier für die Motorenproduktion 3000 Leute gebraucht, in unserem neuen, modernen Motorenwerk sind es nur noch 700. Früher dauerte es hier fünfzig Stunden, um ein Auto zu produzieren, jetzt sind wir bei zwanzig. Um Weltklasse zu sein, müssten wir zum Beispiel den Lada Kalina oder den Lada Granta in 14 Stunden produzieren. Das schaffen sie in der Türkei oder in Marokko, wo verschiedene Dacias gebaut werden. Bei der Renault-Nissan-Linie bräuchten wir 17 Stunden, jetzt sind wir bei 21. Wir kommen also näher.«

Doch es sei nicht nur die Automatisierung, die so viele Arbeiter überflüssig mache. Nach der Annexion der Krim, nach Sanktionen, Ölpreis- und Rubelverfall hätten die russischen Käufer schlicht kein Geld mehr für neue Autos. Statt der einen Million, für die das Werk einmal ausgelegt war, verkauft Andersson jetzt gerade einmal ein Drittel. Dazu kommt: Seine Vorgänger bezahlten die Modernisierung auch mit Krediten in ausländischer Währung. Der Rubelverfall macht deren Bedienung extrem teuer. »Es ist der perfekte Sturm. Wir sind in einer sehr schwierigen Situation. Selbst wenn die Nachfrage wieder auf ein Normalmaß ansteigen würde, ist das Werk noch immer viel zu groß«, meint Andersson.

AwtoWAS war schon vor Anderssons Ankunft von seinen Vorgängern teuer modernisiert worden – doch die hatten Entlassungen in großem Stil gescheut. Andersson dagegen schrumpfte das Werk von knapp 70 000 auf jetzt 44 000 Mitarbeiter. Und er spürt offenbar, dass ihn das seinen Kopf kosten kann. »Ich habe viele Fehler gemacht, ich hatte keine Zeit, musste alles gleichzeitig machen. Aber ich hätte es besser kommunizieren und erklären können.«

Bessere, preisgünstige Ladas bauen und dennoch den sozialen Frieden in Toljatti nicht gefährden – das ist der Zwiespalt, in dem Andersson steckt. Sergei Tschemesow, Leiter des staatlichen Rüstungskonzerns Rostech, der 33 Prozent von AwtoWAS besitzt, wird später im Jahr 2016 sagen: »Die Spannungen nahmen zu in Toljatti. Ich habe ihm [Andersson, Anm.] mehrmals gesagt, vorsichtig zu sein, aber er verstand es nicht.« Das ist natürlich ein verlogener Satz. Auch Tschemesow weiß, dass Modernisierung und Automation Arbeitsplätze kosten. Als ich jetzt mit Bo Andersson durch einen Teil seines Werks eile, in dem besonders viele Roboter schweißen und schrauben, spüre ich, unter welchem Druck der Schwede steht. Unaufgefordert beginnt er immer wieder, in unsere Kamera zu begründen, warum er schmerzhafte Änderungen einfach durchsetzen musste. Die sensibelste betraf den Wechsel von russischen zu ausländischen Zulieferern: »Wir hatten russische Zulieferer, die waren nicht wettbewerbsfähig, nicht professionell. Die mussten wir leider austauschen. Ich mag es auch nicht, wenn Leute entlassen werden. Aber man kann doch nicht ineffektiv arbeiten! Das hat in der Stadt große Probleme geschaffen, das verstehe ich ja. Aber wir können nicht mit Zulieferern arbeiten, die die falschen Eigentümer haben.«

Was Andersson mit dieser Andeutung meint: Er kämpft gegen die sowjetische Mentalität vieler russischer Zulieferer und gegen regelrechte Seilschaften mit Ingenieuren in seinem Werk. »Die haben sich an bestimmte Benefits gewöhnt«, hatte Andersson auf einem Auto-Kongress in Birmingham gesagt, aber »jetzt arbeiten sie nach meinen Vorgaben. Ich will fünf Dinge von ihnen: Qualitätsteile, Lieferung, Service, wettbewerbsfähige Preise und Zahlungsbedingungen«.[1]

Große Pläne, die sich so leicht allerdings nicht umsetzen lassen. Das Problem ist Moskau, erklärt mir ein AwtoWAS-Experte: Weil der Kreml fürchtet, soziale Unruhen in Toljatti könnten den Kommunisten der KPRF gefährlichen Auftrieb geben, soll AwtoWAS – nach all den Entlassungen im Werk – wenigstens so viele ortsansässige Zulieferer wie möglich weiter beschäftigen. Es wurden sogar Quoten für die »Lokalisazija«, die Lokalisierung der Zulieferer, festgelegt.

Der naive Glaube, ökonomische Gesetze durch Anordnungen aus Moskau ersetzen zu können, hatte im Jahr 2015 sogar zu einem Antrag in der Duma geführt: Nach dem Abschuss eines russischen Kampfjets sollte die Türkei auch dadurch bestraft werden, dass AwtoWAS 2300 türkische Komponenten in Zukunft bei russischen Firmen bestellt – auch wenn kein Autoexperte dies für machbar hielt.

In diesem Spannungsfeld zwischen ökonomischer Vernunft und Moskauer Machbarkeitswahn haben AwtoWAS und Zulieferer offenbar eine kreative Lösung entwickelt, erfahre ich bald: Ausländische Teile werden schlicht umgepackt und neu etikettiert. Damit sind sie offiziell russische Komponenten, die Quote der »Lokalisazija« kann leichter erfüllt werden. Fürst Potemkins Dörfer lassen grüßen.

Nach drei Stunden im Eilschritt durch Anderssons Auto-Imperium schwirrt mir der Kopf von Modelltypen, technischen Details,

Finanzierungsformeln und Marktanteilen. Zum Abschluss hat Andersson eine Überraschung für mich vorbereitet: Neben der weitläufigen Teststrecke stehen vier verschiedene Modelle des Lada Vesta, neben dem brandneuen »X-Ray« die großen Hoffnungsträger des Autobauers. Gemeinsam mit Andersson soll ich sie Probe fahren. Ich versuche, mich nicht zu blamieren, und kommentiere Fahrverhalten, Schaltung, Beschleunigung, Ausstattung. Dann lenke ich das Thema noch einmal auf die leidigen Zulieferer. Es hatte einen Bericht im russischen Fernsehen gegeben, anlässlich des letzten AwtoWAS-Besuchs von Wladimir Putin. Der Präsident saß, so wie ich jetzt, neben Andersson in einem »Vesta«. Nach der Probefahrt lobte Putin dann vor zahlreichen Kamerateams den Wagen, vor allem aber die vielen russischen Zulieferer: »Wie Herr Andersson sagte: 70 Prozent heimischer Anteil. 70 Prozent, das ist eine gute Quote.«

In Wahrheit waren jedoch nur 50 Prozent der Vesta-Teile aus Russland, der Rest stammte aus dem Westen. Als Journalisten dies enthüllten, war das eine Blamage für Putin. Hatte Andersson, der guten Stimmung zuliebe, auch die umetikettierten ausländischen Teile mitgerechnet? Der Manager wird wortkarg bei meinen Fragen: »Next question, please.«

Ich bohre weiter, hoffe, dass Andersson mir doch noch ein paar Wahrheiten in die Kamera sagt. »Nach dem Rubelverfall sind die Preise für ausländische Komponenten ja dramatisch angestiegen, ein großes Problem für AwtoWAS. Was mich aber wundert: Auch russische Komponenten wurden teurer. Wie kann das sein?«

»Das wollen Sie nicht wissen. Es ist kompliziert.«

Der sonst so wortgewaltige Schwede schweigt ein paar Sekunden. Um dann zu murmeln: »Viele unserer Zulieferer gehören Ex-Managern.«

Ich denke mir, was er nicht ausspricht: Korruption, Schiebereien, fehlende Konkurrenz, Preisabsprachen. Anderssons Dilemma ist klar: Er, der erste Ausländer hier, soll das Werk und die Marke Lada retten, bessere Autos bauen – aber mit teils fragwürdigen russischen Zulieferern. Andersson spielte das Spiel der verdeckten Importe mit, um die geforderten Quoten zu erfüllen.

Als wir nach der Testfahrt mit dem Aufzug in sein imposantes

Eckbüro in der obersten Etage fahren, zeigt Andersson mir das Abschiedsgeschenk, das ihm seine Mitarbeiter bei GAS, dem Lkw-Hersteller in Nischni Nowgorod, überreicht haben. Ein Andersson-Porträt, zusammengesetzt aus Tausenden Fotos seiner Mitarbeiter. Schon in seinem ersten Jahr führte er GAS von einem Jahresverlust von über einer Milliarde Dollar in die Gewinnzone. Er ist sichtbar stolz auf die Erfolgsgeschichte. »Die vermissen mich noch. In Nischni Nowgorod gibt es nur 74 Ehrenbürger. Ich bin der einzige Ausländer darunter.«

Wir schauen auf sein riesiges Werk. Erst von hier oben, von Anderssons Büro in der 20. Etage, werden die Dimensionen so richtig deutlich. Fünf Millionen Quadratmeter, über Kilometer reihen sich die Werkshallen aneinander, Tausende Neuwagen stehen auf den Parkplätzen, immer neue Autotransporter rollen voll beladen vom Werksgelände. Ein Moloch, ein gewaltiges Gebilde, an dem unzählige weitere Firmen hängen.

Ich spüre, wie stolz Andersson auf das ist, was er in knapp drei Jahren erreicht hat – und ahne nicht, dass er wenige Wochen später auf Druck von Rostech-Chef Sergei Tschemesow vom Aufsichtsrat gefeuert werden wird. Andersson selbst sei aus allen Wolken gefallen, heißt es aus seinem Umfeld. Ausschlaggebend, so glaubt ein Experte in Toljatti, sei Putins Verärgerung gewesen, die Blamage, als die geschönte Quotierung ans Licht gekommen war.

Spurensuche

Als wir aus dem Verwaltungsgebäude hinaus in einen kalten, sonnigen Frühlingstag treten, sind alle im Team hungrig und müde. Aber wir haben nur Zeit für ein kurzes Mittagessen, dann geht es weiter. Wir fahren zu Juri Zelikow. Der alte Mann ist ehemaliger Direktor des Autohändler-Verbands. Das Bücherregal ist vollgestopft mit Fachbüchern über die russische Autoindustrie, überall an den Wänden alte Fotos des Werks, in dem er sein ganzes Leben gearbeitet hat. Jetzt ist er über siebzig, aber Zelikow hat einen wachen Verstand und eine scharfe Zunge. Er schreibt noch immer Epigramme, kurze Gedichte. Über jeden der sechs Generaldirektoren von Awto-WAS, unter denen er gearbeitet hat, hat er eines verfasst. Er zeigt mir den Bildband mit ihren Fotos: »Der erste, Wiktor Poljakow, war eine legendäre Person. Und ich vergleiche Bo Inge Andersson mit ihm. Andersson arbeitet wie ein Diesel in der Arktis, hat mal jemand gesagt: Zuverlässig, eiserne Disziplin, alle haben Angst vor ihm und erfüllen seine Anordnungen. Als Manager ist er allen überlegen. Aber er kennt die russische Mentalität nicht.«

Jetzt, vor der Wahl, so Zelikow, hätten die Kommunisten der Stadt sich Andersson auch noch als Sündenbock auserkoren, statt ihn zu unterstützen: »Obwohl er selbst zu 95 Prozent unschuldig ist an der Situation.«

Zelikow hat noch immer viele Kontakte ins Unternehmen und nennt immer neue Beispiele, wie das Werk früher von Seilschaften aus Management und Moskauer Politikern ausgeplündert wurde. »Die merkten schnell, dass AwtoWAS nicht nur ein Huhn war, das goldene Eier legte, sondern eine Hühnerfabrik mit vielen Hühnern und vielen goldenen Eiern. Irgendwann begannen sie, sogar die Hühnerställe zu verkaufen: Wohin viele der abgestoßenen Betriebsteile gingen, weiß niemand außer ihnen selbst. Und da sie zusammenhalten, kann man nichts machen.«

Wir fahren mit Zelikow an den Stadtrand von Toljatti. Schon von Weitem sehen wir das große, stillgelegte Werk: »AwtoWAS-Aggregat«, ein Zulieferunternehmen, in dem Tausende Arbeiter vor allem Autositze fertigten. Jetzt ist der Parkplatz vor dem Werkseingang leer, ein paar Wächter rauchen vor den Schlagbäumen der Einfahrt und mustern uns skeptisch. »Aggregat« stoppte seine Fertigung Mitte 2015. Schon vorher habe das Unternehmen monatelang keine Löhne mehr ausgezahlt, die Besitzer seien abgetaucht, alle Versuche, die Lohnrückstände einzuklagen, seien bisher gescheitert, sagt Zelikow. Doch warum war es überhaupt so weit gekommen? »Ganz einfach«, erklärt er: »Die Qualität der Zulieferteile reichte nicht mehr aus für Anderssons neue Modelle. Und niemand wollte dem Eigentümer Kredite geben, um die Fertigungsanlagen zu modernisieren.«

Es ist der alte Teufelskreis, denke ich mir, den ich so häufig beobachtet habe: Selbst wenn Moskau großzügig in zentrale Unternehmen oder Projekte investiert – es fehlt schlicht an Infrastruktur, an Logistik, an Fachkräften. Dazu kommt die endemische Korruption auf allen Ebenen, angefangen ganz oben. Ich muss an Andersson bei unserer gemeinsamen Probefahrt im Lada Vesta denken, an seine gemurmelten Andeutungen. Als hätte Zelikow meine Gedanken gelesen, meint er: »Um all diese dunklen Machenschaften zu stoppen, müsste man Putin sein und die Hälfte der Regierung rauswerfen. So aber steht Andersson vor einer unlösbaren Aufgabe: Er soll einen zivilisierten Kapitalismus aufbauen – in Toljatti! Keine Chance! Er ist ein großartiger Manager. Wenn er nach Moskau kommt, umarmen sie ihn, küssen sie ihn. Und wenn er wieder fährt, dann spucken sie hinter ihm aus.« Trotzdem habe Andersson bisher einen großartigen Job gemacht – für seinen Nachfolger. Er selbst werde die Früchte seiner Arbeit nicht ernten können, davon ist Zelikow überzeugt. Das lasse man in Moskau nicht zu. Eine Prophezeiung, die sich ja wenige Wochen später erfüllt.

Am kommenden Morgen wollen wir zum Abschied noch ein paar Szenen in der Stadt drehen, Juri Zelikow begleitet uns. Er zeigt uns einen Flohmarkt der besonderen Art. Es ist der trostloseste Ort, den ich bisher in der Stadt gesehen habe. In der grauen Morgendämmerung haben Menschen auf beiden Seiten der Straße Decken in den schmutzigen, angetauten Schnee gelegt. Auf ihnen ist alles ausgebreitet, was vielleicht noch ein paar Rubel einbringen könnte: verrostetes Werkzeug, gebrauchtes Billigbesteck, eine angeschlagene Kristallkaraffe, selbst gestrickte Socken, ein unvollständiges Teeservice, eine alte Puppe, zwei Stoffbärchen, eine uralte Singer-Nähmaschine, gebrauchte Steckdosen. An einem Maschendrahtzaun neben der Straße hängen ein paar gebrauchte Wintermäntel und Jacken.

»Kommen hier auch die ehemaligen AwtoWAS-Arbeiter her, um billigen Hausrat zu kaufen?«, frage ich eine dick eingemummelte ältere Frau mit vom Frost geröteten Wangen.

»Was? Ehemalige Arbeiter?« Sie lacht kurz auf. »Die haben doch kein Geld. Ein paar von ›Aggregat‹ waren einmal hier, um nach Stiften für ihre schulpflichtigen Kinder zu suchen. Diese Leute haben nicht mal Geld für Lebensmittel, am Ende habe ich ihnen etwas geschenkt.«

Ein älterer Mann mit einer erkalteten Pfeife im Mundwinkel sieht unserer Unterhaltung neugierig zu. In einer kurzen Gesprächspause fragt er uns, woher wir kommen.

»Wir sind vom deutschen Fernsehen.« Unsere Antwort sorgt erst für Erstaunen, dann für Mitleid. »Ich bin wirklich nicht neidisch darauf, wie ihr da in Deutschland jetzt lebt. Diese ganzen Einwanderer. Was für ein furchterregendes Desaster. Wir sehen das immer in den Nachrichten«, erklärt der Pfeifenmann, »Flüchtlinge aus Syrien, die ganze Kriminalität, das muss ein schlimmes Leben sein da bei euch in Deutschland.«

Ich weiß nicht, ob ich lachen oder weinen soll über die absurde Situation: Dieser offensichtlich bettelarme Mann aus dem heruntergekommenen Toljatti drückt mir sein aufrichtiges Mitleid aus, weil ich in Deutschland leben muss. Die kleine Szene zeigt die Schlagkraft der russischen Medien-Propaganda, die Europa in der Tat ständig als chaotisch und gefährlich zeichnet.

Das bestätigt auch unsere nächste Begegnung auf dem improvisierten Straßenmarkt: »Leute, seid ehrlich: Wer hat euch geschickt?«, fragt eine Frau, die sich als Rosa vorstellt. Nach einigem Nachfragen und Erklären verstehe ich, was sie meint: Kein russisches Fernsehteam würde jemals hier drehen und all das Elend zeigen, mitten in Toljatti. Wenn also doch eine Kamera auftaucht, muss es sich in ihrer Logik um eine Auftragsarbeit handeln. Irgendjemand soll diskreditiert oder beschuldigt werden.

Rosa gehört zu einer Gruppe, die um den Erhalt ihres bisherigen Marktes kämpft. Weil sie den Platz auf Anordnung der Stadtverwaltung räumen mussten, sitzen die Händler jetzt hier, am Straßenrand. Nach einer Weile hat Rosa Vertrauen zu uns gefasst und holt einen Brief aus ihrer Handtasche. »Hier, ein Brief an Putin. Den haben auch Ärzte, Ingenieure und andere respektierte Leute der Stadt unterschrieben.«

Eine Menschentraube hat sich um uns gebildet. Auf Rosa scheint unsere Kamera wie ein Aufputschmittel zu wirken, sie redet immer schneller, immer aufgeregter. Es ist, als habe sich ein Ventil geöffnet, durch das sich all die aufgestaute Verbitterung, all die ohnmächtige Wut in immer neuen Wortschwallen entlädt. »In diesem Brief an Wladimir Wladimirowitsch schreibe ich: ›Es schmerzt uns, wie unser Gouverneur Sie anlügt und behauptet, in Toljatti sei alles in Ordnung. Herr Präsident, helfen Sie uns, den Gouverneur und den Bürgermeister zu treffen. Die hören unsere Hilferufe nicht.‹« Sie kenne Menschen, sagt Rosa, die vierzig, fünfzig Jahre geschuftet hätten und nun einfach fallen gelassen würden.

Ich bin überrascht, wie offen die ältere Frau vor uns und den Umstehenden über die Politiker der Stadt herzieht. Toljattis Einwohner seien selbstbewusster und kritischer als die vieler anderer Städte, hatte mir schon Zelikow gesagt, und Rosa scheint das zu bestätigen. Vielleicht liegt es auch an ihrem Alter. Rosa ist 79, immer wieder sind es die Älteren, die mich mit ihrer Unerschrockenheit beeindrucken. Sie schimpft weiter über ihre lokalen Politiker: »Sie stehlen so viel! Und die bettelarmen Leute hier wählen sie auch noch. Kann der Präsident denn nichts dagegen unternehmen?«, ruft sie aus. Auch das ist ein Phänomen, dem ich immer wieder in Russland begegne. Der Mann im Kreml, der Unantastbare, der alles für sein Volk tun würde, wüsste er nur von den dunklen Umtrieben von Wirtschaftsbossen, Gouverneuren und Lokalpolitikern.

Juri Zelikow hat die Szene nachdenklich beobachtet. Als Rosa eine Pause macht, meint er: »Toljatti ist wirklich eine besondere Stadt. Die Bürger sind aktiv, die trauen sich was. Und hier braut sich gerade eine soziale Explosion zusammen. Das unterschätzen der Gouverneur, der Bürgermeister und sogar die Regierung in Moskau noch. Doch eines Tages wird das Ganze explodieren.«

»Tickling Giants«

Auch drei Jahre später, im Jahr 2019, ist es in Toljatti noch nicht zu einer sozialen Explosion gekommen, obwohl AwtoWAS im Sommer 2017 weitere 8000 Stellen abgebaut hat. Das Joint Venture aus Renault und Nissan hat noch einmal 1,3 Milliarden Euro zugeschossen und besitzt dadurch jetzt 83,5 Prozent des Autowerks an der Wolga. Der russische Staat scheint kein allzu großes Interesse mehr zu haben an AwtoWAS.

Das ist vordergründig erstaunlich, denn seit Putins Amtsantritt hat sich der Anteil der direkt oder indirekt staatlich kontrollierten Unternehmen von damals 35 Prozent fast verdoppelt. Doch es sind vor allem die lukrativen großen Öl- und Gasförderer, die besonders spektakulär in das Kreml-Portefeuille eingegliedert wurden. Aus einem dahindarbenden Automobilwerk dagegen, so eine Erklärung für das Desinteresse an AwtoWAS, lassen sich wohl weniger leicht Gelder abzweigen und auf Auslandskonten verschieben. Das aber ist Teil des neuen russischen Geschäftsmodells. Und: Es ist kein wirkliches Geheimnis.

Die russische Sberbank ist ein Moloch: 137 Millionen Privat- und eine Million Firmenkunden in 22 Ländern, größter Kreditgeber der russischen Wirtschaft. Sie gehört überwiegend dem russischen Staat. Auch darum rieben sich im Mai 2018 viele Börsianer die Augen, als sie eine Marktanalyse der Sberbank mit dem Titel »Tickling Giants« lasen. Die Untersuchung zu den großen russischen Öl- und Gasfirmen trug viele Analysedaten zusammen und präsentierte dann ein recht explosives Fazit zum Geschäftsgebaren des Gasmonopolisten Gazprom. Auch der ist in staatlicher Hand: »Gazproms Investitionsprogramm kann am besten als ein Mittel verstanden werden, vertraute Vertragsfirmen auf Kosten der Aktionäre zu beschäftigen«, ist darin zu lesen.

Der Autor, Sberbank-Analyst Alex Fak, hatte seine Worte sorgfältig, fast vorsichtig gewählt, aber das Ergebnis war dennoch eine vernichtende Kritik an Gazproms Investitionsentscheidungen. Das Unternehmen, so der Vorwurf sinngemäß, finanziere gezielt unwirtschaftliche und teure Projekte. Es scheine Gazprom nicht um

Gewinnerzielung zu gehen, sondern darum, bestimmte, eng verbundene Vertragsfirmen zu beauftragen. Die hießen beispielsweise STNG (StroyTransNefteGas) und STGM (StroyTransGasMontazh), ihre Hintermänner, die Milliardäre Gennadi Timtschenko und Arkadi Rotenberg, sind enge Vertraute Putins.

Als ein Beispiel für Gazproms seltsames Geschäftsgebaren nennt Fak in seiner Analyse die Pipeline »Power of Siberia« nach China. Sie koste mehr als das Fünffache der alternativen Route durch die Altai-Region, schreibt Fak, die zunächst erwogen worden war. Bei den erwarteten Ölpreisen werde die teure »Power of Siberia« Gazprom elf Milliarden Dollar Verluste bescheren. Faks brisante Unterstellung: Gazprom verliere gezielt viel Geld, um seinen Kreml-nahen Lieferanten Gewinne zuzuschanzen. Das sei auch der Grund für die dramatische Unterbewertung des Unternehmens an den Börsen. Der Marktwert des staatlichen Unternehmens, schreibt Fak, könne sich durchaus auf 200 Milliarden Dollar vervierfachen – wenn das Unternehmen nur beginne, gewinnorientierte Investitionsentscheidungen zu treffen.[2]

Fast jeder der Sätze in Alex Faks Analyse ist eine schallende Ohrfeige für Gazprom und den Kreml. Seine Analyse deckt auf, was gemeinhin als das gängige Geschäftsmodell unter Präsident Putin gilt: Loyale Freunde erhalten Milliardenaufträge, um staatliche Gelder in private Gewinne zu verwandeln. Der legendäre Reichtum der Putin-Vertrauten aus Petersburger Zeiten ist anders auch kaum zu erklären.

Der Gazprom-Verriss ist nicht die erste brisante Veröffentlichung des Sberbank-Analysten. Unter dem Titel »Wir müssen über Igor reden« hatte Fak ein knappes Jahr zuvor bereits die Entscheidungen Igor Setschins kritisch beleuchtet. Der Vorstand von Rosneft, Russlands größter staatlicher Ölfirma, ist ebenfalls ein Putin-Vertrauter. Damals hatte die Sberbank den Bericht nur entschärft. Jetzt aber, nach der Gazprom-Enthüllung, wird Alex Fak gefeuert. Wer als Analyst versucht, die Realitäten des russischen Wirtschaftslebens abzubilden, kommt schnell in Konflikt mit dem Kreml. Das hat auch ein anderer Insider erlebt, der heute als Wladimir Putins Intimfeind gilt: Bill Browder.

Der Fall Magnitski

Die Namen Bill Browder und Sergei Magnitski stehen für einen Betrugsskandal, in dessen Verlauf Magnitski in einem russischen Untersuchungsgefängnis starb und der die Beziehungen zwischen Russland und den USA bis heute stark belastet. Bill Browder hat seine Sicht der dramatischen Abläufe in einem Buch detailliert nachgezeichnet. Die russische Regierung präsentiert eine alternative Version. Browders Darstellung hat allerdings inzwischen etliche westliche Länder, darunter die USA und Kanada, bewogen, sogenannte Magnitski-Gesetze zu verabschieden. Die parlamentarische Versammlung des Europarats hat nach langen Recherchen den Mitgliedstaaten empfohlen, dem Beispiel der USA zu folgen. Andere europäische Länder könnten sich bald anschließen. Bill Browders Darstellung gilt als glaubwürdig.

In seinem Buch »Red Notice. Wie ich Putins Staatsfeind Nr. 1 wurde« schildert Browder seine Anfänge in Russland. Mitte der Neunzigerjahre nutzte der junge britische Investmentbanker die chaotische Übergangsphase von der sowjetischen Planwirtschaft zum neuen, ungezügelten Raubtier-Kapitalismus: Für seinen Investmentfonds »Hermitage Capital Management« kaufte er auf Auktionen in großem Stil Coupons unterbewerteter Unternehmen. Mit Erfolg: Seine Fondsgesellschaft verfügte bald über Aktiva von mehreren Milliarden Dollar und wurde einer der größten westlichen Investoren in Russland. 1997 wurde Browders Fonds zum Top-Fonds des Jahres gekürt.

Bei seinen Marktanalysen stieß Browder auf merkwürdige Geschäftspraktiken bei Gazprom. Der Öl- und Gas-Riese sei mit einem Börsenwert von gerade zwölf Milliarden Dollar dramatisch unterbewertet gewesen, schreibt er: »Warum war das Unternehmen so billig? Ganz einfach, weil die meisten Investoren glaubten, 99,7 Prozent der Unternehmenswerte seien bereits gestohlen.«[3]

Browder begann zu recherchieren und entdeckte, dass Topmanager von Gazprom milliardenschwere Öl- und Gasfelder des Unternehmens für einen Bruchteil des Werts verkauft hatten – an sich selbst. Doch Browder erkannte auch, dass ein Großteil der Gazprom-

Reserven eben noch nicht geraubt worden war. Er kaufte also im großen Stil Gazprom-Aktien – und alarmierte gleichzeitig die Medien. Zahlreiche Artikel über die Geschäftspraktiken bei Gazprom erschienen in russischen und internationalen Wirtschaftszeitungen. Der Vorstand wurde ausgetauscht, Alexei Miller, der neue Gazprom-Direktor, versprach aufzuräumen. Nach dieser Ankündigung explodierten die Kurse, die Aktien waren mit einem Mal 134 Prozent mehr wert. Browders Fonds profitierte entsprechend.

Browder fühlte sich bestätigt und suchte weiter nach korrupten Strukturen in russischen Staatsunternehmen – in dem Glauben, das müsse auch dem Kreml gefallen: Immerhin wurden kriminelle Strukturen aufgedeckt, wurde das Vertrauen potenzieller Anleger gestärkt. Gleichzeitig stieg auch der Marktwert der Firmen, in die er investiert hatte, so Browders Kalkül. Eine Win-win-Situation also. Doch wie Browder später in seinem Buch einräumt, sei das eine naive, westliche Sicht gewesen. In Wahrheit habe er begonnen, die Kreise einflussreicher Gruppierungen auch im Kreml zu stören.

Die böse Überraschung kam am 13. November 2005: Browder wurde nach einer Auslandsreise nicht mehr ins Land gelassen und zur unerwünschten Person erklärt. Nach dem ersten Schock gelang es ihm, unauffällig alle Aktiva in Russland abzustoßen und die Gelder seines Fonds ins Ausland zu transferieren. Er steuerte sein Unternehmen nun von London aus. Wenig später wurden seine in Russland verbliebenen Firmen von zwei Dutzend Polizisten in Zivil durchsucht. Die Razzia endete, nachdem die Beamten die Firmensiegel, Eigentumsurkunden und Registrierungsunterlagen der Firmen gefunden hatten.

Browder schaltete den auf Steuerrecht spezialisierten Wirtschaftsprüfer Sergei Magnitski ein, der die Vorgänge untersuchen sollte. Bald war klar: Mithilfe der beschlagnahmten Eigentumsurkunden waren drei seiner Firmen auf russische Personen umregistriert worden. Und die neuen Eigentümer hatten einen Plan: Sie wollten sich von Browder ordnungsgemäß gezahlte Steuern vom russischen Staat zurückholen. Dafür ließen sie Browders versteuerte Gewinne von 937 Millionen Dollar mit einem einfachen Trick rückwirkend wieder verschwinden: Sie produzierten auf dem Papier fiktive Forderungen gegen Browders ehemalige Unternehmen. Damit standen den Gewinnen des Vorjahres entsprechend hohe Schulden gegenüber. Die vermeintlich zu viel gezahlten 230 Millionen Dollar Steuern forderten die neuen Eigentümer jetzt vom Finanzamt zurück.

Als Browder die Absicht der Kriminellen verstand, lachte er noch. Niemand in seinem Exil-Büro in London konnte sich vorstellen, dass das russische Finanzamt einem derartig billigen Bluff auf den Leim gehen würde. Doch die Betrüger hatten Komplizen im Finanzamt Nr. 28, so Browder: dessen Leiterin und ihre beiden Stellvertreterinnen. Die gaben dem Rückerstattungsantrag sofort nach, die umgerechnet 230 Millionen Dollar Steuererstattung flossen an Firmen der Kriminellen und verschwanden schnell auf Auslandskonten. Browders gekaperte Firmen selbst wurden danach sofort liquidiert. »Es war die größte Steuerrückerstattung in der russischen Geschichte. (…) Es war eine verbrecherische, skrupellose Unternehmung gewesen, und wir verfügten jetzt über die nötigen Beweise, um sie offenzulegen und diese Kerle vor Gericht zu bringen.«[4]

Sergei Magnitski, Browders russischer Wirtschaftsprüfer, hatte die Abläufe minutiös rekonstruiert. Er übergab jetzt sein umfangreiches Belastungsmaterial den russischen Behörden. Browder selbst schilderte russischen Medien per Telefon, was geschehen war. Alle, auch russische Journalisten, erkannten den Betrug und erwarteten eine schnelle Reaktion der Staatsanwaltschaft. Doch das Gegenteil passierte: Statt Browders Team für die Aufdeckung eines gigantischen Betrugs am russischen Steuerzahler zu danken, setzten Ermittler des Innenministeriums Magnitski und andere Mitarbeiter Browders in Russland unter Druck: Sie sollten Browder selbst belasten. Ihm wurde plötzlich vorgeworfen, 2001 selbst Steuern hinterzogen zu haben. Seine Mitarbeiter weigerten sich, dieses Spiel mitzuspielen, einige flohen unter abenteuerlichen Umständen aus Russland.

Auch aus Sergei Magnitski selbst, dem Aufklärer des Betrugs, wurde plötzlich ein Beschuldigter. Er selbst habe den Diebstahl eingefädelt, hieß es. Es war deutlich, schreibt Browder, dass die russischen Behörden nicht die Betrüger verfolgten, die den russischen Steuerzahler um 230 Millionen Dollar geprellt hatten, sondern Magnitski, ihn selbst und sein Team.

Am 24. November 2008 begann dann die Tragödie, die den Namen Magnitski in aller Welt bekannt machte: Der 37-jährige Wirtschaftsprüfer wurde zu Hause vor den Augen seiner Frau und seines kleinen Sohnes verhaftet und verschwand hinter Gittern. In immer neuen, erbärmlicheren Zellen erkrankte er schließlich schwer, erhielt aber keine medizinische Hilfe. Trotz der Misshandlungen weigerte er sich, Browder zu beschuldigen, um damit seine Tortur zu beenden. Stattdessen belastete er weiter die tatsächlichen Betrüger.

In den letzten Monaten seiner fast einjährigen Untersuchungshaft in kalten Zellen mit verstopften Toiletten verschlechterte sich Magnitskis Zustand weiter, er erkrankte an einer schmerzhaften Entzündung von Galle und Bauchspeicheldrüse. Am 16. November, so Browders Rekonstruktion, wurde Sergei Magnitski schließlich in die Krankenstation des Untersuchungsgefängnisses »Matrosskaja Tischina« gebracht: »Doch anstatt ihn dort in der Notaufnahme unterzubringen, wurde er in eine Isolationszelle gesteckt und mit Handschellen an das Bettgestell gefesselt. Dann wurde er von acht Wärtern in voller Kampfmontur aufgesucht. (…) Sie stürzten sich mit ihren Gummiknüppeln auf ihn. Eine Stunde und 18 Minuten später erschien ein ziviler Arzt und fand Sergei Magnitski tot auf dem Boden liegend vor. (…) Sergei Magnitski wurde wegen seiner Ideale umgebracht. Er wurde umgebracht, weil er an das Gesetz glaubte.«[5]

Bill Browder schwor, den Tod seines Mitarbeiters zu rächen, und begann einen weltweiten Feldzug, um die Verantwortlichen zur Rechenschaft zu ziehen. In Washington überzeugte er Abgeordnete und Senatoren, im Dezember 2012 unterzeichnete Präsident Obama den sogenannten Magnitsky Act. Er erlaubt den USA, bei Korruption und schweren Verstößen gegen die Menschenrechte Einreisesperren zu verhängen und die Konten der Beschuldigten einzufrieren. 18 russische Staatsbürger kamen auf die »Magnitski-Liste«, von denen alle bis auf zwei in unmittelbarer Verbindung zum Fall Magnitski stehen.

Russland antwortete mit Einreisesperren für 18 US-Bürger – eine eher hilflose Reaktion, denn wenige der Betroffenen träumten von Russlandbesuchen. Doch dann verkündete der Kreml eine weitere

Antwort auf das Magnitski-Gesetz, die selbst viele russische Bürger schockierte: Die Duma verabschiedete im Eiltempo das »Dima-Jakowlew-Gesetz«, das die Adoption russischer Waisenkinder durch Amerikaner verbietet.

Vor der Duma protestierten bald einige Hundert Menschen gegen die umstrittene Racheaktion. »Lasst die Kinder entkommen« forderten Plakate, eine Frau sagte in unsere Kamera: »Was erwartet diese Waisen denn in unserem Land? Sie bekommen keine medizinische Versorgung. Ich schäme mich für dieses Gesetz.«

Ilja Ponomarjow, ein oppositioneller Duma-Abgeordneter, stimmte ein: »Jetzt werden jedes Jahr 1500 russische Kinder keine Adoptiveltern finden. Über fünfzig von ihnen werden schwerbehindert sein, Kinder, die in Russland nicht geheilt werden können. Für sie ist es ein Todesurteil.«

Nahm der Kreml also russische Waisen als Geisel, um Amerika für ein Gesetz zu bestrafen, das korrupte Betrüger und Menschenrechtsverletzer sanktioniert? Der Adoptionsstopp würde die Schwächsten der Schwachen treffen, die Situation in russischen Waisenhäusern ist zu dieser Zeit verheerend: 130 000 Kinder warten auf Adoptiveltern, viele von ihnen sind behindert. Oft sind es Sozialwaisen, deren Eltern noch leben, die aber ihre kranken Kinder gleich nach der Geburt ins Heim gegeben haben.

Seit dem Zerfall der Sowjetunion haben Eltern aus den Vereinigten Staaten rund 60 000 russische Kinder adoptiert, mehr als jedes andere Land. In Sankt Petersburg filmen wir Anfang 2013, wie die Amerikanerin Anne Petit aus Georgia den dreijährigen Denis aus einem Heim abholt. Er ist eines der letzten Waisenkinder, die Russland noch verlassen dürfen, bevor das neue Gesetz wirksam wird. Auch Denis ist behindert. Schon bei der Geburt hatte er Herzprobleme, dann kam eine Hirnhautentzündung dazu, er musste operiert werden und braucht nach wie vor gute medizinische Betreuung. Neun russische Interessenten haben Denis bereits abgelehnt, erzählt die Heimleiterin. »Russische Adoptiveltern schreiben oft schon vorher: ›Wir wollen ein Kind mit slawischem Aussehen, ohne sichtbare Behinderungen‹.«

Was halten die Betreuerinnen hier von Putins Entscheidung, das

Adoptionsverbot als politische Waffe gegen die USA einzusetzen? Glaubt die Heimleiterin den Ankündigungen russischer Politiker, im Gegenzug würde sich die Situation in den Heimen bessern?

»Ich hoffe sehr, dass sie eine gute Entscheidung für unsere Kinder treffen. Denn wir sind es doch, die ihnen jeden Tag in die Augen schauen müssen. Wir, niemand sonst!« Ihr Gesicht zuckt, sie wendet sich ab, damit wir die Tränen nicht filmen können, die sie nicht länger zurückhalten kann.

Die Empörung über das »Dima-Jakowlew-Gesetz« in Russland ist so groß, dass selbst die routinierten Meinungsmacher Mühe haben, es zu rechtfertigen. Und so werden in den russischen Medien Todesfälle und Misshandlungen russischer Waisen in den USA dramatisch aufgebauscht – das »Dima-Jakowlew-Gesetz« ist benannt nach einem russischen Adoptivkind: Seine neuen amerikanischen Eltern hatten den Jungen in einem heißen Auto vergessen, er erstickte.

Doch die Propaganda greift nicht wirklich. Zu viele Russen wissen, wie es tatsächlich um die russischen Waisenhäuser steht, und dass viele Tausend in den USA eine sichere Heimat gefunden haben. Selbst Wladimir Putin muss sich bei seiner jährlichen Pressekonferenz im Dezember 2012 zahlreiche kritische Fragen zum Fall Magnitski und zum Adoptionsverbot gefallen lassen. Etwa die, ob es nicht sinnvoll wäre, die gestohlenen 230 Millionen aus dem Magnitski-Betrug zu finden und in russische Waisenhäuser zu investieren. Putin fühlt sich sichtlich unwohl, konstatiert Browder, der aus London aufmerksam verfolgt, was Putin den Millionen Zusehern zum Fall Magnitski sagt. Inzwischen gibt es Fotos der Leiche, die die Blutergüsse an seinem Körper dokumentieren und auf schwere Misshandlungen deuten.

In seinem Buch beschreibt Browder, wie er die Ansprache des Präsidenten erlebte. Putin sagt Sätze, die ihm Angst einjagen: »›Magnitski ist nicht durch Folter gestorben. Er wurde nicht gefoltert. Er starb an einem Herzanfall. Darüber hinaus war er, wie Sie wissen, kein Menschenrechtsaktivist, sondern ein Anwalt von Mr. Browder, der von unseren Strafverfolgungsbehörden beschuldigt wird, in Russland Wirtschaftsvergehen begangen zu haben.‹ Mein Herz setzte einen Schlag aus. Ich wusste, wenn mein Name über Putins dünne Lippen kam, dann würde sich mein Leben für immer verändern.«[6]

Tatsächlich hat Wladimir Putin die Eigenart, politische Gegner in der Regel nicht beim Namen zu nennen. Alexei Nawalny etwa. Browders Schrecken ist daher nachvollziehbar. Sechs Jahre später, beim Trump-Putin-Treffen in Helsinki, wird sein Name noch einmal fallen: Browder habe 400 Millionen Dollar Steuergelder in Russland gestohlen und für Hillary Clintons Wahlkampf gespendet, der US-Geheimdienst sei möglicherweise verwickelt, lässt Putin durchblicken. Für Browder ist spätestens jetzt klar, dass er tatsächlich zum persönlichen Gegner Putins geworden ist: »Ich muss damit rechnen, dass Putin oder Angehörige seines Regimes mich eines Tages ermorden lassen.«[7]

Was aber macht Browder zu Putins »Staatsfeind Nr. 1«, wie es sein Buchtitel unterstellt? Warum verfolgen die russischen Ermittlungsbehörden nicht die tatsächlichen Betrüger, die Steuergelder raubten, sondern lassen Browder in Abwesenheit und Magnitski sogar posthum schuldig sprechen? Es waren seine Enthüllungen, glaubt Browder, die zeigten, wie kriminelle Seilschaften in Russland funktionieren.

Die Panama-Papiere

Ein grelles Schlaglicht auf das Ausmaß der dunklen Geschäfte wirft am 3. April 2016 die Veröffentlichung der »Panama Papers«: 109 Zeitungen, Fernsehstationen und Online-Medien bringen die brisanten Enthüllungen über die panamaische Anwaltskanzlei Mossack-Fonseca, den weltweit viertgrößten Anbieter und Verwalter von Offshore-Firmen. Ein Unbekannter hatte zuvor der *Süddeutschen Zeitung* 2,6 Terabyte an vertraulichen Daten übergeben. Millionen von E-Mails, Briefen, Kreditverträgen und Bankauszügen wurden dann in einer faszinierenden gemeinsamen Recherche von 376 Journalisten aus 76 Ländern ausgewertet. Sie machten zahllose Machenschaften auf einen Schlag öffentlich. Und die Reporter verfolgten mithilfe der Daten auch die Spur der 230 Millionen Dollar aus dem Magnitski-Fall: »Bankunterlagen der drei Firmen, die die illegale Steuerrückzahlung erhielten – Makhaon, Parfenion und Rilend –, zeigen, dass das Geld über Tausende Transaktionen auf Scheinfirmen verteilt wurde. Scheinfirmen, geführt von Strohmännern, um (…) sicherzustellen, dass der wahre Nutznießer der riesigen Beute ein Geheimnis blieb.«[8]

Dank der Dokumente von Mossack-Fonseca hatten die Rechercheure entdeckt, wie Gelder aus dem Magnitski-Betrug zunächst über fünf verschiedene Adressen weitergeleitet worden waren und schließlich an eine Firma namens »Arivust« flossen. »Arivust wird von Wladlen Stepanow kontrolliert, dem Ex-Ehemann von Olga Stepanowa, der Leiterin des Moskauer Finanzamtes Nr. 28, das die betrügerische Steuererstattung veranlasste.«[9]

Geld von diesem Konto sei dann für den Erwerb einer Luxus-Immobilie in Dubai verwendet worden, so die Autoren. Wo Olga Stepanowa sich heute aufhalte, sei unbekannt, ebenso wie der Verbleib von Stepanowas beiden Stellvertreterinnen, die Moskau gemeinsam in einem Auto verließen. Auch für sie seien, über dieselben Konten, Luxus-Immobilien in Dubai gekauft worden, so der Bericht.

Doch nicht nur Gelder aus dem Magnitski-Betrug kommen über die »Panama Papers« ans Tageslicht. Die Spur von insgesamt zwei Milliarden Dollar aus Russland führt laut einer Recherche des OCCRP [das Organzied Crime & Corruption Reporting Project ist ein Zusammenschluss von Ermittlungszentren, Medien und Journalisten, Anm.] zu Briefkastenfirmen im Ausland. Als zentrale Figur taucht dabei in den »Panama-Papieren« immer wieder ein langjähriger Vertrauter Wladimir Putins auf: der Cellist Sergei Roldugin. Er ist Taufpate von Putins erster Tochter Mascha und erinnert sich an die gemeinsame Studienzeit so: »Wolodja (Wladimir Putin, Anm.) studierte zusammen mit meinem Bruder. (…) Das war ungefähr 1977. Wir trafen uns und wurden unzertrennliche Freunde. Er ist für mich wie ein Bruder.«[10]

Auch eine Spur der gestohlenen Steuergelder aus dem Magnitski-Betrug führe zu Rodulgin, schreibt *The Moscow Times* unter Berufung auf die Recherchen von OCCRP: Zwei Millionen Dollar seien an »Delco Networks SA« geflossen, eine Firma, von der Roldugin bald darauf 800 000 Dollar für Rosneft-Aktien erhält.[11] Doch Roldugin ist noch in weitere seltsame Transaktionen verwickelt, recherchieren Reporter von OCCRP. Alle haben eines gemeinsam: Die Gelder kommen drei Briefkastenfirmen zugute, als deren Eigentümer oder Miteigentümer Mossack-Fonseca Roldugin führt.[12]

Eine Methode, so die Autoren, beruhe auf einfachen Manipulationen mit Aktien und Verträgen russischer Staatsunternehmen. Roldugins Anwälte schickten zwei Verträge an Mossack-Fonseca: Der erste erlaubte Roldugins panamaischer Firma »IMO«, Rosneft-Aktien von einer anderen Offshore-Firma zu kaufen. Der zweite Vertrag kündigte den ersten. Im ersten war festgelegt, Roldugin würde 750 000 Dollar erhalten, falls der Aktienkauf nicht zustande käme – was natürlich der Fall war, da beide Verträge gleichzeitig wirksam wurden.

»Es gab ähnliche Deals mit anderen Firmen, die laut E-Mails in den Mossack-Fonseca-Daten mit Roldugin zusammenhingen. Diese Operationen erlaubten dem alten Freund des Präsidenten, mit heißer Luft Millionen zu verdienen. Diese altbewährte Technik wird seit Jahren in Russland verwendet, um Geld zu waschen, Schmiergelder zu zahlen oder Freunde zu belohnen.«[13]

Die Autoren der Untersuchung beschreiben anhand zahlreicher Beispiele, wie auch russische Oligarchen Roldugin riesige Summen zukommen ließen. So erhielt eine seiner Briefkastenfirmen einen Kredit über 6 Millionen Dollar für 2 Prozent Jahreszins. Nur einen Monat später erließ der Kreditgeber Roldugin gegen Zahlung von einem Dollar die Gesamtschuld. Die ungewöhnlich großzügige Offshore-Firma gehört zum Imperium eines reichen russischen Stahlunternehmers. Andere Firmen seines Imperiums zahlen auf ähnlichen Wegen an Roldugin.

In komplexen Verträgen mit Firmen eines weiteren russischen Oligarchen »bekam Roldugin letztlich den Anspruch, 59 Millionen und 200 Millionen Dollar zu erhalten für eine Zahlung von zwei Dollar«.[14] Viele der in den »Panama Papers« enthüllten Transfers zugunsten des Cellisten Sergei Roldugin stammen aus dem Umfeld Kreml-naher Oligarchen, die bei der Vergabe staatlicher Milliardenaufträge Spitzenplätze einnehmen.

Nach der Lektüre verschiedener Artikel wird mir allmählich klar, warum die meisten russischen Medien, vor allem aber die Fernsehsender, die Enthüllungen der »Panama Papers« praktisch totgeschwiegen haben: Sie erlauben einen ungeschminkten Blick auf Bereiche der Schattenwelt, in der sich große Teile der russischen Ökonomie abspielen. Fast alle Akteure scheinen dabei den ehrgeizigen Plan zu haben, möglichst viele Millionen aus staatlichen und halbstaatlichen Unternehmen, aus regionalen und föderalen Budgets abzusaugen und im Ausland in Sicherheit zu bringen.

Im Februar 2013 offenbarte der russische Zentralbankchef Ignatjew bei der letzten Vorstellung seines Jahresberichts zu Journalisten, dass im Vorjahr etwa 50 Milliarden Dollar, ungefähr 2,5 Prozent des Volkseinkommens, illegal aus dem Land geschafft wurden. Es war der letzte Auftritt seiner elfjährigen Amtszeit, vielleicht darum sagte er in einem Interview mit der Zeitung *Wedomosti* einen Satz zu den Hintermännern dieser Kapitalflucht, der viele aufhorchen ließ: »Man bekommt den Eindruck, dass sie alle von einer gut organisierten Gruppe von Menschen kontrolliert werden. Mit einer ernsthaften Kraftanstrengung der Justizorgane, so denke ich, könnte man diese Menschen finden.«[15]

Offensichtlich gab es diese Kraftanstrengung nicht, sodass die Kapitalflucht aus Russland in den Jahren danach unvermindert anhielt.

Der Fall Chodorkowski

Die Verdopplung des Staatsanteils an Russlands Unternehmen in Putins Amtszeit ergibt Sinn, wenn Kritiker wie Alex Fak, Bill Browder oder die Rechercheure von OCCRP recht haben: Er erleichtert korrupten Strukturen den Zugriff auf Russlands Ressourcen, vor allem auf Öl und Gas.

Ich erinnere mich noch an mein Interview mit Michail Chodorkowski im August 2003, zwei Monate vor seiner Verhaftung. Sein Geschäftspartner Platon Lebedew war da schon in Untersuchungshaft, der Druck auf seine Ölfirma Yukos bereits gewaltig. Chodorkowski hatte Yukos unter fragwürdigen Umständen bei der chaotischen Privatisierung nach Auflösung der Sowjetunion erworben und zu einem für russische Verhältnisse sehr transparenten und ertragreichen Konzern umgebaut. Zuletzt förderte Yukos etwa 15 Prozent der russischen Ölvorkommen, hatte Gewinnmargen bis zu 50 Prozent und war einer der großen Börsenmagnaten. Doch nach einer öffentlichen Auseinandersetzung mit Präsident Putin begannen bald Untersuchungen gegen die Firma.

Chodorkowski wirkte ernst und angespannt bei unserem Interview.

»Haben Sie bereits daran gedacht, das Land zu verlassen, wenn der Druck auf Sie stärker wird?«

»Ich würde das Land verlassen, wenn ich sehen würde, dass der Aufbau einer demokratischen Gesellschaft in Russland unmöglich ist. Ich bin aber sicher: Er ist möglich. (…) Wir befinden uns an einer wichtigen Wegscheide: Entweder glauben die Rechtsschutzorgane, dass sie alles machen dürfen. Dann entwickelt sich unser Land nach dem lateinamerikanischen Muster des vergangenen Jahrhunderts. Oder die Zivilgesellschaft zeigt, dass sie zwar noch unreif ist, aber bereit, diesem Szenario Widerstand zu leisten.«

Was zwei Monate später geschah, ist bekannt: Chodorkowski wurde wegen Steuerhinterziehung verurteilt und verschwand für zehn Jahre in russischen Straflagern. Die Regierung fror Yukos-Aktien ein, woraufhin deren Kurs abstürzte und der Unternehmenswert auf einen Bruchteil fiel. Dann ließ sie das Unternehmen versteigern, um die angeblichen Steuerschulden zu begleichen. Eine völlig unbekannte Briefkastenfirma ersteigerte Yukos für sieben Milliarden Dollar und wurde Tage später von Rosneft übernommen. Damit war Yukos in der Hand des russischen Staates.

Elf Jahre später ereilte dieses Schicksal ein weiteres Energie-Unternehmen: Baschneft, den sechstgrößten Ölförderer Russlands. Mehrheits-Eigentümer Wladimir Jewtuschenkow kam in Hausarrest. Die Privatisierung von Baschneft fünf Jahre zuvor sei unter schweren Gesetzesverstößen abgelaufen, hieß es. Da die Regierung Rosneft erlaubte, Baschneft zu kaufen, sprachen Experten von einem neuen

»Fall Yukos«. Die Superreichen waren schockiert, weil Jewtuschenkow, im Gegensatz zu Chodorkowski, als völlig Putin-loyal galt. »Nun kann es jeden treffen«, fürchteten sie. Der amtierende Wirtschaftsminister Ulukajew sprach sich früh deutlich gegen die sogenannte Privatisierung Baschnefts durch ein staatlich kontrolliertes Unternehmen aus. Er wurde unter dubiosen Umständen mit einem Koffer voller Banknoten verhaftet, wegen Korruption verurteilt und verschwand hinter Gittern.

Als der Kreml dann doch 2016 versuchte, einige Anteile von staatseigenen Unternehmen zu verkaufen, geschah dies weniger aus Einsicht in die Vorzüge einer liberalen Marktwirtschaft, sondern aus Kapitalmangel: Der niedrige Ölpreis hatte Löcher ins Budget gerissen. Doch für 19,5 Prozent Rosneft-Anteile zum Preis von gut zehn Milliarden Euro fand Igor Sechin lange keinen Käufer. Potenzielle Investoren fürchteten sich, weil Sechin und sein Unternehmen Rosneft auf den Sanktionslisten der Europäer und der Amerikaner stehen. Als schließlich Ende Dezember, kurz vor Ablauf der von Putin genannten Frist, eine viel zu kleine und unerfahrene Bank den Löwenanteil von Rosneft übernahm, waren die Zweifel groß. Wer steckte dahinter?

Fast zwei Jahre später enthüllte die Agentur *Reuters* unter Berufung auf neun anonyme Informanten, viele aus dem direkten Umfeld des Deals, dass die russische VTB-Bank einen Großteil des Verkaufs finanzierte.[16] Das zweitgrößte Kreditinstitut des Landes aber gehört ebenfalls zu 60,9 Prozent dem russischen Staat. Eine Privatisierung stellt man sich anders vor.

Die Verdopplung der Zahl staatlich kontrollierter Industrie-Unternehmen unter Wladimir Putin ist für Russlands Wirtschaft fatal. Die großen Konglomerate gelten als sklerotisch und ineffektiv. Attraktive Produkte für den Weltmarkt produziert fast nur die hochsubventionierte Rüstungsindustrie. Russische Kühlschränke, Waschmaschinen, Computer oder Haartrockner sucht man vergeblich in den Haushalten der restlichen Welt. Etwa 80 Prozent der russischen Exporteinnahmen stammen aus Öl, Gas und anderen Rohstoffen.

Während Wladimir Putin die Schwierigkeiten der russischen

Wirtschaft gerne auf die Sanktionen des Westens zurückführt, liegen sie in Wahrheit im System selbst, schreibt Andreas Umland in der *Neuen Zürcher Zeitung:* »Russland ist und bleibt bis auf Weiteres ein von Korruption durchsetzter Petro-Staat, der stabiles Wachstum nur bei permanent hohen Energiepreisen und günstiger Außenwirtschaftslage generieren kann.«[17]

Die strukturelle Krise hat viele Elemente: Weder Staat noch russische Eliten zeigen Interesse an wirklicher Modernisierung der Industrie. Sie würde viel Geld kosten und Vertrauen in die Zukunft bedingen. So aber sind die meisten Anlagen veraltet. Auch darum ist die Produktivität der russischen Arbeiter und Angestellten gerade einmal halb so hoch wie der Durchschnitt der OECD-Mitglieder.[18]

Gleichzeitig fehlen Russland Arbeitskräfte, die arbeitsfähige Bevölkerung wird in den kommenden Jahren um bis zu 800 000 jährlich sinken, was bis zu einem halben Prozentpunkt des ohnehin kümmerlichen Wachstums von etwa einem Prozent kostet. Das bedeutet für ein Schwellenland wie Russland Stagnation. Nach Angaben der Statistikbehörde Rossat verließen 377 000 Menschen im Jahr 2017 das Land, ein Rekordwert.[19] Die wahren Zahlen dürften noch deutlich höher sein, meldet im Januar die *Moscow Times* unter Berufung auf eine glaubwürdige Studie. Russland blutet aus.[20]

Besonders schmerzhaft ist dabei der Exodus der jungen, gebildeten Russen: Die Zahl der Emigranten mit Hochschulbildung wächst mit jedem Jahr. Allein die der ausgewanderten Wissenschaftler hat sich zwischen 2013 und 2016 verdoppelt, auf 44 000.[21] Sozialministerin Olga Golodez sprach von eineinhalb Millionen russischer Fachkräfte, die im Ausland arbeiten, Experten gehen von einem Vielfachen aus.[22] Gleichzeitig liebäugeln laut einer Umfrage 42 Prozent aller russischen Topmanager damit, ins Ausland zu gehen, ein Sechstel plant es konkret in den kommenden beiden Jahren. Die beliebtesten Zielländer sind demnach die USA (22 Prozent), Deutschland (17 Prozent) und Großbritannien (1 Prozent).[23] Keine Perspektiven, Korruption, Rechtsunsicherheit, Misstrauen in die Sozialsysteme, fehlende Lebensqualität – es gibt ein ganzes Paket von Gründen, das russische Bürger aus dem Land treibt.

Auch Ausländer fliehen aus Russland, und mit ihnen ihre Devisen-Gehälter. Die Zahl der Deutschen hat sich allein von Anfang 2014 bis Ende 2015 von 350000 auf ein Drittel reduziert, die der Amerikaner auf ein Viertel und von den 179000 Briten ist nur noch ein Sechstel im Land.[24] Viele, weil ihre Unternehmen sich zurückzogen, andere, weil das vom Kreml geschürte Feindbild vom aggressiven Westen längst auch im Alltag die Atmosphäre vergiftet.

Parallel zur Erdrosselung der Privatwirtschaft hat sich der öffentliche Sektor enorm aufgebläht. So hat die Russische Föderation heute doppelt so viele Beamte und öffentliche Angestellte wie noch die Sowjetunion, seit Putins Amtsantritt sind die Zahlen explodiert, auf 2172000.[25] Wladislaw Inosemzew rechnet in einem Gastbeitrag für die *Neue Zürcher Zeitung* die Gruppe der Geheimdienstler und Militärs dazu und kommt auf 7,9 Millionen Mitarbeiter staatlicher Organe. Mit ihren Familienmitgliedern, so Inosemzew, profitieren somit bis zu 18 Prozent der aktiven Bevölkerung vom »System Putin« und haben entsprechend keinerlei Interesse an dessen Veränderung.[26]

Das gilt vor allem für Mitglieder des Inlandsgeheimdienstes FSB, einer ebenfalls aufgeblähten Organisation, die laut Inosemzew zweimal mehr Angehörige hat als FBI und CIA. Sie bilden eine mächtige Kaste, die Wladimir Putin stützt und gleichzeitig von dem unter ihm gewachsenen System profitiert. Die Eckdaten: mehr als 200000 Mitglieder, keine parlamentarische Kontrolle, das Budget Geheimsache, es herrschen Korpsgeist und Elitebewusstsein. Es war Nikolai Patruschew, Putin-Vertrauter und dessen Nachfolger als FSB-Direktor, der den Geheimdienst schon im Jahr 2000 als den »neuen Adel« des Landes pries.

Ein Job beim FSB gilt laut einer Meinungsumfrage inzwischen für zwei Drittel der russischen Gesellschaft als Glücksfall. Und zum 100. Gründungstag der »Tscheka«, Lenins berüchtigter politischer Polizei, erschien auch Wladimir Putin und lobte: Der FSB schütze vor ausländischer Einmischung in Russlands soziales und politisches Leben.

Längst geht es nicht mehr nur darum, wirklich gefährliche Terroristen oder Extremisten auszuschalten oder politische Widersacher mundtot zu machen: Jeder, der sich – auch in der russischen Provinz – gegen das oft enge Netz aus lokalen Geschäftsleuten, Politikern, Behörden und Kriminellen auflehnt, zahlt schnell einen hohen Preis für seinen Widerstand. Staatsanwälte und Richter bieten häufig keinen Schutz vor solchen Seilschaften, sondern sind mit ihnen verbunden, und die lokalen Geheimdienstler gehören ebenfalls zum System: »Das gesamte russische Wirtschaftsleben ist, wie die Politik und selbst die orthodoxe Kirche, durchsetzt mit Leuten aus dem Geheimdienst. ›Wo immer ich auch hinkomme, mit wem auch immer ich ins Geschäft kommen will‹, sagte mir ein iranisch-deutscher Geschäftsmann, ›treffe ich auf FSBler, die natürlich am Geschäft beteiligt werden wollen.‹«[27], schreibt Mark Galeotti in seinem Buch »The Vory«. Darin widmet sich der Historiker mit Schwerpunkt internationale Kriminalität und russische Sicherheitspolitik ausführlich der russischen Mafiakultur und ihren historischen Wurzeln.

Die traditionell enge Zusammenarbeit von Kriminellen und Staat, vor allem den Geheimdiensten, hält dabei bis zum heutigen Tag an und wurde durch die Aufwertung der Geheimdienste als »neuer Adel« weiter ausgebaut: »Ihr privilegierter Status, das Fehlen wirksamer Kontrolle und die Anwendung ungesetzlicher Methoden bei Routineaufgaben: All das trägt dazu bei, sie zu Brutstätten illegaler Netzwerke und Gruppen zu machen.«[28] Dieses Fazit kommt von Andrei Soldatow, russischer Autor, Journalist und ausgewiesener Geheimdienstexperte. Er stimmt Galeotti zu: »Der Rechtsstaat bleibt in Russland ein fernes Ziel, wenn die Sicherheitsdienste offenbar entschieden haben, dass ihre Interessen und die des Staates, den sie bewachen, über dem Gesetz stehen.«[29]

Das Leben in einem feudalen Staat

Kritik an der rückwärtsgerichteten Wirtschaftspolitik, die statt Reformen auf die Weisheit der staatlichen Lenkung setzt, kommt inzwischen auch von regierungsnahen Experten. Der Leiter der Antimonopol-Behörde, Igor Artjomjew, sagt im September 2018 über die russische Wirtschaft: »In vielerlei Hinsicht bleibt sie rückwärts-gerichtet, halbfeudal, und besonders in unterentwickelten Regionen gibt es nicht einen Hauch von Wettbewerb.«[30]

»Udo, wir leben wieder in einem feudalen Staat«, sagt mir mit strahlendem, wenn auch sarkastischem Grinsen ein befreundeter Rechtsanwalt, der das Zitat auch gelesen hat. Er arbeitet für wohlha-bende Klienten, fliegt oft ins Ausland, und ich ahne, welche Art von Rechtsbeistand er da leistet. Wir sitzen mit einer ehemaligen Minis-terin der Stadtverwaltung zusammen. Auch sie hat während der Ära Luschkow [Moskauer Bürgermeister von 1992 bis 2010, Anm.] an-scheinend nicht schlecht dazuverdient in der Abteilung für Bauge-nehmigungen. Beide haben teure Wohnungen und Autos.

Der Anwalt bietet ein Glas Calvados an, dann noch eines. Als wir über die Zukunft des Landes reden, werden beide nachdenklicher. Sie spüren natürlich, wie große Teile der russischen Elite auch, dass es brenzlig wird. Das löst allerdings bei einigen auch einen ganz be-sonderen Gemütszustand aus: Es gilt, auf der untergehenden Tita-nic noch möglichst viel Spaß zu haben – und sich noch möglichst viel unter den Nagel zu reißen.

Auch Alexei Kudrin, langjähriger Finanzminister unter Putin und international respektiert, fordert seit Jahren nachdrücklich Re-formen und ein Ende des Konfrontationskurses mit dem Westen. Nur so könnten Investoren angelockt werden. Vor allem müsse das Justizwesens reformiert werden: »Rechtssicherheit statt Korrupti-on« heißt Kudrins These. Er gilt sogar als Vertrauter des Präsiden-ten. Dennoch wehrt sich Putin gegen jede grundsätzliche Reform. Warum? Andrei Kolesnikow, der renommierte Experte des Mos-kauer Carnegie-Centers, bringt es auf einen knappen Nenner: »Er-folgreiche Reformen brauchen sowohl politischen Willen als auch die klare Bereitschaft bei den herrschenden Eliten, Macht gegen Fortschritt einzutauschen und das autoritäre Modell aufzugeben.«[31]

Genau das ist nicht abzusehen. Und so prognostiziert Kolesni-kow wie viele andere eine lange Depression. Dabei sehen die volks-wirtschaftlichen Parameter vordergründig überraschend gut aus. Im dritten Quartal 2018 erzielt Russland sogar einen Rekordüber-schuss in der Leistungsbilanz: 26,4 Milliarden Dollar, 6,5 Prozent des BIP. Der Trick ist die Rubelabwertung. Die Einnahmen der Exportfirmen in Petro-Dollar machen jetzt viel höhere Rubelbeträge aus. Löhne, Gehälter, Renten und Sozialleistungen aber werden in immer schwächeren Rubeln bezahlt. Und so kann sich die Bevölkerung weniger Importprodukte leisten und muss Urlaubsreisen ins Ausland streichen. Sie zahlt mit Konsumverzicht.

Auch wegen der seit fünf Jahren rückläufigen Reallöhne leben inzwischen 22 Prozent der russischen Bevölkerung in Armut, so die Akademie des Präsidenten für Nationalökonomie und öffentliche Verwaltung. Sie können sich gerade noch das Überlebenswichtige kaufen. Weitere 36 Prozent befinden sich in der »Risikozone: Dort reicht es für Essen und Kleidung, aber es bleibt kaum oder gar kein Geld für andere Anschaffungen«.[32]

Weil das Geld fehlt, nimmt die Zahl der Verbraucherkredite stark zu, allein in den ersten acht Monaten 2018 um 27 Prozent. Bereits sechs Millionen russische Bürger durften 2018 das Land nicht mehr verlassen, weil sie unbezahlte Schulden haben: Überziehungszinsen, Steuern, Bußgelder oder Alimente.[33] Das sind 62 Prozent mehr als 2017.

»Udo, wir leben wieder in einem feudalen Staat« – die Zahlen sind in der Tat eindeutig: »Die unteren 50 Prozent der erwachsenen Einkommensbezieher – eine Gruppe von 115 Millionen Menschen – verdienten 2016 im Durchschnitt knapp 7800 Euro.«[34] Pro Jahr! Ihr Anteil am Nationaleinkommen ist inzwischen auf 20 Prozent zurückgegangen, wohingegen die am besten verdienenden zehn Prozent ihren Anteil am Nationaleinkommen auf über 45 Prozent steigern konnten. Das Durchschnittseinkommen des oberen einen Prozents betrug 470 000 Dollar pro Jahr. Die reichsten 3 Prozent besitzen 89,3 Prozent des gesamten Geldvermögens.[35]

»Das heutige Ausmaß der Ungleichheit ist vergleichbar mit oder sogar etwas größer als in der Zarenzeit«,[36] so der Wirtschaftswissenschaftler Thomas Piketty. Russlands Reiche setzten ihr Geld dabei nicht für Investitionen im eigenen Land ein, um die der Kreml immer verzweifelter wirbt. Die Kapitalflucht halte an. Das Geld liege sicher auf Konten im Westen: 750 Milliarden Dollar Kapital sind in den vergangenen 25 Jahren aus Russland verschwunden und auf sicheren Offshore-Konten gelandet.[37] 50 Prozent mehr als die gesamten Gold- und Devisenreserven des Landes.[38] Piketty meint: Die Summe der ins Ausland geschafften Gelder entspreche etwa den gesamten Ersparnissen der russischen Bevölkerung.[39] Ein gewaltiger Raubzug.

Besonders verletzlich sind Russlands Rentner. Weil die Löcher im Pensionsfonds auch aus dem Haushalt nicht gedeckt werden konnten, wurde 2016 der gesetzlich vorgeschriebene Inflationsausgleich der Renten kurzerhand durch eine kleine Pauschalzahlung ersetzt. Aufgebrachte Rentner auf der Krim konfrontierten Ministerpräsident Medwedew mit dieser Tatsache:

»Wo ist die versprochene Rentenanpassung?!«, will eine Frau wissen.

»Die gibt es nirgendwo in Russland. Wir haben einfach kein Geld. Wenn wir Geld finden, machen wir den Inflationsausgleich. Halten Sie durch hier, auf Wiedersehen.«

Vor allem das »Halten Sie durch« wurde zum bitteren Schlagwort in den sozialen Netzwerken und auf der Straße – erst recht, als ein Video des Anti-Korruptions-Aktivisten Nawalny kurz darauf den sagenhaften Lebensstil Medwedews mit Drohnenaufnahmen von dessen luxuriöser Wochenend-Residenz zeigte: ein riesiger Komplex, 80 Hektar, drei Landeplätze für Hubschrauber, Frei- und Hallenbad und eigener Skilift.

Als dann zur Jahreswende 2019 auch noch das Rentenalter, die Mehrwertsteuer und die Kommunalgebühren erhöht werden, beginnen sogar die Mainstream-Medien, alarmiert über soziale Probleme zu berichten – ein Novum. Doch die Reaktion der Regierenden auf die immer lauteren Proteste fällt beinahe schon arrogant aus: »Der Staat schuldet euch nichts«, sagt eine Regierungsvertreterin in Swerdlowsk, eine Abgeordnete der Einheitspartei empfiehlt eine »Kriegs-Diät«, Duma-Sprecher Wolodin warnt, die Rentenprobleme könnten sich verschärfen, die Zahlungen möglicherweise sogar »bald völlig eingestellt werden«.[40]

Putins Zustimmungswerte sinken 2018 auf das Niveau vor der Krim-Euphorie, und 55 Prozent der Befragten machen den Präsidenten sogar persönlich für Russlands Probleme und die steigenden

Lebenshaltungskosten verantwortlich. Das ist ein tiefer Kratzer im Lack des »Leaders«, als der er von Kreml-treuen Medien stilisiert wird. Bisher galten Putins unfähige Untertanen als Schuldige.

Und noch ein Trend könnte den Kreml beunruhigen: Das Zauberwort von »Stabilität«, mit dem Putin so lange so große Mehrheiten hinter sich brachte, verliert stark seine Wirkung, zeigt eine Untersuchung der Russischen Akademie der Wissenschaften. Dafür wächst die Zahl der Reformanhänger signifikant.[41] Fernseher gegen Kühlschrank – die Erfolgsserie »Patrioten klagen nicht« scheint Fans zu verlieren. Der knurrende Magen meldet sich dafür umso lauter.

Kapitel 12

Die Opposition:
Leere Klappstühle im Regen

E s ist eine beinahe absurd anmutende Situation. In einem Innenhof mit Grünfläche, umgeben von mehreren fünfgeschossigen Wohnhäusern, sitzen einige Anwohner auf Klappstühlen, zu einer Reihe angeordnet. Es sind fast alle Rentnerinnen, die eher skeptisch einem schlanken jungen Mann zuhören, der im blauen Anzug vor ihnen steht und energisch auf sie einredet.

Ilja Jaschin kommt aus Moskau. Doch jetzt, im Spätsommer 2015, hält er eine Wahlkampfrede in Kostroma, der Hauptstadt der gleichnamigen Region, gut 300 Kilometer nordöstlich von Moskau. Regionalwahlen stehen bevor, und der 32-jährige Jaschin ist Spitzenkandidat des Oppositionsbündnisses, das sich nach der Ermordung von Boris Nemzow im Februar zusammengefunden hat. Hier, in der Kostroma, sind ihre Ziele bescheiden: Sie wollen einen Sitz im Regionalparlament.

»Ich verstehe natürlich vollkommen, dass ›Einiges Russland‹ die Mehrheit bekommt. Die haben riesige Summen in ihre Kampagne investiert, ihre Wahlplakate hängen überall, sie sind ständig im Fernsehen. Aber ich verstehe auch: Schon ein einziger Oppositionsabgeordneter im Regionalparlament wäre ein Stachel im Fleisch für sie. Er könnte dann die alten Bürokraten zwingen, ihre Arbeit zu tun«, hören wir Jaschin sagen.

In Moskau hatte er vor Tausenden gesprochen, hier redet er auf eine Handvoll alter Menschen ein, aber er lässt sich nichts anmerken: Die regierende Putin-Partei, erklärt er den Zuhörern, lasse die Region verkommen. Er selbst wolle im Regionalparlament korrupte Beamte und Politiker kontrollieren. Dafür müsse sein Oppositionsbündnis die Fünfprozenthürde überwinden.

Als wir drei der Rentner befragen, machen die uns keine Illusionen: Die Opposition habe hier keine Chance: »Die reden viel, aber tun wenig. Er will an die Macht, darum spricht er so. Wenn er da erst mal ist … In der Kostroma mögen die Leute keine Politik. Sie leben ihr Leben.«

»Wie ist denn Ihr Leben?«

»Es gibt keinen Krieg. Wir beschweren uns nicht.«

Jaschin redet bereits 20 Minuten vor den Rentnerinnen, ohne müde zu werden. Eine beschwert sich über die schlechten Straßen, die steigenden Gaspreise. Jaschin weist darauf hin, dass im Parlament Putins ›Einiges Russland‹ die Mehrheit habe. Zu dieser Partei gehörten auch der Gouverneur und der Bürgermeister. Eine der Frauen zuckt mit den Achseln. Dass sie von den Regierenden betrogen werden, sei doch nichts Neues, meint sie. Egal, wer da oben sitze.

Ich beginne, Mitleid mit Jaschin zu entwickeln – und ihn für seinen Eifer zu bewundern. Welche Frustrationstoleranz! Er lacht nur: »Vor dieser Veranstaltung hatte ich drei andere, eine kommt noch.« Fünf Omas hier, fünf Omas dort. »Wir kämpfen gegen ›Einiges Russland‹. Deshalb dürfen wir nicht im Fernsehen auftreten. Unsere einzige Chance ist es, zu den Leuten direkt zu sprechen. Wie sonst können wir unsere Ideen vermitteln, wenn sie uns weder ins Radio noch ins Fernsehen lassen?«

Ich will wissen, warum er nicht auf größeren Plätzen spricht. »Da lassen sie uns nicht hin. Sogar hier werden wir ja attackiert: Bei einem der Treffen kamen Polizisten, unterbrachen uns, hielten mich fest. Stellen Sie sich vor, wie geschockt die alten Frauen waren, als die Polizei mich packte und anschließend wegbrachte.«

Jaschin ist ein Kämpfer. Schon als 17-Jähriger trat er in die Oppositionspartei »Jabloko« ein, leitete bald deren Jugendbewegung. Sein Diplom-Thema in Politologie hieß »Die Methodik der Organisation von Straßenprotesten«. Er schreibt Kolumnen für kritische Medien. Und jetzt ist er der einzige oppositionelle Spitzenkandidat bei den Regionalwahlen: In elf Regionen werden die Parlamente gewählt, in vieren davon stellte die Opposition Kandidaten auf, doch nur in der dünn besiedelten Kostroma schafften sie es, die bürokratischen Hürden zu überwinden. Jetzt wollen sie hier wenigstens einen Sitz gewinnen. Das klingt bescheiden und ist doch eine gewaltige Herausforderung.

Abends treffen sich die freiwilligen Aktivisten im Hauptquartier des Oppositionsbündnisses »Partei der Volksfreiheit« (PARNAS). In einem kleinen Ladenlokal stehen etwa fünfzig junge Frauen und Männer in Gruppen zusammen und diskutieren. An den Wänden Plakate und Einsatzpläne: Den ganzen Tag über sind sie von Platz zu Platz, von Tür zu Tür gezogen, haben Flugblätter verteilt und mit den Wählern diskutiert. Die meisten Aktivisten sind aus Moskau, einige aus Nowosibirsk, wo ihr Oppositionsbündnis, wie in anderen Regionen auch, erst gar nicht zur Wahl zugelassen wurde. Schikanen der Kreml-nahen Behörden, glauben sie, die hier in der Kostroma sogar den Wahlkampfleiter hinter Gitter brachten.

Wir sehen eine hochgewachsene Gestalt in einer größeren Gruppe: Alexei Nawalny. Er hat sich mit seiner »Fortschrittspartei« der Oppositions-Koalition angeschlossen. Der bekannte Anwalt und Anti-Korruptions-Blogger soll Jaschin helfen, zumindest diesen einen Sitz im Parlament zu gewinnen. Allein das ist schon ein kleines Wunder. Denn nicht nur der massive Druck des Kreml schwächt die russische Opposition, sondern auch die chronische Unfähigkeit ihrer führenden Köpfe, sich im Interesse des großen Ganzen auf gemeinsame Kandidaten und Programme zu verständigen. Weil ein wirklicher politischer Triumph der Opposition ohnehin illusorisch ist, sucht jeder der Parteiführer zumindest für sich selbst etwas Prominenz und Glanz.

Wir wollen Nawalny ein paar Fragen stellen, werden aber recht brüsk abgedrängt. Die Pressesprecherin hält ihre Hand vor die Kamera. Später erfahren wir: Sie hat uns für ein russisches TV-Team gehalten. Das Misstrauen ist groß. Sie wollen ohne Kameras ihre Strategie für die kommenden Tage besprechen.

Alexei Nawalny ist eine schillernde Figur. Schon 2012 führt ihn das *Time Magazine* in der Liste der hundert weltweit einflussreichsten Personen. Kurz darauf ist er 37 Prozent der russischen Bevölkerung ein Begriff – obwohl die Fernsehsender ihn weder zeigen noch erwähnen. Doch von seinen Enthüllungen über Korruption und Vetternwirtschaft haben inzwischen Millionen erfahren. Nawalny ist der für den Kreml gefährlichste Oppositionelle. Zehntausende jubeln ihm auf den großen Demonstrationen zu, es sind vor allem die jungen Großstädter, die ihre Hoffnungen auf ihn setzen.

Den Reichen und Mächtigen dagegen ist Nawalny lästig. Er deckte auf, welch luxuriöse Immobilien sich selbst mittlere Beamte im Ausland leisten. Sogar in der Duma rollten Köpfe. Ausgerechnet der Vorsitzende der Ethik-Kommission hatte rechtswidrig seine Villen in Florida verschwiegen, Marktwert 2 Millionen Dollar. Er musste zurücktreten, bald darauf ein zweiter Abgeordneter. Dass Nawalny die geduldete Korruption ein »Herrschaftsinstrument des Kreml« nennt, bleibt nicht ohne Folgen. Er sagt: »Gegen mich ermitteln mehr Fahnder als gegen den Ex-Verteidigungsminister in dessen Korruptionsfall. Auch der Geheimdienst. Wenn Putin zum Hörer greift und sagt: ›Bringt ihn hinter Gitter‹, dann sitzt morgen jeder im Gefängnis.«

Schauprozess gegen Alexei Nawalny

Tatsächlich musste sich Nawalny im April 2013 vor Gericht verantworten. Wir sind vor Ort, als der Prozess in Kirow beginnt. Nawalny ist gemeinsam mit seiner Frau aus Moskau angereist, sie haben eine gepackte Tasche dabei, für alle Fälle. Der schlimmste dieser Fälle: Straflager. Der junge Richter, dem Nawalny gleich gegenübersitzen wird, hat in 130 Verfahren nicht einen einzigen Angeklagten freigesprochen. In Russland erwartet 99 Prozent aller Beschuldigten ein Schuldspruch.

Vor dem Gerichtsgebäude von Kirow jubeln gut einhundert Anhänger, als Nawalny erscheint. »Putin, Dieb« steht auf einem Plakat, das seine Anhänger hochhalten.

Nawalny gibt sich zuversichtlich: »Natürlich gewinnen wir und vertreiben die Diebe und Gauner von der Macht.« Seine Unterstützer sind sich da weniger sicher: »Natürlich sperren sie ihn ein. Nawalny stört irgendwelche Oligarchen mit seinen Enthüllungen. Das reicht doch schon.«

Der Gerichtssaal ist viel zu klein für die vielen Journalisten und etlichen Kamerateams, die meisten folgen auf der Straße oder in einem Café in der Nähe dem Livestream eines kleinen oppositionellen Internet-Senders. Der Staatsanwalt liest mit monotoner Stimme die Anklage vor, Nawalny und seine Anwälte machen sich Notizen. Es ist ein bizarrer Prozess: Nawalny soll 2009 einen damals noch staatlichen Holzbetrieb um umgerechnet 400 000 Euro geschädigt haben – und damit den russischen Staat. Das Problem: Es gibt weder Beweise noch einen Kläger. Selbst der Gouverneur des Gebiets, für den Nawalny als Berater arbeitete, hatte im Zeugenstand nichts von einem Betrug wissen wollen. Zweimal schon hatten die Ermittler in Kirow daher das Verfahren eingestellt.

Doch Moskau wollte offenbar eine Verurteilung. Der Leiter der staatlichen Ermittlungsbehörde, Alexander Bastrykin, ein enger Vertrauter Putins, gab klare Anweisungen. Er wandte sich direkt an den Kirower Chefermittler: »Ihr habt da ein Verfahren gegen einen Mann namens Nawalny eingestellt, ohne die vorgesetzte Behörde zu informieren. Hast du etwa Angst? Wir helfen euch doch, lasst uns den Fall in die nächste Instanz bringen, den ganzen Apparat einbeziehen. Ihr wisst: Ich habe schon Ermittler rausgeworfen wegen Untätigkeit. Das ist die letzte Warnung für Kirow.«[1] Kurz darauf wurde der Chefermittler gefeuert, sein Nachfolger und auch der junge Richter Blinow dürften die Nachricht verstanden haben.

Und so sitzt Nawalny jetzt also wieder vor Gericht. Nach nur einer halben Stunde wird der Prozess allerdings auf die kommende Woche vertagt. Den Prozess in die Länge zu ziehen ergibt Sinn, wenn öffentliche Empörung verhindert werden soll: Wie oft werden die vielen Fernsehteams aus Moskau den Weg nach Kirow auf sich nehmen wollen?

Was sich in den folgenden Monaten in Kirow abspielt, ist eine Farce: Kein einziger Geschädigter meldet sich, es gibt keinen plausiblen Beweis, kein einziger Entlastungszeuge wird zugelassen. Am 18. Juli findet der Prozess seinen – so glauben alle – dramatischen Abschluss.

Richter Blinow verkündet: Fünf Jahre Straflager für Alexei Nawalny, vier Jahre für den Mitangeklagten Pjotr Ofizerow. Die hohen

Haftstrafen seien wegen der Schwere der Schuld verhängt worden, so der Richter. Beide Männer werden noch im Gerichtssaal in Handschellen gelegt und anschließend ins Untersuchungsgefängnis von Kirow gefahren.

Abends kommentiere ich das Prozessende in den »Tagesthemen«: »Der Schauprozess gegen die Oppositions-Ikone Nawalny wurde so lieblos, so demonstrativ zynisch inszeniert, als wolle man jedermann beweisen: Schaut her, wir können uns alles erlauben. Die Regisseure des Spektakels wollten offenbar die Grenzen des Absurden ausloten.«

Ich muss an die Stalinzeit denken, daran, was Karl Schlögel über den zweiten Moskauer Schauprozess im Januar 1937 schreibt: »Die Anklagepunkte waren ebenso fantastisch und absurd wie im ersten Schauprozess. (…) Wie schon im ersten Schauprozess war klar, dass der Ausgang des Verfahrens bereits feststand. In ihm konnte alles behauptet und konstruiert werden, denn es gab keine Beweise, sondern nur die Geständnisse der Angeklagten.«[2]

Das allerdings ist der Unterschied: Nawalny hat nicht gestanden, sondern auf seiner Unschuld beharrt. Selbst für einen Schauprozess nach stalinschem Vorbild ist der Prozess in Kirow nicht geeignet, zu dünn und durchsichtig ist die Schicht, mit der das Verfahren in ein rechtsstaatliches umgeschminkt werden sollte. Der Europäische Gerichtshof für Menschenrechte wird es später als »willkürlich« und »voreingenommen« kritisieren und Moskau zur Übernahme der Gerichtskosten und einer Entschädigung von 8000 Euro verurteilen. Doch zunächst ist Nawalny hinter Gittern.

Einen Tag später wird er überraschend wieder in den Gerichtssaal gebracht, ohne zu wissen, warum. Er habe mit der Verlesung einer weiteren Anklage gerechnet, sagt er später. Aber der Richter erklärt: Die Staatsanwaltschaft habe Nawalnys Freilassung gefordert, und er gebe diesem Antrag nach. Grund sei Nawalnys Immunität als Kandidat für die Moskauer Bürgermeisterwahlen. Ausgerechnet die Staatsanwaltschaft! Das ist eine völlig unerwartete und bizarre Wendung. Nach dem Jubel seiner Anhänger im Gerichtssaal macht Nawalny einen seiner typischen Scherze: Man möge die Identität des Staatsanwalts überprüfen – dieser könne unmöglich derselbe Mensch sein, der ihn gestern noch habe ins Straflager schicken wollen.

Tatsächlich nimmt Nawalny im September 2013 an der Bürgermeisterwahl in Moskau teil. Da die Medien ihn weithin ignorieren, zieht er mit seinen Anhängern in einem atemlosen Kraftakt von Tür zu Tür, von Platz zu Platz, von Vorort zu Vorort. Ohne Medienpräsenz scheint sein Unterfangen völlig aussichtslos. Doch dann die Sensation: Mit 27 Prozent der abgegebenen Stimmen zwingt er den Gegenkandidaten Sobjanin fast in eine Stichwahl. Ein Triumph, spätestens seit diesem Moment ist Nawalny der unangefochtene Kopf der Opposition.

Wahlkampf auf dem Land

Dass diese Ikone jetzt, zwei Jahre später, als Wahlhelfer im kleinen Kostroma steht, ist ein hoffnungsvolles Signal: Die Opposition scheint vereint!

Ich sehe, wie die Aktivisten an Nawalnys Lippen hängen, als er an einer Landkarte Strategien diskutiert. Da wir das nicht filmen dürfen, wenden wir uns an Leonid Wolkow, Nawalnys Chefstrategen. Er hätte eigentlich die Oppositions-Kampagne in Nowosibirsk leiten sollen, wo ihre Partei am Ende nicht zugelassen wurde. Sie scheiterten am sogenannten Munizipal-Filter: Parteien müssen Unterschriften potenzieller Unterstützer präsentieren. Das hatten sie getan, doch etliche Unterschriften waren von der Wahlkommission schlicht für ungültig erklärt worden: »Formfehler«. Das sei für den Kreml einfacher, als Wahlen zu fälschen, sagen Kritiker.

Wolkow hat eine Handvoll Aktivisten aus Sibirien mitgebracht, um Jaschin zu unterstützen. Das Oppositionsbündnis will um jeden Preis die Fünfprozenthürde schaffen, zumindest einen Sitz im Parlament von Kostroma erobern. Alles andere wäre ein verheerendes Signal für die Duma-Wahl im kommenden Jahr.

Die arme, entlegene Kostroma mit ihren gerade einmal 650 000 Einwohnern ist zum »Hotspot« geworden, um den auch Jaschins

Gegner mit harten Bandagen kämpfen. Die Putin-Partei »Einiges Russland« hat prominente Moskauer Abgeordnete und den Kulturminister in die verlorene Region geschickt, in der Hauptstadt laufen Wahlwerber in Bärenkostümen durch die Innenstadt und verteilen Kalender mit dem Aufdruck »Patriotismus. Stabilität. Zuverlässigkeit«. Doch ihr größter Gegner, so Wolkow, sei die Lethargie der Menschen hier. »Die Leute sind tatsächlich nicht interessiert. Sie glauben nicht, dass Politik überhaupt etwas ändern kann. Deshalb kommen wir in ihre Gärten, in Innenhöfe von Wohnblocks, zeigen Interesse an ihren Problemen, um dann zu diskutieren und zu agitieren. Wir haben insgesamt 200 solcher Veranstaltungen. Wenn jeweils 15 Menschen kommen, sind das 3000 Handschläge. Das ist viel.«

Am nächsten Tag beginnt Jaschin eine weitere Wahlkampftour durch die Kostroma. Mit nur elf Einwohnern pro Quadratkilometern ist die Region extrem dünn besiedelt. Stundenlang fahren wir entweder durch Wälder, die 70 Prozent der Fläche Kostromas ausmachen, oder durch weite Gras- und Sumpflandschaften, vorbei an kleinen, ärmlichen Holzhäusern. Am Straßenrand sitzen Frauen, die Eimer mit frischen Beeren oder getrockneten Pilze feilbieten.

Nach 400 Kilometern über schlechte Straßen, die allmählich in Schotterwege mit tiefen Spurrillen übergehen, hält Jaschins Wagen an. Der Fahrer braucht eine Pause. Er hockt sich an den Straßenrand, einer der Aktivisten schüttet ihm langsam Wasser aus einer Flasche über den Kopf. Ilja Jaschin schläft tief auf der Rückbank. Zwei Wochen Dauerwahlkampf haben ihre Spuren hinterlassen, alle im Wahlkampfteam wirken müde. Doch jedes Dorf, jede noch so kleine Stadt ist wichtig für sie, wenn sie die Fünfprozenthürde schaffen wollen. Mit Zugang zum Fernsehen wäre es leichter.

Wir kommen nach Pawino. Ein eher trostloses Dorf im Nieselregen. Auf einem kleinen Platz neben der Straße das vertraute Bild: 15 Klappstühle, zwei eckige Zelte mit dem PARNAS-Logo, zwei Lautsprecherboxen auf Stativen, jeweils mit einem schwarzen Regenschirm geschützt. Ein paar Helfer sind vorgefahren und haben bereits alles aufgebaut. Da Jaschin mit seinem Team eine Stunde zu früh dran ist, wollen sie die Zeit nutzen, um etwas zu essen. Es gibt kein Restaurant in Pawino, aber im Dorfladen soll es auch etwas Warmes zu essen geben, haben sie gehört.

Alle haben Hunger, doch beim Eintreten in das uralte Holzhaus huscht ein wissendes Lächeln über die Gesichter der Aktivisten: Fünf Hühnerbeine und vier gebratene Schweinekoteletts liegen in der ungekühlten Auslage. »Nur keine Experimente« heißt das Geheimrezept für hungrige Reisende in der russischen Provinz. Was auf der Speisekarte als »Filet« angepriesen wird, hat damit in aller Regel nichts zu tun, dasselbe gilt für alle ambitionierten Versuche, den Gast mit europäisch klingenden Leckerbissen anzulocken. »Beef Stroganow«, »Huhn nach Kiewer Art«, das sind erprobte Rezepte, bei denen nicht viel schiefgehen kann – außer wenn, wie in diesem Dorfladen, schon Herkunft und Aufbewahrung des Fleischs Fragen aufwerfen.

Aus der Küche kommt eine Frau im grünen Kittel mit einer weißen Kochmütze. Sowjetstil, mit kleiner Bordüre. Pelmeni könne sie noch anbieten, sagt sie, und ohne zu zögern, stimmen Jaschin und seine Crew zu. Jeder nennt die Zahl Pelmeni, die er möchte. Saure Sahne habe sie aber nicht, meint Irina, die vom Überfall so vieler Fremder samt Kamerateam zunächst wenig zu halten scheint. Nur langsam taut sie auf. Wegen der hohen Fleischpreise will Irina bald zumachen.

»Hier leben nur noch 3000 Leute. Früher hatte das Dorf 150 Kühe, jetzt sind es gerade noch drei. Das Futter ist zu teuer geworden. Die Politiker haben uns einfach vergessen, von Putins Partei war niemand hier.«

Jaschin mischt sich ein: »Warum sollen die auch hier Wahlkampf machen, wenn sie das Fernsehen haben! Das allein bringt doch schon das gewünschte Resultat. Und dann die administrativen Ressourcen: Alle Dörfer hier werden von Beamten kontrolliert, die für das richtige Wahlergebnis sorgen müssen.«

Tatsächlich kontrolliert Putins Partei das Land inzwischen fast flächendeckend: Sie stellt Gouverneure, Bürgermeister, Verwaltungsleiter und beeinflusst damit lokale Geschäftsleute, Staatsanwälte, Richter, Polizisten. Die sogenannte Macht-Vertikale reicht längst bis in die tiefe Provinz.

Jaschin ist neugierig: »Für wen werden Sie denn bei der Wahl stimmen?«

»Ich weiß nicht«, sagt Irina.

»Und für wen haben Sie früher gestimmt?«

»Für niemanden. Ich bin nicht wählen gegangen.«

Nach der kurzen Essenspause schlendern alle langsam zum Versammlungsort. Der Regen hat aufgehört, drei Stühle sind besetzt. Ein junger Aktivist beklagt, dass fast alle Wahlplakate im Dorf abgerissen worden seien. Kein Wunder, dass kaum jemand da ist. Jaschins Helfer schwärmen aus und sprechen Menschen auf der Straße an. Nur langsam füllt sich der kleine Kreis aus Klappstühlen. Auch Irina aus dem Dorfladen ist gekommen.

Jaschin beginnt seinen Vortrag. »Ich schlage Ihnen vor, dass Sie mich anstellen. Abgeordnete sind keine Bosse, sondern Angestellte des Volkes. Ihre Angestellten. Ich schaue ständig in solch skeptische Augen wir Ihre, und ich verstehe, warum. Kürzlich kam eine Frau zu mir und sagte: ›Selbst wenn wir alle für Sie stimmen – ein Mensch alleine kann nicht kämpfen, Sie werden ohnehin scheitern.‹ Aber ich werde kämpfen, ich will Ihr Anwalt in der Regierung sein. Dafür müssen Sie nur Ihr Misstrauen und Ihre Apathie überwinden.«

Zögerlich stellen zwei Zuhörer einige Fragen. »Was kann man tun, damit endlich die Wasserleitung aus dem Jahr 1975 erneuert wird?«, lautet eine der Fragen. Seit zwanzig Jahren werde ihnen das nun schon versprochen. Jaschin schlägt vor, eine Eingabe aufzusetzen, bietet Hilfe an. Und immer wieder erinnert er die Dorfbewohner daran, wer hier seit langer Zeit die politische Macht innehat: die Kreml-Partei.

Als die Menschen sich nach der Veranstaltung langsam zerstreuen, wirkt Jaschin nachdenklich. 100 bis 150 Stimmen braucht er in jeder dieser Ortschaften, um die Fünfprozenthürde zu überspringen. Wird es reichen? Werden seine Zuhörer die Botschaft weitertragen? Haben die unzähligen Haustür-Gespräche seiner Aktivisten etwas bewirkt? Warum sich von Putins Partei niemand hier blicken lässt, ist für Jaschin klar: »Denen würden ja konkrete Fragen gestellt werden. Nach den kaputten Straßen, der kaputten Wasserleitung, der fehlenden Gas- und Heißwasser-Versorgung. Da sprechen sie doch lieber den ganzen Tag nur über die Krim und die ukrainische Junta. Das Problem ist: Die Leute hier fühlen zwar, dass ich Ihnen nichts vorlüge. Aber nach siebzig Jahren Kommunistische Partei, nach 15 Jahren ›Einiges Russland‹ und zuvor den turbulenten Neunzigerjahren ist ihr Vertrauen in Demokratie völlig zerstört.«

Die Fahrt geht weiter. Während einige Aktivisten in Pawino noch die Lautsprecher einpacken, Stühle verladen und die beiden Zelte abbauen, ist ein zweites Team im nächsten Ort bereits mit den Vorbereitungen fertig. In Bogowarowo haben Jegor und Jewgeni gerade ein kleines Podium zusammengeschraubt, jetzt sind die Zelte dran. Der 19-jährige Jegor stammt aus Samara, mit dem Auto gut 15 Stunden entfernt.»Natürlich ist das alles nicht einfach hier. Aber ich bin hierhergekommen, weil ich bei etwas mitmachen will, das unser Land verändert, ein besseres Leben bringt für die Menschen in Russland.«

Ein weißer Pkw hält neben uns, mit einer großen russischen Fahne. Michail, ein weiterer Jaschin-Aktivist, ist optimistisch:»Hier, in Bogowarowo, mag niemand die Regierenden. Gerade einmal ein Prozent sind Putin-Fans. Und etliche kennen sogar Nawalny, in der tiefen Provinz ist das erstaunlich.« Vielleicht, so Michail, bekomme die Putin-Partei hier nur 30 Prozent. Aber das helfe ihnen, der Opposition, nicht automatisch. Die Menschen hier hätten Sympathien für die Kommunisten oder die LDPR, die Liberal-Demokraten.

Ich verstehe, was er meint. In der Duma in Moskau gebärden sich drei Parteien wie Oppositionsparteien: die Kommunisten der KPRF, die Liberal-Demokraten, die in Wahrheit ultrarechte Nationalisten sind, und die Partei »Gerechtes Russland«. Ihre Rolle: Sporadisch laute Kritik an der Regierung äußern, aber bei wichtigen Abstimmungen mit der Einheitspartei stimmen. Diese sogenannten Blockflöten bilden das, was in Russland »System-Opposition« heißt. Sie sind Überdruckventile bei wachsender Unzufriedenheit, haben den Auftrag, demokratische Parteienvielfalt vorzutäuschen und Wähler-Reservoire jenseits der Einheitspartei zu binden. Es ist diese »gelenkte Demokratie«, die Wladimir Putins Machtbasis absichert.

Jabloko, Jaschin, Nawalny, das demokratische Bündnis: Sie gehören zur »nicht-systemischen« Opposition. Also der tatsächlichen.

Im nationalen Parlament, der Duma, wird von dieser Opposition nach den Wahlen im Dezember 2016 nicht ein einziger Abgeordneter übrig bleiben. Schon im Vorfeld gelten die Oppositionellen dem Kreml als staatsfeindlich, vom Westen gesteuert, revolutionslüstern – also schlicht als gefährlich. Und darum scheint der Kreml sogar zu fürchten, dass auch nur ein einziger Vertreter dieser Gruppe den Einzug ins Parlament von Kostroma schaffen könnte.

Entsprechend schwer hat es auch Alexei Nawalny, der kurze Zeit später in Scharja, der zweitgrößten Stadt der Region Kostroma, für Ilja Jaschin und die Opposition wirbt. Auf dem Platz neben dem Markt sind immerhin fast hundert Menschen zusammengeströmt. Nawalny geißelt die regierende Partei als »Gauner und Diebe« und macht Putins reiche Freunde und deren Korruption für das Elend in der russischen Provinz verantwortlich. Fast ein Dutzend Männer mit Smartphones und Tablets filmt den Auftritt. Warum sie filmen, lässt sich ahnen. Begeisterte Fans sind sie definitiv nicht.

Und dann taucht ein Mann auf, der Nawalny schon nach Nowosibirsk und in andere Regionen gefolgt ist: angeblich ein Gegenkandidat, ständig begleitet von zwei Leibwächtern. Heute hat der etwa Vierzigjährige mit schwarzem Kurzhaarschnitt ein leuchtend rotes Jackett an. Nach ersten kritischen Zwischenrufen aus den hinteren Reihen drängt er sich näher an Nawalny heran. Er beschuldigt ihn, in Kostroma einen amerikanischen Diplomaten in einem Restaurant getroffen zu haben.

Die Opposition als fünfte Kolonne Amerikas, die auch in Russland eine blutige Maidan-Revolution inszenieren will – es sind altbekannte Vorwürfe. Nawalny reagiert gelassen-humorvoll, man spürt seine Routine im Umgang mit solchen Situationen. Als Nawalny sich verabschiedet, bekommt er verhaltenen Applaus. Das ist hier in der Provinz fast schon eine kleine Sensation. Aber ob das ausreichen wird, um die Stimmung nachhaltig zu beeinflussen?

Wir gehen ein paar Meter über die Straße, zum Markt. Vier Frauen sitzen hinter einer Holzplanke, auf der ein Dutzend Plastikeimer mit frischen Beeren stehen. Daneben verkauft ein Mann Gemüse: Einen frisch geputzten Kohlkopf hat er vor sich liegen, fünf Rote Beete, drei Bund Frühlingszwiebeln, zwei kleine Kürbisse, einen

Sack Kartoffeln. Ja, sie hätten schon gehört, dass Nawalny in der Stadt sei, aber sie hätten ihre Stände nicht schließen wollen. Mehr wollen die Händler zunächst nicht sagen. Reden will jedoch ein Kunde, ein älterer Mann namens Wladimir. Er sagt überraschend kritisch: »Putins ›Einiges Russland‹ besteht doch nur aus Banditen!«

»Wollen Sie denn dann nicht eine andere Partei wählen?«

»Doch, schon. Aber welche denn?!«

»Was ist mit Ilja Jaschin, mit ›PARNAS‹?«

»Wissen Sie, für mich hängt das alles zusammen. Gaidar, Nemzow, Nawalny. In der Zeit von Gaidar wurde doch schon alles zerstört. [Wirtschaftsminister unter Jelzin; er gilt in der Bevölkerung bis heute als Hauptverantwortlicher für die Rubelkrise 1991/92, während der Millionen Sparer ihre Bankguthaben verloren. Von 2000 an war er führendes Mitglied der liberalen, pro-marktwirtschaftlichen »Union der rechten Kräfte«, der auch Nemzow lange angehörte. Anm.] Und wenn Nawalny an die Macht käme, hätte er auch schnell eine Uhr am Handgelenk, die locker 500 000 kostet.«

Jetzt wagt auch der Gemüseverkäufer, etwas zu sagen: »Eine ideale Führung gab es nie, und die wird es auch nie geben. Ich mag strenge Regierungen.«

»Ja, wenn Putin härter durchgreifen würde, wäre es besser.« Da sind sich die beiden Männer nun einig.

Die Beerenverkäuferinnen wollen lieber nichts über Politik vor unserer Kamera sagen. Auch nicht die freundliche Schuhverkäuferin Swetlana, die Ramschware aus China für wenige Euro anbietet. Die Schuhe holt sie mit dem Auto aus Moskau und verkauft sie im ganzen Bezirk. Erst als wir aufgeben, über Jaschin und die Wahl reden zu wollen, wird sie gesprächig: »Das Leben ist nicht leicht. Mein Mann hat mich früh sitzen lassen, die beiden Kinder habe ich allein aufgezogen. Vor Kurzem wurde ich ausgeraubt. Aber Hauptsache: nicht aufgeben. Nur Faule und Trinker leben im Elend. Bloß krank werden darf ich um Gottes willen nicht! Ich versuche, gesund zu leben, ich weiß ja, dass mir niemand helfen wird, dass ich mich nur auf mich selbst verlassen kann.« Gesagt hat Swetlana es nicht, aber ein Politiker ist vermutlich der Allerletzte, von dem sie sich ein besseres Leben erwartet.

Nach unserem Kurzbesuch auf dem Markt fahren wir in das kleine Hotel, in dem Jaschin und sein Team untergekommen sind. Die Gruppe hat einen kleinen Arbeitsraum gemietet, in dem jetzt nach und nach alle zusammenkommen. Sascha packt gerade ihren Laptop aus und sortiert SIM-Karten. Die junge Aktivistin filmt Jaschin in beinahe jeder Situation, von morgens bis abends. »Mein Arbeitstag ist noch lange nicht vorbei, jetzt kommt die heißeste Zeit: Das ganze Drehmaterial muss bearbeitet und überspielt werden«, sagt sie.

Da die meisten vom Kreml kontrollierten Medien die Opposition schlicht ignorieren, ist ihre einzige nationale Bühne das Internet: Tag für Tag wird da der mühevolle Kampf um zumindest dieses eine Mandat in der Kostroma dokumentiert. Und es gibt noch einen Grund für Saschas pausenloses Filmen: Die Kamera sei auch ein Schutz für sie, erklärt Dima, ein anderer Aktivist. »Wenn wir provoziert oder von lokalen Beamten schikaniert werden, dann können wir damit drohen, unser Material den Medien zu übergeben oder ins Netz zu stellen. Das wirkt meistens.«

Provokationen

Nach zwei Tagen Wahlkampf in der Provinz fahren wir mit Ilja Jaschin und seinen Helfern zurück in die Hauptstadt Kostroma. Jaschin versucht, optimistisch zu klingen: »Ja, es kamen nur wenige, ja, das Wetter hat nicht mitgespielt, aber allein dass die Opposition zum ersten Mal überhaupt hier war, dass wir Broschüren verteilt haben, wird Spuren hinterlassen. Wenn ich gewinne, werde ich mir in Kostroma eine Wohnung mieten. Ich werde in Moskau und hier leben und eine aktive Rolle im Parlament der Kostroma spielen.«

Tags darauf keimt noch einmal Hoffnung auf. Alexei Nawalny hat seinen letzten Wahlkampfauftritt in Kostroma. Obwohl die Veranstaltung kurzfristig wegen eines »überraschenden Konzerts« verlegt werden musste, sind etwa 300 Menschen gekommen. Nawalny ist ein erfahrener Redner, sein Hauptthema sind auch diesmal die korrupten Eliten um Wladimir Putin. Die würden das Geld stehlen, das hier fehlt. Etwa für den Bau ordentlicher Straßen. Kostroma ist eine der ärmsten Regionen Russlands. »Gibt es denn kein Geld in Russland? War es ein anderes Land, das Gas und Öl für 3 Billionen Rubel verkauft hat? Oder ist die Kostroma auf wundersame Weise ausgeschlossen worden von der Verteilung der nationalen Reichtümer?«

Die meisten seiner Zuhörer sind junge Leute, sie nicken beifällig. Der Provokateur mit den beiden Bodyguards taucht wieder auf, zögert aber angesichts der deutlich größeren und Nawalny zugeneigten Menge eine ganze Weile, bis er sich wieder zur kleinen Bühne vorschiebt. »Was machte Nawalny um sieben Uhr morgens im Hotel ›Moskowskaja Sastawa‹, in dem auch der erste Sekretär der US-Botschaft in Moskau war?«, brüllt er in die Menge.

Nawalnys Antwort: »Ich schlief, was sonst.«

Der Mann erwähnt ein zweites Zusammentreffen mit US-Diplomaten, Nawalny nennt die Behauptung eine Lüge. Inzwischen hat das Publikum Position bezogen und buht den Störer aus, einige von Nawalnys Helfern drängen ihn weg vom Podium.

Nawalny erhält einen langen Schlussapplaus, Dutzende strömen nach vorne, bitten um ein Autogramm. Leonid Wolkow, Nawalnys Chefstratege, sitzt wie unbeteiligt auf einem Klappstuhl und schreibt etwas in seinen Laptop. Ist er denn gar nicht inspiriert von der wohlwollenden Reaktion? »Ja, doch, die Dynamik ist gut. In einer Woche wissen wir, ob wir das Momentum bewahrt haben. Dafür müssen wir jetzt noch mehr arbeiten und agitieren, es wird ein harter Schlussspurt.«

Und dann die kalte Dusche: Bei der Regionalwahl am 13. September kommt die »Demokratische Koalition« in der Kostroma auf weniger als 2 Prozent. Putins Partei gewinnt alle 21 im Land zur Abstimmung gestellten Gouverneursposten, Ministerpräsident Medwedew nennt das Ergebnis »völlig befriedigend«. Jaschin spricht von Wahlbetrug, und auch die unabhängige Organisation Golos beklagt Wahlfälschung, allein schon, weil die Opposition weitgehend von Rundfunk und Fernsehen ausgeschlossen worden war. Bei Golos gehen außerdem 200 Klagen ein: Wahlbeobachter seien an ihrer Arbeit gehindert worden, es habe Mehrfachabstimmungen gegeben.

Die Niederlage leitet den weiteren Zerfall der Opposition auf nationaler Ebene ein: Im Dezember des Jahres beginnt ein kleinlicher Zank zwischen den Oppositionsparteien um die Namen der Spitzenkandidaten. Er führt noch vor der Duma-Wahl 2016 zum Zerfall der demokratischen Oppositionskoalition.»Einiges Russland« gewinnt die absolute Mehrheit im russischen Parlament, der letzte Oppositionelle unter 450 Abgeordneten, Dmitri Gudkow, schafft die Wiederwahl nicht. Damit ist auch die Staats-Duma ohne eine einzige Kreml-kritische Stimme.

Ilja Jaschin veröffentlicht im August 2016 einen Bericht mit dem Titel »Partei kriminelles Russland«. Er nennt zahlreiche Beispiele für die Zusammenarbeit von Politikern der Einheitspartei mit Vertretern oder ganzen Gruppen der organisierten Kriminalität. Als Jaschin sich 2018 entschließt, bei der Moskauer Bürgermeisterwahl anzutreten, sucht die Filmcrew eines Webportals Jaschins 84-jährige Großmutter in einem Altersheim auf und interviewt sie. Aus Fragmenten der Antworten entsteht eine üble Schmutzkampagne gegen Jaschin. Der spricht von einem neuen Tiefpunkt an Gemeinheit und Zynismus. Zur Wahl wird er nicht zugelassen.

Und so ist es vor allem Nawalny, der überhaupt noch als Opposition wahrgenommen wird. Im Dezember 2016 kündigte er an, bei der Präsidentschaftswahl 2018 kandidieren zu wollen. Ein Jahr später, am 25. Dezember 2017, erklärte die zentrale Wahlkommission, eine Kandidatur sei wegen Nawalnys Bewährungsstrafe unzulässig. Im Februar 2017 war der Prozess gegen den Aktivisten noch einmal aufgenommen und Nawalny zu sechs Jahren Haft auf Bewährung verurteilt worden. Im Oktober 2017 reagierte der Europäische Gerichtshof für Menschenrechte ein weiteres Mal: Die Verurteilung sei rechtswidrig, zuzüglich zu den Prozesskosten seien Nawalny und seiner Familie Schadenersatz zu zahlen. Gesamtkosten: 55 000 Euro.

Nach der Nichtzulassung rief Nawalny seine Anhänger zum Boykott der Wahlen auf. Wie diese Wahlen ausgegangen sind, ist bekannt: Wladimir Putin bekommt seine dritte Amtszeit im Kreml.

Doch Nawalny mobilisiert mit seinen Protestaufrufen immer mehr Menschen, darunter viele Jugendliche. Sie ignorieren seit Langem die Kreml-gesteuerten Fernsehprogramme und fliehen ins Internet. Die jungen Russen, die in ihrem Leben bisher nur einen einzigen Präsidenten sahen, Wladimir Putin, scheinen langsam seinem Zugriff zu entgleiten. Hat ihr Widerstand das Potenzial, zur Massenbewegung zu werden? Wohl kaum in absehbarer Zeit. Die russische Opposition bleibt weitgehend unsichtbar im Schatten des Kreml.

Kapitel 13

»Der Don Quijote
von Suojarwi«

Auch wenn die politische Opposition in Russland ein eher trauriges Bild bietet: Eigentlich müsste sie ein gewaltiges Wähler-Potenzial haben. Wie oft bin ich auf den zahlreichen Reisen durch Russland auf empörte Menschen gestoßen, die sich von ihren Behörden und Politikern ignoriert, vergessen oder gar betrogen fühlten. Und doch ist die Zahl der Menschen, die sich in Russland offen gegen Beamtenwillkür, Korruption bei Staatsorganen, gegen Ausbeutung und Kriminalität wehren, eher gering. Warum?

Richtig ist: Die Erfahrung, von den jeweiligen Machthabern gequält und bestohlen zu werden, hat tiefe Wurzeln, sie galt unter Zaren, Sowjets und Oligarchen. Ist sie letztlich zum genetischen Code geworden, braucht der russische Bürger also tatsächlich eine »starke Hand«, wie ich es immer wieder höre oder lese? Ich halte das für Unsinn. Der Schriftsteller Boris Schumatsky spricht mir aus der Seele, wenn er schreibt:»Diesen abartigen Menschen, der ein geborener Untertan ist, diesen ›Sowok‹ [wörtlich Kehrschaufel, umgangssprachlich für Sowjetmensch, Homo Sowjeticus, Anm.], der von Natur aus eine Diktatur braucht, den gibt es in der realen Welt zum Glück gar nicht. Der Russe ist kein geborener Untertan, mag Russland auch ein Land voller Untertanen sein. Es ist lediglich ein Effekt des Systems Putin.«[1]

Resignation, stille Wut, aber kein Aufmucken? Nein. Es gibt sie, diese Russinnen und Russen, die »einsamen Helden«, die auf wundersame Weise ihre Angst überwunden haben, aufzubegehren. Oft sind es ältere Menschen, die nicht mehr um Familie oder Karriere bangen müssen. Ihr Mut und ihre Zähigkeit haben mich immer wieder an Russland glauben lassen. Und: Sie haben auch manche meiner Filme gerettet.

Wölfe in der Stadt

Es ist Winter in Karelien, wir fahren stundenlang durch vom Schnee verzauberte Wälder, nur ab und zu öffnet sich der Blick auf große Lichtungen mit verschneiten Baumstümpfen, die von der Haupteinnahmequelle der Region zeugen: der Forstwirtschaft. Als wir im 10 000-Seelen-Städtchen Suojarwi ankommen, ist es bereits dunkel. Ein paar Straßenlaternen tauchen die festgefahrene Schneeschicht in ein gelbliches Licht. Es dauert eine Weile, bis wir die Stadtbibliothek gefunden haben, denn wir sehen niemanden, den wir nach dem Weg fragen könnten. Vor dem einfachen Ziegelbau wartet der Rentner Wladimir Sawarkin bereits auf uns: Ein müdes, hageres Gesicht, grau-gelblicher Schnurrbart, eine Schirmmütze schützt seine schütteren grauen Haare vor dem eisigen Wind. Nach einer kurzen Begrüßung bringt er uns in die Bibliothek.

Im eiskalten Ausleihraum sitzen etwa zwanzig Menschen in dicker Winterkleidung im Halbkreis um einen Schreibtisch. Dahinter die stellvertretende Verwaltungschefin von Suojarwi und eine Politikerin aus der karelischen Hauptstadt Petrosawodsk. Beide hören den sichtlich aufgebrachten Menschen zu: Das neue Heizwerk der Stadt ist schon wieder ausgefallen, klagen sie, fast hätte das zur Katastrophe geführt: Im eisigen Winter friert das Fernwärme-System in kürzester Zeit ein.

Wie kann so etwas passieren? Die Rentnerin Natalja klärt mich auf: Das Heizwerk verbrennt Torf, und der muss natürlich trocken sein. Doch im Sommer hatte die Lieferfirma einfach einen großen Berg feuchten Torf abgeladen. Der war nun zu einem einzigen Eisklumpen gefroren. Die Bürger machten sich mit Pickeln daran, Brocken herauszuschlagen und mit Eimern zum Heizkessel zu bringen. Doch das Förderband des Heizwerks konnte die Klumpen nicht transportieren und wurde beschädigt. Die ersten Folgen hatten wir bereits auf unserem Weg zur Bibliothek sehen können. Aus einem Tankwagen ließen Männer heißes Wasser durch einen Schlauch in einen geöffneten Kanaldeckel fließen. Der Ausfall des Heizwerks hatte bereits erste Knotenpunkte der Kanalisation einfrieren lassen. Immer wieder bersten Abwasserrohre, erzählt uns Sawarkin, die gesamte städtische Kanalisation stamme aus der Zeit der Sowjets und müsse dringend erneuert werden. Aber die Stadt habe kein Geld dafür. Dafür nicht, und für vieles andere auch nicht. Die wütenden Bürger reden jetzt immer lauter, offenbar stimuliert durch uns. Ein richtiges Fernsehteam – sollte sich doch jemand für ihre Probleme interessieren?»Als wir wegen des Heizwerks die Regierung in der Republik-Hauptstadt anriefen, glaubten die uns nicht und nannten es Panikmache«, berichtet Natalja empört.»Keiner weiß jetzt, wie die Stadt bis zum Mai geheizt werden soll«, beschwert sich eine jüngere Frau, die sich als Ljubow vorstellt. Und dann sagt sie einen Satz, der mich aufhorchen lässt:»Außerdem laufen Wölfe hier herum.« Wölfe? Mitten in der Stadt? Obwohl die Politikerinnen versuchen, das Thema schnell in eine andere Richtung zu lenken, stimmen gleich mehrere Anwohner Ljubow zu:»Ja, mitten im Stadtzentrum. Das ist kein Witz. Sie sind überall.«

Eine weitere Frau mischt sich ein:»Sie haben auch schon viele Wachhunde gefressen. Ja, sie fressen sie von ihren Ketten weg. Einen nur 200 Meter von hier entfernt.« Jeder der Anwesenden kennt eine Familie, die so ihre Hunde verlor. Eine Erklärung für die Wolfsplage haben die Anwohner auch: Der Kahlschlag der Wälder rund um die Stadt durch die großen Holzfirmen. Dadurch sei auch das Wild verschwunden, die hungrigen Wölfe müssten nun eben woanders nach Nahrung suchen.

Die Stadt scheint viele Probleme zu haben, und am nächsten Tag will Wladimir Sawarkin uns zeigen, wofür er seit vielen Jahren kämpft: Schon während der Fahrt deutet er immer wieder auf völlig baufällige Häuser, in denen nach wie vor Menschen leben müssen. Wir halten vor einem zweigeschossigen Holzgebäude.»Solche Häuser wurden nach dem Russisch-Finnischen Krieg gebaut«, erklärt Wladimir,»in den Vierzigerjahren, als provisorische Gemeinschaftsunterkünfte für Soldaten und Eisenbahnarbeiter. Viele Mieter sind in den letzten Jahren aus ihnen geflohen – niemand kann doch bei minus 40 Grad unter solchen Umständen leben.«

Wir sehen uns das Haus genauer an: Das Dach ist an mehreren Stellen eingebrochen, einige Fenster haben zersplitterte Scheiben, im Innenhof sehen wir die Außentoilette, ein hölzernes Plumpsklo.

Bei minus 40 Grad sicher kein angenehmer Ort. Wenn es heiß ist, vermutlich ebenfalls nicht. Doch erst als wir durch das Treppenhaus in die erste Etage steigen, wird das ganze Ausmaß des Verfalls deutlich: Eine morsche Holztreppe, der Putz ist in tellergroßen Stücken abgefallen, die Decke hat große Löcher. Das erste Zimmer auf dem Korridor der ersten Etage ist leer, ein Haufen Neuschnee liegt in der Zimmermitte.

Wir sehen eine ältere Frau, und ich bitte sie, uns ihre Wohnung zu zeigen. Die ist nicht nur völlig heruntergekommen, der Ausfall des städtischen Heizwerks macht sie jetzt praktisch unbewohnbar. Marina, die Tochter der Rentnerin, trägt Parka und Wollmütze in der Wohnung. »Manchmal ist es 16 Grad, manchmal nur 13. Um einigermaßen warm zu bleiben, schlafen wir auch in unserer Kleidung.« Doch selbst wenn das Heizwerk arbeite, erzählt sie, schützten die morschen Fenster nicht vor der Kälte. Ich sehe, dass die Frauen versucht haben, sie mit Plastikfolie ein wenig abzudichten – mit bescheidenem Erfolg. »Da zieht es überall durch. Inzwischen haben sie das Gebäude immerhin als Abrisshaus klassifiziert. Das Umsiedlungsprogramm läuft bis 2020. Wenn wir Pech haben, müssen wir also noch fünf Jahre warten. Und hier leben auch Familien mit Kindern.«

Rentner Wladimir Sawarkin ist vor einigen Jahren in den Stadtrat gewählt worden und hat sofort die dramatischen Wohnungsprobleme in der Stadt zu seiner Mission gemacht. »Die Leute zahlen doch Miete für Sozialwohnungen wie diese. Die Stadt sollte also in der Lage sein, mit diesen Geldern solche Bruchbuden zu reparieren. Aber das Geld verschwindet einfach, repariert wird nichts. Das nennt man wohl Korruption. Die gibt es hier seit Langem«, schimpft er.

Marina will Wasser holen, und wir begleiten sie. Auf dem Weg durch das verfallene Treppenhaus sehe ich, dass in allen Briefkästen die gleichen Mitteilungen stecken. Es sind die Rechnungen der Stadtverwaltung. Obwohl die Stadt schlecht heize und die Außentoilette nur zu selten abgepumpt werde, erklärt Marina, kämen die Rechnungen pünktlich.

Der Brunnen ist glücklicherweise nicht weit von ihrem Haus entfernt. Ich habe Wasserhähne in der Wohnung gesehen und frage, warum sie das Leitungswasser nicht nutzen. »Es ist zu schlecht, ganz gelb, das kann man unmöglich trinken. Man hat schon Angst, etwas damit zu waschen. Darum gehen wir alle zum Brunnen, auch die Alten.« Der Brunnen ist von einer Schicht aus Schnee und Eis überzogen. Marina befestigt ihren Metalleimer am Zugseil und dreht an der Handkurbel. Es dauert eine Weile, bis der Eimer, nun voller Wasser, wieder erscheint. »Wenn es sehr kalt ist, friert selbst das Brunnenwasser da unten ein. Dann muss jemand in den Schacht steigen und die Eisschicht mühsam aufbrechen.«

Während wir zurück zum Haus laufen, muss ich an die verheerenden Statistiken zum Thema Wasserqualität in Russland denken. 89 Prozent der Abwässer gelangen nicht oder ungenügend gereinigt wieder in den Wasserkreislauf. Eine Untersuchung zur ökologischen Sicherheit des Landes konstatiert, dass 30 bis 40 Prozent der russischen Bevölkerung regelmäßig Wasser nutzen, das nicht den hygienischen Normen entspricht. Das koste durchschnittlich 11 000 Menschen pro Jahr das Leben, drei Millionen würden krank.[2]

Sawarkin zeigt uns andere Häuser, eines liegt in seinem Wahlbezirk. Hier wohnt Natalja. Die Stadt hatte der Mutter von vier Kindern dieses Holzhaus zugewiesen, obwohl fast alle Scheiben eingeschlagen sind und nicht einer der Öfen funktioniert. Die Wohnungstür fehlt, der Wind fegt den Schnee ins Innere des Hauses. Natalja hat sich nach der Zuweisung sofort an den Verwaltungschef der Stadt gewandt: »Ich bat ihn um eine Übergangswohnung. Zuerst stimmte er zu, wollte mir aber keine Alternative zeigen. Als ich am kommenden Tag wieder bei ihm war, meinte er nur: ›Warum muss ich dir irgendetwas geben, wo dein Haus doch offiziell als bewohnbar eingestuft wurde. Leb einfach drin!‹«

Um Natalja zu ihrem Recht zu verhelfen, bat Sawarkin sogar den Staatsanwalt von Suojarwi zu einem Ortstermin und zeigte ihm das verrottete Haus ohne Türen und Fenster. »Und dieser wohlgenährte, gut rasierte und gut gekleidete Mann sagte mir: ›Ich sehe hier kein Drama. Soll sie leben, wo sie registriert ist.‹ Er lachte und ging. In diesem Haus sind noch vier weitere Familien registriert. Viele bekommen Häuser zugewiesen, in denen man nicht leben kann.«

Die halbe Stadt sei baufällig, sagt uns Sawarkin, doch im letzten Jahr sei nur ein einziges Haus gebaut worden. Russlandweit gebe es Umsiedlungsprogramme, Milliardenhilfen aus Moskau, aber in Suojarwi passiere nichts. Ich will wissen, was mit dem Geld geschieht, und Sawarkin verspricht mit sarkastischem Grinsen, uns ein konkretes Beispiel zu zeigen. Wir fahren zurück ins Zentrum der Stadt. Die Straßenbaubrigade baggert inzwischen die Kanalisation auf. Konkreter: Sechs Männer sehen rauchend dem Baggerfahrer zu.

Gleich nebenan wohnen die beiden Schwestern Aleftina und Tatjana im ersten Geschoss eines Wohnhauses, das von außen halbwegs ordentlich aussieht. Allerdings fehlt auch hier die Haustür, im Treppenhaus ist es eisig kalt. Aleftina, eine Frau Ende siebzig, begrüßt uns im hellgrünen Morgenmantel, an den Füßen dicke Pelzpantoffeln. In der Wohnung ist es kalt, obwohl die Schwestern gleich mehrere elektrische Heizgeräte aufgestellt haben, deren Spiralen glühen.

Schon neun Familien aus dem Haus hätten die Flucht ergriffen, berichten die beiden Schwestern, heute werden auch sie nach Petrosawodsk zu Verwandten fahren. Das Heizen mit Elektrogeräten sei einfach zu teuer. »In diesem Monat werde ich über 500 Kilowattstunden zahlen müssen«, beklagt sich Aleftina. Sie zeigt uns feuchte Stellen an fast allen Zimmerdecken. Das Dach sei kürzlich repariert worden, seitdem komme die Feuchtigkeit aus allen Ecken. Wir setzen uns auf die Couch, und Sawarkin erzählt die Geschichte der Renovierung: Die Bewohner des Hauses hatten die Stadt per Gerichtsbeschluss gezwungen, das Dach zu renovieren. Dafür waren zweieinhalb Millionen Rubel aus dem Stadtbudget bereitgestellt worden. Die beauftragte Firma aus Petrosawodsk arbeitete schnell – und schlecht. Pfusch am Bau. In einer Funktion als Stadtratsmitglied stellte Sawarkin den Geschäftsführer der Baufirma zur Rede: »Ich sagte ihm: ›Sie haben schlecht gearbeitet für so viel Geld, für zweieinhalb Millionen!‹ Und er antwortete: ›Sie müssen da etwas verwechseln. Ich habe nur 100 000 bekommen.‹ Ich sagte: ›Aber wo sind die fehlenden 2,4 Millionen?‹ Antwort: ›Die habe ich nie bekommen.‹ Das Geld war also im Stadtrat bewilligt worden, doch wohin es geflossen ist, wissen wir bis heute nicht. Die Stadtverwaltung müsste jetzt den Staatsanwalt beauftragen. Aber der ist der beste Freund des Bürgermeisters.«

Ich begebe mich auf Wahrheitssuche in der russischen Provinz.

Bürgermeister Petrow weist alle Vorwürfe zurück: Das Dach sei gut isoliert worden, warum Aleftina immer noch friere, könne nur sie selbst beantworten. Keinesfalls seien Gelder unterschlagen worden. Beim Thema Wohnungsnot wird der junge Bürgermeister dann unsicher. Ja, es gebe tatsächlich eine Liste von 400 Menschen in abrissreifen Häusern, die anderswo untergebracht werden müssten. Viele seien aber selbst schuld, hätten ihre Wohnungen schlicht verkommen lassen. Im Vorjahr habe die Stadt mit dem Bau eines Hauses begonnen, und bis 2044 müssten alle maroden Wohnhäuser der Stadt renoviert sein.

Ich glaube es kaum: Bis 2044? Der Bürgermeister bestätigt das absurde Datum ungerührt.

Ich versuche es beim Leiter der Bezirksverwaltung. »Wir nehmen kein Schmiergeld« steht auf gleich zwei Broschüren, die in seinem Vorzimmer ausliegen. Inzwischen weiß ich, dass der vorherige Bürgermeister wegen Korruption ins Gefängnis musste. Gennadi Danko ist deutlich älter als der amtierende Bürgermeister, ein erfahrener Bürokrat, der uns nur gute Nachrichten präsentiert. Die Pannen im Heizkraftwerk seien behoben, sagt er, und die Korruption, nun, die werde nicht erst seit Auslage der Broschüren bekämpft. »Über Korruption kann man alles Mögliche behaupten, aber man muss sie auch beweisen. Nach meiner Ansicht liegen alle Dokumente zu Aleftinas Dach vor, und daraus geht nichts dergleichen hervor. Außerdem gibt es doch die Staatsanwaltschaft und andere Kontrollorgane wie die Bauaufsicht.«

»Und wieso muss eine Mutter mit vier kleinen Kindern in einem völlig maroden Holzhaus ohne Heizung, Türen oder Fenstern leben?«

Danko räumt ein, dass sogar bis zu 600 Personen auf der Warteliste für neuen Wohnraum stehen, weil ihre Bleibe offiziell als unbewohnbar anerkannt wurde. »Aber die Frau hat doch eine Option: Wenn sie mit der Einschätzung unseres Staatsanwalts hier nicht einverstanden ist, kann sie ja einen Brief an den Staatsanwalt in der Hauptstadt schreiben.« Eine Alleinerziehende, die nur dank der Rente ihrer Mutter überlebt, soll die Stadtverwaltung im fernen Petrosawodsk auf Wohnrecht verklagen? Hier, wo sich Behörden, Gerichte und Staatsanwalt offensichtlich gegenseitig decken? Ein etwas zynischer Vorschlag, denke ich spontan.

Als wir aus der Bezirksverwaltung kommen, wedelt Sawarkin aufgeregt mit einem Brief, der ihm morgens zugestellt wurde.»Das Büro der Staatsanwaltschaft will mir mein Mandat als Abgeordneter im Stadtrat entziehen. Ich spreche offenbar zu viel mit Ihnen vom Fernsehen.« Sawarkin zeigt uns das Schreiben und beginnt zu erklären: Er sei vor einiger Zeit verurteilt worden, weil er auf einer Protestveranstaltung in der Hauptstadt ironisch vorschlug, Karelien doch wieder Finnland zu überlassen, weil die russischen Behörden offenbar nicht in der Lage seien, das Leben ihrer Bürger zu organisieren. Das habe ein Richter als »Extremismus« gewertet, Sawarkin bekam für seine provokante Äußerung eine Geldstrafe. Diese Vorstrafe aber nutze nun der Bürgermeister gemeinsam mit dem Staatsanwalt, so Sawarkin, um ihn aus dem Stadtrat zu werfen. Er sei den Bürokraten schlicht zu lästig mit seinem Kampf gegen Korruption und für besseren Wohnraum. Ein erster Versuch, ihn auszuschließen, war am Widerstand der anderen Mitglieder des Stadtrats gescheitert. Deren Beschluss wolle der Staatsanwalt jetzt als unrechtmäßig anfechten.

Am kommenden Tag fahren wir mit ihm in die vier Stunden entfernte karelische Hauptstadt Petrosawodsk. Sein drohender Rauswurf aus dem Stadtrat hat den kämpferischen Rentner alarmiert, er sucht Hilfe. Zuerst bringt er uns zur kleinen Internet-Zeitung *Gubernija*. Anna, die Chefredakteurin, ist Anfang dreißig. Sawarkin schildert ihr die Situation in Suojarwi, erzählt vom maroden Dach der beiden Schwestern Aleftina und Tatjana.

Zu meiner Überraschung greift Anna zum Telefonhörer und ist schnell mit Tatjana, der jüngeren Schwester, verbunden. Fact-Checking in Karelien. Als sie auflegt, lächelt die Chefredakteurin: Tatjana habe ihr alle Aussagen von Sawarkin bestätigt. Außerdem seien heute gleich zwei Handwerker in ihrer Wohnung erschienen. Das deutsche Fernsehen habe scheinbar Unruhe – und damit Bewegung – in die Stadtverwaltung gebracht. Auch Sawarkin grinst jetzt, immerhin etwas.

»Wladimir ist ein einzigartiger Mann«, sagt Anna. »Vor allem durch ihn erfahren wir, was in Suojarwi vorgeht. Solche Abgeordnete sind äußerst selten. Ihm geht es nicht darum, selbst bekannt zu werden. Er will nur, dass die Probleme gelöst werden. Und er hat zwei sehr spezielle Eigenarten. Er nimmt Anteil und er ist hartnäckig. Waldimir gibt nicht auf.« Die Chefredakteurin verspricht Sawarkin, nicht nur die Geschichte mit Aleftinas Dach zu bringen, sondern auch über seine drohende Entlassung aus dem Stadtrat zu schreiben. Sie glaube nicht unbedingt an die Macht des geschriebenen Wortes, gibt sie beim Abschied zu, hier in Karelien. Aber es gar nicht erst zu versuchen sei schlimmer, als zu scheitern.

Eine Stunde später sind wir mit Sawarkin im karelischen Parlament, das heute zu einer Sitzung zusammenkommt. Sawarkin will versuchen, den mächtigsten Mann der Republik abzupassen: Gouverneur Alexander Hudilainen. Der Mann mit dem finnisch klingenden Namen kommt aus Sankt Petersburg.

Auf der Presse-Empore finden wir einen guten Platz für unsere Kamera und erleben, wie Putins Macht-Vertikale in der Provinz funktioniert: Im karelischen Parlament sitzt nur noch eine Handvoll Oppositions-Politiker. Sie haben einen Antrag zur Abstimmung gestellt: Gouverneur Hudilainen soll wichtige Verwaltungspositionen auch mit Oppositions-Mitgliedern besetzen müssen. Es ist ein chancenloser Versuch, seine Allmacht einzugrenzen. Nach kurzer Debatte antwortet Hudilainen gelassen: »Ich habe doch nie einen Bewerber nach seiner Partei gefragt. Ausgewählt wird nach Professionalität, Kompetenz, Qualifikation und Einsatzfähigkeit.« Der Antrag wird abgelehnt.

Nach der Sitzung gelingt es Sawarkin tatsächlich, den Gouverneur im Vorbeigehen anzusprechen. Seine Bitte, über die katastrophale Lage in Suojarwi zu reden, kann der Gouverneur vor laufender Kamera kaum ablehnen. Sawarkin bekommt ein Gespräch mit Hudilainen in dessen Büro. Wir müssen draußen bleiben.

Als er nach 10 Minuten herauskommt, ist Sawarkin zuversichtlich: Der Gouverneur habe Interesse an der Situation in Suojarwi gezeigt, das sei ein wichtiger Schritt. Wir wollen schon einpacken, als die Pressesprecherin des Gouverneurs uns aufhält: Hudilainen sei bereit, uns ein Interview zu geben. Das ist eine Überraschung.

Das Interview findet in seinem Amtssitz statt: helles Parkett, dunkle Wandvertäfelung, ein großes Blumenarrangement, die russische und die karelische Flagge an der Wand. Als wir alles ausgeleuchtet und die Kamera aufgebaut haben, betritt Hudilainen den Raum. Er gibt sich offen, freundlich, selbstsicher. Ein Profi.

»Ja, es gibt tatsächlich ein großes Problem mit dem Wohnungsbestand in Karelien«, räumt er freimütig ein.

»Aber warum eigentlich, wo Moskau doch Zuschüsse für die Umsiedelung gibt?«

»Die Verantwortlichen in der Provinz hatten Angst, die wirklichen Zustände zu offenbaren. Deshalb kamen in Suojarwi leider nur acht Häuser in das staatliche Förderprogramm.«

»Aber Sie als der Gouverneur der Region müssten die Zustände dort doch kennen?«

»Ich treffe mich jetzt sehr oft mit den Bewohnern solcher Häuser, weil ich nicht nur die offizielle Version der Bürokraten kennen möchte. Als ich heute zufällig Stadtrat Sawarkin traf, habe ich ihm versprochen, ein paar Probleme recht schnell zu lösen, in drei, vier Tagen vielleicht. Ich habe Sawarkin auch gebeten, mich öfter zu informieren, denn er ist ein sehr aktiver Abgeordneter. Leider ist er bisher nicht zu meiner Ebene vorgestoßen.«

Ich freue mich über Sawarkins anscheinenden Aufstieg zum persönlichen Berichterstatter des Gouverneurs. Auf dem Rückweg nach Suojarwi sortiere ich dann die verwirrende Logik: Laut Hudilainen erklärten seine Provinz-Beamten gesetzeswidrig abbruchreife Häuser für bewohnbar, um nicht aus ihren Budgets den kommunalen Anteil für neue Häuser zahlen zu müssen. Deshalb kenne Moskau das Problem nicht und schicke entsprechend kaum Hilfsgelder in die Provinz. Er selbst sei machtlos.

Aber nur Wochen nach unserem Interview taucht Gouverneur Hudilainen in den russlandweiten Nachrichten auf: Präsident Putin hat ihm einen strengen Verweis erteilt, ein zweiter Gouverneur wurde sogar gefeuert. Der Vorwurf: Karelien und die Trans-Baikal-Region haben Subventionen aus Moskau selbst für die wenigen deklarierten Abbruchhäuser nicht ausgegeben. Putins Sprecher Peskow bestätigt, dass es für andere Zwecke genutzt wurde. Das ist auch peinlich für Präsident Putin, hatte der doch das ehrgeizige Bauprogramm publikumswirksam angeordnet. Entsprechend gereizt wirkt Putin daher, als er seinen Bauminister Michail Men im Moskauer Kreml vor laufenden Kameras des staatlichen Fernsehens Bericht erstatten lässt. Der eingeschüchterte Wohnungsbauminister beschönigt wenig: »In Karelien müssen Bewohner von 118 000 Quadratmetern Wohnfläche umgesiedelt werden. Bisher wurden davon aber nur 11 Prozent realisiert. Das kann man praktisch Sabotage des Programms nennen.«

»Sekunde«, fragt Putin nach. »Vielleicht haben Sie ihnen das Geld zu spät geschickt oder zu wenig?«

»Nein, sie haben alles pünktlich bekommen.«

»Aber das Geld – wohin haben die es gesteckt? Das waren doch zweckgebundene Gelder.«

»Die liegen bisher im Haushalt dieser beiden russischen Regionen. Sie müssten jetzt als Strafe zurückgezahlt werden.«

»Und wie erklären die diese Zustände?«

»Einfach damit, dass sie das Bauprogramm nicht umsetzen können. Sie zucken mit den Schultern.«

Der russische Rechnungshof bestätigt Anfang 2016, dass Karelien gerade einmal 2,4 Prozent des Umsiedlungsprogramms erfüllt hat. Putins ehrgeizige Vorgaben scheiterten dabei nicht nur an den leeren Kassen der verschuldeten Regionen, so der Rechnungshof, die ihren Eigenanteil nicht zahlen konnten. Dazu kämen Kompetenzwirrwarr, mangelnde Koordination in Moskau, Unfähigkeit und Korruption in den Regionen. Die ausgewählten Baufirmen seien oft nicht qualifiziert. Noch schlimmer: Putins ehrgeiziges Umsiedlungsprogramm kümmere sich nur um die Probleme, die vor 2012 gemeldet worden waren. Elf Millionen baufällige Quadratmeter. Seit 2012 aber seien weitere unbewohnbare neun Millionen Quadratmeter in den Regionen registriert worden, bis 2025 könnten es bis zu 42 Millionen sein!

Es sind kalte, statistische Daten, die den rasanten Verfall des russischen Wohnungsbestands belegen. Dahinter verbergen sich Menschen wie Natalja, Marina, Aleftina und Tatjana.

Die Inspektion

Eine Weile nach unserem Besuch in Suojarwi sind wir noch einmal in der Stadt, denn der vom Kreml gerügte Gouverneur Hudilainen hat eine Inspektionsreise angekündigt. Nach Putins Verweis hatte er sein gesamtes Kabinett ausgetauscht. Es ist ein großer Tag für Wladimir Sawarkin, der mit uns auf dem Parkplatz wartet, als der Konvoi des Gouverneurs mit den großen schwarzen Geländewagen eintrifft. Beim letzten Besuch Hudilainens habe die Stadt schnell noch ein paar Straßen erneuert, erzählt Sawarkin. Das hat dieses Mal nicht geklappt, die Schlaglöcher in der Stadt sind jetzt, am Ende des Winters, spektakulär.

Stadtrat Sawarkin schüttelt dem Gouverneur als einer der ersten die Hand. Ich sehe, wie stolz er ist. Er soll Hudilainen die Problemhäuser zeigen. Vielleicht verleiht ihm diese Behandlung ja eine gewisse Immunität in Suojarwi, überlege ich, vielleicht schützt sie ihn vor dem Rauswurf aus dem Stadtrat.

Der Besuch beginnt mit einer Bürgerversammlung in der Stadtverwaltung mit allen verantwortlichen Beamten und Politikern der Stadt. Der sichtlich nervöse Bürgermeister Petrow muss vortragen. Er erwähnt zufrieden das neu gebaute Haus. Das sei doch ein Anfang. Aber Sawarkin lässt ihn nicht davonkommen: Immer neue Dokumente zieht er aus seiner Aktentasche, geißelt alle Sünden der Stadtverwaltung und Staatsanwaltschaft, spricht von Ignoranz und Korruption. Seit vierzig Jahren werde der Stadt eine Straßenbeleuchtung versprochen. Nichts sei geschehen. Die Straßen seien in einem miserablen Zustand, noch schlimmer stehe es um die Kanalisation. »Das ganze ungeklärte Wasser geht in den See. Da sterben schon die Fische«, bestätigt eine Frau aus den hinteren Reihen.

Sawarkin schildert auch den Skandal um Aleftinas Dach, die

verschwundenen Summen aus dem Stadtbudget. Die Gesichter der Beschuldigten sprechen Bände: Bürgermeister, Verwaltungschef, Staatsanwalt – wie Schuljungen müssen sie Sawarkins Tiraden zuhören, der jetzt ja offensichtlich ein Günstling des Gouverneurs geworden zu sein scheint. Der wiederum, von Moskau bereits angezählt, macht sich mit grimmigem Gesicht Notizen. Er muss jetzt Schuldige für das Dilemma »Abrisshäuser« finden und beginnt mit einer Attacke auf die Stadtverwaltung: »Ihr Triumph ist also ein neu gebautes Haus? Nein, das ist Ihre Niederlage! Das Programm fordert 19 neue Häuser im Bezirk, bis 2016!«

Im Publikum wird es unruhig. Erste Wortmeldungen, zögerlich, ängstlich: Woher soll denn das Geld für die neuen Häuser kommen? Moskau habe doch gerade das Hilfsprogramm für Karelien auf einen Bruchteil gekürzt. Hudilainen geht in die Offensive: »Ich kann auch kein Geld herbeizaubern. Ihr müsst selbst Unternehmen anlocken, die Wirtschaft hier zum Laufen kriegen. Steuerquellen erschließen. Eure Firma ›SapKarelLes‹ ist doch eine der größten Holzfirmen: Die hat einen Fuhrpark, aber gerade ein Fünftel der fälligen Transportsteuern bezahlt. Überprüft deren Nummernschilder, deren Lkw, sucht nach Subunternehmern, die hier arbeiten. Das sind eure Steuern! Die müssten nicht zwölf, sondern mindestens einhundert Millionen Steuern zahlen. Das ist euer Geld, für das Stadt- und für das Bezirksbudget.«

»Stoppt die Korruption hier!«, heißt Hudilainens Appell im Klartext. Doch seine Sätze machen die Menschen im Saal eher noch wütender. Als wisse der Gouverneur nicht, wie inkompetent und korrupt seine Untergebenen hier in der Stadt- und Bezirksverwaltung sind. Eine rothaarige Frau belegt deren Ignoranz und Unfähigkeit mit immer neuen Beispielen: »Der Verwaltungschef ist noch schlimmer als der Bürgermeister. Er ist unfähig, kann nicht mit Leuten umgehen. Er sitzt nur rum und wartet auf seine Pensionierung. Es ist fast schon absurd. Darum leben wir hier so, Gouverneur. Hier regieren inkompetente Leute!«

Die Versammlung gerät zum Tribunal, die Wortmeldungen fallen immer lauter und aggressiver aus. Eine ganze Stadt nutzt die Chance, den Druck abzulassen, der sich über Jahre angesammelt hat. Hudilainen versucht zu beschwichtigen, berichtet von neuen Moskauer Förderprogrammen für Karelien. Von einer neuen Fabrik in Suojarwi, die 450 Arbeitsplätze schaffen soll. Doch die skeptischen Mienen seiner Zuhörer zeigen: Niemand glaubt ihm. Zu oft hat man ihnen schon leere Versprechungen gemacht.

Schließlich bricht Hudilainens Delegation auf, um die Problemhäuser der Stadt zu besichtigen, geführt von Sawarkin. Wir wollen natürlich dabei sein und sind gespannt – aber just in diesem Moment stoppen Polizisten unser Kamerateam, wollen alle Papiere sehen, Pässe, Akkreditierungen. Der Vorgang zieht sich auf mysteriöse Weise immer mehr in die Länge. Wir glauben nicht an einen Zufall.

Als das Team endlich wieder frei ist, kommt Gouverneur Hudilainen bereits aus dem letzten abbruchreifen Haus, das Sawarkin ihm offenbar gezeigt hat. Es ist jenes, in dem Marina mit ihrer alten Mutter friert, jenes mit den Schneehaufen in Zimmern. Wie hat Hudilainen darauf reagiert?

Doch irgendetwas muss da im Haus passiert sein. Der sonst so jovial-freundliche Gouverneur nickt uns nur kurz mürrisch zu, bevor er mit seiner Delegation davonfährt. Sawarkin kommt wenig später. Er schäumt vor Wut, seine Worte überschlagen sich: »Sehen Sie, mit welchen Autos diese Scheißkerle herumfahren? Sie kamen, um die Lebensbedingungen hier zu sehen. Doch Hudilainen sagte: ›Nichts Dramatisches. Hier kann man doch leben. Es gibt keine anderen Häuser.‹ Und ein Abgesandter der Regierung sagte: ›Ihr werdet keine anderen Häuser bekommen. Ihr habt sie nicht verdient.‹«

Wir verstehen nicht, wie aus dem gerade noch so fürsorglichen Gouverneur ein zynischer werden konnte. War es die Abwesenheit unserer Kamera, die Hudilainen zur »normalen« Tonlage zurückkehren ließ? Sawarkin zieht ein bitter-ironisches Resümee: »Ich bin wohl ein schlechter Abgeordneter für dieses Russland, für Karelien. Ich mache einfach zu viel Lärm und streite.« Offenbar hatte Sawarkins anklagender Tonfall den machtbewussten Politiker gereizt. Sawarkin wird nachdenklich: »Ehrlich gesagt: Es kränkt mich, in so einem Land zu leben. Wo man Menschen sagt: ›Ihr habt es nicht anders verdient, als in solchen Löchern zu wohnen.‹«

Das Ende des Stadtrats

Wenig später beginnt die Gerichtsverhandlung gegen Sawarkin. Es geht noch einmal um seinen Status als Abgeordneter des Stadtrats. Der hatte sich geweigert, Sawarkin auszuschließen. Dieses Votum aber will der Staatsanwalt anfechten, wegen Sawarkins Vorstrafe. Der protestiert: Nur gewählte Volksvertreter könnten ihm sein Mandat wieder wegnehmen. Er fordert, die Mitglieder des Stadtrats vorzuladen.

»Nicht nötig«, sagt der Staatsanwalt.

»Das Gericht lehnt den Antrag, den Stadtrat vorzuladen, ab«, sagt die Richterin.

»Dann verlasse ich unter Protest den Saal. Denn hier beginnt die Korruption. Danke für die Aufmerksamkeit«, sagt Sawarkin und verlässt den Gerichtssaal.

»Das Gericht entscheidet, dass die Entscheidung des Stadtrats von Suojarwi nicht rechtmäßig war«, sagt die Richterin und geht ebenfalls.

Nur der Staatsanwalt ist noch im Saal und packt gemächlich seine Unterlagen ein. Er bestätigt, dass tatsächlich nur die Abgeordneten Sawarkin ausschließen können. Sie müssen erneut über seine Zukunft im Stadtrat abstimmen.

»Hat der also doch noch eine Chance?«, frage ich.

»Wenn sie wieder eine Entscheidung treffen, die nach dem heutigen Urteil als nicht rechtskräftig gelten muss, dann gibt es eine besondere Prozedur, mit der alle Abgeordneten aus ihrem Amt entfernt werden. Wir werden dafür sorgen, dass eine rechtmäßige Entscheidung getroffen wird.«

Im Klartext: Der Stadtrat muss Sawarkin ausschließen, sonst werden alle Abgeordneten suspendiert.

Zwei Jahre später rufe ich noch einmal bei Wladimir Sawarkin in Suojarwi an, um mich nach seiner Situation und der Lage in der Stadt zu erkundigen. Was ist aus all den Ankündigungen des Gouverneurs geworden? Gibt es neue Arbeitsplätze, neue Häuser? Wird regelmäßig geheizt?

Die Antworten sind, wie erwartet, ernüchternd. Sawarkin ist kein

Abgeordneter mehr. Aber er hilft weiter, gerade hat er Aleftina ein neues elektrisches Heizgerät gekauft. Die Holzfirma ihrer Stadt, »SapKarelLes«, zahlt immer noch zu wenig Steuern und hat keine neuen Arbeitsplätze geschaffen. Schlimmer noch: Die Berufsschule in Suojarwi wird geschlossen, im Rahmen der von Moskau geforderten »Optimierung«. Dort konnten Schulabgänger sich bisher zu Schweißern, Mechanikern, Gas-Installateuren und einigem mehr ausbilden lassen. Die Jugendlichen sollen jetzt ins 140 Kilometer entfernte Petrosawodsk fahren. »Das ist völlig unrealistisch«, schimpft Sawarkin am Telefon. »Die Fahrt dauert eine Ewigkeit. Niemand hier hat das Geld, nicht für die Busfahrten und schon gar nicht für eine Unterbringung in der Hauptstadt. Also werden sie hier festsitzen, mit dem Trinken anfangen, mit Drogen. Ein paar Mädchen finden vielleicht einen Job als Kellnerinnen. Und die übrigen? Werden auch trinken. Oder schwanger werden. Das ist doch keine Zukunft!«

Ich fürchte, er hat recht.

Kapitel 14

Das Gesundheitswesen:
Jeder stirbt für sich allein

Im März 2016 bin ich mit einem Kamerateam auf dem Weg nach Fominskoje im östlichen Ural. Es ist ein langer Weg von Jekaterinburg, der Hauptstadt des riesigen Verwaltungsbezirks Swerdlowsk. Wir fahren durch eine weitgehend unbewohnte Landschaft, ab und zu verfallene Kuhställe, Ziegelbauten, Scheunen, die Überreste der Kolchosen und Sowchosen, die es hier früher einmal gab. Inzwischen ist die Landwirtschaft verschwunden. Die Agrarbetriebe waren seinerzeit für die Infrastruktur ihrer Region zuständig, für Schulen, Kindergärten, Feuerwehr, Straßen, Brücken. Ohne sie verfällt alles immer weiter. Links sehen wir eine eingestürzte Brücke, die einst über den Fluss Tagil führte. Kaum ein Auto kommt uns entgegen, und ich habe wieder einmal das Gefühl, auf dem Weg ans Ende der Welt zu sein.

Wir wollen nach Fominskoje, weil wir sehen möchten, was aus Wladimir Putins Versprechen geworden ist. Am 7. Mai 2012, dem ersten Tag nach einer glanzvollen Inauguration im Kreml, den Putin nun zum dritten Mal erobert hatte, unterschrieb er als eine seiner ersten Amtshandlungen gleich elf Verordnungen. Mit diesen »Mai-Erlassen« sollten jene Wahlversprechen erfüllt werden, die er seinem Volk gemacht hatte. Es waren ehrgeizige Vorgaben, mit denen vor allem die Bezüge öffentlicher Angestellter und Beamter angehoben werden sollten. Lehrerbezüge müssen demnach dem Durchschnittslohn ihrer Region entsprechen, ebenso wie die Bezahlung von Krankenschwestern und medizinischem Personal. Die Entlohnung approbierter Ärzte sollte mindestens das Doppelte des regionalen Durchschnittslohns ausmachen. Putin ordnete weiter an, dass 90 Prozent aller Medikamente in Russland hergestellt werden müssten, dass die Sterberate sinken, die durchschnittliche Lebenserwartung steigen müsse. Es waren durchweg abenteuerlich ambitionierte Zielvorgaben, die Putin da in seinem Amtszimmer unterschrieb. Sie trugen die Überschrift »Optimisazija«, »Optimierung«.

Die Kernthese klang zunächst nachvollziehbar: Weniger ist mehr. Im Gesundheitsbereich etwa sollten kleine, ineffiziente Krankenhäuser schließen oder verschlankt werden, dafür größere Kliniken mehr Fachärzte und bessere Medizintechnik erhalten. Die Auslastung dieser modernen Medizinzentren sollte erhöht werden, weniger, aber höher bezahlte Ärzte sollten bessere Resultate liefern, so die Vorgabe. Doch wie so oft hatten die Pläne mit der Realität recht wenig zu tun. Denn die russische Provinz hatte schon vor Putins Unterschrift kein Geld mehr. Und so reagierten die Regionalverwaltungen und Gouverneure mit Kündigungen auf die unrealistische Anweisung aus dem Kreml. Schon 2014 wurden 90 000 Angestellte im Gesundheitswesen entlassen, Begründung: »Optimierung«. Auch im Bildungs- und im Kulturbereich wurde optimiert. Hier verloren im selben Jahr 230 000 Menschen ihre Arbeit. Im ganzen Land schlossen die Regionalverwaltungen Erste-Hilfe-Stationen in entlegenen Dörfern und kleine Kliniken, um die Personalkosten zu senken.

Schon knapp zwei Jahre nach Putins »Mai-Erlassen« veröffentlicht der Rechnungshof der Russischen Föderation einen Bericht, der die Auswirkungen der Erlasse teils schockierend deutlich analysiert. Der Rechnungshof bemängelt, dass die Moskauer Ministerien den Regionen keinerlei Anleitung gaben, wie die geforderte Optimierung umgesetzt werden sollte. Er konstatiert, dass viele Kranke keinerlei ärztliche Hilfe bekommen würden, weil kleinere Krankenhäuser und Erste-Hilfe-Stationen auf dem Land geschlossen oder massiv verkleinert würden. In nur zwei Jahren fielen 33 757 Krankenhausbetten weg. Der Bericht fällt ein vernichtendes Urteil über den Versuch, komplexe Probleme mit spektakulären Anordnungen des Präsidenten aus der Welt schaffen zu wollen – im Stil der legendären Fünfjahrespläne der sowjetischen Führer.

Als wir im kleinen Dorf Fominskoje ankommen, dämmert es bereits. Ein Hotel gibt es hier natürlich nicht, am Telefon wurde uns versprochen, uns in einer Art Gästehaus unterzubringen. Und jetzt stehen wir beim vereinbarten Treffpunkt: Das Kulturzentrum ist ein zweistöckiges Holzhaus, schön in Weiß und Hellblau gestrichen. Schon auf der Straße hören wir einen Chor und treten ein. In der ersten Etage sitzen etwa zwanzig Frauen an einem langen, reich gedeckten Tisch und singen. Die Rentnerinnen des Dorfes feiern einen Geburtstag. Es ist eine lustige Runde, jeder hat etwas mitgebracht, viel Eingemachtes ist dabei. Alle hier haben einen kleinen Garten, versorgen sich selbst. In der Ecke bollert ein großer Ofen, es ist schön warm.

Eine der Frauen spricht gerade einen Toast auf Tamara. Die war 16 Jahre lang Assistentin in der Feldscher-Hebammen-Station des Dorfes, dem »FAP«, bis es geschlossen wurde. Feldscher sind medizinische Hilfskräfte, sie haben eine Ausbildung an einer Fachschule absolviert und kümmern sich um die medizinische Grundversorgung. Sie verstehen nicht, sagen die Frauen, warum ihre Erste-Hilfe-Station geschlossen wurde. Wladimir Putin hatte doch in seinen »Mai-Erlassen« höhere Gehälter für Ärzte und Krankenpfleger angeordnet, um die auch in entlegene Gebiete des Landes zu locken.

Wir hören: Die Schließung ist für die Alten hier vor allem deshalb eine Katastrophe gewesen, weil es keine Busverbindung mehr nach Machnjowo gibt, zum Krankenhaus. Wer krank wird, muss jetzt einen Nachbarn mit Auto finden, der Zeit hat – und Geld für Benzin. Doch dann, vor einigen Monaten, hatten sie unerwartet Glück: Ein pensionierter Krankenhausarzt kehrte in seinen Geburtsort zurück, um Fominskoje und die Nachbardörfer medizinisch zu betreuen. 91 Einwohner sind in Fominskoje gemeldet, etwa vierzig davon sind Rentner. Von ihren Altersbezügen lebt das Dorf, denn andere Arbeit gibt es hier so gut wie nicht. Dass die Renten 2016 nicht angepasst werden, macht ihnen wenig Sorgen: Was sollten sie hier auch kaufen, meint Walentina, eine der Frauen.

Walentina entpuppt sich als unsere Gastgeberin und bringt uns zu ihrem Haus schräg gegenüber dem Kulturzentrum. Schnell hat sie drei Betten im Wohnzimmer für uns hergerichtet: eines auf dem breiten Diwan, daneben zwei Klappbetten. Die Küche ist eine typische Bauernstube mit einem riesigen Ofen, der gleich zwei Feuerstellen bietet und diverse Ausbuchtungen, um Speisen warm zu halten. Er brenne praktisch den ganzen Tag, erzählt Walentina und erklärt mir die Lüftungsklappen, mit denen sich nachts, wenn alles Holz heruntergebrannt ist, der Abzug schließen lässt, um die Wärme im Haus zu halten. Man dürfe sie nur nicht zu früh schließen, dann drohe eine Kohlenmonoxid-Vergiftung.

»Was wollt ihr essen?«, fragt sie uns.

Wir haben wie immer Lebensmittel mitgebracht, Brot, Aufschnitt, Tütensuppen, doch Walentina will davon nichts wissen. Sie hat schon ein Huhn vom Nachbarn gegart, jetzt zeigt sie auf eine Holzklappe im Küchenboden. Kameramann Fedja versteht die Geste als Erster, öffnet die Luke und verschwindet im dunklen Verlies unter der Küche. Als er wieder auftaucht, hält er Kartoffeln und Rote Beete in der Hand. Da unten ist es nur einige Grad über null, Gemüse bleibt dort lange frisch. Nach einem opulenten Mahl fallen wir zufrieden in unsere Betten.

»Wegoptimiert«

Am nächsten Morgen bringt Walentina uns zum ehemaligen Hebammen- und Sanitätszentrum. Diese FAPs gab es früher in fast jedem größeren Dorf, sie waren Anlaufstelle bei Notfällen, sorgten für eine medizinische Grundversorgung. Das Zentrum befindet sich in einem alten Holzhaus, dessen Dach schon etwas eingesunken ist. Vor der Eingangstür fegt eine Frau Schnee weg. Es ist kalt im Haus, noch hat offenbar niemand den Ofen angefeuert. Das sei früher Tamaras Aufgabe gewesen, erzählt Walentina, jene Frau, die nach 16 Jahren entlassen wurde, weil der Bezirk ihr Gehalt einsparen wollte. Jetzt müsse der Arzt hier selbst heizen.

Doktor Alexander Lapin knöpft sich gerade seinen weißen Kittel zu, als wir anklopfen. Anfang sechzig, ordentlich gescheitelte graue Haare, eine schwarze Brille, ein schüchternes, freundliches Lächeln. Er führt uns durch die verschiedenen Räume. »Das Haus wurde 1918 gebaut. Meine Mutter hat hier als Feldscher gearbeitet. Im kommenden Sommer wollen wir es renovieren. Hier, das ist das Behandlungszimmer.«

Der Raum, den wir betreten, ist fast leer. Ein großer, gemauerter Ofen. Ein Stuhl, auf dem ein paar Scheite Brennholz liegen. Eine metallene Anrichte, auf der eine Babywaage steht. Ein Medikamentenschrank, auf dessen Glasböden nicht eine Schachtel mit Pillen, nicht eine Ampulle mit Arznei steht. Eine weiße, mehrfach lackierte Anrichte. Lapins Praxis ist mehr Museum als medizinische Einrichtung, seit Jahrzehnten wurde hier nichts investiert. »Ich denke, wir bräuchten zumindest ein EKG-Gerät. Und eines, um den Zuckerspiegel zu messen. Das wäre das Minimum. Und ein Gerät, um den Augeninnendruck zu messen, natürlich. Eine Personenwaage. Ein Labor gibt es nur im Krankenhaus in Machnjowo, aber deren Apparaturen sind leider auch kaputt.«

Dr. Lapin leidet sichtlich, als wir seine erbärmliche Ausstattung filmen. Als ehemaliger Oberarzt im Krankenhaus weiß er, dass er hier niemandem helfen kann, ohne jede medizinische Ausrüstung. »Zum letzten Mal neue Geräte hat das FAP in der zweiten Hälfte der Achtzigerjahre bekommen. Aber es wird sicher besser werden. Das sind vorübergehende Finanzprobleme. Wir werden renovieren und Schritt für Schritt alles bekommen.«

Vor dem Haus ist ein Erste-Hilfe-Wagen angekommen: eine graue »Buchanka«, ein UAZ-450, der durchaus Ähnlichkeit mit dem alten VW-Bus hat. Den Spitznamen »Buchanka« verdankt er seiner Form, die an einen riesigen Brotlaib erinnert. Ein geländegängiger Minibus, in dem ich schon Tausende Kilometer in allen Ecken Russlands zurückgelegt habe. Hinter dem Fahrer sitzen zwei Frauen, eine ist eine ehemalige Krankenschwester. Dr. Lapin wird Hausbesuche machen, wir dürfen ihn begleiten. Unser Ziel ist ein etwas größeres Dorf.

Auf der Fahrt stelle ich ihm einige Fragen. Was denkt er über die »Optimierung«? Gibt es Anzeichen für eine positive Wende? Dr. Lapin sieht aus dem Fenster und schweigt, er ist kein guter Schauspieler. Es widerstrebt ihm, vor einer deutschen Kamera die Politik seines Präsidenten zu tadeln. Zu viele Beispiele gibt es inzwischen, wie Leute abgestraft wurden für kritische Kommentare. Doch schweigen kann Lapin auch nicht.»Natürlich fühlen wir die Krise. Dadurch, dass wir weniger Geld bekommen, um Instrumente und Apparate zu kaufen. Die ›Optimierung‹ kann nicht erfolgreich sein. Es ist eine vorübergehende Maßnahme.«

Die Krankenschwester mischt sich ein, sie hat deutlich weniger Hemmungen:»Nichts wird wieder normal werden. Es wird nur schlimmer und schlimmer. Wir hatten mal ein vernünftiges Krankenhaus bei Kischkinskoje. Da gab es sogar eine Zahnärztin. Zuerst haben sie alle Fachärzte gefeuert, einen nach dem anderen, dann die Klinik geschlossen. Jetzt ist es ein totales Desaster! Wenigstens kommt Dr. Lapin einmal pro Woche in die Dörfer.« Von Putins »Optimierung« hält sie nichts. Sie selbst habe ihre Stelle als Krankenschwester verloren, sei »wegoptimiert« worden. Tatjana, die andere Frau im Wagen, habe 33 Jahre als Tierärztin gearbeitet. Drei Jahre vor der Rente sei sie rausgeworfen worden. Jetzt müsse sie drei Jahre irgendwie überleben. Hier draußen, auf dem Dorf, gehe das noch.»Aber was sollen die in der Stadt machen? Wir haben wenigstens noch Kartoffeln im Garten.«

Wir kommen in Kischkinskoje an, das FAP hier ist größer und deutlich besser ausgerüstet. Nach zwei Stunden Sprechstunde fährt Dr. Lapin weiter, um Hausbesuche zu machen. Wir filmen Szenen, die ich aus anderen Dörfern kenne: Alte Bauernhäuser, alte Menschen, und alles, was Dr. Lapin tun kann, ist, ihre Beschwerden zu notieren und den Blutdruck zu messen. Dann stellt er Rezepte aus. »Aber all die Verschreibungen, die ich mache, all die Analysen, die ich anordne, EKG, Röntgen und so weiter – das stecken sie in die Schublade. Und da bleiben sie liegen, weil sie hier nicht wegkommen. Sie sind einfach von der Außenwelt abgeschnitten.«

»Können Sie denn ohne diese Untersuchungen, die Sie anordnen, überhaupt eine richtige Diagnose stellen?«

»Nein, natürlich nicht.«

Der Arzt beschreibt eine fast schon zynische Simulation von medizinischer Versorgung. Doch auch er, so wie Anatoli in Syktywkar, macht einfach weiter. Auch wenn er Krankheiten kaum heilen oder gar verhindern kann: Er gibt seinen Patienten zumindest das Gefühl, nicht völlig vergessen zu sein.

Selbst dem Präsidenten scheint 2016, vier Jahre nach seiner Unterschrift unter die »Mai-Erlasse«, gemeldet worden zu sein, dass nicht alles zum Besten steht mit der sogenannten Optimierung. In seiner Ansprache zur Lage der Nation, die landesweit auf allen Kanälen übertragen wird, sagt Putin: »Man muss da sehr aufpassen. Um die Vorgaben zu erfüllen, ist es nicht die beste Option, diese FAPs in den Dörfern zu schließen. Aber das erleben wir leider. Und dann müssen die Menschen auf einmal einhundert Kilometer fahren, um medizinische Hilfe zu bekommen. Das kann so nicht sein. Ich bitte Sie, das sehr aufmerksam zu beobachten.« Wladimir Putin, so die Nachricht aus dem fernen Moskau an die Menschen in den Dörfern, scheint von ihren Problemen zu wissen, er klingt besorgt und fürsorglich.

Als wir das kleine Verwaltungszentrum Machnjowa besuchen, zu dem 39 Dörfer und kleine Siedlungen gehören, stoßen wir überraschenderweise auf ein russisches Fernsehteam. Vor dem Bezirkskrankenhaus haben sich etwa dreißig empörte Menschen versammelt, die meisten Rentner. Ihre Klagen werden gefilmt, das ist seltsam, denn in aller Regel ignoriert das Kreml-kontrollierte Fernsehen Bürgerproteste. Die Probleme mit der medizinischen Versorgung sind hier, im Swerdlowsker Gebiet, inzwischen anscheinend so dramatisch, dass selbst regierungstreue Medien sie nicht mehr vollständig ausblenden können.

Die meisten der Anwesenden sind ältere Frauen, ihr Protest richtet sich gegen die Stilllegung von zwei der ehemals vier Rettungswagen. Die grauen »Buchankas« mit einem roten Kreuz darauf stehen am Rand des Krankenhausparkplatzes, tief eingeschneit. Das Bezirksklinikum versorgt ein Gebiet von 170 Kilometern Ausdehnung – mit jetzt nur noch zwei Rettungswagen, in einer unwirtlichen Gegend. Eine Frau im Pelzmantel ist besonders aufgebracht: »Wir müssen vier Stunden warten – da kann ein Mensch gleich mehrmals sterben.«

Der Mann daneben, ein Dorfvorsteher, ergänzt: »Mir wurde einmal auf einen Notruf geantwortet: ›Wir rücken nicht für einen Patienten aus, warte, bis du drei Kranke beisammen hast. Befehl vom Oberarzt.‹« Es sind teils unglaubliche Episoden, die die erregten

Menschen in die Kamera des russischen Fernsehens erzählen. Ein Mann stellt sich als Andrei Botkin vor, er kommt aus einem Dorf in der Nähe und beschreibt eine regelrechte Odyssee von einem Krankenhaus zum nächsten, an deren Ende der völlig unnötige Tod eines Mannes stand.

Die Reporterin des Fernsehteams macht inzwischen ihren »Aufsager«, einen Kommentar zur Situation. Sie braucht mehrere Versuche. Immer wieder geht sie an den eingeschneiten Rettungswagen vorbei und erklärt: »Nur dieser Wagenpark erinnert an die goldene Zeit des medizinischen Zentrums in Machnjowo. Früher hatten die Ärzte mehrere Rettungswagen, aber jetzt stehen die ausgemusterten Busse hier als unnützer Schrott auf dem Hof.«

Ihren Beitrag schaue ich mir einige Tage später an. Er beschreibt die Lage in Machnjowo, ohne eine Verbindung zu Putins »Mai-Erlassen« herzustellen. Die Ursachen für die desolate Lage bleiben im Dunkeln. Dennoch, denke ich mir, immerhin wird überhaupt einmal das Elend der russischen Provinz thematisiert. Auch wenn der Beitrag im nationalen Programm des Senders nur einmal spätnachts gezeigt wird.

Nachdem das russische Kamerateam abgefahren ist, wendet sich eine der Protestierenden an uns: »Wir hatten 19 Betten im Krankenhaus, jetzt sind es nur noch zwölf. Wie sollen denn da Leute geheilt werden? Das Krankenhaus war für viele die letzte Hoffnung. Wir Patienten sind nur noch unnützer Ballast, man kann uns ja einfach gleich aussterben lassen!«

Galina ist eine kleine, zierliche Frau. Sie steht in einem grauen Pelzmantel mit Kapuze vor uns, auf dem Kopf eine rosa Strickmütze. Sie nimmt mich am Arm und zieht mich in Richtung Krankenhaus. Als Abgeordnete des Stadtrats habe sie das Recht, mir die Klinik zu zeigen, meint Galina, und natürlich willige ich ein. Galina ist ein Mitglied der KPRF, der kommunistischen Partei. Damit ist sie eine Ausnahme, die Mehrheit im Stadtrat besteht aus Mitgliedern der Putin-treuen Einheitspartei. Die Fronten sind klar. In der gesamten Region Swerdlowsk kämpfen die Kommunisten als Einzige lautstark und energisch gegen die missratene Optimierung, organisieren Demonstrationen in Dutzenden Städten. Und wenn schon das eigene, russische Fernsehen kein Interesse hat, sollen zumindest die Deutschen sehen, was hier passiert.

Vier praktische Ärzte und etliche Spezialisten hätten hier im Krankenhaus gearbeitet, erklärt Galina. Bis auf zwei seien jedoch alle entlassen, das medizinische Personal auf ein Drittel reduziert worden. Am Ende eines Flures sehen wir einen Mann im weißen Kittel, sofort zieht Galina uns in seine Richtung. »Da, fragen Sie ihn, was hier los ist. Er ist einer der verbliebenen Ärzte.« Doch der Arzt flieht regelrecht vor uns. Bevor er in einem Zimmer verschwindet, ruft er in Richtung unserer Kamera: »Ich habe so oft mit dem Fernsehen gesprochen und habe genug davon. Seien Sie nicht böse: Sie können filmen, aber ich bin es leid zu reden – ohne jedes Ergebnis.«

Galina sieht schulterzuckend zu uns.

»Das heißt, die Ärzte selbst sind auch unzufrieden?«

»Natürlich! Niemand hier glaubt noch, dass sich etwas zum Besseren wendet. Eines der beiden Labore wurde geschlossen, nach 16:00 Uhr gibt es keinen Notarzt mehr, den beiden letzten Klinik-Ärzten wurde das Gehalt gekürzt – obwohl sie alleine jetzt die gesamte Stadt samt Umgebung versorgen. Diese ›Optimierung‹, nun, für Westler klingt das vielleicht gut. Aber für uns ist sie nicht hinnehmbar! Wir sehen, dass sie die russischen Bürger ausrottet!«

Und dann erklärt Galina, warum so viel Geld fehlt. Nach einem Aufschrei Hunderter Bürger in Machnjowo im Jahr 2012 habe Dmitri Medwedew, damals noch Präsident, den Gouverneur der Region Swerdlowsk angewiesen, ihr Krankenhaus zu renovieren. Der Gouverneur habe dann widerstrebend das nötige Geld aus dem Regionalbudget genehmigt. »29 Millionen Rubel. Doch 17 davon sind spurlos verschwunden! Nicht nur zweckentfremdet, nein, sie verschwanden komplett. Niemand hat irgendwelche Quittungen gesehen, auch nicht der Stadtrat. Alles lief im Verborgenen ab. Als ich das dann publik machte, schuf ich mir viele Feinde.«

Galina bringt uns in ein Behandlungszimmer. Die Bilder sprechen für sich: zwei Metallbetten, abgetrennt mit weißem Sichtschutz. Ein medizinisches Gerät, mindestens vierzig Jahre alt, dessen Funktion Galina nicht kennt. Ein Rollwagen mit ein paar Tinkturen in dunkelbraunen Flaschen. Eine mobile Herdplatte mit einem Topf darauf. Darüber hängen an einer Leine kleine Stofflappen zum Trocknen. Ansonsten ist der Raum leer.

Wir filmen ein Krankenzimmer mit großen Schimmelflecken an der Decke. Ein paar ältere Menschen liegen in ihren Betten und sehen uns mit verwunderten, leeren Augen an. In der Kantine löffeln ein paar Patienten in bunten Morgenmänteln eine schwer definierbare Suppe. Eine Krankenschwester mustert uns skeptisch und geht dann wortlos weg. Die Atmosphäre ist bedrückend.

Solche Zustände gibt es nicht nur hier in der Provinz. Eine Erkrankung meiner Frau verschaffte mir einmal unfreiwillig Einblick in die Zustände, die ganz normale Patienten im grundsätzlich kostenlosen Gesundheitssystem des Landes selbst in Moskau, der Hauptstadt, erwarten: Katia hat nachts plötzlich starke Schmerzen im Bauchraum, ich rufe den Notarzt. Meine Frau wird im Krankenwagen weggefahren, ich habe Mühe, ihm durch das nächtliche Moskau zu folgen. Endlich angekommen, mache ich mich auf die Suche nach Katia. Die Klinik besteht aus vielen einzelnen Ziegelbauten, im Dämmerlicht verstreuter Laternen erschreckt mich ein Rudel wilder Hunde. Sie schnüffeln an Müllcontainern. Vor einem Gebäude entdecke ich den Rettungswagen. Der ganze Trakt ist völlig heruntergekommen, die Farbe blättert von den Wänden, auf dem Boden Blutspuren. In der dritten Etage sehe ich endlich meine Frau wieder. Sie wird gerade mit ihrer Liege auf den Flur geschoben. Eine mürrische Krankenschwester legt Katia eine Infusion. Meine Frau windet sich vor Schmerzen und fällt dann in einen Dämmerzustand. Ich will zur Toilette gehen und traue meinen Augen nicht: Sie starrt vor Schmutz, es stinkt nach Fäkalien und Urin, aus undichten Hähnen tropft Wasser. Es hat längst rostbraune Spuren in den dreckigen Waschbecken hinterlassen. Es gibt kein Toilettenpapier. Das müssen Patienten selbst mitbringen.

Katias Schmerzen lassen nach der Infusion allmählich nach, am kommenden Morgen kann sie immerhin aufstehen. Wir verlassen das Krankenhaus auf eigene Verantwortung und fahren zu einer teuren europäischen Klinik, in der sie dann weiter behandelt wird.

Natürlich gibt es in Moskau deutlich bessere Kliniken als jene, in die meine Frau eingeliefert wurde. Einige versorgen Mitarbeiter großer Firmen oder Organisationen, Eisenbahner, Geheimdienstler, Regierungsangestellte, Gazprom-Mitarbeiter … Sie stehen auch »normalen« Patienten offen – gegen Bezahlung. Wehe dem, der kein Geld und keine Kontakte in einer dieser privilegierten Gruppen hat.

Jetzt, im heruntergekommenen Krankenhaus von Machnjowo, das eigentlich längst keines mehr ist, werden die Zahlen des russischen Rechnungshofes lebendig. In seinem Bericht ist zu lesen, dass durch die »Optimierung« in 61 Regionen die Sterblichkeit in Kliniken und Krankenhäusern anstieg. In 49 Regionen sogar, obwohl die Krankenhäuser teils deutlich weniger Patienten behandelten. Entsprechend stieg auch die Zahl derer, die zu Hause starben. Notrufe, nach denen keine Erste Hilfe geschickt wurde, nahmen auf 2,25 Millionen im ganzen Land zu. Zugleich, so der Rechnungshof, wurde nicht einmal das Ziel einer besseren Bezahlung der Ärzte und Pfleger erreicht. Viele verdienen in einem zweiten Job dazu, andere arbeiten statt acht jetzt zwölf Stunden pro Tag – auch, weil es immer weniger Ärzte und Pflegepersonal gibt.

Proteste im Ural

Die Situation im Swerdlowsker Gebiet, im ganzen Ural, ist inzwischen so ernst, dass es in vielen Städten zu Demonstrationen kommt, fast alle organisiert von der kommunistischen Partei. Und so treffen wir nach einigen Wochen in Jekaterinburg Walentina wieder, die kleine, kämpferische Kommunistin aus Machnjowo. Etwa zweihundert Parteimitglieder und Sympathisanten hören Rednern aus dem ganzen Ural zu, die von Missständen in ihrem Bezirk berichten. Auch Walentina hat keine guten Neuigkeiten: »In zwei Wochen sind 13 Menschen gestorben! Krankheiten nicht erkannt, nicht auskuriert, Rettungswagen zu spät und so weiter. Wir haben nichts mehr von dem, was die Verfassung uns garantiert. Stattdessen werden wir jetzt mit allen Mitteln gezwungen, für Behandlungen zu bezahlen. Aber was bedeutet das für Rentner, Invalide, die kaum Geld haben? Wo es nicht mal für Wohnen und Essen reicht?« Walentina geht in Richtung Podium und trifft zwei Bekannte, ebenfalls Parteimitglieder. Elena ist Krankenschwester in Jekaterinburg. Sie berichtet, dass in allen Kliniken Arztstellen gestrichen wurden. Gleichzeitig seien die Gehälter nicht etwa angehoben, sondern gesenkt worden – obwohl die verbliebenen Ärzte jetzt immer mehr Patienten behandeln. »Das müssen Sie sich mal vorstellen: Viele von uns Krankenpflegern gehen nach Dienstschluss zusätzlich putzen! Wir müssen uns irgendwelche Nebenjobs suchen, damit wir über die Runden kommen.«

In gleich vierzig weiteren Städten im Ural wird an diesem Tag gegen die drastischen Einschnitte im öffentlichen Gesundheitswesen protestiert. Die Probleme im ganzen Land sind inzwischen so offensichtlich, dass der Präsident erneut darauf reagieren muss. Am 14. April 2016 stellt sich Putin kritischen Fragen zu seinen »Mai-Erlassen«. Die Live-Sendung »Direkte Linie« wird landesweit im Fernsehen übertragen.

Ein Mann aus der Region Swerdlowsk spricht Putin auf die geplante Schließung von über 300 weiteren Krankenhäusern an. Der Präsident lenkt ein: »Ich stimme Ihnen völlig zu, dass wir die Besonderheiten unseres Landes berücksichtigen müssen. Eine davon sind die großen Distanzen zwischen Siedlungen. Da müssen wir sicher das soziale Netzwerk erhalten, auch wenn das manche für übertrieben halten. Das betrifft Krankenhäuser, FAPs oder Polikliniken. An bestimmten Orten kann man sie vielleicht in einer Bezirksklinik zusammenfassen, aber woanders ist das unmöglich, und FAPs müssen erhalten werden.«

Wieder einmal wirkt der Präsident informiert, verständnisvoll, empathisch. Es sind im Zweifel die Regionalpolitiker, so die unausgesprochene Botschaft, die seine klugen Erlasse falsch umsetzen und damit Not und Chaos produzieren. In Wahrheit liegt das Problem natürlich tiefer. Der Versuch, das riesige Land mit Anweisungen aus Moskau zu steuern, ist von vornherein zum Scheitern verurteilt. Die Macht-Vertikale ist kein Ersatz für demokratische Kontrollen und Korrekturen auf regionaler und Bezirksebene. Und erst recht scheitert die Idee der Putin-Erlasse, wenn sämtliche regionalen und lokalen Instanzen von Korruption durchsetzt sind, auch und gerade in den Reihen von Putins Einheitspartei, die inzwischen in fast jeder Ecke des Landes dominiert.

Etwa ein Jahr nach Putins Mahnung im Fernsehen zeigen neue Statistiken den dramatischen Verfall des Gesundheitswesens. In den ersten 15 Jahren seiner Herrschaft hat sich die Zahl der Krankenhäuser in Russland halbiert, schätzen Experten des »Center for Economic and Political Reforms« (CEPR). Sie warnen, bei einem weiteren Abbau in diesem Tempo (353 Schließungen pro Jahr) werde die Zahl der medizinischen Institutionen der unter dem letzten Zaren im Jahr 1913 entsprechen.[1]

Die Bettenzahl wurde in diesen 15 Jahren um 27 Prozent reduziert, in ländlichen Gegenden gar um 40 Prozent. Die Verfügbarkeit medizinischer Leistungen ging deutlich zurück. Gleichzeitig stieg die Sterberate, nach Aussagen der unabhängigen Stiftung »Healthcare« allein um 14,4 Prozent von 2013 bis 2017. Seit Putins Amtsantritt, so die Experten von CEPR, nahmen Geburtskomplikationen um fast 40 Prozent zu, Herz- und Kreislauf-Krankheiten um 82,5 Prozent.[2] Und: »Patienten mit Herzinfarkten oder Schlaganfällen werden in therapeutischen Abteilungen behandelt, die keine speziellen Behandlungsmethoden bieten.«[3]

Vom Ziel einer angemessenen Bezahlung sind Ärzte und Medizinpersonal ebenfalls weit entfernt, trotz Wladimir Putins Anordnungen: Eine Umfrage bei 7500 Ärzten in 84 Regionen fand heraus, dass die Hälfte weniger als 20 000 Rubel verdient, etwa 270 Euro. Der Durchschnitts-Stundenlohn liegt mit 140 Rubeln unter dem des Schichtleiters einer Hamburger-Kette in Russland. Die Weltgesundheitsorganisation WHO konstatiert, dass die Zahl der Ärzte pro 1000 Einwohner von 5 auf 3,97 gefallen ist – in nur fünf Jahren.

Wladimir Putins Bilanz nach inzwischen 19 Jahren an der Macht sieht zumindest im Gesundheitssektor niederschmetternd aus. Während die Rüstungsausgaben über viele Jahre massiv anstiegen, wurde im Gesundheitswesen – preisbereinigt – sogar gekürzt. Pro Kopf gab Russland 70 Prozent weniger aus als die neuen Mitgliedsstaaten der EU in Osteuropa. Entsprechend sind gerade einmal

4 Prozent aller Russen zufrieden mit ihrem Gesundheitswesen, so eine Studie des »Levada-Instituts«.

Auf die wachsende Unzufriedenheit reagiert Wladimir Putin nach seiner Wiederwahl 2018 mit einer neuen Serie der »Mai-Dekrete«. Diesmal ordnet er schlicht an, die durchschnittliche Lebenserwartung seiner Bürger sei um sechs Jahre zu erhöhen. Ohne ein landesweit gut ausgestattetes und funktionierendes Gesundheitssystem ist dies nach Einschätzung von Wissenschaftlern völlig unrealistisch. So erhält von den über eine Million HIV-Infizierten gerade einmal ein Viertel antiretrovirale Medikamente, die das Überleben mit dem Virus ermöglichen und die Gefahr senken, andere anzustecken.

Die Lebensverlängerung per Dekret soll auch durch eine gesündere Lebensweise erreicht werden. Doch in vielen Regionen ist die Schadstoffbelastung gewaltig und die Wasserqualität miserabel. Für moderne Industrieanlagen oder saubere Autos aber fehlen Gelder und politischer Wille. Und so ist die von Wladimir Putin befohlene Lebensverlängerung nur ein weiterer Taschenspielertrick, der bei Gutgläubigen falsche Hoffnungen nährt und Experten aus Angst vor Abstrafung schweigen lässt.

Kapitel 15

Das gestohlene Kornfeld:
Bauernproteste in Krasnodar

Die Region Krasnodar im Süden Russlands, 1200 Kilometer von Moskau entfernt, liegt zwischen Schwarzem und Kaspischem Meer. Ein submediterranes Klima und fruchtbare Schwarzerde machen den Kuban, wie das Gebiet früher auch hieß, zur »Kornkammer Russlands«. Im ehemaligen Siedlungsgebiet der Kosaken leben noch heute viele Nachfahren dieser Wehrbauern. Hier wollen sich im Frühsommer 2016 knapp einhundert Bauern mit ihren Traktoren nach Moskau aufmachen. Ihr Ziel: Präsident Putin berichten, wie ihnen große Agrarkonzerne ihr Land stehlen – mit juristischen Tricks und mit roher Gewalt.

Was sie nicht bedacht haben: Aus Angst vor solchen Protesten hat Putin im März 2016 ein Gesetz unterschrieben, das motorisierte Protestfahrten einer Massendemonstration gleichsetzt. Damit ist nun auch die geplante Traktorfahrt der Bauern genehmigungspflichtig. Bei Verstößen drohen Geldstrafen von umgerechnet bis zu 10 000 Euro. Kurz vor der Abfahrt erhält der Sprecher der Bauern eine klare Drohung vom Geheimdienst: Man werde alle Teilnehmer sofort stoppen und einsperren. Der Konvoi nach Moskau wird aus Angst abgesagt.

Dabei sind diese Bauern aus dem Kuban gar keine typischen Protestler: Sie mögen Putins Außenpolitik und vor allem seine Gegensanktionen, den Importstopp für europäische Lebensmittel. Er soll helfen, Russland zum Selbstversorger bei Nahrungsmitteln zu machen. Das ist eine große Chance für die russische Landwirtschaft, glauben viele der Bauern. Doch die wahren Profiteure des Importstopps sind nicht sie, die kleinen Bauern, sondern die riesigen Agrarkonzerne, die sich in den letzten Jahren aggressiv in der Region ausgedehnt haben. Reiche Russen haben erkannt, dass die fruchtbaren Böden in Südrussland die neue Goldmine des Landes sind, die es auszubeuten gilt. Jeder Quadratmeter Land ist bares Geld wert. Und so sammeln sie es ein und drängen die kleinen Bauern systematisch aus dem Geschäft.

Am Abend unserer Ankunft in der Hauptstadt – sie heißt wie die Region Krasnodar – sind wir mit einem Mann verabredet, der lange gezögert hat, ob er sich mit einer Fernseh-Crew aus dem Westen treffen soll. Denn Journalisten haben keinen besonders guten Ruf. Sie gelten als Werkzeuge unterschiedlicher Interessengruppen, und immer wieder werden wir hören: Wer möchte, dass eine Story im lokalen Fernsehen aufgegriffen wird, muss schlicht dafür bezahlen.

Für Wassili, einen stattlichen Mann um die fünfzig, ist es nicht einfach zu verstehen, wer wir sind und warum wir uns für ihn interessieren: öffentlich-rechtliches Fernsehen, nicht vom Staat, sondern mit den Gebühren unserer Zuschauer finanziert. Wir haben keine politische Agenda, sind von niemandem beauftragt oder geschickt worden, sondern wollen einfach nur verstehen, was hier in Krasnodar vor sich geht.

Nach einer halben Stunde ist Wassili von unserem Ansinnen überzeugt, holt einen dicken Stapel Dokumente aus seiner Aktentasche und beginnt, zunächst bedächtig, dann aber immer emotionaler werdend, die Geschichte der ehemaligen Sowchose »Progress« zu erzählen. Immer wieder macht er eine Pause, um in seinem Stapel Kopien wichtiger Dokumente zu suchen, die er uns dann triumphierend vorlegt. In ihren Besitz kam Wassili, als er für einen kurzen Zeitraum Geschäftsführer dieses Agrarbetriebes wurde: »Zum Ende der Sowjetunion war die große Sowchose im Besitz der Stadt«, berichtet Wassili, »hatte die zweitgrößte Schweinemast der ganzen Region, produzierte dazu 2000 Hektoliter Milch pro Jahr und beschäftigte 600 Menschen.« Bis zum Jahr 2004 sei alles in Ordnung gewesen, doch dann holte ein neuer Direktor, ohne die Stadt zu informieren, einen Investor ins Boot: den Agrarbaron der Region, einen Mann mit dem Namenskürzel O.M. Und diese beiden Männer, das zeigen Wassilis Papiere an unzähligen Beispielen, hatten nur ein Ziel: den Betrieb finanziell auszubluten, in den Bankrott zu treiben und dann von O.M. übernehmen zu lassen. Letztlich, glaubt

Wassili, sei es O.M. lediglich um die Betriebsfläche von »Progress«
gegangen. Die sei, aufgrund ihrer Nähe zur Stadt, ein Vermögen
wert, wäre sie erst einmal in Bauland umgewandelt.

Leere Ställe

Am kommenden Morgen treffen wir Wassili am Stadtrand. Er will
uns den inzwischen stillstehenden Betrieb zeigen: Lang gezogene
Ställe reihen sich neben einer großen Lagerhalle für Viehfutter. Ein
eigenes kleines Heizkraftwerk, eine Wurstfabrik, Silos und dann,
versteckt in einem Wäldchen, wieder ein halbes Dutzend großer
Schweineställe. »Hier standen einmal 16000 Schweine und 1500
Rinder. Bis zu 1800 Tonnen Fleisch jährlich wurden hier produziert«, erzählt Wassili. Doch kaum war der neue »Investor« an Bord,
seien allein 12000 Schweine weit unter Marktwert an eine Moskauer
Firma verkauft worden. Wobei die Schweine den Betrieb gar nicht
verlassen hätten: Die Moskauer Käufer hätten sie einer neu gegrün-
deten Tochterfirma von O.M. übereignet, die wiederum habe »Progress« mit Aufzucht und Mast beauftragt. Allerdings seien die dafür
gezahlten Beträge so absurd niedrig gewesen, dass sich der Betrieb
mit dieser Aufgabe schnell hoch verschuldet habe. Und genau das
sei das Ziel gewesen, sagt Wassili.

Die Kühe seien direkt an zwei Betriebe von O.M. verkauft worden, ebenfalls unter Marktwert. Doch damit nicht genug: In den
Jahren 2005 bis 2011 habe der »Progress«-Direktor weit überteuerte
Kredite zu Jahreszinsen von 29 Prozent aufgenommen – natürlich
ebenfalls bei einer Firma, die Verbindungen zu O.M. habe, so Wassili. Dann habe der Direktor Landmaschinen bei einer O.M.-Firma
geleast, wieder überteuert, was die Schulden weiter in die Höhe getrieben habe. Und schließlich sei die neue Fütterungsanlage demontiert und kostenlos zu einem anderen O.M.- Betrieb gebracht worden.

Nur allmählich begreifen wir die Dimension des Raubzuges, den
Wassili uns schildert und immer wieder mit Dokumenten aus sei-

ner Aktentasche untermauert. Aus ihnen ergibt sich folgendes Bild: Der sogenannte Investor O.M. ließ in Wahrheit den städtischen Betrieb mithilfe von dessen Direktor gezielt ausbluten, das Geld floss in seine eigenen Firmen. Und Wassili ist sich sicher: Das wäre ohne Mithilfe städtischer Beamter nicht möglich gewesen. Wassili glaubt, dass hierin auch der Grund für seine Kündigung liegt: Die war schnell erfolgt, nachdem er begonnen hatte, die Machenschaften seines Vorgängers auf dem Direktorenstuhl aufzudecken. Das Fazit dieser Kooperation zwischen »Progress«-Direktor, Investor O.M. und hilfreichen Beamten: Der städtische Betrieb verlor in nur wenigen Jahren sämtliches Vieh, alle Ausrüstung und hatte Schulden bei Firmen von O.M. Gesamtschaden: umgerechnet 14 Millionen Euro. Laut Konkursverwalter liege ein vorsätzlicher Konkurs gemäß Strafgesetzbuch vor. Doch trotz aller Beweise müsse sich bis heute niemand dafür verantworten. »Diese Papiere haben wir an die Ermittlungsbehörden geschickt, an die Staatsanwaltschaft, an den Präsidenten der Russischen Föderation, an das staatliche Untersuchungskomitee. Doch wir bekommen nur nichtssagende Antwortschreiben. Alles sei unter Kontrolle.«

Der Investor O.M. sei zwar verhaftet, doch nur wenige Tage später gegen eine kleine Kaution wieder entlassen worden. Seitdem würden die Ermittlungen anscheinend bewusst verschleppt. Mit offenen Beschuldigungen ist Wassili vorsichtig vor unserer Kamera. Aber aus unzähligen Zwischentönen hören wir heraus, dass offenbar auch die Justizbehörden hier in Krasnodar eine ungute Nähe zum reichen Agrarbaron haben. Wie »energisch« die Staatsanwaltschaft, trotz der offenbar zahllosen Belege, ermittelt, macht uns Wassili dann mit einem plastischen Beispiel klar: »Ein Fahnder schreibt: ›O.M. folgt unseren Vorladungen nicht, und das Büro bei der angegebenen Adresse ist geschlossen.‹ Das gibt er als Grund an, warum O.M. bisher nicht zu den zahlreichen Vorwürfen verhört werden konnte.«

Der reiche Unternehmer, der die gesamte Region beherrscht und kontrolliert, ist für die Ermittlungsbehörden nicht auffindbar? Es scheint tatsächlich am Willen zu fehlen, ihn zur Rechenschaft zu ziehen.

Eine mutige Bauernfamilie

Am nächsten Tag verlassen wir die Hauptstadt, es geht hinaus aufs Land, nach Starowelitscheskowskaja. Die Fahrt dauert etwa zwei Stunden. Links und rechts der Straße erstrecken sich riesige Mais- und Getreidefelder, Kartoffeläcker. Es ist Erntezeit, ganze Kolonnen von Mähdreschern fahren nebeneinander über die Felder. Weiden mit Vieh sehen wir so gut wie gar nicht.

Am Dorfeingang werden wir schon von Alexei Woltschenko erwartet. In den Artikeln, die ich über die Bauern von Krasnodar gelesen haben, war sein Name immer wieder aufgetaucht. Er ist einer der Wortführer der Protestbewegung. Alexei ist Ende dreißig, hat kurz geschorene schwarze Haare und einen offenen, freundlichen Blick. Gemeinsam fahren wir zum Hof seiner Eltern, wo gerade eine neue Scheune errichtet wird.

Dass die Woltschenkos keine reichen Bauern sind, sehen wir schnell. Der Fuhrpark der Familie besteht aus drei alten Traktoren, einem klapprigen Mähdrescher und dem Lastwagen, der aus einem Weltkriegsfilm stammen könnte. Alexeis Vater steht auf dem Dach des Scheunen-Rohbaus und zieht mit einem Strick dünne Bleche hoch, um das Dach zu decken. Uns grüßt er nur kurz, fast unfreundlich. »Er ist seltsam geworden«, meint Alexei, »seit sie ihn hier, direkt vor dem Haus, brutal zusammengeschlagen haben.« Mehr will er zunächst nicht sagen.

Während die großen Agrarkonzerne Finanzhilfen vom Staat und billige Kredite bekämen, so Alexei, kämpften Kleinbauern wie sie gegen Beamtenwillkür und Korruption. Die Scheune, die sie gerade bauen, sei ein gutes Beispiel. In ihr wollen sie Getreide lagern, um auf bessere Preise zu warten, denn ein weltweites Überangebot hat die Weizenpreise auf Talfahrt geschickt. Und die großen Getreidespeicher der Region sind teuer und heruntergekommen. »Doch leider hilft der Staat uns nicht beim Bau solcher Scheunen«, klagt Alexei. »Dass wir sie bauen, passt ihnen nicht in den Kram. Sie wollen nämlich, dass wir ihnen unser Getreide zu Spottpreisen verkaufen.«

Ihr größter Widersacher jedoch seien nicht die Behörden, sondern der alles dominierende Agrarkonzern des Bezirks. Und wieder fällt das Kürzel: O.M. Es ist ein ungleicher Kampf, den die Bauern hier führen. »Aber wir haben nicht aufgegeben«, sagt Alexei. Wie lange sie noch durchhalten werden, vermag er nicht zu sagen. Und dann erzählt er ihre Geschichte.

Die Woltschenkos profitierten zunächst von der Perestroika: Alle Mitarbeiter der vormals staatlichen Sowchosen und Kolchosen konnten sich ihren Anteil an Land und Maschinen als Privateigentum überschreiben lassen. Doch nur ganze 5 Prozent taten das auch und wurden Bauern, so wie Alexeis Eltern. Die anderen fürchteten entweder, von gerade 4 bis 5 Hektar Land nicht leben zu können, oder sie waren zu alt. Wieder anderen fehlte die Erfahrung, weil sie als Buchhalter, Mechaniker oder Lkw-Fahrer im Kolchos gearbeitet hatten. Sie alle beließen ihren Anteil im Betrieb und entschieden als Gemeinschaftseigentümer über die Strategie ihres Kolchos, der jetzt ein Privatbetrieb war. Das ging eine Weile gut. Die Betriebe kümmerten sich weiter, wie in der Sowjetunion, um Schulen, Kindergärten, Feuerwehr, Straßen und Wasserversorgung ihres Bezirks.

Doch mit der Finanzkrise von 1998 wurde alles anders. Der Rubelverfall ließ Importe teuer werden, heimische Lebensmittel waren gefragt, dank niedriger Löhne und guter Ernten war Landwirtschaft auf einmal ein Bombengeschäft: Während Öl- und Gaswirtschaft Jahresrenditen von 80 Prozent versprachen, waren es in der Landwirtschaft auf einmal bis zu 400! Damit aber erwachte der Appetit der Investoren, die begannen, im Kuban riesige Agrarholdings aufzubauen. Gleichzeitig fanden die Politiker in Moskau nichts Schlimmes daran, wenn Russlands Nahrungsversorgung statt von zehn Millionen Kleinbauern in Zukunft von einigen Hundert Agrarfirmen garantiert würde. Eine Reminiszenz an sowjetischen Gigantismus. Allerdings: Die Agrarkonzerne brauchten Land. Da genügte es nicht mehr, den Anteils-Eigentümern ihre Landtitel für wenig Geld abzukaufen, oft für ein Taschengeld, wie bisher. Jetzt musste es eine Nummer größer sein: Es begann die Zeit der »Raider«, der feindlichen Übernahmen.

Ein erster wichtiger Schritt zur Enteignung der kleinen Landeigentümer, erklärt Alexei, waren neue Gesetze: Um dem kleinen Kolchosarbeiter die Eintragung seines Landanteils ins Kataster möglichst schwer zu machen, wurden auf Druck der Agrarkonzerne die Regelungen geändert. Er musste nun seinen Privatisierungswunsch in der lokalen Zeitung ankündigen, er musste Versammlungen aller anderen Beteiligten mit Landrechten organisieren und diese Eigentümer dann sogar mit zum Katasteramt bringen. Immer abstruser und damit teurer wurden die Prozeduren, sodass bald nur noch finanzstarke Agrarunternehmen mit eigenen Rechtsanwälten all diese Hürden nehmen konnten, nicht aber der kleine, einfache Bauer. Dazu kam ein gewaltiges Chaos bei den Katasterbehörden. 1991 bestätigten noch weiße Formulare einem Bauern die erfolgreiche Privatisierung seiner Äcker. 1992 waren es blaue, 1993 rosafarbene. 1998 schließlich kamen grüne, jetzt auch versehen mit einer Kataster-Nummer. Und von 2000 an mussten diese grünen Formulare auch in der Justizverwaltung registriert werden. Bei diesem kafkaesken Bürokratie-Slalom blieben entsprechend viele kleine, einfache Bauern auf der Strecke mit dem Effekt, dass bis heute ein guter Teil der russischen Ackerflächen nicht korrekt registriert ist.

Von dieser chaotischen Situation profitierten die Agrarkonzerne, die versuchten, sich einen privatisierten Kolchos nach dem anderen anzueignen. Alexei muss ein wenig ausholen, um uns die Geschichte von »Oktjabrja« zu erzählen, dem ehemaligen Kolchos, bei dem seine Eltern arbeiteten. Auch diesen Kolchos hatte O.M. mithilfe eines willigen Direktors als »Investor« übernommen. Danach waren umgehend fast alle Betriebsteile geschlossen worden: die Ölmühle, die Obstplantage, die Geflügelmast, die Ziegelfabrik. »Wir hatten auch ein Fleischkombinat, wo sehr gute Wurstwaren hergestellt wurden. Und Nudeln, mit denen ganz Russland beliefert wurde. Das alles wurde plötzlich für unrentabel erklärt, ein Betrieb nach dem anderen geschlossen. Dabei sollte ein Geschäftsmann doch nicht zerstören, sondern aufbauen, neue Arbeitsplätze schaffen«, sagt Alexei.

Doch O.M. hatte andere Pläne, und machte keinen Hehl aus ihnen. »Er meinte, er brauche nur den Boden und wolle Leute aus Usbekistan, Tadschikistan herholen, die dann für einen Hungerlohn auf den Feldern arbeiten sollten. Er sagte ganz offen: ›Ich kaufe euch hier alles ab, damit ihr nur weg seid.‹«

Alexeis Mutter schaltet sich ein und erzählt, wie die Familie um ihr Recht kämpfen musste, zu selbstständigen Bauern zu werden. »Nachdem wir uns dazu entschieden hatten, begann der Kolchos-Vorsitzende, uns zu terrorisieren. Wir mussten die Übertragung des Landanteils vor Gericht einklagen.«

Das Glück der Familie: Viele Russlanddeutsche unter den Kolchos-Eigentümern wanderten in dieser Zeit nach Deutschland aus, sodass sie einigen deren Landanteil abkaufen konnten. Damit hatten sie genügend Ackerland. »Wir haben alle notwendigen Papiere dafür bekommen«, fährt Alexeis Mutter fort, »doch als wir das Getreide säen wollten, wurden wir daran gehindert.« Gleich zehn Männer habe der Kolchos-Verwalter geschickt. Dass hinter ihm O.M. stecke, hätten sie erst später erfahren. Die Woltschenkos schafften die Aussaat unter Polizeischutz, doch die mutige Entscheidung kam sie teuer zu stehen: Alexeis Vater wurde abends vor ihrem Haus zusammengeschlagen. »In einer Blutlache liegend haben wir ihn gefunden, die Zähne haben sie ihm ausgeschlagen, es war furchtbar«, erinnert sich Alexei. »Ich rief die Polizei, um die Spuren des Überfalls zu sichern. Doch niemand wollte kommen. Weil unsere Polizei O.M. fürchtet.«

Die Familie glaubt, dass der Einfluss des Agrarbarons auch weit in die Justiz hineinreicht. Der Bezirksstaatsanwalt, der sich auf die Seite der kleinen Bauern gestellt hatte, wurde gefeuert. Und der ehemalige Untersuchungsrichter, der die Zustände in der Kolchose aufklären sollte, arbeitet inzwischen als Jurist bei O.M.

Ich höre ungläubig zu. Was die Woltschenkos mir beschreiben, ist ein in sich geschlossenes System von reichen – und damit mächtigen – Landbesitzern, ihren Sicherheitsdiensten, die wie kleine Privatarmeen agieren, und von offenbar erfolgreich beeinflussten Justizvertretern und Politikern. Gleichzeitig bewundere ich den mutigen Starrsinn dieser Familie, die sich dem gewaltigen Druck ihrer überlegenen Gegner einfach nicht beugen will. Das ist selten geworden in Russland.

Operation Ernteklau

Während wir noch mit Alexei und seiner Mutter sprechen, klingelt das Telefon. Wir hören Alexei aufgeregt mit seinem Gesprächspartner diskutieren. Aus den Wortfetzen, die ich aufschnappen kann, wird mir schnell klar, dass ich unglaubliches Reporterglück habe! Offenbar ereignet sich ganz in unserer Nähe etwas, wovon ich bereits häufig gelesen haben: Eine Ernte wird gestohlen. Alexei bestätigt meine Vermutung und drängt uns zur Eile. Auf der Fahrt schildert er kurz die Situation: Der Vorarbeiter eines mittelgroßen Landwirtschaftsbetriebes hatte davon gehört, dass ein Fernsehteam bei Alexei und seiner Familie ist. Er will uns so schnell wie möglich treffen.

Der Mann heißt Juri Massenko und wartet in der Dorfmitte mit einem alten Lada Niwa auf uns. Gemeinsam mit Alexei steige ich in seinen Wagen, um die Fahrt zu den Feldern für erste Fragen zu nutzen. Es gehe um 80 Hektar seiner Wintergerste, erklärt Massenko, von ihm angepflanzt, auf seinen Feldern. Jetzt würde die Gerste von Mähdreschern einer fremden Firma abgeerntet – im Auftrag von O.M. Das klingt zunächst wie eine Räuberpistole für mich, doch als wir nach 15 Minuten rasender Fahrt über holprige Wege Massenkos Feldern näher kommen, entpuppt sich seine Erzählung als bittere Realität: Ein paar schwarze Jeeps blockieren Massenkos Mähdrescher, gut zwei Dutzend Männer, viele in schwarzen Uniformen, stehen schwatzend daneben. Einige Polizeiwagen haben ebenfalls auf den Zufahrten der Felder geparkt, die Polizisten dösen in ihren Autos. Das Ganze ist im Moment offenbar eine Pattsituation, nichts bewegt sich.

Bis zu vierzig Männer seien am Diebstahl seiner Ernte beteiligt, sagt Juri Massenko. Begonnen habe die Aktion schon am Vortag, mit wilden Verfolgungsjagden: Seine eigenen Leute hätten versucht, die fremden Mähdrescher zu blockieren, um sie von den Feldern fernzuhalten, doch am Ende seien es schlicht zu viele gewesen. Seit gestern würden die ersten seiner Felder abgeerntet, das Getreide wurde dann in Lastern weggefahren. Die Polizisten, die wir sähen, seien zwar grundsätzlich auf seiner Seite, könnten aber nichts unternehmen, weil die Gegenseite vor Gericht ihr Recht auf diese Felder reklamiere und der Richter noch keine Entscheidung gefällt habe. Und bis es so weit sei, hätten die Konzerne längst Fakten geschaffen.»Vorgestern erst haben sie sich sechzig Hektar Gerste eines anderen Bauern unter den Nagel gerissen. Es ist immer wieder das Gleiche: Die Konzerne haben keinen legalen Anspruch, können aber mit uns schwächeren Bauern machen, was sie wollen.«

Ein paar Männer der Sicherheitsfirma sitzen an einem kleinen Campingtisch, einer protokolliert, was vorgeht. Ein anderer filmt uns unentwegt. Ich frage nach dem Verantwortlichen und werde an einen hageren, finster blickenden Mann neben dem Campingtisch verwiesen: ein Rechtsanwalt von O.M. Ich bitte freundlich um eine Erklärung, warum und auf welcher Rechtsgrundlage sie hier ernten. Der Anwalt sieht demonstrativ an mir vorbei und sagt nur:»Ich habe kein Bedürfnis, mit Ihnen zu reden.« Auch die Polizisten, die die Szene beobachten, haben nur zwei Worte für uns:»Kein Kommentar.«

»Tote Seelen«

Nachdem sich drei Stunden lang nichts auf den Feldern bewegt hat, fährt mich Juri Massenko zu seinem Betrieb, um mir weitere Hintergründe zu erklären: Die umstrittenen 80 Hektar Ackerland pachte er seit Langem von der Bezirksverwaltung, doch im vergangenen Sommer habe der Konzern von O.M. plötzlich einen anderen, konkurrierenden Pachtvertrag präsentiert, den angeblich die wahren Landeigentümer mit ihm geschlossen hätten.»Nur«, sagt Juri,»da waren die längst tot.«

»Wie bitte?«

»Ja, das ist wie bei Gogols ›Toten Seelen‹, und hier habe ich sie in meiner Mappe!«

In seinem kleinen Büro zeigt Juri mir die Sitzungsprotokolle der Eigentümerversammlung, in denen auch die jeweils anwesenden Landeigentümer, die angeblich an O.M. verpachtet haben, aufgeführt sind. Und wenig später sind wir auf dem nahen Dorffriedhof. Juri will uns beweisen, wie dreist der Konzern seine Ansprüche fingierte. Mit der Liste der Versammlungsteilnehmer in der Hand irren wir über den verwilderten Friedhof, bis Juri triumphierend vor einem Grab stehen bleibt. »Hier, der starb schon 2005. Sie haben weder Gewissen noch Schamgefühl!«

Juri findet noch weitere Gräber. All diese ehemaligen Kolchos-Arbeiter konnten keine Unterschriften mehr leisten, weil sie zum Zeitpunkt der angeblichen Versammlung bereits tot waren. 13 von 17 Namen auf dem Pachtvertrag des Konzerns gehörten solchen »toten Seelen«. Das habe er auch dem Gericht mitgeteilt, bisher allerdings ohne Erfolg.

Massenko erhält einen Anruf: Der Bezirksrichter soll angeblich bald seine Entscheidung verkünden. Wir fahren mit. Doch unser Versuch, bei der Verhandlung zu filmen, scheitert schon vor dem Gebäude: Ein Gerichtsdiener komplimentiert uns freundlich, aber bestimmt auf den Parkplatz vor dem Gericht. Um die Zeit zu nutzen, suchen wir den Staatsanwalt des Bezirks, um über den Ernteraub zu sprechen, doch auch dieser Versuch scheitert: Nein, der Staatsanwalt wolle nicht mit uns sprechen, teilt seine Sekretärin mit.

Wir beschließen, eine Pause zu machen, das Kamerateam ist hungrig. Alexei zeigt uns ein einfaches Café. Wieso helfen ihnen Polizei, Behörden und Gerichte nicht, wollen wir von Alexei wissen, selbst wenn die großen Firmen doch anscheinend so unverhohlen gegen Recht und Gesetz verstoßen? Alexei denkt kurz nach, wie er seine Antwort formuliert. »Ich höre, dass O.M. sehr gute Kontakte in Moskau hat. Darum werden uns die lokalen Behörden hier wohl leider nicht helfen.«

Und wie zum Beweis nestelt er gleich drei Telefone aus seinen Hosen- und Jackentaschen. Die SIM-Karten für jedes dieser Telefone tausche er regelmäßig aus, und auch uns empfehle er diese Taktik: »Die Telefone werden abgehört. Mein ganzes Privatleben ist durch die Geheimdienste öffentlich geworden. Ich bin kein Terrorist, kein Extremist, ich rufe nicht dazu auf, die Regierung zu stürzen, aber ich habe Angst vor dem, was in unserer Region passiert. Hier können weder die lokale Polizei noch die regierenden Politiker

Ordnung schaffen, selbst wenn sie es wollten. Denn dann würden sie einen Befehl von oben bekommen, es zu lassen. Wir haben es hier mit Strukturen zu tun, die gute Beziehungen bis auf die höchste Staatsebene haben. Und so können die Agrarholdings auf jedes Feld kommen und ernten. Sie pfeifen einfach auf alles.«

Die Telefone werden abgehört? Auch unsere? Ich bin zunächst skeptisch. Bald nicht mehr: Denn ein paar Stunden später treffen wir einen anderen Bauern. Andrei lädt mit seinen beiden Söhnen auf einer Wiese neben seinem Haus Heu auf einen Anhänger. Ihm, erklärt Alexei, habe der einflussreiche Leiter des Bezirksgerichts das Weideland für seine Kühe weggenommen, mit juristischen Tricks. Wir wollen gerade ein Interview mit Andrei filmen, als wir etwas entfernt einen weißen Pkw sehen, aus dem uns zwei Männer beobachten. Wir gehen mit laufender Kamera auf den Wagen zu, der daraufhin wegfährt. Ratlos blicken wir zu Alexei: »Was ist hier los?«

»Die gehören zum FSB.«

»Passiert so etwas oft?«

»Ständig. Wir haben uns schon daran gewöhnt.« Und dann trocken, mit einem schiefen Grinsen: »Was soll's, die vom Geheimdienst machen doch auch nur ihren Job.«

In der Tat: Als wir kurz darauf zu Andreis ehemaligen Weiden fahren, folgt der weiße Pkw uns 20 Minuten lang und hält in gebührendem Abstand, als wir ankommen. Durch unser Teleobjektiv können wir sehen, dass der Fahrer uns ebenfalls mit einem Fernglas beobachtet. Ich schwanke, ob ich lachen soll über diese amateurhaften Provinz-Geheimdienstler oder ob ich mir Sorgen machen muss.

Andreis Kühe stehen jetzt, mitten im Hochsommer, im Stall neben seinen ehemaligen Weiden. Er muss sie mit Heu füttern, das er bei Nachbarn kauft, das eigene reicht nicht annähernd aus. Die Geschichte, wie er seine Weiden verlor, ist kompliziert, offenbart aber letztlich das immer gleiche Strickmuster: Sein Widersacher hatte herausgefunden, dass Andrei vor vielen Jahren im Chaos der Kataster-Umstellungen einen kleinen formalen Fehler gemacht hatte. Jeder unabhängige Richter würde das entsprechend würdigen. Doch Andreis Widersacher ist der Gerichtsvorsitzende …

Wie genau die Behörden hier inzwischen über jeden unserer Schritte informiert sind, merken wir einen Tag später. Wir fahren in einen Nachbarbezirk. Auch hier, so Alexei, wolle eine Gruppe von »Raidern« das Ackerland einer ehemaligen Kolchose in ihren Besitz bringen. Wieder geht es um fingierte Eigentümerversammlungen und juristische Tricks. Nur: Dieser Direktor der einstigen Kolchose »Kolos« scheint nicht gemeinsame Sache mit den Hintermännern der feindlichen Übernahme zu machen. Er hat uns eingeladen, seinen Betrieb zu filmen. Alexei und einige andere Bauern sind dazugekommen. Sie alle gehören zur kleinen Gruppe derer, die Widerstand leisten gegen die großen Agrarkonzerne. Und da das lokale Fernsehen ihre Probleme ignoriert, wollen sie jetzt zumindest der ARD ihr Leid klagen.

Als wir, wie verabredet, vor dem Kulturzentrum des Ortes ankommen, sind mehrere von Alexeis Mitstreitern schon da. Ihre Betriebe liegen teils mehrere Stunden entfernt. Ich spüre, wie gut es ihnen tut, dass endlich ein Journalist ihnen zuhört, eine Fernsehkamera ihre Geschichten festhält. Doch wir sind eigentlich hergekommen, um den Direktor von »Kolos« zu treffen. Wo ist er? Nach einigen Anrufen weiß Alexei: Unser Gastgeber ist zum Staatsanwalt in die Hauptstadt Krasnodar bestellt worden – genau zum Zeitpunkt unserer Verabredung. Wohl kaum ein Zufall.

Während wir noch diskutieren, wie wir nun weitermachen wollen, macht Alexei mich auf ein paar Männer aufmerksam, die sich Notizen machen. Einer hält die Szene mit einer Videokamera fest. Ljubow, eine energische Bäuerin um die fünfzig, erklärt: »Die verfolgen uns, hören unsere Telefone ab, registrieren genau, wen wir treffen, worüber wir reden.«

In diesem Moment kommt ein weiterer Mann dazu, der uns filmt. Er will wissen, wer wir sind, und stellt sich als Mitglied der »Volksfront« vor, einer politischen Bewegung, die von Präsident Putin ins Leben gerufen wurde. Deren offizieller Auftrag: sich in Russlands Regionen um die Sorgen der Menschen zu kümmern. Er fragt die Bauern: »Wollt ihr eure Probleme etwa mithilfe des deutschen Fernsehens lösen?«

»Ja«, antwortet Ljubow. »Ist das verboten?«

»Niemand verbietet es. Aber das hier ist doch unsere Angelegenheit, unser gemeinsames Haus. Würden Sie denn auch Ihre privaten Probleme öffentlich diskutieren?«

Die »Volksfront«, argumentiert der Mann, habe doch eigens eine Arbeitsgruppe gegründet, um die Probleme der Bauern zu lösen. Eine Behauptung, die sofort mehrere von Alexeis Mitstreitern ärgerlich widersprechen lässt. »Diese Arbeitsgruppe löst überhaupt nichts! Sie betrügen die Leute!«, schimpft eine Bäuerin namens Elena.

»Diese Kamera wird euch nicht helfen«, beharrt der »Volksfront«-Vertreter.

»Aber diese Kamera wird dem ganzen Land zeigen, was hier in der Region Krasnodar passiert! Nichts wird unternommen. Dörfer werden zerstört. Land wird ausverkauft. Die Gesetze gelten nicht. Soll ich ruhig zusehen, wenn mein Haus zerstört wird?«, hält eine andere Frau lautstark dagegen.

Der Streit wird immer heftiger, inzwischen haben sich weitere Menschen dazugesellt, mit weiteren Kameras. Zwei, die ich nach ihrer Funktion frage, murmeln nur ein kurzes »Lokalfernsehen«. Dann erscheint eine Vertreterin der lokalen Verwaltung, im Schlepptau eine junge Frau, ebenfalls mit Videokamera. Offenbar ist hier jeder darauf bedacht, Beweismaterial zu sammeln. Für was, ist mir immer noch nicht klar. Ich frage die Vertreterin der örtlichen Verwaltung, ob sie verstehe, warum diese Bauern so wütend sind.

Ach, Unzufriedenheit gebe es immer bei diesen Landfragen. Da habe sich wohl nur etwas aufgestaut. Aber das könne man alles auf lokaler Ebene lösen.

»Helfen Sie ihnen denn bei ihren Problemen?«

»Selbstverständlich!«

»Ach ja? Wie helfen Sie denn?!«, mischt sich Elena wütend ein und berichtet von »Kolos«, dem landwirtschaftlichen Betrieb, den wir eigentlich hatten besuchen wollen. »2000 Hektar sind schon übernommen worden, die Leute werden ihre Jobs verlieren. Sie hier entscheiden doch gar nichts und kassieren dafür noch ein Gehalt, das wir mit unseren Steuern zahlen.«

»Sind Sie hergekommen, um herumzubrüllen?«

»Mit Ihnen zu reden ergibt doch ohnehin keinen Sinn. Wir werden zu Wladimir Putin fahren. Soll er unsere Probleme lösen.«
Eine weitere Frau taucht auf und hält ein handgemaltes Plakat hoch: »Woltschenko, du bist ein Dieb und ein Schwein.« Das Wort »Schwein« ist auf Deutsch geschrieben. Offenbar ist unser Erscheinen hier länger bekannt gewesen. Der Vertreter einer kommunistischen Splittergruppe stellt sich mir vor, er bezichtigt Alexei, eine Frau vergewaltigt zu haben, und beschwert sich dann über den Zeitpunkt unserer Dreharbeiten: »Heute ist der Tag, an dem die Nazi-Deutschen unser Land angegriffen haben. 25 Millionen wurden getötet. Musste sich jemand dafür verantworten?«

Die Szene wird immer absurder – und bedrohlicher. Zwei weitere Männer sind aufgetaucht und attackieren jetzt die ARD direkt. Deren Berichterstattung über systematisches Doping in Russland sei eine einzige Lüge, habe aber zum Ausschluss russischer Sportler geführt. Die beiden schauen mich feindselig an.

»Erschießen!«, ruft eine Stimme aus der Menge.

»Ja, erschießen!«, wiederholt einer der beiden Männer.

»Das sind nur Provokateure«, versucht Alexei mich zu beruhigen, aber mir wird die aufgeheizte Stimmung allmählich etwas unheimlich. Der »Volksfront«-Vertreter wendet sich an Alexei: »Es macht doch keinen Sinn, die da hineinzuziehen, diese Fernsehcrew, die du eingeladen hast. Du ziehst Ausländer in die Sache rein, die nichts mit dem Land zu tun haben, in dem wir und unsere Großväter aufwuchsen.«

»Das Land gehört uns ja schon nicht mehr«, wendet Elena ein.

Der »Volksfront«-Mann lässt sich nicht beirren. »Frag dich doch mal, welche Interessen die haben sollten, euch zu helfen. Nicht die, sondern wir werden euch helfen, wir, die wir hier leben in diesem Land. Und es verändert sich ja etwas.«

»Was denn?!«, mischt sich eine weitere Bäuerin aus Alexeis Gruppe ein. »Haben sich der Gouverneur, der Staatsanwalt, die Untersuchungsbehörde etwa um meine Probleme gekümmert? Ich existiere für die nicht! Ich bin Staub unter den Füßen dieser Behörden. Obwohl mein Großvater Blut und Schweiß für dieses Land vergossen hat!«

»Und ausgerechnet die ziehen Sie nun hinein? Die, wegen denen der Großvater sein Blut vergoss?«

Der Tenor des »Volksfront«-Vertreters ist klar: Das deutsche Fernsehen hat schon aus historischen Gründen kein Recht, über diese interne russische Auseinandersetzung zu berichten. Doch die resolute Bäuerin Elena lässt sich zu meiner Erleichterung nicht auf diese Debatte ein: »Der gefährlichste Feind ist der, der meinen Kindern und Enkelkindern ihre Zukunft raubt! Und diesen inneren Feind kann ich nicht besiegen. Ich könnte gegen äußere Feinde kämpfen, aber nicht gegen diesen, denn er heißt Staatsanwaltschaft, Gerichte, FSB, kurz: der Staatsapparat.«

Es sind gefährliche Sätze, die Elena da ausspricht, in Russland, in dieser Zeit, aber sie achtet gar nicht darauf, dass einer der Filmenden sie die ganze Zeit über mit seiner Kamera verfolgt.

Als wir endlich zusammenpacken und wegfahren, schwirrt mir der Kopf. Ich bin schon häufiger Zeuge solcher Provokationen gewesen. In der Regel sind sie gesteuert, sollen sie einen Konflikt anheizen, Gewalt provozieren, eine unliebsame Gruppe diffamieren, einem Fernsehteam die gewünschten Bilder präsentieren und manchmal auch der Polizei einen Grund zum Einschreiten liefern. Aber ich war selbst noch nie im Zentrum einer solchen Aktion.

Etwa zehn Tage später zeigt der lokale Fernsehsender »Kuban 24« einen Film über dieses Treffen. Er ist sorgfältig konzipiert und hat eine klare Botschaft: Der bekannte deutsche Fernsehjournalist Lielischkies sage zwar offiziell, er sei gekommen, um die Situation im Kuban zu verstehen, aber was das bedeute, wisse man ja bereits von den Doping-Recherchen seines Kollegen Hajo Seppelt: Unschuldige russische Sportler seien von den Olympischen Spielen ausgeschlossen worden.

Die Aufforderung der Provokateure, uns zu »erschießen«, wird im Film nicht erwähnt. Dafür wird unterstellt, das Treffen der Bauern sei eine sorgfältig inszenierte Aufführung für unsere Kamera gewesen. »In dem Moment, in dem das Fernsehteam ankommt, verändert sich das Verhalten der Menschen vollständig: Sie schreien, winken, und eine Frau zeigt sogar ein Plakat. Man hat den Eindruck, dieses Stück hatte einen Regisseur. Es wirkt, als spielte jeder seine

Rolle, und die Schauspieler agierten ihrem versprochenen Honorar entsprechend.«

Der Film von »Kuban 24« unterstellt, wir hätten ein Plakat in deutscher Sprache bestellt (obwohl es Alexei diffamierte, unseren Gesprächspartner) und den Bauern für ihr Erscheinen Geld versprochen, damit sie vor unserer Kamera über den Landraub berichten. Der Gesamteindruck ist eindeutig. Um ihn abzurunden, endet der Film mit der Erwähnung meines Fehlers in der Ost-Ukraine, den die »Tagesthemen« korrigierten. Fazit: Vorsicht vor diesem Journalisten, vor diesem ARD-Team.

Später erfahren wir, dass die Lokaljournalisten schon im Vorfeld über unser Treffen mit den Bauern informiert waren. Vermutlich sind unsere Telefone tatsächlich abgehört worden. Die regionalen Behörden scheinen beunruhigt über unseren Besuch gewesen zu sein. Alexei glaubt, dass sie die Aufmerksamkeit im fernen Moskau fürchten. Putin wisse sicher nichts von den Machenschaften der großen Agrarkonzerne hier. Er klingt überzeugt.

Doch weiß Wladimir Putin tatsächlich nicht, was hier vorgeht? Schon im April 2016 wurde er auf einem Medienforum sehr deutlich auf die Zustände im Kuban angesprochen – von einer jungen Frau, Natalja Kostenko, Mitglied seiner »Volksfront«-Bewegung. In einer Live-Sendung sagte sie: »Ich habe vor einigen Wochen die Region Krasnodar besucht. (…) Die Bauern dort haben mitten in der Erntezeit beschlossen, zu Ihnen zu fahren, zum Kreml, um für die Wahrheit zu kämpfen. (…) Sie sehen sich mit einer massiven Verletzung des Bodenrechts konfrontiert, und tatsächlich werden viele, mitten in der Erntezeit, daran gehindert, auf ihre Felder zu fahren. (…) Wir brauchen Ihre Hilfe, damit die Justizbehörden die massiven Gesetzesverstöße in der Region Krasnodar untersuchen. (…) Im Bezirk Krasnoarmeisk sind von zwanzig Betrieben sechs schon bankrott.«

Während Kostenko redete, wirkte Wladimir Putin so, als fühle er sich unbehaglich. Seine Antwort war dann aufschlussreich: »Was den Schutz kleiner und mittlerer Betriebe angeht, gibt es dieses Problem, das stimmt. Einige auf föderaler Ebene glauben, dass große Agrarunternehmen den Boden effektiver nutzen und alle Aufmerksamkeit verdienen. (…) Aber das bedeutet nicht, dass Rechte der kleinen und mittleren Unternehmen verletzt werden sollten.«

Putin verspricht, sich zu kümmern. Und tatsächlich: Er schickt seinen Premierminister nach Krasnodar, eine politische Geste. Doch Dmitri Medwedew trifft nicht die kritischen Bauern, sondern besucht einen großen, modernen Viehbetrieb und redet dort mit Landwirten. Einer berichtet später, die kritischen Fragen, die er habe stellen wollen, seien ihm verboten worden. Stattdessen seien ihm andere, vorformulierte, übergeben worden. Das Gruppenfoto von Medwedew und den zufriedenen Mitarbeitern des Betriebs erscheint in den russischen Medien. Die Botschaft: Alles in Ordnung.

Auf den Feldern von Juri Massenko ist währenddessen nichts in Ordnung. Nach einem Tag geht der Krieg um seine Ernte in die nächste Runde: Seine Widersacher haben jetzt eine ganze Mähdrescher-Armee in Stellung gebracht, dazu noch mehr Sicherheitskräfte. Die Rechtslage ist nach wie vor unklar, der zuständige Richter fällte binnen Tagen zwei sich widersprechende Entscheidungen. Aber vielleicht soll das auch so sein: Denn so gilt weiterhin schlicht das Recht des Stärkeren. Mittlerweile haben die Mähdrescher der Gegenseite, im Auftrag der großen Agrarfirma von O.M., die gesamte Wintergerste von Juri Massenko bis auf zwanzig Hektar abgeerntet. Die Stimmung wird immer gereizter. Juri hat sich mit dem Rechtsanwalt der Gegenseite fast geprügelt, nur mühsam konnte ihn ein Mitarbeiter zurückhalten.»Ich wäre nicht so wütend, wenn Hagel die Ernte vernichtet hätte, oder ein Feuer. Aber so muss ich hilflos zusehen, wie solche Betrüger unsere Ernte einkassieren.« Es sei schon das zweite Jahr, in dem die Behörden den Ernteraub nicht verhindern können, erzählt uns Massenko.

Dieser O.M. mit seinen vielen Betrieben, darunter auch ein Schlachthof und eine Fleischfabrik in Krasnodar, sei einfach zu mächtig. Fünfzig Rechtsanwälte würden für ihn arbeiten, bis zu 900 Security-Mitarbeiter, sagt uns Alexei. O.M. beherrsche den gesamten Bezirk, bleibe dabei als Person jedoch so gut wie unsichtbar. Er gebe grundsätzlich keine Interviews und leite seinen mächtigen Konzern, ohne im öffentlichen Leben aufzutauchen.

Der Bock als Gärtner

Im Spätsommer 2016 sind wir zurück in der Region Krasnodar. Alexei und seine Mitstreiter planen einen zweiten Versuch, ihrem Präsidenten die ungeschminkte Wahrheit zu überbringen. Der Traktorfahrt nach Moskau wollen sich Bauern aus vielen Bezirken anschließen. Auch die in Teilen Russlands streikenden Fernfahrer wollen eine kleine Gruppe schicken, um Solidarität zu zeigen.

Am Tag des großen Aufbruchs rollt schon morgens ein Dutzend Traktoren auf den Hof des hünenhaften Bauern Oleg. Er ist einer der Initiatoren. Vor der Abfahrt werden Reden gehalten, Oleg hat ein provisorisches Podium zimmern lassen. Eine Putin-Fahne weht im Wind: Alle in der Gruppe legen großen Wert darauf, den Präsidenten als ihren Schutzpatron zu stilisieren – auch in der Hoffnung, mit dieser demonstrativen Geste den Widerstand ihrer Regionalpolitiker im Zaum zu halten.

Die sind durch den erneuten Versuch der Protestler, Präsident Putin persönlich eine Nachricht zu überbringen, alarmiert. Eine Bäuerin berichtet:»Unsere lokale Verwaltung drohte uns per SMS und mit Anrufen. Dass sie uns umbringen werden, wenn wir hier teilnehmen, und unsere Familien auch, dass sie unsere Häuser anzünden. An einem Tag hatte ich 65 Mitteilungen auf meinem Handy!«

Auch Alexei berichtet von eindeutigen Drohungen.»Gestern bekamen Bauern in allen Bezirken Besuch von Beamten und Polizei und wurden gewarnt:›Wenn ihr zur Demo fahrt, werdet ihr verhaftet.‹«

Dennoch haben sich jetzt rund 200 Menschen um das Podium versammelt, auf dem immer neue Redner die Schikanen durch Agrarkonzerne und Regionalpolitiker anprangern und Putin um Hilfe anflehen. Dessen Landwirtschaftsminister, Alexander Tkatschow, nennen die Bauern unverhohlen einen der brutalsten Landräuber. Tkatschow war zwölf Jahre lang Gouverneur ihrer Region. Viele der demonstrierenden Bauern kommen aus Bezirken, in denen ausgerechnet der Konzern der Tkatschow-Familie im großen Stil Ackerland akkumuliert. Einer der Redner nimmt kein Blatt vor den Mund:»Schuldig ist eine ganz konkrete Person. Der Oberbetrüger im Kuban, Tkatschow, Alexander Nikolajewitsch. Sein Unternehmen ›Agrokomplex‹ heißt bei uns nur ›Besetzer‹. Die Gesetzlosigkeit wird von allen Regierungsebenen unterstützt: von Abgeordneten, Staatsanwälten und Polizei.«

Die Familie des seit 2016 amtierenden Landwirtschaftsministers ist mit ihrer Holding »Agrokomplex« inzwischen einer der größten Besitzer von Ackerflächen in ganz Russland. »Agrokomplex« ist in atemberaubendem Tempo gewachsen und verfügt 2017 über 640 000 Hektar Ackerfläche. Allein 2016 kamen 184 000 Hektar dazu. Die etwa vierzig Unternehmen des Tkatschow-Imperiums produzieren Getreide, Geflügel, Schweine- und Rindfleisch, Milch und Käse. Weitere Geschäftszweige sind Getreideexport, Fleischverarbeitung, Lagerhaltung und Speditionsgeschäfte. Wirtschaftszeitungen sprechen von 22 000 Angestellten, 18 000 Fahrzeugen, 170 000 Quadratmetern Lagerflächen, Hunderten von Einzelhandelsgeschäften. Die Tkatschows gehören zu den ganz großen Playern in der russischen Landwirtschaft, 2018 wird »Agrokomplex« in die Liste der strategisch wichtigen Unternehmen des Landes aufgenommen.

Tkatschows Aufstieg beginnt in den Neunzigerjahren. Er wird Duma-Abgeordneter, Ende 2000 Gouverneur der Region Krasnodar, sein Vater gründet »Agrokomplex«. Das Unternehmen besitzt zunächst nur einige Tausend Hektar, doch schnell baut sich die Familie eine starke Machtbasis auf.

Es ist die Zeit blutiger Verteilungskämpfe. Unter den Gewinnern ist damals auch die Zapok-Familie, die den Ort Kuschtschewskaja nach brutalen Machtkämpfen mit ihrem Konkurrenten, der überwiegend tatarischen Ametow-Familie, beherrschte. Zapoks Sicherheitsleute begannen, die Ortschaft und deren 35 000 Einwohner regelrecht zu tyrannisieren: »Zapoks Privatarmee wurde nicht länger gegen Konkurrenten eingesetzt, sondern um Abgaben von anderen Landbesitzern und Bauern einzutreiben und ihnen manchmal Land wegzunehmen. Das wurde dann der Familien-Holding einverleibt. Die Behörden in Krasnodar beschlossen wegzusehen, und es gab in der Ortschaft keine andere Autorität als die der Zapoks. Deren Handlanger agierten in völliger Straffreiheit und nutzten das zunehmend aus. Strafverfahren, die Zapoks Leute betrafen, wurden regelmäßig eingestellt, in insgesamt 220 Fällen von Mord, Vergewaltigung, Raub, Überfällen und Körperverletzung.«[1]

Dieser Zustand völliger Rechtlosigkeit hielt etwa zehn Jahre an, ohne dass Gouverneur Tkatschow und seine Justizbehörden etwas unternahmen. Ein Taxifahrer berichtete damals:»Einmal stiegen drei von diesen Typen in mein Taxi, setzten mir einen Schraubenzieher auf die Rippen und zwangen mich, die ganze Nacht herumzufahren.« Ein anderes Mal verwendeten sie eine Waffe.[2]

Vielleicht war es dieses Gefühl völliger Allmacht, das Sergei Zapok die Ermordung seines ehemaligen Konkurrenten Server Ametow anordnen ließ – am Geburtstag seines eigenen Bruders Nikolai Zapok, der 2002 ermordet worden war. Zapoks Männer stürmten Ametows Haus, erstachen acht Erwachsene und erwürgten zwei Kinder. Zwei Säuglinge starben an einer Rauchvergiftung, nachdem die Killer versucht hatten, das Haus in Brand zu setzen. Die Brutalität der Tat schockierte das ganze Land, Zapok wurde als Organisator dieser Morde und wegen sechs weiterer, die ihm zur Last gelegt wurden, verurteilt und verschwand in einem Straflager.

Grigori Golosow von»Open Democracy« zieht ein bitteres Fazit: »Wäre Ametow das einzige Opfer dieser Vendetta geblieben, hätte uns die Nachricht über dieses Verbrechen vermutlich nie erreicht. Aber das Ausmaß und vor allem die brutale Durchführung dieser Morde weckte die Aufmerksamkeit der nationalen Medien. (…) Ich bin überzeugt, dass die Täter nicht für den Mord bestraft werden, sondern dafür, dass er publiziert wurde und damit die Reputation der Behörden beschädigt. In einer öffentlichen Stellungnahme nannte Tkatschow Zapok ausdrücklich einen ›Verräter‹. Wie gut bekannt, besteht die Schuld eines Verräters darin, ein Schlüsselgeheimnis zu verraten. Und das Geheimnis der russischen Politik ist, dass Kriminalität und Macht zusammenhängen. Jeder weiß das, aber dessen direkte Bestätigung trifft einen Nerv.«[3]

Das klingt zynisch, doch es beschreibt genau, was ich von vielen Bauern in meinen wenigen Tagen hier in der Region Krasnodar immer wieder gehört habe. Eine düstere Bestätigung dieser Kumpanei scheint im November 2018 die Zeitung *Komsomolskaja Prawda* gefunden zu haben: Sie veröffentlicht Fotos, die das fürstliche Leben von Wjatscheslaw Zepowjas zeigen, einem Mitglied der Zapok-Bande. Zepowjas war wegen seiner Beteiligung am spektakulären Mord zu 19 Jahren und acht Monaten Straflager verurteilt worden. Die Zeitungsfotos zeigen ihn nun in der Strafkolonie Nummer 3 im Amur-Gebiet, die eigentlich im Ruf steht, besonders strenge Regeln zu haben. Doch die scheinen nicht für alle zu gelten: Zepowjas hält einen gekochten Hummer in der Hand, vor ihm Schüsseln mit Salat und rotem Kaviar. Auf anderen Fotos posiert er grinsend mit einem Handy. Die Justizverwaltung bestätigt die Authentizität der Bilder. Offenbar war der mehrmache Mörder ein VIP-Häftling, der sich im Gefängnis sogar frei bewegen durfte.[4]

Nach dem brutalen Massenmord der Zapok-Bande und den Enthüllungen zu ihrem Terror-Regime im Machtbereich des Gouverneurs Alexander Tkatschow erwarteten alle dessen Rücktritt. Doch Tkatschow blieb – und wurde nach 14 Jahren als Gouverneur von Wladimir Putin zum Landwirtschaftsminister ernannt. Damit aber, so glauben die demonstrierenden Bauern, habe Putin endgültig den Bock zum Gärtner gemacht.

Protest-Konvoi

Nach unzähligen Reden rollt die lange Kolonne von Olegs Hof, gefolgt von einem Pkw-Konvoi mit Angehörigen und Gleichgesinnten. Wir drehen einige Bilder der Traktor-Prozession mit wehenden Protest- und Putin-Fahnen und fahren dann ein Stück voraus, um eine weitere Einstellung vorzubereiten. Doch dann sehen wir Streifenwagen der Polizei. Und tatsächlich: Der Konvoi wird gestoppt, die Polizisten beginnen, die Papiere und Traktoren der Protestler zu kontrollieren. Noch ist die Stimmung gelöst, denn die Gruppe hat sich gut vorbereitet: Alle haben ihre Fahrzeuge fälligen technischen Inspektionen unterzogen, sogar neue Glühbirnen in ihre Scheinwerfer geschraubt. Es gebe keinen Grund, glauben sie, den Konvoi zu stoppen. Nach einer halben Stunde geht es tatsächlich weiter.

Wir fahren ein Stück auf Olegs Traktor mit, der den Konvoi anführt. Wir wollen wissen, was genau sie Putin übermitteln wollen. Oleg meint: »Ich würde ihm sagen: Wladimir Wladimirowitsch, wie können Sie das alles geschehen lassen? Wir wollen doch keine neuen Gesetze, sondern nur, dass sich alle an die bestehenden halten, dass sie für alle gleich gelten.«

Kaum hat Oleg geendet, wird der Konvoi wieder an den Straßenrand gewunken, beginnen neue Kontrollen. Und so geht es weiter: Alle paar Kilometer werden sie von Polizisten gestoppt und bald auch von denen, die sie vorher schon überprüft hatten. Eine eindeutige Schikane, offenbar soll um jeden Preis verhindert werden, dass die Bauern den Bezirk verlassen oder gar nach Moskau kommen. Alexei glaubt, den Grund zu kennen: »Sie haben Angst, uns aus Krasnodar rauszulassen, denn dann erfahren die föderalen Behörden von dieser Rechtlosigkeit hier. Die müssten dann ja viele Vertreter unserer lokalen Behörden feuern oder ins Gefängnis stecken.«

Nach etlichen Stunden liegen bei den Bauern die Nerven blank: Wut über die willkürlichen Stopps, die einsetzende Müdigkeit, die beginnende Erkenntnis, dass sie es wohl wieder nicht bis nach Moskau, zu ihrem Präsidenten, schaffen werden. Im Morgengrauen scheint sich dann Alexeis Verdacht zu bestätigen: Der Konvoi ist an einem Schlagbaum angekommen, der ihren Bezirk vom Nachbarbezirk trennt. Er ist geschlossen. Die Bauern verhandeln, blockieren den Verkehr auf der Gegenseite, nichts geht mehr.

Weil unser Kamerateam nach über 24 Stunden auf den Beinen todmüde ist, mieten wir uns für ein paar Stunden in einem kleinen Hotel ein, um zu schlafen. Die Bauern, so glauben wir, werden wir später entweder auf der geplanten Route wieder einholen oder aber am Schlagbaum wiedertreffen.

Sieben Stunden später finden wir zwar alle Traktoren wieder, auf einem Parkplatz – von Polizeiautos blockiert. Die Bauern selbst sind nirgends zu sehen. Wir erfahren, dass sie »mit sanfter Gewalt« zu Gesprächen mit Behördenvertretern in den Innenhof eines Landgasthofs gezwungen wurden. Inzwischen ist außer uns auch ein russisches Kamerateam aufgetaucht. Ihm erklärt Alexei übermüdet die Bedingungen der Behörden, darunter auch ein Vertreter von Präsident Putin in der Region Krasnodar: Eine Delegation der Bauern solle in die Hauptstadt Krasnodar zurückfahren und dort mit Gouverneur und Generalstaatsanwalt über ihre Forderungen reden.

Das aber will niemand von ihnen: Es waren doch gerade die Behörden ihrer Region, deren Machenschaften die Bauern in Moskau anprangern wollten. Was gibt es mit denen noch zu reden? Einem Bauern platzt der Kragen:»Machen Sie erst die Straße wieder frei, und dann beginnen wir, mit Ihnen zu verhandeln. Alle hier wissen, dass diese Blockade durch die Polizei nicht rechtmäßig ist.« Das stimmt. Da ihre Papiere in Ordnung sind, gibt es keine gesetzliche Handhabe gegen ihre Fahrt. Selbst die Banner, Fahnen und Transparente haben sie inzwischen von den Traktoren genommen. Doch die Behördenvertreter leugnen sogar das Offensichtliche: »Die Polizei stoppt sie ja gar nicht. Ihre Fahrzeuge sind nicht blockiert, die werden hier nur bewacht.«

»Heißt das, ich kann mit meinem Traktor weiterfahren?«, will einer der Bauern wissen.

»Diese Frage stellt sich momentan nicht. Jetzt geht es um ein Treffen mit den Behördenvertretern.«

Und dann geht auf einmal alles sehr schnell: Ein Bus hält in der Nähe des Landgasthofs, Spezialkräfte in martialischen Schutzanzügen setzen ihre Helme auf, eilen im Laufschritt heran und umstellen die Bauern. Die machen zunächst noch ein paar Witze. Da es keinerlei Gewalt gab, keine Drohungen in Richtung Behörden, wirkt der Einsatz auch auf uns zunächst eher bizarr, fast lächerlich. Doch die Spezialkräfte machen Ernst: Durch ein Spalier werden die Bauern zu einem Bus gebracht. Sie leisten keinen Widerstand. Auch Alexei sitzt bald am offenen Fenster des Polizeibusses. Weiß er, wohin sie gebracht werden? »In den Knast, wie versprochen. Ich weiß nicht, was passiert, wir werden sehen.«

Begleiter und Angehörige sehen dann sichtlich schockiert zu, wie die Männer weggefahren werden. Einfache Bauern, die nicht zum Sturz der russischen Regierung aufgerufen haben, sondern sich lediglich vertrauensvoll an ihren Präsidenten wenden, ihn um Hilfe bitten wollten. Auch Olegs Sohn sieht dem Bus mit seinem Vater darin verbittert hinterher. »Der Präsident ist in der Tat ein Unberührbarer. Es ist schwer, zu ihm zu kommen.«

Eine ältere Frau aus dem Begleitkonvoi der Bauern hat die Bemerkung gehört. Sie trägt ein Putin-T-Shirt. Jetzt wendet sie sich zu unserer Kamera und zieht das T-Shirt hoch. Darunter kommt ein zweites, rotes zum Vorschein mit den großen gelben Buchstaben »CCCP« darauf: Union der sozialistischen Sowjetrepubliken. Wütend schimpft sie in unsere Kamera:»Die Bauern wollten doch zu Putin. Ist es schon verboten, durch unser Land zu fahren?«

Ein Mann in Zivil, offensichtlich Mitglied einer lokalen Behörde oder des Geheimdienstes, ist auf die Frau aufmerksam geworden, richtet eine Videokamera auf sie. Wir weisen die Frau halblaut darauf hin, dass sie nicht nur von uns gefilmt wird. Aber das scheint sie eher anzuspornen.»Mein Sohn ist ein Oberst der Polizei. Mein Ehemann hat 27 Jahre gedient, zuerst auf einem U-Boot, dann beim Geheimdienst. Und trotzdem hat er keine Wohnung bekommen. ›Die lieben ihre eigene Nation nicht‹, sagte er zu mir. Ich liebe mein Vaterland, aber es ist mit Schmutz bedeckt, zerstört, von Russen. Ihr sucht immer Schuldige, die Amerikaner, die Deutschen, aber ihr selbst seid der Schmutz! Ihr selbst liebt die Russen nicht! Und Putin kann einfach nicht wissen, was hier passiert.«

Wir hören auf zu filmen, denn die Frau ist dabei, sich um Kopf und Kragen zu reden, mit einer kleinen Armee von Polizeibeamten und allen möglichen Geheimdienstlern um uns herum. Offenbar sind wir ein Ventil geworden für diese verzweifelten Menschen, an deren Schicksal russische Fernsehsender kaum Interesse haben. Ein Angehöriger der Verhafteten sagt uns, auch aus anderen Bezirken hätten sich Bauern in Bussen aufgemacht, um ihre Gruppe zu unterstützen.»Bauern aus Stawropol, Woronesch und der Wolgograd-Region. Aber es hat den Befehl gegeben, alle Busse zu stoppen und die Passagiere zu kontrollieren. Vermutlich werden auch sie es nicht schaffen.«

Am Abend haben einige der Angehörigen in Erfahrung gebracht, wo die Gruppe hintransportiert wurde: In ein Polizeirevier des Nachbarbezirks und in ein Gerichtsgebäude. Dort warten sie die Nacht hindurch auf die Freilassung der Männer. Auch Olegs schwangere Frau harrt die ganze Zeit über aus, voller Sorge um ihren Mann.

Dann sickern erste Informationen durch: Die Teilnehmer der

Traktor-Rallye werden ohne Verteidiger in Schnellverfahren verurteilt, einer nach dem anderen. Ihnen wird die Teilnahme an einer nicht genehmigten Demonstration vorgeworfen. Die Strafen reichen von Geldstrafen bis zu zehn Tagen Haft. Die Verurteilten werden einzeln durch den Hinterausgang zu Polizeiwagen gebracht und weggefahren. Es sind gespenstische Szenen.

Diejenigen, die »nur« eine Geldstrafe zahlen müssen, kehren irgendwann zurück, doch auf Alexei, Oleg und einige andere warten wir vergeblich. Später erfahren wir: sie saßen insgesamt zwanzig Tage hinter Gittern.

Putin, der gute Zar

Zurück in Moskau, muss ich feststellen, dass die großen Kreml-nahen Fernsehsender und Zeitungen den Bauernprotest und sein gewaltsames Ende vollständig ignoriert haben. Das wäre sicher schwieriger gewesen, wenn die Bauern es tatsächlich mit ihren Traktoren bis auf den Roten Platz in Moskau geschafft hätten. Und genau darum durften sie dort wohl auch nicht ankommen.

Verwundert bin ich nach dieser Reise – wieder einmal – über den festen Glauben der Protestierenden, ihr Präsident wisse gar nicht, was im Süden Russlands vor sich geht. Woher kommt dieser naive Glaube, der »Zar« Putin selbst sei gut und nur seine bösen »Bojaren« knechteten das Volk? Obwohl Putins Vertreter persönlich mit den Bauern diskutierte. Obwohl sein Generalstaatsanwalt persönlich die Vorwürfe untersuchte. Obwohl sein Landwirtschaftsminister einer der größten Agrarbarone ist. Obwohl in Putins Macht-Vertikale niemand wagt, Wichtiges ohne den Segen des Präsidenten zu entscheiden.

Und: Krasnodar ist überall. Wie oft haben mir Menschen in kleinen Dörfern, Provinzzentren oder Städten Briefe vor die Nase gehalten, oft handgeschrieben, adressiert an den Präsidenten der Russischen Föderation persönlich. Briefe, in denen sie ihm all die Schikanen seiner lokalen oder regionalen Sicherheitskräfte beschrieben, seiner Staatsanwälte, Richter und Politiker.

Der unerschütterliche Glaube an den »guten Zaren« Putin ist vor allem der Erfolg einer perfektionierten Inszenierung. Bürgersprechstunden, Pressekonferenzen, live ins weite Land übertragen, zeigen den mitfühlenden Präsidenten, überrascht über Missstände, entschlossen, energisch nachzuhaken. Vor Millionen tadelt er die Verantwortlichen in der fernen Provinz. Rettet einen maroden Kindergarten, eine Schule, ein krankes Kind. Wenn der gute Zar für die Fernsehnachrichten Unternehmen besucht, sind es moderne, erfolgreiche. In den unzähligen maroden, hoffnungslosen Fabriken des Landes taucht er in aller Regel nicht auf. Putin ist Fortschritt, heißt die tägliche Suggestion. Und wehrhafter Beschützer Russlands, bei Verhandlungen mit ausländischen Staatsoberhäuptern, bei Beratungen mit den eigenen Militärs. »Putin hat Russland wieder von den Knien erhoben« – wie oft habe ich diesen Satz schon gehört. Er hat sich als Mantra im russischen Unterbewusstsein eingenistet.

Kritik an der makellosen Führerfigur Putin wird gleichzeitig immer stärker mit Defätismus und fehlendem Patriotismus gleichgesetzt. Die protestierenden Bauern werden gezielt als Nestbeschmutzer verunglimpft, als unpatriotisch, weil sie vor westlichen Journalisten ihre Situation beklagen. Mag sein, dass sie auch deshalb so nachhaltig behaupten, auf Putin zu hoffen: Wer dem obersten Patrioten des Landes vertraut, kann ja nicht gleichzeitig ein Vaterlandsverräter sein …

»Blühende Landschaften«

Nachdem Alexei und seine Mitdemonstranten ihre Strafe abgesessen haben, organisieren sie in Moskau eine Pressekonferenz, um ihr Anliegen vorzutragen. Doch ohne spektakuläre Traktor-Kolonne im Zentrum der Hauptstadt fällt es den Medien leicht, die Veranstaltung zu ignorieren. Keiner der großen Sender berichtet.

Entsprechend niedergeschlagen ist die Stimmung der Bauern, als wir sie nach der Pressekonferenz beim Kreml treffen. Sie berichten von ihrer Zeit hinter Gittern. »Die Polizei behandelte uns gut. Die haben sogar klammheimliche Solidarität mit uns zum Ausdruck gebracht«, erzählt einer. Ich muss an die Tage auf den Feldern denken, an den Kampf um die Ernte. Auch dort hatte ein Polizeichef mir zwischen den Zeilen zu verstehen gegeben, dass ihm durchaus klar sei, wie die Bauern gewaltsam um ihre Rechte betrogen würden. Doch er müsse nun einmal die Entscheidungen des Gerichts umsetzen.

Wir gehen mit der Gruppe auf die große Moskwa-Brücke beim Kreml, auf der Boris Nemzow, der Oppositionspolitiker, ermordet wurde. Nachdenklich bleiben die Männer aus Krasnodar vor der kleinen, improvisierten Gedenkstätte stehen. Ein paar Blumensträuße, ein Foto mit einer schwarzen Schleife. Auch ihr Protest habe eine Welle von Einschüchterungen ausgelöst, sagt Nikolai: »Wir sind mit fremden Autos hergekommen, Alexei mit dem Flugzeug, jeder anders. Der FSB hat ja inzwischen Fotos von all unseren Autos. Wir brauchten unbekannte Nummern, die sie noch nicht fotografiert haben.«

Hätte die Polizei gemerkt, dass sie sich nach Moskau aufmachten, wären sie schon bei der Abfahrt festgesetzt worden, sind die Männer überzeugt. Und davor, sich mit uns zu treffen, erklärt Alexei, seien sie ebenfalls nachdrücklich gewarnt worden. »Die Mitarbeiter des Geheimdienstes sagten uns, es sei nicht akzeptabel, dass wir mit der ARD reden. Nach ihren Worten ist das ein krimineller Sender, der von westlichen Geheimdiensten bezahlt wird.«

Einen Verbündeten immerhin finden die Bauern in Moskau bald darauf: Der Ombudsmann für Unternehmerrechte, Boris Titow, empfängt sie, zeigt sich beeindruckt von den geschilderten Fällen, verspricht, sie an den Generalstaatsanwalt weiterzugeben. Und er macht möglich, dass Elena, die unerschrockene und redegewandte Frau aus Alexeis Gruppe, vor dem Landwirtschaftsausschuss der Duma sprechen darf. Alexei und Oleg sind mit nach Moskau gekommen, um Elenas Auftritt zu verfolgen.

Elena nimmt auch vor dem Parlamentsausschuss kein Blatt vor den Mund: Ausführlich beschreibt sie die Methoden, mit denen das Ackerland der Kolchosen in den Besitz der Agrokonzerne gebracht wird. »Alexander Tkatschow, der Landwirtschaftsminister, drängte uns Investoren auf. Und als Ergebnis haben wir in unserem Kreis fast alle Milchkühe, fast die gesamte Schweinezucht und fast alles Geflügel verloren.«

Nimmt mit diesen Auftritten vor dem Parlament jetzt der Druck auf den umstrittenen Landwirtschaftsminister Tkatschow zu? Tatsächlich muss der im Dezember 2016 den Abgeordneten der Duma in einer parlamentarischen Fragestunde Rede und Antwort stehen, live vor den Kameras des russischen Fernsehens. In seiner Einführung preist Tkatschow die Getreideernte: 117 Millionen Tonnen, ein absoluter Rekord für das moderne Russland. »Wir müssen uns gegenseitig beglückwünschen, das ist wirklich ein großes Ereignis für unser Land. Wir sollten stolz sein, denn Getreide – das ist unser Öl. Je mehr Getreide, desto reicher das Land.«

Tkatschow gerät geradezu ins Schwärmen: Russland sei inzwischen fast zum Selbstversorger bei Nahrungsmitteln geworden, und die neue Blüte der russischen Landwirtschaft stimuliere die ländlichen Regionen: »Häuser für Landbewohner werden gebaut, Gas und Wasseranschlüsse, Schulen und soziale Einrichtungen werden eröffnet und so weiter.«

Ich wundere mich: Die blühenden Landschaften habe ich bei unseren Besuchen über mehrere Monate hinweg nicht entdeckt, stattdessen verfallene Kolchosen und heruntergekommene Ortschaften.

Aber die Tkatschow-Eloge verschweigt auch andere Schattenseiten. Etwa die miserable Qualität der Getreideernte: Auf der Jagd nach neuen Rekordernten für Exportgetreide laugen die Agrarkonzerne die Böden aus. Der Anteil des minderwertigen Getreides habe dramatisch zugenommen, klagt sogar der Verband der Getreidemühlen.

Russische Zeitungen berichteten empört, wie dramatisch der Anteil des qualitativ guten Brotgetreides gefallen sei: »In Russland wird jetzt legal Brot aus Viehfutter gebacken« hieß eine Schlagzeile, »Die Ernte reicht nicht fürs Brot« eine andere. Wladimir Schirinowski, Parteichef der LDPR, ein populistischer Nationalist und Provokateur, wittert seine Chance für einen volksnahen Auftritt: »Sie preisen den Export, doch was exportieren Sie denn? Die beste Weizenqualität – ja, aber für die Italiener, für Pasta und Pizza. Und was ist mit unserem Brot in den Geschäften? Schauen Sie doch: Gift, Abfälle! Sie servieren uns Brot aus Spreu und Kleie. Damit füttern Sie die Bürger!«

Es ist eine zutreffende Situationsbeschreibung. Doch Tkatschow gibt sich gelassen, auch, als die großen Fernsehsender das Skandalthema »Brotqualität« aufgreifen. Im TV-Studio wird er von einer Moderatorin befragt und darf ohne jeden Widerspruch leugnen, dass es überhaupt ein Problem gibt: »Wir sind für das ganze Jahr mit Getreide der dritten, der höheren Weizenklasse versorgt, für Weißbrot und alle Brötchen.«

Den Einwand, das schlechte Getreide werde nur dank zahlreicher Chemikalien und Zusatzstoffe zum Grundstoff für genießbares Brot, wischt Tkatschow mit einem charmanten Lächeln vom Tisch: »Ach, das ist doch Standard in der ganzen Welt, das Brot wird dadurch nur aromatischer, luftiger, krustiger. Die meisten unserer russischen Brotfabriken machen Qualitätsbrot.«

Kein Widerspruch, keine weiteren Nachfragen. Ende des Interviews.

Alexander Tkatschow ist inzwischen nicht mehr Landwirtschaftsminister. Sein Nachfolger heißt Dmitri Patruschew. Dessen Vater ist Putins enger Vertrauter Nikolai Patruschew, der ehemalige FSB-Chef und jetzige Vorsitzende des Sicherheitsrats. Als Agrarexperte war der Sohn des Geheimdienstlers bisher nicht aufgefallen. Loyalität ist offensichtlich wichtiger.

Made in Russia

So wie Vorgänger Tkatschow überschwänglich den Aufschwung der russischen Landwirtschaft pries, lobt der amtierende Agrarminister Patruschew jetzt Russlands Selbstversorgungsquote mit Lebensmitteln: 90 Prozent der Nahrungsmittel stammten inzwischen aus heimischer Produktion. Ein Grund dafür: Putins Gegensanktionen sperren die preiswerte westliche Konkurrenz aus. Ein zweiter: Der Rubelverfall macht Importprodukte für viele unerschwinglich.

Doch auch die heimischen Lebensmittel sind für viele Russen zu teuer geworden. 35 Prozent des durchschnittlichen Haushaltsbudgets fließen bereits in die Ernährung, nach offiziellen Zahlen. Unabhängige Untersuchungen sagen: Es sind 50 Prozent. Immer mehr Menschen haben keinen Zugang zu gesunder Ernährung, essen zu viele billige Kohlenhydrate, leiden an Anämie und Fettleibigkeit. Die Zahlen sind besorgniserregend.[5]

Vor allem gute Milchprodukte wurden nach dem Importverbot knapp in Russland. Viehzucht, Milchwirtschaft, Molkereiwesen, Kühlketten, Marktstrukturen – all das braucht längerfristige Investitionen, Vertrauen in die Zukunft. Weil das jedoch fehlt, suchen russische Unternehmer den schnellen Gewinn, notfalls auch jenseits der Gesetze. Beispiel Käse: Weil gute Rohmilch knapp und teuer ist, betrügen russische Käsereien einfach. Die staatliche Verbraucherschutzbehörde meldet im Frühjahr 2018, dass 60 Prozent der untersuchten Käseproben Fälschungen waren. Billiges Palmöl ersetzt die rare Kuhmilch.[6] Die gepanschten Ergebnisse mit dem Label »russischer Käse« sind fürchterlich.

Schon im Sommer 2016 berichteten Journalisten landesweit vom Experiment einer Online-Kollegin, die einen Löffel Quark aus Sankt Petersburg anzündete. Der brannte lichterloh, die Reporterin kommentierte: »Es riecht nach Plastik.« Spott und Häme landesweit, Hersteller und Vertriebsorganisation verloren ihre Lizenz. Doch ein bedauerlicher Einzelfall ist der brennende Quark nicht. Immer wieder werden »Milchprodukte Medienberichten zufolge mit Palmöl, Stärke, Kreide oder Gips gestreckt, weil es für die Hersteller billiger ist«.[7]

Eine neu gegründete staatliche Organisation, »Roskatschestwo« fand bei 36 von 46 Käse- und Buttermarken falsche Deklarationen und eine verbotene Menge an Zusatz- und Konservierungsstoffen. Eine Butter mit grasenden Kühen auf der Verpackung enthielt ausschließlich pflanzliche Fette.[8]

Die *Moscow Times* berichtet auch von Seife, die der russischen Milch zugesetzt werde. Untersuchungen hätten ergeben, dass ein Fünftel der analysierten Kaviar-Marken E.-Coli-Bakterien enthielt, mehr als die Hälfte der Proben von Lachsaufschnitt als »unsicher«

bezeichnet werden müssten. »Die Qualitätskontrolle im russischen Lebensmittelsektor scheint zusammengebrochen zu sein.«[9] Es war Dmitri Medwedew in seiner Zeit als russischer Präsident, der die Lebensmittelkontrollen lockerte. Seit Medwedews als »Entbürokratisierung« gepriesener Abschaffung der Zertifizierung kann die Industrie in Eigenverantwortung produzieren. Eine in Russland besonders fragwürdige Entscheidung, ohne kritische Medien und nennenswerten Verbraucherschutz.

Indem Wladimir Putin mit seinen Gegensanktionen der russischen Landwirtschaft und Lebensmittelindustrie einen konkurrenzfreien Schutzraum bescherte, machte er ihnen ein klassisches Danaer-Geschenk im sowjetischen Stil: Konzerne schöpfen die unverhofften Gewinne ab, statt für den Weltmarkt zu trainieren. Den russischen Verbraucher können sie mangels Konkurrenz und Qualitätskontrolle mit minderwertigen Produkten abspeisen. Wie ein Zukunftsmodell für die Wiedergeburt der russischen Landwirtschaft wirkt das nicht.

Gleichzeitig werden die kleineren, mittelständischen Produzenten von den mächtigen Agrokonzernen verdrängt. Die erhielten in sechs Jahren umgerechnet knapp 16 Milliarden Euro an staatlichen Subventionen aus Moskau. Die kleineren Bauern dagegen erhalten nicht einmal bezahlbare Kredite, werden behindert und unterdrückt, wie das Schicksal der Bauern von Krasnodar zeigt. Sie haben keine Rettung aus Moskau zu erwarten. Der Kreml setzt, ganz im sowjetischen Stil, auf große Lösungen statt auf die Kraft des Mittelstandes. Noch wesentlicher aber ist wohl: »Bisnes po-russki« erfordert Tributzahlungen. Kleine und große Gefälligkeiten. Was gibt es schon bei den kleinen Bauern wie Alexei, Andrei oder Massenko einzutreiben …

Kapitel 16

Die Matriza:
Bahnfahrt in den Putin-Feudalismus

Im Februar 2018 sind wir auf dem Weg nach Tschernigowskoe, einem kleinen Ort gut 50 Kilometer von Sotschi entfernt. Wir suchen die »Apscheronskaja uskokoleinaja schelesnaja doroga«, die Waldbahn Apscheronsk: Die Schmalspurbahn in der südrussischen Region Krasnodar verbindet mehrere Dörfer in den Bergen mit der Zivilisation. Auf dem zentralen Platz des Ortes, der uns als Adresse genannt wurde, ist es stockfinster. Wir sehen ein paar Straßenhändler, die im Scheinwerferlicht ihrer Autos kleine Marktstände aufbauen. Sonnenblumenöl, etwas Gemüse, billige Süßigkeiten, die sie an die Fahrgäste der Bahn verkaufen wollen. Ein paar krumme Schienen, die in den Asphalt des Platzes eingelassen sind, weisen uns den Weg. Schon bald sehen wir einen Waggon, der den Namen kaum verdient. Es ist eher eine Metallkonstruktion mit Blattfedern und vier eisernen Rädern. Die beiden Seitenwände bestehen aus alten morschen Holzbohlen, durch eine offene Tür lädt ein schweigsamer Mann Holzpaletten mit Weißbrot in den Waggon. »Das Brot für die Menschen in den Bergen da oben«, meint er knapp und will dann nicht weiter gefilmt werden. Ein zweiter Lieferwagen kommt, mit neuem Brot. Über einhundert Laibe sind es am Ende, sorgfältig in die Metallregale im Inneren des baufälligen Waggons gestapelt. Es scheinen viele Menschen dort oben zu wohnen, die auf die Versorgung mit der Schmalspurbahn angewiesen sind. »Früher«, erklärt einer der Männer am Verkaufsstand neben dem Waggon, »gab es eine Straße da hoch. Während der Sowjetzeit war das Holzkombinat für ihre Erhaltung zuständig. Aber mit der Sowjetunion verschwand auch unsere Straße.«

Ein Taxi ist angekommen, der Fahrer holt zwei große Plastiktaschen aus dem Kofferraum, eine Frau um die fünfzig bezahlt ihn, ihr Mann schaut zu. Angela kommt aus Armenien. Ihre Eltern seien vor einiger Zeit gestorben, jetzt will sie mit ihrem Mann nach dem Haus in den Bergen schauen. Das Leben da oben, erzählt sie uns, sei hart. »Man ist von allem abgeschnitten, selbst im Fernsehen laufen nur die beiden ersten Kanäle, die staatlichen. Für die Menschen hier hat sich auch früher schon niemand interessiert, nur für das Holz, das die große Firma ins Tal geschafft hat. Jetzt heißt es, dass sie hier alles dichtmachen wollen. Dann wird irgendwann auch die Bahn nicht mehr fahren.«

Die kündigt ihre Ankunft gerade an: Ein Scheinwerferpaar taucht aus der Dunkelheit auf, kommt sehr langsam näher. Und dann erkennen wir die »Matriza«, wie die Einheimischen die knapp zehn Meter lange rot lackierte Eisenbahndraisine nennen. Hinter dem Dieselmotor, den noch ein stolzer roter Sowjetstern ziert, erhebt sich das Führerhaus, das mit dem nur schwach beleuchteten Passagierraum eine Einheit bildet. Darin etwa ein Dutzend Menschen, die ungeduldig warten, bis der Lokführer die Matriza langsam an den Holzwaggon ankoppelt. Dann klettern die Ankömmlinge von der kleinen Plattform und verteilen sich mit ihren zahllosen Bündeln, Taschen, Rucksäcken, Kartons und Einkaufstüten auf die wartenden Autos, während die neuen Passagiere einsteigen. Zwei Forstarbeiter packen Rucksäcke und einen Satz Ketten für Motorsägen in den Waggon. Diejenigen, die nicht mehr in den Passagierraum passen, suchen sich einen Platz im baufälligen Holzwaggon. Dort verstaut ein älterer Mann im Tarnfleck einen Sack Mehl unter der Holzbank, auf der sich eine Mutter mit ihren beiden Kindern einrichtet. Alles muss schnell gehen, denn um sieben fährt die Matriza wieder los, hinauf in die Berge.

Artur, der Fahrer der nun beginnenden Tagschicht, ruft uns in den Führerstand. Hier sollen wir unsere Ausrüstung verstauen. Eine Frau reicht ihm zwei gelbe Postsäcke durch das Fenster, dann legt Artur den Vorwärtsgang ein, löst die Druckluftbremse, schiebt den Gashahn nach vorne und lässt gleichzeitig einen langen Pfiff ertönen, der durch das verschlafene Tschernigowskoje hallt. Die Waldbahn Apscheronsk setzt sich langsam in Bewegung. 15 Stundenkilometer, schneller darf er nicht fahren, erklärt uns Artur, obwohl seine

Diesellokomotive leicht das doppelte Tempo schaffen könnte. Als wir nach dem Grund fragen, deutet er auf die Gleise vor uns. Die bilden tatsächlich keine gerade Linie, sondern schlängeln sich in abenteuerlichen Verwerfungen durch die enge Schneise, die die Erbauer der Bahn in die dichten Wälder geschlagen haben. In Sowjetzeiten war das Waldbahn-Netz 127 Kilometer lang und diente vor allem dem Transport abgeholzter Bäume ins Tal. Übrig geblieben ist nur noch eine Reststrecke von 37 Kilometern, zwischen Tschernigowskoje und einem kleinen Ort in den Bergen: Otdolonnyj, die Abgelegene.

Immer wieder neigt sich der Zug bedrohlich von rechts nach links, weil die beiden Seiten des Gleises unterschiedlich hoch sind. Die Holzschwellen sind teilweise vollständig im Waldboden versunken, nur die metallenen Schienen selbst sind im Licht des Matriza-Scheinwerfers noch zu sehen. Als es langsam dämmert, sehen wir, dass die Strecke etwa 15 Meter oberhalb des Gebirgsflusses Pschecha entlangführt, häufig sehr nah an der steil abfallenden Felskante. Artur deutet auf eine Stelle, an der vor wenigen Tagen ein Erdrutsch die Schienen verschüttete und die Matriza für zwei Tage lahmlegte.

Vier Lokführer arbeiten für die Bahn, Artur hat jeden zweiten Tag eine Zwölf-Stunden-Schicht. Die Bezahlung ist eher dürftig, obwohl Artur Lokführer, Mechaniker und Streckenwärter ist. Dafür werde es aber nie langweilig, meint er trocken, denn »Zug und Strecke verfallen gleichzeitig. Vor einigen Jahren war die Matriza noch in einem guten Zustand. Doch inzwischen sind die meisten Wälder abgeholzt, die Holzfirma will dichtmachen, hier gibt es nicht mehr viel zu holen.« Die Holzfirma »PDK Apscheronsk«, die den Zug betreibt, stecke in finanziellen Schwierigkeiten. Sechs von neun Gleisarbeitern hätten bereits gekündigt, weil ihre Gehälter ausblieben.

Vor einer Holzbrücke bremst Artur den Zug ab. Etwa zehn Meter unter uns rauscht ein Gebirgsbach in die Pschecha. Artur steigt aus und inspiziert die Brücke sorgfältig. An einigen Stellen wischt er mit den Füßen den Neuschnee weg. »Es gibt keine Streckenwärter mehr, also muss ich alles selbst kontrollieren.« Beim Blick nach unten sind wir dankbar für Arturs Fürsorge. Die abenteuerliche Holzkonstruktion erinnert mich an Filme aus dem Wilden Westen. Um unseren Gruseleffekt weiter zu steigern, holt Artur sein Handy heraus und zeigt uns ein Video: Man sieht, wie die Matriza während einer nächtlichen Fahrt aus den Schienen gesprungen ist. Artur versucht, mit einem Metallkeil und einer Taschenlampe zwischen den Zähnen seine Matriza wieder zurück aufs Gleis zu bugsieren, unterstützt von hilfsbereiten Passagieren. »Irgendwann wird sie auch einmal umfallen«, meint er trocken, während er sein Handy wieder in der Hosentasche verstaut. »Und dann wird alles davon abhängen, an welcher Stelle das passiert...« Ich bin froh, dass wir die Brücke bereits hinter uns haben.

Kuschinka verfällt

Nach einer Stunde Fahrt biegt Artur von der Hauptstrecke ab, um den ersten Ort, Kuschinka, anzufahren. Er stoppt vor einem kleinen Holzgebäude, dem Bahnhof. In einem zugigen Unterstand daneben warten schon ein paar Erwachsene und eine Handvoll Kinder. Ein Mann hilft Angela, der Armenierin, aus dem Waggon, ein anderer reicht ihr die großen Plastiktaschen an. Die Forstarbeiter entladen ihre Ausrüstung, große Spanplatten werden durch die Tür nach draußen gereicht, jemand hat sie im Tal gekauft.

Ich frage einen Einheimischen, ob man den Ort tatsächlich nur noch mit der Matriza erreicht. Nikolai bestätigt: »Die Straße ist keine Straße mehr, die Verwaltung will nichts zahlen. Da kommt man nur noch mit Quads durch.«

»Und was ist, wenn hier ein Unfall passiert, jemand einen Arzt braucht?«

»Dann rufen wir bei der Matriza an und vereinbaren eine Rettungsfahrt. Nur so geht's.«

Der freundliche Nikolai hat einen kleinen Frontlader selbst zusammengeschweißt. Ich bitte ihn, mich auf seinem skurrilen Vehikel ein Stück mitzunehmen, denn die einzige Straße durch das lang gezogene Dorf sieht unpassierbar aus. Das Gefährt pflügt sich durch knietiefen Schlamm. »Im Sommer ist es hier wunderschön«, sagt Nikolai. Das mag sein, doch jetzt verstehe ich schnell, warum so viele Menschen von hier weggezogen sind. Kuschinka scheint von der Bezirksverwaltung komplett vergessen worden zu sein. Nikolai setzt mich vor der Holzbrücke am Fluss ab, der die beiden Dorfhälften trennt. Sie ist knapp 20 Meter lang. Brücke? Zwei dicke Stahltrossen, auf denen quer liegende Holzbretter befestigt sind. Beim Hinüberlaufen beginnt die Konstruktion, stark zu schwanken, ich suche Balance mit beiden Händen an den Führungsseilen.

Auf der anderen Flussseite erwartet uns Lidija. Die resolute Frau Anfang sechzig hat noch immer viel Energie und einen trockenen Humor. Hühner stieben durch ihren Garten, beim Haus grast eine Kuh, die Gemüsebeete sehen gepflegt aus. Auf den kleinen Dorfladen ist sie kaum angewiesen. Stolz zeigt sie uns im kleinen Holzverschlag neben dem Haus ihre imposanten Vorräte: Dutzende große Einmachgläser stehen da, gefüllt mit Tomaten, Gurken, Bohnen, Kürbissen, Pilzen, Saft. Nur dass sie keinen Arzt mehr im Dorf haben, sei natürlich ein Problem, räumt sie ein. Ihr Mann sei früh um sechs mit der Matriza ins Tal gefahren, um sich untersuchen zu lassen. Jetzt müsse er da unten warten, bis die Bahn wieder zur Nachtfahrt in die Berge aufbreche, abends um sieben.

Zwei Nachbarinnen haben sich zu uns gesellt. Es ist kurz vor der Präsidentschaftswahl, also frage ich, für wen sie stimmen werden. Lidija schaut mich fast empört an: »Für Putin. Für wen denn sonst? Ihn hat Gott geschickt. Als er zum ersten Mal gewählt wurde, sagten die USA: Das ist der zweite Peter der Große. Dabei ist Putin ein armer Kerl, alle verraten und betrügen ihn. Aber er versucht, zu bewahren, zu vereinen, er macht alles.«

Die Nachbarinnen nicken zustimmend: »Er hebt auch unsere Renten an, wenigstens ein bisschen.« Ich sehe, dass eine der beiden nur billige Strandlatschen aus Plastik trägt, ohne Socken. Die Temperatur liegt um den Gefrierpunkt, unser ganzes Team hat warme Winterschuhe an. Als sie meinen Blick sieht, beteuert Lena, sie habe keine kalten Füße. Ihr Arm sei das größere Problem. Den habe sie sich vor ein paar Wochen gebrochen, waschen, kochen, alles müsse jetzt eben mit einem Arm gehen. Vor allem das Holzhacken gestalte sich schwierig. »Aber was soll ich jammern, so ist das eben jetzt.« Lena will mir den Friedhof zeigen, der Weg führt über eine Wiese zu einer weiteren Holzbrücke. Eine der beiden Stahltrossen ist gerissen, die Brücke hängt unbegehbar fast im Wasser. »Wenn wir zu unseren Toten wollen, müssen wir durch den Bach laufen, keine Behörde fühlt sich verantwortlich. Wer es nicht durch den Bach schafft, kann seine verstorbenen Angehörigen da nicht mehr besuchen.« Jetzt hat Lena zum ersten Mal einen harten Zug um den Mund.

»Putin hat Russland wieder zu einer großen Nation gemacht« – das Loblied, das die Frauen vorhin noch angestimmt haben, klingt hier, vor der kaputten Brücke, besonders bizarr. Ich bin, wieder einmal, fassungslos, unter welch miserablen Bedingungen die Menschen in diesem so rohstoffreichen Land leben müssen. 35 Millionen Russen etwa in Häusern, die nur über eine Außentoilette verfügen, so die Statistikbehörde »Rosstat«. 47 Millionen haben keine Heißwasserversorgung. 29 Millionen überhaupt kein fließendes Wasser, 22 Millionen keine Zentralheizung.[1]

Ich weiß noch, wie lange ich mir bei meinem allerersten Besuch in einem russischen Dorf die Frage nach der Toilette verkniffen hatte, weil ich bereits Schlimmes ahnte. Minus 30 Grad. Ein Holzhäuschen im Garten? Ein eiskalter Holzsitz? Doch es kam noch schlimmer: Der Hausherr brachte mich in den Garten und deutete auf ein dunkles Etwas. Etwa zwei Meter Durchmesser, etwa einen Meter hoch. Ich machte meine Taschenlampe an und erstarrte: Vor mir war ein gefrorener Hügel menschlicher Exkremente, in den sorgfältig Stufen geschlagen worden waren, um seinen Gipfel zu erklimmen. Der Hausherr zuckte bedauernd mit den Schultern und wandte sich diskret ab. Es kostete gewaltige Überwindung, die ersten Stufen zu erklimmen. Auf sie hatte ein fürsorglicher Mensch Sand gestreut, wegen der Rutschgefahr. Ich merkte erleichtert: kein Gestank. Der Frost eben. Den Gedanken an die Entsorgung dieser Tiefkühl-Toilette im Frühsommer verdrängte ich schnell wieder.

Nur 62 Prozent der russischen Bevölkerung leben unter modernen, zivilisierten Umständen, also mit fließendem Wasser, Abfluss, Heizung, Gas- oder Stromanschluss. Ist es angesichts dieses Verfalls verwunderlich, dass es eine regelrechte Völkerwanderung in die Städte gibt und dann oft weiter nach Moskau? Dort leben, so Bürgermeister Sobjanin, inzwischen 25 Millionen Menschen. Mit den Pendlern seien es 40 Millionen. Die Hauptstadt Moskau wird zur Arche Noah in einem immer weiter verfallenden Riesenland.

Die Abgelegene

Die Fahrt mit der Matriza geht weiter. Auf Kuschinka folgen viele andere Dörfer ohne Straßenanschluss. Artur hält, neue Passagiere steigen zu, Brot wird ausgeladen und mit einer Schubkarre zur nahe gelegenen Siedlung gekarrt. Zweimal pro Woche bringt die Matriza frisches Brot.

Auf dem Weg in die Berge sammelt die Bahn immer mehr Kinder ein. Sie fahren zur einzig erreichbaren Schule in Otdolonnyj. Für manche dauert der Weg zur Schule und zurück vier Stunden. Die Kinder sitzen in Gruppen zusammen und sehen sich auf einem billigen Smartphone Videos an. Wer wird wohl die Präsidentschaftswahl im März gewinnen? Sie schauen unsicher. Alle kennen nur einen Präsidenten. Klar, Wladimir Putin wird gewinnen. Warum er ihnen nicht hilft, die Straße ins Tal zu reparieren, wo eine bessere Schule viel näher wäre? Diese Frage verstehen sie nicht.

Durch Zufall sitzt die ehemalige Direktorin der Bergschule bei uns in der Matriza. Swetlana hat viele Jahre in Otdolonnyj gearbeitet, ist jetzt in Pension. Doch sie hält noch Kontakt zu anderen Lehrern. »An die einhundert Schüler hatten wir früher, jetzt sind es nur noch halb so viele. Die Leute ziehen weg wegen der elenden Bedingungen. Zumindest die, die es sich leisten können.«

Ein paar Pferde stehen auf den Gleisen, Artur verlangsamt den Zug, bis die Tiere langsam die Strecke räumen. Manchmal muss er aussteigen, um störrische Kühe zu verscheuchen. Je näher wir unserem Ziel kommen, desto häufiger sehen wir verlassene Häuser neben der Strecke. Eine Brücke über die Pschecha ist vor einiger Zeit eingestürzt, niemand baut sie wieder auf. Der Passagier, für den

Artur jetzt anhält, ist mit hohen Gummistiefeln durch eine Furt gewatet.

Einfahrt nach Otdolonnyj. Links das Wrack eines »Ural«-Lastwagens, rechts ein schrottreifer Lada Niwa sowie ein weiteres Lkw-Gerippe. Daneben ein eingefallenes Ziegelgebäude. Ein Mann in Gummistiefeln wird auf der schlammigen Dorfstraße von einem Hund und einem Ziegenbock begleitet. Drei Kühe trotten ihm entgegen. Das Szenario um uns herum ist so skurril, dass ich an den Film »Apocalyse now« von Francis Ford Coppola denken muss: An diese lange Fahrt amerikanischer GIs mit ihrem Patrouillenboot einen Fluss in Kambodscha hinauf, in eine immer verrücktere, bald immer unwirtlichere Kriegswelt, ein psychedelischer Trip. »This is the end«, singt Jim Morrison dazu. Ein wenig habe ich jetzt auch das Gefühl, die Realität hinter mir gelassen zu haben.

In Otdolonnyj stoppt der Zug am Hintereingang des Dorfladens. Eine Frau beginnt, die letzten Brotpaletten zu entladen. Zwei Briefträgerinnen haben schon auf uns gewartet und lassen sich nun von Artur den noch verbliebenen Postsack durch das Fenster des Triebwagens reichen. Die Kinder verschwinden in kleinen Gruppen im Dorf, auf dem Weg zur Schule.

Die ersten lebenden Wesen, die sich uns zuwenden, sind Schweine: Eine grunzende Sau schnuppert an Fedjas Kamera. Eine zweite scheuert sich an einer Bank vor dem Postamt. Rechts davon Wohnhäuser, von denen ein Block offenbar leer steht: Die Fenster sind schwarze Höhlen. Eine der beiden Briefträgerinnen macht sich auf den Weg dorthin, vor ihr stromert eine weitere Schweinefamilie durch den Schlamm. Die meisten Menschen haben Otdolonnyj verlassen, doch die russische Post lässt die verbliebenen 300 nicht im Stich. Zehnmal so viele Menschen lebten hier einst, auch einen Sanitätsposten und eine Apotheke gab es. Wir fragen im Dorfladen nach, wer für die Situation verantwortlich sei.

»Na, die Bezirksverwaltung! Die kümmert sich um nichts«, sagt eine der drei Frauen, die im Laden Inventur machen.

»Für wen werden die Menschen im Dorf denn bei der Präsidentschaftswahl stimmen?«

»Für Putin natürlich«, kommt die prompte Antwort.

»Sind Sie denn nicht enttäuscht von ihm?«

»Nein, er ist ein guter Präsident. Er hat Russland aus Schutt und Asche wiederaufgebaut.«

Aus Schutt und Asche wiederaufgebaut? Meinen sie wirklich ihr Russland, ihre Gegenwart? Mir fällt ein, dass sie hier nur die beiden großen staatlichen Fernsehkanäle empfangen können. Die übertragen live alle großen Auftritte des Präsidenten. Auch wenn er sagt: »Besondere Aufmerksamkeit werden wir sozialen Fragen und Infrastruktur in ländlichen Gebieten widmen. Stadterneuerung muss mit zeitgemäßer Bautechnologie gemacht werden, mit modernen Architektur-Lösungen, mit digitaler Technologie für Sozialämter, für Verkehr und Versorgungsleistungen.«

Solche Sätze habe ich von Wladimir Putin immer wieder gehört. Es sind wohlklingende Visionen für sein Volk, die aber in den Weiten des Landes seit zwanzig Jahren fast folgenlos verhallen. Tatsächlich liebt der russische Präsident milliardenschwere Prestigeobjekte erkennbar mehr als unspektakuläre Investitionen in Straßen, Brücken oder Schienen: Es gab 45 Milliarden Euro für die mit Abstand teuersten Winterspiele der Olympiageschichte. 10 Milliarden für die Fußball-WM. 16 Milliarden für den ASEAN-Gipfel in Wladiwostok. Die Großprojekte werden in der Regel an enge Vertraute Putins vergeben, die so ihre Milliardenvermögen vermehrten. Die Korruption im Umfeld dieser Spektakel ist legendär, glaubt man den unzähligen Berichten darüber.

Doch selbst wenn aus dem Haushalt keine spektakulären Prestigeprojekte, sondern sinnvolle Infrastrukturmaßnahmen finanziert werden, verschwinden Riesensummen. Obwohl seit dem Jahr 2000 ein Vielfaches der Budgetmittel jährlich in den Straßenbau gesteckt wurde, sank die Zahl der fertiggestellten Straßen deutlich. Allein das Strafverfahren gegen einen Duma-Abgeordneten zeigt das Ausmaß des Betrugs in diesem Bausektor: Gleich zwei Drittel der Budgetmittel, die seine Firma für den Bau einer neuen Straße erhielt, wurden laut Staatsanwaltschaft abgezweigt.[2] Zwei Drittel!

Beim Bau des neuen russischen Kosmodroms »Wostotschni«, einem ehrgeizigen Zukunftsprojekt, sind die Zahlen offiziell: Über 150 Millionen Dollar wurden von der Baufirma illegal abgezweigt, über 17 000 Rechtsverstöße entdeckt, Verfahren gegen tausend Offizielle eingeleitet, so der Sprecher der Generalstaatsanwaltschaft.[3] Dass die russische Raumfahrt am Boden liegt, wundert bei diesen Geschäftspraktiken niemanden wirklich: Die Zahl der Fehlstarts ist beunruhigend, bemannte Raumflüge müssen weiterhin aus dem kasachischen Baikonur abgewickelt werden. Die Korruption ist längst endemisch und blutet die öffentlichen Haushalte aus, auf jeder Ebene.

Putins Reden zeigen demgegenüber ein reformeifriges und erfolgreiches Land. Nur selten wird der schöne Schein kurz von der Wirklichkeit eingetrübt. Etwa bei Putins Pressekonferenz, die auch im Dezember 2018 wieder live ins weite Land übertragen wurde. Eine Mischung aus echten journalistischen Fragen, Lobhudelei und Hilferufen aus der Provinz, zugeschaltet per Videomonitor. Menschen bitten um Gasanschlüsse, Wohnungen für Wissenschaftler, Schutz vor Betrügern und einer dann um die Rettung eines todkranken Dreijährigen, der in Irkutsk nicht behandelt werden kann. »Wir helfen, sicher!«, sagt Putin.

Das ist der Satz, den sich die Verkäuferinnen in Otdolonnyj gemerkt haben, zeigt er doch die rührende Hilfsbereitschaft ihres Präsidenten. Die Frauen in ihrem Ruinenstädtchen mit den vielen Schweinen haben längst vergessen, dass in einem normalen Land vielleicht die Ärzte in Irkutsk selbst den Dreijährigen retten, zumindest aber einen Flug nach Moskau organisieren könnten. Dass die Polizei Betrüger stoppen und der Bürgermeister Wohnungen für Wissenschaftler bereitstellen würde – und nicht der Präsident. Für die Frauen ist es längst Normalität, dass Pressekonferenzen einer Zaren-Audienz gleichen. Sie nehmen ihr Land durch die beiden Staatskanäle im Fernsehen wahr, haben deren Botschaften verinnerlicht. Sie leben in einem virtuellen Russland, im Endstadium der »gelenkten Demokratie« und nicken zustimmend, wenn Putin sagt: »Unsere moralische Verpflichtung besteht in der Unterstützung der älteren Generation, die so viel für unser Land getan hat. Die Senioren müssen ein langes, aktives und gesundes Leben führen können. Und, ganz wichtig, wir müssen die Pensionen erhöhen und regelmäßig anpassen, und zwar höher als die Inflationsrate.«

Schöne Worte, doch es waren Putins Gegensanktionen auf preiswerte westliche Lebensmittel, die Russlands Rentner am härtesten trafen und manche längst hungern lassen.

Artur sitzt inzwischen auf einer Bank im kleinen Dorfladen und trinkt Tee. Was er über seinen Präsidenten denkt, will er uns nicht sagen. Die meisten hier weichen dem Thema aus, der Widerspruch zwischen Putins Visionen von Russland und ihrer trostlosen Realität überfordert viele. Es ist ja fast so, als gäbe es zwei russische Welten, zwischen denen man wechseln kann, je nachdem, ob man den Fernseher ein- oder ausschaltet.

»Mondlichtung«

Sechs Stunden Aufenthalt hat die Matriza in Otdolonnyj, bevor sie zurückfährt ins Tal. Uns bleibt Zeit, uns etwas umzuschauen. Ein älterer Mann hackt vor seinem Haus Holz. Er ist offen trotz unserer Kamera und erzählt uns bald eine merkwürdige Geschichte, die das ganze Dorf in Atem hält: »Ein Unternehmen hat hier das gesamte Gebiet gekauft. Oder genauer: auf 49 Jahre gepachtet«, sagt er.

»Und was bedeutet das?«

»Es heißt, die wollen uns die Viehzucht hier verbieten. Schon jetzt leben solche Sicherheitstypen im Dorf, die uns mit dem Vieh nicht mehr in den Wald lassen. Sogar Brennholz zu holen ist mittlerweile verboten. Einige im Dorf haben deswegen schon Strafen bezahlen müssen.« Seine Bienenstöcke werde er im Frühjahr wohl auch nicht mehr in die Wälder bringen dürfen, »aber wovon soll ich dann leben?«.

In die umliegenden Dörfer seien auch schon fremde Männer gezogen, die angeblich für den neuen Jagdpächter arbeiteten. Und die wollten nicht nur kontrollieren, dass hier weniger gewildert wird, sondern hätten den Bewohnern hier grundsätzlich den Zugang zum Wald untersagt.

Ich bin skeptisch, doch eine halbe Stunde später bestätigt ein Kleinbauer, dass es ihm verboten sei, die Kühe wie früher frei im

Wald grasen zu lassen. »Ich weiß selbst nicht, wer die sind«, meint Lewon. »Es heißt, irgendein reicher Typ will aus dem Gebiet hier ein Vorzeige-Jagdgebiet machen, deswegen dürfen wir nicht mehr in den Wald. Die haben sogar Foto- und Videofallen aufgestellt, um zu kontrollieren, ob wir uns daran halten.«

Videofallen im Wald, Männer, die keiner im Dorf kennt? Eine seltsame Geschichte. Wir lassen uns das Haus zeigen, in dem sich die unbekannten Jagdhüter eingemietet haben. Vor dem Holzhaus steht ein neuer, teurer Geländewagen. Ich klopfe, Fedja filmt zunächst von der anderen Straßenseite. Der Mann in Camouflage, der die Tür öffnet, blickt mich finster an. Es ist keine freundliche Begegnung. Ich berichte ihm, was uns die Dörfler erzählt haben.

»Bringen Sie diese Leute her, die so etwas behaupten, und die sollen es hier wiederholen!« Gar nichts habe man den Dörflern verboten, nur wildern und illegal Bäume fällen dürften sie nicht, aber das sei ja klar. Ein zweiter Mann erscheint in der Tür. »Haben Sie Dokumente? Können Sie sich ausweisen?« Er versucht, uns einzuschüchtern. Ich lasse mich nicht beirren, weiß Fedja mit der Kamera hinter mir. Mehrmals frage ich nach, in wessen Auftrag sie den Bewohnern den Zugang zum Wald einschränken. Zögerlich nennen sie schließlich eine Firma namens »Luni-Les«, »Mondwald«. Alles Weitere sollen wir die Bezirksverwaltung fragen. Damit endet das Gespräch, die beiden verschwinden im Haus.

Doch die Bezirksverwaltung will uns einen Tag später auch nicht verraten, wer der ominöse reiche Jagdpächter ist, erst die Regionalverwaltung nennt uns dann ein Investment-Unternehmen, eine entfernte Tochter des staatlichen Gas-Monopolisten Gazprom. Weiter kommen wir mit unseren Recherchen nicht.

Allerdings: Der Name »Mondwald« weckt Assoziationen. Nur 12 Kilometer vom Dorf Otdolonnyj entfernt liegt der Fischt-Gletscher im Nationalpark Nordkaukasus. Und hier waren Wanderer als Erste auf etwas gestoßen, was dann schnell als eine weitere Residenz Wladimir Putins identifiziert wurde – mitten im Naturreservat. Ihr Name: »Lunaja Poljana«, »Mondlichtung«. Amateurvideos von Aktivisten zeigen, wie die Baumaterialien mit Hubschraubern eingeflogen wurden – für den ganzen großen Komplex, der selbst auf

Satellitenfotos gut mitten im Naturreservat zu erkennen ist: Mehrere Gebäude, ein Skigebiet mit verschiedenen Liften und zwei Hubschrauber-Landeplätzen.

Weil der Fischt-Gletscher als UNESCO-Weltnaturerbe gilt, alarmierten die Bauarbeiten in einem seiner schönsten Bereiche Umweltschützer weltweit, doch Moskau wies jeden Verstoß zurück: Man baue nur ein wissenschaftliches Forschungszentrum, so die offizielle Version. Das Gebiet, vom staatlichen Öl-Konzern Rosneft gepachtet, ist für Wanderer bis auf wenige Stunden täglich gesperrt, es wird streng bewacht. Aus Sorge um die Wissenschaftler? Der zweimalige Versuch, eine Zubringerstraße mitten durchs Naturreservat zu bauen, wurde erst nach Drohungen der UNESCO gestoppt. Doch da war viel alter Baumbestand bereits gefällt, die Umweltschäden sind irreparabel.

Es hat Anmutungen von Feudalismus, denke ich mir: Eine Privatarmee von Jagdhütern schüchtert Bienen- und Viehzüchter ein, weil reiche Russen ungestört auf die Pirsch wollen, Baumaterial kommt mit Hubschraubern ins Naturreservat, während nebenan keine Straße mehr repariert wird. Doch solch zynische Widersprüche werden von den staatlich kontrollierten Medien ausgeblendet.

Die zeigen lieber ein Treffen Wladimir Putins mit Jugendlichen, in dem er auf das Thema Umweltpolitik angesprochen wird. Er gibt eine besorgte Antwort. »Wir müssen auf unsere Umwelt achten, mit allem, was uns umgibt. Das ist besonders heutzutage wichtig, denn die modernen Technologien werden immer mächtiger, sodass die Umwelt schneller Schaden nehmen kann. Irreparablen Schaden, der manchmal nicht behoben werden kann. Darum müssen wir so vorsichtig sein.« Die jugendlichen Zuhörer nicken zustimmend.

Der Präsident fordert in seiner Jahresansprache eine konsequente Wiederaufforstung: Für jeden gefällten Baum in Russland solle ein neuer gepflanzt werden. In Wahrheit ist Russlands Natur in fast zwei Jahrzehnten unter Putin dramatisch beschädigt worden. Die russischen Wälder, vor allem die nordischen Urwälder, verschwinden im Rekordtempo. Wasser und Luft in vielen Regionen sind verseucht, Russland erstickt an nicht sortiertem Müll. Der Präsident sagt dazu: »Zurzeit melden Behörden und Naturschützer 22000

Müllkippen in Russland. Dieses Problem müssen wir lösen. Und mit Vorrang Müllkippen in Stadtnähe schließen und rekultivieren.« Immer wieder klingt Putin, als habe er gerade erst die Macht von einem verantwortungslosen Vorgänger übernommen hat. Doch er selbst ist es, der das Land seit zwanzig Jahren steuert. Die fürsorglichen Töne sind orwellscher »Neusprech«. Und es gibt keine Medien mehr, die das einer breiten Öffentlichkeit enthüllen würden.

Das doppelte Russland

Es ist vier Uhr nachmittags, die Matriza fährt zurück ins Tal. Schulkinder steigen aus und verlieren sich in trostlosen Dörfern mit ausrangierten Traktoren vor den Häusern. An der Abzweigung nach Kuschinka lasse ich mich absetzen, um zu warten, bis die Matriza in 20 Minuten zurück auf die Hauptstrecke kommt. Ich komme mit zwei Männern in Jagdkleidung ins Gespräch.

»Glauben Sie, der Tourismus könnte Ihre Region retten?«

»Was sollen die Touristen denn hier machen?«, antwortet einer der beiden. »Es war mal schön hier. Aber die haben doch den ganzen Wald geklaut, da stehen nur noch Stümpfe herum!«

»Aber Putin fordert doch, für jeden gefällten Baum einen neuen zu pflanzen.«

»Das ist doch kein Mais, den du im Frühjahr pflanzt und im Herbst erntest. 500 Jahre brauchen diese Bäume.«

»Von der Bahnstrecke sieht es gar nicht so schlimm aus, da wirkt der Wald noch ziemlich dicht«, werfe ich ein und ernte einen bösen Blick.

»Nein, ich sage Ihnen, es ist alles vorbei«, widerspricht er, »da gibt's keinen Wald mehr. Nur noch Stümpfe, ein bisschen Jungholz.«

»Und woher wissen Sie das so genau?«

Während der Mann bisher eher leise redete, den Blick in die Ferne gerichtet, so als wolle er unsere Kamera vermeiden, dreht er sich jetzt abrupt zu uns um und schreit mich förmlich an: »Na, ich wohne hier! Wie soll ich das nicht wissen!?«

Er spuckt wütend aus und geht ein paar Meter weg. Wahrscheinlich hatte er eigentlich nichts Kritisches vor einem ausländischen Kamerateam sagen wollen, und meine naiven Fragen haben ihn dann doch explodieren lassen. Er lebt hier, kann jeden Abend im Fernsehen zwischen zwei Kreml-Kanälen wählen, vielleicht macht ihn auch diese doppelte Realität von Russland so aggressiv, das Leben in der »Putin-Matrix«. Auch hierher, ins vergessene Kuschinka, kommen die Bilder von Glamour und Ausschweifung, vom Leben der arroganten und zynischen Elite im fernen Moskau. Und die vollzieht längst die Übergabe von Macht und Milliarden an ihre Kinder.

Übertreibe ich? Die etwa zwanzig Mitarbeiter der kritischen Internetzeitung *Meduza* sind vor dem Druck der russischen Behörden ins lettische Riga geflüchtet. Die Internetzeitung trägt Beiträge anderer kritischer Medien zusammen. Aus der Presseschau nur einer einzigen *Meduza*-Ausgabe vom 6. Februar 2019 setzt sich ein Sittengemälde des späten Putinismus zusammen:

Alexei Nawalnys Anti-Korruptions-Fonds enthüllt: Sergei Chemesow, der Leiter des staatlichen Technologie-Konglomerats »Rostech«, besitze in Moskau eine Wohnung im Wert von 68 Millionen Euro. Es ist die teuerste eines Staatsbediensteten überhaupt.

Die britische Zeitung *Guardian* meldet: Tatjana Nawka, Ehefrau von Putin-Sprecher Peskow, habe ein Vermögen von 9 Millionen Euro. Der *Guardian* erinnert an Dmitri Peskows Armbanduhr für 625 000 Dollar.

Die Recherche-Plattform *Dossier* des im Exil lebenden Michail Chodorkowski recherchiert: Tatjana Nawka habe auch ein Auslandskonto in der Schweiz, ein klarer Verstoß gegen russisches Recht.

Der russische Service der BBC meldet: Starmoderator Dmitri Kiseljow sei verurteilt worden, einem Architekten ausstehendes Honorar zu zahlen. Der habe zuvor von den Arbeiten an einem 3-Millionen-Dollar-Anwesen auf der Krim berichtet, das Kiseljow besitzen solle.

Die russische Zeitung *Kommersant* schreibt: Wegen der Unterschlagung von 456 Millionen Dollar beim Staatsunternehmen Gazprom würde jetzt auch nach dem Schwiegersohn von Raul Araschukow gefahndet. Der Senator selbst war Tage zuvor aus einer laufenden Sitzung des Föderationsrats heraus verhaftet worden, auch wegen des Verdachts, in zwei Morde verwickelt gewesen zu sein.

Die *Nowaja Gaseta* konstatiert: In der Stadt Schimsk bei Nowgorod hätten die lokalen Behörden das Krankenhaus der Stadt als nicht mehr zu finanzierenden Luxus bezeichnet und geschlossen. In Moskau habe die Stadt einen Schutzraum für Obdachlose geschlossen und fahre die Betroffenen stattdessen mit Bussen aus der Stadt.

Unerklärlicher Reichtum, Korruption und scheinbare Straffreiheit für Menschen, die dem Präsidenten nahestehen und loyal sind – so wie der verbitterte Jäger in Kuschinka haben viele Russen offenbar aufgegeben, an Putins Versprechen von einer besseren Zukunft zu glauben. Selbst Moskauer Zeitungen kritisierten die letzte Pressekonferenz Putins mit ihren optimistischen Szenarien als Schmierentheater. Es ist tatsächlich vieles zu durchsichtig: Der Leiter der nationalen Statistik-Behörde wird ausgetauscht, der Nachfolger präsentiert kurz darauf neue, deutlich höhere Wachstumszahlen – doch selbst die staatliche Großbank VEB hält die Zahlen für frisiert.

Vertrauen in Präsident Wladimir Putin haben Anfang 2019 nur noch 33,4 Prozent der Bevölkerung, so Umfragen. Das ist eine Halbierung des Werts in nur drei Jahren! Trotz aller Putin-Appelle, die Korruption zu bekämpfen, sackt Russland im Korruptions-Index von »Transparency International« noch weiter ab.[4] Nur noch ein Viertel der Befragten glaubt, man könne in Russland reich werden und dabei ehrlich bleiben.[5] 45 Prozent sehen das Land auf falschem Kurs. Unter denen, die Russland dauerhaft verlassen wollen, dominiert die Gruppe der Jugendlichen mit 41 Prozent.[6] Es sind finstere Parameter einer Bevölkerung, die sich vom »Putinismus« zu distanzieren beginnt – ohne zu wissen, wohin.

Was ist passiert, seit Wladimir Putin im Jahr 2000 von Boris Jelzin die Herrschaft über dieses reiche Land geschenkt bekam? Michail Sygar, lange Chef des Fernsehsenders Doschd und einer der bekanntesten Journalisten Russlands, fasst Putins Werdegang so zusammen: »Anfangs wollte er sich einfach heraushalten. Aber er hatte eine Glückssträhne, und so kam er zu der Auffassung, dass er ein erfolgreicher Kämpfer und Reformer werden könnte – ein König Löwenherz. Nun wollte er in die Geschichte eingehen. Dann wünschte er sich ein gutes Leben. Und wurde zu einem König in Glanz und Herrlichkeit. Das ermüdete ihn, und er wollte nur noch ausruhen. Aber er musste erkennen, dass er sich das nicht erlauben durfte, denn er war bereits eine Persönlichkeit der Geschichte. Ein schrecklicher Zar.«[7]

Doch wollte Putin anfangs tatsächlich ein »Kämpfer und Reformer« sein? Ein Demokrat, der politischen Wettstreit erlaubt, geregelten Machtwechsel hinnimmt? Der sein Land aus der Rohstoff-Abhängigkeit in eine industrielle Zukunft führt? Kaum. Selbst als in Putins glücklichen Anfangsjahren der Ölpreis wie durch ein Wunder auf über 140 US-Dollar hochschoss, blieben die richtigen Weichenstellungen aus: Privatisierung, Dezentralisierung, Justizreform und Rechtssicherheit, Korruptionsbekämpfung, Pressefreiheit, Investitionen in Bildung, Gesundheit, Infrastruktur.

Stattdessen setzte Putin auf Verstaatlichung, Macht-Vertikale, Kontrolle, einen aufgeblähten Verwaltungsstaat, Geheimdienste, Militär. Das ist so ungefähr das diametrale Gegenteil eines »Reformers«, der den Nachfolgestaat der Sowjetunion in eine moderne Zukunft führen will. Es ist die Rezeptur autokratischer Herrscher, die um ihre Macht fürchten, die nicht demokratisch legitimiert ist.

Thomas Friedman gibt seinem Meinungsartikel in der *New York Times* den provokanten Titel »Is Putin a C.I.A. Agent?«. Die ironische Frage hat einen ernsten Hintergrund: »Warum? Weil Putin in den vergangenen Jahren so viele Dinge getan hat, die Russlands Wirtschaft und sein Humankapital schwächen, dass man sich fragen muss, ob er heimlich auf der Gehaltsliste der CIA steht.«[8] Tatsächlich hat Putin sein Land in eine strukturelle Wirtschaftskrise manövriert, um es gleichzeitig in eine aggressiv agierende Militärmacht umzuformen. Doch Michael Rubin vom »American Enterprise Institut« glaubt nicht, dass Putins historisches Vermächtnis seine Kriege in Georgien, der Ukraine und Syrien sein werden, und auch nicht die neuen modernen Waffensysteme: »Stattdessen wird Putins historische Hinterlassenschaft sein, dass er ein Land mit gro-

ßem wirtschaftlichen Potenzial erbte und es als leere Hülle zurück-
ließ.«[9]

Auch mir fällt es schwer, Putin als Opfer finsterer Mächte wahr-
zunehmen: Wurde er wirklich zu Macht-Vertikale und Geheim-
dienst-Allmacht gezwungen, weil das Ausland Russland destabilisieren wollte? Musste er die politische Opposition tatsächlich ab-
schaffen, weil ein vom Westen inspirierter Umsturz drohte? War
alles nur eine Reaktion auf die Bedrohung von außen?

Karen Dawisha unterstellt ihm andere Motive. Acht Jahre lang
hat die amerikanische Russland-Expertin Putins Weg zur Macht recherchiert, ihr Buch »Putins Kleptocracy« gilt aufgrund der Fülle
von Dokumenten und Interviews mit Zeitzeugen inzwischen als
Standardwerk. So entlarvend, dass es bisher nur in englischer Sprache veröffentlicht wurde: Übersetzungslizenzen hat der US-Verlag
nicht freigegeben. Er bekennt offen, in Europa Angst vor teuren
Klagen zu haben – obwohl er die Stichhaltigkeit der Dawisha-Re-
cherchen unterstreicht.

Dawisha beschreibt, wie Putin schon frühzeitig, als stellvertre-
tender Bürgermeister von Sankt Petersburg, Netzwerke aus loyalen
Mitarbeitern aufbaute, die seinen Weg an die Macht absicherten –
laut Dawisha oft in engem Kontakt mit Mafiastrukturen. Erklärungen, wonach Putin nur ein »zufälliger Autokrat« oder gar ein »guter
Zar, umgeben von schlechten Bojaren« sei, weist sie zurück: »Ich
komme zum Ergebnis, dass Putin und seine Umgebung von Anfang
an ein autoritäres Regime schaffen wollten, das von einer eng verbundenen Clique beherrscht ist, verbunden durch gemeinsame Interessen, Pläne und Möglichkeiten, die Demokratie eher als Dekoration benutzte denn als Ziel.«[10]

Dawisha nennt die unter Putin entwickelten Strukturen ein
»kleptokratisches Tributsystem«, in dem alle Zahlungsströme letztlich im Kreml zusammenlaufen. Sie stütze sich dabei vor allem, so
Dawisha, »auf die Arbeit russischer Journalisten, die diese Story
schrieben, als die russischen Medien noch frei waren. Viele von ihnen starben für diese Geschichte, und ihre Arbeiten wurden weitgehend aus dem Internet getilgt. (…) Ganze Sätze kritischer Zeitungen sind aus russischen Bibliotheken verschwunden.«[11]

Der russische Politologe Stanislaw Belkowski schätzt Putins Privatvermögen auf 40 Milliarden Dollar. Bill Browder, einst erfolgreicher Investmentbanker in Russland, geht sogar von 200 Milliarden aus. Damit wäre Putin der reichste Mensch auf unserem Planeten. Ganz sicher aber ist er einer der einflussreichsten.

Der Historiker Jörg Baberowski hat in einem erstaunlichen Interview Putins autoritäre Herrschaft als die bestmögliche Regierungsform für Russland beschrieben: »Putin hat Russland gar nicht so sehr verändert. Er hat nur die bekannten autoritären Machtstrukturen wiederhergestellt und damit auch dem Wunsch von Millionen entsprochen. (…) Wir sollten eigentlich froh darüber sein, dass Putin an der Macht ist. (…) In freien Wahlen würden Neofaschisten und Kommunisten die meisten Stimmen erhalten.«[12]

Es ist die altbekannte Formel, wonach »der Russe« im Grunde zur Demokratie nicht fähig sei und besser unter einer starken Hand, also der Knute, lebe. Wie kommt Baberowski darauf, dass Neofaschisten und Kommunisten in freien Wahlen triumphieren würden? Weil Wladimir Putin fast zwei Jahrzehnte jede bürgerliche Opposition ausgemerzt hat vielleicht? Und daraus wird dann die Rechtfertigung für die Fortsetzung der autoritären Macht-Vertikale? Eine seltsame Logik. In Damaskus, Teheran oder Pjöngjang erleben wir gerade auch keine gereifte demokratische Opposition. Schafft das dort ebenfalls Legitimation für die jeweiligen Despoten?

Baberowski übernimmt den Kreml-Slogan der »Stabilität«, die letztlich einen Verzicht auf demokratische Freiheiten rechtfertige, eins zu eins. Die »demokratischen Experimente« hätten nicht funktioniert, meint er. »Man kann auch ohne freie Wahlen glücklich und zufrieden leben. (…) Die Löhne sind gestiegen, die sozialen Bedingungen sind geschmeidiger, ziviler geworden, weil Menschen nicht mehr um ihr Überleben kämpfen müssen.«[13] Der Historiker beschreibt ein Land, wie es im Kreml-Fernsehen projiziert wird, aber offensichtlich nicht das, in dem die russischen Bürger tatsächlich leben.

»Putin hat den Räubern Grenzen gesetzt« sagt Baberowski zu den entmachteten Oligarchen aus der Jelzin-Zeit. Er verschweigt, dass die neuen Räuber dafür gleich den gesamten Staat gekapert haben.

Er lobt, Putin habe den Primat der Politik wiederhergestellt. Er verschweigt, was diese Politik mit dem Land anrichtet. Der Historiker meint, Putin bespiele Heldentum und Patriotismus und damit »nur, was die Bürger empfinden«. Eine flotte Umkehr von Ursache und Wirkung, wenn tatsächlich eine verunsicherte Bevölkerung mit ausgefeilter Propaganda vom Totalversagen ihrer Regierung abgelenkt wird. Baberowski spricht nonchalant 144 Millionen Russen Lern- und Demokratiefähigkeit ab und legitimiert damit indirekt ihre Ausbeutung durch eine kleine Elite. Er tarnt die krude Autokraten-Logik als realpolitischen Pragmatismus. Dramatisch ist dabei, wie nachhaltig solche Positionen in Deutschland und anderen westlichen Staaten widerhallen.

»Putin hat den Räubern Grenzen gesetzt«? Tatsächlich finden die in Russland geraubten Milliarden mühelos ihren Weg auf die sicheren Konten im Westen, tatkräftig unterstützt von großen, angesehenen europäischen Banken. Nicht nur in »Londongrad«, dem bevorzugten Asyl der korrupten russischen Eliten, saugen die Immobilienmärkte begierig das gestohlene Geld auf, unterstützt von angesehenen Kanzleien und willigen Politikern. Wirtschaftsverbände kritisieren Sanktionen wahrheitswidrig als unwirksam und singen das alte, falsche Lied vom »Wandel durch Handel«.

Der US-Ökonom Mancur Olson vertritt die These, dass sich Diktaturen langsam automatisch in Demokratien entwickeln, weil die »Räuberbarone« im Laufe der Zeit ihre Vermögen legalisieren und absichern wollen. »Unter Putin schaffte das Regime zwar den Übergang von, wie Olson es nannte, ›herumziehenden‹ zu ›stationären‹ Banditen, die Gewalt innerhalb der Eliten ließ nach, und die Straßen wurden sicherer, wie Olson voraussagte. Aber Olson scheiterte vorauszusehen, in welchem Ausmaß die Globalisierung den russischen Eliten erlauben würde, ihre Gewinne weiterhin zu maximieren, indem sie die heimischen Märkte weiter für ihren Raubzug offen hielten, während sie gleichzeitig ihre persönlichen Risiken minimierten, indem sie ihre Profite auf Offshore-Konten deponierten.«[14]

Ungebremste Talfahrt

Die beiden Scheinwerfer der Matriza tauchen in der Dämmerung auf. Schon als sie näher kommt, hören wir Menschen singen. Artur hält an der Weiche, ich steige mit den beiden Jägern ein, und wir suchen uns einen freien Platz im voll besetzten Abteil hinter dem Führerstand. Ein gutes Dutzend Sänger hat ein wehmütiges Kirchenlied angestimmt. »Alles nur für Dich, Gott«, heißt der Refrain. Es ist eine merkwürdige Begleitmusik zu den Bildern da draußen. Auch in Arturs Führerhaus hängt ein kleines Ikonenbildchen. Vermutlich braucht es den Glauben an irgendetwas, um den Alltag, hier im realen Russland, auszuhalten.

Fedja ist auf den vorderen Teil der Matriza geklettert und filmt die krummen Gleise im Licht des Scheinwerfers. Die Schmalspurbahn schwankt so bedrohlich wie bei der Hinfahrt, doch irgendwie ist die Nachtfahrt leichter zu ertragen: Im Dunkeln sieht man die Abgründe nicht.

Zwölf Stunden nach unserem Aufbruch am Morgen sind wir wieder im Tal angelangt und rollen langsam in den dunklen Ortskern von Tschernigowskoe. Autos mit laufenden Motoren warten schon an der Endhaltestelle, Menschen mit Taschen und Tüten. Es sind Arbeiter, die jetzt zurückwollen in ihre Bergdörfer.

Auch Lidijas Mann wartet auf die Bahn, Stunden nach seinem Arztbesuch. Doch Artur und der Lokführer der Nachtschicht lassen niemanden einsteigen. Die beiden arbeiten fluchend im Schein einer Taschenlampe im hinteren Teil des Motorraums.

Als Artur wieder auftaucht, will er nicht wirklich mit der Sprache rausrücken. Dann gibt er zu: Der Kompressor für die Druckluftbremse ist schon kurz hinter Kuschinka ausgefallen. Weil die Strecke von dort an nicht mehr so steil abfalle, erklärt er, sei er das Risiko der Weiterfahrt eingegangen. »Da, wo es nötig war, habe ich die Lok mit dem verbliebenen Druck ja noch abbremsen können«, meint er mit einem schiefen Grinsen. Aber jetzt wisse er nicht, wie schnell sie einen Ersatzkompressor finden und einbauen könnten.

Die enttäuschten Passagiere ziehen sich in die Autos ihrer Freunde oder Angehörigen zurück, auch Lidijas Mann findet ein warmes

Plätzchen. Wir machen ein paar letzte Aufnahmen und steigen in unseren Bus.

Als wir durch den dunklen Ort fahren, freue ich mich auf ein warmes Hotel und ein Abendessen. Die Matriza-Passagiere sind zwei Stunden später ebenfalls zurückgefahren in ihre Dörfer, erfahre ich später durch einen Anruf bei Artur. Ich denke noch lange an diese merkwürdige Fahrt.

Nachwort

Das sind viele düstere Geschichten« meinte ein guter Freund, nachdem er mein Rohmanuskript gelesen hatte. Ich fürchte, er hat nicht ganz unrecht. Hätte ich mehr über Moskaus reiches Kulturleben schreiben sollen, mehr Exotisches über Rentierzüchter und Wolfsjäger? Mehr Kreml-Astrologie, Putin-Psychologie, Außenpolitik? Russland ist ein Kaleidoskop vieler möglicher Storys, auch heiterer, optimistischer. Sind mir meine Analysen also zu pessimistisch geraten? Nein. Wenn die Menschen in diesem so rohstoffreichen Land immer schlechter und gleichzeitig unfreier leben, manipuliert und entmündigt, dann sollte ein Journalist davon nicht mit heiteren Anekdoten ablenken. Das besorgen andere, die dafür bezahlt werden.

Das Kapitel Ukraine nimmt in diesem Buch gehörigen Raum ein. Einmal, weil ich dort über viele atemlose Monate Zeuge wurde, wie eine mutige Zivilgesellschaft ihren autoritär regierenden Präsidenten verjagte. Aber auch, weil wie in einem Brennglas deutlich wird, wie schwer der Aufbruch in die neue Freiheit ist. Natürlich: Nach der schmerzhaften und blutigen Abnabelung von Russland finden sich dort mitnichten blühende Landschaften. Dafür sorgen russische Militärs ebenso erfolgreich wie korrupte ukrainische Oligarchen. Aber die Ukraine macht erste, kleine Schritte in eine entgegengesetzte Richtung. Und ich bin sicher, dass viele Millionen russischer Bürger sehr aufmerksam beobachten, was jenseits der Grenze passiert. Denn trotz aller Häme des russischen Propaganda-Apparats angesichts des bizarren Präsidentschaftswahlkampfs im Nachbarland: Allein die Tatsache, dass dort eine tatsächlich demokratische Wahl stattfindet, ist für Russen ein kaum noch vorstellbarer Luxus.

Nach der Stichwahl gegen Petro Poroschenko gewinnt der Schauspieler, Komiker und Filmproduzent Wolodymyr Selenskij im April 2019 mit einer überwältigenden Mehrheit von 73,22 Prozent das

Präsidentenamt. Es ist der Überraschungserfolg eines Komikers ohne klares Programm, populär nur, weil er in seiner Fernsehserie einen Lehrer spielt, der zufällig ukrainischer Präsident wird und dann das Land von Korruption säubert. Selenskijs Wahlsieg zeigt, wie verzweifelt die Ukrainer der Herrschaft ihrer korrupten Oligarchen endlich ein Ende bereiten wollen – notfalls mit einem unerfahrenen und in seinen Positionen nicht eindeutigen Kandidaten.

An dieser Wahl war vieles bemerkenswert: Sie verlief offenbar korrekt, ohne nennenswerten Wahlbetrug – und das in einem Land, das sich im Krieg befindet. Sie war offen: Auch nach dem ersten Wahlgang war unklar, wer letztlich das Rennen in der Stichwahl machen würde. Vor allem aber: Es gab keinen auch nur halbwegs aussichtsreichen Kandidaten mit Sympathien für Moskau. Der Verlust der Krim, 13 000 Kriegstote im Donbas sind ein nationales Trauma, Wladimir Putins militärische Aggression ist der Katalysator für ein ukrainisches Nationalgefühl, das den einstigen Bruderstaat wohl auf Jahrzehnte von Russland entfremdet hat. Außer demokratischen Wahlen genießen Ukrainer Visafreiheit in der EU und inzwischen eine eigene orthodoxe Kirche ohne Abhängigkeit vom Moskauer Patriarchat. Der Handel mit Russland ist auf ein Minimum geschrumpft, Moskau fehlt Kriegsgerät aus ukrainischen Rüstungsfabriken. 300 Jahre russischer Dominanz über die Ukraine scheinen vorerst zu Ende zu sein.

Die Verzweiflung in Moskau über diesen außenpolitischen Rückschlag äußert sich in hilfloser Polemik. Ein faschistischer Putsch in Kiew, der gefährliche Vormarsch der ultranationalistischen Rechtsextremen? Wie hohl klingen diese Anklagen, wenn bei der Präsidentschaftswahl der rechtsextreme Kandidat auf gerade 1,6 Prozent kam und der populäre Senkrechtstarter Selenskij, wie schon der Premierminister, ein Jude ist? Der Historiker Timothy Snyder schreibt:»Putschisten halten keine Wahlen ab, um die Macht abzugeben, aber das geschah in der Ukraine.«[1]

Auf jeden Fall aber zeigt das Beispiel Ukraine, wie dramatisch die aggressive Außenpolitik Wladimir Putins seinem eigenen Land geschadet hat. Die westlichen Sanktionen nach Krim-Annexion und Krieg im Donbas haben das russische Bruttoinlandsprodukt um 6

Prozent niedriger ausfallen lassen, so Schätzungen, fehlende High-tech-Importe aus dem Westen behindern Russlands Öl- und Gasförderung, russische Unternehmen haben Mühe, sich zu refinanzieren. Ein hoher Preis für den Wunsch, das Nachbarland Ukraine mit militärischer Gewalt zu dominieren.

Russlands Verhältnis zum Westen ist inzwischen nachhaltig zerrüttet. Hacker-Angriff auf den Bundestag, Unterstützung Europa-feindlicher Populisten, Nervenkampfstoff in Salisbury, Bombenterror in Syrien, Wahlbeeinflussung in den USA – die Liste dessen, was der Westen Moskau und damit Putin vorwirft, ist lang.

Betreibe ich »Russland-Bashing«, wenn ich das schreibe, bin ich einer »Putin-Phobie« erlegen, wie etliche Kritiker den deutschen, den westlichen Medien unterstellen? Sind wir Russland-Korrespondenten tatsächlich einseitig, Russland-feindlich, Kriegstreiber gar, die einer Verständigung mit Moskau im Wege stehen? Es gibt eine ganze Koalition von Politikern, Publizisten, Künstlern und Prominenten, die das behauptet. Sie vereint Anhänger linker und rechter Parteiflügel, eingefleischte USA-Kritiker, nostalgische Russlandfreunde, Menschen, die Angst vor Krieg haben, solche, die einen starken Führer wie Putin verehren, weil sie sich im demokratischen Europa überfordert fühlen, und viele mehr.

Einiges, was da gefordert wird, klingt spontan sympathisch: Dialog mit Moskau, keine Eskalation, kein Krieg! Wer wollte da nicht zustimmen. Immerhin sind für 94 Prozent der Deutschen gute Beziehungen zu Russland wichtig, hat eine Forsa-Umfrage ergeben. Und für mich, mit russischer Familie, gilt das erst recht. Studentischer Austausch, Städtepartnerschaften, Tourismus: ja, mehr davon. Selbst Visafreiheit für russische Bürger wäre ein richtiger Schritt: Sollen doch die einfachen Menschen selbst sehen, welches Zerrbild von Europa ihnen von Putins Staatsmedien präsentiert wird. Sigmar Gabriel schließlich hält eine »Verdoppelung der Goethe-Institute und der deutschen Schulen in Russland für die beste Investition, um das Verhältnis zu verbessern.[2] Eine schöne Idee.

Mein Problem mit vielen dieser Verfechter einer neuen Entspannungspolitik beginnt mit ihrer Forderung, der Westen müsse endlich die feindselige Sprachlosigkeit überwinden. Matthias Platzeck, der Vorsitzende des deutsch-russischen Forums, drängt zum Beispiel seit Jahren darauf, den Dialog mit Moskau nicht abreißen zu lassen, russische Interessen zu verstehen, eine »vernünftige Nachbarschaft wenigstens zu organisieren«.[3] Doch ist es der Westen, der den Dialog verweigert? Angela Merkel spricht Russisch und war oft in Moskau oder in Putins Residenz in Sotschi. Auch als der längst Wahlen manipulieren, Meinungsfreiheit und Rechtsstaatlichkeit aushöhlen ließ, setzte die Kanzlerin unbeirrt den Dialog fort. Ich erinnere mich gut an die enttäuschten Fragen aus der russischen Zivilgesellschaft: »Warum kritisiert sie Putins autoritären Kurs nicht deutlicher? Warum schweigt sie zu Repression und Demokratieabbau?«

Dann waren da die jährliche Petersburger Dialoge – ohne Regierungs-kritische Russen allerdings, so viel Dialog wollte der Kreml dann doch nicht. G20-Gipfel, ungezählte bilaterale Treffen Putins mit Staats- und Regierungschefs aus dem Westen: Wo ist da die Gesprächsverweigerung?

Der Mehrzahl der besorgten Autoren, die gerne unter dem Rubrum »Putinversteher« zusammengefasst werden, geht es tatsächlich um etwas anderes als Dialog: Der Westen soll Standpunkte räumen, Positionen und Werte. Er soll zum Beispiel anerkennen, dass die NATO sich absprachewidrig und für Russland bedrohlich in Osteuropa ausgeweitet habe. Dem allerdings widerspricht selbst Michail Gorbatschow. Die NATO-Erweiterung sei von ihm nie verhandelt worden, betont selbst er, immerhin habe es seinerzeit ja noch die Sowjetunion und den Warschauer Pakt gegeben. Aggressive Ausweitung? Die wenigen Tausend NATO-Soldaten im Baltikum tauchten erst nach Putins Aggression in der Ukraine auf.

Der aggressive Westen: Selbst Nikolai Patruschew, immerhin Sekretär des russischen Sicherheitsrats, unterstellt den USA allen Ernstes, sie wollten Sibirien und den Fernen Osten aus der russischen Föderation herausbrechen. Er stützt sich dabei auf russische Experten für Parapsychologie, die angeblich in die geheimen Gedanken der ehemaligen US-Außenministerin Madeleine Albright eindringen konnten. Selbst Wladimir Putin greift den Gedanken in einer Rede auf. Kein Wunder, dass ich auf Drehreisen immer wieder die sichere Überzeugung zu hören bekam, die USA arbeiteten an der Auflösung der russischen Föderation, begierig auf die russischen Rohstoffe. Diese feste Verankerung konspirativer Theorien in der russischen Geopolitik macht den Dialog mit dem Kreml häufig schwierig, wenn nicht »sinnlos und ermüdend«[4], wie der ehemalige US-Botschafter für die Sowjetunion, Steve Sestanovich, sagt.

Ähnlich schwierig wie der Ruf nach mehr Dialog mit Moskau als Allheilmittel ist für mich eine weitere Forderung der Entspannungs-Apologeten: Die Einverleibung der Krim durch Russland soll akzeptiert werden. So forderte Ex-SPD-Chef Matthias Platzeck die nachträgliche Legalisierung der Krim-Annexion und ruderte erst nach einem Proteststurm zurück. Über Putins Krieg in der Ukraine zu reden vermeidet er weiterhin. Jedes Land verfolge verständlicherweise seine Interessen, betont Platzeck dagegen gern. FDP-Chef Christian Lindner will Russlands Krim-Annexion zum »dauerhaften Provisorium« machen und mit dem Abbau von Sanktionen beginnen, auch bevor Putin sein Verhalten ändert. Angesichts solchen Entgegenkommens, so die Hoffnung, ende die gefährliche Eiszeit, würden Wirtschaftsbeziehungen restauriert, erhole sich die deutsch-russische Freundschaft, verschwänden Kriegsgespenster. Nachgiebigkeit dank guter Erinnerungen an die deutsche Ostpolitik, angestoßen von Egon Bahr: Statt der Sowjetunion europäische Werte aufzudrängen, habe Deutschland doch erfolgreich auf »Wandel durch Annäherung« gesetzt. Diese historische Erfolgsgeschichte prägt bis heute die Russland-Politik der Willy-Brandt-Enkel. »Russland gehört zur europäischen Familie«, konstatiert auch der Schriftsteller Wolfgang Bittner.

Doch Putin ist nicht Breschnew, seine Russische Föderation ist spätestens seit 2012 auf einer ganz anderen Reise. Putins Russland will explizit gar nicht mehr zur europäischen Familie gehören. Die pro-westlichen Kräfte im Kreml sind längst in der Bedeutungslosigkeit verschwunden, liberale Köpfe wie der ehemalige Finanzminister Alexei Kudrin werden ignoriert, die Hardliner und Geheimdienstler bestimmen den Kurs. Und der heißt: nicht zu Europa gehören, sondern dessen liberale und demokratische Werte bekämpfen. »Front National«, »AfD«, »FPÖ«, »UKIP«, Orban, Salvini –

wer immer in der rechten Internationale der Populisten Europa schwächen will, wird vom Kreml hofiert und unterstützt.

Wladislaw Surkow, der als Architekt der Kreml-Propaganda gilt, als Chef-Ideologe des Putinismus, nennt die Übernahme der Krim denn auch den »Abschluss der epischen Reise Russlands in Richtung Westen, den Schlusspunkt der zahlreichen und fruchtlosen Versuche, ein Teil der westlichen Zivilisation zu werden und in die ›gute Familie‹ der europäischen Völker einzuheiraten«.[5] Surkow ist ernst zu nehmen. Er soll wegweisende Reden für Putin geschrieben haben, etwa die nach der Geiselnahme in Beslan, die die Konsolidierung der putinschen Macht-Vertikale einleitete, und er galt als Putins Verbindungsmann zu den Separatisten im Donbas. Für westliche Demokratie hat Surkow nur ausgesprochene Verachtung übrig: »Die Illusion der Wahl ist die wichtigste aller Illusionen. Sie ist der Paradetrick der westlichen Lebensart im Allgemeinen und der westlichen Demokratie im Besonderen.«[6]

Russland dagegen stehe nun vor einer neuen Ära, der »lang währende Staat Putins« bedeute eine neue Epoche von hundert oder auch mehr Jahren geopolitischer Einsamkeit. »Der russische Staat unter Putin habe (…) den ›anti-historischen Zerfall Russlands‹ gestoppt und den einzig wahren historischen Weg erwählt – den vorherbestimmten.«[7]

Diese Inszenierung eines vom Schicksal erwählten Landes wird vor allem für das heimische Publikum aufgeführt. Die Proben dazu begannen bereits in Putins Reden 2011, als erneuter Präsidentschaftskandidat, nach den für ihn so bedrohlichen Massenprotesten in Moskau. Katja Gloger analysiert: »Die Proteste des Winters 2011/2012 hatten gezeigt, wie brüchig der Putin-Konsens geworden war. (…) Es galt, neuen Sinn zu schaffen, eine neue, tiefer gehende Legitimation des Präsidenten.«[8] »Bereits in seiner Neujahrsansprache 2012 rief Putin dazu auf, sich auf das ›wahre Russentum‹ zu besinnen. Denn Russentum bedeute Solidarität – im Gegensatz zum Individualismus des Westens. Russentum bedeute Spiritualität – im Gegensatz zum moralischen Verfall des Westens.«[9]

Die Massenproteste, die lauten Sprechchöre »Putin: Dieb« hatten den alten und neuen Präsidenten tief verunsichert. Mit der neuen

Staatsideologie sollte dem ein Ende gemacht werden. »Wenn Russland als reine Quelle zivilisatorischer Werte dargestellt werden könnte, die andere verloren hatten, dann würde die Frage einer Reform der russischen Kleptokratie irrelevant«,[10] analysiert Timothy Snyder. Der Westen als dekadentes Gegenmodell – die theoretische Unterfütterung passte zur anschließend praktizierten Feindseligkeit. Im März 2019 beschloss das Europaparlament schließlich mit breiter Mehrheit, Russland könne nicht mehr als strategischer Partner verstanden werden. Allerdings: Selbst darüber empörten sich anschließend Moskau-freundliche Kommentatoren in Deutschland.

Die Folgen der von Putin provozierten Isolation seines Landes sind für seine Bürger verheerend. Rubelverfall und Gegensanktionen machen für viele Normalbürger den Auslandsurlaub oder Importprodukte unbezahlbar, während für die loyale Elite die Party weitergeht. Eine schöne Parabel dazu aus dem März 2019: Der Autobauer Ford kündigt die Schließung zweier Werke in Russland an. Auslöser sind Verkaufsrückgänge bei den preiswerten Klein- und Mittelklassewagen. Fast zeitgleich dann die Einweihung der ersten Mercedes-Produktionsstätte im Land: E-Klasse und SUVs, Luxusautos für Millionäre und Regierungsfunktionäre. Es ist wohl vor allem das Russland dieser Superreichen, mit dem sich deutsche Wirtschaftsvertreter Frieden und Freundschaft wünschen.

Masha Gessen, die in der Sowjetunion geborene Journalistin und Buchautorin, die für ihr Werk »Die Zukunft ist Geschichte« 2019 den Leipziger Buchpreis zur Europäischen Verständigung erhielt, beschreibt dieses Russland recht drastisch: »Russland ist heute das, was man bekommt, wenn man erst siebzig Jahre Totalitarismus hat und dann auf den Ruinen ein Mafiasystem errichtet.«[11]

Gessen emigrierte wegen zunehmender Repressionen in die USA. Diesen Weg haben inzwischen Hunderttausende jüngerer und gebildeter Russinnen und Russen gewählt. Doch er steht den meisten Menschen in diesem Land nicht offen. Sie bleiben gefangen im »System Putin«. Und so wundert sich Boris Schumatsky, der in der Sowjetunion geborene Schriftsteller, über das große Verständnis, das vor allem die Deutschen Putin und dessen Umgang mit seinen

Untergebenen entgegenbringen. »Es ist ernüchternd zu beobachten, wie dieser Tage der alte deutsche ›Russlandkomplex‹, den der Historiker Gerd Koenen beschrieb, zur arglosen Akzeptanz für Putin ausartet. (…) Die Bevölkerung hat dort keinen Zugang zu fairen Wahlen. (…) Die öffentliche Meinung ist für die soziologische Forschung nicht messbar, weil es sie dort nicht mehr gibt. Der russische Staatsbürger ist unsichtbar geworden, und unsichtbare Bürger gibt es nicht. Es gibt bloß unsichtbare Untertanen.«[12]

Ist wohlwollendes Wegschauen im Interesse der deutsch-russischen Verständigung also nicht nur ein zweckloser, sondern zudem falscher, wenn nicht zynischer Reflex der sogenannten Russlandversteher? Der ehemalige Außenminister Sigmar Gabriel macht eine durchaus selbstkritische Bemerkung zur Entspannungspolitik seiner Partei, der SPD: »Gar keine Frage: Ende der 1970er-Jahre und vor allem zu Beginn der 1980er-Jahre ignorierte die Sozialdemokratie die Bürgerrechtsbewegungen vor allem in Polen. In dieser zweiten Phase hatte sich die sozialdemokratische Entspannungspolitik praktisch nur noch auf die Machthaber im Ostblock eingerichtet. (…) Ein unkritischer Umgang mit der russischen Innenpolitik ist jedenfalls keine angemessene Lehre aus diesen Fehlern. Und: Diese Fehler im Umgang mit Oppositions- und Menschenrechtsgruppen dürfen wir nicht noch einmal begehen.«[13]

Tatsächlich hatte sich auch Sigmar Gabriel in seiner Zeit als Außenminister bei Russlandbesuchen mit Mitgliedern von Opposition und Zivilgesellschaft getroffen. So wie seine Vorgänger und Nachfolger, so wie die Kanzlerin. In aller Regel ohne Presse. Vermutlich wurde viel Verständnis für die schwierige Lage der russischen Zivilgesellschaft zum Ausdruck gebracht. Vermutlich musste auch Wladimir Putin sich hinter verschlossenen Türen besorgte Sätze seiner deutschen Gegenüber anhören. Auswirkungen hatten diese rhetorischen Pflichtübungen nach meiner Kenntnis keine. Symbolpolitik eben.

Realpolitik dagegen ist die 250-Millionen-Investition in das Daimler-Benz-Werk und der Besuch des deutschen Wirtschaftsministers Altmaier zur Einweihung. Freundliche Worte an den zufrieden lächelnden Wladimir Putin, Bilder für die Fernsehnachrichten.

Realpolitik ist die Berliner Unterstützung für »Northstream II«, die umstrittene Ostsee-Pipeline, die Gazprom reicher, die Ukraine unsicherer und den europäischen Konsens schwächer macht. Und Realpolitik ist auch das dröhnende Schweigen Berlins zu russischen Bombardements auf syrische Wohngebiete, Krankenhäuser inklusive. Oder die Forderung des amtierenden deutschen Außenministers in Kiew, beide Seiten, Ukraine und Russland, sollten zur Deeskalation beitragen – eine Täter-Opfer-Gleichsetzung, die viele internationale Aufrufe prägt und so dem Westen eine klare Reaktion auf Putins Aggression im Donbas erspart.

Ich bin nicht naiv. Selbst härtere und konsequentere Sanktionen würden Putins Politik kaum ändern. Zu weit hat er sich in die Konfrontation hineinmanövriert, jeder Umkehrversuch gälte als Gesichtsverlust. Kaum jemand erwartet noch einen Kurswechsel, solange Putin an der Macht ist. Und wenige glauben, er könne sich leisten, sie abzugeben. Gerätselt wird über die Form seiner Regentschaft nach 2024, wenn seine vierte Amtszeit endet.

Für die Menschen in Russland bedeutet das alles nichts Gutes. Die Lage ist inzwischen so ernst, dass selbst das Kreml-treue Fernsehen sie nicht mehr totschweigen kann. Der Kanal »Rossija 1« zeigte auf einer großen Schautafel hinter den Moderatoren, wie Putins Bürger leben: Jeder Vierte hat zu wenig Geld, um bei besonderen Anlässen die Familie einzuladen. Jeder Dritte hat kein Geld für neue Schuhe. 11 Prozent haben kein Geld für lebensrettende Medikamente. Das sind die Menschen, die ich in den russischen Provinzen auf meinen Reisen getroffen habe. Ich hätte unzählige mehr in diesem Buch porträtieren können. Auch ihre Geschichten wären nicht immer fröhliche. Dieses Russland ist keine klassische Spaßgesellschaft …

Doch trotz ihrer oft verzweifelten Lage haben mich viele dieser »stillen Helden« durch ihren trotzigen Galgenhumor, ihre Zähigkeit, ihren Lebensmut, ihre Hilfsbereitschaft und, ja, ihre fatalistisch-fröhliche Energie beeindruckt. Welch ein Vorbild für die verzagten Menschen, die ich manchmal in Deutschland treffe.

Da ist Amir: Journalist, gefeuert weil unbequem-kritisch. Er lässt in seiner Stadt im Ural einfach seine eigene kleine Zeitung drucken.

Die Hälfte seiner kümmerlichen Rente ist ihm das wert! Seine Mitbürger sollten zumindest eine glaubwürdige Nachrichtenquelle behalten, erklärte er mir.

Da sind die jungen Moskauer Freiwilligen von »Lisa-Alert«, die an Wochenenden nach verschollenen Mitbürgern suchen, auf eigene Rechnung. Da sind die Greenpeace-Aktivisten, die in ganz Russland helfen, Torfbrände zu löschen, weil die lokalen Feuerwehren längst aufgegeben haben, ihre Bürger vor dem giftigen Qualm zu schützen.

An jeder Ecke in Russland habe ich zupackende Eigeninitiative, spontane Hilfsbereitschaft, warmes Mitgefühl und Toleranz Fremden gegenüber gefunden. Überall versuchen einfache Menschen, die Probleme zu lösen, die ignorante oder korrupte Bürokraten, Juristen und Politiker teils erst heraufbeschwören. Einige dieser Menschen haben Sie in diesem Buch kennengelernt. Es sind diese sympathischen Alltagshelden, die Aufmerksamkeit, Zuspruch, Ermutigung, Hilfe verdienen. Sie halten das Russland zusammen, da, wo es Putin, seine Vertrauten, die reichen Eliten in Moskau offenbar längst nicht mehr interessiert: im Schatten des Kreml.

Anhang

Anmerkungen

Kapitel 1
Helsinki:
Das Rätsel im Geheimnis

1 McFaul, Michael: From Cold War to Hot Peace. An American Ambassador in Putin's Russia. Houghton Mifflin Harcourt. Boston, 2018. S. 432

2 McFaul, Michael: Twitter-account, Eintrag vom 20.12.2018, 22:20 Uhr

3 Miller, Greg: »Trump has concealed details of his face-to-face encounters with Putin from senior officials in administration.« *The Washington Post*, 12.1.2019. https://www.washingtonpost.com/world/national-security/trump-has-concealed-details-of-his-face-to-face-encounters-with-putin-from-senior-officials-in-administration/2019/01/12/65f6686c-1434-11e9-b6ad-9cfd62dbb0a8_story.html?noredirect=on&utm_term=.47c1c11fd5cb (zuletzt geöffnet am 13.1.2019)

4 Kasparow, Garri: Warum wir Putin stoppen müssen. Die Zerstörung der Demokratie und die Folgen für den Westen. DVA. München, 2015. S. 15

5 Tschikow, Pawel: Die Vertikale der Gewalten. *Dekoder*, 6.8.2015. https://www.dekoder.org/de/article/die-vertikale-der-gewalten (zuletzt geöffnet am 9.4.2019)

6 Esch, Christian; Hebel, Christina: »Durchs Kotelett gesprochen. Gewaltdrohung gegen russischen Oppositionspolitiker.« *Spiegel Online*. http://www.spiegel.de/politik/ausland/bild-1227571-1337553.html (zuletzt geöffnet am 12.1.2019)

7 Briefing by Foreign Ministry Spokesperson Maria Zakharova. The Ministry of Foreign Affairs of the Russian Federation. Moscow, 8.11.2018. http://www.mid.ru/en/posledniye_dobavlnenniye/-/asset_publisher/MCZ7HQuMdqBY/content/id/3403436#7 (zuletzt geöffnet am 12.1.2019)

8 Jerofejew, Viktor: »Wann kommt endlich der Tag.« *Frankfurter Allgemeine Zeitung*, 19.10.2018 https://www.faz.net/aktuell/feuilleton/debatten/russlands-stille-hoffnung-auf-ein-ende-von-putins-zeit-15844864.html (zuletzt geöffnet am 24.1.2019)

9 Snyder, Timothy: The Road to Unfreedom. Russia, Europe, America. Penguin Random House. New York, 2018. S. 34

10 Figes, Orlando: Nataschas Tanz. Eine Kulturgeschichte Russlands. Berliner Verlag. Berlin, 2003. S. 589

11 Donath, Klaus-Helge: Das Kreml-Syndikat. Rotbuch Verlag. Berlin, 2008. S. 79 f.

12 Ebd., S. 87

13 Russland: HIV breitet sich aus. Weltaidskonferenz in Amsterdam. *Mitteldeutscher Rundfunk*, 24.7.2018. https://www.mdr.de/heute-im-osten/aids-in-russland-100.html (zuletzt geöffnet am 13.1.2019)

14 Schmid, Ulrich: Technologien der Seele. Vom Verfertigen der Wahrheit in der russischen Gegenwartskultur. Edition Suhrkamp. Berlin, 2015. S. 209

15 Loschak, Andrej: »Höllischer Brei.« *Dekóder*, 15.1.2018. https://www.dekoder.org/de/article/monarchisten-stalinisten-ideologie-orthodoxie (zuletzt geöffnet am 12.1.2019)

16 Korotkow, Denis: »Das mit den Trollen war Prigoshins Idee.« *Dekóder*, 9.11.2018 https://www.dekoder.org/de/article/prigoshin-trollfabrik-sawuschkina (zuletzt geöffnet am 12.1.2019)

17 Huon, Patricia; Ostrovsky, Simon: »Russia, The New Power in Central Africa. Coda.« *Bangui*, 19.12.2018. https://codastory.com/disinformation-crisis/foreign-proxies/russia-new-power-central-africa (zuletzt geöffnet am 12.1.2019)

Kapitel 2
Anfänge

1 Klebnikow, Paul: Der Pate des Kreml. Boris Beresowski und die Macht der Oligarchen. Econ Verlag. München, 2001. S. 367

2 Jelzin, Boris: Mitternachtstagebuch. Meine Jahre im Kreml. Econ Verlag. Berlin, 2000. S. 316

3 Ebd.

4 Ebd., S. 317

5 Hassel, Florian: Der Krieg im Schatten. Russland und Tschetschenien. Edition Suhrkamp. Frankfurt am Main, 2003. S. 52

6 Ebd.

7 Ebd., S. 60

8 Satter, David: Darkness at Dawn. The Rise of the Russian Criminal State. Yale University Press. New Haven, 2003. S. 33

9 Felshtinsky, Yuri; Litvinenko, Alexander: Blowing up Russia. Terror from within. S.P.I. Books. New York, 2002. S. 104

10 Klebnikow, Paul: Der Pate des Kreml. Boris Beresowski und die Macht der Oligarchen. Econ Verlag. München, 2001. S. 385

11 Ebd., S. 384

12 Geworkjan, Natalija; Kolesnikow, Andrei; Timakowa, Natalja: Aus erster Hand. Gespräche mit Wladimir Putin. Wilhelm Heyne Verlag. München, 2000. S. 174

Kapitel 3
Tschetschenien: Ein Krieg als Steigbügel für den neuen Mann im Kreml

1 »Russian Troops Rampage Chechnya Village«, »Human Rights Watch«-Report, 10.12.1999

2 Hassel, Florian: »Der zweite Tschetschenienkrieg. Eine Unterwerfungskampagne in imperialer Tradition.« In: Der Krieg im Schatten. Russland und Tschetschenien. Hrsg. Florian Hassel. Edition Suhrkamp. Frankfurt am Main, 2003. S. 68

3 Interfax am 17.3.2000. In: Hassel, Florian: Krieg im Schatten. Russland und Tschetschenien. Edition Suhrkamp. Frankfurt am Main, 2003. S. 70

4   Interfax vom 22.6.2000, 16:01. In: Hassel, Florian: Krieg im Schatten. Russland und Tschetschenien. Edition Suhrkamp. Frankfurt am Main, 2003. S. 70

5   Hassel, Florian: Krieg im Schatten. Russland und Tschetschenien. Edition Suhrkamp. Frankfurt am Main, 2003. S. 71

6   Ebd.

7   Hassel, Florian: Krieg im Schatten. Russland und Tschetschenien. Edition Suhrkamp. Frankfurt am Main, 2003. S. 66

8   So Nikolaj Morosow, Stellv. Leiter der Abteilung »Organisiertes Verbrechen« im Moskauer Innenministerium, *Frankfurter Rundschau*, 24.1.2000. In: Hassel, Florian: Krieg im Schatten. Russland und Tschetschenien. Edition Suhrkamp. Frankfurt am Main, 2003. S. 45

9   Ebd.

Kapitel 4
»Moskwa! Moskwa!«:
Arche Noah und Disneyland

1   Schlögel, Karl: Moskau lesen. Siedler Verlag. Berlin, 1984. S. 11

Kapitel 5
Das Dorf Jugytydor

1   Grizjuk, Marina: Rossiskaja Gaseta. RG.RU. Föderale Ausgabe Nr. 5564. Bolschaja Uborka. Minprirodi wernjot ecologitscheskuju expertisu. 22.12.2011. https://rg.ru/2011/12/22/uborka.html (zuletzt geöffnet am 19.3.2019)

2   Eremenko, Alexey: »Russia Is Running Out Of Forest.« *The Moscow Times*, 30.9.2014. https://themoscowtimes.com/articles/russia-is-running-out-of-forest-39951 (zuletzt geöffnet am 19.3.2019)

Kapitel 6
Beslan: Wer Gewalt sät

1   Adler, Sabine: Ich sollte als Schwarze Witwe sterben. DVA. München, 2005

2   Ebd., S. 344

3   »How special forces endet siege.« BBC News World Edition, 29.10.2002. http://news.bbc.co.uk/2/hi/europe/2363601.stm (zuletzt geöffnet am 17.12.2018)

4   Politkowskaja, Anna: Die Freiheit des Wortes. Letzte Berichte aus einem gefährdeten Land. DuMont. Köln, 2011. S. 125

5   Ebd., S. 128

6   Dunlop, John B.: The September 2004 Beslan Terrorist Incident: New Findings. Stanford. CDDRL Working Papers. Juli 2009. S.15. https://fsi-live.s3.us-west-1.amazonaws.com/s3fs-public/No_115_Dunlop_Beslan_2004.pdf (zuletzt geöffnet am 20.3.2019)

7   Dunlop, John:»The September 2004 Beslan Terrorist Incident.« Stanford University. Center on Democracy, Development and the Rule of Law. Stanford. Nr. 115. Juli 2009. http://www.pravdabeslana.ru/dunlop.htm (zuletzt geöffnet am 20.3.2019)

8   Politkowskaja, Anna: Die Freiheit des Wortes. Letzte Berichte aus einem gefährdeten Land. DuMont. Köln, 2011. S. 140

9   Ebd., S. 140

10 Ebd., S. 141

Kapitel 7
Die Medien: Zwischen Gleichschaltung und Lebensgefahr

1   Belkowski, Stanislaw: Wladimir. Die ganze Wahrheit über Putin. Redline Verlag. München, 2014. S. 117

2   Gloger, Katja: Putins Welt. Das neue Russland, die Ukraine und der Westen. Berlin Verlag. Berlin, 2015. S. 36

3   Siegert, Jens: Notizen aus Moskau: Staatsversagen. Bundeszentrale für politische Bildung. 9.4.2018. http://www.bpb.de/internationales/europa/russland/analysen/267475/notizen-aus-moskau-staatsversagen (zuletzt geöffnet am 25.5.2019)

4   Spahn, Susanne: Russische Medien in Deutschland. Unabhängiger Journalismus oder politisches Instrument? Friedrich-Naumann-Stiftung für die Freiheit. Potsdam-Babelsberg, März 2018. S. 20

5   Ebd.

6   Pomerantsev, Peter: Nothing Is True and Everything Is Possible. The Surreal Heart of the New Russia. Public Affairs. New York, 2014. S. 231

7   Сотрудникам RT запрещают обсуждать и критиковать канал в соцсетях и личных беседах. Znak. 19.3.2019. https://www.znak.com/2019-03-19/sotrudnikam_rt_zaprechayut_obsuzhdat_i_kritikovat_kanal_v_socsetyah_i_lichnyh_besedah (zuletzt geöffnet am 7.4.2019)

Kapitel 8
Justiz: Im Zweifel für den Staatsanwalt

1   Donath, Klaus-Helge: Das Kreml-Syndikat. Rotbuch Verlag. Berlin, 2008. S. 34

2   A House Divided: Domestic Violence in the Russian Federation. United Nations Population Fund. 28.11.2007. https://www.unfpa.org/es/node/6563 (zuletzt geöffnet am 7.4.2019)

3   Denejkina, Anna: In Russia, Feminist Memes Buy Jail Time, but Domestic Abuse Doesn't. Foreign Policy. 15.11.2018. https://foreignpolicy.com/2018/11/15/in-russia-feminist-memes-buy-jail-time-but-domestic-abuse-doesnt/ (zuletzt geöffnet am 2.12.2018)

4   Roth, Andrew:»Three Russian Guards plead guilty to mass beating of prisoner.« The Guardian, 25.7.2018. https://www.theguardian.com/world/2018/jul/25/three-russian-

guards-yaroslavl-plead-guilty-to-mass-beating-of-prisoner-yevgeny-makarov (zuletzt geöffnet am 7.4.2019)

5 Ackeret, Markus: »Ein Foltervideo setzt Ermittlungen gegen Russlands Strafvollzug in Gang.« *Neue Zürcher Zeitung*, 23.7.2018. https://www.nzz.ch/international/foltervideo-setzt-ermittlungen-gegen-russlands-strafvollzug-in-gang-ld.1405939 (zuletzt geöffnet am 7.4.2019)

6 Romanowa, Olga: Das System Putin und seine Haftlager. Zentrum Liberale Moderne. 8.3.2018. https://libmod.de/olga-romanowa-das-system-putin-und-seine-haftlager/ (zuletzt geöffnet am 7.4.2019)

7 Ebd.

8 Ebd.

9 Ebd.

10 Dülffer, Meike: »Sie wollten mich ins Gefängnis bringen.« *Zeit Online*, 6.12.2017. https://www.zeit.de/politik/ausland/2017-12/olga-romanowa-russland-gefangenenhilfsorganisation-exil-berlin (zuletzt geöffnet am 7.4.2019)

11 Romanowa, Olga: Das System Putin und seine Haftlager. Zentrum Liberale Moderne. 8.3.2018. https://libmod.de/olga-romanowa-das-system-putin-und-seine-haftlager/ (zuletzt geöffnet am 7.4.2019)

12 Bauchina, Alisa: »Justiz in Russland: Geplagt von Skandalen und Korruption.« *Telepolis*, 20.12.2015. https://www.heise.de/tp/features/Justiz-in-Russland-Geplagt-von-Skandalen-und-Korruption-3377343.html (zuletzt geöffnet am 7.4.2019)

13 »Klüger als die Polizei erlaubt. Menschenrechte unter Wladimir Putin.« *TAZ*, 22.8.2018. http://www.taz.de/!5524162/ (zuletzt geöffnet am 7.4.2019)

14 Svetova, Zoya: »How the State Hijacked Russia`s Only Independent Prison Watchdog.« *The Moscow Times*, 3.11.2016. https://themoscowtimes.com/articles/how-the-state-hijacked-russias-only-independent-prison-watchdog-55988 (zuletzt geöffnet am 7.4.2019)

Kapitel 9
Ukraine: Der nicht erklärte Krieg

1 Snyder, Timothy: The road to unfreedom. Russia, Europa, America. Tim Duggan Books. New York, 2018. S. 79

2 Gloger, Katja: Putins Welt. Das neue Russland, die Ukraine und der Westen. Berlin Verlag. Berlin, 2015. S. 197

3 »The Orange Revolution was not made in Washington, or imposed by Brussels. The West helped citizens of Ukraine to do what they wanted to do for themselves.« Aus: Garton Ash, Timothy: Facts are subversive. Political Writing from a Decade Without a Name. Yale University Press. E-Book, 2010. Location 812

4 Clover, Charles: Black wind, white snow. The rise of Russia's nationalism. Yale University Press. New Haven, 2016. S. 321

5 Sygar, Michail: Endspiel. Die Metamorphosen des Wladimir Putin. Kiepenheuer & Witsch. Köln, 2015. S. 330

6 Schlögel, Karl: Entscheidung in Kiew. Ukrainische Lektionen. Carl Hanser Verlag. München, 2015. S. 21

7 Galeotti, Mark: The Vory. Russia's Super Mafia. Yale University Press. New Haven, 2018. S. 243

8 Ebd., S. 246

9 »Separatistenführer ruft Frauen zum Kampf auf.« *Spiegel Online*, 19.5.2014. http://www.spiegel.de/politik/ausland/ostukraine-separatistenfuehrer-strelkow-beklagt-kampfmoral-a-970290.html (zuletzt geöffnet am 14.11.2018)

10 »Volkswehr-Chef Strelkow will in Donezker Volksrepublik Vertragsarmee aufstellen.« *Sputnik*, 9.7.2014. https://de.sputniknews.com/militar/20140709268955340-Volkswehr-Chef-Strelkow-will-in-Donezker-Volksrepublik/ (zuletzt geöffnet am 14.11.2018)

11 Schuller, Konrad: »Kampf um das Donbas.« *Frankfurter Allgemeine Zeitung*, 27.5.2014. http://www.faz.net/aktuell/politik/ausland/europa/dutzende-tote-bei-gefechten-kampf-um-das-donbass-12961078-p2.html?printPagedArticle=true#pageIndex_2 (zuletzt geöffnet am 14.11.2018)

12 Schlögel, Karl: Entscheidung in Kiew. Ukrainische Lektionen. Carl Hanser Verlag. München, 2015. S. 204

13 Kyiv International Institute of Sociology: The Views and Opinions of South-Eastern Regions Residents of Ukraine. April 2014. http://www.kiis.com.ua/?lang=eng&cat=reports&id=302&page=1 (zuletzt geöffnet am 13.11.2018)

Kapitel 10
Propaganda:
Die schärfste Waffe des Kreml

1 Tsvetkova, Maria; Vasovic, Aleksandar: »Exclusive: Charred tanks in Ukraine point to Russian involvement. Reuters. Horbatenko, Ukraine. 23.10.2014. https://www.reuters.com/article/us-ukraine-crisis-tanks-exclusive/exclusive-charred-tanks-in-ukraine-point-to-russian-involvement-idUSKCN0IC1GE20141023 (zuletzt geöffnet am 21.11.2018)

2 Herszenhorn, David: »Fears Rise as Russian Military Units Pour into Ukraine.« *The New York Times*, 12.11.2014. https://www.nytimes.com/2014/11/13/world/europe/ukraine-russia-military-border-nato.html (zuletzt geöffnet am 21.11.2018)

3 Office of the United Nations High Commissioner for Human Rights. Accountability for killings in Ukraine from January 2014 to May 2016. https://www.ohchr.org/Documents/Countries/UA/OHCHRThematicReportUkraineJan2014-May2016_EN.pdf (zuletzt geöffnet am 21.11.2018)

4 Rettmann, Andrew: »EU breaks taboo on ›Russian forces in Ukraine‹.« *EUObserver*. Brüssel, 16.2.2015. https://euobserver.com/foreign/127667 (zuletzt geöffnet am 21.11.2018)

5 Snyder, Timothy: The road to unfreedom. Russia, Europa, America. Tim Duggan Books. New York, 2018. S. 189 ff.

6 Baltnews.lv. Кто командует украинскими войсками на Донбассе: главные лица. 30.1.2015. https://baltnews.lv/pasaule/20150130/1013473728.html (zuletzt geöffnet am 26.3.2019)

7   Tumakowa, Irina: »Oni tam byli.« *Nowaja Gaseta*, 24.6.2018. https://www.novayaga-
    zeta.ru/articles/2018/06/24/76916-oni-tam-byli (zuletzt geöffnet am 22.11.2018)

8   Schmid, Ulrich: »Die Putin-Show.« *Neue Zürcher Zeitung*, 3.6.2014. https://www.nzz.
    ch/feuilleton/medien/die-putin-show-1.18314288?reduced=true (zuletzt geöffnet am
    23.11.2018)

9   Stopfake.org.: Russia's top 100 lies about Ukraine.12.8.2014. https://www.stopfake.org/
    en/russia-s-top-100-lies-about-ukraine/ (zuletzt geöffnet am 26.11.2018)

10 Hans, Julian: »Propaganda aus Russland. Putins Trolle.« *Süddeutsche Zeitung*,
    13.6.2014.   https://www.sueddeutsche.de/politik/propaganda-aus-russland-putins-
    trolle-1.1997470 (zuletzt geöffnet am 26.11.2018)

11 »Ihr lügt doch alle!« Journalisten in der Glaubwürdigkeitsfalle. *Medium Magazin*, Nr.
    11, November 2014

12 Reporter ohne Grenzen. Internetzensur: Russland blockiert täglich fast 250 Websei-
    ten. 14.3.2018. https://www.presseportal.de/pm/51548/3891021 (zuletzt geöffnet am
    26.11.2018)

13 Bone, Harry: »Putin backs WW2 myth in new Russian film.« *BBC Monitoring*.
    11.10.2016. https://www.bbc.com/news/world-europe-37595972 (zuletzt geöffnet am
    4.12.2018)

14 Pinchuk, Denis; Osborn, Andrew: »Russia cancels release of ›insulting‹ film about Sta-
    lin's death.« *Reuters*, 23.1.2018. https://www.reuters.com/article/us-russia-film-stalin/
    russia-cancels-release-of-insulting-film-about-stalins-death-idUSKBN1FC1X6   (zu-
    letzt geöffnet am 26.3.2019)

15 Debtattenschau No. 61: »›The Death of Stalin‹ nicht im russischen Kino.« *Dekoder*,
    24.1.2018.   https://www.dekoder.org/de/article/debattenschau-death-stalin-verbot
    (zuletzt geöffnet am 25.3.2019)

16 Schmidt, Friedrich: »Künstlerverfolgung in Russland. Die Kultur soll eine Waffe wer-
    den.« *FAZ*, 28.9.2018. https://www.faz.net/aktuell/feuilleton/debatten/gespraech-mit-
    der-theaterkritikerin-marina-dawydowa-15219460.html (zuletzt geöffnet am 4.12.
    2018)

Kapitel 11
Wirtschaft: Der große Raubzug

1   Marson, James; Sonne, Paul; Chow, Jason: »Russian Auto Maker Will Remove Western
    CEO.« *The Wall Street Journal*, 4.3.2016. https://www.wsj.com/articles/ceo-of-russian-
    auto-maker-avtovaz-to-be-fired-at-board-meeting-shareholder-says-1457113897
    (zuletzt geöffnet am 28.12.2018)

2   Faks, Alex; Kotelnikova, Anna: Sberbank CIS. Russian Oil and Gas. Tickling Giants.
    Russia.   May   2018.   http://globalstocks.ru/wp-content/uploads/2018/05/Sberbank-
    CIB-OG_Tickling-Giants.pdf (zuletzt geöffnet am 4.1.2019)

3   Browder, Bill: Red Notice. Wie ich Putins Staatsfeind Nr. 1 wurde. Carl Hanser Verlag.
    München, 2015. S. 167

4   Ebd., S. 251

5   Ebd., S. 296

6   Ebd., S. 381

7   Ebd., S. 397

8   Munteanu, Mihai; Anin, Roman; Alpert, Bill: »Following the Magnitsky Money.« Cooperative Effort of OCCRP, *Nowaja Gaseta* and *Barron's*, 12.8.2012. https://www.reportingproject.net/proxy/en/following-the-magnitsky-money (zuletzt geöffnet am 5.1. 2019)

9   Ebd.

10   Geworkjan, Natalija; Kolesnikow, Andrei; Timakowa, Natalja: Aus erster Hand. Gespräche mit Wladimir Putin. Wilhelm Heyne Verlag. München, 2000. S. 45

11   »Reports Claim Putin Ally Roldugin's Offshore Tied to Magnitsky Case.« *The Moscow Times*, 27.4.2016 https://themoscowtimes.com/articles/reports-claim-putin-ally-roldugins-offshore-tied-to-magnitsky-case-52703 (zuletzt geöffnet am 1.4.2019)

12   Anin, Roman; Shmagun, Olesya; Velikovsky, Dmitry: »The secret caretaker.« OCCRP, 3.4.2016 https://www.occrp.org/en/panamapapers/the-secret-caretaker/ (zuletzt geöffnet am 5.1.2019)

13   Ebd.

14   Ebd.

15   »$50Bln in Illegal Cash Estimated.« *The Moscow Times*, 21.2.2013

16   Voronova, Tatiana; Kobzeva, Oksana; Zhdannikov, Dmitry. »Exclusive: Russian state bank secretly financed Rosneft sale after foreign buyers balked.« *Reuters*, 9.11.2018. https://www.reuters.com/article/us-rosneft-privatisation-exclusive/exclusive-russian-state-bank-secretly-financed-rosneft-sale-after-foreign-buyers-balked-idUSKCN-1NE132 (zuletzt geöffnet am 6.1.2018)

17   Umland, Andreas: »Russland ist unter Putin weniger stabil, als es scheint.« *Neue Zürcher Zeitung*, 5.7.2018 https://www.nzz.ch/meinung/russland-unter-putin-scheint-stabil-ist-es-aber-nicht-ld.1377704 (zuletzt geöffnet am 6.1.2018)

18   Koninin, Mikhail: »Despite Long Hours, Russians Named Among World's Least Productive Workers.« *The Moscow Times*, 5.7.2018. https://themoscowtimes.com/news/despite-long-hours-russians-least-productive-62123 (zuletzt geöffnet am 6.1.2018)

19   Савина, Софья. Иной русский мир.

      Исследование о том, сколько россиян уезжают из страны. Proekt. 16.1.2019. https://www.proekt.media/research/statistika-emigration (zuletzt geöffnet am 8.4.2019)

20   »Official Data Vastly Underestimates Russian Emigration.« *The Moscow Times*, 16.1. 2019. https://themoscowtimes.com/news/official-data-vastly-underestimates-russian-emigration-report-64158 (zuletzt geöffnet am 17.1.2019)

21   Звездина, Полина. В РАН заявили о возросшей в два раза за три года »утечке мозгов«. РБК, 29.3.2018. https://www.rbc.ru/society/29/03/2018/5abcc9f59a7947e5 76977387 (zuletzt geöffnet am 6.1.2018)

22   »Brain drain in Russia. Russia keeps losing educated specialists.« *Elena's Models*, 12.4.2018 https://blogs.elenasmodels.com/en/brain-drain-in-russia/ (zuletzt geöffnet am 6.1.2019)

23   Более 40% топ-менеджеров сообщили о планах уехать из России. РБК, 6.6.2016. https://www.rbc.ru/economics/06/06/2016/575597df9a7947f5eceacb1e (zuletzt geöffnet am 6.1.2018)

24   Hobson, Peter. Why expats are still fleeing Russia. *The Moscow Times*. 28.12.2015.

https://www.themoscowtimes.com/2015/12/28/why-expats-are-still-fleeing-russia-a51334 (zuletzt geöffnet am 8.4.2019)

25 Russian Statistical Yearbook. ФЕДЕРАЛЬНАЯ СЛУЖБА ГОСУДАРСТВЕННОЙ СТАТИСТИКИ (Росстат). S. 58. http://www.gks.ru/free_doc/doc_2018/year/year18. pdf (zuletzt geöffnet am 29.1.2019)

26 Inosemtsev, Wladislaw: »Alles wird bleiben, wie es ist – warum es in Russland keine Reformen geben kann.« *Neue Zürcher Zeitung*, 24.11.2018. https://www.nzz.ch/meinung/alles-wird-bleiben-wie-es-ist-warum-es-in-russland-keine-reformen-geben-kann-ld.1437182 (zuletzt geöffnet am 29.1.2019)

27 Quiring, Manfred: Putins russische Welt. Wie der Kreml Europa spaltet. Christoph Links Verlag. Berlin, 2017. S. 57

28 Galeotti, Mark: The Vory. Russia's Super Mafia. Yale University Press. New Haven, 2018. S. 243

29 Soldatov, Andrei; Borogan, Irina: The new nobility. The Restoration of Russia's Security State and the Enduring Legacy of the KGB. PublicAffairs. New York, 2010. S. 242

30 »The head of Russia's Federal Antimonopoly Service says the national economy remains ›backward‹ and ›semi-feudal‹.« *Meduza*, 25.9. 2018 https://meduza.io/en/news /2018/09/25/the-head-of-russia-s-federal-antimonopoly-service-says-the-national-economy-remains-backward-and-semi-feudal (zuletzt geöffnet am 6.1.2019)

31 Kolesnikov, Andrei: Caught Between Reform and Revanche: Russias Struggle to modernize. Carnegie Moscow Center. Moscow, 16.2.2016. https://carnegie.ru/2016/02/16/ caught-between-reform-and-revanche-russia-s-struggle-to-modernize-pub-62782 (zuletzt geöffnet am 6.1.2019)

32 »One-Fifth of Russians Live in Poverty, 36 Percent in ›Risk Zone‹, Study Finds.« RFE/ RL, 21.11.2018. https://www.rferl.org/a/study-22-percent-of-russians-live-in-poverty-36-percent-in-risk-zone-/29613059.html (zuletzt geöffnet am 6.1.2019)

33 Karasyuk, Evgeny: »Putin the softie.« *Meduza*, 15.11.2018. https://meduza.io/en/ brief/2018/11/15/the-real-russia-today (zuletzt geöffnet am 6.1.2019)

34 Alvaredo, Facundo; Chancel, Lucas; Piketty, Thomas; Saez, Emmanuel; Zucman, Gabriel (alle Hrsg.): Die weltweite Ungleichheit. Der World Inequality Report 2018. C.H. Beck. München, 2018. S. 173 https://wir2018.wid.world/files/download/wir2018-full-report-deutsch.pdf (zuletzt geöffnet am 6.1.2019)

35 »Richest 3% Russians Hold 90% of Country's Financial Assets.« *The Moscow Times*, 12.4.2019. https://www.themoscowtimes.com/2019/04/12/richest-3-russians-hold-90-of-countrys-financial-assets-study-a65213. (zuletzt geöffnet am 3.5.2019)

36 Alvaredo, Facundo; Chancel, Lucas; Piketty, Thomas; Saez, Emmanuel; Zucman, Gabriel (alle Hrsg.): Die weltweite Ungleichheit. Der World Inequality Report 2018. C.H. Beck. München, 2018. S. 172

37 Johnson, Scott: »Capital Flight from Russia Carries $750 Billion Price Tag.« *Bloomberg*, 12.3.2019 https://www.bloomberg.com/news/articles/2019-03-12/capital-flight-from-russia-carries-750-billion-price-tag-chart (zuletzt geöffnet 25.3.2019)

38 Nachgefragt: Russische Gold- und Devisenreserven. OWC Außenwirtschaft, 22.2. 2019. https://owc.de/2019/02/22/nachgefragt-russische-gold-und-devisenreserven/ (zuletzt geöffnet am 24.3.2019)

39 Novokmet, Filip; Piketty, Thomas; Zucman, Gabriel: From Soviets to Oligarchs: In-

equality and Property in Russia, 1905 – 2016. National Bureau of Economic Research. Cambridge, MA, August 2017. S. 2. https://www.nber.org/papers/w23712.pdf (zuletzt geöffnet am 6.1.2019)

40 Stanovaya, Tatyana: »How the Kremlin Ceded Control Over Russia's Social Agenda«. Moscow Carnegie Center. 29.11.2018. https://carnegie.ru/commentary/77824 (zuletzt geöffnet am 7.1.2019)

41 »We don't even dream about calmness. The number of stability admirers in Russia is decreasing.« *Ogonyok*, 3.7.2017

Kapitel 12
Die Opposition:
Leere Klappstühle im Regen

1 Originalton Alexander Iwanowitsch Bastrykin im ARD-»Europamagazin« am 20.4.2013

2 Schlögel, Karl: Terror und Traum. Moskau 1937. Fischer Taschenbuch. Frankfurt am Main, März 2016. S. 175

Kapitel 13
»Der Don Quijote
von Suojarwi«

1 Schumatsky, Boris: Der neue Untertan. Populismus. Postmoderne. Putin. Residenz Verlag. Salzburg/Wien, 2016. S. 42

2 Erlass des Präsidenten der Russischen Föderation. Zur Strategie der ökologischen Sicherheit der Russischen Föderation bis zum Jahr 2025. Erlass Nr. 176. Moskau, 19.4.2017

Kapitel 14
Das Gesundheitswesen:
Jeder stirbt für sich allein

1 Zvezdina, Polina: »›Optimizin‹ – Russian Healthcare to Death.« *RBC*, 7.4.2017. https://therussianreader.com/2017/04/07/optimizing-russian-healthcare-to-death/

2 Ebd.

3 Grishkin, Dmitry: »Death Rate in Russian Hospitals Spikes After Number of Beds Slashed.« *The Moscow Times*, 21.10.2016. https://themoscowtimes.com/news/death-rate-in-russian-hospitals-grows-due-to-slashing-hospital-beds-ngo-55832

Kapitel 15
Das gestohlene Kornfeld:
Bauernproteste in Krasnodar

1   Golosov, Grigorij: Kushchevskaya: crime and punishment in a Russian village. Open Democracy, 3.12.2010. https://www.opendemocracy.net/od-russia/grigorii-golosov/kushchevskaya-crime-and-punishment-in-russian-village (zuletzt geöffnet am 26.11.2018)

2   Schwirtz, Michael: »A Massacre Shows Power of Gangs in Rural Russia.« *The New York Times*, 11.12.2010. https://www.nytimes.com/2010/12/12/world/europe/12russia.html (zuletzt geöffnet am 26.11.2018)

3   Golosov, Grigorij: Kushchevskaya: crime and punishment in a Russian village. Open Democracy, 3.12.2010. https://www.opendemocracy.net/od-russia/grigorii-golosov/kushchevskaya-crime-and-punishment-in-russian-village (zuletzt geöffnet am 26.11.2018)

4   Scholl, Stefan: http://www.fr.de/panorama/russland-welcher-darf-s-denn-sein-a-16 21039

5   Karasyuk, Yevgeny: »Are Russians Eating Well?« *The Russian Reader*, 6.12.2018. https://therussianreader.com/2018/12/17/are-russian-eating-well/ (zuletzt geöffnet am 14.1.2019)

6   60% сыров в российских магазинах – фальсификат. Росконтроль Журнал. 22.3.2018. https://roscontrol.com/journal/tests/est-li-v-rossii-nedorogoy-i-kachestvenniy-sir/ (zuletzt geöffnet am 15.4.2019)

7   Ballin, André: »Brennender Quark und unschuldige Behörden.« *Handelsblatt*, 12.9.2016. https://www.handelsblatt.com/politik/international/weltgeschichten/ballin/skandal-in-russland-brennender-quark-und-unschuldige-behoerden/14534952.html (zuletzt geöffnet am 26.11.2018)

8   Ebd.

9   Tonkonogy, Yevgeny: »Warning: This Is Not Cheese. In Russia, Watch What You Eat.« *The Moscow Times*, 22.7.2016. https://themoscowtimes.com/articles/warning-this-is-not-cheese-in-russia-watch-what-you-eat-54689 (zuletzt geöffnet am 26.11.2018)

Kapitel 16
Die Matriza:
Bahnfahrt in den Putin-Feudalismus

1   Gauble, Paul: One Russian in Four Lacks an Indoor Toilet, One of Many Signs There are Now ›Four Distinct Russias‹. Window on Eurasia. *Staunton*, 7.1.2019. http://windowoneurasia2.blogspot.com/2019/01/one-russian-in-four-lacks-indoor-toilet.html (zuletzt geöffnet am 25.1.2019)

2   Inozemtsev, Vladislav: »Pessimism Sweeps Russia.« *Moskva News Agency*, 15.1.2019. https://themoscowtimes.com/articles/pessimism-sweeps-russia-op-ed-64144 (zuletzt geöffnet am 25.1.2019)

3   »Russia's Vostochny Cosmodrome Bosses Jailed for Mass Corruption.« *The Moscow*

Times, 26.2.2018. https://themoscowtimes.com/news/russias-vostochny-cosmodro-me-bosses-jailed-mass-corruption-60628 (zuletzt geöffnet am 25.1.2019)

4   Corruption perception index 2018. Transparency International. https://www.transparency.org/cpi2018 (zuletzt geöffnet am 7.2.2019)

5   Kolesnikov, Andrei; Volkov, Denis: Pragmatic Paternalism: The Russian Public and the Private Sector. Carnegie Moscow Center, 18.1.2019. https://carnegie.ru/commentary/78155 (zuletzt geöffnet am 7.2.2019)

6   Более 40% из желающих уехать из страны составляет молодежь. Interfax 4.2.2019. https://www.interfax.ru/russia/649004 (zuletzt geöffnet am 7.2.2019)

7   Sygar, Michail: Endspiel – Die Metamorphosen des Wladimir Putin. Kiepenheuer & Witsch. Köln, 2015. S. 7

8   Friedman, Thomas: »Is Putin a C.I.A. Agent?« *The New York Times*, 3.4.2018. https://www.nytimes.com/2018/04/03/opinion/putin-cia-weakening-russia.html (zuletzt geöffnet am 30.1.2019)

9   Rubin, Michael: »Why Russia's Economy Is Headed for Trouble. A lack of real reforms and a hyper-dependence on oil has prevented the emergence of a healthy, diverse economy.« 17.1.2019. https://nationalinterest.org/blog/buzz/why-russias-economy-headed-trouble-41872 (zuletzt geöffnet am 7.2.2019)

10   »I conclude that from the beginning Putin and his circle sought to create an authoritarian regime ruled by a klose-knit cabal with embedded interests, plans and capabilities, who used democracy for decoration rather than direction.« Dawisha, Karen: Putin's Kleptocracy. Who owns Russia. Simon & Schuster Paperbacks. New York, 2014. S. 8

11   Ebd., S. 11

12   Von Lübke, Marc: »Wir sollten froh sein, dass Putin an der Macht ist.« Interview mit Jörg Baberowski. T-Online, 23.2.2018. https://www.t-online.de/nachrichten/ausland/id_83277358/joerg-baberowski-wir-sollten-froh-sein-dass-putin-an-der-macht-ist-.html (zuletzt geöffnet am 8.2.2019)

13   Ebd.

14   Dawisha, Karen: Putin's Kleptocracy. Who owns Russia. Simon & Schuster Paperbacks. New York, 2014. S. 9. (»Under Putin, as the regime made the transition from what Olson called »roving« to »stationary« bandits, interelite violence did decrease, and the streets became safer, as Olson predicted. But Olson failed to forsee the extent to which globalization would allow Russian elites to continue to maximize their gains by keeping domestic markets open for their predation while minimizing their own personal risk by depositing profits in secure offshore accounts«)

Nachwort

1   Snyder, Timothy: The road to unfreedom. Tim Duggan books. New York, 2018. S. 153

2   Bahr, Adelheid (Hrsg.): Warum wir Frieden und Freundschaft mit Russland brauchen. Ein Aufruf an alle von Matthias Platzeck, Peter Gauweiler, Antje Vollmer, Peter Brand, Oskar Lafontaine, Daniela Dahn und vielen anderen. Westend. Frankfurt am Main, 2018

3 »Die Beziehungen sind mehr als abgekühlt.« Matthias Platzeck im Gespräch mit Dirk Müller. Deutschlandfunk, 8.10.2018. https://www.deutschlandfunk.de/deutsch-russischer-dialog-die-beziehungen-sind-mehr-als.694.de.html?dram:article_id=429950 (zuletzt geöffnet am 24.3.2019)

4 Casey, Michel: Inside the KGB's Super Power Division. *Daily Beast*, 29.8.2015. https://www.thedailybeast.com/inside-the-kgbs-super-power-division?ref=scroll (zuletzt geöffnet am 3.5.2019)

5 Surkow, Wladislaw: »100 Jahre geopolitische Einsamkeit.« *Dekoder*, 9.4.2018. https://www.dekoder.org/de/article/geopolitik-surkow-russland-europa (zuletzt geöffnet am 3.4.2019)

6 Surkow, Wladislaw: »Der langwährende Staat Putins.« *Dekoder*, 16.2.2019. https://www.dekoder.org/de/article/putin-surkow-kritik-sonderweg (zuletzt geöffnet am 3.4.2019)

7 Ebd.

8 Gloger, Katja: Putins Welt. Das neue Russland. Berlin Verlag. Berlin, 2015. S. 84

9 Ebd., S. 85

10 Snyder, Timothy: The road to unfreedom. Tim Duggan books. New York, 2018. S. 82

11 »Das deutsch-russische Verhältnis: Wie viel Verständigung ist möglich?« Aspekte, ZDF, 22.3.2019. https://www.zdf.de/kultur/aspekte/aspekte-vom-22-maerz-2019-100.html (zuletzt geöffnet am 3.4.2019)

12 Schumatsky, Boris: »Krim-Krise: Die Russen gibt es nicht mehr.« *Die Zeit*, 2.4.2014. https://www.zeit.de/politik/ausland/2014-04/russen-verstaendnis-putin. (zuletzt geöffnet am 3.4.2019)

13 Bahr, Adelheid (Hrsg.): Warum wir Frieden und Freundschaft mit Russland brauchen. Ein Aufruf an alle von Matthias Platzeck, Peter Gauweiler, Antje Vollmer, Peter Brand, Oskar Lafontaine, Daniela Dahn und vielen anderen. Westend. Frankfurt am Main, 2018. Hörbuch, Position 1366

Bildnachweis

Tafelteil 1

Archiv Udo Lielischkies: S. 1, 2, 3 (unten), 5, 6, 7, 9 (oben), 10, 15

Kristina Romanenkow: S. 3 (oben) 16

Maxim Tarasjugin: S. 13, 14

WDR: S. 4, 8, 11, 12

Chris Wood: S. 9 (unten)

Tafelteil 2

Jürgen Fischer: S. 1 (oben), 4

Archiv Udo Lielischkies: S. 3, 8 (unten), 11 (unten)

Darja Schdanowa: S. 2, S. 11 (oben), 12, 13, 16

Georgij Tikhy: S. 1 (unten), 5

WDR: S. 6, 7, 8 (oben), 9, 10, 14, 15